suhrkamp taschenbuch
wissenschaft 465

Erdheims Interesse an der gesellschaftlichen Produktion von Unbewußtheit bewog ihn zunächst, Freuds sozialen und kulturellen Standort zu untersuchen. Welche Position muß man einnehmen, um das Unbewußte wissenschaftlich erfassen zu können? Gesellschaftliche Exzentrizität ist eine Voraussetzung dafür, und sie gilt auch für den heutigen Psychoanalytiker. Psychiater, Künstler, Wissenschaftler, Politiker, die Ende des 19. Jahrhunderts an das Unbewußte rührten, verwandelten es in ästhetische, philosophische, politische und psychologische Phänomene und machten es dadurch beherrschbar. Im Vergleich mit der Wiener Décadence erweist sich Freuds Position als eine Negation dieses Unbewußtheit hervorbringenden Ästhetizismus.
Am Beispiel der aztekischen Menschenopfer beschäftigt sich Erdheim dann mit der zerstörerischen Seite zivilisatorischer Prozesse. Die aztekischen Götter sind Metaphern für verhinderte, verdrängte Geschichtsmöglichkeiten. Anknüpfend an Lévi-Strauss' Unterscheidung zwischen »kalten« und »heißen« Kulturen entwickelt Erdheim eine Theorie der Anachronizität sozialer Strukturen.
Im Schlußkapitel befaßt sich Erdheim mit der unbewußten Innenseite der Macht. Er legt den irrationalen, selbstzerstörerischen Kern absoluter Herrschaft bloß und entwickelt eine spezifische Psychologie der Herrschenden, deren Realitätsverlust eine Hauptursache destruktiver und selbstdestruktiver Tendenzen in der Geschichte ist.
Mario Erdheim, 1940 in Quito geboren, studierte Ethnologie, Geschichte und Psychologie. Seit 1975 psychoanalytische Praxis in Zürich sowie Lehrtätigkeit an der Universität Zürich.

Mario Erdheim

Die gesellschaftliche Produktion von Unbewußtheit

Eine Einführung in den ethnopsychoanalytischen Prozeß

Suhrkamp

Bibliografische Information der Deutschen Nationalbibliothek
Die Deutsche Nationalbibliothek verzeichnet diese Publikation
in der Deutschen Nationalbibliografie;
detaillierte bibliografische Daten sind im Internet über
http://dnb.d-nb.de abrufbar.

suhrkamp taschenbuch wissenschaft 465
Erste Auflage 1984

Umschlag nach Entwürfen
von Willy Fleckhaus und Rolf Staudt
Druck: Books on Demand, Norderstedt
Printed in Germany
ISBN 978-3-518-28065-2

9 – 11

Inhalt

Für
Maya Nadig
und
Georges Devereux

Vorwort zur Taschenbuchausgabe

Als ich im Dezember 1983 eine Gruppe von Züricher Studenten in Ecuador besuchte, um mit ihnen über ihre Arbeiten zu diskutieren, tauchte immer wieder die Frage auf, was denn der ethnopsychoanalytische Prozeß sei. Verteilt auf verschiedene Dörfer der Küste und des Hochlandes hatten die Studenten dort bereits ein halbes Jahr gelebt und Lebensläufe gesammelt. Aus mehr oder weniger zufälligen Begegnungen hatten sich allmählich Beziehungen ergeben, die sich mit der Zeit so vertieften, daß es zu regelmäßigen Gesprächen kam, in denen die Leute von dem erzählten, was sie bewegte. Die kontinuierliche Präsenz im Dorf, die Regelmäßigkeit der Gespräche und das darin zum Ausdruck kommende Interesse schufen eine Atmosphäre, in welcher man sich mit der Vergangenheit in ihrem Bezug zur Gegenwart auseinandersetzte. Diese Auseinandersetzung schärfte die Selbstreflexion und Selbstbeobachtung und löste bei beiden, beim Studenten ebenso wie bei den Leuten, die dem jungen Fremden aus ihrem Leben berichteten, viel aus.

Worte bestehen aus flüchtigem Lautmaterial, das man zwar mit dem Tonband festhalten kann, das aber schon beim Zuhörer immer auch eine unmittelbare Reaktion hervorruft, von der dann der weitere Verlauf des Gespräches mitbedingt wird. Diese Reaktion ist subjektiv und ergibt sich aus der bisherigen Lebenspraxis sowie dem Erwartungshorizont des Zuhörers. Was er versteht, trägt dazu bei, sowohl die bisherigen Erfahrungen als auch die darauf beruhenden Erwartungen zu verändern. Beim Sprechen andererseits lösen die Worte und Sätze Erinnerungen aus, die Spuren von dem sind, was für ihn im Heute zu Sinn geworden ist. Im Gespräch, das Erinnerung und Sinngebung miteinander verknüpft, entsteht die Chance, die Richtung des Lebens abändern oder es so weiterführen zu wollen wie bisher.

Eine Dimension des ethnopsychoanalytischen Prozesses ist die *lebensgeschichtliche*: das Verstehen fremden Lebens wird nicht nur selber zu einem Teil des eigenen Lebens, sondern vollzieht sich auch unter fortwährendem Bezug auf die bisherigen Erfahrungen. Was es heißt, Schweizer zu sein, wird einem erst klar, wenn man das Fremde verstehen möchte und auf die eigenen Schranken stößt. Dieser Satz läßt sich beliebig variieren, etwa: Was es heißt, ein Mann zu sein, wird einem erst klar, wenn man eine Frau verstehen möchte und auf die eigenen Schranken stößt. Der ethnopsychoanalytische Prozeß stellt den Versuch dar, solche Schranken zu überwinden.

Die Studenten und ich trafen uns in Otavalo, einem Dorf in der Nähe Quitos. Tag für Tag nahmen wir die Gespräche, die sie in »ihren« Dörfern geführt hatten, durch. Anfangs war eine große Spannung da, und wie immer in solchen Situationen, breitete sich eine depressive Stimmung aus. Leistungen sollten verglichen und kontrolliert werden, als ihr Lehrer sollte ich nun gleichsam Gericht halten über sie. Die alten, in der Schule erlernten Strategien wurden wieder wirksam und verlagerten das Verstehen weg vom Objekt auf den Lehrer, so daß es mehr darum zu gehen schien, mich zu begreifen, als das, was in den Dörfern vor sich gegangen war. Die lebensgeschichtliche Dimension des ethnopsychoanalytischen Prozesses hebt die traditionelle Trennung zwischen »öffentlich« und »privat« im Rahmen der Wissenschaft auf: Die Wahrnehmung des Fremden ist so eng mit der eigenen Lebensgeschichte verknüpft, daß man vom Fremden nicht sprechen kann, ohne auch von sich selber zu erzählen. Den Einstieg fanden wir, als Daniel Stutz von einem Traum erzählte und ihn uns, d. h. der Gruppe, zur Analyse freigab. Einige Monate davor hatte mich Markus Weilemann auf den Umstand aufmerksam gemacht, daß während des Feldforschungsaufenthaltes der Ethnologe oft von zu Hause träumt, und er warf die Frage auf, ob man dieses Traummaterial als Ansatz dafür verwenden könnte, diejenigen Wahrnehmungen zu analysieren, die der Ethnologe unbewußt macht. So wie in einer Psychoanalyse Träume im Hinblick auf den psychoanalytischen Prozeß analysiert werden (Morgenthaler 1984), um dem Unbewußten im Verhältnis Analytiker–Analysand zum Bewußtsein zu verhelfen, ebenso könnte die Traumdeutung unbewußtes Material im Verhältnis des Ethnologen zum Fremden bewußtseinsfähig machen (Parin 1983).

Die Analyse von Daniels Traum eröffnete der Gruppe neue Möglichkeiten, um über die in den Dörfern gemachten Erfahrungen zu sprechen. Hier wurde eine andere, nämlich die *wissenschaftliche* Dimension des ethnopsychoanalytischen Prozesses faßbar. Allen Studenten ging es darum, Erkenntnisse über die Realität, in der ihre Informanten lebten, zu gewinnen; sie mußten also die ökonomischen, sozialen und religiösen Verhältnisse berücksichtigen, und zwar so, wie sie in der Lebenserfahrung der Leute zum Ausdruck kamen. Auf der einen Seite standen allgemeine Theorien, über die

Probleme der sogenannten Unterentwicklung, des Bauerntums, der Ethnizität und nationalen Identität, des Volksglaubens etc. Diese Themen eignet man sich üblicherweise im akademischen Betrieb durch Lesen, Zuhören und Diskutieren an. Auf der anderen Seite standen die Daten, welche über das Sammeln der Lebensgeschichte gewonnen worden waren. Der ethnopsychoanalytische Prozeß muß diese beiden Bereiche miteinander verknüpfen und einerseits die Beziehung zu den Leuten, mit welchen man arbeitet, sowie andererseits das Wissen über die allgemeinen Zusammenhänge der Kultur vertiefen. Diesem Anspruch kann nur das der Psychoanalyse inhärente wissenschaftstheoretische Modell genügen.

Die Schwierigkeiten, das Spezifische an diesem Modell herauszuarbeiten, werden dem Leser meines Buches immer wieder Mühe bereiten, und aus diesem Grunde mußte ich mich zu einer Art Leseanleitung entscheiden, die Freuds »Ratschläge(n) für den Arzt bei der psychoanalytischen Behandlung« (1912) folgt. Auch wenn das Buch keineswegs ein Produkt meiner »freien Einfälle« darstellt, möchte ich dem Leser die »gleichschwebende Aufmerksamkeit« empfehlen. Als ich mit Fedor Rothe über den Klappentext sprach, erzählte ich ihm von meinem Unbehagen, die kurze Zusammenfassung zu schreiben. Der Überblick über die verschiedenen Themen, von denen das Buch handelt, hörte sich so unwahrscheinlich und zufällig an. Wissenschaftstheoretisches kommt ebenso wie Historisches zur Sprache; ich erzähle vom alten Wien, von den Azteken, vom Sonnenkönig und Versailles, von Menschenopfern und Faschismus, aber auch von der Philosophie und der Medizingeschichte, von grausamen Pubertätsriten und den Verhältnissen an einem Züricher Gymnasium. Das, was diese Elemente miteinander verbindet, ist der ethnopsychoanalytische Prozeß, und die »gleichschwebende Aufmerksamkeit« scheint mir einen Zugang dazu zu bieten.

»Man erspart sich auf diese Weise«, schreibt Freud im erwähnten Aufsatz, »eine Anstrengung der Aufmerksamkeit, die man doch nicht viele Stunden täglich festhalten könnte, und vermeidet eine Gefahr, die von dem absichtlichen Aufmerken unzertrennlich ist. Sowie man nämlich seine Aufmerksamkeit absichtlich bis zu einer gewissen Höhe anspannt, beginnt man auch unter dem dargebotenen Materiale auszuwählen; man fixiert das eine Stück besonders scharf, eliminiert dafür ein anderes, und folgt bei dieser Auswahl, seinen Erwartungen oder seinen Neigungen. Gerade dies darf man aber nicht; folgt man bei der Auswahl seinen Erwartungen, so ist man in Gefahr, niemals etwas anderes zu finden, als was man bereits weiß; folgt man seinen Neigungen, so wird man sicherlich die mögliche Wahrnehmung fälschen. Man darf nicht darauf vergessen, daß man ja zumeist Dinge zu hören bekommt, deren Bedeutung erst nachträglich erkannt wird« (a.a.O.: 377).

Das Kapitel »Die Wissenschaftler und ihre Objekte« behandelt verschiedene wissenschaftliche Einstellungen gegenüber der Welt des Menschen und versucht, den spezifischen Beitrag der Psychoanalyse herauszuarbeiten. Zwei Probleme stehen dabei im Mittelpunkt: 1. das Verhältnis der Empathie zum wissenschaftlichen Diskurs und 2. der psychoanalytische Begriff des Wissens. Letzterer ist umfassender als derjenige der traditionellen Wissenschaft, insofern es Wissen nicht nur im Bezug zum Objekt, sondern auch im Bezug zum erkennenden Subjekt definiert.

Albrecht Dürers Holzschnitt »Der Zeichner des liegenden Weibes« (in diesem Band, S. 8) illustriert sehr schön diese Problematik: die Frau liegt halbentblößt und schlafend da, vom sitzenden und angestrengt blickenden Zeichner durch ein Gitter getrennt, das ihm die richtigen Proportionen auf das Blatt zu übertragen helfen soll. Er muß seine Begierde zähmen und einen kühlen Kopf bewahren, so daß er sie so zeichnen kann, als wäre sie eine Vase, ein Steinblock oder eine Landschaft. Auf die Wissenschaft übertragen könnte man sagen, auch der traditionelle Wissenschaftler müsse von sich absehen und seine Begierde auf die Realität überwinden, um sie möglichst objektiv darzustellen. Freud ging einen anderen Weg, er setzte seine Subjektivität ein, um die Realität analysieren zu können. Was das alles impliziert, stelle ich im folgenden Kapitel »Freuds Konzept des Unbewußten und die Wiener Décadence« dar.

In der »Traumdeutung« (1900) ging Freud von seinen eigenen Träumen, also von einem Material äußerster Subjektivität, aus, das als solches für die anderen Wissenschaftler weder zugänglich noch nachprüfbar war. Daraus entwickelte Freud allgemeine Hypothesen über das psychische Geschehen, welche von den anderen Wissenschaftlern auch nur an der Evidenz ihrer eigenen Träume kontrolliert werden konnten. Wer sich auf Freuds Theorie einließ, war (und ist) somit gezwungen, seine eigene Subjektivität zum Objekt der Forschung zu machen. Die Psychoanalyse als Wissenschaft des Subjekts beruht auf Freuds Erfahrungen, die zum Paradigma der psychoanalytischen Forschung abstrahiert wurden. Sich mit der

Psychoanalyse abgeben heißt deshalb immer auch, sich mit Freud auseinandersetzen.

Mein Interesse an der *gesellschaftlichen* Produktion von Unbewußtheit bewog mich, Freuds sozialen und kulturellen Standort zu untersuchen. Welche Position muß man einnehmen, um das Unbewußte wissenschaftlich erfassen zu können? Gesellschaftliche Exzentrizität ist eine Voraussetzung dafür, und sie gilt auch für den heutigen Psychoanalytiker. Als ich mich in jene Zeit vertiefte, überraschte mich die Parallele zur Gegenwart. Die Wiener Décadence löste um die Jahrhundertwende den Fortschrittsoptimismus des liberalen Bürgertums ab und schuf die Denk- und Gefühlsmuster, die, in einer Art Neuauflage, auch heute wieder benutzt werden können. Das Interesse an Hofmannsthal und Schnitzler, Mauthner, Wittgenstein und Weininger ist kein antiquarisches, sondern ein aktuelles. Es wird deutlich, daß in der Geschichte der Intellektuellen ein Wiederholungszwang wirksam ist – die gegenwärtige Décadence reproduziert mit ihrer Suche nach dem Mythos und dem Irrationalen ähnliche Denk- und Verhaltensmuster wie damals. Das bedeutet nicht, daß die Probleme die gleichen geblieben wären, sondern nur, daß dieselben Mechanismen der Unbewußtmachung und Verdrängung eingesetzt werden wie zur Zeit der Jahrhundertwende: War es damals der Katholizismus, so sind es heute orientalische Sekten, die Erlösung versprechen. Der gegenwärtige Psychoboom (Schülein) nimmt ähnliche Muster auf wie um 1900. Der Unterschied ist höchstens quantitativ, insofern heute viel mehr Individuen von den verschiedenen Unbewußtheit produzierenden intellektuellen Bewegungen erfaßt werden als damals, da sie noch das Flair der Avantgarde zu haben schienen.

Im Gegensatz zu vielen seiner Zeitgenossen hielt Freud an der klassischen Naturwissenschaft fest. Wirft man ihm heute vor, er habe die Spezifität des psychoanalytischen Vorgehens selbst nicht verstanden, so übersieht man, daß Freud die Utopie, unter der sie einst im 16. Jahrhundert angetreten war, wieder aufnahm: Vernunft und Leben, Rationalität und Gefühl zu vereinigen. So wie Kolumbus nicht die Absicht hatte, Amerika zu entdecken, verspürte Freud nicht den Ehrgeiz, ein neues Paradigma der Wissenschaft zu entwickeln, und berief sich auf das naturwissenschaftliche Denkmodell; unbemerkt setzte er aber eine Revision dessen, was als wissenschaftlich galt, in Gang.

Die neuzeitliche Institutionalisierung der Wissenschaften in den verschiedenen, vom absolutistischen Staat abhängigen Akademien führte einerseits zu einer zunehmenden Fächerspezialisierung, die die Welt in Teile und nochmals in Teile zerfallen ließ (»immer mehr über immer weniger wissen«); andererseits erzwang diese Institutionalisierung die Ausgliederung all dessen, was die Integration der Wissenschaften in die Gesellschaft bedrohen könnte. In seinem Buch »Die Aufklärung und ihr Gegenteil« schreibt M. W. Fischer: »*Die gesellschaftliche Integration erreichten die Wissenschaftler um den Preis, daß ihre eigene Sicherung zugleich eine Zusicherung zu sein hat, keinen Anlaß zur Gefährdung der öffentlichen Ordnung, der religiösen Orientierung und der Legitimation von Herrschaft zu geben. (. . .) Die Institutionalisierung der Wissenschaft geschah unter Ausgrenzung all jener Disziplinen, die mit normativer Reflexion verbunden sind wie Politik, Moral, soziale Reform, Religion*« (1982: 102-103).

Was von den Wissenschaftlern ausgegliedert wurde, sammelte sich zu einem Residuum von Irrationalitäten an, in dessen Dunkel keine Vernunft hineinleuchten konnte. Dieses Residuum ließe sich als das durch Verdrängung entstandene Unbewußte der Wissenschaft begreifen und als einer der Gründe dafür, daß sich zwischen dem, was der Wissenschaftler denkt, und dem, was er erlebt, eine immer größer werdende Kluft öffnet. Je abgründiger die Distanz zwischen Denken und Erfahrung wird, desto mehr muß auch das Mißtrauen gegen die Wissenschaft und die Rationalität wachsen und den Weg für die Wiederkehr des Verdrängten ebnen. Was einst aus dem wissenschaftlichen Diskurs ausgegliedert wurde: Ethik, Politik, Kunst und Religion, konstituiert sich neu, allerdings als Irrationales, als *Gegensatz* zur Wissenschaft. Blut und Boden, Magie und auf die Konservierung des Vorhandenen ausgerichtete Größen- und Allmachtsphantasien versprechen neue Lösungen.

Der Anfang der Psychoanalyse ist für uns deshalb von besonderem Interesse, weil Freud die Grenzen überschritt, die unsere neuzeitliche Kultur der Wissenschaft setzte. Vor Freud war das Unbewußte nur über die Phantasie und Fiktion erreichbar und fand den anerkannten Niederschlag vor allem in Kunst und Religion. Die Legitimation zu diesen Grenzüberschreitungen holte sich Freud als Arzt, der sich dem Kranken zuwandte; das therapeutische Verfahren wurde zum Medium, in welchem die Realität des Unbewußten sichtbar werden durfte. Aber allmählich wandte sich Freud den anderen Bereichen zu: der Religion, Gesellschaft und Kunst. Was von den Wissenschaften ausgegliedert worden war, versuchte Freud wieder in sie einzubringen.

Diese Entwicklung Freuds wird oft so mißverstanden, als habe sich Freud von der psychoanalytischen Praxis ab- und einer allgemeinen Kulturtheorie zugewendet; Marcuse z. B. konstruierte die verhängnisvolle, aber beliebte These, Psychoanalyse als Therapie sei konservativ, als Kulturtheorie jedoch revolutionär. Dieser Standpunkt war verhängnisvoll deshalb, weil dadurch die psychoanalytische Praxis den Therapeuten, die Entwicklung der Kulturtheorie hingegen den Soziologen, Ethnologen und Philosophen, die vom psychoanalytischen Verfahren wenig wissen, überlassen wurde. Auf diese Weise kam es zu der schon in der traditionellen Wissenschaft üblichen Trennung zwischen Theorie und Praxis, die als eine der Hauptursachen für die Produktion von Unbewußtheit innerhalb der Wissenschaft (Erdheim 1983) betrachtet werden kann. Aus diesem Grunde richtete ich mein Augenmerk auf die Entstehung der Kulturtheorie Freuds aus der therapeutischen Praxis heraus und untersuchte, inwiefern seine Neudefinition des Arzt–Patient-Verhältnisses und die daraus entwickelte Theorie der Krankheit auf die Forscher–Informant-Beziehung und die ihr gemäße Theorie übertragen werden kann. Die Ethnopsychoanalyse kann auf die therapeutische Legitimation verzichten. In dem Maße, wie die fremde Kultur und die Beziehung Forscher–Informant zum Ort wurde, an dem das in der Gesellschaft unbewußt Gemachte auftauchen und bewußt gemacht werden konnte, verwandelte sich die therapeutisch motivierte Forschungsstrategie in eine kulturwissenschaftliche. Und wie Freud, als er sich seinen Patienten zuwandte, auf sich selbst zurückgeworfen wurde und mit seiner Selbstanalyse anfing, so wird der Ethnopsychoanalytiker, der sich mit dem Unbewußten in der fremden Kultur beschäftigt, auf sich und seine eigene Kultur verwiesen. Die Erfahrungen, die er hier in der eigenen Gesellschaft macht, grenzen die Einsichten, die er dort in der Fremde macht, ein, und umgekehrt. Die Pendelbewegung zwischen den Kulturen wird zum entscheidenden Instrument des Erkennens. Das Leben »hier« und »dort« – und nicht mehr nur die Phantasie oder die Krankheit – ist das Laboratorium, in welchem der Ethnopsychoanalytiker das Fremde und das Unbewußte versteht.

Das ist auch der Grund, weshalb ich im Buch zwischen den verschiedenen Kulturen hin und her pendle: Von der Wiener Décadence zu den Azteken, von den Initiationsriten zum Gymnasium, von Versailles zum Faschismus. Diese Bewegung benütze ich, um zwei miteinander verknüpfte Problemkreise zu analysieren.

1. Die Relevanz des Unbewußten für die kulturelle Evolution. Während sich die meisten Evolutionstheorien vor allem auf die Entwicklung und Komplexitätssteigerung kognitiver Strukturen, also auf die Evolution des Bewußtseins, konzentrieren, bemühte ich mich aufzuzeigen, daß die kulturelle Evolution auch mit der Produktion von Unbewußtheit verknüpft ist. Diese Evolution vollzog sich ja unter dem Vorzeichen der Herrschaft, und da die Aufrichtung von Herrschaft nicht so sehr unter dem Druck von Einsichten, sondern von Gewalt stattfand, war das, was unbewußt gemacht werden sollte, die Aggression, welche sich gegen die ihre Macht ausdehnende Herrschaft richtete. Durch die Unbewußtmachung sollte verhindert werden, daß das durch die Machtträger hervorgerufene Anwachsen des Aggressionspotentials der Beherrschten in Kritik und aktiven Widerstand umschlagen konnte. Der Prozeß der Hierarchisierung der Gesellschaft verwandelte auch die Dynamik des psychischen Haushalts der Herrschenden: Während in egalitären Gesellschaften der Narzißmus des Häuptlings im Dienste der Gemeinschaft steht und diese ihn mittels seines Narzißmus kontrollieren und lenken kann, so kommt es in Klassengesellschaften tendenziell zu einer Explosion des Narzißmus. Am sozialen Ort der Herrschaft dient die politische Macht dem Narzißmus. Was ihn in Frage stellt, soll ausgelöscht werden, und wo die Gewalt nicht dazu ausreicht, ist die Bereitschaft vorhanden, jene die Herrschaft kränkenden Bereiche aus der Wahrnehmung auszuschließen und unbewußt zu machen. In dem Maße, wie sich die Gesellschaft in Klassen spaltete und sich divergierende Klasseninteressen entwickelten, nahm die gesellschaftliche Produktion von Unbewußtheit zu und trat in ein spannungsvolles Verhältnis zur gleichzeitig und notwendig sich entfaltenden rationalen Bewältigung von Natur und Gesellschaft. Hier drängt sich auch die Frage auf, wieviel Unbewußtheit notwendig ist, um in solchen Kulturen als »normal« zu erscheinen. Wo sich noch keine Herrschaftsverhältnisse herausgebildet haben, ist das Unbewußte ein Mittel nicht-destruktiver Entlastung; wo sich aber Herrschaft etabliert hat – sei es die des Mannes über die Frau, sei es die einer Minderheit über eine Mehrheit –, verwandelt sich das Unbewußte in eine zerstörerische Potenz, und die Normalität, die darauf beruht, wird zum Hindernis für die kulturelle Entfaltung. Am deutlichsten wird dieser Zusammenhang, wenn man sich

2. dem Verhältnis zwischen *Adoleszenz und Kulturwandel* zuwendet. Die psychoanalytische Kulturtheorie gründete bisher auf dem Determinismus der frühen Kindheit. Róheim, Kardiner, aber auch Reich, Fromm und Adorno versuchten, kulturelle oder politische Einstellungen (z. B. den »autoritären Charakter«) auf die Triebschicksale der frühen Kindheit zurückzuführen, und deshalb interessierten sie sich vorwiegend für die familiären Verhältnisse. Die Familie erschien als eine »Agentur der Gesellschaft« (Fromm), mittels derer die entsprechenden Anpassungsleistungen einsozialisiert werden konnten. Aber diese Theorien führten in Sackgassen, da man nicht erklären konnte, wie es dazu kam, daß die Eltern fähig sein sollten, ihre Kinder so zu erziehen, daß sie in zehn, fünfzehn, zwanzig Jahren genau denjenigen gesellschaftlichen Erfordernissen genügen sollten, die niemand voraussehen konnte.

Mit meinen Überlegungen knüpfe ich an Freuds These an, daß Familie und Kultur in einem *antagonistischen* Verhältnis stehen (vgl. S. 277). Freud verwendete an dieser Stelle einen speziellen, von ihm sonst nirgends weiter explizierten Kulturbegriff. »Kultur« wird von ihm als ein über die Menschen ablaufender Prozeß definiert, der immer mehr Individuen in Abhängigkeit voneinander bringt. Er benutzt einen dynamischen Kulturbegriff, in welchem Kultur eher als Bewegung, als Geschichte denn als Struktur gefaßt wird, und was er im Auge hat, ist die Geschichte, die sich zur Weltgeschichte mit dem einen Subjekt »Menschheit« konstituiert. Zu diesem Kulturbegriff gehört nun alles, was diese Bewegung ausmacht: die Entwicklung der Produktivkräfte ebenso wie die Produktionsverhältnisse, die Schaffung neuer Vergesellschaftungsformen, die vom Stamm zur Nation, zu Kulturkreisen und schließlich zur Menschheit führen; aber auch die Produktion neuer universalistischer Symbolsysteme, die eine übergreifende Kommunikation ermöglichen. Diesem Kulturbegriff stellt nun Freud antagonistisch einen Familienbegriff entgegen, in welchem diejenigen Kräfte gefaßt sind, die sich der kulturellen Bewegung widersetzen. Familie ist das, was darauf hin tendiert, sich inzestuös abzuschließen; das, was die Individuen daran hindert, neue Abhängigkeiten mit Fremden einzugehen, und statt dessen die alten, inneren Abhängigkeiten verstärkt – dafür aber die Geborgenheit des Gewohnten vermittelt. Familie und Kultur stellen so einen unauflösbaren Antagonismus dar: beide sind notwendige Formen menschlichen Zusammenlebens, aber sie können – da sie verschiedenen Grundprinzipien gehorchen – weder ineinander überführt noch voneinander abgeleitet werden. Der Mensch wird immer zwischen ihnen hin- und hergerissen bleiben, ohne sie auf die Dauer miteinander aussöhnen zu können.

Die sexuelle Entwicklung des Menschen ist durch einen Zwei-Phasen-Verlauf gekennzeichnet. Freud (1905b) spricht von der »Zweizeitigkeit«. Die erste Phase setzt mit der Geburt ein und klingt um das fünfte, sechste Lebensjahr allmählich ab. Eingebunden in einer von Kultur zu Kultur verschiedenen Familienordnung paßt sich das Kind ihr an; in einem sehr störungsanfälligen Wechselspiel mit Mutter, Vater, Geschwistern und anderen Verwandten laufen die biologischen und sozialen Reifungsprozesse ab, die den für die Familie gültigen Weltbezug erarbeiten. Sexualität und Aggression sind die treibenden Kräfte, die über die kulturell formbaren oralen, analen und phallischen Modalitäten die vorerst *an die Familie* gebundenen Voraussetzungen für die Soziabilität des Individuums schaffen. Die Zeit bis zum Ausbruch der Pubertät gibt die Chance zur Festigung der in den ersten Lebensjahren gebildeten Strukturen; aber die Pubertät, mit der die zweite, die Adoleszenzphase, anfängt, bringt alles wieder durcheinander.

Die Adoleszenz muß unter zwei Gesichtspunkten betrachtet werden:

– In bezug auf die außerordentlich störungsanfällige, aber die Plastizität des Menschen ermöglichende frühe Kindheit stellt sie die »zweite Chance« (K. R. Eißler) dar, in welcher die damals zugefügten Schäden wenigstens bis zu einem gewissen Teil wieder behoben werden können. Die Krise der Adoleszenz ist der lebensgeschichtliche Ausdruck des antagonistischen Verhältnisses zwischen Kultur und Familie.

– In bezug auf die Kulturgeschichte sind die Instinktreduktion und die Schicksale der frühen Kindheit Voraussetzungen für Institutionen, für Dauer im Wandel. Die Adoleszenz hingegen ist eine der Voraussetzungen dafür, daß der Mensch Geschichte macht – und das heißt: die überkommenen Institutionen nicht nur überliefert, sondern auch verändert.

Die bürgerliche Gesellschaft, von der Marx einst schrieb, sie befinde sich in ständiger Umwälzung, schuf für die Adoleszenz neue soziale Voraussetzungen. Zum Teil liegt darin der Grund dafür, daß manche Historiker und Ethnologen (Ph. Ariès, J. R Gillis oder M. Mead) die These vertraten, Adoleszenz sei eine »Erfindung« moderner Gesellschaften. Die Zweizeitigkeit der sexuellen Entwick-

lung ist jedoch ein *biologisches* Faktum und tritt in allen Kulturen auf. Aber die Kulturen können verschieden damit umgehen. Verallgemeinernd kann man sagen: jene Kulturen, die sich gegen den Kulturwandel abschirmen, also jene Kulturen, die Lévi-Strauss (1962, 1972) »kalt« nannte, frieren die Adoleszenz mittels der Initiation ein (vgl. in diesem Band, S. 284ff.); jene Kulturen hingegen, welche dahin tendieren, den Wandel zu beschleunigen (»heiße Kulturen«), bauen die Initiationsriten ab, um das in der Adoleszenz liegende Veränderungspotential freizusetzen. Wo der Kulturwandel jedoch eingegrenzt, ja gebremst werden soll, dort wird in der Regel auch wieder auf Initiationsrituale zurückgegriffen. In unserer Gesellschaft können diese Disziplinierungsversuche deutlich gesehen werden. Ob es die Schulen sind, in welchen die Jugendlichen auf frühkindliche Phasen fixiert werden (vgl. in diesem Band, S. 335ff.), oder das Militär – den initiatorischen Charakter der Institution erkennt man daran, daß die Jugendlichen, sowohl die männlichen wie die weiblichen, auf Familienstrukturen zurückgeworfen werden. Der Antagonismus zwischen Familie und Kultur wird nicht mehr erfahrbar, und der Jugendliche kann den Ablösungsprozeß von der Familie psychisch nicht vollziehen; statt dessen werden die Abhängigkeiten von der Familie auf die entsprechenden Institutionen übertragen: die Gesellschaft wird unbewußt als Familie erfahren, und dementsprechend wirkungslos sind auch die Handlungen, die darauf abzielen, die Gesellschaft zu verändern.

Die kulturelle Evolution unter dem Vorzeichen von Herrschaft einerseits und das Verhältnis zwischen Adoleszenz und Kulturwandel andererseits sind die beiden Bereiche, in welchen ich die Problematik der gesellschaftlichen Produktion von Unbewußtheit untersuche. Verglichen mit der Situation der Feldforschung, die ich am Anfang skizzierte, bietet das Medium »Buch« den Nachteil, daß die Situation des Lesers für die Aufdeckung des Unbewußten vom Autor nicht unmittelbar berücksichtigt werden kann. Um diesen Nachteil in Schranken zu halten, schlug ich vor, sich die »gleichschwebende Aufmerksamkeit« bei der Lektüre zunutze zu machen. Die in den Text gesetzten Illustrationen sollen dem Leser diese Aufgabe erleichtern. Ich wünschte mir, daß er die Assoziationen, die ihm zu den Bildern kommen, als Beweis oder Widerlegung für das im Text Behauptete in Erwägung zöge.

Bibliographie

Erdheim, M. (1983) Wissenschaft und Unbewußtheit. In: Zeitschrift für Didaktik der Philosophie, 5. Jg., Heft 2: 67-70.

Fischer, M. W. (1982) Die Aufklärung und ihr Gegenteil. Die Rolle von Geheimbünden in Wissenschaft und Politik. In: Schriften zur Rechtstheorie, Heft 97, Duncker und Humblot, Berlin.

Freud, S. (1912) Ratschläge für den Arzt bei der psychoanalytischen Behandlung. In: GW VIII: 376-387.

Morgenthaler, F. (1984) Über Traumdeutung. In: Lohmann, H. M. (Hg.) Die Psychoanalyse auf der Couch. Qumran, Frankfurt a. M. 1984.

Parin, P. (1983) Die Angst der Mächtigen vor öffentlicher Trauer. In: Psyche, 37. Jg.: 55-72.

Die Wissenschaftler und ihre Objekte

Der Gegenstand der Ethnopsychoanalyse ist das Unbewußte in der Kultur. Die Psychoanalyse bestimmt den Begriff des Unbewußten, die Ethnologie den der Kultur. Beide Wissenschaften besitzen eine ereignisreiche gemeinsame Geschichte (Bastide 1950; Schoene 1966; Beuchelt 1974), die mit Freuds »Totem und Tabu« (1913) ihren Anfang nahm. Die gegenseitige Anziehung, die sich in immer erneuten Versuchen äußerte, für beide Wissenschaften ein gemeinsames Konzept zu entwickeln, ist offensichtlich, unübersehbar ist jedoch auch, daß keine der Verbindungen Bestand hatte. In seinen Reflexionen über den »Psychoanalytiker in der Gemeinschaft der Wissenschaftler« (1973a) äußert sich Kohut sehr skeptisch über die Möglichkeit der interdisziplinären oder, wie Devereux sagen würde, *»pluridisziplinären«* Arbeit: Zunehmend würden zwar heute Psychologen, Anthropologen, Juristen sich einer psychoanalytischen Ausbildung unterziehen, aber das Ergebnis sei paradox. *»Nach dem Training* (zum Analytiker, M. E.) *bewegt sich der Teilnehmer nicht selten in eine von zwei Richtungen: nach einer Weile kehrt er emotional und intellektuell zu seiner ursprünglichen Disziplin zurück, kaum sichtbar bereichert durch die psychoanalytische Erfahrung – oder er wird Psychoanalytiker und läßt das Wissen und die Geschicklichkeit seines Berufes mehr oder weniger fallen«* (a.a.O.: 35). Auch Wissenschaftler, die eine sichtbare Integration zu erreichen scheinen, also etwa Historiker, erreichen keine Synthese: *»Man fühlt sich wie an die Wahrnehmung bei den Figur-Grund-Experimenten erinnert: man sieht entweder die eine Konfiguration oder die andere; doch es ist unmöglich, beide gleichzeitig zu sehen«* (ebenda). Kohut glaubt, daß das Akzeptieren der Psychoanalyse nur ihre Randgebiete betrifft. *»In der Tat kann ich mich des unheimlichen Eindrucks nicht erwehren, daß die Analyse im Verlauf ihrer Anerkennung an Essenz verliert, daß sie vor allem Gefahr läuft, auf die Verwerfung ihrer stolzesten Errungenschaften zuzutreiben, wenn sie versucht, für die anderen Zweige der Wissenschaft akzeptabel zu werden«* (a.a.O.: 36). Die »stolzeste Errungenschaft« der Psychoanalyse ist die Rolle der Introspektion als Instrument der Forschung. Der Psychoanalytiker *»benützt natürlich seine Sinneseindrücke, da er die Worte des Analysanden hört und seine Gesten und Bewegungen sieht – doch diese sensorischen Daten würden bedeutungslos bleiben, gäbe es nicht seine Fähigkeit, komplexe psychologische Konfigurationen zu erkennen, die nur die Empathie, das menschliche Echo auf eine menschliche Erfahrung,* *liefern kann*« (a.a.O.: 40). Kohut wendet sich einerseits dagegen, daß man die Psychoanalyse zu einer letztlich nur auf Intuition beruhenden »Kunst« deklariert, und andererseits dagegen, daß man sie nur wegen ihrer explanatorischen Thesen akzeptiere, und die empathische Art des Datensammelns als eine Unzulänglichkeit betrachte, die baldmöglichst durch die traditionellen Methoden wissenschaftlicher Beobachtung ersetzt werden müsse. »*Beide Positionen übergehen die Tatsache, daß der entscheidende Schritt der Psychoanalyse in der Entwicklung des wissenschaftlichen Denkens darin bestand, daß sie Empathie und die traditionelle wissenschaftliche Methode kombiniert hat* ...« (a.a.O.: 41). Was die Psychoanalyse den anderen Wissenschaften zu geben habe sei deshalb: »*die Einführung der Empathie in das Feld der Wissenschaft*« (a.a.O.: 42). Und dabei gehe es nicht nur darum, die Empathie als neues Hilfsmittel zur Verfügung zu stellen, sondern: »*Empathie sollte das leitende Ideal aller Wissenschaften werden, die Bindung des Wissenschaftlers an die Empathie sollte an die Stelle des Stolzes auf seine methodologische und technologische Kenntnis treten, den er bisher empfunden hat*« (ebenda).

Die Reaktionen des Ethnologen auf einen solchen Anspruch sind leicht auszudenken. Auch wenn er nicht den extremen Standpunkt Gehlens einnimmt, der generell von der Unverstehbarkeit archaischer Hochkulturen spricht (1956: 132f.), so wird er doch mit Unbehagen an jene Ethnologie, wie die von Frobenius, denken, die die »*Seele des Negers*« verstehen wollte. Er wird glücklich sein, diese Phase überwunden zu haben, und eben noch stolz sein auf diesen Verzicht, der zwar zu einer Selbsteinschränkung seines Faches, aber auch aus einer Sackgasse der Entwicklung seiner Wissenschaft führte. Der Ethnologe weiß viel zuviel von der Kulturbedingtheit des Verstehens auf der Grundlage der Empathie, um sich auf dieses Glatteis locken zu lassen. Wenn Kohut also damit rechnet, auf Widerstand bei den anderen Wissenschaften zu stoßen, falls er gerade die Empathie als das bezeichnet, was die Psychoanalyse zu geben habe, so hat er ganz gewiß recht. Ich muß hier vielleicht anmerken, daß Kohut einen eher extremen Standpunkt innerhalb der Psychoanalyse vertritt. Hartmann war »gemäßigter« – ihm ging es um psychoanalytische Problemstellungen, die für die Soziologie fruchtbar sein könnten und umgekehrt (1944; 1950). Aber Kohuts »Extremismus« hilft uns einige zentrale Schwierigkeiten in der Zusammenarbeit zwischen Psychoanalyse und Ethnologie ebenso wie die Faszination, die sie aufeinander ausüben, deutlicher zu sehen.

Jeder Ethnologe, der in eine fremde Kultur geht, möchte sie verstehen. Er ist stolz darauf, wenigstens zu einigen Leuten engere Beziehungen knüpfen zu können. Was Kohut unter Empathie begreift, spielt während der Zeit, da sich der Forscher in der fremden Umgebung aufhält, eine beträchtliche Rolle: »*1. Empathie, das Erkennen des Selbst* (vgl. dazu Kohut 1973b: 127ff.) *im Anderen, ist ein unentbehrliches Mittel der Beobachtung, ohne das weite Bereiche des menschlichen Lebens, einschließlich des menschlichen Verhaltens im sozialen Umfeld, unverständlich bleiben. 2. Empathie, die Erweiterung des Selbst, um den Anderen einzuschließen, stellt ein starkes psychologisches Band dar zwischen Individuen, das ... der Destruktivität des Menschen gegenüber seinen Mitmenschen entgegenwirkt. 3. Empathie, das annehmende, bestätigende Echo, das vom Selbst hervorgerufen wird, ist eine psychologische Nahrung, ohne die menschliches Leben, wie wir es kennen und schätzen, nicht bestehen könnte*« (1973a: 44). Der Ethnologe, der in ein fremdes Dorf kommt, erfährt es als eine existentielle Notwendigkeit, sich in die anderen versetzen zu können. Er kennt die Sitten und Gebräuche nicht und befindet sich insofern in einer orientierungslosen und angstauslösenden Situation. Oft packen ihn Verfolgungsängste, und er ist selber angewiesen, daß die Dorfbewohner ihm die »psychologische Nahrung« darbringen, d.h. die Empathie erweisen, die er zum Leben braucht.

Empathie wird dem Ethnologen erst dann zum Problem, wenn er seine Erfahrungen auf die Ebene der Theorie bringen will. Es ist so, wie wenn die theoretische Arbeit darin bestünde, das, was empathisch begriffen wurde, wieder zum Verschwinden zu bringen. Diese Situation ist aus jedem Seminar bekannt. Während der Vorbereitung zu einem Feldforschungspraktikum in Mexiko diskutierten wir z.B. die Bauernfrage, und nur mühsam wurde ersichtlich, daß einige der Studenten entweder selber von Bauernfamilien abstammten oder für längere Zeit dort gearbeitet hatten. Viele von uns hatten früher einmal Gotthelf gelesen, der bekanntlich das Bauernleben im Emmental beschreibt; als Kontrastmaterial zu Mexiko wäre es außerordentlich interessant gewesen, aber es war wie vergessen, und wir konnten nicht darüber verfügen. Es war ganz allgemein so, als ob alle derartigen, sei es selber erlebten, sei es durch Lektüre angeeigneten Erfahrungen, welche jedoch nicht in unmittelbarem Zusammenhang mit dem Kurs gemacht worden waren, nicht existierten. Ein Student interessierte sich besonders für die Verelendung der Bauern, die sie gezwungen hatte, ihr Land zu verlassen und in der Stadt unter äußerst schweren Bedingungen zu leben. Die Darstellung des Problems geriet diesem Studenten nur auf einem außerordentlich abstraktem Niveau; er zeigte große Hemmungen, seine Arbeit in der Gruppe zu präsentieren, und dieser fiel es schwer, seinen Gedankengängen zu folgen. Als wir diese Situation besprachen, stellte sich heraus, daß das, was der Student so abstrakt und damit auch weit weg von sich beschrieb, ihm eigentlich sehr nahe stand und anschaulich hätte sein müssen – es war die Geschichte seiner eigenen Familie, die ebenfalls das Land aufgeben und sich in der Stadt niederlassen mußte. Die »wissenschaftliche« Darstellung stand im Dienste einer Entfremdung seiner familiären Erfahrung. Die Abstraktion, die eine falsche war, weil sie keine Einsichten ergab, war somit das Produkt des Auseinanderklaffens zweier »Texte« – desjenigen, der seine eigene Erfahrung, und desjenigen, der die Erfahrung der fremden Kultur zum Ausdruck bringen sollte. Kein Wunder, wenn er in der Gruppe nicht verstanden wurde.

Was empathisch, d.h. durch eigene Lebenserfahrung, angeeignet worden war, konnte nicht in den ethnologisch-wissenschaftlichen Diskurs eingebracht werden. An dieser Schwierigkeit läßt sich die Problematik der Psychoanalyse in der Ethnologie verdeutlichen. Sie resultiert wesentlich aus der Verschiedenheit dessen, was in beiden Disziplinen als Wissen gilt. In der Ethnologie spricht man – wie in den anderen Wissenschaften – dann von »Wissen«, wenn eine bestimmte Aussage methodisch abgesichert mit dem entsprechenden Sachverhalt übereinstimmt. In der Psychoanalyse hingegen müssen noch eine Reihe anderer Bedingungen zusätzlich erfüllt sein. Was heißt in psychoanalytischem Sinn, die Theorie des Ödipuskomplexes zu kennen, sie also als »Wissen« zur Verfügung zu haben? Die dazu gehörenden Bedingungen lassen sich aus der Art und Weise, wie Freud seine Entdeckung seinem Freund Fließ mitteilte, rekonstruieren. Am 15. Oktober 1897 schrieb er ihm: *»Ein einziger Gedanke von allgemeinem Wert ist mir aufgegangen. Ich habe die Verliebtheit in die Mutter und die Eifersucht gegen den Vater auch bei mir gefunden und halte sie jetzt für ein allgemeines Ereignis früher Kindheit ... (...) Wenn das so ist, so versteht man die packende Macht des König Ödipus trotz aller Einwendungen, die* *der Verstand gegen die Fatumsvoraussetzung erhebt, und versteht, warum das spätere Schicksalsdrama so elend scheitern mußte. Gegen jeden willkürlichen Einzelzwang ... bäumt sich unsere Empfindung, aber die griechische Sage greift einen Zwang auf, den jeder anerkennt, weil er dessen Existenz in sich verspürt hat. Jeder der Hörer war einmal im Keime und in der Phantasie ein solcher Ödipus, und vor der hier in die Realität gezogene Traumerfüllung schaudert jeder zurück mit dem ganzen Betrag der Verdrängung, der seinen infantilen Zustand von seinem heutigen trennt«* (1962: 193). Die Aussage »*Verliebtheit in die Mutter und Eifersucht gegen den Vater*« ist ein Teil des Wissens. Hinzu kommen noch das Wissen von der Besonderheit der Beziehung zur *eigenen* Mutter und zum *eigenen* Vater ebenso wie das Wissen von der durch den Ödipus-Mythos veranschaulichten Allgemeinheit des Verhältnisses. Die auftauchenden Affekte zeigen die Verknüpfung dieser Inhalte mit dem Unbewußten an und verweisen auf ihren Stellenwert im Verhältnis zwischen Ich, Überich und Es. Auch das Wissen von dieser Dynamik gehört zur Kenntnis des Ödipuskomplexes. Eißler faßt alle diese Bedingungen folgendermaßen zusammen: 1. Darf der einzelne Inhalt nicht isoliert werden von den übrigen Inhalten, sondern muß in seiner assoziativen Verknüpfung mit allen Systemen der Persönlichkeit, mit eingeschlossen das Unbewußte und Vorbewußte, betrachtet werden. Um psychoanalytisch brauchbar zu sein, muß also ein bestimmter Inhalt zu den drei »Provinzen« Es, Ich und Überich in Bezug gebracht werden. 2. Muß auch der emotionale Widerhall Berücksichtigung finden, d. h. die Verknüpfung des Inhalts mit den Affekten Haß, Bewunderung, Gleichgültigkeit etc. (Eißler 1965: 67).

Charakteristisch für das psychoanalytische Wissen ist das, was Morgenthaler die »*negative Präsenz des Unbewußten*« genannt hat, und was die Psychoanalyse in die Nähe der Literatur rückt. »*Ich bin nicht immer Psychotherapeut gewesen*«, schreibt Freud in den »Studien über Hysterie«, »*sondern bin bei Lokaldiagnosen und Elektroprognostik erzogen worden wie andere Neuropathologen, und es berührt mich selbst noch eigentümlich, daß die Krankengeschichten, die ich schreibe, wie Novellen zu lesen sind, und daß sie sozusagen des ernsten Gepräges der Wissenschaftlichkeit entbehren. Ich muß mich damit trösten, daß für dieses Ergebnis die Natur des Gegenstandes offenbar eher verantwortlich zu machen ist als meine Vorliebe*« (1895: 227). Wie das griechische Drama seine Kraft vom

Bezug zum Unbewußten zieht, dieses also negativ präsent hält, da es als solches nicht bewußt wird, ebenso muß das psychoanalytische Wissen die Nähe zum Unbewußten wahren. Der Novellen-Charakter der Krankengeschichten rührt daher, daß sie ein *kunst*-volles Produkt sind, das beim Leser eine Unzahl von Assoziationen weckt und ihn damit in Bezug zu seinem eigenen Unbewußten bringt. In dem Maße als diese Assoziationen abgewehrt und nicht in das vorhandene psychoanalytische Wissen integriert werden, in dem Maße erstarren auch die entsprechenden Begriffe.

Die Schwierigkeiten der Psychoanalyse in der Ethnologie stammen nicht so sehr – wie Kohut meint – aus der Abwehr der Empathie, auf die die Ethnologen während der Feldforschung durchaus angewiesen sind, sondern aus den Schwierigkeiten, die Empathie adäquat zu Wissen zu verarbeiten. Auf diese Problematik des Wissens war Freud gestoßen, als er merken mußte, daß die bloße Mitteilung eines dem Patienten unbewußten Sachverhaltes noch keine Einsicht produziere. Er schrieb: »*In den frühesten Zeiten der analytischen Technik haben wir allerdings in intellektualistischer Denkeinstellung das Wissen des Kranken um das von ihm Vergessene hoch eingeschätzt und dabei kaum zwischen unserem Wissen und dem seinigen unterschieden. Wir hielten es für einen besonderen Glücksfall, wenn es gelang, Kunde vom vergessenen Kindheitstrauma von anderer Seite her zu bekommen, zum Beispiel von Eltern, Pflegepersonen oder dem Verführer selbst ..., und beeilten uns, dem Kranken die Nachricht und die Beweise für ihre Richtigkeit zur Kenntnis zu bringen in der sicheren Erwartung, so Neurose und Behandlung zu einem schnellen Ende zu führen. Es war eine schwere Enttäuschung, als der erwartete Erfolg ausblieb. Wie konnte es nur zugehen, daß der Kranke, der jetzt von seinem traumatischen Erlebnis wußte, sich doch benahm, als wisse er nicht mehr als früher?*« (1913: 475).

Freuds Beobachtungen waren nicht nur für therapeutische Probleme gültig, sie betrafen auch die Grenzen, auf welche die Aufklärer gestoßen waren: Die Beherrschung von Theorie muß sich noch keineswegs auf die Praxis auswirken; »Wissen« und »Leben« klaffen auseinander. Diesen Widerspruch nicht akzeptierend und seine Enttäuschung überwindend, deckte Freud die Hindernisse auf, die sich der Wirkung des Wissens entgegenstellten. Das Instrument dazu war die psychoanalytische Situation.

Sie ist in mehrerer Hinsicht einmalig: Sie ist eine duale Beziehung,

»verträgt keinen Dritten«, wie Freud sagt (1926b: 211). Das Subjekt soll so die Möglichkeit haben, mit möglichster Freiheit, seine Gedanken, Gefühle, Eindrücke, Antriebe etc. – kurz alles, was ihm zu Bewußtsein kommt – zu verbalisieren. Die einzige Einschränkung besteht in der relativen Unbeweglichkeit, zu der ihn das Liegen auf der Couch zwingt. *»Die psychoanalytische Situation ist auf ein Maximum an Verbalisierung und einem Minimum an Aktion hin entworfen«* (Eißler 1965: 58-59). Daher lautet ja auch die bekannte Grundregel, daß *»er ... uns nicht nur mitteilen (soll), was er absichtlich und gern sagt, was ihm wie in einer Beichte Erleichterung bringt, sondern auch alles andere, was ihm seine Selbstbeobachtung liefert, alles, was ihm in den Sinn kommt, auch wenn es ihm unangenehm zu sagen ist, auch wenn es ihm unwichtig oder sogar unsinnig erscheint. Gelingt es ihm, nach dieser Anweisung seine Selbstkritik auszuschalten, so liefert er uns eine Fülle von Material, Gedanken, Einfällen, Erinnerungen, die bereits unter dem Einfluß des Unbewußten stehen, oft direkte Abkömmlinge desselben sind und die uns also in den Stand setzen, das bei ihm verdrängte Unbewußte zu erraten und durch unsere Mitteilung die Kenntnis seines Ichs von seinem Unbewußten zu erweitern«* (Freud 1938: 99).

Damit der Analytiker den Assoziationsfluß nicht störe, sitzt er hinter dem Analysanden. Das ganze Arrangement zielt darauf, äußere Einflüsse, Stimuli, möglichst gering zu halten, um innere Antriebe desto deutlicher zur Geltung kommen zu lassen. Die äußere Umgebung des Zimmers verblaßt allmählich, gesellschaftliche Zwänge fallen weg, und die Vertrauenswürdigkeit und Diskretion des Analytikers sollen die Freiheit des Ausdrucks gewährleisten. Auch erwartet der Analytiker von Anfang an keine bestimmten Informationen. Was der Analysand zur Sprache bringt, kann unter zwei Kategorien geordnet werden: 1. Informationen über die Realität, in der er lebt, über seine Vergangenheit, seine Gefühle und Wünsche etc. 2. Mitteilungen, die dem Analytiker einen Einblick vermitteln in jene Kräfte, welche mögliche Aussagen sperren, hinhalten oder verfälschen. Hier handelt es sich um eine Auswirkung der Abwehrmechanismen, die aber von ebenso großer Wichtigkeit für das Verständnis der Persönlichkeit sind, wie die erste Gruppe von Informationen über die erfahrene Realität des Analysanden. Aufgabe der Analyse ist es nun, die pathologischen Wirkungen dieser Abwehrmechanismen außer Kraft zu setzen, damit das Ich über diese Mechanismen verfüge, statt umgekehrt. Freuds

Leistung war es zu erkennen, daß die Rekonstruktion der Vergangenheit und das Wissen darüber (im vorhin erwähnten psychoanalytischen Sinn) diese Freiheit des Individuums wiederherstellen werden. Ein weiteres spezifisches Merkmal des psychoanalytischen Forschungsprozesses betrifft das Verhältnis zwischen dem Wissen des Analytikers und dem des Analysanden: »*Der Beobachter erlangt Wissen nur insoweit als das Subjekt durch den gleichen Prozeß hindurchgeht. Klinisch gesehen bedeutet dies, daß wenn der Beobachter ein beträchtliches Wissen über dieses Subjekt sammelt, aber ohne es ihm zu vermitteln; oder wenn das Subjekt, trotz der Mitteilungen, dieses Wissen nicht integriert, der ganze* (psychoanalytische, M. E.) *Prozeß zum Stillstand kommt*« (Eißler 1965: 66). Ein Ungleichgewicht zwischen dem Wissen des Beobachters und des Beobachteten wird so geradezu zum schlechten Vorzeichen, das ein unbefriedigendes Ende des ganzen Unternehmens ankündigt. Die ideale Abfolge stellt Eißler folgendermaßen dar: »*1. Ein Schritt vorwärts im Erwerb von Wissen durch den Beobachter, dem 2. die Vermittlung an das Subjekt folgt, was dann wieder 3. zur Entdekkung und Aufhebung der Hindernisse führt, die der Integration des vermittelten Wissens im Wege stehen, was gleichzeitig den Weg ebnet zu 4. dem weiteren Erwerb von Kenntnissen über die Persönlichkeit des Subjekts. Nach dem Abschluß dieses Integrationsprozesses, würde sich die gleiche Sequenz mit einer neuen Beobachtung wiederholen*« (a.a.O.: 66). Freud entwickelte seine Technik im Rahmen der Medizin, die bereits am Ende des 19. Jahrhunderts mit dem »Aufstand des Subjekts« konfrontiert war (Lain Entralgo 1969: 125). Der Kranke forderte mehr oder weniger bewußt, »*klinisch als ›Subjekt‹ betrachtet zu werden, d.h. als ›Person‹, nicht nur als wertvolles oder wertloses ›Objekt‹. (...) Der Patient protestiert ... gegen die Tatsache, daß er, obgleich er eine Person, ein mit Vernunft, Gefühlsleben und Freiheit begabtes Subjekt ist, im Krankenhaus als Objekt behandelt wird*« (a.a.O.: 133-134). Aber die Mediziner konnten auf diese Forderungen gar nicht eingehen. Besonders bei den Psychiatern wirkte sich ihr naturwissenschaftliches Selbstverständnis verhängnisvoll aus, denn es ließ sie nur die objektive Seite der Geisteskrankheit erkennen. Die Hysterie zum Beispiel galt als »*eine objektive und typische Störung der psychosomatischen Realität des Kranken. Freud dagegen will weniger* der *Hysterie als objektiver und typischer Krankheit die Stirn bieten als dem, was für den Patienten* seine *Hysterie ist, wenn dieser sich dessen auch vielleicht nicht deutlich bewußt ist*« (a.a.O.: 138). Während sich die naturwissenschaftliche Psychiatrie bei der Lokalisierung der hysterischen Paralysen nach der wissenschaftlichen Anatomie des menschlichen Körpers richtete, orientierte sich Freud an den Vorstellungen, die sich der Hysteriker von seinem eigenen Körper machte. »*Das klinische Bild des Hysterikers wäre demnach nicht von der objektiven Anatomie nach dem Lehrbuch bestimmt, sondern von der ... subjektiven Anatomie, die als schillernde und vielleicht recht eigenwillige Volksweisheit stillschweigend immer in der Vorstellung des Kranken existiert*« (ebenda).

Psychiatrie und Ethnologie sind als Zwillingswissenschaften bezeichnet worden (Dubreuil and Wittkower 1976: 131), deren Geschichte viele Parallelen aufweist (Parin 1976a: 93). Eine davon ergibt sich aus dem »Aufstand des Subjekts«, der heute die Ethnologie und die übrigen Sozialwissenschaften herausfordert und z.B. zur politischen Infragestellung der Feldforschung führte. 1968 fragte Kathleen Gough, was einem von einer konterrevolutionären Regierung abhängigen Ethnologen in einer mehr und mehr revolutionär werdenden Welt zu tun übrig bleibt. Er sei drei Instanzen gegenüber verantwortlich: 1. den Leuten, die er untersuche, 2. seinen Kollegen sowie der Wissenschaft und schließlich 3. den Mächten, die ihn an der Universität angestellt oder die Forschung bezahlt haben (1968: 25). An der Widersprüchlichkeit der Interessen reibt sich der Ethnologe auf, dem nur drei Möglichkeiten – die alle zur Auflösung der Ethnologie führen müßten – zu bleiben scheinen: Entweder er schließt sich dem Aufstand der Subjekte an und wird zum Revolutionär, der sich in den Dienst des Volkes stellt; oder er zieht sich auf die Universität zurück, um dort Probleme zu behandeln, die niemandes Interessen berühren; oder er arbeitet für die Regierung und sucht nach den effizientesten Methoden der Unterdrückung. Diese politische Selbstkritik der Ethnologen wurde von den bisherigen »Objekten« der Ethnologie aufgenommen und weitergeführt. Der Sioux Vine Deloria klagte sarkastisch an: »*Jedermann muß sein Kreuz tragen. (...) Aber die Indianer sind von all den Völkern in der Geschichte am schlimmsten verflucht worden. Indianer haben Ethnologen. (...) Ein in der Schlacht getöteter Indianer kam in die himmlischen Jagdgründe. Aber wohin geht ein von den Ethnologen fertiggemachter Indianer? In die Bibliothek? (...) Hinter jedem erfolgreichen Mann steht eine Frau und hinter der Politik und den Programmen, mit welchen die Indianer gequält wurden, steht – geht man nur weit genug zurück – ein Ethnologe*« (1969: 83-85). Die Sozialwissenschaftler versuchten neue Forschungsstrategien zu entwickeln, die die Subjektivität der untersuchten Personen und deren Interessen sowie Sehweise erfassen und den Abstand zwischen den Forschern und deren Informanten verringern könnten. Am Beispiel der Ethnomethodologie und Aktionsforschung möchte ich zeigen, welche Probleme dabei auftauchen und welchen Beitrag die Psychoanalyse zu deren Lösung leistet.

Kennzeichnend für Ethnomethodologie und Aktionsforschung sind die Betonung der Aktivität der zu untersuchenden Subjekte und ihre Gleichsetzung mit dem Forscher: »*Handlungsforschung hebt in irgendeinem Grade bewußt und gezielt die Scheidung zwischen Forschern auf der einen und Praktikern in dem betreffenden Aktionsfeld (...) auf der anderen Seite auf zugunsten eines möglichst direkten Zusammenwirkens von Forschern und Praktikern im Handlungs- und Forschungsprozeß«* (Klafki, zit. n. Moser 1975: 137); und: »*Für den Ethnomethodologen ist das Individuum ein kompetent Handelnder, dem es möglich ist, in all den alltäglichen Handlungssituationen seine Wissenssysteme reflexiv, methodisch und situationsbezogen zu gebrauchen*« (Weingarten, Sack, Schenkein 1976: 20), d.h. jeder ist eigentlich Sozialwissenschaftler. Diese Neusetzung des Erkenntnisgegenstandes impliziert eine Neuformulierung der Position des Erkennenden. Die Ethnomethodologie arbeitet vor allem mit dem Kunstgriff der Verfremdung; ihren Standpunkt veranschaulicht sie, indem sie zum Beispiel des Marsmenschen greift, »*um das Alltägliche zu verfremden und somit das ›Selbstverständliche‹ in einem neuen Licht sehen zu können*« (Wieder u. Zimmermann 1976: 125). Das Bild des Marsmenschen vermittelt eine ungefähre Vorstellung der Distanz, die der Ethnomethodologe annehmen muß, um die Welt des Menschen zu beschreiben. Alle Menschen sind Wissenschaftler, aber die Ethnomethodologen sind Marsianer, könnte man polemisch sagen, um auf die Gefahr hinzuweisen, daß die verfremdete Haltung in eine objektivistische Distanzierung umschlagen könnte (Devereux 1967: 179). Bei der Aktionsforschung scheint diese Gefahr gebannt: »*Die praktischen und theoretischen Ansprüche des action research verlangen vom Forscher eine zumindest vorübergehende Aufgabe der grundsätzlichen Distanz zum Forschungsobjekt zugunsten einer bewußt einflußnehmenden Haltung, die von teilnehmender Beobachtung bis zur aktiven Interaktion mit den Beteiligten reicht*« (Klüwer u. Krieger, zit. n. Moser 1975: 58). Dieser Ansatz versetzt den Forscher in eine neue Position mit neuen Aufgaben; das Problem der Subjektivität des Wissenschaftlers und deren Relevanz für den Forschungsprozeß kommen in den Vordergrund. Überraschenderweise aber erscheint gerade dieses Problem nur am Rande der Theorie der Aktionsforschung, und zwar reduziert auf psychische Mechanismen. Moser spricht vom »*hautnahen Verhältnis der Kooperation*« (a.a.O.: 149), von den Konflikten, die dabei auftauchen, und verweist auf Devereux, der in seinem Buch »Angst und Methode in den Verhaltenswissenschaften« die Rolle der »*Angst bei der Aufnahme von Beziehungen zwischen Feldsubjekten und Wissenschaftlern*« (ebenda) beschrieben habe. Aber es geht – auch bei

Devereux – mehr als nur um die Angst, es geht vor allem darum, was mit dem Forscher geschieht. Die Vernachlässigung der Subjektivität des Forschers läßt die Aktionsforschung leicht in ein rein manipulatives Geschehen umschlagen, in welchem die Bedürfnisse und Sehweisen der Betroffenen wieder zum Verschwinden gebracht werden.

Das Problem der Subjektivität im Forschungsprozeß ist ein zweiseitiges; es betrifft sowohl den Informanten als auch den Forscher selbst (Devereux 1967). Insofern kann man sagen, der »Aufstand des Subjektes« findet auf beiden Seiten des Forschungsverhältnisses statt, und ich vermute, daß die sich ausbreitende Wissenschaftsfeindlichkeit ebenfalls als Ausdruck dieses Aufstandes betrachtet werden kann (Erdheim u. Nadig 1979). In der Ethnologie spielte das subjektive Moment schon immer eine bedeutsame Rolle. Dadurch daß der Ethnologe für längere Zeit in einer fremden Kultur lebte, war er eher auf sich selbst zurückgeworfen als ein anderer Sozialwissenschaftler und entwickelte eine größere Sensibilität für das Subjektive. Ein Zeugnis davon geben die vielen Autobiographien, in welchen Ethnologen von sich und ihrer Arbeit berichten.

In »Afrique ambiguë« schrieb Georges Balandier: »*Fremde Völker zu erklären, unter denen man gelebt hat und die man liebt, heißt sich selber deuten. In die Analyse solcher Bindungen fließt stets, auch bei Wahrung strengster wissenschaftlicher Methodik, die Erhellung eines persönlichen Erlebnisses ein. Ich halte es für möglich, in der Untersuchung des Werkes der Ethnologen die wesentlichen Stadien ihres eigenen Werdeganges aufzudecken. Mit der Ausdehnung ihrer Untersuchungen bereichern sie gleichzeitig ihre Autobiographie, die sich kontrapunktisch zu ihren Arbeiten entfaltet*« (1957: 7-8). In diesem Zusammenhang liegt die Chance sowohl für die Erhellung als auch für die Verfälschung des ethnologischen Gegenstandes. Die Erfahrung zeigt, daß jedes Individuum Erfahrungen gemacht und Charakterzüge entwickelt hat, die es nicht akzeptieren kann. »*Jede Kultur behandelt das gleiche psychische Material auf verschiedene Weise. Die eine unterdrückt es, eine andere begünstigt seine offene, manchmal sogar übermäßige Ausprägung, wieder eine andere duldet es als zulässige Alternative, sei es für alle, sei es nur für bestimmte über- und unterprivilegierte Gruppen, usw. Die Untersuchung fremder Kulturen zwingt deshalb den Anthropologen oft, bei der Feldforschung Material zu beobachten, das er selbst verdrängt.*

Diese Erfahrung löst nicht nur Angst aus, sondern wird zugleich als ›Verführung‹ erlebt« (Devereux 1967: 67). Tauchen nun während der Feldforschung Situationen auf, die gerade diese Anteile der Persönlichkeit des Forschers ansprechen, dann wird er unbewußt versuchen, solche Erfahrungen zu verleugnen (er nimmt sie dann einfach nicht wahr), ins Gegenteil umzukehren (etwa als Ausdruck exotischer Freiheit) oder als barbarisch oder unzivilisiert zu entwerten. Andererseits wird der Ethnologe auch dazu neigen, das, was er nicht ist, aber gerne sein möchte, auf die fremde Kultur zu projizieren (a.a.O.: 236).

Was dem Feldforscher Schwierigkeiten bereitet, sind somit die aus seiner eigenen Lebensgeschichte verdrängten Anteile. Die unbewußt gewordenen Wunden, die ihm seine eigene Enkulturation und Sozialisation zugefügt haben und die in der Auseinandersetzung mit der fremden Kultur wieder aufbrechen, erschweren ihm den Zugang zu deren Alltag. Florence Weiß, die bei den Iatmul in Neuguinea eineinhalb Jahre verbrachte, verdanke ich die Auskunft, in welchem Maße ihre Beschäftigung mit der Kultur der Iatmulkinder sie zwang, sich mit ihrer eigenen Kindheitsgeschichte auseinanderzusetzen. Die Hypothese drängt sich hier auf, daß in der Ethnologie das intensive Studium der Kindheit, so wie sie im Alltag von den Kindern selbst erlebt wird, vernachlässigt wurde, weil die Ethnologen die Wiederbegegnung mit der eigenen Kindheit, die in den meisten Fällen schmerzhaft verlief, vermieden. Die Verdrängung wird durch die Identifikation mit den Eltern aufrechterhalten, und diese wirkt sich auch in der wissenschaftlichen Arbeit aus (Miller 1980). Die »Culture-and-Personality«-Schule, die sich – in der Hoffnung, damit den Aufbau einer Kultur verstehen zu können – am meisten für die Kindheit interessierte, begnügte sich in der Regel mit Beobachtungen von »außen«, aus der Sicht der Erwachsenen, eben der Eltern (Goodman 1973: 2). Die Identifikation mit ihnen muß bewußt werden, um die Erfahrung der eigenen Kindheit aufkommen zu lassen – dann wird man auch bereit sein, sich mit der Kindheit der anderen zu beschäftigen (Weiß 1981).

Die Autobiographie von Juan Rojas, welche von June Nash aufgenommen wurde (Rojas y Nash 1976), birgt interessante Hinweise (welche in den Arbeiten von O. Lewis z.B. fehlen) für den Prozeß der wechselseitigen Erhellung der Lebensgeschichten des Informanten und seines Ethnologen. Eine bezeichnende Szene ist die, wo die Ethnologin sich mit Filomeno, dem Sohn von Juan

Rojas, unterhält. Dieser reagiert immer nur auf Fragen und antwortet dann sehr knapp. »*Nur einmal*«, schreibt June Nash, »*vermittelte er mir eine persönliche Erfahrung, als ich ihn nämlich fragte, ob er je gesehen habe, wie sein Vater aus der Mine komme. Ich fragte ihn das, an meine eigenen Reflexionen denkend, wie ich, noch ein kleines Mädchen, auf meinen Vater wartete und ihn, gebückt und müde von den Opfern, die er leisten mußte, um den täglichen Unterhalt zu verdienen,* (aus der Fabrik, M. E.) *herauskommen sah.* (Filomeno) *erzählte mir darauf, daß ihn einmal die Mutter bestraft habe, und er schutzbedürftig zum Mineneingang gegangen sei, um (...) auf den Vater zu warten. Als er ihn müde und gebückt herauskommen sah, dachte er sich: ›Ich werde auch Minenarbeiter werden, aber nie werde ich mich bücken‹*« (Rojas y Nash 1976: 15). Die Konfrontation mit der Kultur der Minenarbeiter wirft June Nash auf ihre eigene Geschichte zurück, und indem sie diese akzeptiert, ohne sie abzuspalten, wird ihre eigene Erfahrung der Schlüssel zum Labyrinth des fremden Lebens. In dem Artikel »Ethics and Politics in Social Science« (1974) stellt sie ihre Feldforschung bei den Maya-Indianern von Chiapas, Mexiko, derjenigen bei den bolivianischen Minenarbeitern gegenüber. Während sie sich in dem Bauerndorf, wo sie den sozialen Wandel untersuchte, mit dem ideologischen Instrumentarium des Kulturrelativismus die Distanz schuf, um als neutrale Beobachterin ihrer Arbeit nachzugehen, mußte sie in Bolivien Stellung beziehen: »*Die Minenarbeiter, die Quechua und/oder Aymará sprachen, waren in die moderne industrielle Epoche eingetreten und forderten Macht. Die Polarisierung des Klassenkampfes machte es notwendig, Partei zu ergreifen, oder aber man wurde von ihnen selber der einen oder anderen Seite zugeordnet. In einer revolutionären Situation* (wie sie damals, 1967, in Bolivien herrschte, M. E.) *sind keine neutralen Beobachter zugelassen*« (a.a.O.: 498). Bei den Maya kreisten die sozialen Konflikte um die Hexerei, und in diese wurde June Nash als amerikanische Ethnologin nicht einbezogen; die Minenarbeiter dagegen kämpften auch gegen die ökonomische Abhängigkeit, die der amerikanische Imperialismus aufrechtzuerhalten versuchte. Als man die Ethnologin als CIA-Agentin verdächtigte, war sie gleichsam von der Geschichte ihres Landes eingeholt worden und mußte dafür oder dagegen Stellung nehmen. Sich auf ihre eigene Geschichte als Oppositionelle in den USA beziehend, konnte sie die Entscheidungen treffen, die sie auf die Seite der Minenarbeiter brachten. Von dieser Position aus war es ihr nun möglich, die Gespräche aufzunehmen, die ihr Einblick verschafften in die den Fremden bisher verborgene Kultur – nicht der Armut, sondern des permanenten Widerstandes der bolivianischen Arbeiter (Nash 1977).

Die aufständischen Subjekte reaktivieren die Subjektivität des Forschers. Sein Verständnis für sie wird davon abhängig sein, wie er mit seiner eigenen Subjektivität umgehen kann. Diese Situation weist eine Reihe von Parallelen mit derjenigen auf, die Freud bewältigen mußte, als er sich auf die unbewußten Strukturen seiner Patienten einließ. Gegen diesen Vergleich mögen sich Einwände regen: die Informanten seien ja keine Neurotiker; nicht sie, sondern die Ethnologen wollen etwas von ihnen haben. Darauf läßt sich mit Morgenthaler entgegnen, daß der Analytiker »*jedem Analysanden – und möge er noch so krank erscheinen – als einem Partner* (begegnen soll), *der zwar in Konflikten steht, Symptome zeigt und was auch immer für Begleiterscheinungen mitbringt, der aber unter dem Gesichtspunkt seiner Ichfunktionen und seiner Libidoschicksale so gesund wie möglich und nicht so krank wie möglich ist*« (1978: 22). Das heißt, daß der psychoanalytische Prozeß nur in Gang kommt, wenn man sich auf die gesunden Anteile der Persönlichkeit bezieht (Devereux 1956: 28). In dieser Hinsicht hat der Ethnologe also sogar eine günstigere Ausgangsposition als der Psychoanalytiker in unserer Gesellschaft. Der zweite Einwand, der das Argument des Leidensdruckes aufgreift, übersieht, daß auch dort, wo die Psychoanalyse als Therapie eingesetzt wird, nicht der Leidensdruck der treibende Motor ist, sondern ein Wechselspiel zwischen Verführung seitens des Analytikers ebenso wie des Analysanden und theoretischer Neugierde die psychoanalytische Dynamik vorantreibt: »*Die allmähliche Vertiefung der analytischen Beziehung kann so beschrieben werden: Die Beziehung beginnt zunächst damit, daß der Analysand bei mir (*dem Analytiker, M. E.*) Eigenschaften entdeckt, die er bei sich selbst kennt; später entwickelt sich die Beziehung dann so, daß er bei mir Eigenschaften erkennt, die er bei sich selber vermißt, aber gerne haben möchte. Das ist das Resultat der Verführung, die in jedem analytischen Prozeß eine so große Rolle spielt. (...) Es gibt keinen analytischen Prozeß, in welchem der Analysand nicht versucht, den Analytiker zu verführen, sich von ihm, dem Analysanden, eingenommen zu fühlen und ihn als einen besonders liebenswerten Partner zu erkennen. Und es* *gibt auch keinen analytischen Prozeß, in welchem der Analytiker seinen Analysanden nicht verführt, sich in eine vertiefende Beziehung zu ihm einzulassen, also eine emotionale Bewegung in Gang zu bringen und auch in Gang zu halten. Eine richtig verstandene analytische Auswertung der Verführungsthematik ergibt, daß sich progressiv wirksame Identifikationen einstellen, die einerseits die Einsicht im Deutungsprozeß begleiten und andererseits dazu beitragen, daß die Besetzungen in der Beziehung zwischen Analysand und Analytiker im gleichen Sinne und nicht polar entgegengesetzt vorgenommen werden«* (Morgenthaler 1978: 78). Diese Dynamik spielt in der Feldforschung eine ebenso große Rolle wie in der Psychoanalyse. Daß sie bisher weitgehend übersehen wurde und statt dessen der Leidensdruck der Krankheit bzw. der wissenschaftliche Impetus des Forschers als die treibenden Motivationen hervorgehoben wurden, hängt wohl mit dem Legitimationsdruck zusammen, worunter jeder gerät, der sich mit dem Unbewußten beschäftigt. Die sich dahinter verbergende Tradition hat Nietzsche in der »Morgenröte« beschrieben: *»Gehen wir noch einen Schritt weiter: allen jenen überlegenen Menschen, welche es unwiderstehlich dahin zog, das Joch irgend einer Sittlichkeit zu brechen und neue Gesetze zu geben, blieb, wenn sie nicht wirklich wahnsinnig waren, nichts übrig als sich wahnsinnig zu machen oder zu stellen – und zwar gilt das für die Neuerer auf allen Gebieten, nicht nur auf dem der priesterlichen und politischen Satzung ...«* (1881: 19). Auch heute scheint es, als ob die Auseinandersetzung mit dem Unbewußten nur in Zusammenhang mit der Krankheit erlaubt sei. Freuds Warnung vor der Psychiatrisierung der Psychoanalyse wurde nicht ernstgenommen. *»Wir halten es gar nicht für wünschenswert, daß die Psychoanalyse von der Medizin verschluckt werde und dann ihre endgültige Ablagerung im Lehrbuch der Psychiatrie finde, im Kapitel Therapie ... Als ›Tiefenpsychologie‹, Lehre vom seelisch Unbewußten, kann sie all den Wissenschaftlern unentbehrlich werden, die sich mit der Entstehungsgeschichte der menschlichen Kultur und ihrer großen Institutionen wie Kunst, Religion und Gesellschaftsordnung beschäftigen«* (1926b: 283). Um sich heute die Psychoanalyse anzueignen, muß man in der Regel entweder selbst psychisch krank sein oder vorhaben, sich als Therapeut zu betätigen. Diese gesellschaftlich akzeptierten Rollenfixierungen sind aber ein wesentliches Hindernis, um sich der sozialen Dimension des Unbewußten zuzuwenden; die in diesen Rollen eingefrorene Unbewußtheit wirkt dabei wie ein Störfaktor. Die Auflösung solcher Rollen war deshalb eine notwendige Bedingung, damit Freud einen Zugang zum Unbewußten finden konnte. Dieser Prozeß, den Maya Nadig und ich als »soziales Sterben« bezeichnet haben, spielt bei der Loslösung der Psychoanalyse von ihrer therapeutischen Fixierung eine wichtige Rolle.

Man kann die 1899 erschienene »Traumdeutung« als Chronik eines »sozialen Sterbens« lesen (vgl. S. 82). Durch äußere Umstände und einen inneren Drang gezwungen, mußte Freud eine soziale Rolle nach der anderen, auf die er stolz war und die er für erstrebenswert hielt, aufgeben und allmählich zur »Unperson« werden. Was sich da abspielte, können wir durch P. und G. Parins Theorie der Anpassungsmechanismen und Rollenidentifikationen (1978) rekonstruieren.

Wenn ein Individuum sich nicht nur rollengemäß verhält, sondern die emotional bedeutsamen Wertvorstellungen, positive und negative Sanktionen, also die Rollenideologie, durch den Mechanismus der Identifikation verinnerlicht hat, wird diese Rolle entscheidend für das Funktionieren seines Ichs. »*Man hat sich die Rolle nicht gewählt, sie ist aufgezwungen worden. Um den Zwang nicht zu spüren, nimmt man ihn ins Ich hinein; das falsche Ideal folgt nach, ergänzt das falsche Bewußtsein. Das Ich ist entlastet. Man ist nicht mehr allein, Ängsten ausgesetzt, und die Abwehr gegen frühkindliche Wünsche nach Gborgenheit und Zugehörigkeit ist entspannt. Man ist Rollenträger, nimmt teil an einer Institution, einer Gruppe. Was an Autonomie verloren ging, wird wettgemacht durch neue Arten der Befriedigung. Bevor das Ich sich auf seine ursprünglichen Bedürfnisse besinnen kann, muß es seine Angleichung erst rückgängig machen, die Autonomie zurückgewinnen, mehr Angst aushalten, den Aufwand, den jede Autonomie erfordert, verstärken*« (a. a. O.: 118). Auch Freud mußte seine Angleichung rückgängig machen, die Zugehörigkeit zu Gruppen und Institutionen und die von ihnen gestützten Ideale aufgeben. Die Orientierungslosigkeit und Unsicherheit, die sich daraufhin einstellten, erfuhr Freud als einen Prozeß, den wir als »sozialen Tod« bezeichneten. »*Der soziale Tod ist jener Prozeß, in welchem die sozialen und kulturspezifischen Rollen zerfallen, die unbewußten Werte und Identitätsstützen ins Wanken kommen und damit auch die diesen Verhältnissen angepaßten Wahrnehmungen*« (Erdheim u. Nadig 1979: 125). Der Ethnologe sieht sich in der fremden Kultur einer

Situation ausgesetzt, in der ihm seine in der eigenen Kultur gut eingebetteten Identifikationen fragwürdig werden können. Diese Identitätserschütterung erfolgt nicht so sehr über mystisch-exotische Erlebnisse, sondern in der Erfahrung des Banal-Alltäglichen. Bereits die Veränderung der Eßsitten vermag ihm aufzuzeigen, daß ganze Anteile seiner Identität als »Bürger« an bestimmte Eßgewohnheiten geknüpft sind. Ebenso wird die Umstellung in den Sauberkeitsvorstellungen an seinen analen Persönlichkeitsstrukturen rütteln. »*Wenn der Ethnologe seine Notdurft auf den Feldern hinter den Büschen verrichten muß, wo immer jemand vorbeikommt oder er andere bei der gleichen Betätigung findet, so wird er sich ärgern und in seiner ganzen Analität in Frage gestellt fühlen. Vielleicht hilft es ihm dann, an den ›zivilisatorischen Prozeß‹ zu denken, um seinen Ärger relativieren zu können, oder er wird mit der Zeit einfach über sich lachen können, weil ihm klar wird, wieviel Energie und Zeitverschwendung ihn seine Schamschranken kosten und wie fremd und merkwürdig er in der fremden Gesellschaft damit erscheint*« (a.a.O.: 124). Bereits Lévi-Strauss verglich die Feldforschung mit einer Lehranalyse (1967: 400). Ebensowenig wie die Kenntnis der psychoanalytischen Literatur dazu ausreiche, um die Tätigkeit des Analytikers auszuüben, ebensowenig mache das Lesen ethnologischer Werke jemanden zum Ethnologen. Wie die Lehranalyse, würde auch die Feldforschung die Kenntnisse neu organisieren und ihnen einen Sinn vermitteln, der ihnen vorher fehlte. Man kann es auch so sagen: die Feldforschung ist eine existentielle Erfahrung der fremden Kultur, in welche alle Bereiche der Persönlichkeit des Forschers, sein Es, Ich und Überich, hineingezogen werden und die die Grundlage für das ethnologische Erkennen bildet.

Das »Wissen« des Ethnologen kann daher eine ähnliche Struktur wie dasjenige des Psychoanalytikers haben. Schon Max Weber hatte die Kultur definiert als einen »*vom Standpunkt des Menschen aus mit Sinn und Bedeutung bedachte(n) endliche(n) Ausschnitt aus der Sinnlosigkeit des Weltgeschehens*« (1904: 180), und die ethnologische Erfahrung wäre der geeignete Zugang, um die bewußten *und* unbewußten Sinngebungen, die die Kultur ausmachen, zu rekonstruieren. Voraussetzung dafür wäre allerdings, daß der Ethnologe am Leitfaden der Verknüpfung dessen, was er erkennt, mit den Instanzen seiner Persönlichkeit, den Verbindungen nachgehen kann, die für seine Informanten Gültigkeit haben.

Max Webers allgemeiner Kulturbegriff kann vorerst einmal nur die Richtung der Fragestellung angeben. In seiner »Einleitung in das Werk von Marcel Mauss« skizzierte Lévi-Strauss 1950 die Grundzüge einer für die Ethnologie spezifischeren Form der Theoriebildung. Ihre Aufgabe sei es, die *kulturelle Dimension* der Objekte sichtbar zu machen, und Mauss habe mit seinem Konzept des »fait social total« die Grundlage dazu geschaffen. Als Mauss 1925 das Phänomen der Gabe untersuchte, zeigte er auf, daß der Akt des Tauschens nicht nur ein der Ökonomie zuzuordnendes Verhalten war, sondern daß er auch an den Bereichen der Gesellschaft, des Rechts, der Religion, Ästhetik etc. Anteil hat. Kultur ist das, was aus der Integration all dieser Gebiete resultiere, und der »fait social total« der Begriff, um diese Integration untersuchen zu können. Lévi-Strauss geht einen Schritt weiter als Mauss, wenn er bemerkt, es genüge nicht, diese Integration lediglich am Objekt zu untersuchen. Der »fait social total« müsse auch in individuellen Erfahrungen sichtbar sein, *»denn die einzige Garantie dafür, daß eine totale Tatsache der Realität entspricht und nicht eine willkürliche Anhäufung mehr oder weniger der Wahrheit gemäßer Einzelheiten ist, besteht für uns darin, daß sie in eine konkrete Erfahrung aufgenommen werden kann, zunächst die einer Gesellschaft in Raum und Zeit, ›Rom‹, ›Athen‹, aber auch die irgend eines Individuums aus einer dieser Gesellschaften, eines ›Melanesiers dieser oder jener Insel‹. (...) Wir können niemals sicher sein, ob wir den Sinn und die Funktion einer Institution getroffen haben, wenn wir nicht imstande sind, ihre Einwirkung auf ein individuelles Bewußtsein wieder zu beleben. (...) Daß die soziale Tatsache total zu sein hat, bedeutet nicht nur, daß alles, was beobachtet wird, Teil der Beobachtung ist, sondern auch und vor allem, daß in einer Wissenschaft, in welcher der Beobachter von gleicher Natur wie sein Gegenstand ist, der Beobachter selbst ein Teil seiner Beobachtung ist«* (1950: 21).

Die Analyse der fremden Erfahrung muß immer mit der Analyse der eigenen Erfahrung verknüpft sein. Dieser alte Grundsatz der Hermeneutik ist von der Psychoanalyse mit einem neuen Inhalt gefüllt worden (Habermas 1968). Das Begriffspaar »Übertragung« – »Gegenübertragung« erlaubte es, die Rolle von Es, Ich und Überich sowohl des Analytikers wie des Analysanden im psychoanalytischen Prozeß genauer zu bestimmen (Racker 1959; Neyraut 1974). G. Devereux löste dieses Begriffspaar aus dem therapeutischen Kontext heraus und wies in seinem Buch »From Anxiety to

Method in the Behavioral Sciences« (1967) nach, daß diese Mechanismen auch in der sozialwissenschaftlichen Forschung wirksam sind. Als Ausgangspunkt wählte er »*die persönliche Verstrickung des Verhaltenswissenschaftlers mit seinem Material und die Realitätsverzerrungen, die diese ›Gegenübertragungs‹-Reaktionen nach sich ziehen*« (a.a.O.: 28). An unzähligen Beispielen illustriert Devereux die Verzerrungen der Wahrnehmung, die dadurch zustande kommen, daß der Ethnologe unbewußt seine eigene (Alters-, Klassen-, Persönlichkeits-)Problematik auf die von ihm untersuchte Kultur überträgt. Als auslösendes Moment für diese »Gegenübertragung« wirkt die Angst, die die fremde Kultur in ihrem Beobachter hervorruft. »Angst« bedeutet hier kein metaphysisches Phänomen, das aus der »conditio humana« resultiert, sondern im Freudschen Sinn die Reaktion auf eine – von inneren und äußeren Faktoren bedingte – Situation, die das Individuum nicht bewältigen kann (Freud 1926). In der Feldforschung ist schwer zu bewältigen, was die Informanten dem Ethnologen über ihre Kultur sagen. Deshalb fordert Devereux, daß der Wissenschaftler dazu kommen muß, »*sich die Einsicht zu eigen zu machen, daß seine Daten genauso viel Angst erregen wie klinische Fakten und daß er seiner Angst ins Gesicht sehen muß, um der Versuchung zu widerstehen, Teile seines Materials zu verdunkeln*« (1967: 126). Die Emotionsgeladenheit einer jeden Feldforschung macht den Einbezug des Unbewußten in den Erkenntnisprozeß zu einem zentralen Postulat für die Ausbildung der Ethnologen. Der Versuch, das Unbewußte auszuklammern, führt zu einer Verfälschung des Materials (a.a.O.: 239). Devereux veranschaulicht diese Tendenz an der Art und Weise, wie Ethnologen mit den Ambiguitäten und Ambivalenzen der Kultur umgehen. »*Jede Kultur enthält auch die Negation ihres manifesten Musters und ihrer Kernwerte, die sich durch eine stillschweigende Bestätigung der konträren latenten Muster und marginalen Werte hindurch vollzieht. Das vollständige reale Muster einer Kultur ist das Produkt des funktionalen Zusammenspiels offiziell bestätigter und offiziell negierter Muster*« (a.a.O.: 245). Das Bestreben eines Ethnologen, die Widersprüchlichkeit eines kulturellen Musters zugunsten einer einseitigen »stimmigen« Darstellung zu übersehen, führt Devereux darauf zurück, daß die andere, vernachlässigte Seite der Kultur – sei es die latente oder manifeste – angsterregend ist (a.a.O.: 247f.).

Das Verhältnis von »Übertragung« und »Gegenübertragung«

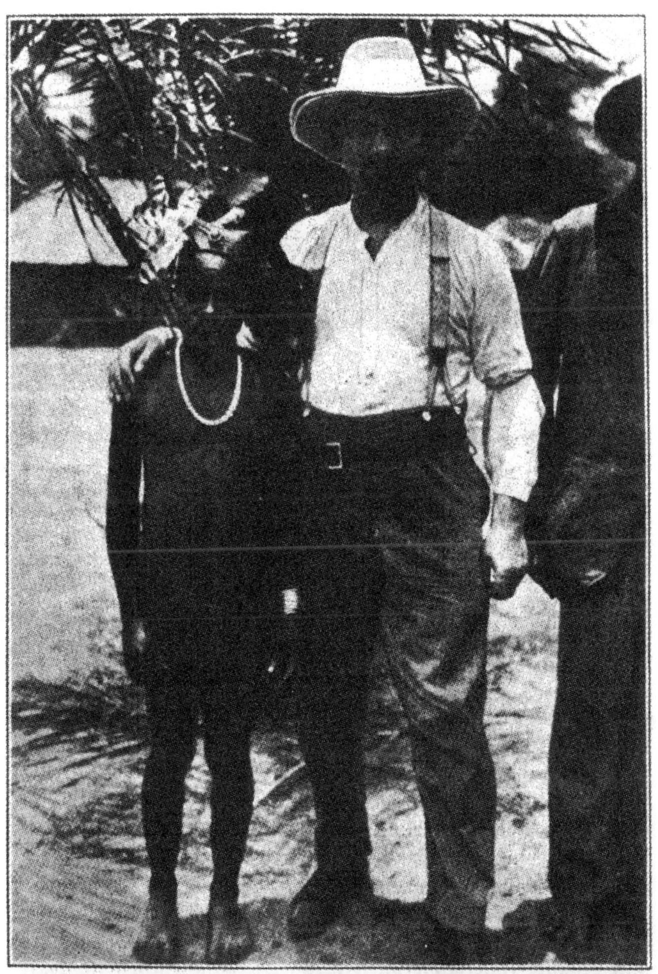

erfährt gleichsam eine »Materialisierung« dadurch, daß sich zwischen dem Ethnologen und der Gruppe, die er untersucht, soziale Beziehungen einspielen, welche sich zu einem bestimmten Rollenverhalten verfestigen können. *»Die Tatsache, daß der Stamm dem Anthropologen, dem er einen bestimmten Status zugeschrieben hat, unweigerlich die Seite zukehrt, die er dem Inhaber eines solchen*

Der Ethnologe und ein Mann mit Perücke.

Status normalerweise zukehrt, kann zu schwerwiegenden Verzerrungen der vielfältigen Komplexität der betreffenden Kultur führen« (a.a.O.: 281). Die Rolle, die dem Ethnologen zugeschrieben wird, kann oft einer Abwehrstrategie der untersuchten Gruppe zugehören. Jeder Fremde ist ja ein Störfaktor, der das soziale Gleichgewicht durcheinander zu bringen droht und folglich neutralisiert werden muß (Erdheim 1980: 50). Maya Nadig schreibt über ihre Arbeit in einem Otomí-Dorf in Mexiko: »*Am Anfang erschien ich den Leuten als die reiche, machtvolle und ambivalent beneidete und gehaßte Amerikanerin, ›gringa‹. Die anfänglichen Kontakte waren hauptsächlich durch dieses Bild des Weißen geprägt, es wurden an mich vor allem Beweise des Elends und der Not herangetragen, verbunden mit Klagen und Bitten um Hilfe. Mein anfängliches Bild der Dorfkultur war das einer völlig pauperisierten und zerstörten Gemeinde, in der sich die Leute gegenseitig bekämpfen und elend dahinsterben. Täglich besuchten mich Frauen und Kinder, die um Geld, Nahrungsmittel, Kranken- und Rechtshilfe vor den staatlichen Institutionen baten. Die Verführung, diesen Bitten nachzukommen, war groß, denn so hätte ich mich legitimieren und mein schlechtes Gewissen als Angehörige eines imperialistischen Landes beruhigen können«* (1980: 55). Die Abwehr des schlechten Gewissens hätte leicht zu einer Verfestigung der Rolle als ›gringa‹ führen können, die von der Ethnologin durchaus als psychisch entlastend erfahren hätte werden können. Statt dessen aber konfrontierte sie ihre Gesprächspartner. *»Ich sprach auch ihr Bild vom Weißen an, vor dem sie sich hilflos und entwertet darstellen, und daß ich nach einigen Monaten wieder gehen werde, so daß sie wieder allein wären. Die Auswirkungen dieser Konfrontation waren frappant: die einen begannen mich, die Regierung und die Herrschenden zu beschimpfen; andere begannen jetzt ihre weiteren Phantasien über mich zu erzählen: Spionin von der Regierung, Entwicklungshelferin, Kontrolleurin ihrer Sauberkeit, Lehrerin, Evangelistin, (...). Diese Phantasien kamen nach und nach zum Vorschein, jedesmal, wenn ich sie wieder mit einem bestimmten Verhalten mir gegenüber konfrontierte, bei dem ich spürte, daß man in mir ein Bild anspricht und nicht mich. (...). Der Prozeß der Konfrontation hört im Feld nie auf, immer neue Bilder und Übertragungen entstehen, und wenn sie aufgelöst werden können, ermöglichen sie fast jedesmal den Zugang zu einem neuen Aspekt der Kultur, eben zu einem, der bisher aufgrund der Übertragungsbilder verschwiegen oder verheimlicht wurde«* (a.a.O.: 56).

Maya Nadigs Vorgehen folgte der psychoanalytischen Regel »Widerstandsdeutung geht vor Sinndeutung« (Fenichel 1935: 328). Die auf die Ethnologin projizierten Bilder hatten den Charakter von Widerständen, die ihr Eindringen in die Kultur abwehren sollten. Es handelte sich teils um Verdrängungswiderstände, die sich gegen das Wiederauftauchen von erfahrenen Enttäuschungen und Kränkungen richteten, die, einst verdrängt, durch die Ankunft der Ethnologin wiedergeweckt worden waren. *»Alle die mir zugeschobenen Rollen entsprechen einer realen Erfahrung«*, schreibt M. Nadig. *»Es hatte im Dorf evangelistische Missionare vom Summer Institute of Linguistics, die den beitretenden Leuten den Himmel auf Erden versprachen, die Heilung des epileptischen Kindes, Reichtum und Ansehen. Es kamen immer wieder Regierungsbeamte mit hoffnungsvollen Hilfsprojekten, die sich alle wieder zerschlugen und das Dorf mit Schulden und Problemen belasteten. Es gab eine Reihe* *von Betrügern, die mit faulen Tricks das Land abkauften für nichts oder die Ernte kauften und nicht bezahlten etc. Was verdrängt werden mußte, war vor allem die Kränkung, daß man so blöd war und auf die Fremden einging«* (1980: 57). Andererseits erinnert die paternalistische Unterwerfungshaltung mancher Dorfbewohner gegenüber der Ethnologin an den »*Widerstand aus dem sekundären Krankheitsgewinn*« (Sandler et al. 1973: 69), also an die Weigerung des Patienten, Vorteile, die ihm das Kranksein einbringen, aufzuheben (Freud 1926: 126ff.). Der Gewinn aus der Unterwerfung in einer ausweglos erlebten Situation ist groß genug, um daran festhalten zu wollen. Geht der Ethnologe darauf ein, bekommt er nur die paternalistische Seite der Kultur zu sehen (weitere Beispiele gibt Devereux 1967: 278f.). Und schließlich lassen sich auch Überich-Widerstände erkennen. Das von der herrschenden Kultur erzwungene Hineinnehmen des weißen Aggressors in ihr Überich führt dazu, daß die Indianer sich selbst entwerten; es erscheint ihnen völlig unverständlich, daß ein Weißer in ihr Dorf wohnen kommt und sich für sie interessiert. Entwickelt sich dann doch ein Gespräch, so bemühen sie sich, nur jene Aspekte zur Sprache zu bringen, die das »Weiße«, das Angepaßt-Sein an die Nationalkultur, belegen sollen. Das Eigene hingegen gilt als rückständig und muß verdeckt werden. Solche Überich-Widerstände können sich auch so äußern, daß dort, wo sich im Überich weitgehende Identifikation mit den Werten der eigenen Kultur etabliert hat, fremde Einflüsse und kultureller Wandel verleugnet werden.

Wie in der Psychoanalyse die Analyse der Widerstände einen Einblick in das psychische Geschehen des Individuums gestatten kann (A. Freud 1936), so können auch die sozialen Widerstände, die sich dem Ethnologen entgegenstellen, ihm Erkenntnisse über die untersuchte Kultur und ihre Individuen vermitteln (Devereux 1967: 300f.). Sichtbar wird z.B., wie die Individuen kulturelle Materialien (Traditionen, Institutionen, vorgeprägte Verhaltensweisen etc.) benützen, um eine unliebsame Situation zu bewältigen; in Erscheinung treten auch ihr affektives Engagement und die psychische Dynamik, die durch das Ereignis ausgelöst werden. Parin, Parin-Mathey u. Morgenthaler benützen diese Dynamik, um das Verhältnis des Individuums zu seiner Kultur zu bestimmen, und entwickelten als erste ein Konzept, um das »*Mikroskop der vergleichenden Psychoanalyse auf die Makrosozietät*« (Parin 1976) auszurichten. »*Zuerst kommt es auf die Korrelation an, die zwischen besonde-*

ren frühkindlichen Erlebnisformen, unter dem Einfluß eines besonderen individuellen oder kulturspezifischen Erziehungsvorganges und dauerhaft erworbenen Funktionsweisen des Ich und des Überich besteht. Mit der Etablierung spezifischer dynamischer psychologischer Muster (sei es im Es, Ich, Überich, oder zwischen den Instanzen) ist ein Modell gegeben, welches erlaubt, den Einflüssen der psychischen Entwicklung in der Kindheit und Adoleszenz ebenso Rechnung zu tragen wie der frühen vermittelten und den späteren direkten Auseinandersetzungen mit der Sozialsphäre« (Parin 1980: 17).

Die Ausgestaltung der oralen Phase bei den Dogon z.B. läßt eine Ich-Struktur entstehen, die ihre Autonomie nur in einem ständigen, aufgrund oraler Modalitäten geregelten Wechselspiel von Identifikationen mit der verschiedenen altersspezifischen Bezugsgruppe aufrechterhalten kann (Parin et al. 1963: 415f.). *»Bei den Dogon bleibt das Gefühl des Einsseins mit der Mutter durch ihre lange fortgesetzte und gewährende Zuwendung viel länger erhalten als bei uns. Die kindliche Allmacht wird nie ganz an die Erziehungspersonen abgegeben, sondern mit ihnen geteilt. Die Erziehung geschieht auch nicht durch Zuwendung oder Rückzug von Liebe, sondern sie beginnt sozusagen erst im Verlauf des dritten Lebensjahres, wenn die Mutter sich plötzlich physisch ganz vom Kind trennt, es auch nicht mehr stillt, sondern es der Fürsorge der aufsteigenden Reihe von Geschwistern und Verwandten (einschließlich der eigenen Eltern) überläßt. Das hat zur Folge, daß das Kind sein Allmachtsgefühl nie ganz aufgibt, sondern es auf die Gruppe verteilt. Das Gefühl, geliebt zu werden und mit der Welt fertig zu werden, hängt von der Zugehörigkeit zur Gruppe ab, die sich während der Kindheit und Adoleszenz zu verschiedenen Gruppen ausdifferenziert. Die Erziehung bleibt dem Vorbild der Gruppe überlassen«* (Parin 1963: 144).

Die Ethnopsychoanalyse untersucht das Verhältnis des Individuums zu seiner Kultur; sie gewinnt ihre Daten durch soziale Beziehungen, die sich aufgrund psychoanalytischer Gespräche ergeben. Die Dynamik dieser Gespräche wird vor allem durch die *kulturelle* Unterschiedlichkeit der Partner vorangetrieben (vgl. dazu das Beispiel von F. Morgenthaler in Parin et al. 1971: 126f.). Sich in diesen Prozeß einzulassen bedeutet, daß man sich ebenso über die eigene kulturelle Geprägtheit wie über diejenige des Partners bewußt werden muß. Die Spezifität z.B. der Oralität der Dogon verweist den Forscher auf die Schicksale der Oralität in seiner eigenen Kultur – und das Bewußtsein darüber ermöglicht es, die Verflechtung dieser Phase mit anderen Ausformungen der fremden Kultur zu untersuchen, was wiederum zu neuen Einblicken in die eigene führen sollte. Wie in der Psychoanalyse entsteht auch hier Erkenntnis nur in der Form einer Zusammenarbeit, deren Grenzen durch die Widerstände des Forschers und/oder seines Informanten gezogen werden. Was sie voneinander unterscheidet, ist, daß es in der Regel nur der Wissenschaftler ist, der sein Arbeitsziel darin sieht, seine Aussagen theoretisch in Zusammenhang mit seinem Fach und anderen Wissenschaften auszuformulieren.

Der ethnopsychoanalytische Prozeß verläuft als Pendelbewegung zwischen der Analyse der eigenen und derjenigen der fremden Kultur. Aber schon die Probleme des zurückkehrenden Ethnologen zeigen, daß diese Pendelbewegung nicht leicht einzuhalten ist. »Dort« Dinge zu sehen, zu erfahren und sie »hier« zur Wissenschaft zu verarbeiten produziert eine Spannung, die sich nur selten als produktiv für die Arbeit erweist (Nadig u. Erdheim 1980: 50f.). Der soziale Tod, die Erfahrung einer fremden Lebensweise können im Ethnologen Wünsche wecken und Prozesse auslösen, die bei der Rückkehr in die eigene Gesellschaft nicht erfüllt und weitergeführt, sondern abgeblockt werden müssen. Sowohl persönliche Beziehungen als auch solche im akademischen Betrieb werden als Hindernisse erfahren, die Anpassung fordern. Es kann in einer solchen Situation beobachtet werden, wie der Ethnologe dem auf ihn ausgeübten Druck dadurch begegnet, daß er die zum persönlichen Wandel antreibenden Erfahrungen verdrängt und sich einordnet. Solange sich ein Wissenschaftler nicht mit dem Bereich der Subjektivität beschäftigt, ist es ohne weiteres möglich, daß seine Verdrängungen den Wahrheitsgehalt seiner Arbeit gar nicht tangieren. Dabei wird er unterstützt durch die in solchen Fällen gültige Rollentrennung zwischen Wissenschaftler und Privatperson. Die ethnopsychoanalytische Erfahrung dagegen ist eine integrale Erfahrung; ist man gezwungen, gewisse Anteile zu verdrängen, so verändert sich das Ganze, und dieses muß nun dazu beitragen, die Verdrängungen aufrechtzuerhalten. Das läßt sich nur dann verhindern, wenn die Verhältnisse, unter denen ethnopsychoanalytisch gearbeitet wird, mit in die Analyse einbezogen werden.

Der konkrete Ort, von dem aus die Untersuchung der eigenen Verhältnisse ausgehen kann, ist das wissenschaftliche Selbstverständnis. »*Einen genaueren Einblick in den Ablauf dieser Prozesse bekamen wir vor vier Jahren im Zusammenhang mit einer Gruppe von Studenten, die sich mit uns auf ein Feldforschungspraktikum in Mexiko vorbereitete. Unser Ziel war es, den Alltag von mexikanischen Arbeitern und Bauern zu studieren. Es interessierte uns, wie sie die Faktoren, die ihren Alltag bestimmen, erleben, handhaben und beschreiben. Das heißt, wir mußten sowohl ihre objektive soziale und ökonomische Situation als auch ihre subjektive Wahrnehmung, Interpretation und Verarbeitung ihrer Realität untersuchen. Wir nahmen aber an, daß wir dieses Ziel nur erreichen konnten, wenn wir dieselben Fragestellungen auf uns selbst richteten; wir wollten also gleichsam am eigenen Leib erfahren, was wir den anderen zumuteten. Wir wollten Licht in unsere akademische Black Box bringen, indem wir das Seminar als Simulation der Feldforschung betrachteten*« (Nadig u. Erdheim 1980: 40). Aus den Materialien dieser Analyse wird ersichtlich, daß der Erwerb von Wissen unter der Anleitung des Überichs vor sich geht. Das Betreiben von Wissenschaft geht von einem Ich aus, das sich mit dem Überich identifiziert hat. »*1. Die Verbindung mit dem Überich verleiht dem Ich eine Stärke und Härte, die es im Kampf mit den Trieben unnachgiebig, unangreifbar und für künftige Revisionen und Anpassungsleistungen unzugänglich macht. 2. Das mit dem Überich identifizierte Ich verhält sich der Umwelt gegenüber genau so grausam und selbstherrlich wie das Überich ursprünglich gegenüber dem Ich*« (Lincke 1970: 383). Diese Grausamkeit kehrt auch im wissenschaftlichen Prozeß wieder und verkleidet sich unzulänglich als Intellektualisierung, die als Gegenposition zur Empathie erscheint (a.a.O.: 390). »*Das Verlangen, mit dem Objekt vertraut zu werden, es einfühlend zu verstehen, weicht dem Drang, es unter verstandesmäßige Kontrolle zu bringen und zu beherrschen. Präformierte und gefühlsbetonte Erwartungsvorstellungen stören und gefährden die wissenschaftliche Erkenntnis. Allmählich entwickelt die Wissenschaft ihre eigenen Idealforderungen: strenge Selbstkontrolle gegenüber emotionellen, die Untersuchungsergebnisse verfälschenden Einflüssen; Beschränkung auf das eigene Fachgebiet; Vermeidung von Spekulationen über mögliche Konsequenzen und Nebenwirkungen der Forschung. Diese der Realität ungenügend angepaßten Idealforderungen nach Reinheit, Affektfreiheit und sorgfältiger Isolierung wie auch die häufig durch Bescheidenheit abgewehrten Machtansprüche des Wissenschaftlers verraten den Ursprung des wissenschaftlichen Interesses in der analen Phase*«

(a.a.O.: 395-396). Gerade dieses, dem klassischen Wissenschaftsbetrieb adäquate Überich-Ich-Verhältnis erweist sich als ein entscheidendes Hindernis, um von der Universität aus ethnopsychoanalytisch zu arbeiten. Die Struktur des Wissens und die darin implizierte Beziehung zwischen den bewußten und unbewußten Anteilen der Persönlichkeit, von denen anfangs dieses Kapitels die Rede war, kommen nur zur Entfaltung durch eine Umstrukturierung der Institution. Sie muß eine Struktur aufweisen, die die Identifikation des Ichs mit seinem Überich nicht stützt; in der Gruppe muß die Autorität aufgedeckt werden, damit die einzelnen die Forderungen ihres Überichs nicht auf sie projizieren können. Das ist nur möglich, wenn es die einzelnen Angehörigen der Gruppe sind, die bestimmen, was ihre Arbeit sein soll. Die Arbeit, als Ich-Funktion betrachtet, ermöglicht allmählich die Abschwächung der Identifikation des Ichs mit seinem Überich. Der entscheidende Schritt kann dann in der Praxis der Feldforschung vollzogen werden.

Eine Reihe von Prozessen, denen der Ethnologe sowohl beim Studium der fremden Kulturen wie auch bei der Ausarbeitung seiner Ergebnisse in der eigenen Kultur ausgesetzt ist, lassen sich als Prozesse der Unbewußtmachung beschreiben. Verdrängung, Verleugnung, Reaktionsbildungen, Isolieren und Ungeschehenmachen etc., also die bekannten Abwehrmachanismen, können dazu benützt werden, um die im Rahmen der wissenschaftlichen Tätigkeit erworbenen Erfahrungen unbewußt zu machen. Werden diese Abwehrmechanismen institutionell abgestützt, so läßt sich von einer *gesellschaftlichen* Produktion von Unbewußtheit sprechen. Sie ist das zentrale Thema der Ethnopsychoanalyse, die – im Sinne einer Selbstanalyse – diese Mechanismen bei sich selbst studiert und sie gleichzeitig im Rahmen der Kultur untersucht. Dabei nehme ich die von Kohut (1973a) und Nader (1974) aufgestellte Forderung auf, es sollen Institutionen unserer eigenen Kultur »ethnologisch« erfaßt werden. Nader sagt zu Recht, daß man es sich bei uns insofern leicht gemacht habe, als man immer wieder die unteren sozialen Klassen in unserer Gesellschaft auf ihre Kultur hin untersucht habe (O. Lewis' »Kultur der Armut«). Die Mittelklasse und die Oberklasse seien aber bisher verschont geblieben. Sehr treffend bemerkten sie, man zerbreche sich immer nur den Kopf, weshalb die Bauern so konservativ seien, doch der Konservativismus bürokratischer Institutionen sei nicht geringer und habe außerdem mehr gesellschaftliche Implikationen als die Einstellung der Bauern. Für die Studenten der Ethnologie werde es eine viel merkwürdigere (*»bizarre«*) Erfahrung sein, Bürokratie und Industrie zu studieren, als ein mexikanisches Dorf oder einen Stamm in Neu-Guinea. Kracauer hatte schon 1930 in seiner Studie über die Angestellten von der *»Exotik des Alltags«* gesprochen, die deren *»Leben unbekannter mache als das der primitiven Stämme, deren Sitten die Angestellten in den Filmen bewundern«* (a.a.O.: 212). Es ist ein wesentliches Charakteristikum der Psychoanalyse, daß sie in einem viel höherem Grad als andere Wissenschaften an die Person ihres Schöpfers gebunden ist. Wer sie sich aneignet, wird immer wieder von neuem die Schriften Freuds lesen, und das Studium der »Traumdeutung« (1900) ist, wie Kohut hervorgehoben hat, für den angehenden Psychoanalytiker ein *»erstes grundlegendes Identifizierungserlebnis mit dem Unbewußten eines anderen Menschen«* (1974: 95). Die Auseinandersetzung mit der Psychoanalyse impliziert immer auch die Auseinandersetzung mit Freud – man versteht sie nur in dem Maße, wie man Freud versteht. Aber dieses Verständnis ist für jeden, der als Psychoanalytiker tätig ist, durch das Phänomen der Gegenübertragung beeinflußt. Nicht nur, daß man Freud seinen Beruf verdankt, sondern auch die Art der Einsichten und das Konzept seelischer Gesundheit (Eißler 1979: 13). In einer Zeit, da der Beruf des Psychoanalytikers gesellschaftlich so gut integriert worden ist, kann es sich leicht ergeben, daß man Freud nur noch in einer sozial konformen Perspektive sehen kann, aus der all das herausgeschnitten ist, was nicht zur beruflichen Ausübung paßt. Fragt man jedoch nach den kulturellen Voraussetzungen, unter welchen er seine Entdeckung machte, geht man also ethnologisch vor, so kommt man zu einer Art Verfremdung, die es erlaubt, diese Art der Gegenübertragung unter Kontrolle zu halten. Eine wesentliche Hilfe dabei war meine Liebe zu Wien. Jahrelang fuhr ich immer in diese Stadt in Ferien, und als ich schließlich dort ein Jahr Philosophie und Geschichte studierte, vermittelte mir die Freundschaft mit Ruth Pappenheim ein Verhältnis zum Wien der Vorkriegszeit, das mir die Gestalten, von denen ich im folgenden Kapitel schreibe, nahe und lebendig, fast zu Zeitgenossen machte. Auch die Gespräche mit Ruth S. und K. R. Eißler und ihre Gastfreundschaft in New York ließen die Atmosphäre von Freuds Wien wieder entstehen und gaben mir das Gefühl, etwas schon immer Bekanntes wiedergefunden zu haben.

Einen Gedanken A. Muschgs über Gottfried Keller variierend, ließe sich sagen, daß Freuds wahre Bedeutung im Widerstand liegt, den er seiner eigenen Epoche entgegenstellte, und daß seine Wahrhaftigkeit durch den Abstand möglich wurde, den er zu allen Sprachen der Herrschaft und Verfügbarkeit bewahrte. Dieser Abstand unterscheidet die Freudschen Theorien von denjenigen seiner Zeitgenossen und befähigt sie, das Verhältnis Individuum–Herrschaft neu zu fassen. Wer sich mit Freud beschäftigt, kommt nicht umhin, sich mit den Phänomenen der Macht und der Herrschaft auseinanderzusetzen. Die Psychoanalyse vermittelt das Instrumentarium, um den Niederschlag der Herrschaft im Individuum zu untersuchen, die Ethnologie hingegen den äußeren Standpunkt, von dem aus das Problem der Macht in der europäischen Kultur untersucht werden kann. Diese Probleme tauchten in den Diskussionen mit Antal Borbely immer wieder auf; unsere Freundschaft war wie ein Leitfaden durch die vielen Standpunkte, die wir – oft kontrovers – im Laufe der Jahre eingenommen haben und die auch den Hintergrund dieser Arbeit bilden. In seinem Vorwort zu Fanons »Die Verdammten dieser Erde« (1961) schrieb Sartre über den europäischen Imperialismus: »*Unsere Opfer kennen sich durch ihre Wunden und ihre Ketten: das macht ihr Zeugnis unwiderlegbar. Es genügt, daß sie uns zeigen, was wir aus ihnen gemacht haben, um zu erkennen, was wir aus uns gemacht haben*« (a.a.O.: 12). Die Arbeit in Mexiko, die Diskussionen mit den dort tätigen Züricher Studenten, die mir großzügigen Einblick in ihre Feldforschungen gestatteten, ebenso wie die Gespräche mit June Nash, Luisa Paré, Margarita Dalton, Johanna Broda, Eckhard Boege und Armando Suarez waren mir eine wesentliche Hilfe, um Abstand zur europäischen Kultur zu gewinnen und den Zusammenhang zwischen Herrschaft und Unbewußtheit zu untersuchen.

Was man in einer Gesellschaft nicht wissen darf, weil es die Ausübung von Herrschaft stört, muß unbewußt gemacht werden. Das Wissen von Realitäten, das unbewußt geworden ist, ist darum aber nicht unwirksam – es entwickelt sich zur Ideologie, die, im Subjekt verankert, als falsches Bewußtsein wieder herrschaftsstabilisierend wirkt. Diese Produktion von Unbewußtheit muß gesellschaftlich organisiert werden, und der Ort, wo sie stattfindet, ist nicht so sehr die Familie als jene Institutionen, die das öffentliche Leben regulieren. Die Theorien des »autoritären« (Adorno) oder des »narzißtischen Charakters« (Ziehe), die in der Familie den

Hauptagenten der Repression sahen, schränkten ihr Interesse allzusehr auf die frühe Kindheit und die Familie ein. Mein Interesse wurde jedoch, aufgrund meiner Erfahrungen in Natividad, einem Minendorf in Mexiko, und als Lehrer in Zürich, zunehmend auf die Adoleszenz in ihrem Verhältnis zur frühen Kindheit gelenkt. Immer deutlicher stellte sich die These heraus, daß die Adoleszenz die entscheidende Lebensphase ist, die die Strukturen der Unbewußtheit festlegt.

Von 1974 an begann ich mich, beeindruckt von der Begegnung mit Minenarbeitern in der Toskana, für deren Kultur zu interessieren. 1977 verbrachte ich vier Monate in einem Dorf von Minenarbeitern in Oaxaca. An ihren Lebensgeschichten fiel mir ein merkwürdiges Phänomen auf: Betrachtete man ihre frühe Kindheit, so wies sie derartig traumatisierende Erlebnisse von Verlassenheit, Tod, Unfällen auf, daß man hätte annehmen müssen, daß sie als Erwachsene psychisch stark in Mitleidenschaft gezogen worden wären. Das war aber nicht der Fall: Die Minenarbeiter sind eine der kämpferischsten Gruppen, voller Bewußtsein und Leben. Diese Erfahrung brachte mich dazu, die Bedeutung der frühen Kindheit für das spätere Leben aus einer anderen Sicht zu betrachten. Hinzu kam, daß ich selber als Psychoanalytiker tätig wurde und an einem Gymnasium, wo ich Geschichte unterrichtete, mit einer Untersuchung über die psychische und soziale Bedeutung der Schule für die Adoleszenten anfing.

Werner Güttinger, Peter Herzig, Heidi Wyss, Guido Frei, Alexander Grass, Heiri Vogel, Toni Saller, Heinz Habegger, Edwin Blumer, Gaston Guex und Walter Müller lehrten mich, was es heißt, eine Institution aus der Sicht derjenigen wahrzunehmen, die darin die Rolle von Objekten spielen. Irene Brogle, Maya Nadig und Berthold Rothschild halfen mir, die Mechanismen zu durchschauen, denen man als Lehrer ausgesetzt ist und die den Blick auf die Person des Schülers verstellen. Auch hier tauchte das Problem der Macht auf, das ich sowohl als Wissenschaftler wie als Lehrer hatte, und die Untersuchung motivierte mich, den Äußerungsformen der Macht im Forschungsprozeß nachzugehen. Gleichzeitig hatte ich die Gelegenheit, mich mit der Adoleszenz auseinanderzusetzen und die Materialien zu gewinnen, um die These aufzustellen, daß es nicht die Schicksale der frühen Kindheit, sondern diejenigen der Adoleszenz sind, die die Einstellung des Individuums zur Kultur bestimmen.

Eine erste Fassung dieser Arbeit stellte ich 1977 fertig, bevor ich nach Mexiko fuhr. Die Kritik von L. G. Löffler, K. R. Eißler, Maya Nadig und Fedor Rothe bewog mich, als ich die schwere Kränkung überwunden hatte, mich nochmals hinter die Arbeit zu setzen. Fedor Rothe begleitete mich mit seiner freundschaftlichen Kritik, Guido Frei zeigte eine nie ermüdende Geduld für die immer neu auftauchenden Entwürfe. Hans Bosse verdanke ich die Einladung an die Frankfurter Universität und die Möglichkeit, mit ihm und den Studenten intensive Diskussionen zu führen, die mir neue Perspektiven eröffneten. Goldy und Paul Parin führten mich in die Psychoanalyse ein. Die Bücher, die sie zusammen mit Fritz Morgenthaler schrieben, waren der Anlaß, mich mit der Psychoanalyse zu beschäftigen. Aber darüber hinaus waren es ihre Persönlichkeit, ihre Großzügigkeit und ihr Lebensstil, welche mich in meiner Faszination von der Psychoanalyse bestärkten. Die »Kommission zur Förderung des akademischen Nachwuchses« der Universität Zürich verlieh mir ein großzügiges Stipendium, das mir während dieser Jahre ermöglichte, mich dieser Arbeit zu widmen. Es war eine sehr glückliche Zeit, und entsprechend groß ist mein Dank. Konrad Wittmer stellte die Abbildungen her.

Maya Nadig vermittelte mir durch ihre Arbeiten in Mexiko und Zürich eine neue Dimension des Verhältnisses zwischen Wissenschaft und Leben. Mit ihr zusammen habe ich all diese Arbeiten durchgeführt und besprochen; die Konfrontation unserer Erfahrungen hat die Gedankengänge dieses Buches stark beeinflußt. Georges Devereux, der mich durch seine Schriften die Fruchtbarkeit der Ethnopsychoanalyse lehrte, gab mir auch das freundschaftliche Echo, das man in der Unsicherheit eines jeden Anfangs so dringend benötigt. Ihm und Maya Nadig widme ich dieses Buch.

Freuds Konzept des Unbewußten und die Wiener Décadence

Das Bürgertum, der soziale Standort, von welchem aus Freud die Psychoanalyse konzipierte, war auch zu jener Zeit kein homogenes Ganzes. Das heißt, daß die Aussage, Freud gehöre zum Bürgertum, inhaltsleer bleibt, solange nicht seine genauere Position darin geortet wird. In einer ersten Annäherung kann man ihn als Angehörigen der bürgerlichen Intelligenz bezeichnen; ihr historisches Schicksal bestimmt die Sicht und den Erfahrungshintergrund der Psychoanalyse. Schon Freuds Entscheidung, nicht Jurisprudenz zu studieren und später die politische Laufbahn zu ergreifen, sondern sich der naturwissenschaftlichen Medizin zuzuwenden, entspricht gesellschaftlichen Tendenzen im intellektuellen Milieu. Sein Interesse am Unbewußten und an der Krankheit nimmt Problemstellungen der Romantik auf und sind ein Reflex ihrer politischen Ohnmacht (Löwenthal 1971:77f.). Seine Kulturkritik richtet sich, wie die des zeitgenössischen »Naturalismus« (Zola, Ibsen), gegen die Doppelbödigkeit der bürgerlichen Moral und lehnt unter Berufung auf das Realitätsprinzip den Trost religiöser und ästhetischer Illusion ab.

Gerade wegen Freuds Bezug zu den widersprüchlichen Tendenzen seiner Zeit kann die Psychoanalyse den verschiedensten geistigen Strömungen zugeordnet werden. Th. Mann zum Beispiel begreift sie als Fortsetzung der romantischen Weltanschauung (1929), Marxisten wie Hollitscher heben den mythologisierenden, irrationalen Charakter der Freudschen Theorie hervor (1970), für Jaspers ist sie, wie der Marxismus, Religionsersatz in einer gottlosen Welt (1950), Riesmann (1954) oder Schülein (1975) kritisieren Freuds unbewältigten Liberalismus und Szientismus, und B. Brown betont den revolutionären Gehalt (1973). Die Gegensätzlichkeit dieser Interpretationen widerspiegelt letztlich auch die Widersprüche, aus denen heraus die Psychoanalyse entstand. Die genannten Autoren stellen zwar einen Bezug her zwischen Freud und den Ideologien seiner Zeit, unterlassen es aber, genauer zu analysieren, welcher Stellenwert seinen einzelnen ideologischen Postulaten innerhalb der gesellschaftlichen Bewegungen zukommt. Wenn die Frankfurter Schule z. B. vom *»szientistischen Selbstmißverständnis«* Freuds spricht (Habermas 1968), so berücksichtigt sie nicht, daß sein Rückgriff auf naturwissenschaftliche Denkmodelle in der Auseinandersetzung mit den idealistischen Strömungen, wie sie etwa E. Mach verkörperte, stattfindet und eine wesentliche Voraussetzung dafür war, daß Freud, im Gegensatz zu den herrschenden Strömungen, einen *materialistischen* Begriff des Unbewußten entwickeln konnte. Ebenso muß Freuds Festhalten am Liberalismus und an den Traditionen der Aufklärung in Zusammenhang mit den unter den damaligen Intellektuellen sich ausbreitenden Neigungen zum Mystizismus und zum barocken Katholizismus (bei H. Bahr oder H. v. Hofmannsthal zum Beispiel) gesehen werden.

Mit der Psychoanalyse schuf Freud ein neues Paradigma der Forschung, das heißt ein Denkmodell, das sowohl neue Fragen wie neue Antworten auf alte Fragen gestattete. Aber wie konstituiert sich ein solches neues Paradigma? Anzieu hat in seinem Buch »L'autoanalyse de Freud et la découverte de la psychoanalyse« (1975) die biographischen Momente der Entdeckung des Unbewußten beschrieben. Aber das ist nur die eine, die individuelle Seite des Entdeckungsprozesses; die andere ist die kulturelle Seite. Wir können uns ihr annähern, indem wir vom Umstand ausgehen, daß das »Unbewußte« auch in ganz anderen »Sparten« der Kultur, in der Kunst und der Philosophie, eine wesentliche Rolle spielt. Viele Themen, mit welchen sich die Psychoanalyse beschäftigte, etwa Triebregungen, Inzest, Ambivalenzen, Bisexualität, Perversionen und insbesondere Träume, beherrschen die damalige Malerei und Dichtung (Jullian 1971; Spector 1972). Offen berufen sich diese Künstler auf das Unbewußte als Quelle ihrer Inspiration; ihre Kunsttheorie verlangt sogar, daß der Künstler Impressionen darstellen soll, *bevor* sie vom Bewußtsein verarbeitet worden sind. Ein durchgehendes Motiv der Novellen und Romane ist die Verunsicherung des bürgerlichen Lebens durch die unbewußten Wünsche, die nicht mehr abgewehrt werden können (Diersch 1973; Offermanns 1973; Böhme 1974). Die Kunst erscheint so als ein gesellschaftlich akzeptiertes »Instrument«, um sich mit dem Unbewußten auseinanderzusetzen. Dasselbe gilt für gewisse Tendenzen der Philosophie. Marquard (1973) hat gezeigt, welche Wandlungen der Begriff des Unbewußten in der deutschen Philosophie des 19. Jahrhunderts durchgemacht hat und wie sich die Wende von der Philosophie zur Medizin und von der Medizin zur Philosophie vollzieht. Nicht zufällig haben viele psychoanalytische Begriffe ihren Ursprung in der Philosophie. »*Sie sind philosophische Begriffe mindestens deswegen, weil sie philosophische waren, ehe sie zu psychoanalytischen wurden, und weil erstaunlich an ihnen nicht dies ist: daß sie zu philosophischer Geltung drängen, sondern umgekehrt dies: daß sie aufhören konnten, philosophische Geltung zu haben*« (Marquard 1968: 379).

Als sich Freud in den neunziger Jahren dem Unbewußten zuwendet, steht ihm also ein breites, kulturell, ästhetisch und philosophisch vorgeformtes Instrumentarium zur Verfügung. Das Entscheidende daran ist jedoch, daß es zur Praxis nichts taugt. Marquard zitiert Schelling (»*das Ich ... erinnert ... sich nicht mehr des Wegs, den es ... zurückgelegt hat ...; es [hat] ... den Weg zum Bewußtsein selbst bewußtlos und ohne es zu wissen zurückgelegt ...; [es] findet in seinem Bewußtsein nur noch gleichsam die Monumente, die Denkmäler des Wegs, nicht den Weg selbst. Aber eben darum ist es jetzt Sache der Wissenschaft ... jenes Ich des Bewußtseins mit Bewußtsein zu sich selbst, d.h. ins Bewußtsein kommen zu lassen. Oder: die Aufgabe der Wissenschaft ist eine Anamnese*«) (1973: 89), und meint, »*diese Sätze könnte man bei Freud vermuten*« (ebenda). Inhaltlich mag das schon stimmen, aber was bei Schelling in philosophischer Allgemeinheit formuliert erscheint, taucht bei Freud in Beziehung zu einer therapeutischen Situation auf und hat den Charakter einer auf eine »konkrete« Situation (etwa neurotisches Verhalten) bezogenen Handlungsanweisung. Einer ähnlichen Problematik begegnen wir auch in der Literatur. Wohl hat z.B. A. Schnitzler in seinen Novellen und Theaterstücken psychische Zusammenhänge erkannt und dargestellt – etwa den Wunschcharakter des Traumes (Beharriel 1967) –, auf die Freud gleichzeitig oder z.T. später ebenfalls gestoßen war, aber ihre Ausgestaltung zu einem literarischen Werk voll melancholischen Weltgefühls enthob diese Erkenntnisse jeder praktischen Konsequenz. »*(...) Freud, wie sehr er davon auch hätte in Versuchung geführt werden können, entkommt diesen morösen Vergnügungen: das liegt daran, daß er von Anbeginn ein Praktiker ist, der sich um den Erfolg seiner ›Behandlungen‹ bemüht, er begnügt sich nicht damit, in der Haltung ohnmächtigen Verständnisses zu verharren; für ihn muß die Erkenntnis zur umfassenderen Möglichkeit des Handelns führen. Durch umfangreiche spekulative Reflexion über die Hindernisse, die Mißerfolge, den Widerstand, auf den man stößt, ergibt sich bei Freud in den pragmatischen Absichten, die therapeutisch wirksam sein wollen, die theoretische Erkenntnis*« (Starobinski 1970: 87).

Das Außerordentliche an Freuds Leistung ist also nicht, *daß*, sondern *wie* er sich auf das Unbewußte einläßt. Er greift durchaus Fragestellungen auf, die in der Zeit lagen, geht aber anders damit um als seine Zeitgenossen. Die Frage nach den kulturellen Voraussetzungen der Entdeckung des Unbewußten durch Freud läuft somit auf die Frage heraus, was er mit den kulturell und schichtspezifisch geprägten Einstellungen zu Natur und Gesellschaft, Krankheit und Gesundheit, Kunst und Wissenschaft macht, um daraus das neue Paradigma der Psychoanalyse zu entwickeln.

Die Anachronien der österreichischen Gesellschaft und die Machtträume der Intellektuellen

Die kulturelle Blüte in Wien um 1900 war die hervorstechendste Leistung der österreichischen Bourgeoisie (A. Fuchs 1949: 6), die sich ab 1848 innerhalb der vom neo-absolutistischen Regime geschaffenen Gesellschaftsordnung entfaltete. Das Bürgertum kam also nicht durch eine Revolution, die sie zum wichtigsten politischen Machtträger gemacht hätte, zur Herrschaft, sondern aufgrund von Kompromissen, vor allem mit der Krone, der sie stützenden Bürokratie und dem Feudaladel. Charakteristisch für den Industrialisierungsprozeß in Österreich war, daß das Bürgertum keine vollständige Umgestaltung der Gesellschaft anstrebte; die Erhaltung der Monarchie war ein fundamentales Ziel der gehobenen Mittelklasse, und das bedeutete, daß eine erhebliche Anzahl vorkapitalistischer Einrichtungen konserviert werden mußte (Groß 1973: 12). Der österreichische Liberalismus bemühte sich daher, die gegensätzlichen Ansprüche großagrarischer, schwerindustrieller und kleinbürgerlicher Interessen miteinander zu versöhnen. Sein Dilemma war, »*der Gegenwart gerecht zu werden, ohne mit der Vergangenheit zu brechen*« (März 1968: 365). Österreich-Ungarn blieb noch bis ins 20. Jahrhundert vorwiegend ein Agrarstaat, 1910 waren nur 24,2 Prozent der Bevölkerung in der Industrie tätig, 8,8 Prozent im Handel und Verkehr, aber noch 56,8 Prozent in der Land- und Forstwirtschaft (Mommsen 1963: 29). Der Adel war deshalb ein einflußreicher wirtschaftlicher und politischer Faktor, dem sich das Bürgertum, insbesondere das Großbürgertum, immer mehr anglich. »*Die Feudalisierung des Unternehmertums erfolgte im Habsburgerreich rascher und tiefgreifender als in den anderen von der Industrialisierung erfaßten Ländern*« (Mentschl 1973: 275). Diese Feudalisierung schritt in dem Maße fort, als das Bürgertum immer mehr auf den Schutz der bestehenden staatlichen Ordnung gegenüber den erstarkenden sozialen Bewegungen angewiesen war. Die sozialen Gegensätze wurden durch die nationale Vielgliedrigkeit der Monarchie verschärft, und die deutsch-österreichische Bourgeoisie konnte ihre Klasseninteressen nur durch die Unterdrückung der anderen Nationalitäten durchsetzen. Ihren doppelten Kampf gegen die aufkommende Arbeiterklasse und die anderen Nationalitäten konnte sie nur führen, indem sie sich auf die Seite der

Krone und des Feudaladels schlug, auch wenn damit der Entwicklung des Kapitalismus Schranken gesetzt wurden, Österreich, besonders gegenüber Deutschland, zunehmend ins Hintertreffen geriet und vom Ausland ökonomisch abhängig wurde.

Während der Ära Metternich, also bis 1848, waren die politischen Verhältnisse vom Versuch geprägt, die Folgen der Französischen Revolution zu neutralisieren. Ab 1848 ging es darum, die vorwiegend agrarische Wirtschaftsstruktur in eine industrielle zu verwandeln. 1855 wurde die »Österreichische Kreditanstalt für Handel und Gewerbe« begründet, um die besonders für den Ausbau des Eisenbahnnetzes notwendigen Kredite zu beschaffen. Weitere Banken entstanden in den sechziger Jahren, aber die Entwicklung vollzog sich nur träge und unbefriedigend, nicht zuletzt wegen der österreichischen Großmachtspolitik. 1866 kam es zur Niederlage von Königgrätz, zum Ausscheiden aus dem deutschen Bund und 1867 zur Aufteilung der Monarchie in zwei Hälften: Österreich und Ungarn. Die außen- und innenpolitische Krise trug wesentlich dazu bei, daß das Bürgertum vermehrt an der Macht mitbeteiligt wurde. Es waren die hoffnungsvollen Jahre des »Bürgerministeriums«, von denen Freud noch 1897 träumte (Freud 1900: 199). Der Zeitraum zwischen 1867 und 1873 gilt als die »Gründerjahre«, deren architektonisches Denkmal die Wiener Ringstraße ist. Ihre Stillosigkeit war der monumentale Ausdruck dessen, was H. Broch (1955) »*Wertvakuum*« und C. Schorske (1961), weniger metaphysisch, die Krise des Liberalismus genannt hat. Am 1. Mai 1873 wurde die Wiener Weltausstellung eröffnet, aber was als machtvolle Selbstdarstellung der weltumspannenden Bourgeoisie gedacht war, entpuppte sich als ökonomische Katastrophe. Vom Ausbruch der Cholera begleitet, kam es schon am 9. Mai 1873 zum Börsenkrach des »schwarzen Freitags«, der dem ganzen Gründerzeitboom ein Ende setzte. Die wirtschaftliche Notlage erreichte zwischen dem Herbst 1875 und 1876 ihren Höhepunkt – zahlreiche Bankrotterklärungen, Entwertung des Silbers, sinkende Renten schufen ein Klima allgemeinen Mißtrauens (Mikoletzky 1972: 435), in welchem die Kritik am Liberalismus immer mehr an Boden gewann (Matis 1973: 45).

Die Niederlage von 1848 und der Neoabsolutismus der folgenden Jahre verhinderten, daß sich die Arbeiterklasse organisieren konnte. Erst unter der »Bürgerregierung« von 1867 entstanden die Selbsthilfevereine der Arbeiterschaft, Konsumgenossenschaften, die den Zwischenhandel ausschalten sollten, sowie Arbeiterbildungsvereine, die unter dem Einfluß des deutschen Sozialreformers Schulze-Delitzsch zwar Sparen und Bildung propagierten, aber keine politische Betätigung dulden wollten. Auch diese Form der Organisation wurde jedoch vom Staat zuerst einmal verboten und schließlich nur unter beträchtlichem Druck erlaubt. Die Arbeiter diskutierten nun, ob sie sich – wie Lassalle es vorschlug – hinter das liberale Bürgertum stellen sollten, um es in seinem Kampf gegen den Feudaladel zu unterstützen – mit der Konsequenz, daß die Arbeiter eine deutsch-nationale Richtung hätten einschlagen müssen –, oder ob sie den gemeinsamen übernationalen Kampf aller Arbeiter, die Forderung nach Demokratisierung und allgemeinem Wahlrecht sowie die allgemeine Volksbewaffnung und die Abschaffung der stehenden Heere in ihr Programm aufnehmen sollten. Letzterer Standpunkt setzte sich durch und sollte in einem Arbeiterverbrüderungsfest im September 1868 allgemein bekanntgegeben werden. Aber das Bürgerministerium lehnte das Programm ab, und Kaiser Franz Joseph verbot das Fest. Trotzdem schritten die Einigungsprozesse weiter fort. 1868 erschien erstmals eine Zeitung, die sich mit Arbeiterfragen und Fragen des wissenschaftlichen Sozialismus beschäftigte, das »Arbeiterblatt«. Im Juni-Juli brachte es das Marx-Engelsche »Kommunistische Manifest« in Fortsetzungen und im Oktober ausführliche Auszüge aus dem Marxschen »Kapital« (Steiner 1964: 6ff.). 1869 verschärfte sich die polizeiliche Repression, doch die Aufbauarbeit erfaßte immer mehr Arbeiter. Der niederösterreichische Statthalter Baron Weber erklärte: »*Ich halte die Art und Weise der Behandlung der fraglichen Bestrebungen in den Arbeitervereinen nicht nur für staatsgefährlich, sondern selbst für unmoralisch und gesetzeswidrig. Da würdigere Wege zur Klärung dieser Bestrebungen bei den Arbeitern nicht einzuschlagen seien, so müßte die diesfällige Diskussion verboten werden*« (z.n. Steiner 1964: 19). Am 13. Dezember 1869 kam es in Wien zur ersten großen friedlichen Massenkundgebung vor dem Reichsrat. Zwar schritt die Polizei nicht ein und der Ministerpräsident Taaffe nahm die Resolution entgegen, aber einige Tage darauf wurden die Mitglieder der Arbeiterdelegation, die beim Ministerpräsident gewesen war, verhaftet. Im Januar 1870 brachen im nordböhmischen Industriegebiet Reichenberg Unruhen aus, die mit Hilfe des Militärs zerschlagen wurden. Im März streikten die dortigen Arbeiter, und wiederum schritt das Militär ein, und es gab mehrere Tote und Verletzte. Darauf fand am 15. Mai in Wien eine Protestkundgebung statt, an der sich 15000 Arbeiter beteiligten, im August waren es 30000 tschechische und deutschsprechende Arbeiter, die sich in der Nähe Reichenbergs versammelten.

Den Anführern der Wiener Kundgebung von 1869 wurde 1870 der Prozeß gemacht; Oberwinder, Scheu, Most und Pabst wurden des Verbrechens des Hochverrats schuldig befunden, Oberwinder zu sechs und die übrigen zu je fünf Jahren schweren Kerkers verurteilt (Steiner 1964: 31). Gleichzeitig erschien das Auflösungsdekret gegen alle Arbeitervereine, das eine ganze Reihe neuer Demonstrationen hervorrief, welche wiederum von der Polizei aufgelöst werden mußten. Diese Repression konnte indessen nicht die Bildung neuer Arbeitervereine verhindern, und in diesen brach die Auseinandersetzung zwischen den »Gemäßigten« und den »Radikalen« aus. 1871 erließ die neue Regierung Hohenwart eine umfassende politische Amnestie. Zwischen zwei der Amnestierten, Oberwinder und Scheu, entspann sich wieder der alte Streit, ob die Arbeiterbewegung zusammen mit dem liberalen Bürgertum bzw. unter dessen Führung kämpfen oder eine eigene Partei gründen sollte. Oberwinder, der die Arbeiterbewegung unter den Einfluß der Liberalen bringen wollte, stieß auf immer stärkeren Widerstand, und Scheu setzte sich durch.

1872 und 1873 verschärfte sich der soziale Kampf; in verschiedenen Teilen der österreich-ungarischen Monarchie kam es zu Kämpfen der Arbeiterschaft um ihre wirtschaftliche Besserstellung. Die Arbeitervereine breiten sich, von dem Boom der Gründerjahre unwillentlich gefördert, immer mehr aus. Das Elend der Arbeiterschaft wuchs mit der Teuerung, die Wohnverhältnisse verschlimmerten sich zusehends. »*Auch vielen Unternehmern wurde bewußt, daß sich die Kluft zwischen ihnen und der Arbeiterschaft ständig erweitere. Bei der öffentlichen Enquête über die Lage in Niederösterreich sagte der Vorsitzende Kammerrat F. Nicht am 20. Jänner 1873: ›Die Industrie hat sich zu hoher Blüte entfaltet; sie hat die Arbeit und die Bedürfnisse vervielfältigt ... sie hat ihren Erzeugnissen Absatzgebiete bis in die entferntesten Länder der Erde verschafft, sie hat segensreich gewirkt – sie hat aber auch die Verteilung der Güter gestört, sie hat Kapitalisten und Arbeiter in der sozialistischen Bedeutung des Wortes geschaffen, zwei Parteien, deren Interessen und Bestrebungen diametral entgegenstehen, zwei Parteien, zwischen welchen es nur schwer einen Ausgleich geben dürfte*‹« (Steiner 1964: 81).

Der Börsenkrach von 1873 hatte gewaltige Auswirkungen: Verelendung der Gewerbetreibenden und Ausbreitung der Arbeitslosigkeit; allein in Wien wurden 35 000 Arbeiter arbeitslos, und 15 000 mußten die Stadt verlassen. Unter diesen Bedingungen erlitt auch die Organisation der Arbeiterschaft Rückschläge. 1874 wurde ein Parteitag einberufen, in welchem die Grundsätze für eine für die ganze Monarchie gültige Politik bestimmt werden sollten. Die Verfolgung durch staatliche Organe verschärfte sich, und deren Zensur versuchte, das Erscheinen der Arbeiterzeitung zu verhindern; sie ging sogar so weit, daß sie gar nicht erst abwartete, bis sie die Fahnen bekam, sondern einen Beamten in die Druckerei stellte, »der den Satz der ›Zukunft‹ für konfisziert erklärte, bevor noch eine Auflage gedruckt wurde und überhaupt eine Möglichkeit bestand, den Inhalt zu kontrollieren« (Steiner 1964: 212). Gegen diese »*Konfiskation im Mutterleibe*« wehrte sich sogar die bürgerliche Presse (ebenda).

In den folgenden Jahren wurde die Arbeiterschaft durch den Kampf zwischen den Gemäßigten und den Radikalen gespalten. Allmählich hatten nämlich anarchistische Gedanken, besonders von J. Most verbreitet, an Boden gewonnen, und zwar in Zusammenhang mit der großen Streitfrage, »*ob die Arbeiterbewegung durch Reformen und allgemeine Aufklärung eine Änderung der Gesellschaftszustände erreichen könne oder erst die revolutionäre Umgestaltung der Gesellschaftsordnung die Voraussetzungen für die soziale und kulturelle Entfaltung der Arbeiterschaft biete*« (a.a.O.: 160). Schlagwortartig formuliert: »*Durch Bildung zur Freiheit*« bzw. »*Durch Freiheit zur Bildung*« (ebenda). Die Anarchisten forderten die »*Propaganda der Tat*« und verbreiteten die Auffassung, »*daß die Revolution unmittelbar bevorstehe und dazu nur möglichst viele Taten einzelner Personen gesetzt werden müßten*« (a.a.O.: 191); sie forderten Geheimorganisationen und verwarfen alle öffentlich wirkenden Versammlungen, Vereine und Zeitungen. Bei vielen Arbeitern fand diese Einstellung Anklang, und die Verbreitung anarchistischer Flugblätter nahm zu. Anfangs der achtziger Jahre kam es schließlich zu Attentaten und Raubüberfällen, die von der Polizei sorgfältig inszeniert und der Arbeiterbewegung unterschoben wurden, um den Vorwand für eine allgemeine Verfolgung zu erhalten. Am 15. Dezember 1883 wurde nach einer Arbeiterversammlung ein Polizeibeamter erschossen und am 10. Januar 1884 ein Wechselstubenbesitzer ermordet und beraubt.

Ende Januar bestätigte der Kaiser den Erlaß, durch den über Wien und einige Industriegebiete Niederösterreichs der Ausnahmezustand verhängt wurde. Die Polizei verhaftete Hunderte von Arbeiterfunktionären und wies 238 Personen aus Wien aus (a. a. O.: 226). Die Verfolgung griff auf Böhmen und Ungarn über; auch Kärnten und Steiermark kamen an die Reihe.

In dieser Situation entstanden die ersten zaghaften Einigungsversuche, da offensichtlich wurde, daß der Streit zwischen den Gemäßigten und den Radikalen vor allem der Regierung nützte. Aber es sollte noch fünf Jahre dauern, bis V. Adler auf der Hainfelder Tagung (1888/89) eine Versöhnung auf der Basis marxistischer Ideen aushandeln konnte.

Während dieser Jahre, also ab 1860, formierten sich auch die Ideologien, die um 1900 das politische Leben beherrschten, neben der sozialistischen die deutsch-nationale und die christlich-soziale, die beiden letzteren immer in Reaktion auf die sozialistische. Schorske bemerkt, daß das liberale Bürgertum Kräfte freisetzte, die es nicht zu beherrschen vermochte: Berief es sich auf den (deutschen) Nationalismus, um den kosmopolitischen Adel zu treffen, so forderten die Slawen Autonomie für sich; versuchte die Bourgeoisie hingegen den multinationalen Staat zu verteidigen, so warf ihr das Kleinbürgertum Verrat am Nationalismus vor. Der Katholizismus, eine wesentliche Stütze des Feudaladels und als solche Angriffspunkt der Liberalen, verwandelte sich allmählich in eine von den Bauern und Handwerkern getragene Ideologie, die sich ebenfalls gegen den Liberalismus richtete (1967: 344).

Die Arbeiterbewegung versuchte sowohl die Kleingewerbetreibenden wie auch die Bauern und die Intellektuellen für sich zu gewinnen, aber hier hatten der Nationalismus und Antisemitismus eher Fuß fassen können. K. Renner schrieb: »*Hitzig, aggressiv, lärmend und unverträglich wird die nationale Bewegung erst, wenn sie die Stadt, vor allem die Kleinstadt ergreift. Für den Handwerker, Händler und Schankwirt in dieser wird die Nationszugehörigkeit ein wirtschaftlicher Konkurrenzfaktor: Kauft nur bei Deutschen! Kauft nur bei Tschechen! – Das ›Kauft nur bei Christen!‹ der Antisemiten ist im Grunde dieselbe Sache*« (zit. n. Steiner 1964: 145). Im Rahmen des Katholizismus entwickelte man, den Enzykliken Papst Leos XIII. folgend, eine Ideologie, die sich als Alternative zum Sozialismus anbot: »*Falsch ist die Lehre von dem angeblich naturgemäßen Klassenkampf, da gesellschaftliche wie staatliche*

Ordnung beherrscht sein muß von organischen Gedanken« (Leo XIII. 1882, zit. n. Schilling 1925: 155); die bestehenden Unterschiede seien *»im Sinne der Vorsehung ..., weil es zweckmäßig ist für den Einzelnen und für die Gesellschaft, die zu ihrem Bestande mannigfach verschiedener Funktionen und Ämter bedarf«* (ebenda). Auch sie beinhaltete eine Kritik am Kapitalismus: *»Die Ideen sind es, welche die Welt beherrschen, die Geschichte formen, das Schicksal der Völker bestimmen; und so ist es die kapitalistische Idee, welche gleichmäßig den Bauernstand ausrottet, den Handwerkerstand ins Proletariat wirft, die Grundsäulen der Monarchie unterwühlt und auch den historischen Adel vernichtet ...«* (zit. n. Mikolezky 1972: 444). Freiherr v. Vogelsang (1818-1890) war es, der für Österreich die Grundsätze eines *»Christlichen Sozialismus«* formulierte: *»Wirtschaft und Gesellschaft müssen so gestaltet sein, daß der Mensch die ihm von Gott gestellte Aufgabe erfüllen kann. ... Es ist Unrecht, daß die Kapitalisten über die Produktionsmittel nach Gutdünken verfügen, daß sie die Konsumenten durch hohe Preise, die Arbeiter durch niedrige Löhne schädigen. ... Die parlamentarische Verfassung, die die Liberalen geschaffen haben, erlaubt den Kapitalisten, die Bevölkerung zu tyrannisieren, zugleich erleichtert sie das Werk der Demagogen, die die Arbeiterschaft irreleiten. ... Das Parlament ist durch eine berufsgenossenschaftliche, eine ständige Vertretungskörperschaft zu ersetzen«* (zit. n. Fuchs 1949: 50-51). Johnston verweist darauf, daß Vogelsang die Wiederherstellung mittelalterlicher hierarchischer Strukturen anstrebte, um damit die schrankenlose Vergrößerung der Produktivität einzudämmen. Er wollte auch die Wirtschaft nach dem Modell der Familie organisieren, jedes Geschäftsunternehmen sollte zu einer industriellen Familie werden, in der Arbeiter und Besitzer sich in der Leitung teilen sollten (1972: 74).

Diese Ideologie konnte nur glaubwürdig wirken, indem sie den Antisemitismus inszenierte. Lueger (1844-1910), der 1897 Bürgermeister von Wien wurde, hielt 1890 eine Parlamentsrede, in welcher er alle sozialen und ökonomischen Spannungen auf die Juden zurückführte: *»Ich frage Sie, können die christlichen Bauern dafür, daß der Getreidehandel sich ausschließlich in den Händen der Juden befindet? Können die christlichen Bäcker dafür? ... Können die Christen dafür, daß über 50 Prozent der Advokaten Wiens und der größte Teil der Ärzte Juden sind? ... Die Juden ... haben sich ein eigenes Deutsch erfunden, welches wir gar nicht verstehen, das* *sogenannte Judendeutsch ... und das gebrauchen sie, damit sie untereinander reden können, ohne daß sie ein anderer versteht. Das ist der eigentliche Grund, warum das sogenannte Judendeutsch eingeführt wird ...«* (zit. n. Fuchs 1949: 60). Die Sozialdemokratische Partei sah schon früh die ideologische Funktion des Antisemitismus ein; die »Arbeiterzeitung« vom 9. Mai 1890 veröffentlichte einen Brief von Engels, in welchem er schreibt: *»Der Antisemitismus ist das Merkzeichen einer zurückgebliebenen Kultur und findet sich deshalb auch nur in Preußen und Österreich, respektive Rußland. (...) Nur da (...), wo keine starke Kapitalistenklasse existiert, also noch keine starke Lohnarbeiterklasse, wo das Kapital noch zu schwach ist, sich der gesamten nationalen Produktion zu bemächtigen, und daher die Effektenbörse zum Hauptschauplatz seiner Tätigkeit hat, wo also die Produktion noch in den Händen von Bauern, Gutsherren, Handwerkern und ähnlichen aus dem Mittelalter überkommenen Klassen sich befindet – nur da ist das Kapital vorzugsweise jüdisch und nur da gibts Antisemitismus. (...) Der Antisemitismus ist also nichts anderes als eine Reaktion mittelalterlicher, untergehender Gesellschaftsklassen gegen die moderne Gesellschaft ... und dient daher nur reaktionären Zwecken unter scheinbar sozialistischem Deckmantel«* (1890: 369-370).

Diese von Engels hervorgehobenen strukturellen Spannungen der österreichischen Gesellschaft wurden auch von modernen Historikern wie z.B. H. Mommsen (1963), C. A. Schorske (1961, 1967) oder M. Diersch (1973) zum Verständnis der damaligen historischen Situation herbeigezogen. *»Die Spannung zwischen westeuropäischen bürgerlichen Lebensformen und der in den beiden Großstädten* (Wien und Prag, M. E.) *entstehenden industriellen Massengesellschaft einerseits und der östlichen, patriarchalisch geprägten Agrargesellschaft andererseits war denkbar groß. Die Überlagerung beider gesellschaftlicher Typen führte zu eigentümlichen soziologischen Phänomenen, die sich etwa in der ungewöhnlich heterogenen Parteibildung zeigen, bei der neben demokratischen Massenparteien ständische Klubs stehen«* (Mommsen 1963: 21). R. Musil hat im »Mann ohne Eigenschaften« aus der Sicht des Individuums die Anachronien Österreichs beschrieben: *»Man darf freilich nicht glauben, die Menschen hätten bald bemerkt, daß ein Wolkenkratzer größer sei als ein Pferd; im Gegenteil, noch heute, wenn sie etwas Besonderes von sich hermachen wollen, setzen sie sich nicht auf den Wolkenkratzer, sondern aufs hohe Roß. ... Ihr Gefühl* *hat noch nicht gelernt, sich ihres Verstandes zu bedienen ... man ... kommt* (darauf), *daß der Mensch in allem, was ihm für das Höhere gilt, sich weit altmodischer benimmt, als es seine Maschinen sind«* (1930: 37). Hunderte unbeantworteter Fragen beschäftigten die Leute. »*Sie lagen in der Luft, sie brannten unter den Füßen. Die Zeit bewegte sich ... Man wußte bloß nicht wohin. Man konnte auch nicht recht unterscheiden, was oben und unten war, was vor und zurück ging«* (a.a.O.: 13). »*Man handelte in diesem Land – und mitunter bis zu den höchsten Graden der Leidenschaft und ihren Folgen – immer anders, als man dachte, oder dachte anders, als man handelte«* (a.a.O.: 34). Musil spricht von den neun Charakteren eines Individuums: Man hat »*einen Berufs-, einen National-, einen Staats-, einen Klassen-, einen geographischen-, einen Geschlechts-, einen bewußten, einen unbewußten und vielleicht auch noch einen privaten Charakter«* (a.a.O.: 35), zu welchen noch ein zehnter dazutritt, »*und dieser ist nichts als die passive Phantasie unausgefüllter Räume; er gestattet dem Menschen alles, nur nicht das eine: das ernst zu nehmen, was seine mindestens neun anderen Charaktere tun und was mit ihnen geschieht«* (ebenda).

Musils ironische Skepsis war *eine* Antwort auf die anachronen Verhältnisse in Österreich, und auch sie hat eine Geschichte, die Teil ist der Geschichte der Intellektuellen und ihrer Reaktion auf die Gesellschaft, in der sie lebten.

Die Intellektuellen und ihr Traum von Macht und Größe

Versuche innerhalb des Wiener Bürgertums, eine kritische Position gegen das Bürgertum aufzubauen und sich von dessen Liberalismus zu distanzieren, gehen auf die sechziger Jahre des 19. Jahrhunderts zurück. Der amerikanische Historiker Mc Grath hat in seinem 1974 erschienenen Buch »Dyonisian Art and Populist Politics in Austria« die Geschichte des »Pernertsdorfer Zirkels« geschrieben, einer Gruppierung zu der V. Adler, der Einiger und Anführer der österreichischen Sozialdemokratie, H. Friedjung, der Historiker, Pernertsdorfer, ebenfalls ein leitender Sozialdemokrat, G. Mahler, der Komponist, gehörten und zu welcher später, Ende der siebziger Jahre, G. v. Schoenerer, der Gründer der deutsch-nationalen Bewegung, hinzutrat. Am Rande werden wir auch noch auf Freud stoßen. Der Pernertsdorfer Zirkel war gleichsam ein Laboratorium, in welchem Intellektuelle, mit den ihnen zur Verfügung stehenden oder neugeschmiedeten Instrumenten, die Probleme ihrer Zeit zu bewältigen versuchten. In vielerlei Hinsicht vermittelt er uns einen Einblick in das geistige Klima, in welchem auch die Psychoanalyse entstand, bzw. auch in jene Anschauungen, die Freud überwinden mußte, um auf das Unbewußte zu stoßen.

1867 gründeten einige Schüler des renommierten Schottengymnasiums in Wien eine Vereinigung, die sich zum Ziele setzte, den Verrat am Deutschtum rückgängig zu machen, den ihrer Meinung nach die Regierung begangen hatte, als sie es zum österreichpreußischen Krieg von 1866 hatte kommen lassen, durch den Österreich aus dem Deutschen Reich ausgeschlossen wurde. Ihrer sozialen Herkunft nach gehörten diese Gymnasiasten bis auf einen, Pernertsdorfer, der aus einer Handwerkerfamilie stammte, dem gehobenen Bürgertum an. M. Gruber, der später ebenso wie V. Adler Arzt wurde, erzählte in seinen Erinnerungen, wie die Lektüre von Saint-Simon, Proudhon, Marx und Engels ihn dazu brachte, die bestehende ökonomische Ordnung als so fehlerhaft zu erkennen, daß sie nur verdiente, zerstört zu werden. Als 1868 die Arbeiterunruhen in Wien ausbrachen, nahmen sie Stellung für die Arbeiter, lasen deren Zeitungen und sammelten Geld für die Familien der verhafteten Arbeiter. Den Deutsch-Französischen Krieg von 1870 bis 1871 und die Ausrufung der Kommune verfolgten sie mit Interesse; das kaiserliche Edikt zur Auflösung der Arbeiterbildungsvereine erfüllte sie mit Empörung (Mc Grath 1974: 17f.). 1870 bestanden sie das Abitur, fingen das Universitätsstudium an und schlossen sich der deutschnationalen Studentenverbindung »Arminia« an. »*Die deutschnationale Bewegung war ... zu jener Zeit noch von den Idealen der Revolution von 1848 inspiriert, frei von antisozialistischen und antisemitischen Tendenzen; sie war damals noch eine demokratisch-republikanische, bürgerlich-liberale, sozialreformistische, antiklerikale Bewegung, und die studentischen Burschenschaften betrachteten sich als Träger der Tradition der akademischen Legion, die im Sturmjahr 1848 auf den Barrikaden für die Freiheit gekämpft hatte. Ihr Heros war G. v. Schoenerer, ... der im Parlament ... für die sozialen und politischen Rechte der Arbeiter eintrat; wenige Jahre später wurde er allerdings ein rabiater Rassenantisemit, worauf sich Adler und Pernertsdorfer von ihm trennten*« (Braunthal 1965: 26).

1871 wurde der »Leseverein der deutschen Studenten Wiens«

gegründet; er sollte den deutschen Charakter der Universität bewahren helfen, d.h. politisch tätig sein, und das brachte ihn auch in Konflikt mit der Regierung. 1878 wurde er verboten, entfaltete aber in der Zwischenzeit eine reiche Tätigkeit, die unter anderen von Adler und Pernertsdorfer angeleitet wurde (Mc Grath 1974: 33f.). Der Börsenkrach von 1873 löste auch im »Leseverein« starke Reaktionen aus, und die Kritik an der bürgerlichen Gesellschaft und Ökonomie nahm zu. Der Philosoph J. Volkelt hielt vor dem Leseverein eine Rede, in welcher er die Kultur des Kapitalismus anprangerte und einen idealistischen Kollektivismus als Alternative zum materialistischen Individualismus des Liberalismus anbot. Er hob hervor, daß die moderne Technologie und der wissenschaftliche Rationalismus den Menschen korrumpierten und sein Gefühlsleben sowie seine Phantasie verkümmern ließen (a.a.O.: 51f.).

In diese Jahre fiel auch die Ausbreitung der Gedanken von Schopenhauer, Nietzsche und Wagner. In einem Brief an Pernertsdorfer berichtete Adler 1872 vom tiefen Eindruck, den Rokitanskis »Solidarität allen Thierlebens« (1869) auf ihn gemacht hatte. Rokitanski, einer der führenden Mediziner Wiens, versuchte darin, Darwin und Schopenhauer miteinander zu verbinden, und bezeichnete das Mitleid als die wichtigste menschliche Regung, um die natürliche Aggressivität und den Egoismus der Menschen zu zügeln. Auch Meynert, ein anderes Mitglied der Fakultät (bei dem Adler, Freud und Schnitzler später als Assistenten arbeiteten), berief sich auf Schopenhauer und sah im Mitleid ein Mittel der Selbstverwirklichung des einzelnen, das ihm helfen könnte, die individuellen Grenzen zu überschreiten. Meynert sympathisierte mit der sozialistischen Bewegung und beteiligte sich 1876/77 als Delegierter des Professorenkollegiums an der Leitung des »Lesevereins«. Auf Nietzsche stieß Adler über H. Braun, einen der späteren Führer der deutschen Sozialdemokratie, der während der Gymnasialzeit ein enger Freund Freuds gewesen war. Freud schrieb über ihn: *»Ich glaube, er bestärkte mich in der Abneigung gegen die Schule und was in ihr gelehrt wurde, weckte eine Menge revolutionärer Regungen in mir, und wir bestärkten uns gegenseitig in der Überschätzung unserer Kritik und besseren Einsicht. (...) Weder die Ziele noch die Wege unseres Strebens waren uns sehr klar ... Aber es stand fest, ich würde mit ihm arbeiten und seine ›Partei‹ nie verlassen. Unter seinem Einfluß war ich auch damals entschlossen, an der Universität Jus zu studieren«* (Freud 1968: 393). Braun hatte

1874 Nietzsche für sich entdeckt, und zusammen mit Adler, der andere wiederum für den Philosophen zu begeistern wußte, bildete sich in Wien der erste Nietzsche-Zirkel, der auch bald mit Nietzsche persönlich in Verbindung trat.

Die Resonanz, die Schopenhauer, Nietzsche und Wagner in den Kreisen der Intellektuellen fanden, war ein weiterer Schritt in der Zerstörung der Vernunft (Lukács 1954) und der Ausbreitung des Irrationalismus. Wie Lukács bemerkt, wurden zwar die schlechten Seiten des Kapitalismus grob herausgestellt, man erklärte »*sie aber zu Eigenschaften nicht des Kapitalismus, sondern des menschlichen Daseins schlechthin, der Existenz überhaupt*« (a.a.O.: 182). Der Schopenhauersche Pessimismus wurde zur philosophischen Begründung der Sinnlosigkeit eines jeden politischen Handelns. Als Ersatz bot sich die Kunst an, was Schopenhauer zu einem wichtigen Vorläufer der späteren europäischen Dekadenz machte (a.a.O.: 206). Besonderen Anklang sollte bei den Intellektuellen der Aristokratismus der Erkenntnistheorie finden. Lukács spricht zu Recht von der »*Züchtung eines irrationalistischen Größenwahns in der bürgerlichen Intelligenz*« (a.a.O.: 208), die man in Entsprechung zur Feudalisierung des Bürgertums setzen könnte. Die Erfassung der Welt, wie sie wirklich ist, nämlich so, wie sie sich in der Kunst objektiviert, ist »*nur dem Genius und sodann Dem, welcher durch, meistens von den Werken des Genius veranlaßte, Erhöhung seiner reinen Erkenntniskraft in einer genialen Stimmung ist, erreichbar*«, die Kunstwerke sind so beschaffen, daß sie »*der stumpfen Majorität der Menschen ewig verschlossene Bücher bleiben müssen und ihr unzugänglich sind, durch eine weite Kluft von ihr getrennt, gleich wie der Umgang des Fürsten dem Pöbel unzugänglich ist*« (Schopenhauer, zit. n. Lukács a.a.O.: 208).

Wie treffend auch Lukács' Analysen sein mögen, so machen sie doch nicht einsichtig, *wie* die Rezeption von Schopenhauer, Nietzsche und Wagner vor sich ging, denn in einer ersten Phase diente ihre Philosophie nicht der Verwerfung, sondern der Begründung des politischen Handelns. Sie faszinierte die Mitglieder des »Lesezirkels«, weil sie einen Standpunkt zur Kritik der Kultur des Liberalismus und den Ausblick auf eine neue Kulturform anbot. Nietzsches »Geburt der Tragödie aus dem Geiste der Musik« (1872) lieferte mit dem Begriff des Dionysischen eine Ansicht von der Kultur, die all das zu umfassen schien, was vom Liberalismus verleugnet werden mußte: das Rauschhafte, Irrationale, Affektive.

Der negative Gegensatz zum Dionysischen ist das Alexandrinische, das keine Götter und Mythen mehr kennt, und »*an Stelle eines metaphysischen Trostes eine irdische Konsonanz, ja einen eigenen deus ex machina setzt, nämlich den Gott der Maschinen und Schmelztiegel*« (1872: 146). »*Unsere ganze moderne Welt ist in dem Netz der alexandrinischen Kultur befangen und kennt als Ideal den mit höchsten Erkenntniskräften ausgerüsteten, im Dienste der Wissenschaft arbeitenden theoretischen Menschen, dessen Urbild und Stammvater Sokrates ist*« (a.a.O.: 147). Sokrates ist der Gegner des Dionysus (a.a.O.: 115), die »*fragwürdigste Erscheinung des Altertums*« (a.a.O.: 118), er bringt die »*tiefsinnige Wahnvorstellung*« in die Welt, »*daß das Denken, an dem Leitfaden der Kausalität, bis in die tiefsten Abgründe des Seins reiche, und daß das Denken das Sein nicht nur zu erkennen, sondern sogar zu korrigieren imstande sei*« (a.a.O.: 128). Aber Kant und Schopenhauer hätten die sokratische Kultur erschüttert und den Aufgang der neuen, der tragischen verkündet (a.a.O.: 149); sie verbürgen »*das allmähliche Erwachen des dionysischen Geistes*« (a.a.O.: 158). »*Aus dem dionysischen Grunde des deutschen Geistes ist eine Macht emporgestiegen, die mit den Urbedingungen der sokratischen Kultur nichts gemein hat ... vielmehr von dieser Kultur als das Schrecklich-Unerklärliche, als das Übermächtig-Feindselige empfunden wird, die deutsche Musik, wie wir sie vornehmlich in ihrem mächtigen Sonnenlaufe von Bach zu Beethoven, von Beethoven zu Wagner zu verstehen haben*« (a.a.O.: 158-159).

Was der (frühe) Nietzsche verkündete, schien Wagner zu vollbringen: die Schaffung einer neuen Kultur. Schon früh hatte sich in Wien eine Wagner-Gesellschaft gebildet, und 1873 trat auch V. Adler ihr bei; 1876 »pilgerte« er nach Bayreuth, die übrigen Mitglieder des Pernertsdorfer-Zirkels wurden ebenfalls von der Wagner-Begeisterung erfaßt. Wagners »Gesamtkunstwerk« versprach, die Entfremdung des Individuums und die Aufsplitterung seiner Fähigkeiten aufzuheben – Gemüt und Verstand sollten nicht mehr auseinanderfallen, die Ganzheit des Individuums mußte wieder hergestellt werden (Mc Grath 1974: 59f.).

Nietzsches und Wagners Ideen wurden vom »Leseverein« auf die Universitätssituation angewendet, und man forderte, daß das »Wissen« mit dem Leben versöhnt werden müsse. Man las Nietzsches »Schopenhauer als Erzieher« (1874), in dem er als die grundlegende Aufgabe der Kultur »*die Erzeugung des Philosophen, des Künstlers und des Heiligen«* (a.a.O.: 249) bezeichnet. Die Wissenschaft taugt nicht dazu: *»sie ist kalt und trocken, sie hat keine Liebe und weiß nichts von einem tiefen Gefühle des Ungenügens und der Sehnsucht. ... Solange unter Kultur wesentlich Förderung der Wissenschaft verstanden wird, geht sie an dem großen leidenden Menschen mit unbarmherziger Kälte vorüber ...«* (a.a.O.: 261-262).

In diesen Jahren (1874-1875) entfaltete der »Leseverein« seine intensivste Tätigkeit. Es gab Veranstaltungen, die von 2000 Studenten, also 40 Prozent der Studentenschaft, besucht wurden (Mc Grath 1974: 71). 1876 gründete man, mit der Unterstützung der Regierung, einen Gegenverein, den »Deutsch-österreichischen Leseverein«. Der Philosoph Franz Brentano hielt eine Rede, in welcher er Schopenhauers und Nietzsches Wissenschaftsbegriff angriff und für das naturwissenschaftliche Denken als Modell, auch für die Philosophie, plädierte (a.a.O.: 73). Aber die Ansichten des »Lesevereins« ließen sich dadurch nicht erschüttern. 1877 entwikkelte H. Friedjung ein neues politisches Programm. Er kritisierte, daß in der Politik das Affektive ausgeschlossen werde; man bekenne sich zwar rational zum österreichischen Staat, aber das Herz schlage für Deutschland. Aufgabe eines politischen Schriftstellers sei es, ein mächtiges neues Motiv in das öffentliche Leben einzuführen: das Nationalgefühl (a.a.O.: 75). Nietzsche und Wagner folgend, berief er sich auf die Musik, um die Massen für ihre kulturelle Wiedergeburt in Bewegung zu bringen, nämlich ebenso wie Orpheus, der den Gang durch die Unterwelt nur wagte, weil er wußte, daß in jenen dunklen Massen ein Ahnen darauf wartete, von der Musik geweckt zu werden (a.a.O.: 77). V. Adler zeigte sich ganz begeistert über diese neuen Perspektiven.

1878, im letzten Jahr bevor der »Leseverein« von der Regierung verboten wurde, hielt S. Lipiner eine Rede »Über die Elemente einer Erneuerung religiöser Ideen in der Gegenwart«. Lipiner war durch ein Epos, »Der entfesselte Prometheus«, in Wien bekannt geworden. Er hatte es auch Nietzsche geschickt, der außerordentlich begeistert davon gewesen war und ihn als Genie bezeichnet hatte (Janz 1978: 782). Lipiner forderte die Wiedererweckung der Gefühlserfahrungen als ersten Schritt, um die Ganzheit des Menschen wiederherzustellen. Sich auf Kant und F. A. Lange beziehend, bezeichnete er die Realität als ein Konstrukt des Geistes; das Denken könne nichts über das Wesen der Dinge aussagen. Die materialistische Anschauung müsse deshalb zugunsten einer künstlerischen und religiösen aufgegeben, die Tyrannei der Vernunft gestürzt und das Gefühlsleben wieder in seine Rechte eingesetzt werden (Mc Grath 1974: 79f.).

Der »Leseverein« wurde 1878 wegen staatsgefährdender Umtriebe zwar verboten, aber der Pernertsdorfer-Kreis traf sich weiterhin und machte eine Entwicklung durch, welche auf bezeichnende Gefahren hinweist, die offenbar immer dort auftauchen, wo die Subjektivität und das Affektive mit der Objektivität und der Vernunft ausgesöhnt werden sollen. Um 1900, wenn Freud mit der Psychoanalyse in Erscheinung tritt, werden wir auf ähnliche Probleme stoßen, und die Entwicklung, in welcher wir selbst heute, genau hundert Jahre später, stehen, scheint dieselben Dilemmata zu produzieren wie damals.

In den achtziger Jahren wendet sich Wagner, von dem Nietzsche sich inzwischen getrennt hatte, immer mehr der Religion zu. In »Religion und Kunst« (1880) meinte er, daß der Drang und die Macht, um die Kultur zu regenerieren, nur dem Boden einer echten Religion entspringen könnten. Sie allein wäre imstande, die Einheit von Mensch und Natur zu erneuern, und im Dienste dieser neuen Einheit bekannte sich Wagner zum Vegetarianismus – wenn der Mensch die Welt mit den Tieren teile, so sei deren Zerstörung eine Art Selbstzerstörung und das Essen von Fleisch eine Form von Kannibalismus. Wagner schlug vor, daß sich Vegetarier, Antialkoholiker und Sozialisten zusammentun sollten, um vereint den korrupten Egoismus der Gesellschaft zu bekämpfen; die Sozialisten allerdings müßten ihre Einstellung zur Religion verändern. Auch auf diesen Pfaden folgten die Wiener. Sie wurden Vegetarier, und diese Veränderung der Eßgewohnheiten schien, wie Mahler bekannte, Wunder zu wirken. Nur V. Adler wollte sich nicht recht davon überzeugen lassen, H. Braun dagegen hielt sich auch an die Diät. Als Freud 1883 oder 1884 mit Adler und Braun zu Mittag aß – erinnert er sich 1927 –, war Braun Vegetarier (Freud 1968: 392). Wagners Religiosität wurde ebenfalls aufgenommen. Kralik, ein Dichter, verfaßte religiöse Hymnen an das Volk, und Lipiner zeigte sich begeistert davon. Zur gleichen Zeit regte sich bei ihnen ein gesteigertes Interesse an Spiritualismus und Mystik. Treffpunkt des Zirkels war ein vegetarisches Restaurant in Wien; hier fanden die Diskussionen statt, in welchen sich allmählich zwei Standpunkte herauskristallisierten: die einen, Kralik, Lipiner, Mahler, lehnten immer deutlicher jedes politisch-gesellschaftliche Engagement ab und zogen sich auf ästhetische Positionen zurück, während die anderen, Adler, Pernertsdorfer, Friedjung, Braun, neue Wege zur politischen Wirksamkeit hin suchten. Neuer Versammlungsort war das Kaffeehaus Griensteidl, das Jahre später zum Geburtsort der neuen Wiener Literatur wurde (Mc Grath 1974: 87-99).

Die Probleme, mit denen sich die Intellektuellen beschäftigten, kreisten nicht zuletzt um das Unbewußte. Nietzsche, von dem Freud ja den Begriff »Es« übernahm, hatte im Begriff des Dionysischen viele jener Elemente zusammengefaßt, die die Psychoanalyse dem Unbewußten zuordnete. 1886, in »Jenseits von Gut und Böse«, stellte Nietzsche fest: »*Die gesamte Psychologie ist bisher an moralischen Vorurteilen und Befürchtungen hängen geblieben: sie hat sich nicht in die Tiefe gewagt. Dieselbe als Morphologie und Entwicklungslehre des Willens zur Macht zu fassen, wie ich sie fasse – daran hat noch niemand in seinen Gedanken selbst gestreift* ...« (a.a.O.: 31). Aber gerade diese Spur führte in die falsche Richtung. Der Wille zur Macht, dem auch der Wiener Zirkel erlag, war das entscheidende Hindernis im Zugang zum Unbewußten. Wohl sah Nietzsche ein: »*Eine eigentliche Physio-Psychologie hat mit unbewußten Widerständen im Herzen des Forschers zu kämpfen, sie hat das ›Herz‹ gegen sich*« (a.a.O.: 32), er merkte jedoch nicht, daß der Wille zur Macht ein solcher zu überwindender Widerstand war. Weil er und die anderen das übersahen, verfehlten sie das Unbewußte und verloren sich im Mystischen und in Größenphantasien.

Von diesen Gefahren wußte Freud damals natürlich noch nichts, aber seine nächsten Jahre verliefen kontrapunktisch zu denen der Angehörigen des Pernertsdorfer-Kreises. Er wohnte, wie Bernfeld berichtet, brav bei seinen Eltern, und höchstens Bücher brachten ihn in Schwierigkeiten, und die waren nur ökonomische. Er nahm kaum Anteil am Leben seiner Altersgenossen, »*die in Rebellion gegen ihre Väter ihr stürmisches Leben als Sozialisten in Kaffeehäusern und vegetarischen Restaurants führten oder ihre akademische Freiheit zum Trinken, Singen oder Sich-duellieren mißbrauchten*« (1951: 208). Aus den Assoziationen zu einem Traum, den Freud bezeichnenderweise den »*revolutionären*« genannt hat, erfahren wir jedoch, daß er von den Aktivitäten des ›Lesevereins‹ wußte und dort auch mitgemacht hatte (1900: 218) Es ist eigentlich merkwürdig, daß Freud sich davon zurückzog, denn in Heinrich Braun, dem Freund aus der Gymnasialzeit, besaß er eine unmittelbare Verbindung dazu; aus den Jugendbriefen jener Zeit (Stanescu 1965, Freud u. Fluß 1971b) können wir auch eine weitgehende Übereinstimmung in den politischen Ansichten entnehmen, und sicherlich können wir auch eine ganze Reihe psychischer Affinitäten feststellen.

Bernfeld hat folgende interessante Beobachtung gemacht: »*Was wir von Freuds Kindheitsphantasien und den Tagträumen seiner Pubertätsjahre wissen, läßt seine spätere Rolle als Begründer der Psychoanalyse nicht ahnen. Solche Phantasien passen zu einem künftigen General, einem Reformer, dem Leiter eines großen Unternehmens, nicht zu dem geduldigen Zuhörer, der lebenslang, von früh bis abends die kleinlichen Sorgen der Menschen, ihre alltäglichen Erlebnisse, ihre Klagen über phantasierte Leiden an sich vorüberziehen ließ. Es ist ein weiter Weg von dem kindlich-eifrigen Leser, der sich in Thiers Geschichte der Großtaten Napoleons vertieft und sich in die Rolle des Marschalls Massena ... träumt, bis zu dem Psychoanalytiker, der freimütig eingesteht, daß auch das beste Verständnis der psychischen Störungen und Symptome noch keine sichere Herrschaft über sie gewährleistet. Als Zwölfjähriger sieht Freud noch ein Ministerportefeuille für sich voraus; als Halbwüchsiger plant er, Jura zu studieren und Politiker zu werden. Und plötzlich, siebzehnjährig, kurz nach der Reifeprüfung, ist es mit dem Streben nach Macht über die Mitmenschen zu Ende. Statt dessen taucht der Wunsch auf, auf dem Weg über die Wissenschaft Herrschaft über die Natur zu gewinnen, und er beschließt, ›Naturgeschichte‹ zu studieren*« (1949, zit. n. Jones 1962, Bd. I: 50). Wir sehen, daß Freud von seinen Idealbildungen her sehr gut zum Pernertsdorfer-Kreis gepaßt hätte, aber daß offenbar auch Kräfte wirksam waren, die ihn davon abhielten.

Bernfeld legt uns die Vermutung nahe, Freuds Wille, über Menschen zu herrschen, habe sich lediglich auf die Natur verschoben, und zwar durchaus im Einklang mit dem Selbstverständnis der Naturwissenschaften im 19. Jahrhundert. In seiner »Selbstdarstellung« von 1925 schrieb Freud: »*Unter dem mächtigen Einfluß einer Freundschaft mit einem etwas älteren Gymnasialkollegen* (nämlich H. Braun), *der nachher als Politiker bekannt wurde, wollte auch ich Jura studieren und mich sozial betätigen. Indes, die damals aktuelle Lehre Darwins zog mich mächtig an, weil sie eine außerordentliche Förderung des Weltverständnisses versprach, und ich weiß, daß der Vortrag von Goethes schönem Aufsatz ›Die Natur‹ in einer populären Vorlesung von Prof. C. Brühl kurz vor der Reifeprüfung die Entscheidung gab, daß ich Medizin inskribierte*« (1971: 40-41). Was versteckt sich hinter diesem Wörtchen »*indes*«, in welchem Freud den Übergang von der Politik zur Medizin verdichtet? Schon Eißler hat darauf hingewiesen, daß in dem Aufsatz nichts enthalten ist, was ein Studium gerade der Medizin empfehlen würde (1974b: 78). Statt dessen entwickelt dieser Hymnus eine mythologische Naturschau voller Antithesen, »*die uns spüren lassen, daß der Mensch in die Natur eingebettet, ihrem Gesetz unterworfen ist, aber daß sein reflektiertes Bewußtsein ihn von ihr ausschließt, da er die Geheimnisse nicht zu begreifen vermag, die in den Urtiefen des organischen Lebens beschlossen liegen*« (Starobinski 1970: 89). Freuds Berufswahl kam also nicht zustande aufgrund einer Verschiebung seines Machtwillens auf die Natur, sondern motiviert durch die Vorstellung einer nicht durch Manipulationen beherrschbaren Natur, »*jene(r) Natur, die wesentlich nicht als Objekt unter Kontrolle und Herrschaft des Menschen steht*« (Marquard 1973: 90). Binswanger vertritt sogar die Meinung, »*daß Freud dem Naturmythos, der Huldigung der Natur als einem mythischen Wesen, zeitlebens treu geblieben*« (1957: 220) sei, und daß die Psychoanalyse ihre Wurzeln nicht nur in einem »*technischen*« Interesse habe, wie die moderne Wissenschaft, sondern auch in einer mystisch-romantischen Einstellung zur Natur, die von Scheu und Ehrfurcht geprägt sei (ebenda).

Aber Freud bezog sich neben Goethe noch auf Darwin, und sein Medizinstudium stand viel mehr unter dessen als unter Goethes Zeichen. Bernfeld (1944) hat auf diese Schwerpunktsverlagerung aufmerksam gemacht. Die Wiener Universität war eine der Bastionen der Helmholtzschen Schule, die, einem strengen physiologischen Materialismus huldigend, in der romantischen Naturphilosophie ihre schlimmste Feindin sah, welche sie mit allen Mitteln zu bekämpfen suchte (a. a. O.: 37f.). Als Freud sich im Winter 1873/74 inskribierte, folgte er ganz der materialistischen Strömung und schien die romantische vergessen zu haben. Ich vermute nun, daß auch dieser Richtungswechsel im Zusammenhang steht mit Freuds Versuchen, seine Macht- und Größenphantasien, wenn nicht zu bewältigen, so doch zu unterdrücken. Der erste Versuch hätte darin bestanden, der Faszination der Macht zu entkommen, indem er sich von der Politik ab- und einer romantisch-mystischen Naturwissenschaft zuwandte. Aber zu Recht witterte Freud auch hier eine Gefahr, nämlich in dem für die Romantik und Mystik charakteristischen Umschlag von Scheu und Ehrfurcht in Anmaßung und Überheblichkeit. »*Kennzeichnend für die deutsche Naturphiloso-*

phie«, schreibt Bernfeld, *»ist das im Begriff ›spekulative Physik‹ ausgedrückte Programm und die überspannte, größenwahnsinnige Emotionalität der Phantasie und des Stils dieser Schriftsteller«* (a.a.O.: 41). Um sich vor diesem Appell an seinen Narzißmus und an seine Größenphantasien zu schützen, flüchtete Freud in die physikalische Physiologie Brückes.

Freud selbst wußte um seine Neigung zum Spekulieren, wollte dieser unter keinen Umständen nachgeben und enthielt sich deshalb auch der Lektüre philosophischer Werke (Jones, zit. n. Eißler 1974b: 76). Noch 1899 schrieb er an Fließ: *»Die Überwindung der Phantasien scheint mir das Hauptergebnis der heurigen Arbeit* (gemeint ist die Selbstanalyse, M. E.) *zu sein; sie haben mich doch weit weg vom Wirklichen geholt«* (1962: 241). Diese Selbstbeobachtungen Freuds deuten darauf hin, daß seine Bewältigungsversuche der Macht- und Größenphantasien Teil einer allgemeineren Strategie waren, die sich gegen Phantasien und Gefühle überhaupt richtete und die – wie Jones und Eißler vermuten – ihren Ursprung im enttäuschenden Liebeserlebnis des sechzehnjährigen Freuds hatte. Dieses bekam für ihn *»die Bedeutung eines grundlegenden Warnungserlebnisses ..., sich vor Verlust der Gefühlskontrolle zu schützen«* (Eißler 1974b: 81). *»Der Rückzug von der Phantasie zum nüchternen Realitätsfaktum dauerte lang ... Es mutet einen fremd an, wenn man angesichts der späteren kühnen Arbeiten, in denen Freud bis zum Äußersten vorstößt, sieht, wie er oft in seinen neurologischen Arbeiten gerade vor der letzten Schlußfolgerung zurückweicht«* (ebenda).

Freuds Studienjahre standen unter dem Zeichen zunehmender geistiger und sexueller Askese (Eißler 1978: 477f.). In den ersten Semestern hörte er zwar noch Philosophie-Vorlesungen bei Franz Brentano und schrieb seinem Freund Silberstein, daß er in Philosophie und Zoologie abzuschließen gedenke, aber vom Augenblick an, da er auf den berühmten Physiologen Brücke traf, verschwor sich Freud ganz der Physiologie, genauer der neurohistologischen Mikroskopie. *»Von all den verschiedenen Aktivitäten an Brückes Institut«*, schreibt Eißler, *»kann ich mir kaum eine langweiligere vorstellen als die, während Stunden ohne Ende in ein Mikroskop zu starren. Es scheint eine sozusagen statische Tätigkeit zu sein, eng gebunden an ein gefrorenes, unbewegtes Bild, weit weg von der Natur, die Goethe in seiner Abhandlung ... dargestellt hatte. Der Adoleszent, der sich an Vergil, Sophocles und Goethe erfreut hatte,* *verengte sein hauptsächliches Interesse auf die eingeklemmten Grenzen eines statischen Sichtfeldes, das in höchstem Maße die Phantasie und die Macht der Einbildung einzwängte«* (a.a.O.: 486 bis 487). Eißler verweist auf den Zusammenhang, in welchem Freud in der »Traumdeutung« auf Brückes Institut zu sprechen kommt: der »*teure Name Brücke*« dient dazu »*mich an dasselbe Institut zu erinnern, in dem ich meine glücklichsten Stunden als Schüler verbracht, sonst ganz bedürfnislos (...) im vollsten Gegensatz zu den Begierden, die mich, während ich träume, plagen*« (1900: 212). Brückes Institut erscheint als Symbolisierung der gelungenen Abwehr der Begierden (Eißler 1978: 488).

Aber als Freud im April 1882 (Jones 1962, I: 130) Martha Bernays begegnete, fiel diese Abwehr mit erstaunlicher Plötzlichkeit zusammen (Eißler 1978: 490). Im Juni kam es zur Verlobung, und im Juli entschloß er sich, da er heiraten wollte und Geld brauchte, Brückes Institut zu verlassen, um eine eigene Praxis zu eröffnen. Zuerst wollte er jedoch die nötigen klinischen Erfahrungen, die er während seiner jahrelangen Forschungspraxis versäumt hatte, nachholen und trat in das Wiener Allgemeine Krankenhaus ein. »*Seiner Braut gestand er: ›Von der Wissenschaft zu scheiden, ist mir schwer geworden‹, fügte aber hinzu: ›Wenn ich auf eine Stimme hören sollte, die manchmal in mir laut wird, so ist auch diese Trennung keine endgültige‹*« (Jones 1960 I: 86).

Zwei Ereignisse trafen also zusammen: das Aufgeben der Wissenschaft, wie sie im Sinne des Positivismus als Gegensatz zur Praxis definiert wurde, und die leidenschaftliche Verliebtheit in Martha. Mit den Leidenschaften tauchten auch die unterdrückten Größenphantasien auf, gestützt auf der Rationalisierung, für die zu gründende Familie sorgen zu müssen. Anfangs lief alles gut. 1883 wurde er Sekundärarzt in Meynerts Psychiatrischer Klinik, er »*siedelte jetzt ins Spital über; mit siebenundzwanzig Jahren verließ er zum ersten Mal (mit Ausnahme von kurzen Ferien) sein Elternhaus und wohnte seither nie mehr daheim*« (Jones 1960, I: 88). Auch das ist ein bemerkenswerter Umstand: die Trennung von der »Wissenschaft« zog auch die Trennung vom Elternhaus mit sich, und wir können annehmen, daß beide wesentliche Stützen des Abwehrsystems Freuds waren. Er integrierte sich übrigens sehr gut in das neue Milieu. Fünf Monate später wechselte er zur Abteilung für Hautkrankheiten über. Freud schmiedete Pläne, bei Meynert Assistent zu werden: »*Er würde heiraten, von seinem Gehalt und aus den*

Vorlesungsgebühren leben, allfällige Privatpatienten im Spital empfangen und so in der Lage sein, außerhalb des Spitals ein eigenes bescheidenes Haus zu führen« (a.a.O.: 92). Aber diese Pläne zerschlugen sich. Günstige Umstände erlaubten es ihm, zumindest für einige Monate, auf der Rangleiter höher zu steigen; er »*trug jetzt die volle Verantwortung für 106 Patienten und hatte zehn Krankenschwestern, zwei Sekundärärzte und einen Assistenten unter sich*« (a.a.O.: 93). Gleichzeitig strebte er die Stellung eines Privatdozenten an, und Anfang Januar 1885 reichte er das Gesuch ein, dem er eine stattliche Bibliographie eigener Arbeiten beifügen konnte. Im September desselben Jahres wurde er zum Privatdozenten ernannt. Seine *berufliche* Karriere schien gesichert. Aber wieviel war ihm tatsächlich daran gelegen?

Anfang März 1885 hatte sich Freud um ein Reisestipendium beworben, und er beabsichtigte, zu Charcot nach Paris zu fahren. Als er das Stipendium erhielt, schrieb er an Martha: »*O wie schön wird das sein! Ich komme mit Geld und bleibe recht lange und bringe was Schönes für Dich mit und gehe dann nach Paris und werde ein großer Gelehrter und komme dann mit einem großen, großen Nimbus nach Wien zurück, und dann heiraten wir bald, und ich kuriere alle unheilbaren Nervenkranken, und Du erhältst mich gesund, und ich küsse Dich bis Du stark und heiter und glücklich bist – und wenn sie nicht gestorben sind, so leben sie heute noch*« (1960: 158). Der Zusammenhang zwischen der Liebe zu Martha und dem Wunsch nach Größe und Ruhm ist offensichtlich. In demselben Brief erwähnte er auch, daß »*er nicht ungern im Professorenkolleg gesehen*« war (ebenda).

Während er noch am Spital arbeitete, begann Freud mit seinen Kokainversuchen: »*Ein abseitiges, aber tiefgehendes Interesse hatte mich 1884 veranlaßt, mir das damals wenig bekannte Alkaloid Kokain ... kommen zu lassen und dessen physiologische Wirkungen zu studieren*« (1925: 38). Am 18. Juni 1884 beendete er den monographischen Artikel, der bereits im Juli erschien. »*Er war in Freuds bestem Stil abgefaßt*«, schreibt Jones, »*mit der ihm eigenen Lebhaftigkeit, Einfachheit und Gediegenheit, Vorzüge, die in seiner Abhandlung über die Nerven des Flußkrebses oder die Fasern des Rückenmarkes nicht zur Geltung gekommen waren. (...) Die Arbeit war überdies in einem Ton gehalten, den man in keiner seiner andern Schriften findet: eine Mischung von Objektivität und persönlicher Wärme, als sei er in den Inhalt selber verliebt*« (1960, I:

106). Der Sprung, den Freud von seinen mikroskopischen Untersuchungen zu den Selbstversuchen mit Kokain tat, war gewaltig, und ich kann mir nicht vorstellen, daß er ihn getan hätte, wäre er nicht Martha begegnet. Die Liebe zu ihr befreite auch seine Phantasie, und das Kokain war gerade der rechte Gegenstand, um sie zu erproben. Er vertiefte sich in Reisebeschreibungen, reaktivierte offenbar auch sein Spanisch (das er in der besonders phantasiereichen Adoleszenzphase gelernt hatte [Gedo and Wolf 1973]), las Garcilasso de la Vegas »Comentarios reales« und zitierte die Sage »*daß Manco Capac, der göttliche Sohn der Sonne, in der Urzeit von den Felsen des Titicacasees herabgestiegen sei und das Licht seines Vaters den armseligen Einwohnern gebracht habe, daß er sie die Kenntnis der Götter, die Ausübung der nützlichen Künste lehrte und ihnen das Coca schenkte, diese göttliche Pflanze, welche den Hungrigen sättigt, den Schwachen stärkt, und sie ihr Mißgeschick vergessen macht*« (1884: 488). Freud war fasziniert vom Kokain, bezeichnete es als ein »*Zaubermittel*«, dessen Erfolge ihn an Martha schreiben ließen: »... *ich fühle mich erst jetzt als Arzt, seitdem ich einem Kranken geholfen habe und noch weiter zu helfen hoffe. Daß wir unter solchen Umständen wenn es so ausgeht, keine Sorge zu haben brauchen, in Wien zu bleiben und einander bald zu besitzen, mein Marthchen, das kannst Du Dir denken*« (zit. n. Jones, a. a. O.: 105). Die ersten Reaktionen auf die Monographie schienen ihn in seinen Hoffnungen zu bestätigen. »*Professor Heuss, der Direktor der Augenklinik, sagte ihm, er habe ›eine Revolution herbeigeführt‹. Professor Nothnagel bedauerte, daß Freud seinen Aufsatz nicht ihm zum Abdruck in seiner Zeitschrift gegeben hatte*« (a. a. O.: 113).

In der Kokainepisode brachen die so lange vermiedenen und unterdrückten Größen- und Allmachtphantasien wieder durch. Die Droge war, worauf v. Scheidt (1973) hingewiesen hat, auch sehr dazu geeignet. Er zitiert aus dem Brief Freuds vom 2. Juni 1884: »*Wehe, Prinzeßchen, wenn ich komme. Ich küsse Dich ganz rot und füttere Dich ganz dick, und wenn Du unartig bist, wirst Du sehen, wer stärker ist, ein kleines sanftes Mädchen, das nicht ißt, oder ein großer wilder Mann, der Cocain im Leib hat. In meiner letzten schweren Verstimmung habe ich wieder Coca genommen und mich mit einer Kleinigkeit wunderbar auf die Höhe gehoben. Ich bin eben beschäftigt, für das Loblied auf dieses Zaubermittel Literatur zu sammeln*« (zit. n. Jones 1960, I: 109). Die euphorische Wirkung des Kokains entflammte die Phantasie und gab das Gefühl, die Realität besser meistern zu können. Es ist auffallend, daß Freud am Kokain besonders die Leistungssteigerung, die es ermöglichte, hervorhob (1884: 496f.), wohingegen er die von einem anderen, auch von Freud erwähnten, Forscher beschriebenen Rauschzustände keine Aufmerksamkeit schenkte, Mantegazza schrieb 1859: »*Von zwei Kokablättern als Fügel getragen, flog ich durch 77348 Welten, eine immer prächtiger als die andere. Gott ist ungerecht, daß er es so eingerichtet hat, daß der Mensch leben kann ohne immer Koka zu kauen. Ich ziehe ein Leben mit Koka einem Leben von einer Million Jahrhunderten ohne Koka vor*« (zit. n. v. Scheidt 1973: 403). Diese Form der Aufhebung des Realitätsprinzips durch das Kokain ließ Freud bei sich freilich nicht zu.

Der Zusammenbruch der starren Abwehr ermöglichte es Freud nicht nur, sich dem Kokain zuzuwenden, sondern auch, sich durch Charcot völlig neue Perspektiven eröffnen zu lassen. Freud »*entschloß sich, die Hirnanatomie aufzugeben und sich dem Studium der Hysterie zuzuwenden*« (Chertok 1970: 431). Charcot (1825-1893) galt zu jener Zeit als der größte Neurologe, er »*war Leibarzt von Königen und Fürsten, und Patienten kamen zu ihm bis aus ›Samarkand und Westindien‹*« (Ellenberger 1973: 143), und ich gehe ausführlicher auf ihn ein, weil er ein eindrückliches Beispiel für die Bedeutung der Macht und Größenphantasien innerhalb der Psychiatrie abgibt. Mit 36 Jahren war er Chefarzt in der Salpêtrière geworden und wandte zunehmend sein Interesse der Hysterie und dem Hypnotismus zu. Er bewies, daß Lähmungen nicht notwendigerweise die Folge von Verletzungen des Nervensystems sein mußten, sondern auch durch rein psychische Faktoren hervorgerufen werden konnten. Léon Daudet verglich Charcot mit Napoleon: »*Er sah Napoleon ein wenig ähnlich und legte Wert darauf, diese Ähnlichkeit zu kultivieren. (...) Ich habe nie einen herrischeren Mann gekannt, auch ist mir keiner begegnet, der den Menschen in seiner Umgebung ein so despotisches Joch auferlegen konnte. Um dies zu erkennen, mußte man nur einmal sehen, wie er von seinem Katheder aus einen umfassenden und mißtrauischen Blick auf seine Studenten werfen konnte, und hören wie er sie mit einem kurzen, gebieterischen Wort unterbrach*« (zit. n. Ellenberger, a.a.O.: 147). Charcot führte ein prächtiges gesellschaftliches Leben, und auf seinen Empfängen trafen sich die bekanntesten Wissenschaftler, Politiker, Künstler und Schriftsteller. Er gewann den Ruf, ein großer Wundertäter zu sein. Der russische Arzt Lyubimow berichtete: »... *Aus der ganzen Welt wurden viele Patienten zu Charcot gebracht, Gelähmte auf Bahren oder mit komplizierten Gehapparaten. Charcot befahl, diese Geräte zu entfernen, und forderte die Patienten auf zu gehen. Da war z.B. einmal eine ganz junge Dame, die seit Jahren gelähmt war. Charcot befahl ihr, aufzustehen und zu gehen, was sie auch tat, unter den erstaunten Blicken ihrer Eltern und der Äbtissin des Klosters, in dem sie gelebt hatte*« (zit. n. Ellenberger, a.a.O.: 151) Man nannte ihn den »*Napoleon der Neurosen*«, der nicht nur über seinen Ärzte- und Pflegestab herrschte, sondern auch über seine Patienten. Besonderer Beliebtheit erfreuten sich seine Vorlesungen am Freitagmorgen. Ellenberger berichtet: »*Der große Hörsaal war bis auf den letzten Platz mit*

Ärzten, Studenten, Schriftstellern und einer neugierigen Menge gefüllt, lange bevor die Vorlesung begann.... In einer Haltung, die an Napoleon oder Dante gemahnte, trat Charcot um zehn Uhr ein, oft von einem erlauchten Besucher aus dem Ausland und einer Gruppe von Assistenten begleitet, die in den ersten Reihen Platz nahmen. Während die Zuhörer absolutes Stillschweigen bewahrten, fing er mit tiefer Stimme an zu sprechen, allmählich erhob er die Stimme und gab nüchterne Erklärungen ... Mit angeborenem Schauspielertalent ahmte er das Verhalten, die Mimik, den Gang und die Stimme eines Patienten nach, der an der Krankheit litt, von der er gerade sprach. Danach wurde der Patient hereingebracht; oft

war auch dessen Eintritt spektakulär. (...) Die Befragung hatte die Form eines dramatischen Dialogs zwischen Charcot und dem Patienten« (a.a.O.: 153).

Freud war von ihm tief beeindruckt: *»Charcot, der einer der größten Ärzte, ein genial nüchterner Mensch ist, reißt meine Ansichten und Absichten einfach um. Nach manchen Vorlesungen gehe ich fort wie aus Notre-Dame, mit neuen Empfindungen vom Vollkommenen. Aber er greift mich an; wenn ich von ihm weggehe, habe ich gar keine Lust, meine eigenen dummen Sachen zu machen. (...) Ob die Saat einmal Früchte bringen wird, weiß ich nicht; aber daß kein anderer Mensch je ähnlich auf mich gewirkt hat, weiß ich gewiß«* (Brief vom 24. XI. 1885; 1960: 189). Freud fühlte sich sehr geehrt, als Charcot ihm die Erlaubnis gab, sein Buch ins Deutsche zu übersetzen (a.a.O.: 193), und wir können diesen Wunsch als Ausdruck der Identifikation mit Charcot verstehen. Wohl erschien er Freud einerseits als unerreichbar, andererseits aber bemerkte er zur Übersetzung: *»Das muß mich in Wien und Deutschland bei Ärzten und Kranken bekannt machen ... Es ist wirklich glückverheißend für die Praxis und wird überdies meinem eigenen Buch* (das er aber nie schrieb, M.E.), *wenn es fertig ist, den Weg bahnen«* (ebenda). Freud machte so Charcot zu seinem Vorläufer sozusagen. Am Dienstag, dem 2. Februar 1886, war Freud bei Charcot eingeladen. Vorher schrieb er einen Brief an seine Braut und nahm eine Prise Kokain. *»Das bißchen Cocain, was ich genommen habe, macht mich geschwätzig«* (1960: 207), gestand er ihr ein und kommt auf Gedanken, die vor einer lebensgefährlichen Unternehmung eher am Platz gewesen wären als vor einem Besuch bei seinem Meister: *»Aber wer mich fragt, wie es mir ergangen ist, wenn meine Erlebnisse heute abschließen sollten, wird von mir hören, daß ich trotz alledem – Armut, langsame Erfolge, wenig Gunst bei Menschen, übergroße Empfindlichkeit, Nervosität und Sorgen – doch glücklich war, durch die bloße Erwartung, Dich zu besitzen und durch die Gewißheit, daß Du mich lieb hast. (...) Glaubst Du wirklich, daß ich von außen so sympathisch bin? Schau, ich zweifle sehr daran. Ich glaube, man merkt mir was Fremdartiges an, und das hat seinen letzten Grund darin, daß ich in der Jugend nicht jung war und jetzt, wo das reife Alter beginnt, nicht recht altern kann. Es gab eine Zeit, in der ich nichts anderes als wißbegierig und ehrgeizig war und mich Tag für Tag gekränkt habe, daß mir die Natur nicht in gütiger Laune den Gesichtsstempel des Genies, den sie manchmal* *verschenkt, aufgedrückt hat. Seitdem weiß ich längst, daß ich kein Genie bin und verstehe nicht mehr, wie ich es zu sein wünschen konnte«* (a.a.O.: 207-208). Aber es handelte sich hier nicht um eine eigentliche Selbsteinsicht, sondern um eine Verneinung, deren Funktion Freud selbst später beschrieb, und die darin besteht, »*das Verdrängte zur Kenntnis zu nehmen, eigentlich schon eine Aufhebung der Verdrängung, aber freilich keine Annahme des Verdrängten«* (1925b: 12). Er fuhr nämlich fort: »*Ich bin nicht einmal sehr begabt, meine ganze Befähigung zur Arbeit liegt wahrscheinlich in meinen Charaktereigenschaften und in dem Mangel hervorragender intellektueller Schwächen. Ich weiß aber, daß diese Mischung eine für den langsamen Erfolg, sehr günstige ist, daß ich unter günstigen Bedingungen mehr leisten könnte als Nothnagel, und daß ich vielleicht Charcot erreichen könnte. Damit ist nicht gesagt, daß ich's werde, denn diese günstigen Bedingungen finde ich nicht mehr, und das Genie, die Kraft sie zu erzwingen, besitze ich nicht. Aber wie ich schwätze!«* (1960: 208). Deutlich geht aus dem Brief der mühsame Kampf gegen die unterdrückten Größenphantasien hervor, die unter dem Einfluß des Kokains an die Oberfläche drängten. Aber schließlich ließ er sie doch noch zu: »*Man würde es mir kaum ansehen, und doch war ich schon in der Schule immer ein kühner Oppositionsmann, war immer dort, wo es ein Extrem zu bekennen und in der Regel dafür zu büßen gab. (...) Weißt Du, was mir Breuer eines Abends gesagt hat? Ich war so ergriffen davon, daß ich ihm darauf das Geheimnis unserer Verlobung mitteilte. Er sagte, er hätte herausgefunden, daß in mir unter der Hülle der Schüchternheit ein maßlos kühner und furchtloser Mensch stecke. Ich habe es immer geglaubt, und mich nur nie getraut, es wem zu sagen. Mir war oft so, als hätte ich den ganzen Trotz und die ganze Leidenschaft unserer Ahnen, als sie ihren Tempel verteidigten, geerbt, als könnte ich für einen großen Moment mit Freude mein Leben hinwerfen. Und dabei war ich immer so ohnmächtig und konnte die glühenden Leidenschaften nicht einmal durch ein Wort oder ein Gedicht zum Ausdruck bringen. So habe ich mich immer unterdrückt, und das, glaube ich, muß man mir ansehen. Solche dumme Geständnisse mach ich Dir, mein süßer Schatz, und eigentlich ganz ohne Anlaß, wenn es nicht das Cocain ist, was mich zum Reden treibt. Aber jetzt will ich zum Diner hinuntergehen...«* (a.a.O.: 208-209).

Freuds Identifikation mit Charcot war ein weiteres Hindernis auf dem Weg zum Unbewußten. Die Macht und Herrlichkeit, mit der

Charcot seine psychiatrische Tätigkeit ausübte, verdunkelte die eigentliche Problematik des Unbewußten. Chertok hat in seinem Aufsatz über »Freud in Paris« darauf hingewiesen, daß Charcot Freud *»das Modell für eine Rationalisierung an(bot), die der Sexualität ihren ›fleischlichen‹ Charakter zu nehmen suchte«* (1970: 443); Charcot und seine Schule hätten die sexuellen Manifestationen der Hysterie entpersönlicht: *»die eindeutig erotischen Reaktionen, die bis zum Orgasmus gehen können, wurden nach ihrer Meinung sozusagen mechanisch erzeugt, unabhängig von der Person dessen, der sie auslöst«* (ebenda). Das ist auch nicht verwunderlich: die ganze, auf »Öffentlichkeit« ausgerichtete Form der experimentellen Darstellung, welche nicht zuletzt die Größen- und Machtphantasien der Psychiater zu schmeicheln hatte, ließ es gar nicht zu, die aus dem wissenschaftlichen Diskurs ausgeklammerte Sexualität zum Vorschein zu bringen. Diese in die Tat umgesetzten Phantasien verhinderten zudem, daß der Psychiater sich überhaupt auf die gleiche Ebene wie der Patient stellen konnte, und dies war eine der wesentlichen Voraussetzungen für die Freudsche Entdeckung des Unbewußten. Es war also die *Rolle* des Psychiaters, die von Charcot auf so brillante Art und Weise ausgeführt wurde, die den Zugang zum Unbewußten versperrte.

Eißler hat sich von der Faszination Charcots nicht blenden lassen und sich darüber gewundert, daß Freud sich von ihm so tief hat beeindrucken lassen (1978: 495). Dieser hatte nämlich schon 1882 von Breuer selbst über dessen Beobachtungen bei Anna O. und über die »kathartische Methode« gehört, und Charcots These, daß diese Hysterie auf traumatische Zustände zurückzuführen sei, hätte Freud gar nicht so neu klingen dürfen. Aber Freud hatte offensichtlich starke Widerstände gegen Breuers Entdeckung; als er Charcot davon erzählte und dieser kein Interesse daran zeigte, »vergaß« er das Gehörte. Wieder zurück in Wien, sprach er zwar mit Breuer, aber fuhr fort, die Elektrotherapie anzuwenden, war jedoch enttäuscht, keine Erfolge bei den Patienten zu haben. Noch 1889 reiste er nach Nancy, um sich in der hypnotischen Methode zu vervollkommnen, überredete sogar einen Patienten mitzukommen, hätte aber wissen müssen, daß man mit Hypnose in solchen Fällen nicht weiterkam. *»Alles in allem«*, schreibt Eißler, *»verhielt sich Freud während vieler Jahre wie ein zeitgenössischer Psychiater, der nach der Lektüre der ›Studien über Hysterie‹, sich entschlossen hätte, Neurosen mit der Abgabe von Brompräparaten zu behandeln. Wir* *würden nicht zögern zu vermuten, daß ein solcher Psychiater unter dem Einfluß einer besonders starken Abwehr steht«* (1978: 495). Charcots mehr oder weniger mechanistischen Modelle, die den menschlichen Faktor und damit die Sexualität eliminierten, konnten noch in Einklang mit Freuds Abwehrsystem gebracht werden, und *»die Beschäftigung mit Kokain kann ebenfalls als Ausdruck des kolossalen Widerstandes gegen Breuers Methode gesehen werden«* (a.a.O.: 496).

Diese Abwehr hatte eine doppelte Funktion: einmal die, die Sexualität fernzuhalten, dann aber auch die, die Größenphantasien zu retten. Ich vermute, daß die Identifikation mit Charcot sich nicht allein auf dessen Theorien beschränkte, sondern auch dessen Rolle als Psychiater und dessen Lebensstil miteinbezog (an Martha schrieb er aus Paris: *»Ich spür es in den Gliedern, daß ich auch so das Talent zu einem der ›oberen Zehntausend‹ habe«* [zit. n. Jones 1960, I: 216]), und das Kokain begünstigte ebenfalls die Entfaltung grandioser Ideen. Der Abbau sowohl der Rollen wie der Phantasien war ein unendlich mühsamer Prozeß. Am Ende stand die Ironie, *der spielerische Umgang mit diesen Phantasien.* Als Freud 1902 zum Professor ernannt wurde, schrieb er an Fließ: *»Die Wiener Zeitung hat die Ernennung noch nicht gebracht, aber die Nachricht, daß sie bevorstehe, hat sich von der amtlichen Stelle aus rasch verbreitet. Die Teilnahme der Bevölkerung ist sehr groß. Es regnet auch jetzt schon Glückwünsche und Blumenspenden, als sei die Rolle der Sexualität plötzlich von Sr. Majestät amtlich anerkannt, die Bedeutung des Traumes vom Ministerrat bestätigt, und die Notwendigkeit einer psychoanalytischen Therapie der Hysterie mit ⅔ Majorität im Parlament durchgedrungen«* (1962: 295-296). Hier schimmern noch die Phantasien über Macht und Größe durch, aber die Ironie hat sie entschärft. Daß es dazu kam, war nicht einfach das Ergebnis des Älterwerdens und der Resignation, sondern des sozialen Todes und dessen Reflexion in Freuds Selbstanalyse.

Der soziale Tod als Voraussetzung für die Entdeckung des Unbewußten

Größenideen und Machtphantasien sind außerordentlich schwer zu beherrschende Faktoren, nicht zuletzt deshalb, weil sie *institutionell* gestützt werden. Indem die Herrschaft das Individuum bei seinem Narzißmus packt, soziale Rollen zur Verfügung stellt, die mit Hilfe des Prestiges die Größen- und Machtphantasien vergesellschaften, verlockt sie das Individuum dazu, die herrschenden Werte und Ideale zu realisieren (Erdheim 1973: 23f.). Je integrierter aber das Individuum in die Machthierarchie ist, desto unmöglicher wird es für es, Unbewußtes, das mit seinen Größen- und Machtphantasien verknüpft ist, zu erkennen. Man kann oft beobachten, daß Individuen, die solche Rollen anstreben, aber nicht innehaben oder aus irgendwelchen Gründen sie aufgeben mußten, mit den gesellschaftlich nicht integrierbaren Allmachtsphantasien kaum zu Rande kommen. Sie können sich unter diesen Umständen zwar auch eine Rolle schaffen, nämlich die des »verkannten Genies«, haben es aber außerordentlich schwer, den Bezug zur Wirklichkeit zu wahren.

Zu den wesentlichen Voraussetzungen für die Entdeckung des Unbewußten durch Freud gehörte daher die Auflösung einer ganzen Reihe mit Prestige besetzter Rollen, darunter auch die des Psychiaters, Arztes und Akademikers. Diese Auflösung erlebt das Individuum als »sozialen Tod«. Maya Nadig machte mich aufmerksam auf diesen eigentümlichen Prozeß, der auch zur ethnologischen Feldforschung gehört: Der Ethnologe erfährt, wie allmählich die Rollen, die er sich zuschreibt, zerbröckeln. Isoliert von seiner eigenen Kultur, wird ihm schließlich auch seine wissenschaftliche Legitimation fragwürdig, und es droht ihm der Verlust eines jeden Haltes. Er macht den sozialen Tod durch. An sich wäre das der Punkt, wo der Ethnologe, der mit seinen Rollen auch seine Vorurteile in Frage gestellt sieht, tatsächlich einen neuen Zugang zur fremden Kultur finden könnte, oft zieht er es aber vor, wie mechanisch »wissenschaftliche« Daten zu erheben, sucht die Gesellschaft anderer Ethnologen auf, die ihn in seiner alten Identität bestätigen können, oder greift zum Alkohol. Er versucht also mit den ihm zur Verfügung stehenden Mitteln dem sozialen Tod zu entgehen. Aus Freuds Biographie kann man entnehmen, daß er auch die Erfahrung machen mußte, daß Rollen, auf die er stolz war und die er für erstrebenswert hielt, zerfielen und seiner Identität keine Stütze mehr boten. Seine Ich-Stärke erlaubte es ihm jedoch, diesen Auflösungsprozeß zu überstehen und in der Rolle des Psychoanalytikers eine neue Identität zu finden.

Die Hindernisse, die dabei überwunden werden mußten, möchte ich anhand der Literatur der damaligen Zeit veranschaulichen. Zwei Theaterstücke von A. Schnitzler, »Die Frage an das Schicksal«

(1889) und »Paracelsus« (1898), behandeln zwei zu jener Zeit übliche Formen der Auseinandersetzung mit dem Unbewußten. Sie sind eine Art Paraphrasierung der Freudschen Entdeckungen und vermitteln Einsichten in die kulturelle Atmosphäre, in der sie stattfanden. Wer sich damals auf das Unbewußte einließ, glitt unwillkürlich in bestimmte Rollen und Haltungen, die den Einblick in die Spezifität des Unbewußten verstellten. Ein solches Individuum wurde zum »Zauberkünstler« oder zum »charismatischen Arzt« und damit zu einem Außenseiter, aber zu einem beneideten, gefürchteten, den man zur Kenntnis nahm und dem man die Anerkennung nicht verweigerte. Charcot ist ein gutes Beispiel dafür. Diese Rollen schmeichelten dem Narzißmus, weckten den alten Glauben an die »Allmacht der Gedanken« und froren auf diese Weise einen so wesentlichen Teil des Unbewußten des Forschers ein, daß dieser nicht mehr ins Unbewußte des anderen eindringen konnte.

Wie Urbach in seinem Kommentar zu den erzählenden und dramatischen Schriften anführt, verfaßte Schnitzler »Die Frage an das Schicksal« 1889, angeregt durch die damalige Beschäftigung mit dem Hypnotismus. Im gleichen Jahr schrieb er auch einen medizinischen Artikel über dieses Thema (»Über funktionelle Aphonie und deren Behandlung durch Hypnose und Suggestion«); er rezensierte auch das Buch von Bernheim, das von Freud übersetzt worden war (Urbach 1974: 139).

Der Inhalt dieses Einakters, mit dem der Anatolzyklus meistens eröffnet wird, ist schnell erzählt: Anatol wird vom Zweifel gequält, ob Cora, seine jetzige Freundin, ihn betrüge oder nicht. Er besitzt ein Mittel, das ihm Gewißheit verschaffen könnte: die Hypnose, und tatsächlich gelingt es ihm, in Gegenwart seines Freundes Max, Cora in den hypnotischen Schlaf zu versetzen. Die entscheidende Frage, die Frage an das Schicksal, ob sie ihm treu sei, wagt er aber nicht zu stellen; er zieht den quälenden Zweifel vor.

Die Hypnose bot einen ersten unmittelbaren Zugang zum Unbewußten, sie versetzte das Individuum in einen Zustand, in welchem es nicht nur von allem sprechen konnte, wovon es im Wachen nichts wußte, sondern auch Dinge *tat*, die es bei vollem Bewußtsein nicht einmal ahnte. Anatol jedoch bog diesen Schlüssel zum Unbewußten so um, daß er das Schloß dazu nicht mehr öffnete. Die Hypnose wurde zum *Gesellschaftsspiel* gemacht. Max fürchtete, daß, wenn Anatol ihn hypnotisierte, er ihm einreden würde, ein Rauchfangkehrer zu sein, und dann müßte er eben in den Kamin steigen und rußig werden. Anatol erwidert: »... *das sind ja Scherze ... Das Große an der Sache ist die wissenschaftliche Verwertung. – Aber ach, allzuweit sind wir ja noch nicht*« (1889: 14). Was aber verhindert die wissenschaftliche Verwertung? Der *Narzißmus des Forschers*. Max sagt zu Anatol: »*Du hast eine Frage frei an das Schicksal! Du stellst sie nicht! (...) Und warum? (...) weil dir deine Illusion doch tausendmal lieber ist als die Wahrheit*« (a.a.O.: 24). Freud wagte die Frage an das Schicksal, seine Selbstanalyse hatte ihn dazu befähigt, auf Illusionen zu verzichten. Sie zu überwinden ist aber deshalb so schwer, weil die Gesellschaft sie institutionell stützt. Das Unbewußte entdecken hieß, sich auf die Spiele der Institutionen nicht einzulassen.

In seinen Memoiren, »Jugend in Wien« (1968), erwähnt Schnitzler sein Interesse an der Hypnose: »*Da ich einige vortreffliche Medien gefunden, beschränkte ich mich nicht darauf, diese auf meinem laryngologischen Spezialgebiet zu verwenden, sondern versuchte an ihnen, nach dem Muster bekannter Hypnotiseure, allerlei psychologische Experimente, die, an sich nicht uninteressant, doch nichts wirklich neues boten, und von mir zwar aufgezeichnet, aber nicht wissenschaftlich durchgearbeitet wurden. (...) Zu meinen Experimenten fanden sich nicht nur die engeren Abteilungskollegen, sondern auch gelegentlich andere Ärzte der Poliklinik und der übrigen Krankenhäuser ein*« (1968: 318-319). Als er merkt, daß die »*interessantesten Medien durch die Wiederholung der Versuche nicht nur in ihrer Willenskraft, sondern auch in ihrer körperlichen Gesundheit geschädigt wurden, stand* (er, M.E.) *von weiteren Experimenten rein psychologischen Charakters ab und wendete die Hypnose nur fallweise, fast ausschließlich zu festumrissenen Heilzwecken an*« (a.a.O.: 319). Ähnlich wie in der »Frage an das Schicksal« können wir auch in Schnitzlers Erinnerungen verfolgen, daß die Hypnose als Instrument zum Studium des Unbewußten unbrauchbar wird: Er orientiert sich am »*Muster bekannter Hypnotiseure*« und die Séancen werden so zu einem gesellschaftlichen Ereignis, also institutionalisiert. Sicherlich ist die gesellschaftliche Anerkennung für den Narzißmus des Forschers schmeichelhaft, doch gerade er verführt den Wissenschaftler zu einem Rollenspiel, das, statt Einblick in Neues zu verschaffen, nur Altbekanntes reproduziert. Salten, der bei Schnitzlers Experimenten zugegen war, erzählte: »*Es war ein seltsames Schauspiel, mit aller Deutlich-*

keit zu beobachten, wie aus einem harmlosen Menschen ein Verbrecher und wie aus diesem durch Suggestion zum Verbrecher gewordenen wieder ein harmloser Mensch zum Vorschein kam« (1932-1933: 34). Wenn Schnitzler schließlich auf diese Experimente verzichtete und die Hypnose nur noch zu festumrissenen Heilzwecken verwendete (er führte z. B. schmerzhafte Nasenoperationen durch, indem er Patienten in hypnotischen Schlaf versetzte), baute er die Hypnose in einen festgefügten medizinischen Rahmen ein. Die Hypnose wurde zur Narkose, und damit war der Weg zum Unbewußten wiederum verstellt.

In dem Einakter kommt ein weiteres gesellschaftlich abgestütztes Hindernis zur Darstellung. Als Anatol Cora hypnotisiert hatte und von Max dazu gedrängt wird, die entscheidende Frage zu stellen, weicht er in den Skeptizismus aus. Plötzlich ist ihm die Frage: »*Cora, bist du mir treu?*« nicht *präzis* genug. Andere von Max vorgeschlagene Varianten erscheinen ihm plump, unsinnig, unfair – der Begriff der Treue wird ihm gänzlich fragwürdig, und relativ und zu guter Letzt fällt ihm noch ein: »*Das Unbewußte! ... ich glaube nämlich an unbewußte Zustände*« (a. a. O.: 23). Er befürchtet, Cora könnte ihm zwar bewußt treu, aber unbewußt untreu geworden sein. Max durchschaut Anatol; dieser will die Frage gar nicht stellen und greift zu immer neuen Ausflüchten. Schnitzler beschreibt in den kurzen, brillanten Dialogen wie eine an sich wissenschaftliche Haltung, die Skepsis, in den Dienst der Abwehr vor einer Erkenntnis gerät, die die Illusionen des Forschers zerstören könnten.

Deutlicher als in der »Frage an das Schicksal« zeigt das Stück »Paracelsus«, das Schnitzler 1898 beendete, die institutionalisierte Abwehr gegen die Entdeckung des Unbewußten. Freud sah eine Aufführung in demselben Jahr (Jones 1962, I: 402) und erwähnte sie lobend im »Bruchstück einer Hysterie-Analyse« (1905: 203). Das Stück spielt im 16. Jahrhundert in Basel. Auf dem Markt verkündet Paracelsus seine neuen Erkenntnisse und verspottet die traditionelle Medizin: »*Der Schule lacht er, der er selber entstammt / Die Ärzte schmäht er und die Apotheker*«. Cyprian, ein Waffenschmied, beeindruckt von Paracelsus' Künsten, lädt ihn zu sich nach Hause ein, denn die Schwester seiner Frau leidet an einer merkwürdigen Krankheit, der Melancholie, und die Ärzte können nichts dagegen ausrichten. Cyprian ist das in den Anfang der Neuzeit transponierte Abbild des liberalen Bürgers. Sein Grundsatz ist: »*Ein jeder lebe, wie's ihn freuen mag!*« Zu Paracelsus gewendet sagt er:

»Zu Zeiten seh' ich solche Käuze gern,
Die den Geruch von weiten Fahrten bringen.
Denn: gehn sie wieder, ist man dreifach froh,
Daß man sein Heim, sein Weib hat und sein Handwerk«
(1898: 25).

Paracelsus, der Seelenarzt, darf Unruhe bringen, aber nur unter der Bedingung, daß sich nichts ändert. Er verkörpert eine Rolle, die dafür eingerichtet ist, sich mit dem Unbewußten auseinanderzusetzen. Er tritt als Zauberkünstler auf, der die unwahrscheinlichsten Heilungen zustande bringt: eine gelähmte Frau kann wieder laufen, eine Stumme wieder reden. Es handelt sich hier unter anderem sicher auch um Paraphrasierungen der 1895 erschienenen »Studien über Hysterie« von Breuer und Freud. Auch sie waren »Zauberkünstler«, die Macht hatten über das Gedächtnis und den Traum. Paracelsus verkündet:

»Denn das Gedächtnis trügt fast wie die Hoffnung –
Geheimnis alles (...)
(...) Nur der Augenblick
Ist unser – und flattert schon davon
Bedenkt dies eine nur: daß jede Nacht
Uns zwingt hinabzusteigen in ein Fremdes,
Entledigt unsrer Kraft und unsres Reichtums
Und alles Leben Fülle und Verdienst«
(a.a.O.: 32).

Die Macht der Träume wird erkannt, aber Cyprian, der Bürger, will nichts davon wissen:

»Auch ich hab' manchen Alpdruck schon verspürt,
Jedoch was tut's, man wacht ja wieder auf
...
Man lacht des Traums und geht an seine Arbeit
...
Ein Mann wie ich steht stets auf festem Grunde
Hält sicher, was er hat, ist fromm und stark«
(a.a.O.: 33).

Paracelsus subjektiviert und relativiert alles – zwischen Wachen und Traum gibt es kaum Unterschiede. Und Cyprian setzt dagegen das Realitätsprinzip: Arbeit. Das reizt Paracelsus, und er, der von sich sagt: »*Ich kann das Schicksal sein, wenn's mir beliebt*«, nimmt sich vor, die feste bürgerliche Welt zu erschüttern. Wir sehen, wie Paracelsus in den Bann der »Allmacht der Gedanken« gerät, und wir wissen, daß das die tiefste Fallgrube ist vor dem Tor zum Unbewußten. Paracelsus hypnotisiert die Frau von Cyprian und suggeriert ihr, daß sie mit einem Freund des Hauses die Ehe gebrochen hat. Als sie aufwacht, wird sie von entsetzlichen Schuldgefühlen gepackt und versteckt sich. Paracelsus kommentiert: »*Unschuldig und doch schuldig, da sie's glaubt*«. So überzeugt ist die Gattin von ihrem Seitensprung, daß auch Cyprian daran zu glauben beginnt und seine Sicherheit verliert. Damit hat Paracelsus erreicht, was er wollte, er weckt die Frau auf und gibt ihr den erlösenden Gegenbefehl. Er zieht sich aus der bürgerlichen Welt mit den Worten zurück:

> »*Es war ein Spiel! Was sollt' es anders sein?*
> *Was ist nicht Spiel, das wir auf Erden treiben,*
> *Und schien es noch so groß und tief zu sein!*
> *Mit wilden Söldnerscharen spielt der eine,*
> *Ein andrer spielt mit tollen Abergläubischen.*
> *Vielleicht mit Sonnen, Sternen irgend wer, –*
> *Mit Menschenseelen spiele ich. Ein Sinn*
> *Wird nur von dem gefunden, der ihn sucht.*
> *Es fließen ineinander Traum und Wachen,*
> *Wahrheit und Lüge. Sicherheit ist nirgends.*
> *Wir wissen nichts vom anderen, nichts von uns,*
> *Wir spielen immer, wer es weiß, ist klug*«
> (a.a.O.: 57).

Die Allmachtsphantasie, die Paracelsus für sich retten will, führt ihn zur Schlußfolgerung: »*Wir wissen nichts vom anderen, nichts von uns, wir spielen immer, wer es weiß, ist klug*«, und erzwingt so das Eingeständnis von der Ohnmacht allen Erkennens. Denn Erkennen hieße ja, die Allmachtsphantasie aufzugeben, und gerade das verhindert die Rolle, die er für sich ausgesucht und in der ihn die anderen gerne sehen.

Paracelsus' Rolle drohte auch Freuds Schicksal zu werden, und die Identifikation mit Charcot wäre eine günstige Vorbereitung dazu gewesen. Freud besaß durchaus das Potential an Größenphantasien, um sich in diese Richtung zu entwickeln. Was ihn daran hinderte, war zunächst »zufällig«: daß er seine akademische Laufbahn aufgeben mußte, die Patienten wegblieben, er die Kollegen mit seiner »*Monomanie*« (Freud 1962: 77) vor den Kopf stieß etc., aber allmählich wurde daraus eine »Logik«. Diese Ereignisse ordneten sich in den Vorgang des sozialen Sterbens ein, das Freud auf sich nahm und durch seine Selbstanalyse zu bewältigen versuchte; die Traumdeutung liest sich wie eine Chronik dieses Sterbens. Als er mit der Selbstanalyse 1897 methodisch anfing, befand er sich auf dem tiefsten Punkt seiner Karriere.

1926 erinnerte er sich: »*Es geschah in den Jahren nach 1895, daß zwei starke Eindrücke bei mir mit gleicher Stärke zusammentrafen. Einerseits hatte ich die ersten Einblicke in die Tiefen des menschlichen Trieblebens gewonnen, manches gesehen, was ernüchtern, zunächst erschrecken konnte, andererseits hatte die Mitteilung meiner unliebsamen Funde den Erfolg, daß ich den größten Teil meiner damaligen menschlichen Beziehungen einbüßte; ich kam mir vor wie geächtet, von allen gemieden*« (1926c: 51) Aber es bildete sich um Freud nicht nur ein »*negativer Raum*« (1914: 50), weil er die Sexualität und das Unbewußte untersuchte, sondern umgekehrt war dieser »Hohlraum« auch die Voraussetzung dafür, das Unbewußte rational durchleuchten zu können. Seine Stärke bestand nicht zuletzt darin, daß er dem gesellschaftlichen Druck, sich zu integrieren, nicht nachgab.

Dieser Druck war sehr groß. Freud wollte ja heiraten und mußte außerdem für seine Eltern und weitere Verwandte finanziell aufkommen. Als er 1886 von Paris nach Wien zurückkehrte und seine Privatpraxis »*im besten Ärzteviertel*« (Jones 1960, I: 175) eröffnete, schien sich der Erfolg einzustellen. Breuer und Nothnagel schickten ihm die ersten zahlenden Patienten. Aber Freud fühlte sich nicht sicher, »*hatte wenig Vertrauen in seine ärztlichen Fähigkeiten und litt bei der Behandlung seiner Patienten oft unter einem Gefühl der Unzulänglichkeit*« (a.a.O.: 176). Ein erster Mißerfolg bei einer kleinen Operation an einem bekannten Schauspieler verunsicherte ihn sehr. Freud entwickelte nie eine gute Identität als Arzt. Im September heiratete er Martha und mußte den finanziellen Druck nun als noch bedrängender empfinden; es stellten sich kaum Patienten ein, und es blieb Freud nichts anderes übrig, als seine goldene Uhr zu versetzen. Immer wieder mußte er Geld von seinen Freunden leihen, zeitweise besserten sich zwar die Verhältnisse, aber gesichert fühlte er sich nie. Dazu kam die allmähliche Auflösung seines wissenschaftlichen Rufes, die eigentlich schon durch die Kokainepisode eingeleitet worden war (Jones 1960, I: 120) und die durch die üble Aufnahme seiner Vorträge vor der Wiener Medizinischen Gesellschaft weiter voranschritt (a.a.O.: 273f.). 1889 kritisierte Meynert, der Leiter des Neurologischen Instituts, Freud in einem Artikel, »*spottete über Freuds ›Wunsch, ihn zu belehren‹, und erklärte, Freuds Eintreten für die Suggestionstherapie befremde ihn um so mehr, als dieser vor seiner Reise nach Paris ein Arzt mit solider physiologischer Ausbildung gewesen sei*« (a.a.O.: 276).

Es muß diese ›solide physiologische Ausbildung‹ gewesen sein, die Freud immer noch auf die Wirkungen der physikalischen Therapie hoffen ließ: »*Wenn man von der Behandlung Nervenkranker leben wollte, mußte man offenbar ihnen etwas leisten können. Mein therapeutisches Arsenal umfaßte nur zwei Waffen, die Elektrotherapie und die Hypnose. (...) In der Elektrotherapie vertraute ich mich dem Handbuch von W. Erb an, welches detaillierte Vorschriften für die Behandlung aller Symptome der Nervenleiden zur Verfügung stellte. Leider mußte ich bald erfahren, daß die Befolgung dieser Vorschriften niemals half, daß, was ich für den*

Niederschlag exakter Beobachtung gehalten hatte, eine phantastische Konstruktion war« (1925: 39-40). Jones bemerkt, Freud habe an die zwanzig Monate gebraucht, bis er ihre Nutzlosigkeit eingesehen habe (1960, I: 279), dann erst wandte er sich der Hypnose zu.

»Sie brachte ihm oft erfreuliche Erfolge und ersetzte das Gefühl der Hilflosigkeit durch die Befriedigung, als Zauberkünstler bewundert zu werden« (a. a. O.: 279-280). Im Übergang von der Elektrotherapie zur Hypnose, in welchem Freud auch ein Teil seiner Identität als traditioneller Wissenschaftler aufgeben mußte, dienten also Größenphantasien (*»Zauberkünstler«*) als Kompensation für die verlorenen Sicherheiten.

In einem Brief an Fließ schrieb er 1894: *»Die soziale und wissenschaftliche Windstille macht mir allerhand Sorgen«* (abgedruckt bei Schur 1972: 624), und nachdem er in demselben Jahr auch mit Breuer gebrochen hatte, wuchs das Gefühl der Isolation immer mehr an. Breuer verkörperte in vielerlei Hinsicht den gesellschaftlich anerkannten Arzt, beliebt bei seinen Patienten und stolz auf seinen wissenschaftlichen Ruf. *»1894 wurde er auf Antrag von Sigmund Exner, Hering und Ernst Mach, alles Männer von internationalem wissenschaftlichen Ansehen, zum Korrespondierenden Mitglied der Wiener Akademie der Wissenschaften gewählt«* (Jones 1960, I: 265). Die Entfremdung von Breuer war also ein weiterer Schritt in der Distanzierung vom herrschenden Wissenschaftsbetrieb, und zweifellos war die Freundschaft mit Wilhelm Fließ, die nach der Trennung von Breuer voll zur Entfaltung kam, ein wesentlicher Stabilisationsfaktor in einer Zeit, in der für Freud der soziale Bezugsrahmen zusammenbrach.

Freuds soziales Sterben setzte Unbewußtes frei, das früher in den Rollen vergesellschaftet gewesen war, und er projizierte diese unbewältigten, unbewußten Anteile auf Fließ, aber dank seiner Selbstanalyse gelang es Freud, sie zu verarbeiten und in seine eigene Persönlichkeit zu integrieren. Schon immer haben sich seine Biographen darüber gewundert, daß er sich von Fließ' numerologischen Phantasien über die Periodizität des Lebens so faszinieren ließ. Eißler entdeckte einen spanisch geschriebenen Jugendbrief Freuds, der darauf hinweist, daß er als Siebzehnjähriger ebensolchen Zahlenphantasien nachhing wie später Fließ, aber sie vergessen hatte. Freud schrieb an Silberstein: *»Während der Tage der gewaltigen Arbeit, das heißt der Woche vor der ›verstorbenen Maturität‹, habe ich mich sehr ernstlich mit dem Versuch beschäftigt, ein System der Zahlen zu errichten, weil ich beobachtet habe, daß alles, was in der Realwelt geschieht, sein Gleiches, das heißt sein Äquivalenz in der Welt der Zahlen hat. Die Zahlen werden geboren, sterben, heiraten und töten sich, wie es Menschen tun. Der Staat der Zahlen* *hat seinen Adel, seine Heere, seine genealogischen Tafeln, ganz wie der Staat der sterblichen Menschen. (...) Ich weiß auch, daß der Gegenstand würdig der Aufmerksamkeit von tausend, einfallsreicheren Menschen als ich, ist, aber wenn auch das Können fehlt, das Wollen soll gepriesen werden, und mir bleibt der ewige Ruhm der Idee, wenn auch meine Nachfolger, und diejenigen, die sich auf meinen Schultern erheben werden, mich in der Ausführung übertreffen sollten«* (zit. n. Eißler, 1974b: 47-48). Unterschrieben wurde dieser Brief mit der Hinzufügung: »*Cipion lebenslängliches Mitglied der A(cademia) E(spagnola) Lord von Sias und Prinz von Greda*« (ebenda). »*Gerade das starre System der Zahlen*«, kommentiert Eißler diesen Brief, »*mit ihren geheimnisvollen, aber übersichtlichen Beziehungen untereinander eignete sich vortrefflich für diese Projektion* (nämlich des Wunsches, Ordnung und Sicherheit in die eigenen Empfindungen zu bringen auf die Welt der Zahlen, M.E.). *Die Zahlen werden die Repräsentanten der menschlichen Welt, sie leben und sterben und bilden eine hoch organisierte Hierarchie. Die Zahlen aber unterliegen unveränderlichen Gesetzen ... In ihnen, da sie auch leben und sterben, sollte man die schwer zu entziffernde Gesetzlichkeit menschlichen Seelenlebens klar und eindeutig fassen können. Die Zahlenphantasie würde uns also den geheimen Ehrgeiz des adoleszenten Freud verraten, einen Ehrgeiz, den er wie kaum ein anderer Jugendlicher in späteren Jahren verwirklichte ... Die Zahlenphantasie verleiht aber dem Tagträumer, wenn auch nur für kurze Zeit, das Gefühl einer ungeheuren Macht, die den gegenwärtigen Augenblick der Schwäche kompensiert«* (a.a.O.: 51-52).

Aber Freud hing diesen Phantasien nicht weiter nach – er verdrängte sie während seines Studiums, und solange er seine Identität als Naturwissenschaftler aufrechterhalten konnte, mußte er ihr Wiederauftauchen nicht befürchten. In dem Maße jedoch wie die naturwissenschaftliche Disziplin zerbröckelte und er in ein Gebiet voller dunkler, unkontrollierter Zusammenhänge eindrang, konnten diese Phantasien und das ihnen zugrunde liegende magische Denken ihre alte Zauberwirkung neu entfalten. Diesmal mußte Freud diese Regung nicht unterdrücken, sondern konnte sie, teilnehmend an Fließ' Spekulationen, gewähren lassen, um sie schließlich als eigene zu erkennen und so ihren Bann zu brechen. »*So erleben manche Menschen*«, bemerkt Eißler, »*im Freunde die Möglichkeit eines eigenen Schicksals, das eine gütige Fügung ihnen erspart hatte. ... Fließ bewahrte (Freud) vor der Gefahr, in den*

Bereich magischen Denkens zu regredieren, einer Gefahr, der jeder Wissenschaftler ausgesetzt ist, so lange seine Forschung nicht mathematisch bestimmbar oder bestimmt ist, und der sich Freud in der adoleszenten Phantasie ungehemmt aussetzte. Fließ mißbrauchte das ›heilige‹ Instrument und verfiel der Magie der Zahl« (a.a.O.: 53).

Diese merkwürdige Konstellation, daß Fließ wesentliche Anteile verkörperte, die Freud als Adoleszenter hatte verdrängen müssen und die während der Phase des sozialen Sterbens, in Entsprechung zur Krise der Adoleszenz, verstärkt zum Bewußtsein drängten, war eine wesentliche Voraussetzung für Freuds Selbstanalyse. Je mehr Fortschritte er dabei machte, desto mehr verlor Fließ an Anziehungskraft, dessen Entidealisierung ging Hand in Hand mit der Bewältigung von Freuds Größenphantasien.

Freuds Bewältigung der Größen- und Machtphantasien durch seine Selbstanalyse

Die analytisch-kritische Einstellung zu sich selbst ist nichts Neues, man denke nur an die Tradition, in der Augustinus, Montaigne oder Rousseau stehen. Freud unterschied sich von seinen Vorgängern durch den Umstand, daß er seine Analysen im Rahmen seiner Therapien durchführte. In der Konfrontation mit den Leiden der Patienten, die es zu verstehen und zu heilen galt, bekam Freuds Selbstanalyse einen ganz anderen Stellenwert als die auf Gott bezogenen Reflexionen Augustins oder diejenigen Montaignes, der sich selbst und anderen gleichgestimmten Seelen den Spiegel vorhielt. Am 7. 7. 1897 schrieb er an Fließ: »*Was in mir vorgegangen ist, weiß ich noch immer nicht; irgend etwas aus den tiefsten Tiefen meiner eigenen Neurose hat sich einem Fortschritt im Verständnis der Neurosen entgegengestellt und Du warst irgendwie mithineingezogen*« (1962: 183). Und einen Monat später, am 14. 8.: »*Der Hauptpatient, der mich beschäftigt, bin ich selbst. Meine kleine, aber durch die Arbeit sehr gehobene Hysterie hat sich ein Stück weiter gelöst. Anderes steckt noch. Davon hängt meine Stimmung in erster Linie ab. Die Analyse ist schwerer als irgendeine andere. Sie ist es auch, die mir die psychische Kraft zur Darstellung und Mitteilung des bisher Gewonnenen lähmt: Doch ich glaube, es muß gemacht werden und es ist ein notwendiges Stück in meinen Arbeiten*«

(a.a.O.: 185). Freud mußte sich *unmittelbar* mit dem Echo auseinandersetzen, das das fremde Leid bei ihm auslöste und das sich mit dem eigenen Leiden verband. In dem Maße, wie er sich selbst verstehen lernte, verstand er die Patienten und umgekehrt. Dieser Prozeß schmolz auch die traditionellen psychiatrischen Kategorien ein, die vor allem dazu gedient hatten, den Kranken in einem gehörigen Abstand zu halten. Mit dem Schwinden *dieses* Abstandes mußten die vom Individuum produzierten Symptome nicht mehr als unerwünschte und unglaubwürdige Störungen abqualifiziert werden, sondern konnten als Ausdruck unverarbeiteter Konflikte, vielfach verflochten mit krankmachenden Verhältnissen, verstanden werden.

Die Selbstanalyse barg weiter den Keim für ein völlig neues Verständnis des Alltags. Die Bruchstücke des Alltags, die als Tagesreste in den Traum eingehen, verbinden sich mit den uralten Wünschen aus der Kindheit und offenbaren, wie sehr sich die Vergangenheit mit der Gegenwart durchmischt und dieser das ihr fremde Gesetz aufzwingt. Der Alltag ist viel weniger »gegenwärtig«, ein »Jetzt«, als man meint, und Freuds »Suche nach der verlorenen Zeit« wird mißverstanden, wenn man nicht begreift, daß es ihm um die Gegenwart ging, die gemäß ihrem eigenen Gesetz und ihren, von der Last der Vergangenheit befreiten, Anforderungen erfahrbar werden soll. Es drängt sich auf, hinter dieser Einstellung ein Problem der österreichischen Gesellschaft zu vermuten. Wir sahen, wie prägend die anachronen Verhältnisse darin waren und wie das Bürgertum sich in einen Feudalisierungsprozeß eingelassen hatte, der im Widerspruch zu seinen eigenen Interessen stand. Freud stieß beim Individuum auf ähnliche Strukturen, die es in seiner Entwicklung ebenso lähmten wie die Anachronien die Gesellschaft. Zwischen der Feudalisierung des Bürgertums und den aus der Kindheit stammenden Größen- und Machtphantasien gibt es eine ganze Reihe von Affinitäten, die auf die Außerkraftsetzung der Gegenwart zielen, und von daher ist es kein Zufall, daß Freud auf soziale Modelle zurückgriff, um psychische Prozesse zu veranschaulichen. Aber ebenso wie das Erkennen der zunehmenden Feudalisierung des Bürgertums den kritischen Abstand zur Herrschaft zur Voraussetzung hatte, ebenso mußte Freud seine Größen- und Machtphantasien durchschauen, um die Produktion von Unbewußtheit analysieren zu können.

Im Februar 1897 (Anzieu 1975: 289) träumte Freud: »*I*. ...

sueño
dela razon
produce
monstruos

Freund R. ist mein Onkel. – Ich empfinde große Zärtlichkeit für ihn. II. Ich sehe sein Gesicht etwas verändert vor mir. Es ist wie in die Länge gezogen, ein gelber Bart, der es umrahmt, ist besonders deutlich hervorgehoben« (1900: 143). Als ihm der Traum einfällt, hat Freud gar keine Lust, ihn zu analysieren; er macht sich Vorwürfe: »›*Wenn einer deiner Patienten zur Traumdeutung nichts zu sagen wüßte als: Das ist ein Unsinn, so würdest du es ihm verweisen und vermuten, daß sich hinter dem Traum eine unangenehme Geschichte versteckt, welche zur Kenntnis zu nehmen er sich ersparen will. Verfahr' mit dir selbst ebenso; deine Meinung, der Traum sei Unsinn, bedeutet nur einen inneren Widerstand gegen die Traumdeutung. Laß dich nicht abhalten‹. Ich machte mich also an die Deutung*« (ebenda).

Freud behandelt sich selber wie einen Patienten – und den Patienten wie sich selber. Damit erfüllt zwar Freud nur eine uralte Forderung der ärztlichen Ethik, nach der Arzt und Patient Menschen sind und als solche gleich (vgl. Jaspers 1959[7]: 668), aber er gibt mit der Selbstanalyse dieser Forderung einen viel konkreteren Inhalt, als das bisher der Fall war. Der Widerstand des Psychiaters gegen die Psychoanalyse nährte sich nicht zuletzt aus dieser Art Gleichsetzung mit dem Patienten.

Die Assoziationen zum Traum führen Freud zu seinem Onkel Josef, mit dem sich eine unangenehme und für die Familie peinliche Betrugsgeschichte verbindet. Freuds Vater hatte damals gesagt: »*Onkel Josef sei nie ein schlechter Mensch gewesen, wohl aber ein Schwachkopf*« (a.a.O.: 144), d.h. also Freund R. sei ein Schwachkopf. Freud bringt diesen Traum in Verbindung mit einem Problem, das ihn damals beschäftigte: seine Ernennung zum Professor. R. war abgelehnt worden, vermutlich, weil er Jude war, und Freud mußte befürchten, daß es ihm aus demselben Grund ähnlich ergehen werde. War R. nun ein Schwachkopf, so spielte das Judentum keine Rolle, und Freud hatte doch eine Chance, Professor zu werden. Im Traum wurden also die Verhältnisse so umgebogen, daß der Wunsch nach der Professur in Erfüllung ging. Aber »*ich bin noch immer nicht über die Leichtigkeit beruhigt, mit der ich zwei geachtete Kollegen degradiere, um mir den Weg zur Professur freizuhalten*« (a.a.O.: 145). Deshalb setzt Freud die Analyse fort beim intensiven Gefühl der Zärtlichkeit, das im Traum auftritt. Diese Zärtlichkeit hat keinen Bezug zur Realität; er bringt sie weder Onkel Josef noch seinem Freund R. entgegen, sie muß demnach einen anderen Ursprung haben: »*Meine Traumgedanken enthalten eine Schmähung für R.; damit ich diese nicht merke, gelangt in den Traum das Gegenteil, ein zärtliches Empfinden für ihn*« (a.a.O.: 147). An dieser Stelle führt Freud den Begriff der Traumentstellung ein: »*Wo die Wunscherfüllung unkenntlich, verkleidet ist, da müßte eine Tendenz zur Abwehr gegen diesen Wunsch vorhanden sein, und infolge dieser Abwehr könnte der Wunsch sich nicht anders als entstellt zum Ausdruck bringen*« (ebenda).

Um den Vorgang der Traumentstellung zu verdeutlichen, greift Freud zu Beispielen aus dem Gesellschaftsleben: »*Wo findet man im sozialen Leben eine ähnliche Entstellung eines psychischen Akts? Nur dort, wo es sich um zwei Personen handelt, von denen die eine eine gewisse Macht besitzt, die zweite wegen dieser Macht eine Rücksicht zu nehmen hat. Die zweite Person entstellt dann ihre psychischen Akte, (...), sie verstellt sich*« (ebenda). Freud wird noch ausführlicher und benützt ein Beispiel aus der politischen Sphäre: Der Traum unterliege einer ebensolchen Zensur wie ein »*politischer Schriftsteller, der den Machthabern unangenehme Wahrheiten zu*

Auferstehung der Presse und Begräbniss der Censur.

sagen hat. Wenn er sie unverhohlen sagt, wird der Machthaber seine Äußerung unterdrücken ... (...) Der Schriftsteller hat die Zensur zu fürchten, er ermäßigt und entstellt darum den Ausdruck seiner Meinung. (...) Je strenger die Zensur waltet, desto weitgehender wird die Verkleidung, desto witziger oft die Mittel, welche den Leser doch auf die Spur der eigentlichen Bedeutung leiten« (a.a.O.: 147 bis 148). Als ob diese Beispiele nicht genügen würden, fügt er ein weiteres hinzu: Ein Herrscher, der, um dem Volk seine Macht so recht vor Augen zu führen, einen den Untertanen besonders mißliebigen Beamten mit einem hohen Orden auszeichnet (a.a.O.: 150). *»So zeichnet meine zweite, den Zugang zum Bewußtsein beherrschende Instanz Freund R. durch einen Erguß von übergroßer Zärtlichkeit aus, weil die Wunschstrebungen des ersten Systems ihn aus einem besonderen Interesse, ..., als einen Schwachkopf beschimpfen möchten«* (ebenda).

Hinter diesen Beispielen können wir leicht Freuds Wahrnehmung der österreichischen Politik wiedererkennen. Die Zensur war eine wesentliche Waffe im Kampf der Regierung gegen die Arbeiterbewegung, und der österreichische Kaiser gefiel sich in seiner Autokratie. Wie einleuchtend diese Beispiele auch sein mögen, so fällt doch ihre Häufung auf. Eine mögliche Erklärung dafür sehe ich im unbewußten Material, das dieser Traum angerührt hat: in den Größen- und Machtphantasien, die immer eine gewisse Wahlverwandtschaft zu den politischen Verhältnissen aufweisen.

Auf diese unbewußte Schicht kommt Freud erst im folgenden fünften Kapitel über »Das Traummaterial und die Traumquellen« zu sprechen, wo er die Analyse des »Onkeltraums« weiter ausbreitet. Daß der Traum nichts anderes als die Wunscherfüllung, Professor zu werden, beinhalte, befriedige ihn nicht, das sei für ihn keineswegs das höchste der Ziele, ehrgeizig sei er nicht. *»Ich weiß nicht, wie andere, die mich zu kennen glauben, in diesem Punkt über mich urteilen würden; vielleicht habe ich auch wirklich Ehrgeiz besessen; aber wenn, so hat es sich längst auf andere Objekte als auf Titel und Rang eines Professor extraordinarius geworfen«* (a.a.O.: 198). Der Frage nachgehend, woher der Ehrgeiz stamme, der eine Quelle dieses Traumes ist, fällt Freud die ihm in seiner Kindheit oft erzählte Prophezeiung ein, daß eine alte Bäuerin bei seiner Geburt der Mutter verkündete, sie habe der Welt einen großen Mann geschenkt. *»Sollte meine Größensehnsucht aus dieser Quelle stammen?«* (ebenda). Aber da erinnert er sich eines anderen Vorkommnisses: Als er elf- oder zwölfjährig war, wahrsagte man ihm, er werde einmal »*Minister*« werden. *»An den Eindruck dieser zweiten Prophezeiung kann ich mich noch sehr wohl erinnern. Es war die Zeit des Bürgerministeriums, der Vater hatte kurz vorher die Bilder der bürgerlichen Doktoren Herbst, Giskra, Unger, Berger u.a. nach*

Hause gebracht, und wir hatten diesen Herren zur Ehre illuminiert. Es waren sogar Juden unter ihnen; jeder fleißige Judenknabe trug also das Ministerportefeuille in seiner Schultasche. Es muß mit den Eindrücken zusammenhängen, daß ich bis kurz vor der Inskription an der Universität willens war, Jura zu studieren, und erst im letzten Moment umsattelte« (a.a.O.: 198-199). So kommt Freud darauf, daß er sich im Traum zum Minister macht: »*Welch gründliche Rache an seiner Exzellenz! Er verweigert es, mich zum Professor extraordinarius zu ernennen, und ich setze mich dafür im Traum an seine Stelle«* (ebenda).

Seinen Traum deutend, stieß Freud auf das Konglomerat, das seine damalige Befindlichkeit bedingte: seine Familienverhältnisse, Berufswünsche, die Situation an der Universität, sein Judentum, die Kindheitserinnerungen und auf die politische Lage in Österreich Ende der sechziger Jahre, als das liberale Bürgertum sich durchzusetzen schien. Er holte die Größen- und Machtphantasien herauf, die seine Wünsche unbewußt bestimmten, und entschärfte sie dadurch. Sein Ehrgeiz mußte sich nun tatsächlich nicht mehr darauf richten, Professor extraordinarius zu werden, sondern konnte sich andere, selbst gesetzte Ziele wählen. Die Gesellschaft konnte ihn also nicht mehr mit dem Versprechen ködern, ihn zum Professor zu ernennen, wenn er bereit wäre zu verleugnen, was er wahrgenommen hatte. Dahinter stand natürlich auch die Erfahrung des sozialen Todes, die ihm die Grenzen der Größen- und Machtphantasien aufgezeigt hatte. Der Stil seiner Darstellung bezeugte selbst, wie weit er gekommen war, denn sie nahm auf tiefverwurzelte Tabus keine Rücksicht mehr: der Hinweis auf die peinliche Betrugsgeschichte ebenso wie die Art und Weise wie er, wenn auch nur im Traum, mit seinen Kollegen und dem Problem des Judentums umging, waren Themen, die man sonst sorgsam von der Öffentlichkeit abschirmte und die nur in Form von Klatsch verbreitet wurden. Indem Freud sie in seinen Diskurs aufnahm, entsprach er *schon durch die Form der Darstellung* seiner Forderung, Unbewußtes bewußt zu machen.

Noch tiefer und konsequenter drang Freud 1898 in den Bereich seiner Größenphantasien ein mit der Analyse seines »*revolutionären Traumes*«. Damit gelang es ihm, den Willen zur Macht, an dem Nietzsche gescheitert war, als Hindernis auf dem Weg zum Unbewußten zu durchschauen. Nach seinen Versuchen, diese Phantasien zu unterdrücken, durch geistige Askese zu vermeiden, im Kokain und der Charcot-Identifikation auszuleben, ging er daran, sie sich bewußt zu machen.

Der Traumtext lautet folgendermaßen: »*Menschenmenge, Studentenversammlung. – Ein Graf (Thun oder Taaffe) redet. Aufgefordert, etwas über die Deutschen zu sagen, erklärt er mit höhnischer Gebärde für ihre Lieblingsblume den Huflattich und steckt dann etwas wie ein zerfetztes Blatt, eigentlich ein zusammengeknülltes Blattgerippe ins Knopfloch. Ich fahre auf, fahre also auf, wundere mich aber doch über diese meine Gesinnung. (Dann undeutlicher:) Als ob es die Aula wäre, die Zugänge besetzt, und man müßte fliehen. Ich bahne mir den Weg durch eine Reihe von schön eingerichteten Zimmern, offenbar Regierungszimmern, mit Möbeln in einer Farbe zwischen braun und violett, und komme endlich in einen Gang, in dem eine Haushälterin, ein älteres dickes Frauenzimmer, sitzt. Ich vermeide es, mit ihr zu sprechen; sie hält mich aber offenbar für berechtigt, hier zu passieren, denn sie fragt, ob sie mit der Lampe mitgehen soll. Ich deute oder sage ihr, sie soll auf der Treppe stehen bleiben, und komme mir dabei sehr schlau vor, daß ich die Kontrolle am Ende vermeide. So bin ich drunten und finde einen schmalen, steil aufsteigenden Weg, den ich gehe.*

(Wieder undeutlich) ... Als ob jetzt die zweite Aufgabe käme, aus der Stadt wegzukommen, wie früher aus dem Haus. Ich fahre in einem Einspanner und gebe ihm Auftrag, zu einem Bahnhof zu fahren. ›Auf der Bahnstrecke selbst kann ich nicht mit Ihnen fahren‹, sage ich, nachdem er einen Einwand gemacht hat, als ob ich ihn übermüdet hätte. Dabei ist es, als wäre ich schon eine Strecke mit ihm gefahren, die man sonst mit der Bahn fährt. Die Bahnhöfe sind besetzt; ich überlege, ob ich nach Krems oder Znaim soll, denke aber, dort wird der Hof sein, und entscheide mich für Graz oder so etwas. Nun sitze ich im Waggon, der ähnlich einem Stadtbahnwagen ist, und habe im Knopfloch ein eigentümlich geflochtenes, langes Ding, daran violettbraune Veilchen aus starrem Stoff, was den Leuten sehr auffällt. (Hier bricht die Szene ab.) Ich bin wieder vor dem Bahnhofe, aber zu zweit mit einem älteren Herrn, erfinde einen Plan, um unerkannt zu bleiben, sehe diesen Plan aber auch schon ausgeführt. Denken und Erleben ist gleichsam eins. Er stellt sich blind, wenigstens auf einem Auge, und ich halte ihm ein männliches Uringlas vor (das wir in der Stadt kaufen mußten oder gekauft haben). Ich bin also ein Krankenpfleger und muß ihm das Glas geben, weil er blind ist. Wenn der Kondukteur uns so sieht, muß er

uns als unauffällig entkommen lassen. Dabei ist die Stellung des Betreffenden und sein urinierendes Glied plastisch gesehen.«

Der »*Traum macht den Eindruck einer Phantasie, die den Träumer in das Revolutionsjahr 1848 versetzt*«; Freud erinnert sich an einen Ausflug nach Emmersdorf, den Ruhesitz des Studentenführers Fischhof, der 1848 eine wichtige Rolle gespielt hatte. Zu »*Lieblingsblume*« assozierte Freud rote und weiße Rosen sowie die Rosenkriege in England, welche ihn an die sozialen Spannungen in Österreich gemahnen. »*Die weißen Nelken sind bei uns in Wien das Abzeichen der Antisemiten, die roten das der Sozialdemokraten*« (a.a.O.: 218). Die Szene der Aula führt Freud in die Studentenzeit zurück: »*In einem deutschen Studentenverein* (eben dem »Leseverein«, M.E.) *gab es eine Diskussion über das Verhältnis der Philosophie zu den Naturwissenschaften. Ich grüner Junge, der materialistischen Lehre voll, drängte mich vor, um einen höchst einseitigen Standpunkt zu vertreten. Da erhob sich ein überlegener älterer Kollege, der seitdem die Fähigkeit erwiesen hat, Menschen zu lenken und Massen zu organisieren, der übrigens auch einen Namen aus dem Tierreich trägt* (nämlich V. Adler, M.E.), *und machte uns tüchtig herunter; auch er habe in seiner Jugend Schweine gehütet und sei dann reuig ins Vaterhaus zurückgekehrt. Ich fuhr auf, wurde saugrob und antwortete, seitdem ich wüßte, daß er die Schweine gehütet, wundere ich mich nicht über den Ton seiner Reden. (Im Traum wundere ich mich über meine deutschnationale Gesinnung). Großer Aufruhr; ich wurde von vielen Seiten aufgefordert, meine Worte zurückzunehmen, blieb aber standhaft. Der Beleidigte war zu verständig, um das Ansinnen einer Herausforderung, das man an ihn richtete, anzunehmen, und ließ die Sache auf sich beruhen*« (ebenda).

Freud träumte diesen revolutionären Traum in der Bahn, als er im August 1898 in die Ferien zu seiner Familie nach Aussee fuhr. Unmittelbarer Anlaß dazu war Freuds Begegnung auf dem Bahnhof mit dem damaligen Ministerpräsidenten, Grafen Thun, der zum Kaiser nach Ischl fuhr. Schorske (1973) verweist auf den historischen Hintergrund: die Spannungen zwischen Tschechen und Deutschen hatten sich sehr zugespitzt, das Parlament war durch die Obstruktionspolitik der Deutschen völlig gelähmt, und im Juni kam es in Galizien zu antisemitischen Ausschreitungen. Verschärfend trat hinzu, daß zu jener Zeit zwischen den beiden Reichshälften, Österreich und Ungarn, neue Vereinbarungen nötig waren, gegen die besonders die Deutschen protestierten. Graf Thun, der zum landbesitzenden böhmischen Hochadel gehörte, war ein erklärter Feind der Deutschen, die ihn dann auch bald zum Sturz brachten (a. a. O.: 123).

Freud ärgerte sich über das hochmütige Gehabe des Grafen und ganz allgemein über das System der Privilegien. »*Ich vertreibe mir die Zeit damit, aufzupassen, wer da kommen wird, um sich auf dem Protektionsweg ein Coupé anweisen zu lassen; nehme mir vor, dann Lärm zu schlagen, d. h. gleiches Recht zu verlangen. Unterdes singe ich mir etwas vor, was ich dann als die Arie aus Figaros Hochzeit erkenne: ›Will der Herr Graf ein Tänzlein wagen, Tänzlein wagen, / Soll er's nur sagen, / Ich spiel ihm eins auf‹*« (1900: 214). Freud fühlt sich in aufrührerischer Stimmung; es kommt ihm der Spruch »*von den großen Herren, die sich die Mühe gegeben haben, geboren zu werden*« (ebenda) in den Sinn. Schließlich bekommt er sein Coupé, aber in einem Wagen, wo er nicht auf den Abort gehen kann, und tatsächlich erwacht er gegen drei Uhr morgens mit Harndrang aus eben diesem »*revolutionären Traum*«.

Die aufrührerische Stimmung des Vorabends war der Auslöser des Traumes. Oder, um es mit einem Gleichnis Freuds zu sagen: »*Es ist sehr wohl möglich, daß ein Tagesgedanke die Rolle des Unternehmers für den Traum spielt; aber der Unternehmer, der, wie man sagt, die Idee hat und den Drang es umzusetzen, kann doch ohne Kapital nichts machen; er braucht einen Kapitalisten, der den Aufwand bestreitet, und dieser Kapitalist, der den psychischen Aufwand beistellt, ist alle Male und unweigerlich, was immer auch der Tagesgedanke sein mag, ein Wunsch aus dem Unbewußten*« (a. a. O.: 566) – der Graf Thun war also der Unternehmer. Auf der Suche nach dem Kapitalisten drang Freud bis in die frühen Jahre seiner Kindheit zurück, und zwar auch um den Beweis zu erbringen, daß der latente Inhalt des Traumes an das »*älteste Erlebte*« anknüpft, das »*bis in die Gegenwart rezent geblieben ist*« (a. a. O.: 224).

Damit äußert Freud einen Gedanken, der unzählige Male mißverstanden worden ist, nämlich, daß aktuelle Verhaltensweisen ihre eigentliche Motivation nicht in der aktuellen Situation, sondern in ältestem Erlebten haben *können*, daß es also nicht die Erfordernisse der Gegenwart sind, die unsere Reaktion bestimmen müssen, sondern längst verflossene Ereignisse aus der Kindheit. Und das bedeutet: unser Handeln wird phantasmagorisch, so wie dasjenige

Don Quijotes, der nicht zufällig eine Lieblingsgestalt Freuds war. Dieses phantasmagorische Handeln kommt gerade im Bereich der Politik am üppigsten zur Entfaltung, wo sich Empörung, ja Revolution und Umsturz der bestehenden Verhältnisse in der Regel als bloß ödipale Konflikte entpuppen können, die als solche dann natürlich auch keine den bestehenden Problemen adäquate Lösungen hervorbringen. Auch wenn der reale Herrscher gestürzt wird, reagieren die Individuen so, als ob nur die in jedem wirksame Phantasmagorie der väterlichen Autorität angegriffen worden wäre, und dementsprechend sind die Maßnahmen, die in der Folge von den Aufrührern getroffen werden. Freud versuchte nachzuweisen, daß sich zwischen die aktuelle Situation und das Individuum unbewußt etwas schiebt, was dessen Wahrnehmung der Gegenwart stört. Dieses Etwas macht aus dem Königsmord einen (bloßen) Vatermord, und Freud machte sich daran, es zu analysieren, seinen Bann zu brechen, um den Zugang zur Gegenwart, entbunden vom *»ältesten Erlebten«*, eben dem Vatermord, freizulegen. Schorske hat in seinem Aufsatz »Politique et parricide dans ›l'interprétation des rêves‹ de Freud« (1973) die These vertreten, Freud habe auf der Flucht vor der Politik für die liberalen Bürger eine ahistorische Theorie entwickelt, die ihnen die politische Welt der Monarchie, welche aus den Fugen und außer (bürgerliche) Kontrolle geriet, hätte erträglich machen sollen. Der Kunstgriff dazu sei die Reduktion des politischen Geschehens auf den ödipalen Konflikt gewesen. Meiner Meinung nach verfällt Schorske hier dem üblichen, wenn auch nicht zufälligen, Mißverständnis der Freudschen Theorie, daß sie nämlich die soziale Realität auf Psychisches reduziere. Schorske meint: *»Der ›revolutionäre Traum‹ enthält diese Schlußfolgerung in der Szenenanordnung selbst: ausgehend von einer politischen Konfrontation über die Flucht durch die Universität zur Herrschaft des Vaters, der den Grafen Thun ersetzt hat. Der Vatermord ersetzt den Königsmord; die Psychoanalyse triumphiert über die Geschichte. Die Politik ist durch die Psychologie neutralisiert worden«* (a. a. O.: 128). Dabei wird übersehen, daß Freuds große Leistung darin bestand, eine Erklärung dafür zu finden, weshalb der Mensch so große Schwierigkeiten hat, die Gegenwart wahrzunehmen und ihren Problemen gemäß zu handeln. Er ging nicht nur auf die Suche nach der verlorenen Zeit, wie Proust, sondern auch auf die Suche nach der Gegenwart.

Eine jener Kräfte, die den Menschen daran hindern, die Gegenwart wahrzunehmen, ist sein Größenwahn. In seinen Traumanalysen kommt Freud mehrmals darauf zu sprechen, auch im *»revolutionären Traum«*: *»Ich muß also darum* (wegen der »inneren Zensur, welche den eigentlichen Inhalt des Traums vor mir selbst versteckt«, M.E.) *sagen, daß die Analyse diese drei Traumstücke als impertinente Prahlereien, als Ausfluß eines lächerlichen, in meinem wachen Leben längst unterdrückten Größenwahns erkennen läßt, ... allerdings die übermütige Stimmung des Abends vor dem Träumen trefflich verstehen läßt«*: (1900: 220). Szenen aus seiner Kindheit tauchen auf: *»Ich soll – im Alter von zwei Jahren – noch gelegentlich das Bett naß gemacht haben, und als ich dafür Vorwürfe zu hören bekam, den Vater durch das Versprechen getröstet haben, daß ich ihn in N (der nächsten größeren Stadt) ein neues schönes rotes Bett kaufen werde. (...) Der ganze Größenwahn des Kindes ist in diesem Versprechen enthalten. Die Bedeutung der Harnschwierigkeiten des Kindes für den Traum ist uns bereits bei einer früheren Traumdeutung ... aufgefallen. Aus den Psychoanalysen an Neurotischen haben wir auch den intimen Zusammenhang des Bettnässens mit dem Charakterzug des Ehrgeizes erkannt«* (a.a.O.: 221). Später, aus der Zeit als er sieben oder acht Jahre alt war: *»Ich setzte mich abends vor dem Schlafengehen über das Gebot der Diskretion hinweg, Bedürfnisse nicht im Schlafzimmer der Eltern in deren Anwesenheit zu verrichten, und der Vater ließ in seiner Strafrede darüber die Bemerkung fallen: Aus dem Buben wird nichts werden. Es muß eine furchtbare Kränkung für meinen Ehrgeiz gewesen sein, denn Anspielungen an diese Szene kehren immer in meinen Träumen wieder und sind regelmäßig mit Aufzählung meiner Leistungen und Erfolge verknüpft, als wollte ich sagen: Siehst du, ich bin doch etwas geworden«* (a.a.O.: 221-222).

Freud deutete sich das letzte Bild des Traumes als Rache, in der die ursprünglich kränkende Situation umgekehrt wird: *»Der ältere Mann, offenbar der Vater, da die Blindheit sein einstiges Glaukom bedeutet, uriniert jetzt vor mir, wie ich damals vor ihm«* (ebenda). Und zu diesem Rachewunsch gehört noch eine ganze Reihe anderer Assoziationen: eine Revolte in der Schule gegen einen unbeliebten Lehrer, die Beschimpfung von V. Adler, die Achtundvierziger Revolution und schließlich auch der Bezug zu den Werken von Beaumarchais (»Figaros Hochzeit«), Shakespeare (Königsdramen), Zola (»Germinal«, »La Terre«), Rabelais (»Gargantua und Pantagruel«), Grillparzer (»Des Meeres und der Liebe Wellen «), O.

Panizza (»Das Liebeskonzil«) und F. Dahn (»Odhins Trost«). Hinter diesen literarischen Hinweisen verstecken sich sehr viele der Aggressionen Freuds gegen seinen Vater. A. Grinstein ist in seinem Buch »On Sigmund Freud's Dreams« (1968) diesen Anspielungen nachgegangen. Rabelais' Werk und dessen *»unübertroffene Schilderung von dem Leben und Taten des Gargantua und seines Sohnes Pantagruel«* (Freud 1900: 221) werden gleichsam die Lückenbüßer für Freuds eigene Größenphantasien (Grinstein 1968: 135), während Shakespeare und F. Dahn den Machtkampf und den Haß zwischen Vater und Sohn anklingen lassen und Panizza den literarischen Vorwand abgibt sowohl für die Phantasie von einem allmächtigen aber willensschwachen und syphilitisch zerfallenden Vater (a.a.O.: 151), wie auch, verknüpft mit Grillparzer, für die Gefahren der Sexualität, die dem Mann von der Frau her drohen. Freuds Zitate anderer Werke haben – was ja oft der Fall beim Zitieren ist – eine entlastende Funktion: man hat die verpönten Gedanken nicht allein gehabt. In einer Fußnote faßt Freud die Deutung seines Traumes zusammen: *»Die Behandlung des schwachsinnig gewordenen Vaters bei den Bauern in Zolas ›La Terre‹. – Die traurige Genugtuung, daß der Vater in seinen letzten Lebenstagen wie ein Kind das Bett beschmutzt hat; daher bin ich im Traum sein Krankenpfleger. – ›Denken und Erleben sind gleichsam eins‹ erinnert an ein stark revolutionäres Buchdrama von Oskar Panizza, in dem Gottvater als paralytischer Greis schmählich genug behandelt wird ... (...) ... wie überhaupt der ganze rebellische, majestätsbeleidigende und die hohe Obrigkeit verhöhnende Inhalt des Traums auf Auflehnung gegen den Vater zurückgeht. Der Fürst heißt Landesvater, und der Vater ist die älteste, erste, für das Kind einzige Autorität, aus deren Machtvollkommenheit im Laufe der menschlichen Kulturgeschichte die anderen sozialen Obrigkeiten hervorgegangen sind«* (1900: 222).

Die Aufarbeitung der Beziehung zum Vater war für Freud die subjektive Voraussetzung zur Entdeckung des Unbewußten. Sie befreite ihn vom Bann der väterlichen Verurteilung: *»Aus dem Buben wird nichts werden«*; er mußte nicht mehr den Gegenbeweis erbringen, und damit löste er sich aus der Fixierung an den Vater. Er konnte sich nun (in einer weiteren Assoziation zum Traum) sagen: *»Es ist ein Unsinn, auf seine Vorfahren stolz zu sein. Lieber bin ich selber ein Vorfahr, ein Ahnherr«* (a.a.O.: 436), und das heißt doch: *»Ich will selber Vater sein«*. Der Ehrgeiz, der einst gegen den Vater gerichtet war und von diesem verboten wurde, wurde nun frei von der familiären Umklammerung und konnte sich eigene Ziele setzen. Gleichzeitig kam es zum Abbau der Schuldgefühle, die der imaginäre Kampf mit dem Vater provozierte. In der letzten Szene des Traumes wurde Freud zum *Arzt* des Vaters, und man kann daraus vermuten, daß ein Teil seiner Motivation, Arzt zu werden, aus den Schuldgefühlen gegenüber dem Vater floß. Deshalb mag Freud seinen Entschluß zum Medizinstudium immer als etwas Fremdes empfunden haben. In seiner Selbstdarstellung bekannte er, keine besondere Veranlagung für den Arztberuf gehabt zu haben; was ihn dazu getrieben habe, sei vielmehr »*eine Art Wißbegierde, die sich aber mehr auf menschliche Verhältnisse als auf natürliche Objekte bezog*« (1925: 34) gewesen. Und 1927: »*Nach 41jähriger ärztlicher Tätigkeit sagt mir meine Selbsterkenntnis, ich sei eigentlich kein richtiger Arzt gewesen. Ich bin Arzt geworden durch eine mir aufgedrängte Ablenkung meiner ursprünglichen Absicht und mein Lebenstriumph liegt darin, daß ich nach großem Umweg die anfängliche Richtung gefunden habe*« (1927b: 290). Freuds Selbstanalyse erlaubte ihm, die ihm »*aufgedrängte Ablenkung*« wieder rückgängig zu machen, vorerst einmal dadurch, daß er – den »*menschlichen Verhältnissen*« mehr Platz einräumend – dem Arztberuf einen neuen Sinn gab. Die Angst, die in Vatermord- und Inzestwünschen wurzelte, hatte ihn auch daran gehindert, seinen Patienten zuzuhören und deren entsprechenden Ängste zur Kenntnis zu nehmen. Mit der Überwindung seiner Schuldgefühle konnte sich Freud nun denjenigen seiner Patienten zuwenden.

Die Beziehung zum Vater ist aber auch der Ort, wo der Wille zur Macht, der seine Energien vorwiegend aus dem *unbewältigten* Verhältnis zum Vater speist, gezüchtet wird. Es ist dieser Wille zur Macht, der nun außerhalb der Familie, auf dem Boden der Gesellschaft, das ödipale Drama inszeniert und die Phantasmagorien schafft, die im politischen Leben bestimmend werden können. Freud durchschaute bei sich selbst, daß seine Wut auf den Grafen Thun oder seine Auseinandersetzung als Student mit V. Adler einen Bezug zum Vater hatten. Das heißt nun nicht, daß »reale« Gründe gefehlt hätten – Freuds Ablehnung jenes Repräsentanten des überholten Feudalismus in Österreich war ebenso berechtigt wie der Vorwurf an Adler, er verstehe nichts vom Materialismus, aber Freud mußte zuerst die phantasmagorische Dimension des Politischen erkennen, um zur Realität vorstoßen zu können.

In diesem Zusammenhang können wir nun auch besser verstehen, was Freud, trotz seiner vielen Affinitäten dazu, von dem Pernertsdorfer Kreis fernhielt, und können vermuten, daß die Distanz mit eine Voraussetzung war für seine spätere Entdeckung des Unbewußten. Im »Leseverein« wurden die Größenphantasien ausgelebt, und die Faszination von Wagner und Nietzsche rührte gerade aus ihrer Forderung nach neuer Größe. Dettmering (1969) hat in seinem Aufsatz über Wagner nachgewiesen, wie er durch sein Werk Regressionen förderte, die sowohl die Größenphantasien wie auch die dazugehörigen Ängste weckten und die Zuschauer bzw. die Zuhörer gelähmt zurückließen. Von Nietzsche ließe sich ähnliches behaupten: Der »*Aristokratismus seiner Erkenntnistheorie*« und die »*Züchtung eines irrationalistischen Größenwahns in der bürgerlichen Intelligenz*«, von der Lukács spricht, begünstigen das Ausleben, psychoanalytisch gesprochen: das Ausagieren, der Größen- und Machtphantasien, die sich so der Analyse und Kontrolle entziehen und so wesentlich zur Produktion von Unbewußtheit beitragen.

Man kann sich nun darüber streiten, in welchem Maße es Freud gelang, diese Phantasien bei sich selbst abzubauen. Versteckten sich nicht hinter dem Anspruch der Psychoanalyse, eine Universaltheorie zu entwickeln, die alles erklären konnte, gerade solche Phantasien? Oder rettete Freud nicht einen Teil seiner Phantasien in seine Identifikation mit Moses, verstand er sich nicht, wie ihm seine Gegner vorwarfen, als Begründer einer neuen Religion, deren Kirche die Psychoanalytische Gesellschaft war? Solche Fragen sind berechtigt und wurden auch oft gestellt, es fiel mir aber auf, daß dabei regelmäßig vergessen wurde, Freuds Analyse seiner Größenphantasien nachzugehen. Meines Wissens ist ihre Bedeutung für die Entdeckung des Unbewußten nie hervorgehoben worden. *Dieses* Übersehen zusammen mit dem Vorwurf der Machtbesessenheit, den man gegen Freud richtete (z.B. Fromm 1959: 93f.), sehe ich als Indiz an für einen Widerstand, die Möglichkeiten der Psychoanalyse auszunützen, um diese Macht- und Größenphantasien aufzulösen. Diese Seite der Ablehnung von Freud und der Psychoanalyse wird stark unterschätzt. Das Skandalöse an der »Traumdeutung« war nicht nur der neue theoretische Ansatz, sondern auch die Infragestellung der Größen- und Machtphantasien, und zwar durch die Art und Weise, wie Freud von sich sprach. Die »Traumdeutung« akzeptieren hätte bedeutet, einen völlig neuen Standort der

Selbstreflexion gutzuheißen. Was Freud von sich und seinen Gefühlen offenlegte, war und ist einmalig für die Wissenschaftsgeschichte. Anzieu bemerkt: »*Seit dem Heiligen Augustinus ist es oft geschehen, daß Menschen ihre Geständnisse veröffentlicht haben, um verwandte Seelen zu erbauen oder sich literarischen Ruhm zu sichern. Freud ist der erste, der das aus streng wissenschaftlichen Gründen macht*« (1975: 551). »*Aus streng wissenschaftlichen Gründen*« – denn anders, als indem man das Forschungssubjekt in den Erkenntnisprozeß miteinbezieht, ist das Unbewußte nicht faßbar. Man muß sich mit denjenigen Seiten der eigenen Persönlichkeit konfrontieren, die man eigentlich gar nicht wahrhaben will, weil sie den Narzißmus und den in das Erwachsenenalter geretteten Größenwahn verletzen. Die Lektüre der »Traumdeutung« ist eine Aufforderung, bei sich selbst diesen verleugneten Seiten nachzugehen, und gerade hier mag der größte Widerstand, der auf Freud und die Psychoanalyse übertragen wird, einhaken.

Schnitzlers Ästhetisierung der Omnipotenz

Der soziale Tod vermag dem Individuum völlig neue Perspektiven zu eröffnen, gerade weil keine Rolle mehr vorschreibt, was man zu sehen hat. Oft kann man aber beobachten, daß die eingefrorenen unbewußten Phantasien, die mit dem sozialen Tod durchbrechen, in traditionelle Formen der Kunst einfließen und über dieses Medium gerettet werden können. Freud hätte durchaus auch diesen Weg gehen können: »*Alle Untersucher sind sich einig*«, schreibt Eißler, »*daß Freud in jenen Jahren* (der Adoleszenz, M.E.) *ein Sprachtalent von solcher Außerordentlichkeit zeigte, daß er für einen Beruf, in dem er seine ungewöhnliche Begabung hätte anwenden können, prädestiniert schien*« (1974b: 78). Die Kunst um die Jahrhundertwende in Wien, die sich so stark mit dem Unbewußten beschäftigte, müßte auf Freud, schon wegen seiner Begabung, sehr anziehend gewirkt haben. Mit Erstaunen muß man aber die Distanz feststellen, mit der sich Freud von den literarischen Kreisen fernhielt, und wie sehr er sich dagegen verwahrte als »Künstler« apostrophiert zu werden. Schon im Vorwort zur »Traumdeutung« weist er darauf hin, daß er nicht Poet, sondern Naturforscher sei (1900: VIII); an Lou Andreas-Salomé schrieb er 1931: »*Aber ich bin allen Phrasen zum Trotz – nun einmal kein Künstler ...*« (zit. n. Jones 1962, III: 524). Es war nicht allein das Mißtrauen des Bürgers gegen den Künstler, das ihn an der Abgrenzung festhalten ließ, sondern er witterte dahinter zu Recht den Widerstand gegen die Psychoanalyse. Der Berliner Professor Liepmann äußerte in einer Kritik über die Traumdeutung, daß dort »*die phantasievollen Ideen eines Künstlers über den wissenschaftlichen Forscher triumphiert hatten*« (zit. n. Jones 1962, I: 418). Das war zwar abschätzig gemeint, aber Liepmann hatte insofern recht, als Freud tatsächlich die Grenzen dessen, was als wissenschaftlich galt, überschritten hatte. Das fiel ihm nicht leicht.

In den »Studien über Hysterie« (1895) machte er die Feststellung: »*Ich bin nicht immer Psychotherapeut gewesen, sondern bin bei Lokaldiagnosen und Elektroprognostik erzogen worden wie andere Neuropathologen, und es berührt mich noch heute eigentümlich, daß die Krankengeschichten, die ich schreibe, wie Novellen zu lesen sind, und daß sie sozusagen des ernsten Gepräges der Wissenschaftlichkeit entbehren. Ich muß mich damit trösten, daß für dieses Ergebnis die Natur des Gegenstandes offenbar eher verantwortlich zu machen ist als meine Vorliebe; Lokaldiagnostik und elektrische Reaktionen kommen bei dem Studium über Hysterie eben nicht zur Geltung, während eine eingehende Darstellung der seelischen Vorgänge, wie man sie vom Dichter zu erhalten gewohnt ist, mir gestattet, bei Anwendung einiger weniger psychologischer Formeln doch eine Art von Einsicht in den Hergang einer Hysterie zu gewinnen. Solche Krankengeschichten wollen beurteilt werden wie psychiatrische, haben aber vor letzteren* eines *voraus, nämlich die innige Beziehung zwischen Leidensgeschichte und Krankheitssymptomen, nach welcher wir in den Biographien anderer Psychosen noch vergebens suchen«* (a.a.O.: 227). Freud wundert sich, daß seine Fallgeschichten wie Novellen zu lesen sind, und merkt an, sie seien es nicht geworden, weil er, der Psychiater, eigentlich Schriftsteller sei, sondern weil die »*Natur des Gegenstandes*«, also die Hysterie des Fräuleins Elisabeth v. R., diese Darstellung quasi erzwungen habe. Der Wunsch, die Krankheit zu *verstehen*, stellte Freud vor die Notwendigkeit, die etablierten Grenzen zwischen Kunst und Wissenschaft zu überschreiten. Eine solche Überschreitung, ganz abgesehen davon, daß sie von den Vertretern der traditionellen Disziplinen geahndet wird, kommt der Übertretung tief verinnerlichter Tabus gleich. Die Angst vor Phantasien und Spekulation, die wir bei Freud kennenlernten und die er durch die Vertiefung in rein naturwissenschaftliche Studien zu meistern versuchte, mußte ihm die Verbindung von Wissenschaft und Dichtung besonders schwer gemacht haben. Ein Zeugnis davon geben die Beziehungen zwischen Freud und Schnitzler, jenem Schriftsteller, der in seinem Werk den unbewußten Strebungen der Menschen einen wichtigen Platz zuwies.

Freud war sechs Jahre älter als der 1862 geborene Schnitzler. Während er zu einer verarmenden, in Wien eingewanderten jüdischen Familie gehörte, stammte Schnitzler aus einer wohlhabenden, in ihrer Assimilation an das höhere Bürgertum weit fortgeschrittenen Familie. Schnitzlers Vater war Universitätsprofessor und Spezialist für Hals-, Ohren- und Nasenkrankheiten. Kupper und Rollman-Branch (1959) haben darauf hingewiesen, daß der mächtige und erfolgreiche Vater von Schnitzler dem Sohn das Rivalisieren im Bereiche der Medizin unmöglich machte und ihn in die

Dichtung abdrängte. Freuds Adoleszenz und frühe Mannesjahre waren durch Rückzugsstrategien gekennzeichnet. Schnitzler dagegen führte ein außerordentlich bewegtes Leben voller Konflikte und Liebesgeschichten. Beide studierten Medizin, Freud, *»bummelnd«*, acht Jahre lang von 1873 bis 1881, Schnitzler nur sechs Jahre von 1879 bis 1885; 1879 war Freud Assistent bei Meynert, Schnitzler war es um 1887. Beide interessierten sich für die Hypnose; Schnitzler rezensierte 1887 sehr lobend Freuds Übersetzung des Buches von Charcot »Neue Vorlesungen über die Krankheiten des Nervensystems, insbesondere über Hysterie«. 1895 veröffentlichte Freud mit Breuer die Studien über Hysterie; im gleichen Jahr wurde Schnitzlers »Liebelei« im Burgtheater aufgeführt, die sein Ansehen fest begründete. 1899 erschienen Freuds »Traumdeutung« und Schnitzlers »Paracelsus«. Während Freud Dora behandelt (1900), gibt Schnitzler den »Leutnant Gustl« heraus, wo er die Technik des aufgrund von Assoziationen ablaufenden »inneren Monologs« benützt.

1922, als Freud Schnitzler zu seinem sechzigsten Geburtstag gratulierte, schrieb er: *»Wenn ich einen Rest von Glauben an die* ›Allmacht der Gedanken‹ *bewahrt hätte, würde ich jetzt nicht versäumen, Ihnen die stärksten und herzlichsten Glückwünsche für die zu erwartende Folge von Jahren zuzuschicken. Ich überlasse dies törichte Tun der unübersehbaren Schar von Zeitgenossen, die am 15. Mai Ihrer gedenken werden«* (1968²: 357; Hervorhebung von mir). Freud fährt fort mit einem Geständnis, *»welches Sie gütigst aus Rücksicht für mich für sich behalten (und) mit keinem Freunde oder Bekannten teilen wollen. Ich habe mich mit der Frage gequält, warum ich eigentlich nie den Versuch gemacht habe, Ihren Verkehr aufzusuchen und ein Gespräch mit Ihnen zu führen (wobei natürlich nicht in Betracht gezogen wird, ob Sie selbst eine solche Annäherung von mir gerne gesehen hätten)«* (ebenda). Seine Antwort auf diese Frage war, daß er, der Wissenschaftler, ihn, den Dichter, *»aus einer Art von Doppelgängerscheu«* gemieden habe. Die Begründung für seine Scheu ist merkwürdig: Schnitzlers Werk berühre ihn mit einer *»merkwürdigen Vertrautheit«*. Aber was war denn daran so unheimlich? *»So habe ich den Eindruck gewonnen, daß Sie durch Intuition – eigentlich aber infolge feiner Selbstwahrnehmung – alles das wissen, was ich in mühseliger Arbeit an anderen Menschen aufgedeckt habe«* (ebenda). Schon sechzehn Jahre früher hatte er an Schnitzler geschrieben: *»Ich habe mich oft verwundert gefragt,* *woher Sie diese oder jene geheime Kenntnis nehmen konnten, die ich mir durch mühselige Erforschung des Objektes erworben, und endlich kam ich dazu, den Dichter zu beneiden, den ich sonst bewundert«* (a.a.O.: 266-267). Freud war nun wahrhaft nicht der Typ eines Wissenschaftlers, der intuitionslos gewesen wäre; auch entsprach Schnitzler nicht dem Bild eines Schriftstellers, dem alles mit leichter Hand glückte (Urbach 1977: 111). Also was war unheimlich? Freuds eigene Erklärung hat eher den Charakter einer Rationalisierung; seine »vernünftige« Argumentation soll etwas ihm Unangenehmes verbergen.

Drei Jahre vorher, 1919, hatte er eine Studie über »Das Unheimliche« veröffentlicht; in ihr kommt er auch auf den Doppelgänger zu sprechen. Den Bedeutungsgehalt, den Freud diesem Begriff gab, möchte ich nun auf seine Darstellung der Beziehung zu Schnitzler übertragen. Er kommt darin zum überraschenden Schluß, daß sich der Eindruck des Unheimlichen nicht etwa dann einstellt, wenn man auf etwas Unbekanntes stößt, sondern dann, wenn an die Reste der »animistischen Seelentätigkeit« gerührt wird, also an etwas im Grunde genommen Altbekanntes, aber zutiefst Verdrängtes. Als Ethnologe jedoch ziehe ich es vor, den Ausdruck »Animismus« beiseite zu lassen – er ist mit Vorurteilen über die »primitive Seele« allzusehr belastet – und dafür die Elemente, die Freud unter diesem Begriff subsumierte, einzusetzen: Narzißmus, Allmacht der Gedanken und Magie (1913). Freud behauptet, daß einem Individuum dann etwas unheimlich werde, wenn in ihm die mühsam bekämpften und ins Unbewußte verdrängten narzißtischen Regungen sowie der Glaube an die Allmacht der Gedanken berührt werden. Der Doppelgänger sei deshalb erschreckend, weil dieser einerseits gleich, andererseits aber *mächtiger, böser* und *allgegenwärtiger* erscheine.

Wenn Freud in Schnitzler den Doppelgänger erkannte, dann müssen dieser und sein Werk Freuds Narzißmus und seinen so meisterhaft beherrschten und durch das Realitätsprinzip so gut kontrollierten Glauben an die Allmacht der Gedanken angesprochen haben. Wir können vermuten, daß Freud durch Schnitzler an seine früheren Wünsche, Schriftsteller zu werden, erinnert wurde. Warum ihm das unangenehm gewesen sein muß, geht aus demselben Aufsatz hervor, in dem er den berühmten Schriftsteller tadelt. Er wirft ihm vor, die Leser zu täuschen: »*Bei uns bleibt ein Gefühl der Unbefriedigung, eine Art von Groll über die versuchte Täu-*

schung, wie ich es besonders deutlich nach der Lektüre von Schnitzlers Erzählung ›Die Weissagung‹ und ähnlichen mit dem Wunderbaren liebäugelnden Produktionen verspürt habe« (1919: 266). Die Gestalt Schnitzlers verkörperte für Freud den Schriftsteller, der, höchstens an die Ästhetik gebunden, mit der Realität umgehen kann, wie er will, was Freud als Wissenschaftler bewußt ablehnen muß.

Wir können jetzt den unbewußten Sinn in der Metapher des Doppelgängers im Brief an Schnitzler erkennen. Der Doppelgänger ist ein Produkt der Abspaltung, die auf die Gestalt des anderen projiziert wird. Was Freud offenbar abspalten mußte, war seine ungeheure und deshalb auch schwer zähmbare Phantasie. Sie wies er dem Reich der Dichtung zu, während er als Wissenschaftler die besonders mühsame Arbeit hervorheben mußte. Aber der Doppelgänger geht nicht nur aus den verleugneten Eigenschaften hervor, sondern ebenso aus allen *»unterbliebenen Möglichkeiten der Geschicksgestaltung, an denen die Phantasie noch festhalten will, und allen Ich-Strebungen, die sich infolge äußerer Ungunst nicht durchsetzen konnten«* (a.a.O.: 248). Schnitzler verkörperte für Freud auch den phantasievollen Schriftsteller, der er gerne geworden wäre. Auf diesen Wunsch hatte er im Unbewußten nicht verzichten können, und er bedrohte ihn ständig in seiner wissenschaftlichen Tätigkeit.

»Wenn ich einen Rest von Glauben an die ›Allmacht der Gedanken‹ bewahrt hätte ...«, schrieb Freud in seinem Gratulationsbrief, und meinte, er habe ihn überwunden. Aber das Geständnis, er betrachte Schnitzler als Doppelgänger, verweist uns darauf, daß Freuds Kampf gegen diesen Glauben weiterging und daß er schwer zu zähmen war. Reik hat in seinem Buch »Arthur Schnitzler als Psycholog« (1913) hervorgehoben, welche bedeutende Rolle der Glaube an die Allmacht der Gedanken in den Novellen und Theaterstücken Schnitzlers spielt; es ist geradezu ein Leitmotiv, durch das die *»schöpferischen Naturen«* charakterisiert werden. Reik greift zu einem Beispiel aus dem Einakter »Der Puppenspieler«, der 1903 uraufgeführt wurde, wo Georg, der Dichter, überzeugt ist, mit Gedanken auch töten zu können, und diese Eigenschaft in Zusammenhang bringt mit seiner Fähigkeit zu dichten. Daran anknüpfend, schreibt Reik: *»So stellt sich uns also die Dichtung als der Wunschausdruck dar ... über Menschenschicksale zu gebieten ... Wir wissen, daß dieser Wunsch und der geheime*

Glaube an eine Kraft einem eigentümlichen Stadium der kindlichen Libidoentwicklung, dem Narzißmus entstammt. (...) Der Dichter ... hat dem Narzißmus eine besondere Rolle in seinem Seelenleben eingeräumt. Denn sein Gedanke ist wirklich allmächtig; er entscheidet Menschenschicksale, und andere Menschen lachen oder weinen darüber; sind fröhlich oder betrübt durch des Dichters Macht ...« (1913: 16-17). Reik macht deutlich, daß der Dichter zwar in der Realität dem Glauben an die Allmacht der Gedanken entsagen muß – sonst könnte er die mühsame Arbeit des Schreibens gar nicht auf sich nehmen –, aber diesen Glauben in seine Dichtung hinüberretten kann. So verstehen wir nun besser, was Freud an seinem Doppelgänger unheimlich war – dieser hatte gerade das in seiner Arbeit bewahren können, worauf Freud so schwer hatte verzichten müssen. Die Begegnung mit Schnitzler mahnte Freud an diesen immer neu zu leistenden Verzicht.

Gehen wir den Spuren dieses Verzichts nach, so kommen wir auf den für die Geschichte der Psychoanalyse entscheidenden Übergang von der Hypnose zur Suggestion und schließlich zur freien Assoziation. Er war nur möglich durch eine Kontrolle der Allmachtsphantasien des Psychiaters, der ja gerade als Hypnotiseur eine ungeheure Bestätigung für seine Allmacht bekommen konnte. Der Abbau von Herrschaft, der das Aufgeben von Hypnose und Suggestion bedeutete, war kein leichter Schritt, denn hier – und weniger bei der Sexualität, die zeittypisches Thema war – mußte er »gegen den Strom« schwimmen. Es ist in diesem Zusammenhang interessant zu sehen, daß der französische Psychiater Janet, Freuds Zeitgenosse, mit Hilfe der Hypnose durchaus zu akademischen Ehren gelangte. Die Hypnose war nicht länger tabuisiert, man mußte sich nur an die sozialen Spielregeln halten. Der *Verzicht* auf die Hypnose dagegen stellte einen Bruch dar mit gesellschaftlichen Normen, durch den die Macht des Arztes eingeschränkt wurde. Dieser Verzicht war um so schwerer zu leisten, als damit auch die institutionell abgesicherten Allmachtsphantasien des Psychiaters abgebaut werden mußten; in dem Augenblick, da er sich in ein Gespräch mit dem Patienten einließ, war er auf dessen Mitarbeit angewiesen und wurde so von ihm abhängig. Erst die freie Assoziation des Patienten, der die freischwebende Aufmerksamkeit beim Analytiker entsprach, schuf den Rahmen, um das Unbewußte therapeutisch verstehen zu können. Auf diesem Weg weitergehend mußte Freud auch auf den Heilerfolg selbst als das Ziel der Therapie verzichten. In einer Anmerkung zu seinem Aufsatz »Das Ich und das Es« (1923) wirft er die Frage auf, ob die Person des Analytikers es zulassen darf, »*daß sie vom Kranken an die Stelle des Ichideals gesetzt werde, womit die Versuchung verbunden ist, gegen den Kranken die Rolle des Propheten, Seelenretters, Heilands zu spielen. Da die Regeln der Analyse einer solchen Verwendung der ärztlichen Persönlichkeit entschieden widerstreben, ist ehrlich zuzugeben, daß hier eine neue Schranke für die Wirkung der Analyse gegeben ist, die ja die krankhaften Reaktionen nicht unmöglich machen, sondern dem Ich des Kranken die Freiheit schaffen soll, sich so oder anders zu entscheiden*« (1923: 280-281).

Der Verzicht auf Macht, also darauf, zum Propheten, Seelenretter, Heiland zu werden, fiel sicherlich auch Freud nicht leicht, er war aber die Voraussetzung für die Entstehung der neuen Wissenschaft des Unbewußten. In den »Studien über Hysterie« erwähnt Freud, daß er sich einmal einen »*suggestiven Scherz, den einzigen, übrigens ziemlich harmlosen Mißbrauch der Hypnose, dessen ich mich bei dieser Patientin anzuklagen habe*« (1895: 133-134), erlaubte. Wir wollen ihn hier als einen Hinweis betrachten für die Versuchungen, denen Freud ausgesetzt war. Ein anderes Beispiel bietet der Fall Dora. Marcus hat in einem Aufsatz über »Freud und Dora« (1974) darauf aufmerksam gemacht, in welchem Maß Freud, fasziniert von ihrer Geschichte, sie für sich, d.h. für die Weiterentwicklung seiner Theorien, benützte und daß die Analyse deshalb scheitern mußte. Daß er aber gerade diese mißglückte Analyse fünf Jahre später, 1905, veröffentlichte, zeigt, wie er sie für sich verarbeitet hatte. Er selbst führte das Scheitern darauf zurück, daß er noch nicht die »Übertragung« berücksichtigen konnte: »*Es sind Neuauflagen, Nachbildungen von den Regungen und Phantasien, die während des Vordringens der Analyse erweckt und bewußt gemacht werden sollten, mit einer (...) charakteristischen Ersetzung einer früheren Person durch die Person des Arztes. Um es anders zu sagen: eine ganze Reihe früherer psychischer Erlebnisse wird nicht als vergangen, sondern als aktuelle Beziehung zur Person der Arztes wieder lebendig*« (1905: 279-280). Auch diese Entdeckung der Übertragung war nur möglich aufgrund eines Verzichtes auf den Allmachtsglauben als Psychiater. Freud begriff, daß er von der eigenen Person und ihren Wünschen abstrahieren, also eine narzißtische Kränkung auf sich nehmen mußte, um Raum zu schaffen für die unbewußten Phantasien der Patienten.

Die Überwindung der Macht- und Größenphantasien als eine wesentliche Voraussetzung für die Entdeckung des Unbewußten ist zum Leitthema dieses Kapitels geworden. Ihre Bedeutung reicht weiter, wenn wir berücksichtigen, welche Rolle diese Phantasien im Leben der Intellektuellen spielen. Ihre objektive Machtlosigkeit und politische Unwirksamkeit lösen ihre Träume von Macht und Größe nicht auf, verstärken sie vielmehr, und aus diesem Grunde werden sie zu besonders geeigneten Ideologielieferanten. Die Abwehr gegen die Psychoanalyse hat in diesen zu rettenden Größenphantasien einen mächtigen Verbündeten.

Die Psychologie der Dekadenz und die ästhetisierende Verleugnung der Realität

In einem Aufsatz über D'Annunzio charakterisierte der neunzehnjährige Hofmannsthal die Menschen, die er 1893 als Zeitgenossen empfand. »*Bei uns aber ist nichts zurückgeblieben als frierendes Leben, schale, öde Wirklichkeit, flügellahme Entsagung. Wir haben nichts als ein sentimentales Gedächtnis, einen gelähmten Willen und die unheimliche Gabe der Selbstverdoppelung. Wir schauen unserem Leben zu; ... (...); so empfinden wir im Besitz den Verlust, im Erleben das stete Versäumen. (...) Wir! Wir! Ich weiß ganz gut, daß ich nicht von der ganzen großen Gesellschaft rede. Ich rede von ein paar tausend Menschen, in den großen europäischen Städten zerstreut. (...) Trotzdem haben die zwei- bis dreitausend Menschen eine gewisse Bedeutung: es brauchen keineswegs die Genies, ja nicht einmal die großen Talente der Epoche unter ihnen zu sein; sie sind nicht notwendigerweise der Kopf oder das Herz der Generation: sie sind nur ihr Bewußtsein. Sie fühlen sich mit schmerzlicher Deutlichkeit als Menschen von heute; (...). Heute scheinen zwei Dinge modern zu sein: die Analyse des Lebens und die Flucht aus dem Leben. (...) Man treibt Anatomie des eigenen Seelenlebens, oder man träumt. (...) Die landläufige Moral wird von zwei Trieben verdunkelt: dem Experimentiertrieb und dem Schönheitstrieb, dem Trieb nach Verstehen und dem nach Vergessen*« (1893: 293-294). Hofmannsthals Beschreibung trifft auf denjenigen Teil der österreichischen Intellektuellen zu, der auf der Flucht vor der Realität, in welcher er nicht mehr seinen Interessen gemäß handeln konnte, die Reise ins Innere antrat. Die daraus hervorgegangenen »Expeditionsberichte« legen Zeugnis ab von einer allgemeinen Suche nach dem Unbewußten, aber auch davon, daß die meisten der Intellektuellen der Faszination des Unbewußten erlagen und es ästhetisierten, mystifizierten und mythologisierten. Es ist kein Zufall, daß die meisten von ihnen später zum Katholizismus übertraten und sich politisch zum faschistoiden Ständestaat bekannten, den Nationalsozialismus zwar ablehnten, es jedoch nur zu einem *»hilflosen Antifaschismus«* (Haug) brachten.

om tiefsten Schmerze gebeugt, geben die Unterzeichneten allen Verwandten, Freunden und Bekannten die erschütternde Nachricht von dem Hinscheiden ihres einzigen, innigstgeliebten Sohnes, resp. Vaters, Neffen, Enkels 2c. 2c., des Herrn Herrn

Liberalismus,

welcher, von christlich-deutschen Eltern im Jahre 1848 geboren (später sich beschneiden ließ, confessionslos wurde) und nun nach langem körperlichen und geistigen Siechthum an **innerer Zersetzung, Rückenmarksdarre** und **krankhaften Neubildungen** sanft, aber herzlos verschieden ist.

Die Aufbahrung des theuren Verblichenen findet während der nächsten Landtags- und Reichsrathswahlen statt und wird nach denselben die irdische Hülle des Verstorbenen vom Sterbehause: österr. Parlamentsgebäude, I. Franzensring 1, abgeholt und auf den politischen Friedhof (isr. Abtheil.) überführt werden, woselbst der unvergeßliche Todte im **eigenen** Grabe zur **ewigen** Ruhe bestattet werden wird.

Wien, im August 1896.

Um stilles Beileid wird gebeten!

Die tieftrauernden Hinterbliebenen:

Dr. Adler, Dr. Eldogen
als (natürl.) Söhne.
Moriz Schöps
Aaron Scharf
Elias Sprichel
als Beschneidungspathen.
Dr. Kronawetter
als Hausfreund.
Hans Kudlich
als Onkel (aus Amerika).

Der dumme Kerl von Wien († 1896)
als (natürl.) Vater.
Die Vereinigte Linke
als Stiefmutter.
Dr. Sueß, Wrabetz, Noske
als Söhne (aus 2. Ehe).
Die Tante aus der Fichtegaße
Die deutsche Fortschrittspartei
als unterschobenes Kind.

Die socialdemokratische Partei
als Schwiegertochter.
Dr. Nothnagel
Hausarzt.
Bertha von Suttner
emerit. Geburtsfrau.
Prof. Marchet, Prof. Bendel
als Leichenbitter.

Und sämmtliche Börse- und Preßjuden.

Im Verlag des D. F. Berg's „Kikeriki", der um 2 fl. per Vierteljahr, Wien, I. Grünangergasse Nr 1 abonnirt werden kann.

Schorske hat die These aufgestellt, daß die politische Frustration des Bürgertums zur Entdeckung des *»psychologischen Menschen«* (im Gegensatz zum *»rationalen Menschen«* des Liberalismus) geführt habe. Dieses neue Menschenbild sei ein Produkt der politischen Krise der Kultur des Liberalismus (1961: 931), die durch die neu entstandenen Massenparteien (der sozialdemokratischen, deutsch-nationalen und christlich-sozialen) hervorgerufen worden war. 1897 konnten die Liberalen die Ernennung des christlich-sozialen K. Lueger zum Bürgermeister von Wien nicht mehr verhindern, und von da an verloren sie immer mehr Anteile an der Herrschaft. *»Diese Niederlage* (von 1897, M.E.)«, schreibt Schorske, *»hatte tiefe psychische Wirkungen. Die sich ausbreitende Stimmung war nicht die der Dekadenz, sondern die der Impotenz«*

(a.a.O.: 932). Der von Lepenies 1969 herausgearbeitete Zusammenhang zwischen Herrschaftsverlust und Ausbreitung der Melancholie als Grundstimmung in der absinkenden Gesellschaftsklasse kann auch bei der österreichischen Bourgeoisie beobachtet werden (Zelinsky 1974: 22f.). Unter diesem Vorzeichen wurden die neuen psychologischen Erkenntnisse gewonnen.

Der bürgerliche Begriff des Individuums wurde damals gewonnen, indem er als Gegensatz zu den »kulturfeindlichen Massen«, die als Inbegriff des Chaotischen, Bedrohlichen erschienen, definiert wurde. Der Nivellierung, Uniformierung, Primitivität, Triebhaftigkeit, Irrationalität etc. der Massen stellte man die Einzigartigkeit, Komplexität, Rationalität, Kultiviertheit etc. des Individuums gegenüber, das allerdings von der Masse bedroht war. Diese Gegenüberstellung verdeckte jedoch den Umstand, daß die herrschende Klasse alles unternommen hatte, um die Organisation der Arbeiterklasse und die Entwicklung einer eigenen Kultur zu verhindern. Als die staatliche Repression dazu nicht mehr ausreichte, benützte die herrschende Klasse die Anachronien, die Ungleichzeitigkeiten in der Entwicklung der verschiedenen Gesellschaftsklassen, um die Masse der Beherrschten zu spalten und sie gegeneinander auszuspielen. Der so inszenierte gewalttätige »Aufstand der Massen« war ein entscheidender Erfahrungshintergrund für die Bestimmung des Begriffs der Kultur sowie des Individuums und seiner Psychologie. Wer diese Mystifikation nicht durchschaute, als unwandelbares »Wesen« ansah, was Produkt von Herrschaft war, mußte erfahren, wie die Begriffe seiner Sprache sich zuerst aufblähten, um dann immer mehr zu zerfallen.

Zum 1. Mai 1890 hatte die eineinhalb Jahre zuvor gegründete sozialdemokratische Partei die Arbeitsruhe vorgeschlagen. »*Sie sollte begangen werden mit Volksversammlungen in Sälen am Vormittag und einer Art von Massenversammlungen unter freiem Himmel in der Form einer gemeinsamen ›Erholung‹ am Nachmittag: in Wien, nach einem gemeinsamen ›Spaziergang‹ im Prater* (dem Treffpunkt der Bourgeoisie, M.E.) ...« Braunthal 1965: 69). V. Adler hob den symbolischen Charakter dieses Feiertags hervor, dem ersten Mai müsse »*ein religiöses Moment*«, ein »*Moment des Enthusiasmus*« eingepflanzt werden. Die »Arbeiterzeitung« schrieb: »*An diesem Tag soll die Arbeit überall ruhen, in Werkstatt und Fabrik, im Bergwerk wie in den dumpfen Kammern des Hauswebers. Der Tag soll* heilig *sein, und heilig wird er dadurch, daß er den höchsten Interessen der Menschheit dient ...«* (zit. n. Braunthal 1965: 70).

Die »Neue freie Presse«, das Sprachrohr des Bürgertums, sah diesem Tag mit Sorge entgegen. Im Leitartikel am 30. April 1890 hieß es: *»Die Soldaten sind in Bereitschaft, die Thore der Häuser werden geschlossen, in den Wohnungen wird Proviant vorbereitet wie vor einer Belagerung, Frauen und Kinder wagen sich nicht auf die Gasse, auf allen Gemüthern lastet der Druck einer schweren Sorge. Das ist die Physiognomie unserer Stadt am Festtage der Arbeiter. Diese Furcht ist beschämend, und sie wäre nie entstanden, wenn das Bürgertum nicht tief gesunken wäre, wenn es nicht durch seine Zerklüftung das Kraftgefühl verloren hätte. (...) Der erste Mai ist ein Vorstoß jener socialistischen Partei, welche die Grundlage der heutigen Gesellschaft zertrümmern, das private Kapital aufheben, mit dem System des Lohnes brechen und die Nationen durch die physische Gewalt der Arbeiter unterjochen möchte. Dieser Versuch wird jedoch niemals gelingen«* (zit. n. Greve et al. 1974: 85-86).

Und zu diesem 1. Mai schrieb der sechzehnjährige Hofmannsthal, der in den Prater gegangen war, um den Arbeitern zuzuschauen, folgende Verse:

»Tobt der Pöbel in den Gassen, ei, mein Kind, so laß ihn schrei'n.
Denn sein Lieben und sein Hassen ist verächtlich und gemein!
Während sie uns Zeit noch lassen, wollen wir uns Schönerm weih'n.
Will die kalte Angst dich fassen, spül sie fort in heißem Wein!
Laß den Pöbel in den Gassen: Phrasen, Taumel, Lügen, Schein,
Sie verschwinden, sie verblassen – Schöne Wahrheit lebt *allein«*
(zit. a.a.O.: 87).

»Über diese Dinge, was man so gewöhnlich die sociale Frage nennt«, antwortete 1895 Hofmannsthal einem Freund, der sich erkundigt hatte, was die Sozialdemokratie eigentlich wäre, *»hört man recht viel reden, oberflächliches Zeug, auch besseres, aber alles so entfernt und unlebendig, wie wenn man durch ein Fernrohr von ganz weit einer Gamsherde grasen zusieht; es kommt einem gar nicht wie wirklich vor. Was es ›wirklich‹ ist, weiß wohl auch niemand ... Das ›Volk‹ kenne ich nicht. Es gibt, glaube ich, kein Volk, sondern, bei uns wenigstens, nur Leut, und zwar sehr verschiedene Leut, auch unter den Armen sehr verschiedene, mit ganz verschiedenen inneren Welten. Dann darfst Du bei uns die ungeheure Mannigfaltigkeit der Nationalitäten und damit der Entwicklungsgrade nicht vergessen«*

(zit. a.a.O.: 88). Er warf den anderen vor, diese Vielfalt auf den Begriff »Proletariat« zu reduzieren, aber er, Hofmannsthal, könnte nur »*mit einzelnen ... was anfangen, einzelnen vielleicht helfen, einzelne begreifen*«, und glaube, »*auch nur darauf kommts an*« (ebenda).

Hofmannsthal war der Exponent des »Jungen Wien«, einer Gruppe von Intellektuellen, zu der auch Schnitzler gehörte. Sie trafen sich in demselben Kaffee »Griensteidl«, (»*dem Kaffee Größenwahn*«, wie ein Gegner es nannte [Greve et al. 1974: 121]), in welchem auch jene Gruppe zusammenkam, die aus dem Pernertsdorfer Zirkel über den »Leseverein« zur Sozialdemokratie gekommen war: Adler, Friedjung, Pernertsdorfer und andere. Vergleicht man die Anfänge des Zirkels, 1867-1870, mit jenen des »Jungen Wien« zwanzig Jahre später, so fällt einem der Prozeß der Entpolitisierung auf, der bei den Intellektuellen stattgefunden hatte. Der Lebenslauf Hermann Bahrs (1863-1934), um den herum sich der Kreis der jungen Dichter bildete, belegt das deutlich. 1881, bei den Trauerfeierlichkeiten für Richard Wagner in Wien, die zu einer deutsch-nationalen Großkundgebung gemacht worden waren, trat Bahr zum ersten Mal öffentlich in Erscheinung. In seiner Rede feierte er Wagner als Revolutionär, als Vorläufer einer großdeutschen Republik und forderte auf, »*nicht eher zu ruhen ... als bis R. Wagners heiliges Vermächtnis, der großdeutsche Gedanke, erfüllt sei*« (zit. n. Greve et al. 1974: 71). 1886 veröffentlichte er eine Streitschrift gegen den Marx-Kritiker A. Schaeffle. In dieser Zeit, als er sich als erklärter Marxist ausgab, war er oft bei V. Adler zu Besuch und hätte Redakteur der »Gleichheit« werden sollen (Braunthal 1965: 35). Dann folgten Reisen nach Paris, Spanien, Marokko, Berlin »*mitten in den neuen Naturalismus hinein*« (Bahr 1913: 17), nach Petersburg, und 1892 kehrte er nach Wien zurück, wo er die Wochenzeitschrift »Die Zeit« herausgab. Von sich sagte er: »*... die ganze Fläche dieser breiten Zeit möchte ich fassen, den vollen Taumel aller Wallungen auf den Nerven und Sinnen*« (a.a.O.: 22), und wenn er auch nicht mit einem großen Gefolge rechnete, so tröstete er sich damit, »*daß zwischen Wolga und Loire, von der Themse zum Guadalquivir heute nicht empfunden wird, das ich nicht verstehen, teilen und gestalten könnte, und daß die europäische Seele keine Geheimnisse vor mir hat*« (ebenda). Seinem Vater gestand er 1887: »*Ich bin ein lebhafter Anhänger der gegenwärtig sich vorbereitetenden sozialen Revolution, aber ich bleibe dieser Anhänger nur, so lang sie unterdrückt ist und vergeblich nach Sieg ringt. An dem Tage, an dem sie diesen Sieg erringt, stehe ich mit allen meinen Sympathien ... auf der Seite ihrer Gegner ... Fluß, Bewegung, Veränderung, Umsturz ohne Unterlaß: denn jedes Neue ist besser, schon weil es jünger ist als das Alte. Also vor hundert Jahren Kampf gegen die Aristokratie mit Hilfe des Bürgertums, heute Kampf gegen die Bourgeoisie mit Hilfe des Proletariats, nach* *hundert Jahren Kampf gegen das Proletariat mit Hilfe irgendeines neuen heute noch unbekannten Elementes . . .«* (zit. n. Greve et al. 1974: 77).

Bahr wartete freilich nicht hundert Jahre, um sich vom Proletariat abzuwenden. Schon in seinen Büchern der neunziger Jahre, in welchen er die Überwindung des Naturalismus verkündete, verlor er nicht nur das Proletariat, sondern auch die Gesellschaft aus den Augen. Der Naturalismus erschien ihm als bloße *»literarische Physik«* (1891: 49), die durch die *»neue Psychologie«* ersetzt werden müsse. *»Die Wendung wieder zur Psychologie überhaupt – das pfeifen schon die Spatzen. Das immer nur: ›états des choses‹, die ewigen Sachenstände, hat man satt, und gründlich; nach ›états d'âme‹, nach Seelenständen, wird wieder verlangt«* (a.a.O.: 55). *»Die alte Psychologie hat die Resultate der Gefühle, wie sie sich am Ende im Bewußtsein ausdrücken, aus dem Gedächtnis gezeichnet; die Neue zeichnet die Vorbereitung der Gefühle, bevor sie sich noch ins Bewußtsein entschieden haben«* (a.a.O.: 61). Bahr illustriert die neue Problematik am Beispiel der literarischen Darstellung eines »Falles«: Ein junger Wiener, um 1860 geboren, ist mit 20 Jahren sehr national *»Bismarck verschwärmt«*, trotzdem aber *»eingewienert durch und durch«*. Er kommt nach Berlin, und nach einem Jahr ist seine ganze deutsch-nationale Begeisterung verschwunden. *»Die alte Psychologie, welche ein bißchen naiv . . . war, würde das genau ebenso darstellen, wie es der gute Junge berichten würde«* (a.a.O.: 62), also sich auf seine Argumentationslogik verlassen, nach der jeder einzelne Schritt aus dem vorangegangenen folgt. *»So würde er es erzählen, mit unwiderstehlichen Beweisen von Woche zu Woche – damisch logisch ist man nämlich immer hintendrein«* (ebenda). Die neue Psychologie hingegen *»brächte bald heraus, daß sich dieser famose Prozeß ganz anders abgewickelt hat, außer aller Logik . . . (. . .), daß jene nachträglich überzeugenden Erfahrungen gar nicht ins Bewußtsein drangen, daß längst auf allen Sinnen und Nerven das Gehirn ringsum von tausend Widerlegungen belagert und dennoch das alte Programm regungslos in unerschütterlicher Herrschaft war, bis mit einem Rucke plötzlich es eines Tages erwachte, verwandelt und umgetauscht, ohne das alte Programm und mit einem ganz und gar neuen auf einmal, ohne es zu wissen, woher«* (ebenda).

Der Zwanzigjährige, der seine deutsch-nationale Gesinnung »plötzlich« verlor, war natürlich Bahr selbst, und diesen Prozeß konnte er eigentlich nicht verstehen, er ging unbewußt vor sich.

Bahr gehörte zu den *»paar tausend Menschen, in den großen europäischen Städten zerstreut«*, von denen Hofmannsthal sagte, sie wären das Bewußtsein dieser Generation. Waren sie das? Auf jeden Fall waren sie die *Ideologen* ihrer Zeit, die jenes Instrumentarium lieferten, mit welchem die gesellschaftliche Realität aufgelöst und unkenntlich gemacht werden konnte. Die vom Individuum unabhängige Realität wurde verleugnet: *»Die Sensationen allein sind Wahrheit, zuverlässige und unwiderlegliche Wahrheit; das Ich ist immer schon Konstruktion, willkürliche Anordnung, Umdeutung und Zurichtung der Wahrheit, die jeden Augenblick anders gerät, wie es einem gerade gefällt, eben nach der Willkür der jeweiligen Stimmung, und man genau ebenso viel Berechtigung, sich lieber gleich hundert Iche zu substituieren, nach Belieben, auf Vorrat, woher und wodurch die Dekadence zu ihrer Ichlosigkeit gedrängt wird. Es gibt zwischen dem Ich und der Wahrheit keinen Vergleich; diese hebt jenes auf, jenes diese; dem einen oder der anderen muß man entsagen«* (a.a.O.: 84).

Hofmannsthal, ausgehend von ähnlichen Prämissen, konnte auch keine sozialen Klassen, sondern nur noch Individuen, *»Leut, sehr verschiedene Leut«* wahrnehmen. Das Dilemma, vor dem die Intellektuellen standen, war: entweder die soziale Realität zur Kenntnis zu nehmen – aber dann war ihr Ich in Gefahr – oder das Ich zu retten – aber dann verlor sich die Realität. Dieses Dilemma widerspiegelte die Problematik des liberalen Bürgertums: nahm es die soziale Realität zur Kenntnis, mußte es auch seine politische Ohnmacht, den Belagerungszustand und das fehlende Kraftgefühl erkennen; als Klasse war es nicht handlungsfähig. Um sich die Handlungsfähigkeit, zumindest die Illusion davon zu bewahren, mußte das Bürgertum den Rückzug in die Ästhetik antreten: *»Während sie uns Zeit noch lassen, wollen wir uns Schönerm weih'n«*.

Schorskes These, daß die politische Frustration die Voraussetzung für das psychologische Menschenbild gewesen sei, muß man dahin ergänzen, daß es ein *unter dem Vorzeichen der Ästhetik* stehendes psychologisches Menschenbild war. Das Ich, das Individuum, wurde vergegenständlicht, aber vorher war es ästhetisch präpariert worden. Nur so ist es verständlich, daß durch die Beschäftigung mit dem Individuum, dem *»unmittelbar konkreten Ort aller historischen Wirklichkeit«* (G. Simmel), die gesellschaftliche Dimension ausgeklammert werden konnte.

Als Bahr 1890 nach Berlin kam, fand er dort kaum Interessenten für seine neuen vom französischen Symbolismus, Impressionismus und von der Décadence inspirierten Theorien. In den drei Jahren seiner Abwesenheit hätte sich die Stimmung der Stadt sehr verändert, und alle wären darauf ausgewesen, so schrieb er 1923 in seinem »Selbstbildnis«, Geschäfte zu machen. »*Jetzt heißt's Weltgeschäft, aufs Meer hinaus, überall Deutschland voran! ... laßt uns bloß ersteinmal zehn Jahre machen, und die Welt soll anders aussehen!*« (zit. n. Diersch 1973: 80). Offenbar bot diese gesellschaftliche Situation keine günstigen Voraussetzungen für die Aufnahme von Bahrs ästhetischer Psychologie. In Wien dagegen kam er sehr schnell mit Hofmannsthal, Schnitzler, Altenberg, Beer-Hofmann, Andrian, Doermann, Salten sowie anderen in Kontakt, schrieb auch bald über sie und sorgte dafür, daß sie veröffentlicht wurden (Diersch 1973: 227). Das Selbstverständnis dieser Gruppe »Jung Wien« bedurfte keines Manifestes oder Programmes, es beruhte auf einem gemeinsamen kulturellen Hintergrund. Sie war stolz auf ihr historisches Bewußtsein, ihren Sensualismus, der sie gegen Abstraktionen mißtrauisch machte, ihr »*Hineindenken in andere bis zur Charakterlosigkeit*« (Hofmannsthal 1917: 616), ihre Lebenskunst und ihre Ironie sowie ihr Verständnis der Gesellschaft als Welt*theater*. Schorske zeigt in seinem Aufsatz »Politics and the Psyche in ›fin de siècle‹ Vienna« (1961), daß diese Elemente ihren Ursprung nicht im Bürgertum, sondern in der Aristokratie hatten. Das deutsch-österreichische Bürgertum – bedroht von der Arbeiter- ebenso wie von der nationalen Bewegung – suchte Schutz bei dem Feudaladel, der sich am besten vor den Folgen der Französischen Revolution hatte schützen können und ein entsprechend ungebrochenes Klassenbewußtsein aufwies.

Das historische Bewußtsein des Wiener Bürgertums glich sich demjenigen des Adels an, und Hofmannsthal versuchte die Synthese des Widersprüchlichen. »*Hofmannsthals Adelsbejahung war auffallend. (...) Das Unpolitische seiner österreichisch-bürgerlichen Herkunft war bei ihm ins Extrem gesteigert: wo er sich mit politischen Strukturen befaßt – (...) – da schlägt das ästhetisch-mystische durch, der Wunsch nach hierarchischer Ordnung, etwa wie sie im alten Ständewesen konkretisiert war*« (Broch 1955: 136 bis 138; Zelinsky 1974: 40f.). In seinem Gedicht »Manche freilich ...« (1895) thematisiert er meines Erachtens das Verhältnis zwischen Adel und Bürgertum:

Manche freilich müssen drunter sterben,
Wo die schweren Ruder der Schiffe streifen,
Andre wohnen bei dem Steuer droben,
Kennen Vogelflug und die Länder der Sterne

Man könnte vermuten, mit den Rudern sei das Proletariat gemeint, aber mir scheint, daß dieses für Hofmannsthal nur »*der Pöbel in den Gassen*« war, während er das Bürgertum als die eigentlich arbeitende Klasse verstand.

Doch ein Schatten fällt von jenen Leben
In die anderen Leben hinüber,
Und die leichten sind an die schweren
Wie an Luft und Erde gebunden:

Ganz vergessener Völker Müdigkeiten
Kann ich nicht abtun von meinen Lidern,
Noch weghalten von der erschrockenen Seele
Stummes Niederfallen ferner Sterne.

Die lähmende Wirkung dieses Klassenbündnisses äußert sich im pessimistischen, endzeitlichen Lebensgefühl – die Müdigkeit des verdrängten, vergessenen Bürgertums und das »*stumme Niederfallen*« seiner Ideale lasteten schwer auf der »*erschrockenen Seele*«.

Die realen Gegensätze zwischen Bürgertum und Adel konnten nur auf ästhetische Art versöhnt werden. Auch darin paßte sich die Bourgeoisie der Aristokratie an und übernahm zentrale Elemente aus ihrer barocken Tradition, insbesondere die Musik und das Theater. »*In den 1890er Jahren waren die Kulturheroen des höheren Bürgertums nicht mehr, wie ehemals, politische Führer, sondern Schauspieler, Künstler und Kritiker*« (Schorske 1961: 934). Das Kunstleben ersetzte die Politik: »*... Kunst wurde in dem Maße zur Religion, Quelle des Sinns, Nahrung der Seele, als das gesellschaftliche Handeln (civil action) sich als wirkungslos erwies*« (a.a.O.: 935). Auch für dieses Lebensgefühl fand Hofmannsthal den lyrischen Ausdruck. In der »Ballade des äußeren Lebens« (1895) besang er den Gang des Lebens:

Und Kinder wachsen auf mit tiefen Augen
Die von nichts wissen, wachsen auf und sterben,
Und alle Menschen gehen ihre Wege

Ihre Unbewußtheit gleicht sie der Natur an:

Und süße Früchte werden aus den herben
Und fallen nachts wie tote Vögel nieder
Und liegen wenig Tage und verderben

Er sieht Menschen und Orte und fragt:

Wozu sind diese aufgebaut? Und gleichen
Einander nie? Und sind unzählig viele?
Was wechselt Lachen, Weinen und Erbleichen?

Und es fällt ihm ein:

Was frommt das alles uns und diese Spiele,
Die wir doch groß und ewig einsam sind
Und wandernd nimmer suchen irgend Ziele?

Was frommt's, dergleichen viel gesehen haben?
Und dennoch sagt der viel, der »Abend« sagt,
Ein Wort daraus Tiefsinn und Trauer rinnt

Wie schwerer Honig aus den hohlen Waben.

Der Rückzug in die Einsamkeit und in imaginäre Größe machte es leicht, auf vergängliche Ziele zu verzichten, und umgab die Welt mit einem Schleier von Tiefsinn und Trauer. Der Realitätsverlust des Bürgertums, der durch die Identifikation des Bürgertums mit dem

Adel weiter verstärkt wurde, ließ folgerichtig die Gesellschaft als bloßes Theater erscheinen. »... *der erste Blick eines Wiener Durchschnittsbürgers in der Zeitung galt allmorgendlich nicht den Diskussionen im Parlament oder den Weltgeschehnissen, sondern dem Repertoire des Theaters, das eine für andere Städte kaum begreifliche Wichtigkeit im öffentlichen Leben einnahm. Denn das kaiserliche Theater, das Burgtheater war für den Wiener ... mehr als eine bloße Bühne ...; es war der Mikrokosmos, der den Makrokosmos spiegelte, der bunte Widerschein, in dem sich die Gesellschaft selbst betrachtete*« (Zweig 1943: 31). In Schnitzlers »Grünem Kakadu« (1898b), der zur Zeit der Französischen Revolution spielt, vermag der Adel nicht mehr zwischen Sein und Schein zu unterscheiden. Rollin, der Dichter der Adligen, sagt: »*Sein ... spielen ... kennen Sie den Unterschied so genau, Chevalier? ... Ich nicht. Und was ich hier so eigentümlich finde, ist, daß alle Unterschiede sozusagen aufgehoben sind. Wirklichkeit geht in Spiel über – Spiel in Wirklichkeit*« (1898b: 114).

Das Verfließen zwischen Sein und Schein deutete auf eine tiefgehende Krise des Bewußtseins hin. Die gesellschaftliche Realität war für die Bourgeoisie und insbesondere für die Intellektuellen so bedrohlich, daß bewußtseinstrübende Vermeidungsstrategien einsetzten. 1895 veröffentliche L. v. Andrian den »Garten der Erkenntnis«, »*den klassischen Roman der ›fin de siècle‹-Identitätskrise*« (Schorske 1967b: 1308). Er stand unter dem Motto »Ego Narcissus«. Andrian beschrieb Erwins, des Protagonisten, Erfahrungen: »*die Dinge der äußeren Welt hatten ihm den Wert, den sie im Traume haben; sie waren Worte einer Sprache, welche zufällig die seine war, aber erst durch seinen Willen erhielten sie Bedeutung, Stellung und Farbe*« (Andrian 1895: 4). Die Schule und die Freunde erlebte er als »*tückische Feinde. Trotzdem sah er ein, daß sein Leben in ihrer Gewalt war, und er begann über das Einzige, was er an ihnen zu verstehen glaubte, nachzudenken: über ihre Worte. Diesen legte er zu große Wichtigkeit bei und sie verwirrten ihn vollends, denn sie wechselten leichthin gesprochen; und ebenso wechselnd bedeutungsvoll und unverständlich waren ihm seine neuen Cameraden*« (a.a.O.: 5). Als Erwin zwanzig Jahre alt wurde, merkte er, daß er die Wunder des Lebens nur im Leben selbst finden könnte, »*im Leben, das immer gleich wundervoll ist, weil es sich gleichbleibt, da es morgen sein wird, wie es gestern war, weil es ja heute nicht anders ist*« (a.a.O.: 37). Aber den Schritt ins Leben konnte er doch nicht tun, denn: »*Jetzt bekamen seine Erinnerungen einen gesteigerten Wert für ihn; sie waren früher rührend gewesen, jetzt wurden sie ihm erhaben und kostbar; sie waren ja sein einziges Erbteil, sie waren sein Leben, und dieses Leben war die Quelle der Schönheit* ...« (ebenda).

Das Zurückgehen auf die Vergangenheit stand nicht, wie bei Freud, im Dienste einer Erarbeitung des Verdrängten, um sich entschlossener der Gegenwart stellen zu können, sondern im Dienste der Vermeidung einer jeden Stellungnahme gegenüber dem Heute. Hofmannsthal, der eng mit Andrian befreundet war, erkannte das sehr deutlich in einem Rückblick 1928: »*Das Hauptproblem dieser sehr merkwürdigen Epoche liegt darin, daß Poldy* (d.h. Andrian, M.E.) *vollständig (ich weniger vollständig, sondern ausweichend, indem ich wie eine Art Doppelleben führte) das Reale übersah: er suchte das Wesen der Dinge zu spüren – das andere Gesicht der Dinge betrachtete er nicht, er wollte es absichtlich nicht beachten,* für nichts ansehen« (1959: 244). Aber als das Buch 1895 herauskam, war es gerade dieses Wegsehen von der Realität, welches seinen Ruhm begründete und worin sich ein Teil der Jugend wiedererkannte. Hofmannsthal schrieb 1895: »*Das deutsche Narcissusbuch. – Es sind wundervolle Augenblicke, wo sich eine ganze Generation in verschiedenen Ländern im gleichen Symbol findet. Dieses drückt einen vorübergehenden Zustand aus: plötzlich wurde das* Traumhafte *des Weltzustandes erkannt* ...« (a.a.O.: 118). Dieser Traumzustand war voller Todesahnungen und Untergangsvisionen, aber genauso wie die gelungene Traumarbeit durch Verschiebungen, Verdichtungen, Auslassungen und Inszenierung das verschleiert, was Unruhe bringen und den Schlaf stören könnte, ebenso benützten diese Wiener Intellektuellen ihre literarischen Fähigkeiten, um den Schlaf der Privilegierten weiter zu schlafen.

Schöne Untergänge und neue Philosophien

In den Erinnerungen an seine Jugendfreundschaft mit Hofmannsthal entsann sich Andrian der Untergangsstimmung, in der sie lebten: »*In diesem Wien, das unmittelbar vor der Verwüstung durch die moderne Barbarei stand, wandelten wir junge Dichter bei Tag und auch bei der zu jener Zeit gaserleuchteten Nacht. (...) Dieses Wien liebten wir und wurden uns unserer Liebe nur so schmerzlicher bewußt, als gegen die Jahrhundertwende die große Verwüstung begann und bald da, bald dort ein ehrwürdiges altes Haus abgerissen und durch einen häßlichen Neubau im überladenen Talmischmuck der letzten Jahrzehnte oder in der prätentiösen Kahlheit, die damals Mode war, ersetzt (wurde) ... Uns aber schmerzte diese Schändung unserer Hauptstadt ... tief. Ich selber aber hatte das unmotivierbare, aber auch unwiderlegbare Gefühl, daß dieses Unheil Vorbote war des Unterganges des alten, ruhmvollen Reiches ..., den wir – und keiner von uns beiden hat sich je ganz davon erholt – nicht lange darauf wirklich erleben mußten«* (1949: 53). Die architektonische Zerstörung der Stadt ist quasi eine Deckerinnerung für die Auflösung der Gesellschaft, für die Andrian aber keine Begriffe hatte. Hofmannsthal hatte sie auch nicht, spürte jedoch aus Andrians Buch und dessen Rückzug ins Narzißtische die Angst heraus, vermochte sie aber nur mit mythologischen Bildern zu fassen. 1895 schrieb er seinem Freund: *»Dein Buch ist ganz so wie die junge Göttin Persephonia, die mit vielen Nymphen, aber abseits von den anderen, auf einer Wiese viele Narzissen pflückt und plötzlich von einer großen Angst und tiefen Traurigkeit befallen wird. Weißt Du, es ist dieselbe Wiese, wo dann Pluto, sie zu den Schatten zu entführen, aus dem Boden auftaucht«* (zit. n. Greve et al. 1974: 160 bis 161). Diese Angst vor dem Zugriff der Unterwelt äußerte sich auch in Untergangsvisionen. Kraft zitiert aus einer Aufzeichnung des zwanzigjährigen Hofmannsthal von 1894: *»Wie merkwürdig auch das wieder ist, daß wir vielleicht in Wien die letzten denkenden, die letzten ganzen, beseelten Menschen überhaupt sind, daß dann vielleicht eine große Barbarei kommt«* (1977: 21). Kraft erfuhr, daß bei der Veröffentlichung die anschließenden Worte: *»eine slavisch-jüdische, sinnliche Welt«* weggelassen worden waren (ebenda). Sie paßten wohl nicht zu dem Bild, das man von Hofmannsthal aufrechterhalten möchte und in welches sich die folgenden Sätze, die den Untergang ästhetisieren, besser einfügen: *»Das zerstörte Wien zu denken: alle Mauern verfallen, der innere Leib der Stadt bloßgelegt, die Wunden mit unendlichem Schlingkraut übersponnen, überall lichtgrüne Baumwipfel. Stille, plätschernde Wasser, alles Leben tot; welch wundervolle Fern- und Durchsichten! Und Wächter zu sein in einem der Trajanstürme vor der Karlskirche, der noch aufrechtsteht, und mit Gedanken, die keiner mehr versteht, zwischen den Ruinen herumzugehen«* (ebenda).

Der »schöne Untergang« war eine Vision, die sich aus der Feudalisierung des Bürgertums ergab. Diese Vision war Ausdruck davon, daß das Bürgertum mit der über Identifikation übernommenen Kultur des Adels nichts mehr anfangen konnte, um seine realen Probleme zu lösen, und »schön« war sie wegen der Faszination, die die alte Macht und Herrlichkeit der Aristokratie auf das Bürgertum ausübte. 1902 hielt Hofmannsthal im Hause des Grafen Lanckoronski eine Ansprache, in der er die Kunstsammlungen der Adeligen feierte und den Gästen eine Einführung in deren Genuß gab. Es war die Rede von den prachtvollen mittelalterlichen Gobelins: »*Und die Gewebe hangen still, und lautlos leben in ihnen Gestalten. (...) Was für ein sonderbarer Traum ist ein früher Gobelin! Welche ganz gebundene besondere Welt! Welche Möglichkeit, den Engel so zu behandeln wie die Blume, die Gebärde einer Jungfrau mit den Biegungen eines Lilienstengels in geheime Harmonie zu bringen, die Wappenbilder auf einem Schild in rätselhafte Konkordanz mit dem Lächeln eines Gesichtes! Und auch dafür haben wir ein Organ. Es lebt für uns, es lebt durch uns*« (1902c: 334). Griechische Statuen, Möbel, Gemälde: »*Wie der Strahl eines Sternes, der längst zerstäubt ist, so trifft uns mit diesen Farben die Spiegelung einer längst versunkenen Vergangenheit in einem längst aufgelösten Gemüt*« (a.a.O.: 335). Er erinnerte an die orientalischen Schätze der Sammlung: »*Denken Sie an das, was wir aus den Tempeln und Pagoden in ungezählten Frachten herübergetragen, aus den geheimsten Kammern, aus dem Innersten der Heiligtümer herausgebrochen haben ...*« (a.a.O.: 336), aber Hofmannsthal sprach natürlich nicht von Imperialismus und Kolonialismus, die die Ansammlung dieser Schätze ermöglichten, griff aber zu einem sonderbaren Bild, um die Art des Genusses zu umschreiben: »*Es dringen mit beängstigendem Flügelrauschen die ganzen Geisterschwärme auf uns ein. Es sind die Geister der Einzelnen, die Geister der Völker, die Geister der Zeiten, die uns umwölkend in uns niedertauchen, um von unserem Blut zu trinken*« (ebenda). Die Beschäftigung mit der Kunst wurde so Odysseus' Gang in die Unterwelt gleichgesetzt, und Hofmannsthal evozierte im glänzenden Haus des Grafen eine eigentümlich angsterregende Situation. Er deckte sie zwar sofort zu: »*Aber beruhigen wir uns: die Forderung, welche die Welt des Schönen an uns stellt, jenes dämonische Aus-uns-Herauslocken ganzer Welten des Fühlens, diese Forderung ist nur so gigantisch, weil das, was in uns ihr zu entsprechen bereit ist, so grenzenlos groß ist: die aufgesammelte Kraft der geheimnisvollen Ahnenreihe in uns, die übereinandergetürmten Schichten der aufgestapelten überindividuellen Erinnerung«* (a.a.O.: 337).

Aber die *»aufgesammelte Kraft der geheimnisvollen Ahnenreihe«* war doch nicht so groß, um die Angst vor der Unterwelt zu bannen. Im Oktober 1902 erschien in der Berliner Zeitung »Der Tag« Hofmannsthals Prosastück »Ein Brief«. W. Jens bezeichnete dieses Werk als den Wendepunkt, der die Literatur des neunzehnten Jahrhunderts von derjenigen des zwanzigsten scheidet, in ihm tauchen die Probleme auf, die die neue Literatur prägen werden: *»... das Objekt entzieht sich dem Subjekt, der Gegenstand bestimmt die Person und beraubt den Autor seiner ›Schöpfer‹-Funktion, die Realität scheint nicht mehr mit der gewohnten Sprache zu bannen, die Einheit zerfällt«* (1957: 25). Broch (1955) und Wunberg (1965) interpretierten den »Brief« in der Art eines psychopathologischen Zeugnisses, als Ausdruck von Depersonalisationsprozessen und schizophrener Ich-Spaltung, welchen allerdings überindividuelle, zeittypische Bedeutung zukam. Stellt man den »Brief« aber der »Ansprache« gegenüber, so stoßen wir auf einen anderen Aspekt, nämlich auf den Zerfall der Fähigkeit, mit »Kultur« umzugehen. Devereux hat die Frage nach dem *»Schicksal, das der Kultur und kulturellen Materialien in den verschiedenen neurotischen und psychotischen Formen der Verhaltensorganisation widerfährt«* (1952: 147), gestellt, und ich möchte sie aufnehmen, um aus dem »Brief« jene Elemente herauszuarbeiten, die für die intellektuelle Situation um 1900 in Wien charakteristisch waren.

Bezeichnend ist bereits die *historische Einkleidung* des Problems in die Ausdrucksweise eines elisabethanischen Höflings, der sich aufs Land zurückgezogen hat und sich bei F. Bacon *»wegen des gänzlichen Verzichtes auf literarische Betätigung«* (Hofmannsthal 1902a: 338) entschuldigt. W. Kraft hat die Zeugnisse zusammengestellt, die den autobiographischen Charakter des »Briefes« bezeugen. An Andrian schrieb Hofmannsthal am 9. 9. 1902, er schriebe ihm diese Arbeit, weil sie, *»bei ihrer Kleinheit, wirklich fertig ist ...; dann aber auch weil gerade dieser Arbeit, die keine dichterische ist, das Persönliche stark anhaftet, und Du sie zum größten Teil wirst lesen können, wie einen von mir geschriebenen Brief, den Du auf dem Schreibtisch einer dritten Person gefunden hättest«* (zit. n. Kraft 1977: 15). Und gegenüber Stefan George äußerte er sich am 27. 7. 1902 folgendermaßen: *»Ihr Brief trifft mich heute in einer der* *schlimmen tiefen Verstimmungen, in der mir nicht nur jeder Glanz der inneren Anschauung sondern sogar die Klarheit des Denkens qualvoll verloren geht. Lassen Sie mich Ihnen nicht viel klagen: eine ins Krankhafte gesteigerte Sorglichkeit und Bangigkeit meines Gemüthes läßt mich zu Zeiten, und diese Zeiten verbreiterten sich in den letzten Jahren über viele Monate, aus allem und jedem, was mich umgibt (...), nichts als den Stoff der Verdüsterung und Beklommenheit ziehn. (...) Die Stimme eines Freundes, Ihre Stimme, alles dringt hart und fremd zu mir her, wie in einer Luft, die nicht schwänge. Furchtbar ist es, wie diese bösen Mächte, so wie Nebel, Sumpf und Wolke einander wechselweise zu erzeugen scheinen und immer und immer wieder mit tiefer Finsternis herniederschlagen«* (zit. a.a.O.: 14). Diese Probleme kleidete Hofmannsthal in den fingierten Brief ein, und wie jede Verkleidung, so entblößt auch diese gerade das, was verborgen werden sollte: die Unfähigkeit, mit »Kultur« umgehen zu können.

Der achtundzwanzigjährige Hofmannsthal zog die Maske des sechsundzwanzigjährigen Lord Chandos an. Wer aber verbarg sich hinter der Maske des Briefadressaten Francis Bacon? Man vermutete, es handle sich um Stefan George (Kraft 1977: 11-12), von dem Hofmannsthal zu jener Zeit sich zu distanzieren anfing. Bei dieser Interpretation geht aber der Umstand verloren, daß Bacon einer der Begründer der modernen *Wissenschaft* war, von der George ja nichts wissen wollte. Meiner Ansicht nach steht hinter Bacon der *liberale Bürger* und dessen Art und Weise, mit »Kultur«, mit Wissenschaft und Politik umzugehen, und von *dieser* Gestalt wollte Hofmannsthal Abstand nehmen und sich gleichzeitig vor ihr für sein Schweigen rechtfertigen. *»In Bacon«*, schreibt Dilthey, *»manifestiert sich der unbändige Lebens- und Gestaltungsdrang der Menschen der Renaissance in einer wissenschaftlichen Phantasie, welche die Herrschaft des Menschen über die gesamte Natur durch die Erkenntnis der Gesetze derselben herbeizuführen unternimmt. Diese Phantasie ist aber ganz positiv: die Imagination eines von Realitäten erfüllten Kopfes«* (1893: 261). Im Gegensatz dazu markiert Chandos die Position eines Individuums, dem der *»unbändige Lebens- und Gestaltungsdrang«* verlorengegangen ist und dessen Situation die Herrschaft über die Natur durch Erkenntnis fragwürdig gemacht hat. Während Bacon die Unterordnung der Affekte unter das Gesetz der Natur fordert und den Satz aufstellt, *»daß ein Affekt nur durch einen anderen gebändigt werden kann«* (a.a.O.:

262), muß Chandos feststellen, daß er den Affekten, Stimmungen und Gefühlen hilflos ausgeliefert ist. Bacon macht sich daran, eine »*doctrina de cultura animi*« zu entwickeln, deren Material aus den Schriften von Dichtern und Geschichtsschreibern gezogen werden soll. Chandos hingegen meint, daß eine solche Aufgabe sinnlos geworden ist. Hofmannsthal hat gewiß nicht an Freud gedacht, als er den »Brief« schrieb, aber Freud war sicher ein Exponent dessen, was Hofmannsthal mit Bacon meinte: die selbstbewußte bürgerliche Art und Weise, mit Kultur umzugehen, die auch in Freuds Stil ihren Niederschlag fand. In seiner Untersuchung über die »Maximen und Reflexionen des jungen Freud« bemerkt K. Schröter: »*Es ist das Stil- und Denkmuster des in der Renaissance ausgebildeten, der gesellschaftlichen Konkretheit zugewandte Realismus, der tiefer auf den jungen Freud eingewirkt hat als die Abstraktionen weit zugänglichere Denkart des Rationalismus des achtzehnten Jahrhunderts*« (1974: 147). In Hofmannsthals Chandos-Position hingegen äußert sich die Unfähigkeit der Intellektuellen, mit ihrer Kultur umzugehen. Ich möchte diese Position als den sozialen und intellektuellen Ort betrachten, der in einem besonderen Maße den Prozessen der Unbewußtmachung unterlag. Hier wurde jedoch das Unbewußte nicht faßbar, sondern lediglich als metaphysisches Schicksal erfahrbar.

In seinem Brief erinnert sich Chandos an seine früheren Pläne. Er wollte eine Geschichte der ersten Regierungsjahre »*unseres verstorbenen glorreichen Souveräns, des achten Heinrich*« (1902a: 339) schreiben. Chandos' Großvater, der Herzog von Exeter, hatte Aufzeichnungen über seine Verhandlungen mit Frankreich und Portugal hinterlassen, die der Enkel als Grundlage benützen wollte. Die Metapher des Enkels, der über die *Taten* des Großvaters *schreiben* möchte, aber in seiner Lähmung auch dies nicht mehr vermag, verweist auf Hofmannsthals eigenen Konflikt. »*Von der Politik über die Wissenschaft zur Kunst*« habe der Weg des österreichischen Liberalismus geführt, schreibt Schorske (1967c: 1305). Hofmannsthals Urgroßvater Isaak war 1835 für seine (ökonomischen) Verdienste um den Staat geadelt worden; in 36 Fabriken beschäftigte er mehr als tausend Arbeiter, und von seinen Manufakturen waren fast 50000 Familien abhängig (Volke 1967: 9). Während sich Isaak streng zum Judentum bekannte, trat dessen Sohn Augustin Emil zum Christentum über, heiratete eine adelige Italienerin und integrierte sich in die Kultur der Oberschicht. Hofmannsthal erwähnte die Liebe des Großvaters »*zu seinen kleinen Besitztümern: den Bildern, die er auf dem Mailänder Markt zusammengekauft hatte, chinesischen Vasen, alten Stoffen, Schnitzereien ... Er war der Erwerber dieses ganzen Gewebes von Gefühlen, Begierden, Zärtlichkeiten, Behaglichkeiten*« (1959: 137). Über die Gegenstände und die daran geknüpften Gefühlseinstellungen vollzog sich die Eingliederung in den Adel. Hofmannsthals Vater hatte Jura studiert und trat in die Central-Bodencreditanstalt ein. 1873 verlor er wie so viele andere einen großen Teil seines Vermögens im Börsenkrach, galt aber immer noch als begüteter Mann. Bei seinem Sohn Hugo unterstützte er vollkommen dessen Zuwendung zu den Bildungsgütern. Die ökonomische Machtposition, die einst zur Integration in den Adel geführt hatte, war verschwunden, aber um so stärker wurde der Wunsch und das Bestreben, sich die weltanschaulichen Formen der Aristokratie anzueignen.

Chandos aber »*spielte auch mit anderen Plänen*« (1902c: 339). »*Ich wollte die Fabeln und mythischen Erzählungen, welche die Alten uns hinterlassen haben ..., aufschließen als die Hieroglyphen einer geheimen, unerschöpflichen Weisheit, deren Anhauch ich manchmal, wie hinter einem Schleier zu spüren meinte*« (ebenda). Diesen Plan, den Hofmannsthal Chandos aufgeben ließ, tauchte wieder als eine der Zielsetzungen der Psychoanalyse auf. Freud benützte gerne den Vergleich des Traumes oder der neurotischen Symptome mit einer Hieroglyphenschrift, die es zu entziffern galt (Schönau 1968: 170f.), und 1897 entschleierte er das Geheimnis der »*packende(n) Macht des Königs Ödipus*«: »*die griechische Sage greift einen Zwang auf, den jeder anerkennt, weil er dessen Existenz in sich verspürt hat. Jeder der Hörer war einmal im Keime und in der Phantasie ein solcher Ödipus, und vor der hier in die Realität gezogenen Traumerfüllung schaudert jeder zurück mit dem ganzen Betrag der Verdrängung, der seinen infantilen Zustand von seinem heutigen trennt*« (Freud 1962: 193).

Hofmannsthal ahnte auch etwas von diesen Problemen; in seinen »Aufzeichnungen« erwähnt er »*jenes Jugenderlebnis (16-22stes Jahr etwa), daß alles gegenwärtige Schöne in der Natur nur auf ein ganz unerreichbares Früheres hinzudeuten schien*«, und er zitiert aus einem eigenen Gedicht:

Warum bemächtigt sich des Kindersinns
So hohe Ahnung von den Lebensdingen
Daß dann die Dinge wenn sie wirklich sind
Nur schale Schauer des Erinnerns bringen? (1959: 227)

Die Mythologisierung der Kindheit als die Zeit der wahren Erkenntnis konservierte die Verdrängungen und legte ihnen nur metaphysische Kleider an.

»*Ich wollte. Ich wollte noch vielerlei*«, schrieb Chandos (1902a: 340) und erinnerte sich, daß er, wie Julius Cäsar, eine Sammlung anlegen wollte: »*Hier gedachte ich die merkwürdigsten Aussprüche nebeneinanderzusetzen, welche mir im Verkehr mit den gelehrten Männern und den geistreichen Frauen unserer Zeit oder mit besonderen Leuten aus dem Volk oder mit gebildeten und ausgezeichneten Personen auf meinen Reisen zu sammeln gelungen wäre; damit wollte ich schöne Sentenzen und Reflexionen aus den Werken der Alten und der Italiener vereinigen, und was mir sonst an geistigen Zieraten in Büchern, Handschriften oder Gesprächen entgegenträte; ferner die Anordnung besonders schöner Feste und Aufzüge, merkwürdiger Verbrechen und Fälle von Raserei, die Beschreibung der größten und eigentümlichsten Bauwerke in den Niederlanden, in Frankreich und Italien und noch vieles andere. Das ganze Werk aber sollte den Titel ›Nosce te ipsum‹ führen*« (ebenda). Kultur und Geschichte erscheinen hier – wie ja auch in der »Ansprache« – als Mittel zur Selbsterkenntnis. Chandos war aufgehoben in der großen Einheit, in der weder die geistige und körperliche Welt noch Kunst und Unkunst oder Einsamkeit und Gesellschaft zu Gegensätzen wurden. »*Überall war (er) mitten drinnen, wurde nie ein Scheinhaftes gewahr*« (a.a.O.: 341), aber dann stieß »*es*« ihm zu: sein Geist sank »*aus einer so aufgeschwollenen Anmaßung in dieses Äußerste von Kleinmut und Kraftlosigkeit*« (ebenda) zusammen. »*Mein Fall ist, in Kürze, dieser: Es ist mir völlig die Fähigkeit abhanden gekommen, über etwas Zusammenhängendes zu denken oder zu sprechen*« (ebenda).

Zuerst empfand Chandos ein »*unerkärliches Unbehagen, die Worte ›Geist‹, ›Seele‹ oder ›Körper‹ nur auszusprechen. (Er) fand es innerlich unmöglich, über die Angelegenheiten des Hofes, die Vorkommnisse im Parlament ... ein Urteil herauszubringen*« (ebenda). Die abstrakten Worte, die solche Urteile ermöglichen, zerfielen ihm »*im Munde wie modrige Pilze*« (a.a.O.: 342). Von der

Welt der Politik griff dieser Sprachschwund auch auf das »*familiäre und hausbackene Gespräch*« über; es packte ihn der Zorn, wenn er Urteile hörte wie »*Sheriff N ist ein böser, Prediger T ein guter Mensch; (...) eine Familie kommt in die Höhe, eine andere ist im Hinabsinken. Dies alles erschien (ihm) so unbeweisbar, so lügenhaft, so löcherig wie nur möglich*« (ebenda). Chandos konnte die Welt nicht mehr mit dem »*vereinfachenden Blick der Gewohnheit*« erfassen. »*Es zerfiel (ihm) alles in Teile, die Teile wieder in Teile, und nichts mehr ließ sich mit einem Begriff umspannen*« (ebenda).

Aber der Zerfall der Begriffe ließ dafür eine andere Lebenswelt auftauchen. Gegen außen führte zwar Chandos »*ein Dasein, das Sie, fürchte ich, kaum begreifen können, so geistlos, so gedankenlos fließt es dahin; ein Dasein freilich, das sich freilich von dem meiner Nachbarn, meiner Verwandten und der meisten landbesitzenden Edelleute dieses Königreiches kaum unterscheidet ...*« (a.a.O.: 343); doch darin gab es auch »*gute Augenblicke*«, bei deren Darstellung ihn die Worte wiederum im Stich zu lassen drohten. Vollkommen Unscheinbares erschien ihm dann wie mit einer »*überschwellenden Flut höheren Lebens*« (ebenda) erfüllt: »*Eine Gießkanne, eine auf dem Felde verlassene Egge, ein Hund in der Sonne, ein ärmlicher Kirchhof, ein Krüppel, ein kleines Bauernhaus, alles dies kann das Gefäß meiner Offenbarung werden*« (ebenda). Einmal gab er den Auftrag, in den Milchkellern Rattengift zu streuen. Als er gegen Abend über die Felder ritt, »*tut sich (ihm) im Innern plötzlich dieser Keller auf, erfüllt mit dem Todeskampf dieses Volks von Ratten*« (a.a.O.: 344). Mit aller Deutlichkeit erkannte er jede Einzelheit: »*die mit dem süßlich scharfen Geruch des Giftes angefüllte kühl-dumpfe Kellerluft und das Gellen der Todesschreie, die sich an modrigen Mauern brachen; diese ineinander geknäulten Krämpfe der Ohnmacht, durcheinander hinjagenden Verzweiflungen; das wahnwitzige Suchen der Ausgänge; der kalte Blick der Wut, wenn zwei einander an der verstopften Ritze begegnen*« (ebenda). Dieses Untergangsbild des Rattenvolkes floß über in die Erinnerung an Livius' »*wundervolle Schilderung von den Stunden, die der Zerstörung von Alba Longa vorhergehen*« (ebenda). »*Ich sage Ihnen, mein Freund, dieses trug ich in mir und das brennende Karthago zugleich; aber es war mehr, es war göttlicher, tierischer; und es war Gegenwart, die vollste erhabenste Gegenwart*« (ebenda).

Mit dem Zerfall der großen Worte hob sich auch der Schleier über einer Welt, die von der großbürgerlichen Weltanschauung verdeckt

wurde: unscheinbare Arbeitsgeräte (Gießkanne, Egge), Tod und Leben der Armen (Kirchhof, Krüppel, Bauernhaus), die Natur (Hund, Ratte, Käfer, verkümmerter Apfelbaum) wurden zu Chiffren, die auf »*ein neues ahnungsvolles Verhältnis zum ganzen Dasein*« (a.a.O.: 346) verwiesen. Es war, wie »*wenn wir anfingen, mit dem Herzen zu denken*« (ebenda). »*Das Ganze ist wie eine Art fieberisches Denken, aber Denken in einem Material, das unmittelbarer, flüssiger, glühender ist als Worte*« (a.a.O.: 347-348). Doch die neue Dimension, die sichtbar wird, bringt die gesellschaftliche, politische zum *Verschwinden*, statt sie vom neuen Standpunkt aus zu relativieren. Was so verdrängt wurde, meldete sich wieder: der Untergang des Rattenvolkes gemahnte Chandos an Livius' »*wundervolle Schilderung*« der Zerstörung Alba Longas, und mit diesem Rückgriff auf die alten Bildungsgüter vollzog Chandos die Ästhetisierung, die er scheinbar ablehnte, nahm also gerade die Position wieder ein, die er glaubte überwunden zu haben – damit war die Angst vor dem Untergang noch einmal gebannt.

Die Versuche, den Chandos-Brief mit Hilfe psychopathologischer oder psychologischer Kategorien als Darstellung schizophrener Prozesse oder einer Identitätskrise zu verstehen, verdecken seine sozialen Voraussetzungen. Diese treten deutlicher in Erscheinung, wenn wir den »Brief« in Zusammenhang sehen z.B. mit Hofmannsthals Gedicht zum 1. Mai 1890, seinen Ausführungen über die Sozialdemokratie und das Proletariat (vgl. S. 112) sowie mit den zeitgenössischen Strömungen in der Sprachphilosophie. In jenem Gedicht erschien das Proletariat, »der Pöbel in den Gassen«, als Opposition zur Schönheit und Wahrheit, dessen man sich, solange es noch Zeit ist, weihen sollte. Aber diese schöne Welt, so wie sie im Haus des Grafen Lanckoronski bewahrt wurde, bot, trotz der Anrufung der »*aufgesammelten Kraft der geheimnisvollen Ahnenreihe*«, keinen Schutz mehr. In dem Maße wie diese Welt von innen heraus, aufgrund ihrer Widersprüche, zerfiel, lösten sich auch die Begriffe auf, die die andere Welt bezeichnen sollten. Der Begriffszerfall kam eigentlich schon im Brief Hofmannsthals von 1895 zum Ausdruck: es gibt »*kein Volk, sondern, bei uns wenigstens, nur Leut, sehr verschiedene Leut*«; auch ihm zerfiel also »*alles in Teile, die Teile wieder in Teile und nichts mehr ließ sich mit einem Begriff umspannen*«. Wenn aus der Chandos-Position keine Aussage mehr möglich war als: »*eine Familie kommt in die Höhe, eine andere ist im Hinabsinken*«, so lief das auf eine Verleugnung der

Realität hinaus – Hofmannsthals Familie befand sich ja ökonomisch im Hinabsinken, und die Wahrnehmung dessen hätte seine Identifikation mit dem Adel zumindest in Frage stellen müssen.

Ernst Mach und die positivistische Abwehr des Unbewußten

Die Zurückführung wissenschaftlicher Theorien auf Erfahrung und das Infragestellen der bisher anerkannten Grundsätze der Naturwissenschaften waren um 1900 verbreitet (Frank 1949a, 1949b, 72f.). E. Mach war der wichtigste Vertreter dieser Richtung (Janik and Toulmin 1973), die auch den Marxismus nicht unberührt ließ: 1909 veröffentlichte Lenin sein Buch »Materialismus und Empiriokritizismus«, um die Machschen Thesen zurückzuweisen. Die ersten Werke der Empiriokritizisten erschienen 1872-1876, aber erst nach 1900 dringen sie aus ihrem ursprünglichen Fachbereich, der Physik, hinaus ins allgemeine Bewußtsein. H. Bahr trug mit seiner Schrift »Dialog vom Tragischen« (1904) wesentlich zur Verbreitung des Machschen Gedankengutes bei; unter der Überschrift »Das unrettbare Ich« – einem von Mach in der »Analyse der Empfindungen« (1885) geprägten Ausdruck – feierte es die endgültige Auflösung dessen, worauf das Bürgertum so stolz zu sein schien: des Ichs. *»Es ist nur ein Name. Es ist nur eine Illusion. Es ist ein Behelf, den wir praktisch brauchen, um unsere Vorstellungen zu ordnen«* (1904: 190). Hofmannsthal, der 1896 Machs Vorlesungen besuchte (Volke 1967: 52), äußerte ähnliche Gedanken (Wunberg 1965: 30f.), und Schnitzlers Technik des »inneren Monologs« (»Leutnant Gustl«, 1900) verweist ebenfalls auf Gemeinsamkeiten mit den Grundgedanken des Empiriokritizismus (Diersch 1973: 103f.). Ihr Bestreben war, die durch die bestehenden Ichstrukturen eingeschränkte Realitätswahrnehmung zu verändern. Wie Koopmann gezeigt hat, war »Entgrenzung« ein allgemeines literarisches Phänomen um 1900: *»Dichtung ist kein Spiegelbild des Lebens, sondern das Gegenteil, der Versuch nämlich, über die Grenzen der Wirklichkeit hinwegzuspringen zu einer visionären, eigengesetzlich strukturierten Welt, in der das nicht einmal als möglich Vorstellbare als wirklich gegeben ist. In ihr sind die physikalischen Gesetze unwirksam oder auf den Kopf gestellt«* (1977: 76-77). Das Ich erschien als ein zu überwindendes Hindernis, und Mach hatte die erkenntnistheoretischen Voraussetzungen zu dessen Überwindung formuliert.

Die Infragestellung des Ichs ermöglichte neue Erfahrungen: das Affektive, Traumhafte und Irrationale bekamen einen neuen Wert. Aber das Problem bestand darin, was aus diesen Erfahrungen gemacht werden konnte. Die Auflösung des Ichs führte entweder zu Reisen ohne Rückkehr: man blieb jenseits der Wirklichkeit; oder dazu, daß man zwar zurück kam, aber nichts mehr zu erzählen hatte (Sprachlosigkeit von Lord Chandos); oder schließlich dazu, daß man bei der Rückkehr doch wieder ins alte Ich hineinschlüpfte, dabei das Neuerfahrene in die alten Kategorien übersetzte und es auf diese Weise mystifizierte oder mythologisierte. Die Auflösung des Ichs war aber nicht nur Ausdruck des Dranges nach neuen Wirklichkeiten, sondern auch die Unfähigkeit, sich mit der bestehenden Realität auseinanderzusetzen. Insofern entsprach Machs Diktum vom »*unrettbaren Ich*« durchaus den ideologischen Tendenzen der Zeit und fand deshalb breiteste, natürlich oft auch verfälschende Resonanz in den Kreisen der Intellektuellen. Die empiriokritizistische These von der Unerkennbarkeit der Realität wirkte entlastend auf ein Bürgertum, das diese Realität nur als Bedrohung hätte wahrnehmen können.

Auf jeden Fall aber hatte die Auflösung des Ichs die Freisetzung des Unbewußten zur Folge, denn mit dem Ich verzichtete man auch auf die Strukturen, mit welchen das Ich die Welt ordnete. Man könnte deshalb wie Diersch (1973: 200) vermuten, daß Machs Thesen günstige Voraussetzungen für die Rezeption der Freudschen Theorien geboten hätten. Zum Beispiel erklärte Mach, daß der Gegensatz zwischen Traum und Wachen, Schein und Wirklichkeit unwichtig wäre: »*Ebenso hat die oft gestellte Frage, ob die Welt wirklich ist, oder ob wir sie bloß träumen, gar keinen wissenschaftlichen Sinn. Auch der wüsteste Traum ist eine Tatsache, so gut als jede andere. Wären unsere Träume regelmäßiger, zusammenhängender, stabiler, so wären sie für uns auch praktisch wichtiger. Beim Erwachen bereichern sich die Beziehungen der Elemente* (d.h. der Wahrnehmungen, M.E.) *gegenüber jenen des Traumes. Wir erkennen den Traum als solchen. Bei dem umgekehrten Prozeß verengert sich das psychische Gesichtsfeld; es fehlt der Gegensatz meist vollständig. Wo kein Gegensatz besteht, ist die Unterscheidung von Traum und Wachen, Schein und Wirklichkeit gänzlich müßig und wertlos*« (Mach 1885: 9). Eine solche Feststellung brachte den Traum in den Bereich der Wissenschaft ein und hob seine bisherige Tabuisierung als Gegenstand des Aberglaubens auf.

Mach und Freud nahmen in ihren Schriften nur am Rande Kenntnis voneinander. In seinen »Principien der Wärmelehre« (1896) zitiert Mach die »Studien über Hysterie« von Breuer und Freud (1895), und zwar in dem Kapitel, das von der Psychologie des Erkennens handelte. Es interessierte ihn *»die merkwürdige Tatsache ..., daß eine Vorstellung so zu sagen fortlebt und fortwirkt, ohne daß sie im Bewußtsein ist«* (1896: 443). Sich auf ein Buch von W. Robert über den Traum (1896) beziehend, erwähnt er dessen These *»daß die bei Tage gestörten, unterbrochenen Associationsreihen bei Nacht sich als Träume fortspinnen«* (a.a.O.: 444), bestätigte, dies ebenfalls bei sich selbst beobachtet zu haben, *»und kann auch hinzufügen, daß man sich unangenehmere Träume erspart, wenn man unangenehme Gedanken, die sich durch zufällige Anlässe ergeben, bei Tage vollkommen ausdenkt, sich darüber ausspricht, oder ausschreibt, welches Verfahren auch allen zu düsteren Gedanken neigenden Personen angelegentlichst zu empfehlen ist«* (ebenda). Vorstellungen, die daran gehindert werden, ins Bewußtsein zu treten, würden sich wie eine *»Ladung«* auswirken. *»Einigermaßen verwandte Phänomene sind jene, welche kürzlich Breuer und Freud in ihrem Buch über Hysterie beschrieben haben«* (ebenda). Meines Wissens hat sich Mach später nie wieder auf Freuds Schriften bezogen. Freud seinerseits berief sich auf Mach in einem merkwürdigen, der hintergründigen Komik nicht entbehrenden Zusammenhang. In seiner Studie über »Das Unheimliche« (1919) zitierte er aus der »Analyse der Empfindungen« Machs Beobachtung, wie sehr er, Mach, erschrocken sei, als er sich unvermutet in einem Spiegel sah, und nahm dieses Beispiel, verknüpft mit einer eigenen Erfahrung, als Beleg für die Unheimlichkeit des *Doppelgängers* (1919: 262-263; vgl. auch S. 105). Und in gewisser Hinsicht waren auch Freud und Mach Doppelgänger – daß sie sich mieden, war also kein Zufall. Nur: Mach konnte die Schwelle zum Unbewußten nicht überschreiten, und es war die seinen Zeitgenossen so einleuchtende erkenntnistheoretische Auflösung des Ichs, die ihn darin hinderte.

Machs Interesse galt vor allem der *subjektiven Seite des Erkenntnisprozesses*; es ist daher nicht verwunderlich, daß er sich immer auch auf die eigene Erfahrung berief, was den Diskurs seiner Bücher wesentlich prägte. Die Parallele zu Freud drängt sich auf. Mach redete vom Subjektiven, also von dem, was das eine Individuum vom anderen unterscheidet; es handelt sich jedoch immer nur um solche Erfahrungen, die auch ein beliebig anderer hätte erzählen können. Das Einmalige, das den tiefsten Einblick ins Subjektive vermittelt hätte, klammerte er, der kulturellen Scheu vor dem Privaten nachgebend, sorgsam aus. Welche kulturellen Schranken Freud bei der Abfassung der »Traumdeutung« überwinden mußte, um so von sich zu sprechen, wie er es tat, verdeutlicht gerade der Vergleich mit Mach. Auf den Einwand hin, daß Mach sich vor allem für die *physikalischen* Seiten der Phänomene interessierte, während Freud es mit menschlichen Problemen zu tun hatte und aus diesem Grunde seine Person mehr in den Forschungsprozeß einbringen konnte, möchte ich Machs These vom *»unrettbaren Ich«* erläutern.

Diese These greift tief in die Persönlichkeit des Individuums ein. Mach wußte das natürlich. Gerade wegen seines subjektivistischen Ansatzes wäre es zu erwarten gewesen, daß er diese Folgen auch an seiner persönlichen Erfahrung exemplifiziert hätte. Es ist bezeichnend, daß er statt dessen in ethische Probleme auswich. Er schrieb: *»Das Ich ist unrettbar. Teils diese Ansicht, teils die Furcht vor derselben führen zu den absonderlichsten pessimistischen und optimistischen, religiösen, asketischen und philosophischen Wahrheiten. Der einfachen Wahrheit, welche sich aus der psychologischen Analyse ergibt, wird man sich auf die Dauer nicht verschließen können. Man wird dann auf das Ich, welches schon während des individuellen Lebens vielfach variiert, ja im Schlaf und bei Versunkenheit in eine Anschauung, in einen Gedanken, gerade in den glücklichsten Augenblicken, teilweise oder ganz fehlen kann, nicht mehr den hohen Wert legen. Man wird dann auf individuelle Unsterblichkeit gern verzichten ... Man wird hierdurch zu einer freieren und verklärten Lebensauffassung gelangen, welche Mißachtung des fremden Ich und Überschätzung des eigenen ausschließt«* (1885: 20). Und in einer Anmerkung fügt Mach hinzu: *»So weit der Weg ist von der theoretischen Einsicht zum praktischen Verhalten, so kann letzteres der ersteren auf die Dauer doch nicht widerstehen«* (ebenda). Freud äußerte in der »Zukunft einer Illusion« eine ähnliche Hoffnung: *»die Stimme des Intellekts ist leise, aber sie ruht nicht, ehe sie sich Gehör geschafft hat. Am Ende, nach unzählig oft wiederholten Abweisungen, findet sie es doch«* (1927: 377). Im Unterschied zu Mach aber analysiert Freud die Voraussetzungen, unter welchen die Stimme des Intellekts sich durchsetzt, und stellte es an sich selbst dar, was es heißt, eine theoretische Einsicht in praktisches Verhalten umzusetzen. Exemplarisch dafür ist z. B. die

Analyse des »Sektionstraumes« (1900: 455f.), in welchem er sein eigenes Untergestell, Becken und Beine, wie im Seziersaal vor sich sieht: »*Das Becken ist ausgeweidet, man sieht bald die obere, bald die untere Ansicht desselben, was sich vermengt. Dicke fleischrote Knollen (...) sind zu sehen. Auch mußte etwas sorgfältig ausgeklaubt werden* ...« (ebenda). Im Traum selbst fehlt jedes Grauen, aber die Assoziationen verweisen darauf: »*Ich denke*«, schreibt Freud, »*an die Überwindung, die es mich kostet, auch nur die Arbeit über den Traum, in der ich soviel vom eigenen intimen Wesen preisgeben muß, in die Öffentlichkeit zu schicken. (...) Die Präparation am eigenen Leib, die mir im Traume aufgetragen wird, ist also die mit der Mitteilung der Träume verbundene Selbstanalyse*« (a.a.O.: 456). In weiteren Assoziationen tauchen Bücher auf »*sonderbar, aber voll von verstecktem Sinn*« (ebenda): R. Haggards »She« und »Heart of the World«, phantastische Romane (vgl. Grinstein 1968: 395f.), die von unerhörten Gefahren auf Reisen durch Raum und Zeit erzählen. Freud erwachte »*mit Gedankenschreck*« aus dem Traum – die Selbstanalyse, die so viele kulturelle Tabus auflösen mußte, war ein Angst auslösender Prozeß. Ich vermute, daß Mach gerade dieser Angst ausweichen mußte, dafür ähnliche Strategien verwendete, wie sie Devereux in »Angst und Methode in den Verhaltenswissenschaften« (1973) beschrieb, und so auch die herrschenden Tabus unberührt ließ.

Eines dieser Tabus war Machs positivistisches Selbstverständnis, das zwar dazu ausreichte, den Traum als Gegenstand der Wissenschaft betrachten zu können, aber dort zum Hindernis wurde, wo die Verflechtung des Wissenschaftlers mit seinem Erkenntnisobjekt relevant wurde für die Forschung (Habermas 1968: 104f.). Das wird unter anderem an Machs Umgang mit Träumen deutlich. Unter Bezug auf Robert: »Der Traum als Naturnotwendigkeit erklärt« (1886) (vgl. dazu Freuds Kritik: 1900: 82f., 170, 184), nahm er dessen Tagesreste-Theorie auf: »*In der Tat findet man häufig die Traumelemente in den Erlebnissen des vorausgehenden Tages*« (1906[3]: 208), und bestätigte das anhand eigener Träume; er fuhr fort: »*Da im Traume die Reflexerregbarkeit sehr gesteigert, das Gewissen aber wegen der trägen Assoziation sehr geschwächt ist, so ist der Träumende fast eines jeden Verbrechens fähig ... (...) Es kommt noch hinzu, daß im Traum die leisesten Spuren des für das wache Bewußtsein längst Vergessenen, die geringsten Störungen der Gesundheit und des Gefühlslebens, welche vor dem Lärm des Tages in den Hintergrund treten mußten, sich geltend machen können. Du Prel vergleicht in seiner ›Philosophie der Mystik‹ (1885) diesen Vorgang poetisch und wahr zugleich mit dem Sichtbarwerden des schwach leuchtenden Sternenhimmels nach Untergang der Sonne. Das genannte Buch enthält überhaupt manche bemerkenswerte und tiefe Einblicke. Gerade der Naturforscher, dessen kritischer Sinn auf das zunächst Erforschbare gerichtet ist, liest dasselbe mit Vergnügen und Gewinn, ohne sich durch die Neigung des Verfassers für das Abenteuerliche, Wunderbare und Außerordentliche beirren zu lassen«* (ebenda). Es fällt auf, daß Mach durchaus wesentliche Eigenschaften des Traumes erkannte, statt sie jedoch weiter zu analysieren, auf ein neues Buch zwar wohlwollend hinwies, es aber gleichzeitig dazu benützte, um unter Berufung auf den kritischen Sinn des Naturforschers sich von der nicht wissenschaftskonformen Problematik zu distanzieren. Was Mach auf diese Art und Weise ausklammerte, war, worauf Habermas hingewiesen hat, das selbstreflexive Moment des Erkennens (1968: 109f.), und dieses war eine wesentliche Voraussetzung zur Erkenntnis des Unbewußten.

Im Winter 1895/96 hielt Mach an der Wiener Universität eine Vorlesung über die »Psychologie und Logik der Forschung«, die 1905 unter dem Titel »Erkenntnis und Irrtum« als Buch erschien und bereits 1906 in der zweiten Auflage gedruckt wurde. Mach ging von der Frage aus: *»Durch welche Mittel ist die Naturerkenntnis bisher tatsächlich gewachsen, und wie hat sie Aussicht, noch fernerhin zu gedeihen? Das Verhalten des Forschers hat sich in der praktischen Tätigkeit, im volkstümlichen Denken instinktiv entwikkelt, und ist von diesem nur auf das wissenschaftliche Gebiet übertragen und zuletzt zu bewußter Methodik entwickelt worden«* (1905: 18). Deshalb setzte Mach mit einer *»allgemeinen Betrachtung unseres physischen und psychischen Lebens«* (a.a.O.: 19) ein und benützte als Beispiel die Mannigfaltigkeit von Empfindungen und Vorstellungen, die er auf einem Gang zur Vorlesung in sich selbst vorfand: *»Meine Beine bewegen sich, ein Schritt löst den anderen aus ... Ich komme an den Anlagen des Stadtparks vorbei, erkenne und erblicke das Rathaus, das mich an gotische und maurische Bauten erinnert, ebenso wie an den mittelalterlichen Geist, der in diesen Räumen herrscht. In der Hoffnung auf kulturwürdigere Zustände will ich mir eben die Zukunft ausphantasieren, als beim Überschreiten der Straße ein dahersausender Radfahrer mich streift und meinen unwillkürlichen Seitensprung auslöst. Ein* *leiser Groll gegen diese rücksichtslosen Geschwindigkeitsidealisten tritt an die Stelle meiner Zukunftsphantasien ...«* (a.a.O.: 20-21). Beim Lesen einer solchen Stelle müssen wir unsererseits Assoziationen über die Idyllik von damals zurückdrängen, um Machs Auflösung dieses psychischen Erlebnisses in seine Bestandteile zu folgen: In ihrer Abhängigkeit vom Leib nennt er sie *»Empfindungen«*, in ihrer Abhängigkeit von anderem Physischen *»Eigenschaften«*. Bei ihrer Wahrnehmung spielte das Gedächtnis eine entscheidende Rolle: *»Das Rathaus, an dem ich vorbei gehe, wäre für mich nur eine räumliche Anordnung von farbigen Flecken, wenn ich nicht schon viele Gebäude gesehen, deren Gänge durchschritten, deren Treppen erstiegen hätte«* (ebenda). Die impressionistische Sehweise ist hier offensichtlich, und Mach wies auch darauf hin, daß jede Person etwas anderes sähe – der Ingenieur die Straßenbahn, der achtzehnjährige Sohn die hübschen Mädchen und der fünfjährige Knabe die Spielzeuge in den Auslagen. *»Es gibt ... kein* isoliertes *Fühlen, Wollen und Denken«* (a.a.O.: 23), stellte Mach fest, und: *»Wir sind nicht Herren darüber*, welche *Erinnerungen uns auftauchen und* welche *den Sieg davon tragen. In unseren ›Willkürhandlungen‹ sind wir nicht minder Automaten als die einfachsten Organismen«* (a.a.O.: 25-26). Beim Menschen, der ein komplizierter Automat sei, sei es nur schwerer, die Reize zu finden, und deshalb ergäbe sich der Anschein der Unberechenbarkeit: *»Die Fliege, deren Bewegungen durch Licht, Schatten, Geruch usw. unmittelbar bestimmt und geleitet zu sein scheinen, setzt sich, zehnmal verjagt, immer auf dieselbe Stelle des Gesichts. Sie* kann *nicht nachgeben, bis sie erschlagen am Boden liegt. Der arme Hausierer, der in der Sorge um den Pfennig, welcher das Leben des Tages sichern soll, den behaglich hindämmernden Bourgeois wiederholt in seiner Ruhe stört, bis er mit einem kräftigen Fluch abgewiesen ist, hat sich nicht minder als Automat verhalten, wie der letztere; nur sind beide etwas weniger einfache Automaten«* (a.a.O.: 27). Man müsse von der Regelhaftigkeit des menschlichen Verhaltens ausgehen: *»Vorteil und Einsicht ergeben sich erst durch Auffindung der* Regel *in dem bisher für gesetzlos Gehaltenen. Die Annahme einer frei und gesetzlos wirkenden Seele wird sich immer schwer widerlegen lassen, da die Erfahrung immer einen undurchschauten Rest von Tatsachen aufweisen wird. Aber die freie Seele als* wissenschaftliche *Hypothese, und gar ein Forschen nach derselben ist meines Erachtens eine* methodologische *Verkehrtheit«* (ebenda).

Was Mach hier schrieb, hätte auch Freud so formulieren können. Daß wir nicht »*Herren über unsere Erinnerungen*« seien, erinnert an Freuds Feststellung, »*daß das Ich nicht Herr (ist) im eigenen Haus*« (1917: 11), und die Determiniertheit alles seelischen Lebens war eine der Grundprämissen der Psychoanalyse. Aber Mach ging dann doch in eine andere Richtung. Zu schnell gab er auf, durch Vertiefung ins *Individuum* auf solche Gesetzmäßigkeiten zu stoßen, und meinte, daß sie nur durch größere Distanz zum Objekt sichtbar würden: »*Könnten wir die Menschen aus größerer Entfernung, aus der Vogelperspektive, vom Monde aus beobachten, so würden die feineren Einzelheiten mit den von individuellen Erlebnissen herrührenden Einflüsse verschwinden, und wir würden nichts wahrnehmen, als Menschen, die mit großer Regelmäßigkeit wachsen, sich nähren, sich fortpflanzen*« (a.a.O.: 28). In diesem Zusammenhange verweist Mach auf die Möglichkeit der Statistik, um menschliches Verhalten zu erkennen. Die Flucht auf den Mond ebenso wie das Bild des Automaten können wir mit Devereux (1973) als Abwehrversuche der angstauslösenden Lebendigkeit des »Anderen« betrachten. Das soll natürlich nicht heißen, daß man mit Hilfe der Statistik nicht auf wichtige Erkenntnisse stoßen kann, auffallend ist nur, daß Mach, obwohl er immer die subjektive Erfahrung hervorhob, ihre Vertiefung wie mit einer *Denkhemmung* belegt.

Wie Freud, hat auch Mach die außerordentliche Bedeutung des assoziativen Denkens hervorgehoben; ein Kapitel von »Erkenntnis und Irrtum« ist dem Zusammenhang von Gedächtnis, Reproduktion und Assoziation gewidmet (a.a.O.: 31f.). Wiederum ging Mach von einem eigenen Erlebnis aus: Er traf einen Herrn in Innsbruck und beschrieb, wie er draufkam, daß er diesem Herrn früher einmal in Riga begegnet war. Er zog den Schluß: »*Die Association ist von großer biologischer Wichtigkeit. Auf derselben beruht jede psychische Anpassung an die Umgebung, jede vulgäre und auch wissenschaftliche Erfahrung*« (a.a.O.: 31). Nachdem er mit Beispielen aus der Zoologie diese Anpassungsfunktion erläutert hat, fährt Mach fort: »*Wenn ich ohne Plan und Ziel, möglichst abgeschlossen von äußeren Störungen, etwa in einer schlaflosen Nacht, mich ganz meinen Gedanken überlasse, so komme ich ... vom Hundertsten aufs Tausendste. Komische und tragische, erinnerte und erfundene Situationen wechseln mit wissenschaftlichen Einfällen und Arbeitsplänen, und es wäre sehr schwer, die kleinen*

Zufälligkeiten zu bezeichnen, welche in jedem Augenblick dieser ›freien Phantasie‹ die Richtung gegeben haben. (...) Die wunderlichsten Wege schlagen die Vorstellungen wohl im Traum ein. Der Faden der Association ist aber in diesem Falle am schwersten zu verfolgen, teils wegen der unvollständigen Erinnerung, welche der Traum zurückläßt, teils auch wegen der häufigeren Störung durch leise Empfindungen des Schlafenden. Im Traum erlebte Situationen, erschaute Gestalten, gehörte Melodien sind oft sehr wertvolle Grundlagen des künstlerischen *Schaffens, an die Traumgedanken kann aber der* Forscher *nur in äußerst seltenen Fällen anknüpfen«* (a.a.O.: 38-39). Wiederum fällt die Parallele zu Freud auf, zumindesten, was die Erfahrung, die »experimentelle Situation« angeht, aber Mach beruhigt sich mit der »*unvollständigen Erinnerung*«, und die »*leisen Empfindungen*« gelten ihm als Störung. Und im darauffolgenden Absatz zitierte er Lucians abenteuerlichsten und unwahrscheinlichsten Einfälle, so wie wenn Mach sich selbst versichern müßte, daß man *so* doch nicht weiterkommt.

»*Sowohl die Introspektion als auch die Beobachtung anderer Lebewesen ... lehrt, daß das Bewußtsein in der Reproduktion und Association seine Wurzeln hat und daß die Höhe des Bewußtseins mit dem Reichtum, der Leichtigkeit, Geschwindigkeit, Lebhaftigkeit und Ordnung dieser Funktionen parallel geht. (...) Jede Störung der Reproduktion und Association ist eine Störung des Bewußtseins, welches alle Grade aufweisen kann, von der vollkommenen Klarheit bis zur vollen Bewußtlosigkeit im traumlosen Schlaf oder in der Ohnmacht*« (a.a.O.: 44). Mach verwies auf die Ergiebigkeit der Sprachstörungen für das Studium der Assoziationsgesetze, zählte, unter Bezug auf psychiatrische Literatur, eine ganze Reihe davon auf und erwähnte dabei auch das Phänomen des Versprechens: »*Geringere Störungen der Sprache, wie sie sich im Versprechen und Verschreiben zeigen, kommen als Folgen temporärer Ermüdung und Zerstreutheit auch bei ganz gesunden Menschen vor. So zitierte jemand die beiden Chemiker Liebig und Mitscherlich als ›Mitschich und Liederlich‹. Ein anderer bezeichnete einen Magister der Pharmacie als ›Philister der Magie‹*« (a.a.O.: 46). Wiederum kam Mach so an eine Stelle, von wo aus das Unbewußte in greifbarer Nähe erschien, aber er begnügte sich mit den Erklärungen »*temporäre Ermüdung*« und »*Zerstreutheit*«. Wie wenn ihn das jedoch nicht ganz beruhigen könnte, setzte er seine Überlegungen mit einer Reihe psychopathologischer Beispiele fort, die das Phänomen der Seelenblindheit erläutern sollten: man *sieht* etwas, aber *versteht* nicht das Gesehene, man kann also die Erfahrung, die gemacht wurde, nicht interpretieren.

In einem Brief an Fließ vom 12. 6. 1900 nahm Freud einen kurzen, aber bezeichnenden Bezug auf Mach. Es handelt sich um das Schreiben, in welchem Freud Fließ scherzhaft fragt: »*Glaubst*

Du eigentlich, daß an dem Hause (dem Sanatorium ›Bellevue‹, M. E.) *dereinst auf einer Tafel zu lesen sein wird?:*

Hier enthüllte sich am 24. Juli 1895 dem
Dr. Sigm. Freud
das Geheimnis des Traumes.

Die Aussichten sind bis jetzt gering. Wenn ich aber in den neueren psychologischen Büchern (Mach, ›Analyse der Empfindungen‹ 2. Auflage, Kroell, ›Aufbau der Seele‹ und dergleichen) lese, was sie über den Traum zu sagen wissen, so freue ich mich doch wie der Zwerg im Märchen, ›daß die Prinzessin es nicht weiß‹« (1960: 254) Freuds Stolz und Freude sind nachfühlbar. Er hatte die zentralen Widerstände, die den Weg zum Unbewußten verstellten, überwunden: die kulturellen Schranken zwischen Kunst und Wissenschaft, die das Unbewußte in den Bereich der Kunst verwiesen; den positivistischen Wissenschaftsbegriff, durch den das reflektierende Subjekt aus dem Forschungsprozeß ausgeklammert wurde, und schließlich auch die massiven Ängste, die durch die Infragestellung gewohnter, das Ich stützender Denkstrukturen ausgelöst wurden.

Die Ablehnung, die Freud von seinen Zeitgenossen erfuhr, bezog sich letztlich auf seine Auffassung von Theorie und Praxis der Wissenschaft. Ferenczi hat zwar wahrscheinlich recht, wenn er vermutete, daß Mach mit Freuds Arbeiten nichts anfangen konnte, weil er sich an der Problematik der Sexualität stieß (1920: 140), aber diese Erklärung greift zu kurz. Es war vielmehr Freuds Konzept der Wissenschaft, vor allem die darin implizierte Form der Selbstreflexion, die abgelehnt werden mußte, und die Sexualität war nur der Vorwand dafür. Mit der Psychoanalyse schuf Freud ein Paradigma der Forschung, durch das die Gegenstände in eine bisher nicht gekannte Nähe zum Forscher gerückt wurden. Es war also nicht etwa Freuds These, daß »*das Ich nicht Herr im eigenen Hause*« sei, die auf Widerstand stieß, wohl aber die Art und Weise, wie er sie aus der eigenen Erfahrung ableitete, indem er nämlich den feinsten und verborgensten Regungen nachging und das Gesetz der Determiniertheit an der eigenen Motivation aufwies. Freud erhob unausgesprochen die Forderung, daß »Wissen« nicht nur Aussagen über den Gegenstand allein, sondern auch über die vielfältigen Verknüpfungen dieses Gegenstandes mit dem Forscher als Subjekt beinhalten müsse.

Die Dekadenz der Intellektuellen und der Zerfall der Sprache

Die Rezeption des Empiriokritizismus durch die Wiener Intellektuellen wurde wesentlich durch ihre Lebensform bestimmt und beeinflußte stark ihre Selbstinterpretation. In einem fingierten Gespräch zwischen Balzac und Hammer-Purgstall ließ Hofmannsthal ersteren sagen: »*Um 1890 werden die geistigen Erkrankungen der Dichter, ihre übermäßig gesteigerte Empfindsamkeit, die namenlose Bangigkeit ihrer herabgestimmten Stunden, ihre Disposition, der symbolischen Gewalt auch unscheinbarer Dinge zu unterliegen, ihre Unfähigkeit, sich mit dem existierenden Worte beim Ausdruck ihrer Gefühle zu begnügen, das alles wird eine allgemeine Krankheit unter den jungen Männern und Frauen der oberen Stände sein*« (1902b: 359). Aber es waren nicht nur die Dichter, die die Bilder entwarfen, in welchen sich die Zeitgenossen wiedererkannten, sondern auch die Philosophen. Machs impressionistisches Weltverständnis verband sich mit einer entsprechenden Sprachphilosophie, die die Realität auflöste und als unerkennbar hinstellte: »*die skeptische Resignation, die Einsicht in die* Unerkennbarkeit der Wirklichkeit, *ist keine bloße Negation, ist unser bestes Wissen; die Philosophie ist Erkenntnistheorie, Erkenntnistheorie ist Sprachkritik, Sprachkritik aber ist die Arbeit am befreienden Gedanken, daß die Menschen mit den Wörtern ihrer Sprachen und mit den Worten ihrer Philosophien niemals über eine bildliche Darstellung der Welt hinaus gelangen können*« (Mauthner 1910: XI). Für Mauthner, dessen »Beiträge zu einer Kritik der Sprache« 1901 erschienen, war die Sprache eine Spielregel: »*Die Sprache ist nur ein Scheinwert wie eine Spielregel, die auch um so zwingender wird, je mehr Mitspieler sich ihr unterwerfen, die aber die Wirklichkeitswelt weder ändern noch begreifen will*« (1923[3]: 25); sie war ein »*Gesellschaftsspiel*« (ebenda), aber zur eigentlichen Kommunikation taugte sie nicht: »*Jedes einzelne Wort ist geschwängert von seiner eigenen Geschichte, jedes einzelne Wort trägt in sich eine endlose Entwicklung von Metapher zu Metapher. Wer das Wort gebraucht, der könnte vor lauter Fülle der Gesichte gar nicht zum Sprechen kommen, wenn ihm nur ein geringer Teil dieser metaphorischen Entwicklung gegenwärtig wäre*« (a.a.O.: 115). Das Denken des Einzelmenschen »*ist der Schatz seiner erlebten und erworbenen Erfahrungen; weil jeder einzelne die in der Muttersprache scheinbar gleichmäßig angehäuften ererbten Erfahrungen ebenso individuell versteht, wie seine erworbenen Erfahrungen individuell sind, darum versteht kein Mensch den anderen«* (a.a.O.: 193). So kam Mauthner auch zum Schluß, *»daß alles Elend der Einsamkeit nur von der menschlichen Sprache kommt«* (a.a.O.: 39). Das Lebensgefühl, das diesen theoretischen Erwägungen entsprach, beschrieb Schnitzler: *»Ist es dir noch nie begegnet, daß plötzlich in einer großen Gesellschaft, nachdem du dich eben noch ganz wohl und vergnügt befunden, alle Anwesenden wie Gespenster und du selbst dir als der einzig Wirkliche unter ihnen allen erschienest? Oder wurdest du noch nie mitten in einem höchst anregenden Gespräch mit deinem Freund der völligen Unsinnigkeit all Eurer Worte und der Hoffnungslosigkeit bewußt, einander jemals zu verstehen? Oder ruhtest du noch nie selig in den Armen deiner Geliebten und spürtest mit einem Male untrüglich, daß hinter ihrer Stirne Gedanken spielen, von denen du nichts ahnst? All das ist schlimmere Einsamkeit als das, was wir gewöhnlich so zu nennen pflegen: das Alleinsein mit uns selbst«* (1927a: 58).

Das Arbeitsinstrument der Intellektuellen ist die Sprache, aber die Isolation von der Gesellschaft, in der sie leben mußten, löste die Sprache von der Realität ab und ließ sie wertlos erscheinen. Für *»Bahr schien«*, schreibt Diersch, *»die Fähigkeit zur Konversation, die die Wirklichkeit verstellt und sie nicht ausdrückt, geradezu eine österreichische Besonderheit zu sein – ›Wir sprechen gewissermaßen in unserer Abwesenheit, wir selbst sind ... nicht da ... wir lassen die Sprache sprechen, nicht uns selbst‹ (Bahr)«* (1973: 160). Das Wiener Kaffeehaus war eine Art Wort- und Ideenbörse, und in ihr kam die gesellschaftliche Isolation der Intellektuellen am deutlichsten zum Ausdruck. *»Es ist ein rechtes Asyl für Menschen, die die Zeit totschlagen müssen, um von ihr nicht totgeschlagen zu werden«*, stellte A. Polgar in seiner »Theorie des ›Café Central‹« fest (1927: 8). *»Das Café Central ist nämlich kein Kaffeehaus wie andere Kaffeehäuser, sondern eine Weltanschauung, und zwar eine, deren innerster Inhalt es ist, die Welt nicht anzuschauen ... Hier entwikkelt Ohnmacht die ihr eigentümlichsten Kräfte, Früchte der Unfruchtbarkeit reifen, und jeder Nichtbesitz verzinst sich ... Das Café Central liegt unter dem wienerischen Breitengrad am Meridian der Einsamkeit. Seine Bewohner sind größtenteils Leute, deren Menschenfeindschaft so heftig ist wie ihr Verlangen nach Menschen, die allein sein wollen, aber dazu Gesellschaft brauchen«* (a.a.O.: 7-8).

Peter Altenberg, »*der einzig vollkommen konsequente Impressionist von Bedeutung in der deutschen Literatur*« (Friedell 1927-1931: 1456), war der Inbegriff des Kaffeehaus-Literaten. Als ständigen Wohnsitz gab er im »Kürschner« an: »*Wien, I. Bezirk, Café Central*« (Kuh 1926: 75). Er war ein Meister der Reduktion der Wirklichkeit auf den subjektiven Eindruck; »Welt« war nur noch das, was sein Narzißmus widerspiegeln konnte, und so wie seine Stimmungen schwankten, veränderten sich auch das Bild der Realität sowie der Sprache. Altenberg wollte sich auf nichts festlegen lassen. In seiner Einführung zu der aus dem Nachlaß herausgegebenen Tragikomödie »Das Wort« zitiert Bergel Schnitzlers Tagebuchaufzeichnungen vom 20. März 1897: »*Im Imperial mit Richard, Altenberg, Beraton. Altenberg herumschwefelnd, widerlich. Als er sich einmal in wenigen Minuten auffallend widersprach, machte ich ihn darauf aufmerksam. Er darauf ungehalten: ›Wenn Sie jedes Wort so auf die Wagschale legen, kann man überhaupt nicht diskutieren‹. Ich: ›Dann bellen wir doch lieber‹*« (Schnitzler 1966: 12). Am Beispiel Altenbergs versuchte Schnitzler die Problematik der Literaten- (wir könnten auch sagen: Intellektuellen-)Existenz aufzuzeigen, in deren sozialen Unverbindlichkeit und Ichbezogenheit die Sprache immer mehr ausgehöhlt und inhaltslos wurde. Mit der Arbeit an diesem Stück fing er 1901 an, und 1904 lieferte Altenberg auch noch das dramatische Motiv dazu, das Hofmannsthal in seinem Tagebuch ebenfalls festgehalten hat: Altenberg ging es 1904 psychisch und finanziell sehr schlecht, seine Freunde wollten ihm helfen und versammelten sich zur Beratung. Aber der arme Dichter winkte nur ab: »*Er verdeckt das Gesicht mit der Hand. ›Ich bin ein Bettler und ein Sterbender‹, murmelte er vor sich hin, ›was wollt ihr von mir? Laßt mich ruhig sterben‹*« (1959: 135). Die Freunde insistierten, ihm zu helfen, die »*hübscheste Frau des Kreises*« jedoch nahm ihn beim Wort: »*›Ich liebe A mehr als ihr alle‹, sagt sie, ›ich liebe seine Seele und die Gebärden seiner Seele. Und ich weiß nichts Schöneres, als ihn so sterben zu sehen, in einem Winkel, mit einer dürftigen Decke zugedeckt. O rührt nicht an das Wunder dieses Sterbens. Pauvre Lélian! Wer wollte ihn um die Schönheit seines Endes bringen?‹ – Da schnellt A. wütend aus seinem Fauteuil auf: ›Dumme Gans‹, schreit er sie an, ›verfluchte dumme Gans! ich will nicht sterben! ich will leben! ich will ein warmes Zimmer und einen Gasofen, einen amerikanischen Schaukelstuhl, eine Rente, Orange Jam, Kraftsuppe, Filets mignon; ich will leben!‹*« (ebenda).

Für Altenberg war die Sprache nur noch Ausdruck der eigenen Stimmung, und nichts konnte ihn mehr verstören, als wenn man seine Worte auf eine objektive Situation bezog und Konsequenzen daraus ableitete. Schnitzler charakterisierte diesen Typus Mensch als Literaten: *»Er betrachtet seine Erlebnisse, seine Beziehungen, seine Stimmungen darauf hin, wie er sie etwa zugunsten seiner Produktion verwenden und ausnützen könnte. Seine Erlebnisse sind ihm bewußt oder unbewußt Mittel zum Zweck«* (1927b: 150). Er ist unter allen Typen der unmenschlichste, er *»spart sich auf, auch wo er sich zu verschwenden scheint«* (a.a.O.: 151). Diese Unmenschlichkeit äußerte sich im zweiten Vorfall *»aus dem ›Seelen‹-Kreise, der um den Dichter Peter Altenberg gruppiert ist«* (Hofmannsthal 1959: 135). In jene schöne (aber) verheiratete junge Frau, die den Dichter in Schönheit hatte sterben sehen wollen, verliebte sich *»ein ungewöhnlich begabter und leidenschaftlicher«* Gymnasiast. Sie, die zwar immer schamlos, aber nur bis an eine gewisse Grenze kokettierte, ließ sich dazu überreden, ihrem Gatten alles zu gestehen, um von diesem die Freiheit zu fordern. *»Ihr gefällt die ›Szene‹, die sich daraus machen läßt, sie gesteht dem Manne alles ein, verlangt, er solle sie mit dem Burschen fortlassen«* (a.a.O.: 135 bis 136). Doch der Ehemann weigerte sich, lachte sie aus, und sie schrieb – sogleich umgestimmt – dem Gymnasiasten einen Ab-

schiedsbrief. Dieser wandte sich in seiner grenzenlosen Enttäuschung »*völlig zerstört, ratlos*« an den von ihm hochverehrten Altenberg: »›*Was soll ich tuen?*‹ *A. erwidert ihm:* ›*Was sie tuen sollten? Sich erschießen. Was sie tuen werden? Weiterleben. Ruhig. Weil sie ebenso feig sind wie ich, so feig wie die ganze Generation, innerlich ausgehöhlt, ein Lügner, wie ich. Deshalb werden sie weiterleben und später einmal vielleicht der dritte oder vierte Liebhaber der Frau werden!*‹ – *Darauf geht der Bursch nach Hause und erschießt sich*« (a.a.O.: 136).

Schnitzler hatte sich vorgenommen, diese Vorfälle zu einer Tragikomödie zu verarbeiten, in deren Zentrum die Kritik am Literatenleben hätte stehen sollen. Aber er vollendete dieses Stück nie, obwohl er immer wieder neue Anläufe dazu nahm. 1907 schrieb er an Hofmannsthal, er käme nicht voran. »*Irgend ein Wurzelfehler war da, so daß ich durch Corrigieren nicht weiter kam. Vielleicht muß der Stoff in andere Erde gesetzt werden, doch weiß ich noch nicht in welche*« (Schnitzler-Hofmannsthal 1964). Die andere Erde – wäre das nicht ein anderes *Leben* gewesen? Schnitzler unterlag dem, was Thomas Mann in »Mario und der Zauberer« die »*Negativität einer Kampfsituation*« nannte. »*Wahrscheinlich kann man vom Nichtwollen seelisch nicht leben; eine Sache nicht tun wollen, das ist auf die Dauer kein Lebensinhalt*« (1930: 702). Aber genau das war Schnitzlers Standpunkt, der die Absicht, gleichsam die Moral der Tragikomödie, so umschrieb: »*Zum* ›*Wort*‹. *Unsere ganze Moral besteht vielleicht nur darin, aus diesem unpräzisen Material, das uns das Lügen so leicht, so verantwortungslos, so entschuldbar macht, aus der Sprache etwas Besseres zu machen. Mit Worten so wenig zu lügen, als möglich ist*« (Schnitzler 1966: 27).

Die Lebensumstände, Sitten und Gebräuche von Schnitzler, Hofmannsthal, Beer-Hofmann und anderen Wiener Schriftstellern dieser Generation hat M. Diersch eindrücklich beschrieben. Er hebt die von ihnen beklagte hoffnungslose Vereinsamung und schmerzvolle Resignation, ihre Sensibilität, die bis zur Selbstzerstörung ging, die Geschlossenheit ihres sozialen Kreises hervor. »Profane« Probleme: Geld, Wohnungssuche, Haushalt etc. erschienen ihnen als unerträgliche Last, und mit ihrer Berufsproblematik kamen sie nie zu Rande. Bevor sie Schriftsteller wurden, hatten sie versucht – Schnitzler als Arzt, Hofmannsthal als Universitätsdozent, Beer-Hofmann als Jurist – sich gesellschaftlich zu integrieren, empfanden aber die dabei auftauchenden Zwänge als inakzeptabel. »*In diesem*

Scheitern drückt sich ein Zurückgeworfenwerden in die Isolierung aus ... Der Dichterberuf bleibt als Existenzmöglichkeit in einer

Situation, die zur Vereinsamung drängt« (Diersch 1973: 132-133). Auch im Bereich der Freundschaften herrschte Distanz. Diersch zitiert eine bezeichnende Beschreibung Saltens: »*Merkwürdig bleibt mir bis zum heutigen Tage die gedeckte Herzlichkeit, mit der wir untereinander verkehrten, und die immer wieder ... auf mich den Eindruck von Kühle, ja sogar von Kälte geübt hat. Arthur Schnitzler war gegen jede körperliche Berührung, wie das vertraute Handauflegen auf die Schulter, überaus empfindlich ... eine schier*

unmeßbare Distanz hat Beer-Hofmann immer gewahrt. Einmal sagte er: ›Freunde? Freunde sind wir eigentlich nicht – wir machen einander nur nicht nervös‹« (zit. a.a.O.: 133). Zu Recht versteht Diersch diese Beziehungsakrobatik à la Rilke (»*Wie soll ich meine Seele halten, damit sie nicht an Deine rührt?*«) nicht als Ausdruck eines rücksichtslosen Individualismus: »*Die Distanz entsteht erst aus dem Wissen um die innere Gefährdung des Selbst. Die Scheu vor der Selbstentblößung ist von dem Gefühl getragen, daß im Nachgeben gegenüber der eigenen Zerrissenheit jeglicher menschliche Kontakt unmöglich würde*« (ebenda).

Diese bewußt gestaltete Lebensform muß auch als (ökonomisch wohl abgestützte) Abgrenzung gegen die verachtete, weil als unverantwortlich, ja als schamlos empfundene Literatenexistenz begriffen werden. 1891 erschien Doermanns »Neurotica«, von der man sagen kann, sie sei eine Sammlung all der »Topoi« des literatenhaften Erlebens. Über Doermann schrieb H. Bahr: »*Er ist dennoch ein Dichter. Er trifft oft Vergleiche, Adjective und Metaphern, die es unwiderstehlich beweisen. Er hat sicherlich Talent. Nur seine Art bleibt fraglich. (...) ... es bleibt eine Lust des Verstandes, ohne an das Gefühl zu gelangen*« (1894: 152-153). Als Beispiel zitiert er:

Ich liebe die hektischen, schlanken
Narcissen mit blutrotem Mund;
Ich liebe die Qualengedanken,
Die Herzen zerstochen und wund,

Ich liebe die Fahlen und Bleichen,
Die Frauen mit müdem Gesicht,
Aus welchen in flammenden Zeichen
Verzehrende Sinnengluth spricht.

Ich liebe die schillernden Schlangen,
So schmiegsam und biegsam und kühl;
Ich liebe die klagenden, bangen,
Die Lieder von Todesgefühl.

(...)

Ich liebe, was Niemand erlesen,
Was keinem zu lieben gelang;
Mein eig'nes urinnerstes Wesen,
Und Alles, was seltsam und krank (ebenda)

Oder:

Einmal
Ein einziges Mal nur
Möcht ich mich ganz vergessen
In Deinen Armen,
Möcht ich bewußtlos trunken sein.
Aber ach,
Mag den zerfallenden
Siechgefolterten Leib
Peitschen, schütteln, zusammenwinden
Höchste Wollust
Immer noch, immer noch
Kann ich denken,
Kann ich mich selbst zerfasern,
Regt sich noch
Mein verfluchtes,
Elendes Ich

(zit. n. Greve et al. 1974: 124-125).

Die Sexualität und das Unbewußte
Weininger, der Rechtsdrall des »Subjektiven Faktors«

Alles zu lieben, was seltsam und krank, zu wünschen, daß das zerfasernde Denken endlich aufhöre und das elende, verfluchte Ich Ruhe gebe – das waren Hauptthemen der »Décadence«, die ihre Wurzeln in der Romantik hatte (Rasch 1977: 32). 1886 wurde die Zeitschrift »La Décadence« gegründet, und 1890 nahm auch die deutsche Literatur, unter Bezug auf Richard Wagner, diese Thematik auf: Tannhäusers Verlorenheit, Tristans todessehnsüchtige Liebe, Inzest und Götterdämmerung, Untergang. Von den Göttern hieß es am Ende des Rheingold: *»Ihrem Ende eilen sie zu, / die so stark im Bestehen sich wähnen«* (zit. a.a.O.: 33). Das Spätzeitbewußtsein verdichtete sich im Ausdruck »Fin de siècle«, der erstmals 1884 in Paris als Titel eines Theaterstückes auftauchte und wie eine Zauberformel populär wurde: *»Être fin de siècle, c'est n'être plus responsable ...«* (Schalk 1977: 3). P. Bourget, das *»eigentliche philosophische Gewissen dieser ›fin de siècle‹«* (Bahr 1891: 50), fand mit seinen »Essais de psychologie contemporaine« (1890) auch in

Wien eine breite Resonanz (Greve et al. 1974: 143f., 238). O. Hansson hob 1890 hervor: »*Es ist also Bourgets Hauptaufgabe, eine Diagnose der großen Krankheit des Jahrhunderts zu geben. Unter den vielen Namen, die man dieser Krankheit beilegt: die große Neurose, Pessimismus, Nihilismus, u.a. ... verbirgt sich eigentlich eine Schwächung des Willens, eine Angefressenheit der sittlichen Kräfte. (...) Die allgemeine Unbefriedigung der Gegenwart ist nicht bloß eine vorübergehende Wirkung der socialen Erschütterungen unserer Zeit; sie ist eine unausweichliche Folge des Mißverhältnisses zwischen unseren Bedürfnissen als Culturmenschen und den Ressourcen der äußeren, umgebenden Wirklichkeit. Die ersteren entwickeln sich rascher als die letzteren* –« (zit. a.a.O.: 144). Für die Konstruktion der »neuen« Ideologie lieferte die Psychologie den Bauplan: die Begriffe »Krankheit« und »Nerven« wurden zu Erklärungsmustern für die Probleme der Gegenwart ausgebaut. Je mehr das Bürgertum dazu tendierte, die sie ohnmächtig machende Realität zu verleugnen, und das heißt, unbewußt zu machen, desto stärker wurde der Druck des gesellschaftlich Unbewußten und desto wichtiger wurden die psychologisierenden Kategorien für dessen Zurückweisung.

Wiederum war es H. Bahr, der die neuen Tendenzen erspürte. In seinen »Studien zur Kritik der Moderne« (1894) charakterisierte er die modernen Bestrebungen: Nachdem der Mensch daran gescheitert wäre, durch die Erkenntnis des Menschen und der Natur zum Glück zu kommen, bliebe nur noch der Ort übrig, wo Mensch und Welt zusammentreffen: »*Dort, wo die Berührung der beiden etwas gibt, das nicht Mensch und nicht Welt und dennoch beides ist. Man nennt diesen Funken, der aus ihrer Richtung sprüht, keinem angehört und von beiden enthält, ›impression‹ oder ›sensation‹*« (a.a.O.: 109). Modern wäre: »*La recherche pedantesque des sensations rares*« (a.a.O.: 110). »*Darum nach unempfundenen Reizen das Wühlen durch die schaurigsten Laster, daher das irre Schweifen nach den letzten Winkeln der Erde ... Der Sadismus, der Exotismus ... – das sind nur verschiedene Ausbrüche der nämlichen ›folie sensationniste‹*« (ebenda). Die Kunst suche Neues: »*Nur fort, um jeden Preis fort aus der deutlichen Wirklichkeit, ins Dunkle, Fremde und Versteckte*« (a.a.O.: 111). Von den Symbolisten sagt Bahr: »*Man muß nämlich empfängliche und empfindliche Nerven haben ... Und noch mehr, was seltener und schwieriger ist: Man muß die Gewohnheit der eigenen Analyse haben, welche jeden Vorgang im Verstande auf den Nerven zu verfolgen, wie es dort begleitet wird, und umgekehrt jedes nervöse Ereignis in den Verstand zu übertragen geübt ist«* (a.a.O.: 113). Die Natur, die mit dem Menschen rede, benütze selber die symbolische Technik: im Traume. Der Traum *»und noch vielmehr der Rausch von Morphium, Chloral und Haschisch (sprechen) immer in Symbolen«* (a.a.O.: 114).

Ein anderer Bereich, der sich auch der Forschung eröffne, seien die sexuellen Perversionen, so wie sie vom »Satanismus« thematisiert würden: *»Er ist von jenen neugierigen und nüchternen Grüblern der Wollust erfunden, welche nachdenklich alle Grade der Ausschweifung messen, jeden einzelnen Reiz der Krämpfe und Verzückungen aufmerksam notieren ... geduldige Chemiker der Freuden«* (a.a.O.: 118). *»Es wühlen unvertreiblich und unwiderstehlich, in allen Menschen giftige und wilde Dränge, gerade das Schändliche und Verderbliche zu thun, bloß weil es schändlich und verderblich ist, ohne irgend einen anderen Reiz als den des Ungehorsams wider das Gesetz. (...) Die Huldigung an diesen tiefsten Trieb der Menschheit, an die Wollust im Bösen, ist der Satanismus«* (a.a.O.: 119). In der Literatur um 1900 rückte das Erotische und Sexuelle in den Mittelpunkt, aber es wurde durchgehend dämonisiert (Fritz 1977: 442f.); Baudelaires Bild der Frau als Tigerin, Hexe, Schlange, Ungeheuer, Sphinx wurde von der Literatur (Strindberg, Wedekind, Hofmannsthal) und der Malerei (Stuck, Khnopff, Klinger) aufgenommen. H. Bahr selbst erzählte in seinem Roman »Die gute Schule« (1890) die Geschichte einer Liebe, die sich immer mehr ins Perverse wendete, und auch wenn es der Mann ist, der die Frau (natürlich unter Anrufung Nietzsches) auspeitscht, so erscheint doch die Frau als die, die den Mann ins Unglück stürzt. In der Tragödie »Die Mutter« (1891) geht es um einen dekadenten Lebemann, der von seiner lesbischen und inzestuösen Mutter ebenso wie von einer Dirne zugrunde gerichtet wird. *»Auch hier erscheint das Weib nur als Venus vulgivaga, als fleischgewordene Verkörperung des Sexus triumphans, deren Geschlechtsgier die flackernde Sinnlichkeit des Mannes bei weitem unterlegen ist«* (Hamann und Hermand 1972: 71). Fritz verweist mit Recht darauf, daß diese Darstellungen der Frau um 1900, obwohl sie auf eine lange christliche Tradition fußen, in Zusammenhang der Infragestellung der Institution Ehe, der Lockerung der moralischen und religiösen Normen sowie mit der zunehmenden Bedeutung der Frauenbewegung zu sehen sind (1977: 444f.); die »satanische« Hervorhebung

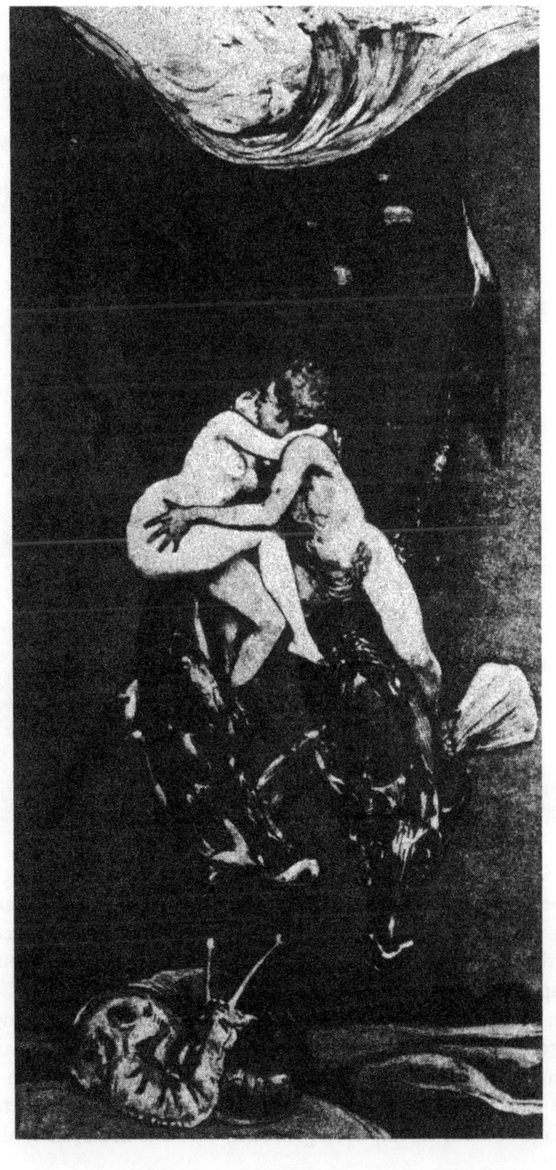

der Sexualität und die Reduktion der Mann-Frau-Beziehung auf Emotionen und Sensationen war auch hier Flucht aus der »*deutlichen Wirklichkeit ins Dunkle, Fremde und Versteckte*«. Wiederum war das Unbewußte nicht als solches faßbar, sondern erschien als metaphysisches Geheimnis.

Im Mai 1903 erschien die erste Auflage von O. Weiningers »Geschlecht und Charakter«. Schon im November desselben Jahres gelangte die zweite Auflage zum Verkauf, 1914 die vierzehnte und 1920 die zwanzigste. Freuds »Traumdeutung«, in einer ersten Auflage von 600 Exemplaren gedruckt, brauchte neun Jahre, bis sie vergriffen war; 1909 erschien die zweite und 1919 die fünfte Auflage. Weininger entwarf eine Typologie der Geschlechter und versuchte, Kultur und Geschichte auf einen unüberwindbaren Mann-Weib-Gegensatz zurückzuführen. Stefan Zweig nannte es ein »*großartige(s), grundlegende(s) Werk*« (1926: 225) und wunderte sich, »*einem so bedeutenden Menschen räumlich und zeitlich nahe gewesen zu sein, ohne ihn innerlich geahnt oder erreicht zu haben*« (a.a.O.: 226). Wittgenstein soll ebenfalls ein Bewunderer von »Geschlecht und Charakter« gewesen sein (Janik and Toulmin 1973: 176) ebenso wie Karl Kraus (a.a.O.: 71f.). In der Einführung zu einer Aphorismensammlung aus Weiningers Werk schrieb R. Saudek: »*Seine Lehre rührt das Tiefste im Menschen auf, zerrt an uralten Glaubenswurzeln ... verlangt gebieterisch prinzipielle Auseinandersetzung. Das wichtigste aller psychischen Probleme schneidet Weininger an. Über Wesensunterschiede und Beziehungen der Geschlechter schreibt er*« (1907: 8). Hervorgehoben wurde sein Anspruch auf die Kongruenz von Denken und Leben, und als er sich wenige Monate nach Erscheinen seines Buches im Beethovenhaus erschoß, stritt man darüber, ob sein Selbstmord Beweis oder Widerlegung seiner Theorien sei. Weininger berief sich immer wieder auf seine eigene Erfahrung (Weininger 1903: Vf.); er »*hielt es für eine seiner wichtigsten Aufgaben, alle Eigenschaften und Triebe durch Selbstbeobachtung auf ihre psychische Bodenständigkeit zu prüfen*« (Rappaport 1907: IX). Der Historiker H. Kohn meint, daß Weiningers Fähigkeit zur Selbstbeobachtung ihn in die Nähe Nietzsches und Ibsens rücke (1962: 39).

Die außerordentliche Resonanz, die Weiningers Buch zuteil wurde, gibt uns ebenfalls interessante Aufschlüsse über die kulturellen Widerstände, denen Freuds Werk begegnete. Beide nahmen die Themen der Zeit auf: Sexualität, Bisexualität, das Verhältnis »bewußt–unbewußt«, die Bedeutung der Erinnerung, der Geisteskrankheit und der Perversionen etc. Warum war »Geschlecht und Charakter« ein solcher Erfolg beschieden, während die »Traumdeutung« kaum zur Kenntnis genommen wurde? Die naheliegende Antwort wäre, daß die »Traumdeutung« ebenso wie die darauffolgenden Bücher Freuds: »Zur Psychopathologie des Alltagslebens« (1904) und »Der Witz und seine Beziehung zum Unbewußten« (1905) sowie die »Drei Abhandlungen zur Sexualtheorie« (1905) hochspezialisierte Werke gewesen seien, im Gegensatz zu Weiningers Buch, das eine allgemeine Vision über das menschliche Dasein entwarf. Aber eine solche Antwort verbirgt mehr als sie erklärt; die »Traumdeutung« beinhaltet mehr als nur eine Theorie des Traumes – sie ist bereits der Entwurf zu einer neuen Wissenschaft, die eine neue Dimension des Alltags, das Unbewußte, freilegt. Wir müssen fragen, weshalb gerade diese Seite von Freuds Leistung den Zeitgenossen (und nicht nur ihnen) verborgen blieb. Was Weininger zum Erfolg verhalf, war dasselbe, was zur Verkennung des Freudschen Ansatzes führte.

Weininger verstand seine Arbeit als Grundlegung zu einer neuen Wissenschaft vom Menschen: *»Der Name ›theoretische Biographie‹ soll das Gebiet gegen Philosophie und Physiologie besser als bisher abstecken, und die biologische Betrachtungsweise, welche von der letzten Richtung in der Psychologie (Darwin, Spencer, Mach, Avenarius) einseitig hervorgekehrt und zum Teil arg übertrieben worden ist, doch dahin erweitern, daß eine solche Wissenschaft über den* gesamten *gesetzmäßigen* geistigen Lebenslauf als Ganzes, *von der Geburt bis zu dem Tode eines Menschen, Rechenschaft zu geben hätte wie über Entstehen und Vergehen und allen einzelnen Lebensphasen irgend einer Pflanze. Und* Biographie, *nicht* Biologie, *sollte sie genannt werden, weil ihre Aufgabe in der Erforschung gleichbleibender Gesetze der* geistigen *Entwicklung des* Individuums *liegt. (...) Die Psychologie müßte anfangen,* theoretische Biographie zu werden« (1903: 159-160). Daß Weininger den Einstieg in diese Problematik über den Bereich der Sexualität und des Unbewußten suchte, zeigt, daß er schärfer als Dilthey, der sich ein ähnliches Programm gesetzt hatte, erkannte, wo die eigentlichen Schwierigkeiten lagen. »*Furcht vor dem Unbekannten ist Furcht vor dem* Unbewußten; *denn nur wessen sich der Mensch bewußt ist, dem gegenüber ist er* frei *(weil es noch außer ihm, über ihm steht)*« (1907: 145). Über die Wirkungsweise des Unbewußten schrieb Weininger: »*Jede Krankheit hat psychische Ursachen, und jede muß vom Menschen selbst, durch seinen Willen, geheilt werden: er muß sie innerlich selbst zu erkennen suchen.* Alle *Krankheit ist nur unbewußt gewordenes, ›in den Körper gefahrenes‹ Psychisches; so wie dieses ins Bewußtsein hinaufgehoben wird, ist die Krankheit geheilt*« (a.a.O.: 70).

Aber die Art und Weise, wie Weininger den Problemen der Sexualität und des Unbewußten nachging, folgte genau den Kraftlinien der damaligen Ideologie und bediente sich der herrschenden Frauenfeindlichkeit sowie des damit assoziierten Rassismus und

Antisemitismus; die gesellschaftlichen Voraussetzungen der ganzen Problematik wurden zum Verschwinden gebracht. Die begeisterte Aufnahme von »Geschlecht und Charakter« war die Folge dieser ideologischen Verkleidung, und wir können vermuten, daß in dem Maße, wie Freud sich zu dieser Ideologie in Widerspruch setzte, auch der Widerstand gegen die Psychoanalyse wirksam wurde.

Weininger verknüpfte den Begriff des Bewußtseins mit dem der Männlichkeit und den des Unbewußten mit Weiblichkeit: »*M lebt bewußt, W lebt unbewußt ... W empfängt ihr Bewußtsein von M: die Funktion, das Unbewußte bewußt zu machen, ist die sexuelle Funktion des typischen Mannes gegenüber dem typischen Weibe, das zu ihm im Verhältnis idealer Ergänzung steht*« (1903: 124). Höchste Form der Bewußtheit ist das Genie, und das ist immer männlich. »*Ein weiblicher Genius ist demnach eine contradictio in adjecto; denn Genialität war ja nur gesteigerte, voll entfaltete, höhere, allgemein bewußte Männlichkeit*« (a.a.O.: 235). Die Frau, als Inbegriff des Unbewußten, hat »*kein Ich, keine Persönlichkeit und keine Freiheit, keinen Charakter und keinen Willen*« (a.a.O.: 261), sie ist alogisch und amoralisch (a.a.O.: 245); ihr Bereich ist die Sexualität: »*Die Frau ist* nur *sexuell, der Mann ist* auch *sexuell. (...) Die Punkte seines Körpers, von denen aus der Mann geschlechtlich erregt werden kann, sind gering an Zahl und streng lokalisiert. Beim Weibe ist die Sexualität diffus ausgebreitet über den ganzen Körper, jede Berührung, an welcher Stelle immer, erregt sie sexuell. (...) Darum weiß der Mann um seine Sexualität, während die Frau sich ihrer Sexualität schon darum gar nicht bewußt werden ... kann, weil sie nichts ist als Sexualität, weil sie die Sexualität selbst ist*« (a.a.O.: 109-110). Weiningers Bemerkungen über das Unbewußte und die Sexualität waren oft durchaus zutreffend, aber dadurch, daß er sie mit dem Begriff »*Weib*« verknüpfte und in dem gnadenlosen und naturgegebenen Kampf zwischen dem Prinzip »*Mann*« und »*Weib*« den Kampf zwischen »Gut« und »Böse« zu erkennen meinte, führte er moralische Normen ein, die die Sexualität und das Unbewußte vollkommen unkenntlich machten. Charakteristisch dafür ist, wie Weininger an den Ödipus-Komplex streift: »*Der Mensch entsteht körperlich durch Vater und Mutter; geistig durch das Verlangen des Etwas, des Absoluten zum Nichts. Mythos von Uranos und Gaia. Insofern sind wir Kinder Gottes und Söhne des Staubes (der Materie) zugleich. Der Mensch kann auch geistig dem Vater oder der Mutter nachgeraten: dem Vater, indem er Gott wird, der Mutter, indem er psychisch zugrunde geht. So entsteht der Mensch durch eine höhere Art von Vererbung als das Tier; er kehrt zum Vater zurück, wenn er die Erbsünde verneint, er taucht in die Verborgenheit des Mutterschoßes unter, wenn er sie bejaht«* (1907: 61). Die unbewältigten Ängste und Größenphantasien flossen unmittelbar in mythologische Formen ein, und die Beziehungen zum realen Vater und zur Mutter blieben nach wie vor im Unbewußten.

Dazu kam seine Identifikation mit den Herrschenden, die ihn die ganze Metaphorik, mit der die Machthaber die Unterworfenen zu beschreiben pflegen, übernehmen und auf die Verhältnisse »Mann–Frau«, »bewußt–unbewußt« projizieren ließ. *»Das höchststehende Weib steht noch unendlich tief unter dem tiefststehenden Manne«* (a.a.O.: 400), und dasselbe galt auch für den Arier in bezug zu den anderen Völkern. Die Chinesen hielt er wegen ihrer Bedürfnislosigkeit und ihrer Zöpfe für weiblich, ebenso die Neger (ebenda). Aber die Juden waren ihm das weiblichste Volk. Wie das Weib hätte auch der Jude kein Ich und keinen Eigenwert, beiden fehlte Größe, und sie würden auch in der Wertschätzung der Sexualität übereinstimmen. Der entscheidende Unterschied wäre, daß das Weib wenigstens an den Mann, während der Jude an nichts glaube. Es überrascht nicht, in welche Richtung Weiningers Gedanken zielen: *»Jüdisch ist der Geist der Modernität ... Unsere Zeit ist nicht nur die jüdischste, sondern auch die weiblichste aller Zeiten ... die Zeit des leichtgläubigsten Anarchismus, die Zeit ohne Sinn für Staat und Recht ... die Zeit der seichtesten unter allen denkbaren Geschichtsauffassungen (des historischen Materialismus), die Zeit des Kapitalismus und des Marxismus, die Zeit, der Geschichte, Leben, Wissenschaft, alles nur mehr Ökonomie und Technik ist. (...) Aber dem neuen Judentum entgegen drängt ein neues Christentum zum Licht; die Menschheit haßt den neuen Religionsstifter, und der Kampf drängt zur Entscheidung wie im Jahre eins. Zwischen Judentum und Christentum, Geschäft und Kultur, zwischen Weib und Mann, zwischen Gattung und Persönlichkeit, zwischen Unwert und Wert ... zwischen dem Nichts und der Gottheit hat abermals die Menschheit die Wahl. Das sind die beiden Pole: es gibt kein drittes Reich«* (a.a.O.: 441).

Weiningers Werk ist ein bemerkenswertes Beispiel dafür, was passieren kann, wenn man sich unvorbereitet aufs Unbewußte einläßt. Selbstbeobachtung reicht da nicht aus. Rappaport schrieb im biographischen Vorwort zu »Über die letzten Dinge«: »*Die Selbstbeobachtung zeigt ihm den inneren Feind, sie gießt das Licht des Bewußtseins über ihn, in dem dieser zugrunde gehen muß. Denn alles Böse im Menschen entsteht nach Weininger durch einen Mangel an Bewußtheit*« (1907: XI). Rappaport erläuterte damit Weiningers Satz: »*Jedes wahre, ewige Problem ist eine ebenso wahre ewige Schuld; jede Antwort eine Sühnung, jede Erkenntnis eine Besserung*« (ebenda). Wiederum stoßen wir auf Weiningers Tendenz, alle Probleme, auch das des Erkennens, mit moralischen Normen zu durchsetzen, und hier wurde auch die selbstquälerische, masochistische Haltung übermächtig. Über »Geschlecht und Charakter« meint Weininger: »*Was ich hier gefunden habe, wird keinen anderen so schmerzen wie mich selbst*«, und: »*Das Buch bedeutet ein Todesurteil; entweder trifft es das Buch oder dessen Verfasser*« (a.a.O.: XVI). Rappaport berichtete von den letzten Tagen Weiningers: »*Ein abgründlicher Pessimismus brach über ihn herein. Trotzdem war er noch imstande, die ›Letzten Aphorismen‹ niederzuschreiben ... (er) bekundete ... große Kraft, indem er auf die Individualität Verzicht leistet und erkennt, daß auch sie nur Ausdruck der Eitelkeit, Knüpfung des Wertes an die Person – daher irdische Täuschung und nicht metaphysische Realität ist*« (a.a.O.: XVIII-XIX). Sein für ihn unakzeptierbares Judentum ging mit seiner Homosexualität eine zerstörerische Mischung ein. Wie seine Zeitgenossen bewunderte auch er die »nordische Rasse« und den »Mann«, zwei Phantasmen, die mit Hilfe der Größen- und Allmachtsphantasien die Identifikation mit der Herrschaft ermöglichten. Von diesen Phantasmen aus, die er trotz seiner Ehrlichkeit und Wahrhaftigkeit nicht durchschauen konnte, mußten sein Judentum und seine Homosexualität wie kafkaeske Todesurteile erscheinen.

Den Gefahren, die Weininger scheitern ließen, war auch Freud ausgesetzt, und aus dessen Biographie müssen wir entnehmen, daß Freud sich dadurch rettete, daß er vorerst einmal den Rückzug antrat. In seinen Anmerkungen zu den Aphorismen des fünfzehnjährigen Freud weist Eißler auf dessen moralisierende Tendenzen hin. Freud schrieb: »*Der ist der schlimmste Egoist, dem es nie eingefallen, sich für einen zu halten*«. Eißler bemerkt dazu: »*Es handelt sich um die Einstellung, daß das Wissen um einen Fehler ... die Schwere des Defekts mildert. (...) In der sittlichen Prämie, die der Selbsterkenntnis eigener Fehler zugesprochen wird, liegt aber auch ein wichtiger Ansporn zur Introspektion und Selbstreflexion.*

Möglicherweise ist die Erleichterung des Schuldgefühls, die durch die Selbsterkenntnis sittlicher Mängel gegeben ist, ein wichtiges, unbewußtes Motiv des Psychologisierens überhaupt« (1974c: 108-109). Wichtig ist nun, daß der junge Freud, der eine Neigung zum Grübeln besaß, sich dieser Gefahren bewußt war; Eißler hebt das hervor und zitiert aus Freuds »Matura-Brief« (1873) die Stelle: »*Ich will Sie nicht auffordern, wenn Sie in irgendwelche zweifelnde Lage kommen, ihre Empfindungen unbarmherzig zu zergliedern, aber wenn Sie es tun, werden Sie sehen, wie wenig Sie sicher an sich haben*« (a.a.O.: 119). Eißler fährt fort: »*Diese Stelle aus dem Brief des 17jährigen hat sicher autobiographische Bedeutung. Offenbar hat der Gymnasiast versucht, seine eigenen ›Empfindungen unbarmherzig zu zergliedern‹, war aber nicht weit gekommen. (...) Möglicherweise legten die vergeblichen Versuche der Selbstanalyse während der Adoleszenz einen wichtigen Grundstock für das spätere Gelingen*« (ebenda). Eißler spricht weiter von Freuds Angst, »*ein Opfer seiner Illusionen zu werden*«, er warne sich selbst davor, »*den Versuchungen der Eitelkeit zu unterliegen. In psychoanalytischer Terminologie würde man sagen, er fürchtete sich vor seinem eigenen Narzißmus*« (a.a.O.: 120). Es tauchen hier also ähnliche Probleme auf wie bei Weininger, nur scheint es, daß Freud ihnen nicht verfiel, und zwar, weil er die masochistischen Tendenzen, denen Weininger hilflos ausgeliefert war, zügeln konnte. Eißler verweist wiederum auf den »Matura-Brief«: »*Wohl wahr*«, schrieb Freud seinem Freund, »*daß auch stärkere Geister vom Zweifel an sich selbst ergriffen werden, ist darum jeder, der sein Verdienst in Zweifel zieht, ein starker Geist? Er kann ein Schwächling an Geist sein, nur ein ehrlicher Mann dabei, aus Erziehung, Gewohnheit oder gar aus Selbstqual*« (ebenda). Auch Freuds Festhalten am Judentum erscheint im Vergleich zu Weininger, der am Tag nach seiner Promotion zum Protestantismus übertrat, eine wesentliche Voraussetzung für die Entdeckung des Unbewußten gewesen zu sein. In seiner »Ansprache im Verein B'nai B'rith« sagte er: »*Und dazu kam bald die Einsicht, daß ich nur meiner jüdischen Natur die zwei Eigenschaften verdanke, die mir auf meinem schwierigen Lebensweg unerläßlich geworden waren. Weil ich Jude war, fand ich frei von vielen Vorurteilen, die andere im Gebrauch ihres Intellekts beschränken, als Jude war ich dafür vorbereitet, in die Opposition zu gehen und auf das Einvernehmen mit der ›kompakten Majorität‹ zu verzichten*« (1926c: 52).

Die Entstehung der psychoanalytischen Kulturtheorie aus der therapeutischen Praxis

Freud und Kraepelin

Pouillon (1970) hat auf die gegenseitige Abhängigkeit zwischen Arzt, Patient und Krankheit im »therapeutischen Dreieck« hingewiesen: Die in einer Gesellschaft gültige Auffassung der Krankheit bestimmt die Arzt-Patient-Relation, welche ihrerseits die Krankheitsvorstellungen bestätigt. In der Gegenüberstellung des »therapeutischen Dreiecks«, an das sich Kraepelin (1856-1926) als Vertreter der institutionellen Psychiatrie hielt, mit demjenigen, das Freud entwickelte, wird die »praktische« Leistung der Psychoanalyse ersichtlich, aus der nicht nur Freuds neue Theorie der Krankheit, sondern auch seine Kulturtheorie hervorging. Die entscheidende Wende erfolgte durch den Einbezug der Selbstreflexion in den therapeutischen Prozeß. »*So wurde der Aufklärer selbst in den Aufklärungsprozeß der Hysterie einbezogen, die therapeutische Rollenverteilung nach dem Schema ›Wissendes Arzt-Subjekt heilt unwissendes, von Obsessionen geplagtes Patienten-Objekt‹ aufgehoben. Um die Neurose zu heilen, muß ihr Opfer selbst zum Therapeuten werden; die dem Ich entglittenen neurotischen Produktionen können nur von ihrem unwissend-ohnmächtigen Autor wieder angeeignet werden. Das Ziel der Neurosentherapie ist Mündigkeit, sie duldet keine Stellvertretung*« (Dahmer 1973: 71). Habermas hat in seinem Buch »Erkenntnis und Interesse« (1968) Freuds Ansatz mit demjenigen Diltheys verglichen. Letzterem ging es darum, mittels der Hermeneutik die entstellten Erinnerungen des Menschengeschlechts wiederherzustellen. Freud dagegen begnügte sich nicht mit der Rekonstruktion: die Verstümmelung der Erinnerung galt ihm nicht als bloßer Fehler, sondern als eine »notwendige«, im Leben des Patienten »sinnvolle« Entstellung. »*Ein verdorbener Text dieser Art kann in seinen Sinn zureichend erst erfaßt werden, nachdem es gelungen ist, den Sinn der Korruption selber aufzuklären*« (a.a.O.: 265-266).

Freud konnte einen neuen Ansatz für das Verstehen entwickeln, weil er nicht wie Dilthey dem Umgang mit Texten verhaftet blieb, sondern sich in eine unmittelbare menschliche Konfrontation einließ. Revolutionär an Freuds Leistung war vorerst einmal seine

Praxis. Die von der »Frankfurter Schule« postulierte Trennung zwischen der konservativen psychoanalytischen Therapie und der revolutionären Theorie scheint mir fragwürdig und einer der Gründe zu sein, weshalb ihr Versuch, die Psychoanalyse in die Sozialwissenschaften einzubeziehen, in der Sackgasse der Theorie der »autoritären Persönlichkeit« einmündete und sich durch methodologische Diskussionen eingrenzte. In Vergessenheit geriet, daß der Zugang zum Unbewußten über die Neudefinition des Arzt-Patient-Verhältnisses möglich gewesen war. Eigentlich hätte man daraus schließen müssen, daß die Aufnahme der psychoanalytischen Erkenntnisse durch die anderen Wissenschaften eine entsprechende Veränderung im Verhältnis des Wissenschaftlers zu seinen Objekten *voraussetzte*. Auch die »Frankfurter Schule« (Adorno, Marcuse, Habermas) ebenso wie Historiker (N. Elias) und Soziologen (T. Parsons) griffen Theorien der Psychoanalyse auf, ohne die Interaktion des Forschers mit seinem Objekt zu verändern. Es ist daher kein Zufall, daß ein Werk wie Freuds »Traumdeutung« in den Sozialwissenschaften fehlt. Adornos (1971) und Habermas' Forderung nach dem Einbezug der Subjektivität in den Forschungsprozeß ist nie im psychoanalytischen Sinn realisiert worden. Solange die Größen- und Allmachtsphantasien im Selbstverständnis der Wissenschaftler gut aufgehoben sind, werden sich der Forscher und die Menschen, mit denen er sich beschäftigt, nicht auf der gleichen Ebene treffen können. Das traditionelle Verhältnis, aufgrund dessen der Forschungsprozeß heute zustande kommt, erweist sich als ein entscheidendes Hindernis, das gesellschaftlich Unbewußte zu erkennen.

Marcuse z.B. geht in »Triebstruktur und Gesellschaft« (1965) davon aus, daß es »*eine in der Psychoanalyse selbst begründete Diskrepanz zwischen Theorie und Therapie*« gäbe (a.a.O.: 241); vereinfachend umschreibt er sie folgendermaßen: »*Während die psychoanalytische Theorie erkennt, daß die Krankheit des Einzelnen letzten Endes durch die Krankheit seiner Zivilisation verursacht ist und durch sie fortdauert, bemüht sich die psychoanalytische Therapie darum, den Einzelnen zu heilen, damit er fortfahren kann, als Teil einer kranken Zivilisation zu funktionieren, ohne sich ihr ganz und gar zu unterwerfen*« (ebd.) Deshalb wird für Marcuse Therapie ein Kurs in Resignation: »*Es ist viel erreicht, wenn es uns gelingt, ›das hysterische Elend in gemeines Unglück‹ zu verwandeln ...*« (a.a.O.: 242). Zwar müsse die psychoanalytische Therapie keineswegs zur vollständigen Anpassung führen, »*trotzdem muß der Analytiker, als Arzt, das soziale Gerüst der Tatsachen, in dem der Patient zu leben hat und das er nicht ändern kann, akzeptieren.* (...) *Infolgedessen gewinnen die kritischen Einsichten der Psychoanalyse ihr volles Gewicht nur auf dem Gebiet der Theorie und vielleicht besonders dort, wo die Theorie sich am weitesten von der Therapie entfernt – in Freuds ›Metapsychologie‹«* (a.a.O.: 242-243).

Marcuse zitiert Freud unvollständig. Am Schluß der »Studien über Hysterie« (1895) schrieb er nämlich: »*Ich habe wiederholt von meinen Kranken, wenn ich ihnen Hilfe oder Erleichterung durch eine kathartische Kur versprach, den Einwand hören müssen: Sie sagen ja selbst, daß mein Leiden wahrscheinlich mit meinen Verhältnissen und Schicksalen zusammenhängt: daran können Sie ja nichts ändern; auf welche Weise wollen Sie mir denn helfen? Darauf habe ich antworten können: – Ich zweifle nicht, daß es dem Schicksal leichter fallen müßte als mir, Ihr Leiden zu beheben: aber Sie werden sich überzeugen, daß viel damit gewonnen ist, wenn es uns gelingt, Ihr hysterisches Elend in gemeines Unglück zu verwandeln. Gegen das Letztere werden Sie sich mit einem wiedergenesenen Seelenleben besser zur Wehr setzen können*« (a.a.O.: 311-312). Ist die Umwandlung von »hysterischem Elend in gemeines Unglück« tatsächlich ein resignativer Prozeß? Er gehört gewiß zur »*Entzauberung der Welt*« (M. Weber), steht also unter der Herrschaft des Realitätsprinzips – aber der Hinweis auf die Möglichkeit, sich in dieser Realität wehren zu können, erlaubt zumindest eine andere Deutung als die, daß Resignation gelehrt werde. In dieser »Umwandlung« liegt eine Grunderfahrung verborgen, die zur Essenz der Kulturtheorie Freuds gehört. Wie die Neurose ist das »*hysterische Elend*« Flucht vor der Realität, d.h. »*daß bei der Neurose ein Stück Realität fluchtartig vermieden, bei der Psychose aber umgebaut wird. Oder: bei der Psychose folgt auf die anfängliche Flucht eine aktive Phase des Umbaus, bei der Neurose auf den anfänglichen Gehorsam ein nachträglicher Fluchtversuch. Oder noch anders ausgedrückt: die Neurose verleugnet die Realität nicht, sie will von ihr nur nichts wissen; die Psychose verleugnet sie und sucht sie zu ersetzen. Normal oder ›gesund‹ heißen wir ein Verhalten, welches bestimmte Züge beider Reaktionen vereinigt, die Realität so wenig verleugnet wie die Neurose, sich aber dann wie die Psychose um ihre Abänderung bemüht. Dies zweckmäßige normale Verhalten führt natürlich zu einer äußeren Arbeitsleistung an der*

Außenwelt und begnügt sich nicht wie bei der Psychose mit der Herstellung innerer Veränderungen« (1924: 365-366). Freuds Ausgangspunkt ist das *»gemeine Unglück«*, *»gemein«* im Sinne von »allgemein«, und seine Kulturtheorie versucht zu erklären, wie dieses *»gemeine Unglück«* in *»neurotisches (oder psychotisches) Elend«* verwandelt wird, statt abgeschafft zu werden.

Die Trennung zwischen »revolutionärer Theorie« und »konservativer Therapie« lenkte die ganze Anstrengung, Psychoanalyse und Sozialwissenschaften miteinander zu verbinden, auf die theoretische Ebene. Dadurch wurde zuwenig in Erwägung gezogen, ob es nicht sinnvoller wäre, die Psychoanalyse in den sozialwissenschaftlichen Forschungsprozeß einzubeziehen. In Analogie zum »therapeutischen Dreieck« könnte man auch von einem »Dreieck des Wissenschaftsbetriebes« sprechen. Der Interdependenz zwischen Krankheitsbegriff–Arzt–Patient entspräche die zwischen Wissenschaftsbegriff–Forscher–Informant. Ebenso wie die Arzt-Patient-Relation täglich die ihr entsprechenden Krankheitsvorstellungen reproduziert und gleichzeitig ihre Legitimation davon ableitet, ebenso liegt im Verhältnis zwischen dem Forscher und seinem Informanten die »Maschine« verborgen, welche die verschiedenen Auffassungen von Wissenschaft produziert. Solange die Psychoanalyse nicht in dieses Verhältnis hineingenommen wird, wird die Verknüpfung auf der theoretischen Ebene immer eklektisch und äußerlich bleiben.

In seiner »Psychiatrie« (1915[8]; 2. Aufl.: 1887) erwähnt Kraepelin die verschiedene Verteilung der Hysterie auf Männer und Frauen. Er stellt fest, daß die Meinung, nur Frauen würden an Hysterie leiden, falsch sei, aber es sei erwiesen, daß mehr Frauen als Männer daran erkrankten, und nennt das Verhältnis in Heidelberg: 1: 2,3. Die Erklärung dafür findet er in biologischen Gegebenheiten: *»Die im allgemeinen zweifellos stärkere Beteiligung des weiblichen Geschlechts an der Hysterie wird ohne weiteres verständlich, wenn wir die innigen Beziehungen des Leidens zu den Gemütsbewegungen berücksichtigen. Offenbar bestehen hier ähnliche Zusammenhänge zwischen der Eigenart der Erkrankung und der stärkeren gemütlichen Erregbarkeit des weiblichen Geschlechts wie bei manisch-depressiven Irresein. (...) Francotte bezeichnete die Hysterie als eine ›amplification dela mentalité féminine habituelle‹«* (1915[8]: 1646). Bei Frauen entspreche die Hysterie mehr einer natürlichen Entwicklungsrichtung, bei den Männern jedoch erwachse sie *»vor-*

zugsweise auf der Grundlage psychopathischer Minderwertigkeit« (a.a.O.: 1647). Vor allem aber sei Alkoholmißbrauch einer der häufigsten Gründe (46,6% bei Männern, bei Frauen 11,4%) (ebenda). Statistisch sei erwiesen, »*daß die Hysterie ganz vorzugsweise eine Erkrankungsform der jugendlichen Altersklassen ist*« (a.a.O.: 1648). Auch das sei aus der größeren Beweglichkeit des Gefühlslebens der Jugend verständlich: »*Auch die Eindrucksfähigkeit, die Neugierde, die Oberflächlichkeit der Gefühlsregungen, die Selbstsucht, die Bequemlichkeit, die Beeinflußbarkeit, der Eigensinn der Hysterischen sind Eigenschaften, die ihr Gegenstück und vielleicht ihre Wurzel in Eigentümlichkeiten der Kinderseele besitzen*« (a.a.O.: 1649-1650). Neben dem Alkoholismus erkennt Kraepelin auch weitere gesellschaftliche Faktoren, die sich auf den Ausbruch der Hysterie auswirken können: 82,9% der männlichen Hysteriker und 83,8% der weiblichen waren ledig. Die Ehe scheine also eine »*größere Sicherheit vor gemütlichen Stürmen*« (a.a.O.: 1653) zu bieten. »*Der Mangel geschlechtlicher Befriedigung nach vorheriger Gewöhnung an sie könnte eine Rolle spielen, doch warnt vor dieser Annahme die Tatsache, daß nahezu 6% unserer weiblichen Hysterischen Prostituierte waren, und daß auch sonst geschlechtliche Enthaltsamkeit keineswegs besonders verbreitet zu sein schien*« (ebenda). In bezug auf die Berufe lasse sich nicht viel Sicheres sagen, immerhin sei ihm aufgefallen, »*daß Fabrikarbeiter und Landarbeiter ganz unverhältnismäßig wenig vertreten zu sein scheinen. Auch unter den Frauen befanden sich ländliche Arbeiterinnen nur in verschwindend kleiner Zahl. Dagegen war in höchstem Maße auffallend der große Anteil an Dienstmädchen und Köchinnen, der nicht weniger als 45,1% aller weiblichen Hysterischen betrug*« (ebenda). Was die Herkunft der Kranken betreffe, so zeige sich, daß ein hoher Prozentsatz von Mädchen vom Lande oder aus kleinen Städten in die Großstadt eingewandert sind. »*Die ununterbrochene Abhängigkeit vom fremden, nicht immer gütigen Willen, die gemütliche Vereinsamung, der Mangel an geeignetem Verkehr, vernünftigen Erholungsmöglichkeiten und an Überwachung, die Einsperrung in die Mauern der Großstadt*« (a.a.O.: 1654) seien an sich schon sehr ungünstige Bedingungen, gerade in jugendlichem Alter. »*Diese Hysterie der weiblichen Dienstboten, bei deren Entstehung die Einwirkungen auf kindliche unentwickelte, wehr- und haltlose Persönlichkeiten die Hauptrolle spielt, dürfte vor allem als Musterbeispiel der Entwicklungshysterie anzusehen sein*« (ebenda). Kraepelin ist der Meinung, daß die Hysterie »*eine Erkrankungsform des unentwickelten, naiven Seelenlebens darstellt; auch die starke Beteiligung des weiblichen Geschlechts, in dem das natürliche Triebleben seine Ursprünglichkeit weit mehr bewahrt hat als beim Mann, könnte in demselben Sinn gedeutet werden*« (ebenda). Deshalb vermutet er, daß unter dem »*züchtenden Einfluß des Daseinskampfes*« allmählich die Vorbedingungen für die hysterischen Entladungsformen der Affekte beseitigt würden. Bei aller Vorsicht gegen Verallgemeinerungen scheint es doch so zu sein, »*daß romanische und slavische Völker eine stärkere Neigung zu hysterischen Erkrankungen aufweisen als germanische. Berücksichtigt man die größere Erregbarkeit und Leidenschaftlichkeit der Romanen und die ausgeprägte gemütliche Weichheit der Slaven gegenüber der ruhigeren und nüchterneren Veranlagung der Germanen, so würde jene Annahme nichts Unwahrscheinliches haben. Auch die Juden mit ihrer Belastung durch lange Inzucht sollen leichter hysterisch werden*« (a.a.O.: 1656). Kraepelin führt weiter aus, daß die erbliche Veranlagung von erheblicher Bedeutung für die Entwicklung des Leidens ist, in 70 bis 80% der Fälle, die er behandelt habe, seien belastende Umstände nachweisbar gewesen (a.a.O.: 1657). Die Hysterie sei oft mit Entartungsprozessen eng verknüpft – das Individuum bleibe auf einer bestimmten unterentwickelten Stufe stehen aufgrund der »*Minderwertigkeit der Anlage*« (a.a.O.: 1658).

Für die Behandlung dieser Kranken sei eine »*Aussprache über verborgenen Kummer*« ratsam, aber »*ein Aufwühlen vergangener Seelenschmerzen (bringe) neue Beunruhigung*« (a.a.O.: 1701). Freuds Methode lehnt er ab, ebenso dessen Theorie, daß die Hysterie in Verbindung mit einem unbefriedigendem Geschlechtsleben stünde. Als Gegenbeweis führt er an, daß Prostituierte, von denen Kraepelin annimmt, daß sie »*geschlechtlich sehr ausreichend befriedigt werden*« (a.a.O.: 1683), auch an Hysterie leiden können. Als Therapie schlägt er verschiedene Vorgehensweisen vor, je nach der Persönlichkeit des Kranken. »*Bei Kindern und geistig unentwickelten Personen, über die der Arzt von vornherein eine große Überlegenheit besitzt, ist es öfters möglich, durch rücksichtslose Überwältigung aller inneren und äußeren Widerstände sofort die vorliegenden Störungen zu beseitigen (›Überrumpelungsverfahren‹). Die starre Beugung des Arms wird einfach mit rascher Gewalt gelockert, der gelähmte Kranke ohne weiteres auf die Füße gestellt und unter steter kräftiger Nachhilfe zum Gehen und Stehen gebracht, ein Lach- oder Schreikrampf durch plötzliches Übergießen mit kaltem Wasser unterdrückt. Leider sind die so erreichten Erfolge nicht immer von Bestand, und ein zweites Mal pflegt die Überrumpelung zu versagen«* (a.a.O.: 1702-1703). Ein anderes Verfahren, das der *»zielbewußten Vernachlässigung«* (ebenda), empfiehlt sich bei Personen, deren Störungen durch eine übermäßige Besorgtheit der Umgebung *»hochgezüchtet«* wurden. Tritt dann das krankhafte Bedürfnis, Mitleid zu erregen, zurück, dann *»ist der Zeitpunkt gekommen, an dem die tätige Einwirkung auf das Seelenleben des Kranken beginnen kann«* (ebenda). Man spreche ruhig und sachlich über das Wesen und die Bedeutung der Krankheitserscheinungen und darüber, *»daß zu ihrer Bekämpfung nur Gemütsruhe und ein fester, zielbewußter Wille notwendig sei«* (ebenda). Allerdings müsse der Kranke versprechen, *»den ihm erteilten Ratschlägen widerspruchslos zu folgen«* (ebenda). Der Arzt müsse alle aufkeimenden Widerstände sofort erkennen und gründlich bekämpfen, um *»sich so die unbedingte Herrschaft über das Gemüt des Kranken zu sichern. Dieses letztere Ziel kann, namentlich gegenüber weiblichen Kranken, unter Umständen durch schroffes, herrisches Auftreten erreicht werden, so daß sie aus Angst alles tun, was man von ihnen verlangt«* (a.a.O.: 1704). Bei schweren Hysterien müsse aber der Arzt verstehen, ein gewisses Freundschaftsverhältnis herzustellen, erst dann sei es möglich, die seelischen Kräfte des Kranken schrittweise und planmäßig zu üben. Anregende und nützliche Arbeit sei *»das wichtigste Heilmittel, unter dessen Einfluß die meisten Beschwerden ganz von selbst zu schwinden pflegen«* (a.a.O.: 1704-1705). Mit fortschreitender Besserung des Kranken müsse der Arzt ihm auch seine Unabhängigkeit zurückgeben.

Betrachten wir die Prinzipien, nach welchen Kraepelin das Bild der Krankheit und deren Behandlung bestimmt, so interessieren uns vor allem jene Elemente, durch die die »symbolische Dimension« ausgeschlossen wird. Auf der Ebene der Theorie geschieht das durch die Zurückführung der Krankheit auf die Konstitution des Patienten sowie durch die Vererbungstheorie. Daß mehr Frauen an Hysterie leiden als Männer, jugendliche mehr als alte, Romanen und Slawen mehr als Germanen, wird auf deren Konstitution zurückgeführt, die unter der Vorherrschaft des – entwicklungsgeschichtlich früheren – Gemüthaften steht. Entsprechend ist auch die Vererbungs- bzw. Degenerationstheorie wichtig für die Erklärung der Krankheit. In enger Wechselbeziehung zu diesen theoretischen Prämissen steht die therapeutische Praxis, die als »Überrumpelungsverfahren« oder »zielbewußte Vernachlässigung« die Herrschaft des Arztes über den Patienten zum Ausdruck bringt. Wird mit dem Patienten gesprochen, so ist es der Arzt, der spricht, und spricht der Patient, dann muß man vermeiden, daß die vergangenen Seelenschmerzen ihn in Unruhe stürzen.

Die Fallgeschichten Kraepelins und seiner Schule, etwa Wilmanns »Zur Psychopathologie des Landstreichers« (1906) bieten, gleichsam wider ihre Absicht, außerordentlich interessantes kulturgeschichtliches Material, und zwar vor allem über die unteren sozialen Schichten: vertriebene Bauern, Dienstmädchen, kleine Angestellte etc. Das Charakteristische ist aber, daß dieses kulturhistorische Material – wie wir es bei Kraepelin gesehen haben – aufgenommen wird, um es wieder auszuschließen. Bei Freud dagegen erscheint es als etwas, was in den Diskurs der Krankheit einbezogen werden muß. Aus diesem Grunde wandelt sich bei Freud die *Kranken*geschichte zur *Lebens*geschichte (Dahmer 1973: 36f.; Marcus 1974).

In seiner »Psychiatrie« bewegte sich Kraepelin auf der Ebene der Abstraktion. Seine drei Bände »Psychiatrische Klinik« (1921) sind konkrete Falldarstellungen, so wie er sie während seiner Vorlesungen zu bringen pflegte. Ich wähle – recht willkürlich – die Krankengeschichte einer 46jährigen Professorsgattin (Fall 78) aus. Kraepelin kennt sie schon seit sieben Jahren.

»*Die schmächtige, blasse, schlecht genährte Kranke muß geführt werden; sie hält die Augen geschlossen und verbirgt das Gesicht mit der Hand. (...) Auf Anreden gibt sie keine Antwort, reicht auch nicht die Hand ... Steche ich sie mit einer Nadel, so zuckt sie zusammen, wehrt aber nicht ab*« (1921: 336-337). Sie sei von mütterlicher Seite her schwer belastet, nach sechzehnjährigem Aufenthalt starb die Mutter in einer Irrenanstalt; deren Bruder war epileptisch, eine Schwester starb jung an Gehirnschlag. Die Patientin war ein Sieben-Monats-Kind, sehr begabt, litt aber schon als Kind viel an religiösen Zweifeln und Selbstvorwürfen. Mit 23 heiratete sie und gebar vier Kinder, die gesund sind. In der Brautzeit spielte sie schon mit Selbstmordgedanken, machte auf der Hochzeitsreise und ebenso mit 38 und 39 Jahren Selbstmordversuche. Der Grund seien Selbstvorwürfe wegen früher Masturbation sowie Angst vor Schmutz und Stecknadeln. Sie litt unter einem Waschzwang, und allmählich verschlimmerte sich ihre Situation so stark, daß sie in die Anstalt eingeliefert werden mußte. Aber da war sie kaum zugänglich und erklärte, sie müsse durch eigenen Willen ihre Schwäche überwinden; sie aß kaum etwas, weil sie befürchtete, in ihrem Essen könnten Nadeln versteckt sein. Nachts konnte sie nicht schlafen; sie befürchtete, sie würde draußen etwas Unrechtes begehen können. Sie wurde entlassen, aber nach einem halben Jahr kam sie freiwillig in die Anstalt zurück. Kraepelin fährt fort mit seiner Darstellung. Charakteristisch ist, daß er minuziös ihr Verhalten beschreibt, aber nie kommt sie selber zur Sprache. Immer wieder wird sie entlassen, immer wieder kehrt sie zurück. »*Vor einem halben Jahr wurde sie uns nochmals zugeführt. Nunmehr war sie völlig unzugänglich, lag steif, mit abgewandtem Kopfe und geschlossenen Augen im Bett, nahm außer Frühstück fast keine Nahrung zu sich, ließ sich alles Essen eingeben und mußte immer geführt werden. (...) Bedienen ließ sie sich nur von einer Schwester. Sie sprach auch nur mit einem der Ärzte, gab aber auch ihm keine Erklärung für ihre Stummheit und das Schließen der Augen, meinte, sie könne sich nicht äußern, wisse aber, daß sie krank sei; sie müsse sich vor unangenehmen Eindrücken schützen. Im übrigen sprach sie sich dem Arzte gegenüber aus, beklagte sich über ihren Mann, über die rohe und verständnislose Behandlung in der Klinik, interessierte sich für ihren Ehescheidungsprozeß, für ihre Kinder und unterhielt sich in ziemlich verworrener Weise über philosophische Fragen*« (a.a.O.: 339-340). Kraepelin schließt den Fall ab mit Erwägungen über die Auswirkungen der Zwangsbefürchtungen und schließt auf eine »Dementia praecox«, also auf Schizophrenie. Die Prognose ist an sich schlecht – der Kranken droht das gleiche Schicksal wie seinerzeit der Mutter, die in einer Anstalt starb. In einer Fußnote ergänzt Kraepelin seine Ausführungen: »*Die Kranke hat sich in den letzten Jahren außerhalb der Anstalt leidlich gut gehalten, sich auch längere Zeit mit Nähen beschäftigt. Sie blieb aber meist nicht lange an einer Stelle, faßte dann unbegründete Abneigung gegen einzelne Personen, wurde verwirrt und machte Verkehrtheiten*« (a.a.O.: 341).

Kraepelin beschränkt sich auf die bloße Beschreibung von Symptomen. Sein großes Ziel war »*eine sich streng an die Erfahrung haltende Stoffsammlung*« (zit. n. Kolle 1956: 178); worum es ihm ging, war, wie er in seinem Lebenslauf schrieb, »*wirklich große und vollständige Beobachtungsreihen mit Sorgfalt durchzuarbeiten*« (zit. n. Kolle 1956: 182). Vom Anfang seiner Tätigkeit an der

Kreisirrenanstalt in München berichtete er: »*Die ersten Eindrücke (...) waren entmutigend. Das verwirrende Gewimmel ungezählter verblödeter, bald unzugänglicher, bald zudringlicher Kranker, mit ihren lächerlichen oder ekelerregenden, bedauernswerten oder gefährlichen Absonderlichkeiten, die Ohnmacht des ärztlichen Handelns, das sich meist auf Begrüßungen und gröbste körperliche Pflege beschränken mußte, die völlige Ratlosigkeit gegenüber allen diesen Erscheinungsformen des Irrseins, für die es keinerlei wissenschaftliches Verständnis gab, ließen mich die ganze Schwere des von mir gewählten Berufes empfinden. (...) Allmählich indessen half mir die abstumpfende Gewöhnung und namentlich der angenehme Verkehr mit den gleichgestimmten Kollegen. (...) Dazu kam noch der Stolz auf die wissenschaftliche Bedeutung unserer Klinik, wie sie sich hauptsächlich in unseren anatomischen Laboratorien und Tierställen ausdrückte*« (zit. n. Kolle 1956: 182-183).

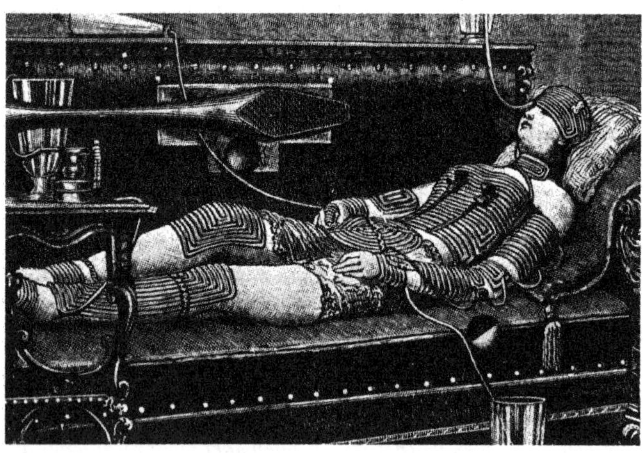

Zwei Dinge gehen aus dieser Selbstdarstellung hevor: 1. Kraepelins Wissenschaftsbegriff und 2. die Arzt-Patient-Relation. Als Wissenschaftler geht es ihm nicht um den Einzelfall, sondern um die Beobachtungsreihe; d.h., daß die Symptome ent-individualisiert werden müssen, um mit anderen vergleichbar zu werden. Dieser Wissenschaftsbegriff ist sowohl das Produkt wie die Bedingung einer bestimmten Arzt-Patient-Beziehung. Bedingung insofern als er den Rahmen setzt, in welchem Arzt und Patient einander begegnen können. Er gibt auch die Legitimation ab, um den Patienten so entfremdend (z.B. mit Nadeln) behandeln und dann beobachten zu können. Ist dann die Beziehung auf diese Weise definiert worden, dann werden auch die entsprechenden Ergebnisse produziert. Schon 1932 hat Gruhle vom Standpunkt der »verstehenden Psychiatrie« Jaspersscher Prägung Kraepelins Urteile, etwa daß die Schizophrenen ›stumpf‹ seien, kritisiert; in seiner »Psychopathologie« bemerkte er: *»Der Schizophrene erschien (z.B. Kraepelin) deshalb stumpf, weil er den bisher gewohnterweise gefühlsbetonten Gegenständen sein Interesse entzog. Kraepelin trug sein Ethos in die Psychiatrie hinein. Er meinte, daß man normalerweise bestimmten Kulturwerten zugewandt, sie hochschätzen, pflegen usw.* müsse. *Da der Schizophrene diese Forderung nicht erfüllt, galt er als stumpf«* (1932: 194).

Wie Kraepelin die Arzt-Patient-Beziehung auffaßte, ging aus der »Psychiatrie« deutlich genug hervor: Der Psychiater ist der »Mächtige«, und seine Wissenschaft besteht aus den Mitteln, den Patienten »zur Vernunft« zu bringen und sich *»die unbedingte Herrschaft über das Gemüt des Kranken zu sichern«* (1915^{8}: 1704). Ein weiterer Punkt aus seiner Selbstdarstellung ist erwähnenswert, nämlich wie er mit der *»Schwere des von ihm gewählten Berufes«* fertig wurde: nicht durch Reflexion und die Bemühung, die auch ihn quälenden Verhältnisse zu verändern, sondern durch Abstumpfung und durch den *»angenehmen Verkehr mit gleichgestimmten Kollegen«* – kurz, durch Abstützung auf der *Institution* Psychiatrie. Wenn er vom *»Stolz auf die wissenschaftliche Bedeutung unserer Klinik, wie sie sich hauptsächlich in unseren anatomischen Laboratorien und Tierställen ausdrückte«* spricht, so klingt das wie eine Fehlleistung, die die Wahrheit zutage bringt: Es sind nicht die geheilten oder zumindest gut gepflegten *Patienten*, auf die er stolz sein kann, denn die gibt es nicht, sondern nur die sezierten Toten und die Tiere, mit denen man experimentieren kann. Es ist bedenklich, daß man Kraepelin heute noch als *»Vater der modernen Psychiatrie«* bezeichnet, ohne anzumerken, wie verheerend gerade diese Abstammung ist, und es klingt wie eine Drohung, wenn Kolle 1956 schreibt: *»Noch leben zahlreiche Psychiater, die ihm persönlich begegnet sind; sie tragen die Fackel, die er entzündete, und reichen sie an die nach uns kommende Generation, die Kraepelin nicht mehr kennt, weiter«* (1956: 181). Kraepelin repräsentiert all das, was Freud in der

Psychiatrie überwinden mußte, um auf das Unbewußte stoßen zu können: den *Wissenschaftsbegriff*, der seine Dignität nur von Beobachtungsreihen ableiten konnte; den *Arztbegriff*, der sich auf eine institutionelle Macht bezog, und schließlich den *Patientbegriff*, der den Leidenden nur als Objekt definierte, dessen Krankheit sinnlos war.

»*Frau Emmy v. N. ..., vierzig Jahre, aus Livland*« (1895: 99) kommt zu Freud 1889 in Behandlung, die während sieben Wochen in einem Wiener Sanatorium stattfindet. Die äußeren Bedingungen sind ganz andere als etwa in Kraepelins Klinik. Die Patientin kann recht frei über ihre Zeit verfügen, ihre Kinder, die von einer Gouvernante behütet werden, so oft sehen, wie sie es wünscht, und vor allem: sie hat das Interesse ihres Arztes. Freud schreibt am Anfang seiner Fallgeschichte: »*Am 1. Mai 1889 wurde ich der Arzt einer etwa vierzigjährigen Dame, deren Leiden wie deren Persönlichkeit mir so viel Interesse einflößten, daß ich ihr einen großen Teil meiner Zeit widmete und mir ihre Herstellung zur Aufgabe machte*« (ebenda). Der »*soziale Ort*« der Hysterie, wie Freud ihre Krankheit diagnostizierte, ist die Großbourgeoisie (Andersson 1979). Er verlegt ihre Familie in die russischen Ostseeprovinzen, wo sie reich begütert ist. Mit dreiundzwanzig Jahren heiratete sie einen Großindustriellen, der »*aber viel älter war als sie. Er starb plötzlich nach kurzer Ehe an einem Herzschlag*« (a.a.O.: 101). Seither ist sie immer krank gewesen, trotzdem aber war sie fähig, »*ihren Anteil an der Leitung eines großen industriellen Unternehmens zu besorgen, die Erziehung ihrer Kinder niemals aus den Augen zu verlieren, ihren Briefverkehr mit geistig hervorragenden Personen fortzusetzen, kurz allen ihren Pflichten soweit nachzukommen, daß ihr Kranksein verborgen bleiben konnte*« (a.a.O.: 161-162). Aus diesen Gründen meint Freud, sei es falsch, bei Hysterikerinnen von »Degenerierten« zu sprechen. Dabei hätte er durchaus die Möglichkeit gehabt, ihre Leiden so zu erklären: Emmy von N.s Mutter war in einer Irrenanstalt in Behandlung gewesen (a.a.O.: 107), einer ihrer Brüder war morphiumsüchtig, eine Cousine geisteskrank, und zweifellos hätten sich leicht – wie in jeder »guten« Familie – weitere Hinweise für eine Bestätigung der Degenerationstheorie finden lassen. Sie litt unter vielerlei Beschwerden: Ticks, wie z.B. ein Schnalzen, mit dem sie sich oft beim Sprechen unterbrach und dessen Endlaute »*jagdkundige Kollegen mit dem Balzen des Auerhahns*« (a.a.O.: 100) verglichen, ferner Stottern, Anorexie,

Genickkrämpfe, Gliederschmerzen, leichte Halluzinationen und Tierphobien. Freud entschloß sich bei Emmy v. N. »*das Breuersche Verfahren der Ausforschung in der Hypnose ... anzuwenden ... Es war mein erster Versuch in der Handhabung dieser therapeutischen Methode, ich war noch weit davon entfernt, dieselbe zu beherrschen, und habe in der Tat die Analyse der Krankheitssymptome weder weit genug getrieben noch sie genügend planmäßig verfolgt*« (a. a. O.: 99). Hier fällt schon ein wesentlicher Unterschied zur Kraepelinschen Darstellungsweise auf: Freud berichtet auch von sich selber; er ist nicht der distanzierte Beobachter des anderen, sondern selber ein Teil des therapeutischen Prozesses. Diese Einstellung ist keineswegs selbstverständlich, und zwar gerade dann nicht, wenn die Hypnose als Heilmethode eingesetzt wird. Im gleichen Jahr, 1889, erschien in der Wiener Medizinischen Wochenschrift ein Artikel von Freud, in welchem er Forels Ansichten über den Hypnotismus referierte: »*Jeder, der einige persönliche Erfahrungen über den Hypnotismus gesammelt hat, wird sich hierbei des Eindrucks erinnern, den es ihm machte, als er zum ersten Male einen bisher ungeahnten Einfluß auf das psychische Leben eines anderen Menschen ausübte und mit einer Menschenseele, wie sonst nur mit einem Tierleib experimentieren konnte! Allerdings erfolgt diese Beeinflussung nur selten ohne Widerstand von Seiten des Hypnotisierten*« (zit. n. Dahmer 1973: 34).

Die Hypnose ist sicherlich das Mittel, das am stärksten die Allmacht des Therapeuten und seine Herrschaft über den Patienten zum Einsatz bringt. Mit der Hypnose bewegte sich Freud durchaus noch im Rahmen der traditionellen Psychiatrie, die zwar oft die Hypnose ablehnte, aber sicher nicht aus der Erwägung heraus, daß sie dem Arzt zuviel Macht in seine Hände spiele. Freud distanzierte sich – vorerst unmerklich – von der traditionellen Psychiatrie, indem er *sich selber* in Frage zu stellen begann. Es sind nicht etwa allgemeine »theoretische« Zweifel an der Wirksamkeit der Hypnose, sondern Freud stellt sich in Frage, indem er den Widerstand des Patienten akzeptiert und nicht, wie Kraepelin, »*sofort gründlich bekämpfen*« muß. Das fiel Freud nicht sehr leicht. Einmal besuchte er sie während des Essens und »*überraschte sie dabei, wie sie etwas in Papier gehüllt in den Garten warf, wo es die Kinder des Hausdieners auffingen*« (a. a. O.: 135); es war nur eine Mehlspeise, aber Freud fiel es auf, daß sie kaum etwas zu essen pflegte und fast alles stehen ließ. Auch trinken mochte sie nicht. Freud befahl ihr, mehr zu essen und zu trinken, worauf sie *»in nicht geringe Aufregung«* (ebenda) geriet. *»Ich werde es tun, weil Sie es verlangen, aber ich sage Ihnen vorher, es wird schlecht ausgehen, weil es meiner Natur widerstrebt, und mein Vater war ebenso«* (ebenda). Tatsächlich aß und trank sie am nächsten Tag, aber sie war *»tief verstimmt und in ungnädiger Laune. Sie klagte über heftige Magenschmerzen«* (a.a.O.: 136). Jetzt müsse sie sich fünf bis acht Tage aushungern, bis sie wieder etwas vertrage. Dann ließ sie sich auch nicht hypnotisieren, *»und an dem wütenden Blicke, den sie mir zuschleuderte, erkannte ich, daß sie in voller Auflehnung begriffen und daß die Situation sehr ernst sei. Ich verzichtete auf die Hypnose, kündigte ihr an, daß ich ihr eine vierundzwanzigstündige Bedenkzeit lasse, um sich der Ansicht zu fügen, daß ihre Magenschmerzen nur von ihrer Furcht kämen; nach dieser Zeit werde ich sie fragen, ob sie noch meine, man könne sich den Magen auf acht Tage hinaus durch ein Glas Mineralwasser und eine bescheidene Mahlzeit verderben, und wenn sie bejahe, werde ich sie bitten abzureisen. Die kleine Szene stand in recht scharfem Kontrast zu unseren, sonst sehr freundschaftlichen Beziehungen«* (ebenda).

Freuds Verhalten entspricht hier ganz dem »klassischen« Stil des Psychiaters, neu war etwas anderes: Emmy v. N. fürchtete sich sehr vor Irrenhäusern, wir hörten bereits, daß eine Cousine und auch ihre Mutter dort eingeliefert worden waren. Als sie einmal Freud davon erzählte, beschwichtigte er sie und gab ihr die hypnotische Versicherung, *»sie werde von einer solchen Anstalt hören können, ohne eine Beziehung auf sich zu verspüren«* (a.a.O.: 107). Aber einige Tage später *»kramt (sie) neue Angstvorstellungen über Irrenhäuser aus, daß dort die Leute mit eiskalten Duschen auf den Kopf behandelt, in einen Apparat gesetzt und so lange gedreht würden, bis sie ruhig sind«* (a.a.O.: 114). Freud merkt, daß er sie das erste Mal bei ihrer Erzählung über Irrenhäuser unterbrochen hatte, und ein wenig unwillig entschließt er sich *»sie in jenem Punkt bis zu Ende anzuhören«* (ebenda). All das passiert während der Hypnose, aus der sie schließlich geweckt zu werden wünscht, was Freud auch sofort tut. Dazu schrieb er folgende Anmerkung: *»Ich verstand diese kleine Szene erst am nächsten Tag. Ihre unbändige Natur, die sich im Wachen wie im künstlichen Schlaf gegen jeden Zwang aufbäumte, hatte sie darüber zornig werden lassen, daß ich ihre Erzählung für vollendet nahm und sie durch meine abschließende Suggestion unterbrach. Ich habe viele andere Beweise dafür, daß sie* *meine Arbeit in ihrem hypnotischen Bewußtsein kritisch überwachte. Wahrscheinlich wollte sie mir den Vorwurf machen, daß ich sie heute in der Erzählung störe, wie ich sie vorhin bei den Irrenhausgreueln gestört hatte ... Am nächsten Tag klärte mich dann eine verweisende Bemerkung über meinen Fehlgriff auf«* (a.a.O.: 115). Am nächsten Tag klagt sie nämlich über Magenschmerzen und Freud fragt sie wie üblich, warum und woher. *»Ihre ziemlich unwillige Antwort war, das wisse sie nicht. Ich gab ihr auf, sich bis morgen daran zu erinnern. Nun sagte sie recht mürrisch, ich solle nicht immer fragen, woher das und jenes komme, sondern sie erzählen lassen, was sie mir zu sagen habe. Ich gehe darauf ein ...«* (a.a.O.: 116). Neu war eben dieses *»Ich gehe darauf ein«*, statt hinter der Aussage der Patientin einen Widerstand zu vermuten, den man unter allen Umständen brechen müsse. Damit bahnte sich bei Freud auch der Weg an, der ihn dazu führte, die Hypnose als Heilmittel aufzugeben. Er selber beschrieb diesen Vorgang in der auf Emmy v. N. folgenden Krankengeschichte Miß Lucy R.s, einer Gouvernante. Diese hatte sich geweigert, hypnotisiert zu werden, Freud beharrte nicht darauf, *»verlangte nur ›Konzentration‹ und ordnete die Rückenlage und willkürlichen Verschluß der Augen als Mittel zur Erreichung dieser ›Konzentration‹ an«* (a.a.O.: 166). Das bedeutete, daß der Anteil der Aktivität des Patienten größer werden mußte (a.a.O.: 217), wenn auch die Arbeit des Arztes dadurch mühsamer wurde (a.a.O.: 169). 1928 beschrieb Freud diesen Schritt weg von der Hypnose zur »freien Assoziation«: *»Anscheinend hatte man sich die Arbeit sehr erschwert und kompliziert; der unschätzbare Gewinn war aber, daß man Einblick in ein Kräftespiel gewann, welches dem Beobachter durch den hypnotischen Zustand verhüllt worden war. (...) Aus der Würdigung der Widerstandsphänomene ergab sich einer der Grundpfeiler der psychoanalytischen Neurosenlehre, die Theorie der Verdrängung«* (1928: 411).

Einen anderen wichtigen Aspekt umschrieb Freud in seiner Schrift »›Psychoanalyse‹ und ›Libidotheorie‹«: *»Aus den Untersuchungen die den Studien von Breuer und Freud zugrunde lagen, ergeben sich vor allem zwei Resultate, die auch durch die spätere Erfahrung nicht erschüttert wurden, erstens: daß die hypnotischen Symptome Sinn und Bedeutung haben, indem sie Ersatz sind für normale seelische Akte; und zweitens: daß die Aufdeckung dieses unbekannten Sinnes mit der Aufhebung der Symptome zusammenfällt, daß also hierbei* wissenschaftliche Forschung *und* therapeutische Bemühung sich decken« (1923: 212; Hervorhebung von mir). Ein weiterer Faktor, um die Hypnose als Methode allmählich aufzugeben, mag auch eine Rolle gespielt haben: der Preis für die hypnotische Behandlung war eine Einbuße an Erinnerungen. In der Hypnose fragt Freud Emmy v. N. eines Abends, »*welches Ereignis ihres Lebens die nachhaltigste Wirkung geübt habe und am öftesten als Erinnerung bei ihr auftauchte*« (1895: 113). Sie antwortete, der Tod ihres Mannes, und Freud läßt sich dieses Erlebnis in allen Einzelheiten von ihr erzählen. Das Kind war erst einige Wochen alt, sie selbst lag noch im Kindbett, als eines Morgens, wie ihr Gatte »*an einem kleinen Tische vor ihrem Bette frühstückte und die Zeitung las, (dieser) plötzlich aufstand, sie so eigentümlich ansah, einige Schritte machte und dann tot zu Boden fiel*« (ebenda). Wiederbelebungsversuche fruchteten nichts. Dann wurde das Kind für viele Monate krank, und Emmy v. N. erzählt chronologisch geordnet ihre Beschwerden gegen das Kind, das auch später ihr große Mühe bereitete, eine Zeitlang gelähmt war, später Visionen hatte, ja daß man es für idiotisch gehalten hatte. Freud fährt fort: »*Ich unterbreche sie hier, weise darauf hin, daß dieses selbe Kind heute normal und blühend ist, und nehme ihr die Möglichkeit, alle diese traurigen Dinge wieder zu sehen, indem ich nicht nur die plastische Erinnerung verlösche, sondern die ganze Reminiszenz aus ihrem Gedächtnis löse, als ob es nie darin gewesen wäre*« (a.a.O.: 113-114). In einer Anmerkung dazu bemerkt aber Freud: »*Ich bin wohl diesmal in meiner Energie zu weit gegangen. Noch eineinhalb Jahre später, als ich Frau Emmy in relativ hohem Wohlbefinden wiedersah, klagte sie mir, es sei merkwürdig, daß sie sich an gewisse Momente ihres Lebens nur höchst ungenau erinnern könne. Sie sah darin einen Beweis für die Abnahme ihres Gedächtnisses, während ich mich hüten mußte, ihr die Erklärung für diese spezielle Amnesie zu geben*« (ebenda).

Der Schritt von der Hypnose zur »Konzentrationsmethode« war eine qualitative Änderung in der Therapie: auch unangenehme Erinnerungen sollten nicht ausgelöscht, sondern vom Bewußtsein wiedererlangt werden. Das Wissen um die eigene Vergangenheit wurde so zu einem Kriterium der Gesundheit. 1905 schrieb er im »Bruchstück einer Hysterie-Analyse«: »*Die Unfähigkeit der Kranken zur geordneten Darstellung ihrer Lebensgeschichte, soweit sie mit der Krankengeschichte zusammenfällt, ist nicht nur charakteristisch für die Neurose, sie entbehrt auch nicht einer großen theoreti-*

schen Bedeutsamkeit« (1905: 174); er nennt drei Gründe, die zu einer Verfälschung der Krankengeschichte als Lebensgeschichte führen: a) bewußte, beabsichtigte Unterlassung aus Scham oder Diskretion, b) bewußte Unaufrichtigkeit: Ereignisse, die dem Patienten während der analytischen Sitzung nicht einfallen, die er aber nachträglich erzählen kann, und schließlich c) Amnesien, Gedächtnislücken, Erinnerungstäuschungen, die ihren Niederschlag in den eigentlichen Krankheitssymptomen finden (a.a.O.: 175). »*Im Verlauf der Behandlung trägt dann der Kranke nach, was er zurückgehalten oder was ihm nicht eingefallen ist, obwohl er es immer gewußt hat. Die Erinnerungstäuschungen erweisen sich als unhaltbar, die Lücken der Erinnerung werden ausgefüllt. Gegen Ende der Behandlung erst kann man eine in sich konsequente, verständliche und lückenlose Krankengeschichte überblicken. Wenn das praktische Ziel der Behandlung dahin geht, alle möglichen Symptome aufzuheben und durch bewußte Gedanken zu ersetzen, so kann man als ein anderes theoretisches Ziel die Aufgabe aufstellen, alle Gedächtnisschäden des Kranken zu heilen. Die beiden Ziele fallen zusammen; wenn das eine erreicht ist, ist auch das andere gewonnen; der nämliche Weg führt zu beiden*« (ebenda).

Freuds Theorie des Gedächtnisses und die damit verknüpfte Praxis der Forschung implizieren ein bestimmtes Verhältnis zu Kultur und Herrschaft. Freud ging davon aus, daß die Erinnerung das Gegebene und das Vergessen das zu Erklärende sei. Was der Mensch an Gutem und Bösem erfährt, findet einen Niederschlag in seinem Bewußtsein; vergißt er seine Erfahrungen, so hat das seine Gründe. Für Nietzsche dagegen war das Vergessen das für den Menschen »selbstverständliche« Verhalten; der Mensch ist das »*notwendig vergeßliche Tier, an dem das Vergessen eine Kraft, eine Form der starken Gesundheit darstellt*« (1887: 286), und das Gedächtnis ist ein Produkt von Kultur und Herrschaft. Freud erklärt das Vergessen folgendermaßen: »*An das Ich des Kranken war eine Vorstellung herangetreten, die sich als unverträglich erwies, die eine Kraft der Abstoßung von Seiten des Ichs wachrief, deren Zweck die Abwehr dieser unverträglichen Vorstellung war. Diese Abwehr gelang tatsächlich, die betreffende Vorstellung war aus dem Bewußtsein und aus der Erinnerung gedrängt ...*« (a.a.O.: 269). 1894 formulierte er denselben Sachverhalt so: »*Bei den von mir analysierten Patienten hatte ... psychische Gesundheit bis zu dem Moment bestanden, in dem ein Fall von Unverträglichkeit in ihrem Vorstellungsleben vorfiel, d.h. bis ein Erlebnis, eine Vorstellung, Empfindung an ihr Ich herantrat, welches einen so peinlichen Affekt erweckte, daß die Person beschloß, diesen zu vergessen, weil sie sich nicht die Kraft zutraute, den Widerspruch dieser unverträglichen Vorstellung mit ihrem Ich durch Denkarbeit zu lösen*« (1894: 61-62). Dieser Ansatz erlaubt es, die Gedächtnislücken in Bezug zu kulturellen Normen zu setzen und damit das Vergessen auf seine gesellschaftliche Funktion hin zu untersuchen. Um diesen Aspekt näher zu erläutern, möchte ich Nietzsches Konzept kurz darstellen. In »Jenseits von Gut und Böse« hatte er jenen Aphorismus geprägt, der Freuds Theorie vorwegzunehmen schien und oft in diesem Sinne zitiert wird: »*›Das habe ich getan‹, sagt mein Gedächtnis. ›Das kann ich nicht getan haben‹ – sagt mein Stolz und bleibt unerbittlich. Endlich – gibt das Gedächtnis nach*« (1886: 78). Auch Nietzsche beschreibt hier einen Verdrängungsvorgang und bringt ihn in Zusammenhang mit Forderungen des »*Stolzes*«, den Freud wohl als »*Überich*« bezeichnet hätte. In der »Genealogie der Moral« beschreibt Nietzsche, ähnlich zergliedernd wie Freud, die Herkunft ethischer Normen, wie der Verantwortlichkeit, durch die der Mensch berechenbar gemacht werde. Als letzte Stufe dieses Prozesses sah er die Errichtung des Gewissens als *innere* Instanz. In »Totem und Tabu« hat Freud ähnliche Themen analysiert, vor allem auch die Entstehung des Gewissens. Aber Nietzsche wählte einen anderen Ansatz als Freud, er fragte: »*Wie macht man dem Menschen-Tiere ein Gedächtnis?*« (1887: 289), während Freud umgekehrt die Frage: »*Wie bringt man den Menschen das Vergessen bei?*« zu beantworten versuchte. Die Verschiedenheit dieser Ansätze impliziert verschiedene Kulturtheorien. Nietzsche schrieb: »*Vielleicht ist sogar nichts furchtbarer und unheimlicher an der Vorgeschichte des Menschen, als seine Mnemotechnik. ›Man brennt etwas ein, damit es im Gedächtnis bleibt: nur was nicht aufhört weh zu tun, bleibt im Gedächtnis‹ – das ist ein Hauptsatz aus der allerältesten (...) Psychologie auf Erden. (...) Es ging niemals ohne Blut, Martern, Opfer ab, wenn der Mensch es nötig hielt, sich ein Gedächtnis zu machen; die schauerlichsten Opfer und Pfänder (wohin die Erstlingsopfer gehören), die widerlichsten Verstümmelungen (zum Beispiel die Kastration), die grausamsten Ritualformen aller religiösen Kulte (und alle Religionen sind auf dem untersten Grunde Systeme von Grausamkeiten) – alles das hat in jenem Instinkte seinen Ursprung, welcher im Schmerz das mächtigste*

Hilfsmittel der Mnemotechnik erriet. (...) Je schlechter die Menschheit ›bei Gedächtnis‹ war, um so furchtbarer ist immer der Aspekt ihrer Bräuche; die Härte der Strafgesetze gibt insbesondere einen Maßstab dafür ab, wieviel Mühe sie hatte, gegen die Vergeßlichkeit zum Siege zu kommen und ein paar primitive Erfordernisse des sozialen Zusammenlebens diesen Augenblickssklaven des Affektes und der Begierde gegenwärtig *zu erhalten*« (a.a.O.: 289-290). Nietzsche betont, daß der Mensch gezwungen werden müsse, an die gesellschaftlichen Forderungen zu denken, und das deckt sich durchaus mit Freuds Annahme. »*Freuds Theorie der kulturellen Institutionen*«, schreibt Dahmer, »*ist im Grunde keine ökonomische, auch keine psychologische, sondern eine politische oder ›Gewalttheorie‹*« (1973: 148-149). Nietzsche identifiziert sich weitgehend mit der Kultur, genauer: mit der »Herrschaft« gegen die Sklaven; Freud dagegen nimmt Stellung für den Affekt und die Begierde, die nicht ausgeschlossen bleiben sollen – Vergeßlichkeit macht krank. Während also Nietzsche die »*Erziehung des Menschengeschlechts*« aus der Sicht der Herrschenden beurteilt, die mit Gewalt den Menschen berechenbar machen, sieht Freud sie aus der Identifikation mit den Leidenden. Daraus ergibt sich auch ein völlig verschiedener Zugang zu einer Theorie der Kultur: »*Je schlechter die Menschheit ›bei Gedächtnis‹ war, um so furchtbarer ist immer der Aspekt ihrer Bräuche*« – Nietzsche deutet die Gewalt der Institutionen, oder wie er sagt: »*Bräuche*«, als ein Mittel zur Herstellung von Bewußtsein. Für Freud jedoch steht diese Gewalt im Dienste der Unbewußtmachung. In »Totem und Tabu« und in »Massenpsychologie und Ich-Analyse« greift er eben diesen Aspekt der Institution heraus; im ersten Buch geht es darum, die Revolte gegen den Vater »vergessen zu machen« und im zweiten, das Ich in den Institutionen – illustriert am Beispiel der Kirche und des Heeres – in eine Regression zu versetzen, damit es seine Autonomie vergesse. Es ist zwar immer das gleiche Phänomen, aber Nietzsche nennt es Herrschaft und Freud Unterdrückung.

Die entscheidende Voraussetzung der traditionellen Psychiatrie, von der sich Freud Schritt für Schritt lösen mußte, war die Vererbungs- bzw. Degenerationstheorie. Dadurch konnte er sich überhaupt erst dem Individuum und dessen Problemen zuwenden. Bereits die Hypnose eröffnete ihm den Zugang zum Unbewußten und zur Vergangenheit des Patienten. Die Psychotherapie wurde zu einer Art historischer Forschung: der Arzt machte sich auf die

Suche nach den traumatischen Ereignissen. Freud berichtete: »*Ich stelle die Frage* (während der Hypnose, M. E.), *warum sie so leicht erschrickt. Sie antwortete: Das sind Erinnerungen aus frühester Jugend. – Wann? Zuerst mit fünf Jahren, als meine Geschwister so oft tote Tiere nach mir warfen, da bekam ich den ersten Ohnmachtsanfall mit Zuckungen ... Dann mit sieben Jahren, als ich unvermutet meine Schwester im Sarge gesehen, dann mit acht Jahren, als mich mein Bruder so häufig durch weiße Tücher erschreckte, dann mit neun Jahren, als ich die Tante im Sarge sah und ihr – plötzlich – der Unterkiefer herunterfiel*« (1895: 104). So sammelte Freud ein außerordentlich reiches Material – aber eigentlich war es unstrukturiert. Es tauchten immer Reihen von Erlebnissen auf, unklar war jedoch, welches Gewicht sie hatten. Übrigens hätte sich auch hier eine in die traditionelle Psychiatrie passende Erklärung angeboten: die der hereditären Disposition: »*Frau v. N. war sicherlich eine neurotisch heriditär belastete Person*« (a.a.O.: 158). Aber er gab sich mit dieser Erklärung nicht zufrieden, ebensowenig wie mit der bloßen Sammlung der traumatischen Erlebnisse. Einen ersten Ansatz zur Strukturierung versprach die Hypothese vom Zusammenhang zwischen Hysterie und Sexualität. »*Als ich die zweite Kranke, Frau Emmy v. N., zu analysieren begann, lag mir die Erwartung einer Sexualneurose als Boden für die Hysterie ziemlich ferne; ich war frisch aus der Schule Charcots gekommen und betrachtete die Verknüpfung einer Hysterie mit dem Thema der Sexualität als eine Art von Schimpf – ähnlich wie die Patientinnen selbst es pflegen*« (a.a.O.: 258), aber von Fall zu Fall trat diese Verbindung deutlicher hervor, und Freud ging diesen Spuren der Sexualität in der Krankheit nach (1896a,b; 1898). Diese Beschäftigung zwang ihn schließlich, seine Aufmerksamkeit vom Individuum weg auf die Gesellschaft zu wenden.

Die Gegenwärtigkeit der Vergangenheit und die Außerkraftsetzung der Geschichte

1896 hielt Freud vor dem Verein für Psychiatrie und Neurologie in Wien über die »Aetiologie der Hysterie« einen Vortrag. Darin entwickelte er zum ersten Mal die Idee, daß es zwischen der frühkindlichen Sexualität und der Hysterie einen Zusammenhang geben muß. Er verglich seine Arbeit mit der eines Archäologen und prägte damit ein Bild, das von da an wesentlich wurde für das Selbstverständnis der Psychoanalytiker: »*Nehmen Sie an, ein reisender Forscher käme in eine wenig bekannte Gegend, in welcher ein Trümmerfeld mit Mauerresten, Bruchstücken von Säulen, von Tafeln mit verwischten und unlesbaren Schriftzeichen sein Interesse erweckte. Er kann sich damit begnügen zu beschauen, was frei zutage liegt, dann die in der Nähe hausenden, etwa halbbarbarischen Einwohner ausfragen, was ihnen die Tradition über die Geschichte und Bedeutung jener monumentalen Reste kundgegeben hat, ihre Auskünfte aufzeichnen und – weiterreisen. Er kann aber auch anders vorgehen; er kann Hacken, Schaufeln und Späten mitgebracht haben, die Anwohner für die Arbeit mit diesen Werkzeugen bestimmen, mit ihnen das Trümmerfeld in Angriff nehmen, den Schutt wegschaffen und von den sichtbaren Resten aus das Vergrabene aufdecken. Lohnt der Erfolg seine Arbeit, so erläutern die Funde sich selbst; die Mauerreste gehören zur Umwallung eines Palastes oder Schatzhauses, aus den Säulentrümmern ergänzt sich ein Tempel, die zahlreich gefundenen, im glücklichen Falle bilinguen Inschriften enthüllen ein Alphabet und eine Sprache, und deren Entzifferung und Übersetzung ergibt ungeahnte Aufschlüsse über die Ereignisse der Vorzeit, zu deren Gedächtnis die Monumente erbaut worden sind*« (1896b: 426-427). Zu jener Zeit ging es Freud noch vor allem um die *Rekonstruktion der Vergangenheit* aus den Trümmern: Die Funde erläutern sich selbst, die »Anwohner« sind nur Hilfskräfte, die man später, bei der Aufschlüsselung der Rätsel, gar nicht mehr braucht. Dieser archäologischen Tätigkeit steht die ethnologische gegenüber: das Ausfragen der »*halbbarbarischen Einwohner*« über das, was sie von ihren Traditionen wissen. Das psychoanalytische Verfahren sollte später die ethnologische und die archäologische Technik miteinander verbinden, damals aber bemühte sich Freud noch um die Freilegung der verschütteten Sexualität. Sehr vorsichtig bereitete Freud seine Zuhörer darauf vor, daß man hinter jedem Symptom sexuelle Probleme zu vermuten habe (a.a.O.: 434). Wäre Freud dabei stehen geblieben, so hätte man ihn vielleicht der Übertreibung geziehen, ihn sonst aber als einen recht originellen Kopf bezeichnet. Was Empörung hervorrief war, daß er die sexuelle Problematik nicht so sehr in der Zeit der Pubertät und Adoleszenz suchte, sondern in der frühen Kindheit. »*Aber hat man nicht ein Recht anzunehmen, daß es auch dem Kindesalter an leisen sexuellen Erregungen nicht gebricht, ja, daß vielleicht die spätere sexuelle Entwicklung durch Kindererlebnisse in entscheidender Weise beeinflußt wird?«* (a.a.O.: 437-438). Nach dieser zaghaften Frage entwickelte Freud seine Verführungstheorie: mehr als man bisher angenommen habe, würden Erwachsene Kinder verführen und sie auf diese Weise sexuell traumatisieren. Diese Verführungen seien der wesentliche Anlaß zur Hysterie.

Diese Verführungstheorie bestimmte die Perspektive einer individualisierenden Kulturtheorie, die dem Erklärungsprinzip »böse Eltern verderben ihre Kinder« folgte und höchstens sozial-hygienische Gesetzmäßigkeiten postulieren konnte. In einem nicht publizierten Manuskript, das er 1892 seinem Freund Fließ schickte, sah Freud als einzigen Weg, um Neurosen zu verhüten, den *»freie(n) sexuelle(n) Verkehr der männlichen Jugend mit Mädchen freien Standes, er ist aber nur zu betreten, wenn unschädliche Mittel da sind, die Konzeption zu verhüten. (...) Beim Ausbleiben dieser Lösung zeigt sich die Gesellschaft als bestimmt, den unheilbaren Neurosen zu verfallen, welche den Lebensgenuß auf ein Minimum herabsetzen, das eheliche Verhältnis zerstören und die ganze Generation durch Heredität ruinieren. Die tieferen Volksschichten, die Malthusianismus nicht kennen, drängen nach, um naturgemäß, angekommen, demselben Verhängnis zu verfallen«* (1962: 67).

In einer 1924 geschriebenen Anmerkung zur Verführungstheorie umschrieb Freud, welche grundlegende Wendung er machen mußte, um jenen ersten Erklärungsversuch – und damit auch die individualisierende Kulturtheorie – zu überwinden: *»All dies* (d.h. die Behauptung von der frühkindlichen sexuellen Erfahrung, M.E.) *ist richtig, aber es ist zu bedenken, daß ich mich damals von der* Überschätzung der Realität *und der* Geringschätzung der Phantasie *noch nicht freigemacht hatte«* (1896b: 440; Hervorhebungen von mir). In einem Brief an Fließ, am 21.9.1897, erklärte er ihm, daß er seine Verführungstheorie aufgeben müßte, und zählte die Gründe auf: Er konnte die Analysen nicht zum Abschluß bringen, die Leute rannten ihm davon, und es wäre auch nicht möglich, *»daß in sämtlichen Fällen der Vater als pervers beschuldigt werden«* müßte (1962: 187). Im Unbewußten gäbe es zudem auch kein Realitätszeichen, *»so daß man die Wahrheit und die mit Affekt besetzte Fiktion unterscheiden kann. (Demnach blieb die Lösung übrig, daß die sexuelle Phantasie sich regelmäßig des Themas der Eltern bemächtigt)«* (ebenda). Freud war ratlos und verwirrt: *»Nun weiß ich überhaupt nicht, woran ich bin, denn das theoretische Verständnis* *der Verdrängung und ihres Kräftespiels ist mir nicht gelungen«* (ebenda). Aber: »*wäre ich verstimmt, unklar, ermattet, so wären solche Zweifel wohl als Schwächeerscheinungen zu deuten. Da ich im gegensätzlichen Zustande bin, muß ich sie als Ergebnis ehrlicher und kräftiger intellektueller Arbeit erkennen und stolz darauf sein, daß ich nach solcher Vertiefung solcher Kritik noch fähig bin. Ob dieser Zweifel nur eine Episode auf dem Fortschreiten zur weiteren Erkenntnis darstellt?«* (a.a.O.: 187-188). Der Ausweg ist in dem Brief bereits angedeutet: »*Noch etwas muß ich anfügen. In diesem Sturz aller Werte ist allein das Psychologische unberührt geblieben. Der Traum steht ganz sicher da und meine Anfänge metapsychologischer Arbeit haben an Schätzung nur gewonnen. Schade, daß man vom Traumdeuten z.B. nicht leben kann«* (ebenda). Im Mai 1897 hatte Freud den Plan zu einer »Traumdeutung« entworfen, und in dieser Zeit lief auch bereits seine Selbstanalyse.

Erst als Freud die »realistische« Verführungstheorie aufgab, war er imstande, die Macht des Unbewußten zu erkennen. Die Verführungstheorie betonte das Tatsächliche und Akzidentielle (1906: 154), als er aber erfaßte, daß es sich um unbewußte Phantasien handelte, die nicht von Fall zu Fall, sondern regelmäßig auftraten, war der Weg offen, um die dahinter liegenden Gesetzmäßigkeiten zu verstehen. Der entscheidende Schritt zur Entdeckung des Ödipuskomplexes war getan (vgl. S. 12). »*Der Ödipuskomplex*«, schreiben Laplanche und Pontalis, »*läßt sich nicht auf eine reale Situation reduzieren, auf die effektive Einwirkung des Elternpaares auf das Kind. Er bezieht seine Wirksamkeit aus der Einführung einer verbietenden Instanz (Verbot des Inzests), die den Zugang zur natürlich gesuchten Befriedigung verschließt und den Wunsch und das Gesetz untrennbar miteinander verknüpft (diesen Punkt hat J. Lacan hervorgehoben). Dies reduziert die Bedeutung des von Malinowski erhobenen und von der sogenannten kulturalistischen Schule wieder aufgegriffenen Einwandes, wonach in bestimmten Zivilisationen, in denen der Vater aller repressiven Funktionen enthoben ist, kein Ödipuskomplex existiert, sondern ein für eine soziale Struktur charakteristischer Kernkomplex: Tatsächlich sind die Psychoanalytiker bemüht, herauszufinden, in welchen realen Personen, sogar in welcher Institution sich in den betreffenden Zivilisationen die verbietende Instanz inkarniert, in welche sozialen Modalitäten sich die vom Kind, seinem natürlichen Objekt und vom Träger des Gesetzes konstituierte Dreiecksstruktur gliedert«* (1967: 355).

Die Aufdeckung des Ödipuskomplexes ermöglichte es, die an sich banale Tatsache, daß jeder Erwachsene einmal ein Kind war, in Zusammenhang mit einer Theorie der Kultur zu bringen. Was den Menschen prägt, ist nicht nur die Auseinandersetzung mit der äußeren, sondern auch die mit der inneren Natur, und dafür ist das Schicksal der Kindheit entscheidend. Damit kamen auch die Triebe, vor allem die Sexualität und die Aggression, in den Erklärungsbereich der Theorie hinein und zeigten eine Dimension auf, die eine außerordentliche Resistenz gegenüber dem historischen Wandel aufzuweisen schien. Für Freud war »Kultur« nur ein dünner Firnis, worunter »der Primitive« nur darauf lauerte, die durch den Ödipuskomplex aufgezwungenen Fesseln abzuwerfen und die archaischen Zustände wieder einzurichten. Den Krieg z. B. verstand er wesentlich unter diesem Aspekt: »*So sind wir auch selbst, wenn man uns nach unseren unbewußten Wunschregungen beurteilt, wie die Urmenschen eine Rotte von Mördern. (...) (Der Krieg) streift uns die späteren Kulturauflagerungen ab und läßt den Urmenschen in uns wieder zum Vorschein kommen*« (1915: 351, 354). Der Ödipuskomplex war der Niederschlag jener Urzustände im Unbewußten, und darin wiederholten sich unablässig der Vatermord und die Kastration. Um die Gegenwärtigkeit der Archaik zu erklären, griff Freud – im Widerspruch zu den gängigen Theorien der Biologie – zur Annahme der Vererbung erworbener Eigenschaften. In »Totem und Tabu« schrieb er von der »*Vererbung psychischer Dispositionen ..., welche aber doch gewisser Anstöße im individuellen Leben bedürfen, um zur Wirksamkeit zu erwachen*« (1913: 190). In der »Geschichte einer infantilen Neurose« bezeichnete er den Ödipuskomplex als eine der »*phylogenetisch mitgebrachten Schemata, die wie philosophische ›Kategorien‹ die Unterbringung der Lebenseindrücke besorgen*« (1918: 155). 1937 ging er sogar so weit zu behaupten, daß psychologische Besonderheiten von Familien, Rassen und Nationen vererbt werden (1937: 86). Und im »Mann Moses und die monotheistische Religion« fuhr Freud fort, von der »*archaischen Erbschaft*« (1939: 204-205) zu sprechen, und zog die Sprachsymbolik als Beweis bei. Für ihn war »*die Vererbung von Erinnerungsspuren an das von Voreltern Erlebte, unabhängig von direkter Mitteilung und von dem Einfluß der Erziehung durch Beispiel*« (a. a. O.: 206), eine Gewißheit. Dabei wußte Freud: »*Unsere Sachlage wird allerdings durch die gegenwärtige Einstellung der biologischen Wissenschaft erschwert, die von der Vererbung erworbener*

Eigenschaften auf die Nachkommen nichts wissen will. Aber wir gestehen in aller Bescheidenheit, daß wir trotzdem diesen Faktor in der biologischen Entwicklung nicht entbehren können« (a.a.O.: 207). Selbstverständlich ist dieser Ansatz scharf kritisiert worden, aber – wie Jones bemerkt – *»hielt Freud von Anfang an bis zum Ende seines Lebens eigensinnig – man kann es nicht anders nennen – an diesem mißachteten Lamarckismus fest«* (1962: III, 365).

Freuds Lamarckismus gehört zu einem ganzen Komplex von Theoremen, die der Psychoanalyse den Vorwurf der Ahistorizität eingetragen haben. Aber die Kritik unterließ es, den Fragen nachzugehen, die Freud durch die Vererbungstheorie zu lösen versuchte, und zog es vor, sie zu leugnen. Das zentrale Problem, das sich auch in der damaligen österreichischen Gesellschaft manifestierte, war der Widerspruch zwischen jenen gesellschaftlichen Bereichen, die sich außerordentlich schnell veränderten, und jenen, die der Geschichte gleichsam trotzten (vgl. S. 54). Dieser Widerspruch trat auch beim Individuum zutage, und Freud sprach in diesem Zusammenhang vom unbewußten »*Wiederholungszwang*«, den er auf die *»konservative Natur der Triebe«* (1920: 38) zurückführte: *»Ein Trieb wäre also ein dem belebten Organischen innewohnender Drang zur Wiederherstellung eines früheren Zustandes ...«* (ebenda). Die Wirkung des Wiederholungszwanges läuft also darauf hinaus, »Geschichte« aufzuheben bzw. rückgängig zu machen. *»Es gibt Menschen, die in ihrem Leben ohne Korrektur immer die nämlichen Reaktionen zu ihrem Schaden wiederholen oder die selbst von einem unerbittlichen Schicksal verfolgt scheinen, während doch eine genauere Untersuchung lehrt, daß sie sich dieses Schicksal unwissentlich selbst bereiten. Wir schreiben dann den Wiederholungszwang dem dämonischen Charakter zu«* (1933: 539). Das heißt, es stellen sich Situationen ein, in welchen das Individuum außerstande ist, mit all den Möglichkeiten und Erfahrungen zu reagieren, über die es tatsächlich verfügt. Von einem unbewußten Zwang getrieben, setzt das Individuum das dürftige Instrumentarium einer längst vergangenen Lebensphase ein und ist somit außerstande, die Probleme der gegenwärtigen Situation zu lösen.

Die Resistenz mancher Bereiche der Kultur gegen die Geschichte ist auch ein ethnologisches und soziologisches Thema. Taylor sprach 1871 von *»survivals«*, Überlebseln: *»Das sind allerhand Vorgänge, Sitten, Anschauungen und so fort, welche durch Gewohnheit in einen neuen Zustand der Gesellschaft hinübergetra-*

gen sind ..., und so bleiben sie als Beweis und Beispiel eines älteren Kulturzustandes, aus dem sich ein neuer entwickelt hat« (1871: 16). Charakteristisches Merkmal dieser »*survivals*« war nach Taylor ihr Funktionsverlust. Früher mögen es wichtige Einrichtungen gewesen sein, aber durch den sozialen Wandel verloren sie ihre Bedeutung und verdankten ihre Existenz nur der menschlichen Trägheit. »*Wie die sociale Entwicklung der Welt fortschreitet, so schwinden die bedeutungsvollsten Gedanken und Handlungen zu bloßen Überlebseln. (...) Kinderspiele, Volksredensarten, absurde Gebräuche mögen praktisch unwichtig sein, aber in der Forschung sind sie nicht ohne Bedeutung, da sie auf eine der lehrreichsten Phasen der frühesten Cultur beruhen. Häßlicher und grausamer Aberglaube erweist sich als Überrest eines ehemaligen barbarischen Zustandes, denn, indem der Mensch diesen beibehält, ist er wie Shakespeares Fuchs,*

Der, noch so zahm, gehegt und eingesperrt
Nicht abläßt von den Tücken seines Stamms«
(a.a.O.: 110).

Das Fortschrittsbewußtsein des 19. Jahrhunderts und die Überzeugung, den Gipfel der Kultur erreicht zu haben, hinderten Taylor daran, statt der Survivals am Rand diejenigen im Zentrum der Gesellschaft zu beachten: z.B. das Königtum oder die Armee. Er hätte dann wahrscheinlich seine These der Funktionslosigkeit vermieden und Malinowski keinen Anlaß zu dessen maliziösen Kritik an den »*Überlebseln*« geboten (1941: 67f.).

Auch Marx verwies auf das Problem der Ungleichzeitigkeit der gesellschaftlichen Entwicklung, d.h. auf den Umstand, daß sich die Verhältnisse an der Basis und im Überbau nicht synchron entwikkeln: »*Die Gesamtheit dieser Produktionsverhältnisse bildet die ökonomische Struktur der Gesellschaft, die reale Basis, worauf sich ein juristischer und politischer Überbau erhebt, und welcher bestimmte gesellschaftliche Bewußtseinsformen entsprechen. Die Produktionsweise des materiellen Lebens bedingt den sozialen, politischen und geistigen Lebensprozeß überhaupt. Es ist nicht das Bewußtsein der Menschen, das ihr Sein, sondern umgekehrt ihr gesellschaftliches Sein, das ihr Bewußtsein bestimmt. Auf einer gewissen Stufe ihrer Entwicklung geraten die materiellen Produktivkräfte der Gesellschaft in Widerspruch mit den vorhandenen Produktionsverhältnissen ... innerhalb deren sie sich bisher bewegt hatten. Aus Entwicklungsformen der Produktivkräfte schlagen diese Verhältnisse in Fesseln derselben um. Es tritt dann eine Epoche sozialer Revolution ein. Mit der Veränderung der ökonomischen Grundlage wälzt sich der ganze ungeheure Überbau langsamer oder rascher um«* (1859: 8-9). Revolutionen sind notwendig wegen der Diskrepanz zwischen der Entwicklung der Produktivkräfte und derjenigen der Produktionsverhältnisse und stellen schließlich die Synchronizität zwischen diesen Bereichen wieder her. Aber auch dann ist die Umwälzung nicht vollständig, sondern verläuft »*langsamer oder rascher*«. Das heißt, daß es in jeder Kultur Teile gibt, die dem Entwicklungsdruck widerstehen, und die als *anachron* bezeichnet werden können. Sie sind in gewisser Hinsicht geschichtslos.

Aus der Sicht der Ethnologie beschäftigte sich Lévi-Strauss mit der Frage nach der Außerkraftsetzung der Geschichte. Zwar ist man heute davon abgekommen, von »geschichtslosen Völkern« zu sprechen, die den Gegenstand der Ethnologie bilden sollen, denn natürlich hat jedes Volk seine Geschichte: »*In Wirklichkeit gibt es gar keine kindlichen Völker; alle sind erwachsen, auch diejenigen, die keine Chronik ihrer Kindheit verfaßt haben*« (Lévi-Strauss 1972a: 29). Aber es gibt grundlegende Unterschiede in der Art und Weise, wie man mit dieser Geschichte umgeht. Lévi-Strauss versuchte mit der Gegenüberstellung von »*kalten*« und »*heißen Kulturen*« eine Annäherung an dieses Problem zu wagen. »*Kalte Kulturen*« nennt er solche, die wie Uhren mechanisch funktionieren, »*heiße Kulturen*« dagegen solche, die wie Dampfmaschinen, also aufgrund thermodynamischer Prinzipizien, betrieben werden: »*Um zu funktionieren, brauchen sie nämlich ein potentielles Gefälle, das durch verschiedene Formen sozialer Hierarchie entsteht, handle es sich nun um Sklaverei, Leibeigenschaft oder Klassenunterschiede*« (1972b: 34). Die »*kalten Gesellschaften*« »*stehen zwar auch innerhalb der Geschichte, versuchen aber, von ihr unberührt zu bleiben, während unsere Gesellschaften die Geschichte sozusagen verinnerlichen, um sie zum Motor ihrer Entwicklung zu machen*« (a.a.O.: 39). Man könnte es auch so sagen: Die »*kalten Kulturen*« bemühen sich, den historischen Wandel einzufrieren, und haben sich durch außerordentlich komplexe Sozialmechanismen versichert, daß statt Fortschritt Wiederholung herrsche. Doch die »*heißen Kulturen*« darf man sich, wie Marx und Engels aufzeigten, nicht »*heiß*« als ganze vorstellen, sie weisen vielmehr Räume mit unterschiedlichen Temperaturen auf, die innerhalb des Systems zu außerordentlichen Spannungen führen können. Folgt man den Anregungen von Lévi-Strauss weiter, kann man die Annahme machen, daß die anachronen Anteile der Kultur ebenso ein Produkt gesellschaftlicher Anstrengungen sind wie die gegen den Wandel immunisierten Institutionen in den kalten Gesellschaften.

Diese Hypothese erlaubt es, die Kulturtheorie Freuds, die sich vorwiegend mit den anachronen Bereichen unserer Kultur beschäftigt, neu zu interpretieren und seine Annahme von der Vererbung erworbener Eigenschaften überflüssig zu machen. In »Totem und Tabu« (1913) untersuchte er die Bedeutung des Vatermordes für die kulturelle Entwicklung: Jede Epoche vollziehe ihn von neuem und entwickle soziale Formen, um mit ihrer Schuld fertig zu werden. In »Massenpsychologie und Ich-Analyse« (1921) führte er diesen Gedanken weiter aus und stellte die psychischen Prozesse dar, die – in jeder Institution wirksam – die als freiwillig erlebte Unterwerfung veranlassen und Herrschaft erleichtern. »Die Zukunft einer Illusion« (1927) behandelte die Macht der Religion, die sich zwar überlebt hat, aber weiterhin den Menschen prägt. Im »Unbehagen in der Kultur« (1930) beschrieb er die menschliche Aggression als das zentrale Problem, das die Kultur bewältigen muß, sah jedoch das aggressive Potential als denjenigen Teil im Menschen an, der am stärksten den kulturellen Bestrebungen, nämlich immer mehr Menschen libidinös aneinander zu binden, trotzte. Freud setzte sich also immer wieder mit dem auseinander, was zwar Geschichte macht, selbst aber von ihr unberührt bleibt. Beim Individuum wirkt der Wiederholungszwang aus dem Unbewußten heraus; gelingt es, ihn bewußt zu machen, so verliert er seinen *»dämonischen Charakter«*. Es wäre also möglich, daß die anachronen Strukturen, die auf der Ebene der Kultur ebenfalls einem Wiederholungszwang zu gehorchen scheinen, ihre Wirksamkeit einer gesellschaftlich etablierten Unbewußtheit verdanken.

In seinem Buch über »Das Gesellschaftsbild der Freudschen Theorie« bemerkt Schülein, daß *»Freud selbst natürlich keine ›Institutionstheorie‹ aufgestellt hat und nicht im soziologischen Sinne zwischen Institution und Organisation usw. unterscheidet«* (1975: 69) Tatsächlich hat Freud keine »soziologischen« Untersuchungen gemacht, aber das heißt noch lange nicht, daß er deshalb gesellschaftliche Probleme immer nur psychologisierend habe erfassen können. Mit der Psychoanalyse ist es ähnlich wie mit der

Ethnologie: aufgrund ihrer Tätigkeit (als Therapie, als Feldforschung) tendiert sie dazu, die Grenzen zwischen den Wissenschaften aufzuheben, und insofern ist es fragwürdig, ihnen vorzuwerfen, daß sie sich nicht an die von jeder Wissenschaft geprägten Begriffe halten. Freuds »Massenpsychologie« ist ein extremes Beispiel dafür.

Er geht von der Frage aus, wie es eigentlich zu den seelischen Wandlungen kommt, von denen der einzelne betroffen wird, sobald er sich in einer Masse befindet. Außerhalb der Masse ist dieser einzelne autonom, kritisch, sich seiner Grenzen bewußt, richtet sich nach dem Realitätsprinzip, gehorcht überlieferten ethischen Normen etc. In der Masse jedoch fallen alle diese »Funktionen« weg – Bilderdenken, Kritiklosigkeit, Forderung nach Illusionen, Vorherrschaft des Phantasielebens determinieren sein Handeln. In dieser Gegenüberstellung von Masse und Individuum hat man die, wenn nicht reaktionäre, so doch bürgerliche Grundeinstellung Freuds entdecken wollen. Schon daß er sich auf Le Bon stützte, den Soziologen der Reaktion auf die Französische Revolution, scheint ein solcher Hinweis zu sein, denn Le Bon ging es darum, die revolutionären Massen zu diskreditieren bzw. die Möglichkeiten zu einer im Dienste der Konservativen stehenden Manipulation aufzuzeigen. Aber ich glaube, daß eine solche Lektüre Freuds Werk nicht gerecht wird; nicht nur, daß er sich von Le Bon deutlich absetzt und die *»positiven Leistungen«* der Masse hervorhebt (1921: 89f.), auch das eigentliche Anliegen der Freudschen Sozialpsychologie wird so nicht sichtbar, nämlich eine Erklärung dafür zu finden, weshalb die Menschen Aspekte ihres Soziallebens unbewußt machen. Aber gerade das macht die »Massenpsychologie« zu einem Grundpfeiler der Ethnopsychoanalyse.

Freuds Massenbegriff ist vieldeutig und verwirrend. Auf den ersten Blick meint er »Masse« im landläufigen Sinn, also Menschenansammlungen, die für eine begrenzte Zeit zusammenkommen und dabei Unwahrscheinliches leisten können – Unwahrscheinliches in zerstörerischer, aber auch in aufbauender Hinsicht. Nach diesen Beschreibungen kommt Freud jedoch zu einer wesentlichen Unterscheidung: er spricht von *»Massen kurzlebiger Art«* – Prototyp: die revolutionären Massen – und von *»stabilen Massen oder Vergesellschaftungen, in denen die Menschen ihr Leben zubringen, die sich in den Institutionen der Gesellschaften verkörpern«* (a.a.O.: 90). Folgt man dieser Beschreibung Freuds, so scheint es sinnvoller zu sein, statt von »Massen«, von »Institutionen« zu sprechen: die

»Massenpsychologie« ist eine Institutionspsychologie. Es ist aber merkwürdig, daß Freud den Ausdruck »Masse« in den Vordergrund stellte und damit viele seiner Leser in die Irre führte. Wollte er damit zum Ausdruck bringen, daß es ihm um die *Individuen* in den Institutionen ging? Oder bot sich der Begriff der Masse deshalb an, weil er damit eher auf die unbewußten Strukturen der vergesellschafteten Individuen stoßen konnte? Auf jeden Fall exemplifizierte Freud das, was er unter Masse verstand, am Heer und an der Kirche, also an zwei Institutionen der Herrschaft. Diese entstehen, indem auf der Grundlage jener kurzlebigen Massen Strukturen aufgebaut werden, die deren Energie so verwandeln, daß sie über eine längere Zeit existieren können. Sich auf Mc Dougall beziehend, nennt er folgende Bedingungen: a) ein gewisses Maß an Kontinuität, das gewährleistet wird, wenn dieselben Personen längere Zeit in der Masse verbleiben und wenn bestimmte Stellungen, wir würden heute »Rollen« sagen, vorhanden sind, die den einander ablösenden Personen zugewiesen werden; b) bestimmte, den Individuen gemeinsame Vorstellungen über die Leistungen und Ansprüche dieser Institution, so daß sich für das Individuum ein Gefühlsverhältnis zum Ganzen ergeben kann; c) rivalisierende Verhältnisse zu anderen Massen; d) ebenso gemeinsame Traditionen, Gebräuche und Einrichtungen, die sich auf das Verhältnis ihrer Mitglieder zueinander beziehen; und schließlich e) eine Gliederung, die sich in der Spezialisierung und Differenzierung der Leistungen, die der einzelne erbringen muß, ausdrückt. Freud faßt diese Bedingungen so zusammen, daß es darum gehe, *»der Masse gerade jene Eigenschaften zu verschaffen, die für das Individuum charakteristisch waren, und die bei ihm durch die Massenbildung ausgelöscht wurden«* (a.a.O.: 94). Damit liefert Freud die Erklärung dafür, weshalb Institutionen wie Individuen funktionieren können. Der Preis, der dafür bezahlt werden muß, ist allerdings hoch: Institutionen funktionieren wie Individuen – aber nur indem sie die Individuen, die in ihnen handeln, ihrer charakteristischen Eigenschaften berauben.

Kommen wir aber noch einmal auf die Frage zurück, wie Massen bzw. Institutionen entstehen. Freud entwickelt die Antwort auf seine typische Weise: er kritisiert die bisherigen Erklärungen, d.h. den *Suggestions*begriff – Massen entstünden durch Suggestion, Nachahmung bzw. Ansteckung. Freuds ambivalente Achtung vor dem Menschen kommt hier zum Ausdruck, wo er eine Erklärung ablehnt, die die leichte Beeinflußbarkeit des Individuums impliziert, es sei nämlich so suggestibel, daß man alles mit ihm machen kann (Adorno 1951: 38). Als zweites kritisiert er die biologisierende Annahme, nach der die Massenbildung auf einen angeborenen Herdentrieb des Menschen zurückführbar wäre. Auch in diesem Falle wäre sie eine *Natur*erscheinung, während Freud sie als ein *gesellschaftlich* bedingtes Phänomen begreift. Die Masse ist für ihn das Produkt eines Führers, und um das zu erklären, greift er zurück auf die Theorie der Urhorde aus »Totem und Tabu«.

Bevor ich aber weiterfahre, möchte ich einige typische Einwände aufgreifen, wie die, die Glaser in seinem Buch »Sigmund Freuds Zwanzigstes Jahrhundert« (1976) zum Ausdruck bringt. Er kritisiert, daß Freud es ablehnt, von einem ursprünglichen und unzerlegbaren sozialen Trieb auszugehen, und dessen Ursprung im engeren Kreis der Familie sucht. Darin sieht Glaser eine »déformation professionelle« des Psychoanalytikers, der sich auch kein adäquates Bild der Gesellschaft machen kann.

»*In einem Augenblick, in dem die Gesellschaft nach einem auch Freud sehr erschütternden verlorenen Krieg in ungeheurem und gewaltsamen Umbruch sich befand, die Menschen um Lebenssinn rangen und die Zerrissenheit der Nation als phänomenales Geschichtsereignis sich darbot, in einem Augenblick also, in dem die Sozialpsychologie mit gewaltigen, weltanschaulich geprägten Massen sich konfrontiert sah, kapselt sich Freud von solcher ›Geschichtlichkeit‹ völlig ab und entwirft das Konzept einer Individual- wie Massenpsychologie ..., die sich aus dem Verhältnis des Einzelnen zu seinen Eltern und Geschwistern, zu seinem Liebesobjekt ... entwikkeln lasse: Er wirft keinen Blick auf die sozialen, politischen, weltanschaulichen, wirtschaftlichen Umwälzungen der Zeit (...) In der Tat – dies war der Freudsche Weg: Autistisch, narzißtisch mit dem Massenphänomen sich beschäftigend, es damit verkennend, aber in der Verkennung doch noch wesentliche Formen der Massenbildung erkennend*« (a.a.O.: 226). Glaser ist eloquenter als andere Autoren, aber Roazen (1971) und Schülein (1975) argumentierten ähnlich. In der »Massenpsychologie« und in »Totem und Tabu« entdeckt Roazen das liberale Gesellschaftsmodell: Staat und Individuum, ohne irgendwelche Gruppierungen dazwischen; deshalb habe ihn auch das Problem des Verhältnisses zwischen Führer und Gefährten so interessiert. »*Man kann natürlich sagen, daß Freuds Theorie wenig zur Erhellung der Tagespolitik beiträgt. Seine intel-*

lektuelle Bindung an das Vater-Sohn-Verhältnis sowie die Aufrechterhaltung des liberalen Gesellschaftsbildes hindern ihn, die Funktionen des weiten Bereichs sozialer Einrichtungen wahrzunehmen, die die Beziehungen des Individuums zu seinem Führer abpolstern. Mit anderen Worten, er sah nicht die Vielfalt der Möglichkeiten im Leben der Gruppe« (1971: 238). Schülein hebt ebenfalls Freuds bürgerliche Vorstellungen der Gesellschaft hervor: »*Das soziale Ganze besteht aus einzelnen Individuen, welche zur Befriedigung ihrer (unausweichlichen) Triebansprüche aufeinander angewiesen sind: jeder Einzelne ist zugleich Objekt des Anderen, in je verschiedener Beziehung*« (1975: 145). Weil Freud das Individuum in den Mittelpunkt stelle und soziale Faktoren vernachlässige, könne er Interaktion nur als psychologischen Vorgang begreifen und bleibe deshalb den Grundpositionen bürgerlicher Gesellschaftstheorie verbunden (a.a.O.: 145-146). Diese Einwände haben durchaus ihre Richtigkeit, doch sind sie ein Hindernis, um Freuds »Institutions«-Analyse zu verstehen. Sucht man bei ihm nämlich nach einer Erklärung der sozio-ökonomischen Bedingtheiten der Institutionen, so wird man natürlich arg enttäuscht sein, aber die kann man ja bei Marx finden. Will man Freud auf die Marxsche Theorie beziehen, so müßte man sagen, daß er sich im Bereich dessen bewegte, was Marx als »Bewußtsein« definierte, und die Prozesse untersuchte, durch die das Postulat »Das gesellschaftliche Sein bestimmt das Bewußtsein« außer Kraft gesetzt wird, und statt dessen Phantasmen und Illusionen zu Motiven des menschlichen Handelns werden.

Diese Zielsetzung macht verständlich, daß Freud, um die Entstehung der »Massen«, d.h. Institutionen, zu erklären, nicht auf die sozio-ökonomischen Verhältnisse Rücksicht nimmt, sondern auf »Totem und Tabu«. Daß dieses Buch in seiner Theorie der Entstehung von Gesellschaft und Religion, gerade aus ethnologischer Sicht, als überholt gelten kann, kann uns jetzt gleichgültig sein, als wichtig erscheint es mir aber im Hinblick auf seine Darstellung der Rolle der Gewalt in der Geschichte. Und hier gehört es zu den wenigen Büchern, die eine Theorie der Gewalt aus der Sicht der Unterdrückten entwickeln. Freud beschreibt auch hier den Menschen als Aufrührer und Revoltierenden, die Könige sitzen nie sicher auf ihren Thronen, der Umsturz droht jederzeit. Das Tabu, das Herrscher und Priester schützte, war eine der frühesten Erfindungen, um deren Privilegien und Eigentum zu sichern.

Gewalt herrscht im Verhältnis zwischen dem Vater und seinen Söhnen in der Urhorde, und diese Urhorde sieht Freud in jeder »Masse«, oder sagen wir doch lieber, in jeder Institution wieder aufleben. »*So wie der Urmensch in jedem Einzelnen virtuell erhalten ist, so kann sich aus einem beliebigen Menschenhaufen die Urhorde wieder herstellen*« (1921: 137). Aber unter welchen Bedingungen? Freud stellt fest, daß es in der »Masse« »*von Anfang an ... zweierlei Psychologien (gab), die der Massenindividuen und die des Vaters, Oberhauptes, Führers. Die Einzelnen der Masse waren so gebunden, wie wir sie heute finden, aber der Vater der Urhorde war frei. Seine intellektuellen Akte waren auch in der Vereinzelung stark und unabhängig, sein Wille bedurfte nicht der Bekräftigung durch den anderer. Wir nehmen konsequenterweise an, daß sein Ich weniger libidinös gebunden war, er liebte niemanden außer sich, und die anderen nur, insoweit sie seinen Bedürfnissen dienten*« (a.a.O.: 137-138).

Zugegebenermaßen kann man sich an Freuds Beschreibung des Vaters, Herrschers und Führers stoßen und dahinter eine Verherrlichung der Elite wittern. Aber das führt wiederum auf eine falsche Fährte. Interessanter finde ich, daß Freud nicht zwei verschiedene Menschenarten annimmt, Herren und Knechte, sondern davon spricht, daß die »*Psychologie der Masse in Individualpsychologie*« umwandelbar sein müsse, »*ähnlich wie es den Bienen möglich ist, aus einer Larve im Bedarfsfalle eine Königin anstatt einer Arbeiterin zu ziehen*« (ebenda). Die Psyche der Massenindividuen kann unter Umständen in die eines Führers verwandelt werden, indem der Führer die Individuen an der Befriedigung ihrer direkten sexuellen Strebungen hindert, sie zur Abstinenz und damit zu den Gefühlsbindungen an ihn und untereinander zwingt. Fallen dieser Zwang und die dahinterstehende Gewalt weg, so wird das Massenindividuum zum Führer. Das Wesen der Massenseele sind nach Freud Gefühlsbindungen (a.a.O.: 100), die aufgrund regressiver Mechanismen zustande kommen; er hebt vor allem die zur Vorgeschichte des Ödipuskomplexes gehörende Identifizierung hervor (a.a.O.: 115). Während im Ödipuskomplex das Individuum die Fähigkeit zur Objektwahl entwickelt, also die Fähigkeit, sich anderen Menschen zuzuwenden, reaktiviert die Masse die Identifizierung, »*die früheste Äußerung einer Gefühlsbindung an eine Person*« (ebenda), die Objektwahl regrediert zur Identifizierung. Die Massenindividuen identifizieren sich mit dem Führer, und anhand des Phänomens der Verliebtheit und später der Hypnose zeigt Freud, wie das Ich der erwachsenen Individuen, die sich innerhalb der Masse bzw. Institution befinden, aufgezehrt wird: der Führer setzt sich an die Stelle des Ich-Ideals (heute würde man eben sagen, des Überichs) und lenkt von dort aus die Realitätswahrnehmung. Gleichzeitig kommt es zu den typischen Regressionserscheinungen: Schwund der bewußten Einzelpersönlichkeit, gleiche Ausrichtung der Gedanken und Gefühle bei allen Massenindividuen, Vorherrschen der Affektivität und des unbewußten Seelischen sowie die Tendenz zur unverzüglichen Ausführung auftauchender Absichten, ohne die Realität in Rechnung zu ziehen. Le Bon zitierend sagt Freud von den Massen: »*Sie fordern Illusionen, auf die sie nicht verzichten können. Das Irreale hat bei ihnen stets den Vorrang vor dem Realen, das Unwirkliche beeinflußt sie ebenso stark wie das Wirkliche. Sie haben die sichtliche Tendenz, zwischen beiden keinen Unterschied zu machen*« (a.a.O.: 85).

Dieses kurze Referat von Freuds »Massenpsychologie« läßt viele Fragen offen: Ist die Führergestalt nicht allzu stark individualisiert, verbirgt sich dahinter nicht die Heldenverehrung des 19. Jahrhunderts? Ist die Gleichsetzung von »Masse« und »Institution« tatsächlich erlaubt, d.h. läßt sich Freuds Konzept auf Institutionen wie die Bürokratie, die Schule, Spitäler, Fabriken etc. anwenden? Fangen wir mit der letzten Frage an, denn Freud gibt da selbst Antwort, indem er die »Massen« Kirche und Heer untersucht. Für beide sei charakteristisch, daß sie durch die »*Vorspiegelung einer Illusion*« funktionieren (a.a.O.: 102), nämlich, daß ein Oberhaupt da sei, das alle gleich liebe und um sie sorge: Christus in der Kirche, der Feldherr in der Armee. Diese Illusion reproduziere die Familienstruktur – der Feldherr ist der Vater, und in der Kirche sind alle »*Brüder in Christo*« (ebenda). Am Phänomen der Panik analysiert Freud die libidinöse Struktur der Masse; hören diese Bindungen auf, etwa wenn der Führer wegfällt, so werde eine »*sinnlose Angst*« frei: Panik. Auf den Einwand, daß es doch umgekehrt sei – wegen der Panik zerfallen die Gefühlsbindungen –, erwidert Freud: »*Die Größe der Gefahr kann nicht beschuldigt werden, denn dieselbe Armee, die jetzt in Panik verfällt, kann allmählich große und größere Gefahren tadellos bestanden haben, und es gehört geradezu zum Wesen der Panik, daß sie nicht im Verhältnis zur drohenden Gefahr steht, oft bei den nichtigsten Anlässen ausbricht. Wenn der Einzelne in panischer Angst für sich selbst zu sorgen unternimmt, so bezeugt er damit die Einsicht, daß die affektiven Bindungen aufgehört haben, die bis dahin die Gefahr für ihn herabgesetzt haben«* (a.a.O.: 105).

Aus dieser Darstellung von Heer und Kirche scheint mir besonders hervorhebenswert, daß die Massen durch die Vorspiegelung der Illusion die Familienstruktur wiederherstellen und so das Individuum in eine Regression versetzen. Natürlich bemerkt Freud, daß die Vorspiegelung einer Illusion nicht so ohne weiteres möglich ist, es müssen die entsprechenden Bedingungen hergestellt werden: »*Kirche und Heer sind künstliche Massen, d.h. es wird ein gewisser äußerer Zwang aufgewendet, um sie von der Auflösung zu bewahren und Veränderungen in ihrer Struktur hinanzuhalten*« (a.a.O.: 101). Der äußere Zwang ist eine wesentliche Bedingung, um in diesen Institutionen eine der Familie ähnliche Struktur herzustellen. Aber gerade diese Interpretation, die die psychische Grundstruktur der Institutionen – gleichgültig welche Funktion sie tatsächlich ausüben, ob im Produktionsprozeß, in der Erziehung, Verteidigung etc. – auf die Familie reduziert, weckt viele Mißverständnisse, man meint vor allem, daß diese Einsicht keine sei, weil sie auf die Tätigkeit des Psychoanalytikers, der sich nur mit der Familie beschäftigt, zurückführbar zu sein scheint. Deshalb ist es notwendig, an Freuds Konzept der Familie im Rahmen seiner Kulturtheorie zu erinnern. »Kultur« und »Familie« stehen nach ihm in einem antagonistischen Verhältnis (vgl. S. 277), das die Dynamik des Ödipuskomplexes ausmacht. Mit der ödipalen Phase und dem notwendigen, von der Gesellschaft gefordertem »*Untergang des Ödipuskomplexes*« sollte die Trennung von der Familie einsetzen, die – durch die Latenzphase verzögert – schließlich in der Pubertät und Adoleszenz endgültig vollzogen werden müßte. Ist das aber nicht der Fall, so sind die geeigneten Bedingungen für neurotische Störungen gegeben. Für Freud ist die Überwindung, die Loslösung von der Familie das Normale, erst dann ist das Individuum autonom. Die Institutionen perpetuieren jedoch die Bindung an die Familie; das Individuum hat sich nicht wirklich von ihr abgelöst, sondern seine Abhängigkeit nur auf die Institutionen verschoben. Damit übernehmen sie aber auch die antagonistischen Züge der Familie in bezug auf die Kultur. Freud illustriert das am Fall der Kirche, die zwar aufgrund ihrer Familienstruktur und der dadurch erzeugten Regression »*rücksichtslose und feindselige Impulse gegen andere Personen*« einzudämmen vermag (1921: 107), dafür aber

»hart und lieblos gegen diejenigen sein (muß), die ihr nicht angehören. Im Grunde genommen ist ja jede Religion eine solche Religion der Liebe für alle, die sie umfaßt, und jeder liegt Grausamkeit und Intoleranz gegen die nicht Zugehörigen nahe. (...) Wenn diese Intoleranz sich heute nicht mehr so gewalttätig und grausam kundgibt, wie in den früheren Jahrhunderten, so wird man daraus kaum auf eine Milderung in den Sitten der Menschen schließen dürfen. Weit eher ist die Ursache davon in der unleugbaren Abschwächung der religiösen Gefühle und der von ihnen abhängigen libidinösen Bindungen zu suchen. Wenn eine andere Massenbildung an die Stelle der religiösen tritt, wie es jetzt der sozialistischen zu gelingen scheint, so wird sich dieselbe Intoleranz auch gegen die Außenstehenden ergeben wie im Zeitalter der Religionskämpfe, und wenn die Differenzen wissenschaftlicher Anschauungen je eine ähnliche Bedeutung für die Massen gewinnen könnten, würde sich dasselbe Resultat auch für diese Motivierung wiederholen« (a.a.O.: 107-108). Intoleranz ist eine Einstellung, die der Aufgabe der Kultur, *»die Menschen zu großen Einheiten zusammenzuballen«* (Freud 1930: 462), große Hindernisse in den Weg legt, und sie ist ein Produkt der den Institutionen aufgezwungenen Familienstruktur.

Freuds »Massenpsychologie und Ich-Analyse« stellt eine Kritik der Institutionen dar, die von der »orthodoxen« Psychoanalyse nicht rezipiert worden ist. Buxbaum (1936) interpretierte das Buch als Anleitung, »massenpsychologische« Zustände in der Schule herzustellen, um die Schüler besser *»erziehen zu können«*. Hartmann mißverstand es als Darstellung von Massenbewegungen im eigentlichen Sinne des Wortes (1944: 44; 1947: 63u.f.); auch Kohut (1974: 96) übersah Freuds Kritik und empfahl die »Massenpsychologie« als ideales (Heil-)Mittel für die psychoanalytischen Gesellschaften. Diese Interpretationen waren möglich aufgrund eines Widerspruchs, der in Freuds Kulturtheorie in seiner Spannung ausgehalten, von den Nachfolgern aber verschleiert wurde. Einerseits vertrat Freud den Standpunkt der Aufklärung und bekämpfte von da aus die *»Illusionen«*, zu denen auch die Illusion der Institution als Familie gehörte. In der »Zukunft einer Illusion« (1927) erwidert er seinem Gesprächspartner, der glaubt, der Mensch könne nicht ohne Illusionen leben: *»Ich meine, Sie verteidigen eine verlorene Sache. Wir mögen noch so oft betonen, der menschliche Intellekt sei kraftlos im Vergleich zum menschlichen Triebleben, und Recht damit haben. Aber es ist doch etwas Besonde-*

res um diese Schwäche; die Stimme des Intellekt ist leise, aber sie ruht nicht, ehe sie sich Gehör geschafft hat. Am Ende, nach unzählig oft wiederholten Abweisungen, findet sie es doch. Dies ist einer der wenigen Punkte, in denen man für die Zukunft der Menschheit optimistisch sein darf, aber er bedeutet an sich wenig. (...) Beachten sie die Verschiedenheit Ihres und meines Verhaltens gegen die Illusion. Sie müssen die religiöse Illusion mit allen Ihren Kräften verteidigen; wenn sie entwertet wird – und sie ist wahrlich bedroht genug –, dann stürzt Ihre Welt zusammen, es bleibt Ihnen nichts übrig, als an allem zu verzweifeln, an der Kultur und an der Zukunft der Menschheit. Von dieser Leibeigenschaft bin ich, sind wir frei. Da wir bereit sind, auf ein gutes Stück unserer infantilen Wünsche zu verzichten, können wir es vertragen, wenn sich einige unserer Erwartungen als Illusionen herausstellen« (a.a.O.: 377-378). Andererseits aber sah Freud in der Aggression des Menschen die größte Gefahr, die die Kultur zu bannen hat. Im »Unbehagen in der Kultur« (1930) schrieb er: »*Infolge dieser primären Feindseligkeit des Menschen gegeneinander ist die Kulturgesellschaft beständig vom Zerfall bedroht. Das Interesse der Arbeitsgemeinschaft würde sie nicht zusammenhalten, triebhafte Leidenschaften sind stärker als vernünftige Interessen. Die Kultur muß alles aufbieten, um den Aggressionstrieben der Menschen Schranken zu setzen, ihre Äußerungen durch psychische Reaktionsbildungen niederzuhalten. Daher also das Aufgebot von Methoden, die die Menschen zu Identifizierungen und zielgehemmten Liebesbeziehungen antreiben sollen ...*« (a.a.O.: 471). Aus dieser Sicht erweisen sich die Verhältnisse, die die »Massenpsychologie« beschreibt, und insbesondere die Übertragung der Familienstruktur in den Institutionen als notwendige Maßnahmen, um die menschliche Aggression zu binden. Diese Bewältigungsform zeigt jedoch beträchtliche Nachteile, die Aggression kann nur *innerhalb der Gruppe* durch libidinöse Bindungen, die mittels Regressionen entstanden sind, neutralisiert werden und wird sich früher oder später nach außen wenden. Um dies zu verhindern, müssen neue größere Institutionen geschaffen werden, aber mit ihnen wächst auch immer das gegen außen abzuführende und die Kultur bedrohende Aggressionspotential. Freuds Exemplifizierung der »Massenpsychologie« an Kirche und Heer verwies kritisch auf diese Entwicklungen und schuf die Voraussetzungen für eine neue Betrachtungsweise der Herrschaft.

Sätze aus der »Massenpsychologie« wie: »*sein* (des Führers,

M. E.) *Wille bedurfte nicht der Bekräftigung durch den anderer. Wir nehmen konsequenterweise an, daß sein Ich weniger libidinös gebunden war, er liebte niemanden außer sich, und die anderen nur insoweit sie seinen Bedürfnissen dienten. Sein Ich gab nichts Überschüssiges an die Objekte ab*« (1921: 327), beschreiben auch die psychische Struktur einer herrschenden *Klasse* und nicht nur die eines Individuums. Die Institution der Herrschaft kommt in der psychischen Dimension dadurch zustande, daß die herrschende Klasse die im Zuge der familiären Sozialisation geschaffenen Instanzen für sich einnimmt, aber das ist nur möglich, wenn diese Instanzen von den Reifungsvorgängen ausgeschlossen werden. Dazu bedient sich die Herrschaft der Regression, in die die Beherrschten versetzt werden müssen, um die zielgehemmten Liebesbindungen herzustellen, die die Aggression im Inneren der Gruppe – und auch die gegen die Herrschaft gerichtete – binden. Die Regression bedeutet immer auch eine Außerkraftsetzung von Geschichte; die rückgängig gemachten Reifungsvorgänge haben den Verlust von historischer Erfahrung zur Folge. Geschichte erscheint aus der regressiven Position als Wiederholung des ödipalen Konfliktes, des Kampfes der Brüder gegen den Vater, der Abwehr der Bedrohung durch die überwältigende frühe Mutter etc. Freuds Geschichtsbild, das *diese* Erfahrungen hervorhob, war adäquater als die optimistischen Darstellungen des Fortschritts seiner Zeitgenossen, aber dabei blieb ein Problem offen: Ist die Dominanz der infantilen Erfahrung ein anthropologisches Faktum, das von sich aus die Schicksale des Menschen bestimmt, d. h., genügt es, die frühe Kindheit zu studieren, um die Entwicklungen der Kultur zu verstehen? Dann sind jedoch Freuds Annahmen aus der »Massenpsychologie« nicht notwendig: der Mensch wäre dann das ewige Kind – eine Gedankenrichtung, die z. B. Roheim in seiner Kulturtheorie weiter entwickelt hat –, und es wäre nicht einzusehen, weshalb Regressionen, das Aufgeben bereits erreichter Positionen, als Erklärungen für das soziale Verhalten der Menschen herangezogen werden sollen. Nimmt man jedoch die Regressionshypothese an, muß man nach den Voraussetzungen fragen, unter welchen die Regressionsbahnen gelegt werden. Betrachtet man die Entwicklung des Individuums, so erkennt man in der Adoleszenz eine ähnlich plastische Phase, wie es die frühe Kindheit ist, und es liegt nahe, den Stellenwert der Adoleszenz für die Kulturentwicklung zu untersuchen. Freuds »Massenpsychologie« muß durch eine

Sozialisationstheorie ergänzt werden, die der Bedeutung der Adoleszenz gerecht wird.

Das Angewiesensein der Herrschaft auf die Regression macht Unbewußtheit zu einer Voraussetzung, um auf diese Art Macht auszuüben. Freud zeigt auf, daß das Individuum in der »Masse«, in der Institution, auch Positionen des Bewußtseins – die »sekundären Prozesse«, das Realitätsprinzip – aufgeben muß. Die dann in der Gruppe zustande gekommenen libidinösen, Aggressionen bindenden Strebungen kann man gleichsam als Prämien für den Verlust an Bewußtheit betrachten. Aber die Entwicklung der Produktivkräfte und der Grad an Bewußtsein, der zu ihrer Lenkung notwendig wird, verwandelt die einst mit den Verhältnissen synchrone Lösung der menschlichen Aggressionsproblematik in eine anachrone. In diesem Zusammenhang stellt sich das Problem der Ambiguität des Unbewußten: einerseits ist es der Ort des Begehrens, in welchem die Wünsche virulent sind, die sich nicht mit der schlechten Wirklichkeit aussöhnen lassen; andererseits aber wird das Unbewußte zum Komplizen der Herrschaft und zur Stütze überholter Verhältnisse.

Die soziale Relevanz des Unbewußten

Der aufklärerische Impetus der Psychoanalyse lenkt die Aufmerksamkeit des Wissenschaftlers zuerst auf jene Bereiche, in welchen Unbewußtheit – wie in der Neurose – zusammen mit einem grundsätzlich beseitigbaren Leiden auftaucht. Die Beschäftigung mit Phänomenen wie Rassenhaß, Hexenwahn, Menschenopfer, Krieg oder mit dem Verhältnis der Geschlechter zueinander etc. läßt schließlich jede Form von Unbewußtheit als abschaffenswert erscheinen. Es mag einem dabei wie Freud ergehen, der 1928 in einem Brief an I. Hollós, einem ungarischen Psychiater, der ihm ein Buch über Probleme der Geisteskrankheiten und Irrenanstalten geschickt hatte, sich dafür entschuldigt, nicht schon früher gedankt zu haben, und hinzufügt: »*Ich gestand mir endlich, es komme daher, daß ich diese Kranken nicht liebe, daß ich mich über sie ärgere, sie so fern von mir und allem Menschlichen empfinde. Eine merkwürdige Art der Intoleranz, die mich zum Psychiater bestimmt untauglich macht. Im Laufe der Zeit habe ich aufgehört, mich selbst interessant zu finden, was gewiß analytisch inkorrekt ist, und bin darum in der Erklärung dieser Einstellung nicht weiter gekommen. Können Sie mich besser verstehen? Benehme ich mich dabei wie frühere Ärzte gegen die Hysteriker, ist es die Folge einer immer deutlicher gewordenen Parteinahme für das Primat des Intellekts, der Ausdruck einer Feindseligkeit gegen das Es? Oder was sonst?*« (zit. n. Schur 1966: 10). Die Parteinahme für das Primat des Intellekts war sicher eine entscheidende Voraussetzung, um sich aufs Unbewußte einzulassen, ohne es mythologisieren zu müssen. Die Vernunft war wie ein Spiegel, in welchem das Unbewußte wie Gorgos Haupt in Perseus' Schild reflektiert und beobachtet werden konnte, ohne den Forscher zu Stein erstarren zu lassen. Aber Freuds Verhältnis zum Unbewußten war zwiespältig. Seine Feindseligkeit gegenüber dem Es gleicht demjenigen des Bauern, der seine Arbeit von der Natur bedroht sieht. Von der Psychoanalyse schrieb er: »*Ihre Absicht ist es ja, das Ich zu stärken, es vom Überich unabhängiger zu machen, sein Wahrnehmungsfeld zu erweitern und seine Organisation auszubauen, so daß es sich neue Stücke des Es aneignen kann. Wo Es war, soll Ich werden. Es ist Kulturarbeit etwa wie bei der Trockenlegung der Zuydersee*« (1933: 516). Das Es, der eigentliche Kern des Unbewußten, hat in Freuds Gleichnis den Stellenwert von »Natur«, die zum Ich urbar gemacht werden soll. Vom Ich aus gesehen, erscheint das Es als das bedrohliche Element, das – wie das Meer das ihm abgetrotzte Land – die bewußten

Elemente des Ichs wieder ins Unbewußte zurücksinken lassen kann. Gleichzeitig sind aber das Es und damit das Unbewußte ebensowenig abschaffbar wie die Natur. Hartmann verweist auf jene Aktivitäten, »*die nur angemessen vollbracht werden können, wenn die höheren Ich-Funktionen, darunter rationales Denken und Handeln, zeitweilig stillgelegt werden. Die Unfähigkeit, diese Funktionen vorübergehend auszuschalten, kann den Charakter eines neurotischen Symptoms haben ... Es gibt wohlbekannte klinische Beispiele, so gewisse sexuelle Störungen und Einschlafschwierigkeiten, die beide auf eine pathologische Furcht vor dem Verlust der Ich-Kontrolle zurückgehen*« (1947: 67). Wo Ich war, muß somit auch Es werden können. Und diese Fähigkeit spielt gerade im schöpferischen Prozeß eine entscheidende Rolle (Kris 1952; Müller-Braunschweig 1977). Am Beispiel von Goethes Selbstmordphantasien während der Vorbereitungszeit zum »Werther« illustriert Eißler seine These, das Wesentliche am schöpferischen Prozeß des Genies sei es, unbewußte Inhalte ichgerecht werden zu lassen: »*Die Phase in Goethes Vorbereitung für die Schöpfung des Werther kann unter diesem Gesichtspunkt als Versuch, abgewehrte Inhalte ichgerecht zu machen, angesehen werden. Im allgemeinen wehren wir uns gegen den Einbruch des Verdrängten. Das Ich läßt sich Abkömmlinge des Verdrängten gefallen, so lange es nicht die Kontrolle verliert. Wenn es das Verdrängte zu toll treibt, wird Angst mobilisiert. Bei der genialen Leistung neigt sich das Ich dem triebhaften Verdrängten zu, läßt es walten, aber nicht herrschen. Das Verdrängte und das Ich werden gleichgestellte Partner. Verdrängtes und Verdrängendes hadern nicht mehr miteinander, sondern konvergieren zur hervorragenden Leistung. Im Moment der Geburt eines großen Werkes ist der Konflikt zwischen beiden aufgehoben. Dies mag in einem rauschartigen, relativ schnell ablaufenden Akt vor sich gehen oder mühsam erarbeitet werden*« (1974: 42-43). Eißler sieht den Unterschied zwischen dem genialen und dem durchschnittlichen Menschen im Verhältnis vom Ich zum Es. Der unschöpferische Mensch besitzt zwar dieselben unbewußten Konflikte, die zum Bewußtsein drängen, wie der schöpferische, aber er »*entzieht sich diesem Drängen durch die Bildung starker Abwehren. Der Verkehr zwischen den Systemen* (unbewußt, vorbewußt, M.E.) *ist beim schöpferischen Menschen ein viel offener*« (a.a.O.: 15-16). Eißler beruft sich dabei auf Freuds Aufsatz »Das Unbewußte«, in welchem er davor warnt, das Unbewußte bloß als

»etwas Abgetanenes, ein rudimentäres Organ, ein Residuum der Entwicklung« (1915: 288) zu betrachten. *»Das (System) ›Unbewußt‹ ist vielmehr lebend, entwicklungsfähig und unterhält eine Anzahl von anderen Beziehungen* (als nur konfliktive, M. E.) *zum (System) ›Vorbewußt‹, darunter auch die der Kooperation. (...) Eine Kooperation zwischen einer vorbewußten und einer unbewußten, selbst intensiv verdrängten Regung kann zustande kommen, wenn es die Situation ergibt, daß die unbewußte Regung gleichsinnig mit einer der herrschenden Strebungen wirken kann. Die Verdrängung wird für diesen Fall aufgehoben, die verdrängte Aktivität als Verstärkung der vom Ich beabsichtigten zugelassen. Das Unbewußte wird für diese eine Konstellation ichgerecht, ohne daß sonst an seiner Verdrängung etwas abgeändert würde. Der Erfolg des (Systems) ›Unbewußt‹ ist bei dieser Kooperation unverkennbar; die verstärkten Strebungen benehmen sich doch anders als die normalen, sie befähigen zu besonders vollkommener Leistung und sie zeigen gegen Widersprüche eine ähnliche Resistenz wie etwa die Zwangsymptome«* (a. a. O.: 289-293).

Die gesellschaftliche Relevanz des Unbewußten wird durch seine doppelte Funktion bestimmt. Es erscheint einmal als eine Art Orkus, in welchem all das verschwindet, was nicht bewußtseinsfähig ist, und zum anderen als ein Reservoir an Kräften, das die Kreativität des Menschen speist. Im ersteren Falle ist das Unbewußte der Ort, der, wie ein kosmisches schwarzes Loch, alle Phantasien, Wünsche und Wahrnehmungen aufschluckt, die das von der Gesellschaft mitgeprägte Bewußtsein nicht zulassen darf, und im zweiten Fall ist es der Ort, von dem die schöpferischen Impulse ausgehen, die zur Schaffung neuer Welten führen. Für die Gesellschaft wird das Unbewußte also relevant durch seine »einfrierende« und durch seine das Individuum in Bewegung setzende, verändernde Funktion. Diese Einteilung deckt sich in gewisser Hinsicht mit derjenigen Blochs, der das Unbewußte einerseits als Verdrängtes, andererseits als *»Noch-Nicht-Bewußtes«*, woraus das Utopische entspringt, versteht (1959: 130f.). Diese Funktionen ergeben sich aus dem Verhältnis zwischen Es, Ich und Überich, das von kulturellen Einflüssen mitgeprägt wird: *»Die Psychoanalyse«*, schreibt Hartmann, *»vermittelt uns einen Eindruck von der Art und Weise, in der das Ich und das Überich modifiziert werden können, und ähnlich gibt sie uns einen nachdrücklichen Hinweis auf die Hartnäckigkeit, mit der das Es sich Einflüssen aus der Außenwelt* *widersetzt«* (1944: 38). Kulturelle Faktoren »*können zusammen mit anderen Einflüssen die zentrale Struktur der Persönlichkeit mitbestimmen, indem sie zum Beispiel die frühe Errichtung spezifischer Reaktionsbildungen hervorrufen, oder sie können das Maß der Beweglichkeit des Ichs mitbestimmen. Andererseits kann ihre Auswirkung ein wenig weiter entfernt vom Kern der Persönlichkeit stattfinden. Individuen mit der gleichen (oder richtiger, mit ähnlicher) Konstitution und Kindheitsgeschichte werden trotzdem in unterschiedliche Entwicklungsbahnen gedrängt werden, je nachdem sie zu der einen oder anderen Sozialstruktur gehören und innerhalb dieser Gesellschaft zu der einen oder anderen sozialen Schicht, da ja die Frustrationen und die Sublimierungsmöglichkeiten und so weiter charakteristisch für die soziale Schicht sind*« (ebenda). Bei seiner Zusammenstellung der »kulturellen Einflüsse« kann Hartmann nicht umhin, auf die Machtverhältnisse zu sprechen zu kommen, auch wenn er sie nicht direkt beim Namen nennt (»soziale Schichten«). Hartmanns Begriff der Gesellschaft, der sich sehr stark an denjenigen Parsons' anlehnt, verschleiert den zentralen Aspekt von Macht und Herrschaft (Fürstenau 1964; Horn 1971). Bei Freud hingegen nimmt er noch einen wichtigen Platz ein. Das Problem der gesellschaftlichen Relevanz des Unbewußten kann nicht adäquat angegangen werden, ohne das Problem der Herrschaft zu behandeln. Wenn, wie Freud sagt, die Arbeit am Verhältnis zwischen Ich und Es *Kultur*arbeit ist, dann sind die Herrschaftsstrukturen, unter denen sie stattfindet, von ausschlaggebender Bedeutung. Über diese gesellschaftlichen Verhältnisse schrieb Freud: »*Wenn aber eine Kultur es nicht darüber hinaus gebracht hat, daß die Befriedigung einer Anzahl von Teilnehmern die Unterdrückung einer anderen, vielleicht der Mehrzahl zur Voraussetzung hat, und dies ist bei allen gegenwärtigen Kulturen der Fall, so ist es begreiflich, daß diese Unterdrückten eine intensive Feindseligkeit gegen die Kultur entwickeln, die sie durch ihre Arbeit ermöglichen, an deren Gütern sie aber einen zu geringen Anteil haben. Eine Verinnerlichung der Kulturverbote darf man bei den Unterdrückten nicht erwarten, dieselben sind nicht bereit, diese Verbote anzuerkennen, bestrebt die Kultur selbst zu zerstören, eventuell selbst ihre Voraussetzungen aufzuheben. Die Kulturfeindschaft dieser Klassen ist so offenkundig, daß man über sie die eher latente Feindseligkeit der besser beteilten Gesellschaftsschichten übersehen hat. Es braucht nicht gesagt zu werden, daß eine Kultur, welche eine so große Zahl von Teilneh-*

mern unbefriedigt läßt und zur Auflehnung treibt, weder Aussicht hat, sich dauernd zu erhalten, noch es verdient« (1927a: 333). Dieses für Klassengesellschaften charakteristische Herrschaftsverhältnis affiziert auf entscheidende Art und Weise die Beziehungen zwischen dem Es und dem Ich, zwischen dem System »Unbewußt« und dem System »Vorbewußt–Bewußt«. Von den Unterdrückten, sagt Freud, dürfe man keine Verinnerlichung der Kulturverbote erwarten, d.h. kein starkes Überich. Die Schwäche dieser Instanz wirkt sich auf das Ich aus, das ohne diesen Verbündeten den Es-Impulsen stärker ausgesetzt ist und sie nicht zu ichgerechten Strebungen machen kann. Bei einem hilflosen Ich, das der Stütze des Überichs entbehren muß, verwandelt sich das Es immer in eine zerstörerische Potenz. Aber es ist nicht nur das Überich der Unterdrückten, das in Klassengesellschaften eine Kümmerentwicklung aufweist, sondern auch das Ich, dessen Funktionen (insbesondere die Realitätskontrolle und die Motilität) von den Abwehrmechanismen abhängig ist. Devereux (1965) hat am Beispiel der Heloten in Sparta aufgezeigt, daß die Verteilung von Abwehrmechanismen klassenspezifisch in dem Sinne ist, daß den Beherrschten bestimmte kulturelle Abwehrmechanismen verwehrt werden, so daß sie in ihrer psychischen Verletzlichkeit auch leichter beherrschbar sind.

Das Es und das Unbewußte müssen im Kraftfeld der für eine Gesellschaft typischen Herrschaftsstrukturen betrachtet werden. Erst dann wird deutlich, daß die einfrierende und die verändernde Funktion des Unbewußten nicht nur von biologisch gelenkten Reifungsprozessen, sondern auch von gesellschaftlichen Faktoren bestimmt werden, und es mag auch verständlich werden, weshalb Unbewußtheit vorwiegend von ihrer negativen Seite her in Erscheinung tritt. Wo das Unbewußte Herrschaft, die unter den Druck des sozialen Wandels geraten ist, konservieren soll, wird es immer destruktive Wirkungen zeitigen. Aggressive Tendenzen, die sich nicht so sehr gegen die Herrschaft, sondern gegen die Beherrschten selbst richten, werden die Oberhand gewinnen. Fanon beschrieb dieses Phänomen als typisch für die Kolonialsituation, in der sich noch keine Befreiungsbewegung entwickelt hat. »*Der Kolonialherr hält beim Kolonisierten eine Wut aufrecht, die er am Ausbrechen hindert. Der Kolonisierte ist in die engen Maschen des Kolonialismus eingezwängt. Aber wir haben gesehen, daß der Kolonialherr nur eine Pseudo-Versteinerung erreicht. Die Muskelspannung des Kolonisierten befreit sich periodisch in blutigen Explosionen: Stam-*

mesfehden, Çof-Kämpfen, in denen sich ganze Gruppen von Einheimischen aufreiben, und Schlägereien zwischen Einzelnen. (...) Während der Kolonialherr oder der Polizist den Kolonisierten den ganzen Tag lang ungestraft schlagen, beschimpfen, auf die Knie zwingen kann, wird derselbe Kolonisierte beim geringsten feindlichen oder aggressiven Blick eines anderen Kolonisierten sein Messer zücken« (1961: 41-42). Fanon spricht von einer »kollektiven Form von Ersatzhandlungen«: *»Brüder vergießen ihr Blut, als verhülfe ihnen ein solches Handeln dazu, das wahre Hindernis zu übersehen, die wahre Entscheidung zu vertagen, die auf nichts anderes hinauslaufen kann als auf den bewaffneten Kampf gegen den Kolonialismus. (...) Auch mit Hilfe der Religion gelingt es dem Kolonialisierten, den Kolonialherrn zu vergessen«* (ebenda). Und Fanon entwikkelt die These, daß nur mit der Befreiungsbewegung, wenn die kolonialen Formen von Unbewußtheit nicht mehr zum Überleben notwendig sind, diese Aggression verschwindet. Im Kapitel über »Herrschaft und Unbewußtheit« werde ich dieses Problem wieder aufgreifen.

In Freuds erster Theorie des psychischen Apparates ist das Unbewußte jenes System, das aus verdrängten Inhalten besteht, die nicht ins System »Vorbewußt–Bewußt« eingelassen werden. Er charakterisiert dieses System »Unbewußt« durch a) Triebrepräsentanzen, d.h. also nicht durch die Triebe selbst, sondern nur durch deren psychischen Ausdruck, die den Inhalt bilden, und die b) durch den »Primärprozeß« miteinander verbunden sind und c) ins Bewußtsein drängen, um in Aktion umgesetzt zu werden, sowie zur Abfuhr zu gelangen.

Mit der Einführung der drei Instanzen »Es«, »Ich« und »Überich« ist »unbewußt« nicht mehr eine Eigenschaft, die ausschließlich einer dieser Instanzen zukäme, da das Es und Teile des Ichs und Überichs ebenfalls unbewußt sind, aber das Es übernimmt wesentliche Merkmale, die dem System »Unbewußt« zugeschrieben worden waren (Laplanche u. Pontalis 1967: 562). Das Verhältnis zwischen Ich und Es stellt Freud folgendermaßen dar: »*Ein Individuum ist für uns ein psychisches Es, unerkannt und unbewußt, diesem sitzt das Ich oberflächlich auf, aus dem W(ahrnehmungs)-System als Kern entwickelt. Streben wir nach graphischer Darstellung, so werden wir hinzufügen, das Ich umhüllt das Es nicht ganz, sondern nur insoweit das System Wahrnehmungen dessen Oberfläche bildet, also etwa wie eine Keimscheibe dem Ei aufsitzt. Das Ich ist vom Es nicht scharf getrennt, es fließt nach unten hin mit ihm zusammen. Aber auch das Verdrängte fließt mit dem Es zusammen, ist nur ein Teil von ihm. Das Verdrängte ist nur vom Ich durch die Verdrängungswiderstände scharf geschieden, durch das Es kann es mit ihm kommunizieren*« (1923: 251-252). Vom Es gibt Freud in der »Neuen Folge zur Einführung in die Psychoanalyse« (1933) eine eingehendere Beschreibung: »*Sie erwarten nicht, daß ich Ihnen vom Es außer den neuen Namen viel Neues mitzuteilen habe. Es ist der dunkle Teil unserer Persönlichkeit; das wenige, was wir von ihm wissen, haben wir durch das Studium der Traumarbeit und der neurotischen Symptombildung erfahren und das meiste davon hat negativen Charakter, läßt sich nur als Gegensatz zum Ich beschreiben. Wir nähern uns dem Es mit Vergleichen, nennen es ein Chaos, einen Kessel voll brodelnder Erregungen. Wir stellen uns vor, es sei am Ende gegen das Somatische offen, nehme da die Triebbedürfnisse in sich auf, die in ihm ihren psychischen Ausdruck finden, wir können aber nicht sagen, in welchem Substrat. Von den Trieben her erfüllt es sich mit Energie, aber es hat keine Organisation, bringt keinen Gesamtwillen auf, nur das Bestreben, den Triebbedürfnissen unter Einhaltung des Lustprinzips Befriedigung zu schaffen. Für die Vorgänge im Es gelten die logischen Denkgesetze nicht, vor allem nicht der Satz des Widerspruchs. Gegensätzliche Regungen bestehen nebeneinander, ohne einander aufzuheben oder sich voneinander abzuziehen, höchstens, daß sie unter dem herrschenden ökonomischen Zwang* (d.h. triebenergetisches Verhältnis, M.E.) *zur Abfuhr der Energie zu Kompromißbildungen zuzsammentreten. Es gibt im Es nichts, was man der Negation gleichstellen könnte, auch nimmt man mit Überraschung die Ausnahme von dem Satz der Philosophen wahr, daß Raum und Zeit notwendige Formen unserer seelischen Akte seien. Im Es findet sich nichts, was der Zeitvorstellung entspricht, keine Anerkennung eines zeitlichen Ablaufs und, (...) keine Veränderung des seelischen Vorgangs durch den Zeitablauf. Wunschregungen, die das Es nie überschritten haben, aber auch Eindrücke, die durch Verdrängung ins Es versenkt worden sind, sind virtuell unsterblich, verhalten sich nach Dezennien als ob sie neu vorgefallen wären. Als Vergangenheit erkannt, entwertet und ihrer Energiebesetzung beraubt können sie erst werden, wenn sie durch die analytische Arbeit bewußt geworden sind und darauf beruht nicht zum kleinsten Teil die therapeutische Wirkung der analytischen Behandlung«* (a.a.O.: 511).

Dieses Zitat erlaubt uns, besser zu verstehen, was es bedeutet, wenn Wahrnehmungen aus der sozialen Realität unbewußt werden: Sie geraten in das Kraftfeld der Triebrepräsentanzen, können nicht mehr negiert werden, verlieren den Bezug zu Raum und Zeit und sind durch Erfahrung nicht mehr korrigierbar.

Bei seiner Beschreibung des Es griff Freud auf seine Darstellung des Primärprozesses in der »Traumdeutung« (1900) zurück. Dort stellte er dem Primärprozeß den Sekundärprozeß gegenüber. Während der erstere, vom Lustprinzip regiert, unfähig ist, etwas Unangenehmes in seinen Zusammenhang aufzunehmen, und folglich nur Wünsche produzieren kann, muß der Sekundärprozeß die Verfügung über alle Erfahrungen erlangen und kann dies nur durch die Hemmung der Unlustempfindung leisten (1900: 606-609). In der »Traumdeutung« beschrieb Freud die Mechanismen, die den Primärprozeß charakterisieren. Laplanche und Pontalis fassen sie zusammen: »*Die wirksamen Mechanismen sind einerseits die Verschiebung, durch die einer scheinbar oft unbedeutenden Vorstellung, die Intensität, die ursprünglich zu einer anderen Vorstellung gehörte, zugeschrieben wird, andererseits die Verdichtung – in einer einzigen Vorstellung können alle Bedeutungen zusammenfließen, die durch die sich dort kreuzenden Assoziationsketten herangetragen werden. Die Überdeterminierung des Symptoms* (d.h. die Amalgamierung ganz verschiedener Ursachen bei der Symptombildung, M.E.) *bietet ein anderes Beispiel für die dem Unbewußten eigene Funktionsweise*« (1967: 397). Der Sekundärprozeß entspricht dagegen dem wachen Denken und den Funktionen der Aufmerksamkeit, der Entscheidung, dem Urteilsvermögen, er ist also von den Gesetzen der Logik und dem Anspruch auf Realitätsbewältigung beherrscht.

Der Primärprozeß (oder wie Freud es nannte: der Primärvorgang) ist der zeitlich frühere: »*Ein psychischer Apparat, der nur den Primärvorgang besäße, existiert nicht und ist insoferne eine theoretische Fiktion; aber so viel ist tatsächlich, daß die Primärvorgänge in ihm von Anfang an gegeben sind, während die sekundären erst allmählich im Laufe des Lebens sich ausbilden, die primären hemmen und überlagern und ihre volle Herrschaft über sie vielleicht erst mit der Lebenshöhe erreichen. Infolge dieses verspäteten Eintreffens der sekundären Vorgänge bleibt der Kern unseres Wesens, aus unbewußten Wunschregungen bestehend, unfaßbar und unhemmbar für das Vorbewußte, dessen Rolle ein für allemal darauf beschränkt wird, den aus dem Unbewußten stammenden Wunschregungen die zweckmäßigsten Wege zuzuweisen. Die unbewußten Wünsche stellen für alle späteren seelischen Bestrebungen einen Zwang dar, dem sie sich zu fügen haben, den etwa abzuleiten und auf höher stehende Ziele zu lenken sie sich bemühen dürfen. Unter diesen aus dem Infantilen stammenden, unzerstörbaren und unhemmbaren Wunschregungen befinden sich nun auch solche, deren Erfüllungen in das Verhältnis des Widerspruchs zu den Zielvorstellungen des sekundären Denkens getreten sind. Die Erfüllung dieser Wünsche würde nicht mehr einen Lust- sondern einen Unlustaffekt hervorrufen und eben diese Affektverwandlung macht das Wesen dessen aus, was wir als ›Verdrängung‹ bezeichnen*« (Freud 1900: 609). Was unbewußt wird, verfällt den Mechanismen des Primärprozesses und wird nach den Prinzipien der Verschiebung, Verdichtung und Überdeterminierung bearbeitet. Verschmolzen mit den frühen Wünschen des Individuums drängt dieses Produkt – wie die übrigen Inhalte des Unbewußten – zu dem vom Sekundärprozeß beherrschten Bewußtsein hin. Aber da findet, wie A. Freud sagt, kein *»friedlicher Grenzverkehr«* statt (1936: 10). Entsprechen sie nicht den *»Zielvorstellungen des sekundären Denkens«*, den ethischen und moralischen Gesetzen, den Anforderungen der Realität, so werden diese neuen Produkte zurückgewiesen, ebenso verdrängt wie andere verpönte Inhalte, oder sie müssen sich eine erneute Verarbeitung, nun durch den Sekundärprozeß, gefallen lassen, der die anstoßerregenden Anteile beseitigt. Erst dann sind sie erneut bewußtseinsfähig und können als bewußte Motive das Handeln bestimmen, aber sie sind jetzt – verglichen mit den ursprünglichen Inhalten, die einst unbewußt gemacht werden mußten – unkenntlich geworden. Diese zuerst vom Primärprozeß erfaßten und später (im Bereich des Vorbewußten) vom Sekundärprozeß elaborierten Produkte, die wieder Inhalte des Bewußtseins geworden sind, bezeichne ich als Phantasmen.

In der »Psychopathologie des Alltagslebens« (1901) gibt Freud ein schönes Beispiel für diese Prozesse: das Vergessen des Namens Signorelli. Während eines Gesprächs konnte Freud den Namen des Malers, der im Dom von Orvieto *»die großartigen Fresken von den ›letzten Dingen‹ geschaffen«* (a.a.O.: 6), nicht erinnern. Statt dessen kamen ihm nur Botticelli und Boltraffio in den Sinn, von denen er aber genau wußte, daß sie falsch waren. Botticelli und Boltraffio wären nach obiger Terminologie »Phantasmen«, Ergebnis der doppelten Verarbeitung durch den Primär- und Sekundärprozeß. Freud zeigt auf, wie der Name Signorelli im Unbewußten aufgelöst und mit einer Reihe von Vorstellungen amalgamiert wird. *Signor*-elli verwandelt sich zuerst in *Her*-zegowina (Signor = Herr) und dann in Trafoi. Von der Herzegowina und Bosnien war im vorausgegangenen Gespräch die Rede gewesen, und zwar über die Einstellung der Türken zum Tod. Freud hatte die Worte wiederholt, die ein Türke auf die Mitteilung, die Krankheit sei unheilbar, erwiderte: »Herr, *was ist da zu sagen? Ich weiß, wenn er zu retten wäre, hättest du ihn gerettet!*« Dagegen hatte aber Freud eine andere Anekdote unterdrückt, die die Einstellung der Türken zur Sexualität widerspiegelte: *»Du weißt ja*, Herr, *wenn* das *nicht mehr geht, hat das Leben keinen Wert.*« Diese Geschichte verknüpfte sich bei Freud mit einer unangenehmen Nachricht, die er während eines Aufenthaltes in *Trafoi* erhalten hatte, nämlich, daß sich ein Patient,

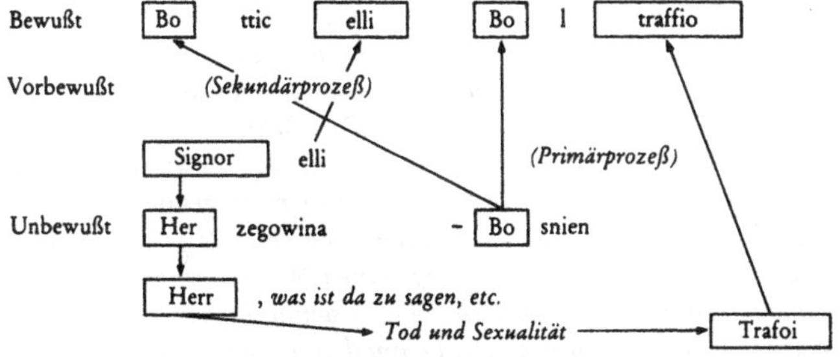

der an einer unheilbaren sexuellen Störung litt, umgebracht hatte. Der vom Primärprozeß aufgesplitterte Name Signorelli drängt auch in seinen Bruchstücken Elli, Bo und Trafoi zum Bewußtsein. Der Sekundärprozeß, unterstützt von Freuds kunstgeschichtlichen Kenntnissen, verarbeitet sie zu den nicht mehr anstößigen Namen Botticelli und Boltraffio. Diese Vorgänge faßt Freud zusammen: *»Ich kann das Vergessen des Namens Signorelli nicht mehr als ein zufälliges Ereignis auffassen. Ich muß den Einfluß eines* Motivs *bei diesem Vorgang anerkennen. Es waren Motive, die mich veranlaßten, mich in der Mitteilung meiner Gedanken (über die Sitten der Türken usw.) zu unterbrechen, und die mich ferner beeinflußten, die daran sich knüpfenden Gedanken, die bis zur Nachricht in Trafoi geführt hätten, in mir vom Bewußtsein auszuschließen. Ich wollte also etwas vergessen, ich hatte etwas* verdrängt. *Ich wollte allerdings etwas anderes vergessen als den Namen des Meisters von Orvieto; aber dieses andere brachte es zustande, sich mit dessen Namen in assoziative Verbindung zu setzen, so daß mein Willensakt das Ziel verfehlte, und ich* das eine wider Willen *vergaß, während ich das andere mit Absicht vergessen wollte. (...) Die Ersatznamen erschienen mir auch nicht mehr so völlig unberechtigt wie vor der Aufklärung; sie mahnen mich (nach Art eines Kompromisses) ebenso sehr an das, was ich vergessen, wie an das, was ich erinnern wollte, und zeigen mir, daß meine Absicht, etwas zu vergessen, weder ganz gelungen, noch ganz mißglückt ist«* (a.a.O.: 8-9).

Am Beispiel des Namenvergessens wird die negative Funktion des Unbewußten deutlich: Wahrnehmungen verschwinden, und Einsichten werden verunmöglicht. In seinem Buch »Der Witz und seine Beziehungen zum Unbewußten« (1905c) zeigt jedoch Freud das Erkenntnis schaffende Vermögen des Unbewußten. Er vertritt dort die These, daß der Witz dadurch entstehe, daß ein *»vorbewußter Gedanke für einen Moment der unbewußten Bearbeitung überlassen, und deren Ergebnis alsbald von der bewußten Wahrnehmung erfaßt«* wird (a.a.O.: 189). Die Bearbeitung durch den Primärprozeß erlaubt Feststellungen, die das Bewußtsein nicht ohne weiteres gestattet. Als Illustration diene folgende von Freud erzählte Anekdote: *»Serenissimus macht eine Reise durch seine Staaten und bemerkt in der Menge einen Mann, der seiner eigenen hohen Person auffällig ähnlich sieht. Er winkt ihn heran, um ihn zu fragen: ›Hat Seine Mutter wohl einmal in der Residenz gedient?‹ – ›Nein, Durchlaucht‹, lautet die Antwort, ›aber mein Vater‹«* (a.a.O.: 73). Freud rekonstruiert, was wohl im Manne vorging, als er die Frage des Herrschers hörte: *»Der Gefragte möchte gewiß den Frechen niederschlagen, der es wagt, durch solche Anspielung dem Andenken der geliebten Mutter Schmach anzutun; aber dieser Freche ist Serenissimus, den man nicht niederschlagen, nicht einmal beleidigen darf, wenn man diese Rache nicht mit seiner ganzen Existenz erkaufen will. Es hieße also die Beleidigung schweigend hinunterwürgen; aber zum Glück zeigt der Witz den Weg, sie ungefährdet zu vergelten, indem man mit dem technischen Mittel der Unifizierung die Anspielung aufnimmt und gegen den Angreifer wendet«* (a.a.O.: 114). Die aggressiven Impulse gegen den Herrscher durften gar nicht bis ins Bewußtsein dringen, da sie unter den gegebenen Umständen nicht umsetzbar waren. In solchen Situationen kommt es in der Regel zur Verdrängung: die Aggression wird unbewußt gemacht und erfährt ein ähnliches Schicksal wie etwa Signorellis Name. Davon wird später noch ausführlich die Rede sein. Im obigen Fall jedoch werden die im Bereich des Vorbewußtseins befindlichen aggressiven Gedanken und Wünsche für einen Augenblick ins Unbewußte getaucht, vom Primärprozeß erfaßt und mittels dessen Mechanismen, Verschiebung und Verdichtung, so umgeformt, daß sie sich in eine bewußtseinsfähige schlagfertige Entgegnung verwandeln. Wie Freud nachweist, entsteht der Witz aufgrund derselben Mechanismen wie der Traum. Was sie aber unterscheidet, ist ihr verschiedener Bezug zur Gesellschaft. *»Der Traum ist ein volkommen asoziales Produkt; er hat einem anderen nichts mitzuteilen; innerhalb einer Person als Kompromiß der in ihr ringenden seelischen Kräfte entstanden, bleibt er dieser Person selbst unverständlich und ist darum für eine andere völlig uninteressant. Nicht nur daß er keinen Wert auf Verständigung zu legen braucht,* *er muß sich sogar hüten verstanden zu werden, da er sonst zerstört würde; er kann nur in der Vermummung bestehen. Er darf sich darum ungehindert des Mechanismus, der die unbewußten Denkvorgänge beherrscht, bis zu einer nicht mehr redressierbaren Einstellung bedienen. Der Witz dagegen ist die sozialste aller auf Lustgewinn zielenden seelischen Leistungen. Er benötigt oftmals dreier Personen* ... Er muß sich also an der Bedingung der Verständlichkeit binden, darf die im Unbewußten mögliche Einstellung durch Verdichtung und Verschiebung in keinem weiteren Ausmaße in Anspruch nehmen, als soweit dieselbe durch das Verständnis der dritten Person redressierbar ist«* (a.a.O.: 204).

Freuds Meinung, der Traum sei *»ein vollkommen asoziales Produkt«*, wird vom Ethnologen nicht unwidersprochen bleiben (Caillois et Gruenebaum 1967), der auf jene Kulturen verweisen wird, in welchen der Traum ein wesentliches Mittel sozialer Kommunikation ist. Aber in unserem Zusammenhang ist das nicht wesentlich; es geht vielmehr um die zwei Funktionen des Unbewußten. Am Traum – so wie er für unsere Kultur typisch ist – *illustriert* Freud dessen *exkommunizierende* Funktion: in ihm verschwinden jene Wahrnehmungen, Phantasien und Wünsche, die aus dem gesellschaftlichen Bezug ausgeschlossen werden müssen. Am Witz jedoch zeigt er auf, welchen Beitrag das Unbewußte zur Auflehnung gegen unwürdige Verhältnisse leistet. Indem man die Lacher auf seine Seite bringt, ist es einem mittels des Unbewußten geglückt, eine gemeinsame Ebene der Opposition zu finden. Das Eintauchen im Unbewußten, d.h. kurzfristige und wieder rückgängig gemachte Verdrängung, gehört zum kreativen Prozeß. So entstehen auch die Symbole, auf die man sich im Widerstand gegen die Herrschaft einigen kann. *»Es läßt sich laut sagen, was diese Witze flüstern, daß die Wünsche und Begierden des Menschen ein Recht haben, sich vernehmbar zu machen neben der anspruchsvollen und rücksichtslosen Moral, und es ist in unseren Tagen in nachdrücklichen und packenden Sätzen gesagt worden, daß diese Moral nur die eigennützige Vorschrift der wenigen Reichen und Mächtigen ist, welche jederzeit ohne Aufschub ihre Wünsche befriedigen können«* (a.a.O.: 121). Das Eintauchen ins Unbewußte und das Wiederauftauchen verwandeln die Gedanken, erlauben das

* *»außer der, die den Witz macht, eine zweite, die zum Objekt der feindseligen oder sexuellen Aggression genommen wird und eine dritte, an der sich die Absicht Lust zu erzeugen, erfüllt«* (a.a.O.: 109).

Anknüpfen an jene »*Begierden und Wünsche des Menschen*« und vermitteln den Ideen die Unbedingtheit, die dem Unbewußten eigen ist. Der »Geist der Utopie«, von dem Ernst Bloch spricht, schöpft seine Kraft aus dem Lustprinzip und beansprucht für sich die Ewigkeit, wie sie im Unbewußten ist.

Auch das Phantasma bezieht seine Kraft vom Unbewußten, aber es ist das Produkt einer Verdrängung und einer durch die sekundäre Bearbeitung zustande gebrachten Sublimierung der ursprünglich beunruhigenden Wahrnehmung oder Vorstellung. Das Phantasma ergibt sich aus der einfrierenden Funktion des Unbewußten – die irritierende Vorstellung mußte abgekühlt und durch eine das Ich nicht so stark in Bedrängnis führende ersetzt werden. Die verändernde Funktion des Unbewußten hingegen schwächt die ursprüngliche Vorstellung nicht ab, sondern verleiht ihr eine größere Druchschlagskraft.

Bloch kritisiert im »Prinzip Hoffnung« (1959) Freuds Begriff des Unbewußten. »*Das Unbewußte ist bei Freud darum eines, in das lediglich etwas zurückgeschoben werden kann. Oder das bestenfalls, als Es, das Bewußtsein wie einen abgeschlossenen Ring umgibt: ein stammesgeschichtliches Erbwesen rundherum um den bewußten Menschen. (...) Das Unbewußte der Psychoanalyse ist mithin ... niemals ein Noch-Nicht-Bewußtes, ein Element der Progressionen; es besteht vielmehr aus Regressionen. Demgemäß macht auch das Bewußtwerden dieses Unbewußten nur Gewesenes kenntlich; das heißt: im Freudschen Unbewußtsein ist nichts Neues*« (a.a.O.: 61). Bloch sieht nicht Freuds Ambiguität gegenüber dem Unbewußten und nimmt entschieden Partei für den Geist der Utopie. Bei Freud taucht das utopische Prinzip z.B. verkleidet als Witz auf, der sich gegen die herrschenden Verhältnisse wendet. Freuds gebrochenes Verhältnis zur Utopie wird der historischen Entwicklung, in der jede Utopie in den Dienst von Unterdrückung gestellt worden ist, gerechter als diejenige Blochs. Schärfer als der Philosoph sah der Therapeut, daß das Unbewußte – und zwar auch das »*Noch-Nicht-Bewußte*« – im Rahmen der gegebenen Herrschaftsverhältnisse seiner verändernden Funktion weitgehend verlustig geht und auf seine einfrierende Funktion beschränkt wird.

So wird auch verständlicher, weshalb Freud Unbewußtheit als abschaffenswert und die Inhalte des Unbewußten in erster Linie als etwas durch die Lebensgeschichte des Individuums Gemachtes und Gewordenes betrachtet. Er kannte zwar den Begriff der »*Rassen-*

seele« (1921: 78f.) als Inbegriff biologisch vererbter Inhalte des Unbewußten, aber er fand, daß dieser *»für die individuelle Psychologie eigentlich außer Betracht«* komme (a. a. O.: 79), und in seinem Aufsatz »Das Ich und das Es« schrieb er: *»Wenn wir uns so vor der Nötigung sehen, ein drittes, nicht verdrängtes Ubw.* (Unbewußtes, M. E.) *aufzustellen, so müssen wir zugestehen, daß der Charakter des Unbewußtseins für uns an Bedeutung verliert. Es wird zu einer vieldeutigen Qualität, die nicht die weitgehenden und ausschließenden Folgerungen gestattet, für die ihn wir gerne verwendet hätten«* (1923: 244-245). Zu diesen *»weitgehenden Folgerungen«* gehörte auch der Schluß, daß es zwischen dem individuellen Unbewußten und den gesellschaftlichen Verhältnissen Bezüge gibt (Fenichel 1945: 188). Nicht zuletzt, um dem gesellschaftlichen Druck nachzugeben und im Dienst der Herrschaft muß das Individuum auf Wunscherfüllungen verzichten und, statt sie zu realisieren, unbewußt machen. Freud untersuchte die verschiedenen Mechanismen, die im Individuum das Unbewußte produzieren, und nannte sie *»Abwehrmechanismen«*, unter welchen die Verdrängung einer der wichtigsten, aber keineswegs der einzige ist (A. Freud 1936; Mentzos 1976).

Während seines Reifungsprozesses entwickelt das Individuum zuerst in Interaktion mit seinen Familienangehörigen seine Abwehrmechanismen, und später werden sie zu einer entscheidenden Voraussetzung für jede Form zwischenmenschlichen Verkehrs sowie des Umganges mit der Welt überhaupt (Devereux 1976). Hauptaufgabe der Abwehrmechanismen ist die Abweisung von Es-Impulsen, wenn das Ich annimmt, es werde durch Wahrnehmung der Impulse und durch den Drang, sie in Realität umzusetzen, eine Gefahrensituation geschaffen. *»Abwehrmechanismen sind Notfall- und Dringlichkeitsfunktionen, die nur aktiviert werden, wenn die normale Integrationsleistung des Ich der Konfliktsituation nicht mehr Herr wird. Die Tätigkeit des Ich besteht in der Lösung von Konflikten, in der Suche nach Wegen, die Bedürfnisse in angepaßter Weise zu befriedigen. Die Abwehrorganisation wird nur in Zeiten einer drohenden Revolte eingesetzt, wenn – um ein Bild Hoffers zu übernehmen – die ›Regierung‹ von inneren und äußeren Angriffen überwältigt zu werden droht. Abwehrmechanismen sind potentiell vorhandene Bahnungen, die sich aus den bereits bestehenden ›normalen‹ Ich-Funktionen ohne Abwehrbedeutung aufbauen und auf Angstsignale hin in Tätigkeit gesetzt werden«* (Moser 1964: 57). Bei dieser Aufgabe kann das Individuum von der Gesellschaft unterstützt werden. Mentzos spricht von der *psychosozialen* Form der Abwehr, also von Abwehrkonstellationen »*bei denen soziale Rollensysteme und Institutionen maßgebend sind, und deren Abwehrfunktion einen wichtigen Bestandteil der Struktur des betreffenden Systems ausmacht*« (1976: 89). Institutionen haben nach Mentzos nicht nur – wie es Gehlen sieht – eine Entlastungsfunktion in bezug auf Entscheidungsmöglichkeiten unter dem Druck einer Fülle von Eindrücken und Reizen, sondern dienen auch der Entlastung von neurotischen Spannungen, Ängsten und Konflikten, das heißt dem Schutz vor irrealen, phantasierten, infantilen, nicht real begründeten Ängsten, Depressionen, Scham- und Schuldgefühlen (a. a. O.: 91).

Diese Abwehr richtet sich gegen *innere* Impulse. Ihr geht es vor allem darum, »*daß ein bestimmter Inhalt, eine bestimmte Information und insbesondere die dazugehörige gefühlsmäßige Reaktion entweder vom Bewußtsein ferngehalten oder im Hinblick auf ihre Bedeutsamkeit für die betreffende Person bagatellisiert werden. Hinzu kommt oft in einem zweiten Schritt die sozusagen gezielte Ablenkung der Aufmerksamkeit in eine ganz andere Richtung, wodurch die Verdrängung oder Verleugnung verstärkt und verfestigt werden*« (a. a. O.: 25). Diese Abwehr weist aber nicht nur den inneren Impuls ab, sondern tendiert auch dahin, den Reiz, der den Es-Impuls weckte, mitzubewältigen. Eine Möglichkeit dazu besteht in der Unbewußtmachung der Wahrnehmung der Situation, die solche Reizsignale aussandte, und das heißt, daß nicht nur der innere Es-Impuls, sondern oft auch die Wahrnehmung der äußeren Situation dem Unbewußten verfällt. Fenichel schreibt: »*Wann immer ein Reiz zu schmerzhaften Gefühlen Anlaß gibt, wird eine Tendenz entwickelt, nicht nur diese Gefühle, sondern den Reiz selbst abzuwehren. (...) Die Außenwelt wird abgewehrt als möglicher Ursprung von Bestrafungen oder als Ursprung von Versuchungen unbewußter verpönter Triebe. Bestimmte Situationen werden vermieden oder vergessen, weil sie einen inneren Triebanspruch darstellen. Auch hier reflektiert der Konflikt zwischen Ich und Außenwelt den zwischen Es und Ich*« (1945: 188-189). Die soziale Relevanz des Unbewußten ergibt sich aus dieser Koppelung zwischen dem Es und der äußeren Situation. Sendet diese genügend starke Signale, um verbotene und verdrängte Es-Impulse zu wekken, dann muß das Ich ihr gegenüber ähnlich reagieren wie gegenüber dem Es und die Abwehrsysteme einsetzen. Ihrer Wahrnehmung widerfährt ein ähnliches Schicksal wie den Es-Impulsen. Diese Verknüpfung spielt bei der gesellschaftlichen Produktion von Unbewußtheit eine hervorragende Rolle.

Der Abwehr innerer Impulse durch die Abwehrmechanismen und der dadurch bedingten Schaffung von Unbewußtem steht noch eine andere Gruppe von Mechanismen gegenüber, die der direkten Bewältigung der Außenwelt dienen. Parin nennt sie Anpassungsmechanismen. Auch sie haben für die Schaffung von Unbewußtheit eine zentrale Bedeutung. »*Anpassungsmechanismen nenne ich im Ich des Erwachsenen mehr oder weniger fest etablierte Mechanismen, die unbewußt, automatisch und immer wieder gleich ablaufen, gerade so wie es bei den Abwehrmechanismen beschrieben ist. Während sich diese jedoch im Ich etabliert haben, um unerwünschte oder störende Triebregungen, Wünsche oder Affekte abzuwehren, haben die von mir gemeinten Anpassungsmechanismen den Zweck, mit eingreifenden Einflüssen der sozialen Umwelt fertig zu werden*« (1977: 78). Parins Beobachtung, daß die – im psychoanalytischen Rahmen gegebene – Deutung solcher Anpassungsmechanismen, ähnlich wie die der Abwehrmechanismen, »*oft eine Aktivierung abgewehrten Materials und nicht selten weitergehende Prozesse der Umstrukturierung zur Folge*« (a. a. O.: 84) hat, verweist darauf, daß auch sie an der Produktion von Unbewußtheit beteiligt sind. »*Fällt der Zwang zur automatischen Anpassung weg, so erhält das Ich – nach Überwindung einer Phase der Erschütterung – neue Möglichkeiten, sich zu organisieren. Es kann sich zur Außenwelt, aber vor allem gegenüber dem Es und Überich besser oder zumindest anders einstellen als vorher. Praktisch sieht das so aus, daß die Deutung unbewußter Anpassung zmeist davon gefolgt ist, daß neues Material aus dem verdrängten Unbewußten auftaucht, daß die Beziehung zu den Objekten der Liebe und Aggression, einschließlich jener zum Analytiker sich verändert und, vor allem, daß die Anteile des Überichs, die mit den Sozialbeziehungen zusammenhängen, einer Neubearbeitung offenstehen*« (a. a. O.: 82). Am deutlichsten zeigt sie sich im Zusammenhang mit dem Anpassungsmechanismus, den Parin »*Identifikation mit der Rolle*« nennt (1977: 96f.). »*Der Vorgang der Identifikation mit der Rolle sichert Befriedigungen, die in der Gesellschaft bereitstehen. Dafür wird ein Stück Unabhängigkeit aufgegeben. Die Abwehrorganisation des Ich wird jedoch entlastet und das Ich dadurch stabilisiert, gestärkt. Verlassenheits- und Trennungsängste werden beruhigt: man gehört dazu. (...) Der*

Preis für diese Vorteile ist nicht nur die erhöhte Abhängigkeit von der Umwelt, sondern teilweise auch Erstarrung. Triebansprüche, die der Rollenrepräsentanz nicht entsprechen, müssen abgewehrt werden; auch die Beziehung zu den Objekten von Liebe und Haß muß sich in das geforderte Verhalten fügen. Man funktioniert in der jeweiligen Institution reibungsloser, hat aber nicht nur ein Stück ›geistiger‹ Selbständigkeit, sondern auch Gefühls- und oft Gewissensfreiheit eingebüßt« (Parin u. Parin-Matthèy 1978: 125). Die Unbewußtmachung verbirgt sich hinter der Einschränkung der geistigen Selbständigkeit sowie der Gefühls- und Gewissensfreiheit. Die Institution und die Stellung, die das Individuum darin einnimmt, bestimmen, was wahrgenommen und erkannt werden darf. Die Institution selber wirkt zwar wie ein Filter, der nur bestimmte Informationen durchläßt, aber es werden immer auch andere, im institutionellen Sinn unerwünschte Nachrichten durchkommen. Gegen sie richtet sich der Anpassungsmechanismus »*Identifikation mit der Rolle*« und macht sie unbewußt.

Diese Abwehr- und Anpassungsmechanismen produzieren auch das, was Devereux »*den unbewußten Teil der ethnischen Persönlichkeit*« (1956a: 23f.) nennt: »*das* kulturelle *und nicht*-rassische *Unbewußte. Das ethnische Unbewußte eines Individuums ist jener Teil seines gesamten Unbewußten, den er gemeinsam mit der Mehrzahl der Mitglieder seiner Kultur besitzt. Es setzt sich aus dem zusammen, was jede Generation, entsprechend den fundamentalen Anforderungen ihrer Kultur, selbst zu verdrängen lernt und dann ihrerseits die folgende Generation zu verdrängen zwingt. Es verändert sich ebenso wie die Kultur und wird ebenso wie diese durch eine Art ›Unterweisung‹ überliefert ... Jede Kultur gestattet gewissen Phantasien, Trieben und anderen Manifestationen des Psychischen den Zutritt und das Verweilen auf psychischem Niveau und verlangt, daß andere verdrängt werden. Dies ist der Grund, warum allen Mitgliedern ein und derselben Kultur eine gewisse Anzahl unbewußter Konflikte gemeinsam ist*« (a.a.O.: 23-24).

Statt vom »*ethnisch Unbewußten*« zu sprechen, ziehe ich es vor, diese den Individuen gemeinsamen unbewußten Inhalte, das »gesellschaftlich Unbewußte« zu nennen, und zwar weil sich der Begriff des Gesellschaftlichen besser differenzieren läßt, z.B. in soziale Klassen oder in Herrscher und Beherrschte; das Ethnische hingegen täuscht eine Homogenität vor, die etwa den Situationen des Kulturwandels und den dadurch zugespitzten Machtkämpfen nicht gerecht wird. Ergänzen möchte ich auch, daß es nicht nur Phantasien, Triebe und andere Manifestationen des Psychischen sind, die ins Bewußtsein zugelassen oder verdrängt werden müssen, sondern auch Wahrnehmungen der äußeren Realität. Das *gesellschaftlich Unbewußte* ist also jener Teil des Unbewußten eines Individuums, den es gemeinsam mit der Mehrzahl der Mitglieder seiner sozialen Klasse hat (wobei »Klasse« den Stellenwert im Machtsystem angibt). Jede Kultur gestattet gewissen Phantasien, Trieben und anderen Manifestationen des Psychischen ebenso wie Wahrnehmungen der Realität den Zutritt ins Bewußtsein und verlangt, daß andere verdrängt werden. Unbewußt muß all das werden, was die Stabilität der Kultur bedroht. Mit Freud können wir annehmen, daß es sich dabei in erster Linie um bestimmte libidinöse und aggressive Strebungen handeln wird, die von der Gesellschaft geächtet werden. Hier herrscht eine gewisse Variabilität, sowohl in der Erziehungstechnik wie in dem, was unbewußt werden soll, aber das Unbewußte wird immer eingesetzt werden, um verbotene Triebregungen von der Gesellschaft abzuhalten. Indem sie unbewußt gemacht werden, bilden sie einen Sog, der nun auch andere Wahrnehmungen oder Phantasien ergreifen kann, die ebenfalls die Stabilität der Kultur in Frage stellen könnten. Auch sie müssen im Unbewußten verschwinden. Das gesellschaftlich Unbewußte ist somit wie ein Behälter, der all das aufnehmen muß, was eine Gesellschaft gegen ihren Willen verändern könnte. In diesem Unbewußten gebieten dieselben Kräfte, die Freud für das Es annahm. Der Primärprozeß verbindet und trennt, was ins Unbewußte gelangt; d.h. auch solche Vorstellungen, Phantasien oder Wahrnehmungen, die primär nichts mit Aggression und Sexualität zu tun haben, werden im Unbewußten mit diesen Strebungen und den dazu gehörenden Repräsentanzen verknüpft werden. Nietzsches Bemerkung, daß der kulturelle Neuerer oft als Wahnsinniger betrachtet wurde bzw. sich als solcher gebärden mußte (vgl. S. 5), verweist auf diese Verknüpfung: Wer auf Neues, von der Kultur nicht Akzeptiertes stößt, muß auch all die Ängste, Schuldgefühle und Verunsicherungen ertragen, die aufgrund jener Verbindungen im Unbewußten zustande gekommen sind. Somit kann das, was die Stabilität einer Gesellschaft in Gefahr bringen könnte, nicht im eigentlichen Sinn zerstört, sondern nur unbewußt gemacht werden, wobei die frühen Ängste, wie Wachhunde, diese Inhalte davon abhalten, als solche wieder ins Bewußtsein zu treten.

Das Unbewußte wird für die Herrschaft dann relevant, wenn es darum geht, zum Wandel treibende, an den Voraussetzungen der Herrschaft rüttelnde Widersprüche zu neutralisieren. In dem Maße, wie sich die Gesellschaft in Klassen spaltet und sich divergierende Klasseninteressen entwickeln, nimmt die gesellschaftliche Produktion von Unbewußtheit zu.* In Ansätzen finden wir sie aber bereits dort, wo sich zwischen Männern und Frauen ein hierarchisches Verhältnis herausbildet. Über viele Kulturen verbreitet war der (männliche) Mythos, einst hätten die Frauen über die Männer geherrscht. Mythen sind, wie Devereux (1956a) sagt: »*in gewisser Hinsicht auch Abwehrmittel ..., denn sie bieten eine Art unpersönlichen ›Kühlschrank‹, in den die durch innere Konflikte hervorgerufenen Phantasien ›eingelagert‹ werden können. Diese Phantasien sind zu stark mit Affekten beladen, um verdrängt zu werden, andererseits aber zu ego-dyston, um als subjektiv, d.h. als dem Selbst zugehörig erkannt zu werden. Die Tatsache, daß solche Phantasien in jenen kulturellen ›Kühlschrank‹ verwiesen werden, ermöglicht es nicht nur, sie durch Einfügung in das unpersönliche Gefüge der Kultur in abstrakter und allgemeiner Form auszudrücken, sondern auch, sie aus dem ›privaten‹, also idiosynkratischen Bereich abzuziehen*« (a.a.O.: 34). Und auch an diesen Männermythen erkennt man, daß der Wunsch, über die Frauen zu herrschen, in Gesellschaften, die sich nach dem Reziprozitätsprinzip richten, als ego-dyston erlebt und mythologisch begründet werden muß: nicht die Männer, sondern die Frauen übten die Herrschaft aus. Gusinde (1946) gibt den Mythos, wie ihn die Selk'nam in Feuerland erzählten, wieder: »*In alter Zeit, als Sonne und Mond, Sterne und Winde, Gebirge und Flüsse sowie viele andere Dinge und die Tiere noch auf dieser Erde wandelten, wie wir es heute sind, da besaßen die Frauen alle Macht und alles Befehlsrecht über die Männer, so wie wir heute die Oberherrschaft über die Frauen führen. Damals mußten wir Männer untertänig sein und waren zum Gehorsam verpflichtet; auch lag ihnen ob, in der Wohnhütte zu bleiben und die gewöhnlichen Hausarbeiten auf Anweisung der Frauen zu verrichten. Sie*

* Gleichzeitig aber entwickelt sich auch die Tendenz zur rationalen Bewältigung von Natur und Gesellschaft, die in ein spannungsvolles Verhältnis zur gesellschaftlichen Produktion von Unbewußtheit tritt. Je nachdem, wie das Verhältnis zu dieser Produktion ist, lassen sich vier verschiedene Formen von Rationalität unterscheiden: 1. eine entfremdende, 2. verwertende, 3. idealisierende und 4. verstehende (Erdheim 1981).

hatten keinen Anteil an den Beratungen und Beschlüssen der Frauen. Das Recht zu befehlen stand allein diesen zu, und die Männer mußten blindlings ihren Anweisungen Folge leisten. Einige besonders schlaue Weiber überlegten miteinander, wie sie die Männer in ewiger Unterordnung halten könnten. Unter ihnen tat sich Frau Mond, die Gattin des Sonnenmannes, wegen ihrer größeren Macht merklich hervor. Dabei erfand sie eben diese geheimen Spiele: jede Frau bemalte ihren Körper auf eigene Weise, stülpte sich eine spitze Rindenmaske über den Kopf, die ihr Gesicht verdeckte, und trat, derart unkenntlich gemacht, aus der großen Hütte heraus. Dabei machte jede der Frauen die damaligen Männer glauben, es seien diese sonderbaren Wesen vom Himmel heruntergestiegen oder aus der Erde gekommen; ihrer Willkür und unwiderstehlichen Macht seien Männer wie Frauen ausgeliefert; ihre bevorzugte Aufgabe sehen sie darin, jene Männer streng zu bestrafen, die den Befehlen der Frauen entgegenhandeln. In Wirklichkeit waren diese sonderbaren Wesen eben doch nur bemalte und maskierte Weiber, die mit dergleichen Betrügereien die gesamte Männerwelt absichtlich täuschen wollten, damit diese unter Furcht und Schrecken in unwandelbarer Botmäßigkeit verharre« (a.a.O.: 269). Während die Männer arbeiteten und die kleinen Kinder betreuen mußten, führten die Frauen in der »Großen Hütte« ein müßiges und vergnügtes Leben. »*Eines Tages nun kam Sonne, der ein trefflicher Schütze war, nach gutem Erfolge von der Jagd zurück; er trug ein schweres Guanaco auf seinen Schultern. Ermüdet warf er die Last mürrisch ab und setzte sich zu kurzer Rast hinter einen Strauch. Von hier aus gewahrte er zwei erwachsene Mädchen, die badeten und sich dabei vergnüglich unterhielten. Ohne bemerkt zu werden, schlich er sich an sie heran und belauschte mit Spannung ihr Geplauder. Sie belustigten sich nämlich über das schlaue Treiben der Frauen und über die Leichtgläubigkeit der Männer. Wie von einem Blitz erleuchtet, durchschaute er das betrügerische Spiel der Frauen! Jetzt wußte er es: die sogenannten Geister sind nicht Wesen aus einer anderen Welt, sondern die eigenen vermummten Weiber.*

Von diesem ganzen und schweren Betrug machte er unverzüglich den einzelnen Männern Mitteilung, doch ganz im geheimen. Ein jeder von ihnen forschte auf seine Weise nach. Als sie alle sich unzweideutig davon überzeugt hatten, wer in Wirklichkeit die Kloketen-Geister sind, entschlossen sie sich zu einer fürchterlichen Rachetat. Mit Knüppeln bewaffnet traten sie plötzlich zu dichten

Mascaras de sema

Haufen zusammen, näherten sich der Großen Hütte, trotz der gräßlichen Drohungen, die von den erschreckten Weibern gegen sie geschleudert wurden, überrannten die dort versammelte Gruppe und schlugen jede Person nieder. Allein Frau Mond wagten sie nicht umzubringen aus Furcht, es könnte das gesamte Firmament zusammenbrechen. Doch hat sie in diesem Ringen zumindest einige kräftige Schläge und manche Brandwunden mitbekommen; die Spuren und Narben davon erkennt man gegenwärtig noch in ihrem Gesicht. Sie entfloh zum Firmament hinauf und ihr Gatte Sonne rannte hinterher, ohne sie je zu erreichen. Nachdem die Männer bei wütendem Ringen alle Frauen in der Großen Hütte umgebracht hatten, eilten sie wieder zum Lager, wo sie alle zurückgebliebenen jüngeren Mädchen erschlugen. Bloß jenen, die noch nicht das zweite Lebensjahr erreicht hatten, taten sie nichts zuleide. Zugleich vollzog sich eine tiefgreifende Umwälzung: alle Weiber nämlich, denen es gelang, in eiligster Flucht zu entkommen, verwandelten sich in Tiere, und man erkennt heute noch an ihrem Körper jene Bemalung, die sie sich damals in der Großen Hütte angelegt hatten.

Danach setzten sich die Männer beratend zusammen. Die Erfahrensten von ihnen stellten eine Tagesordnung auf für den ganzen Verlauf einer geheimen Feier, genau gleich derjenigen, welche vorher die Frauen eingehalten hatten. Von jetzt an wollten sie für sich selber das Kloketen-Geheimnis hüten und sich in seinem Dienste mit der Absicht betätigen, ihre künftigen Weiber durch Erschrecken einzuschüchtern und in ständiger Untertänigkeit einzuzwängen. Niemals mehr sollten die Frauen ihre frühere Herrschaft erlangen können oder auch nur den Versuch wagen, sie an sich zu reißen. Das war der entschlossene Plan der Männer. Seitdem bewachen sie ihr Geheimnis mit ängstlicher Sorgfalt. Der Sprecher schloß die uralte Mythe folgendermaßen ab: ›So lautet die Geschichte vom schweren Betrug der Frauen in alter Zeit. Seit jener allgemeinen Umwälzung dürfen nur die Männer hier in dieser Großen Hütte zusammenkommen. Wenn die jungen Burschen schweigen gelernt haben, treten sie hier als Prüflinge ein. Euch habe ich dieses alles nun erzählt. Ihr wißt es jetzt, wer die ›Geister‹ sind: Ein Spiel der Männer! Hütet euch, den Weibern davon etwas zu verraten. Der letzte unserer Männer muß dieses Geheimnis mitnehmen in sein Grab! Nie soll es eine Frau erfahren, daß wir Männer hier in der Großen Hütte die Geisterrollen spielen, uns bemalen, die Masken aufsetzen und derart hergerichtet heraustreten, damit die Leute bei den Wohnhütten uns sehen

und in Angst geraten. Hütet dieses Geheimnis!« (a. a. O.: 296-299). Unverschleiert erinnert der Mythos die Männer daran, was sie zu unternehmen hatten, um das hierarchische Verhältnis gegenüber den Frauen aufrechtzuerhalten. Die Verkündigung dieser Wahrheit bildete den Höhepunkt der Initiation, die den Unterschied schuf zwischen den Männern, die das Geheimnis wußten, und den Frauen und Kindern, die es nicht kannten, nicht kennen durften. Unbewußtheit wurde so zur Voraussetzung der Herrschaft. Dabei bedeutet »Unbewußtheit« nicht einfach »Nicht-wissen«; die Männer mußten die Frauen glauben machen, daß es Geister gäbe, mußten also falsches Wissen produzieren und durch entsprechende Zeremonien als wahr erscheinen lassen. Dieses »Wissen« stand im Dienste der Unbewußtmachung jener Phantasien, Vorstellungen oder Wahrnehmungen der Frauen, die in Widerspruch zu den Ansichten der Männer traten. Konfrontiert mit der von den Männern inszenierten Realität, mußten die Frauen lernen, ihre Vermutungen aufzugeben, z. B. dadurch, daß sie sie unbewußt machten. Interessante Aufschlüsse für diesen Prozeß geben die verschiedenen Interpretationen der Menstruation, die darauf zielen, das Selbstverständnis der Frau zu zersetzen (Fritz und Schwab 1980; Hug 1982).

Die gesellschaftliche Produktion von Unbewußtheit im Verhältnis zwischen Männern und Frauen kann geradezu als Modell für die Funktion des Unbewußten im Dienste der Herrschaft betrachtet werden. Mit der zunehmenden Klassenspaltung wurden die Mechanismen schwerer durchschaubar, und sie erfaßten schließlich die herrschende Klasse selbst. Bei den Selk'nam wußten immerhin alle initiierten Männer, daß es keine Geister gab, später, als das System der Herrschaft umfassender wurde, mußten die Männer bzw. die Mehrheit von ihnen, ebenfalls daran glauben.

Die aztekischen Krieger legitimierten ihr Herrschaftssystem durch den Mythos, die Sonne brauche Menschenblut und -herzen, um sich am Himmel zu bewegen; würden die Opfer nicht stattfinden, ginge die Welt unter. Mit Freud ließe sich sagen: Wir wissen ja, daß die Sonne kein Blut braucht, um ihre Kreise zu ziehen – was mag die Azteken zu diesem absonderlichen Glauben geführt haben? Geht man dieser Frage nach, so fallen einem die großen rituellen Festlichkeiten auf, in deren Mittelpunkt jener Mythos stand, der mittels eines außerordentlichen Aufwandes – auch an Menschenleben – inszeniert wurde. In »Menschliches – Allzumenschliches« (1886) schrieb Nietzsche: »*Keine Macht läßt sich behaupten, wenn lauter Heuchler sie vertreten; die katholische Kirche mag noch so viele ›weltliche‹ Elemente besitzen, ihre Kraft beruht auf jenen auch jetzt noch zahlreichen priesterlichen Naturen, welche sich das Leben schwer und bedeutungstief machen, und deren Blick und abgehärmter Leib von Nachtwachen, Hungern und glühenden Gebeten, vielleicht selbst noch von Geiselhieben redeten; diese erschütterten die Menschen und machten ihnen Angst: Wie wenn es nötig wäre so zu leben? – dies ist die schauderhafte Frage, welche ihr Anblick auf die Zunge legt. Indem sie diesen Zweifel säen, gründen sie immer wieder von neuem den Pfeiler ihrer Macht*« (a.a.O.: 66-67).

Die aztekischen Opferfeste waren solche Zweifel säende Veranstaltungen. Der Umstand, daß die Menschen tatsächlich getötet wurden, oft auch freiwillig den Tod auf sich nahmen, die Priester ihnen das Herz herausrissen und den Leib zur kannibalistischen Kommunion freigaben – das alles *mußte* ja einen Sinn haben, denn es fand wirklich statt, das war kein Spiel: sollte die Sonne nicht doch Menschenblut brauchen? Sahagún, ein spanischer Chronist des 16. Jahrhunderts, berichtet, wie manche Kriegsgefangenen dazu ausersehen wurden, ein Jahr lang als Gott zu leben, um dann am Opferaltar zu sterben. »*Wenn einer so beschaffen ist, daß kein Mangel, kein Tadel, kein Fehler an ihm ist, auch nicht ein Wärzchen an ihm ist, so wird Sorge getragen, daß er die Flöte blasen lerne ... und daß er mit der Flöte zusammen halten könne seine Blumen und seine Zigarre, daß er während des Blasens an der Zigarre saugen und an den Blumen riechen könne*« (Seler 1927: 95 f.). Der Gefangene wurde zu Gott erklärt. »*Er galt als unser Herr Gott, ... man betete zu ihm unter Seufzen, man warf sich vor ihm auf die Erde ... Und wenn man sah, daß er etwas dick wurde, ließ man ihn Salzwasser verschlucken, machte ihn mager damit ..., daß er schlank, hart und sehnig von Leibe sei«* (ebenda). Ein Jahr lang ging es ihm blendend; reich geschmückt und mit Gefolge zog er durch die Stadt und wurde angebetet. Zwanzig Tage vor seinem Tod verheiratete man ihn mit vier Göttinnen. Tanzend zog er von einem Gelage zum nächsten. *»Nachdem man mit dem Gesang (und Tanz) zu Ende ist, besteigt man die Boote, mit ihm zusammen gehen die Weiber, ihn zu trösten und zu ermutigen. Man landet, man zieht die Boote ans Ufer, an den Ort, der Acaquilpan oder Caualtepec (Berg des Scheidens) genannt wird, weil man an dieser Stelle Abschied nahm«* (ebenda). Nur die Getreuesten folgten ihm. *»Man erzählt, wenn er an der Opferstätte angelangt ist ... steigt er selbst hinauf, freiwillig steigt er zu der Stelle hinauf, wo er geopfert werden soll. Und wenn er die eine Stufe hinaufsteigt ... bricht er die eine seiner Flöten in Stücke, usf. Und nachdem er sämtliche Stufen überwunden hat und oben angekommen ist, so ergreifen ihn sogleich die Priester, legen ihn mit der Brust nach oben auf den Opferstein, dann schneiden sie ihm die Brust auf, reißen ihm das Herz heraus und heben es weihend zur Sonne empor ... Somit beendet er sein Leben an der Stelle, wohin er zu sterben ging, in Tlapitzanayan. Und dies ist ein Sinnbild unseres Lebens hier auf der Erde. Wer in Freuden und im Reichtum dahinlebt und voller Verwunderung an sich erfährt die Süße, die Annehmlichkeit unseres Herrn (des Gottes), die Fülle, den Reichtum, der endet in großem Elend. Mit Recht sagt man, niemand auf der Erde genießt bis ans Ende Freude, Glück und Reichtum«* (ebenda).

Meines Wissens sprechen die Quellen von niemandem, der sich im letzten Moment geweigert hätte, weiter den Gott zu spielen. Nur der Mythos erzählt vom strahlenden Gott, der vor dem tödlichen Sprung ins Feuer, der ihn in die Sonne verwandelt hätte, Angst bekam, ihn erst beim fünften Male wagte und nur zum Mond wurde. Oder von jenem Gott, der sich dem Opfertod entziehen wollte und sich in andere Wesen verwandelte. Aber nichts half ihm; die Götter ergriffen ihn doch und opferten ihn. Erst nachdem sich alle anderen Götter ins Feuer geworfen hatten, bewegten sich Sonne und Mond, und so wie sie sich einst geopfert hatten, so mußten nun auch die Menschen ihr Leben hergeben, um den Kosmos in Gang zu halten.

Die Entwicklung der aztekischen Kultur zeigt, daß die herr-

schende Krieger- und Priesterklasse die Feste um so aufwendiger und blutiger beging (jährlich wurden Zehntausende geopfert), je schärfer sich die Krise der Gesellschaft abzeichnete. In knapp 200 Jahren, etwa ab 1300 bis 1500, hatten sich die Azteken aus einer Sammler- und Jägergesellschaft zu einem weite Teile Mesoamerikas beherrschenden Staatsgebilde entwickelt. Bei dieser Entwicklung spielte der Krieg eine entscheidende Rolle, aber gegen Ende des 15. Jahrhunderts, als die kriegerische Expansion nicht weiter vorangetrieben werden konnte, wäre eine Umstrukturierung der Gesellschaft nötig geworden, um statt des Krieges die Wirtschaft zu dem das Reich organisierenden Prinzip zu machen. Katz (1969) nennt drei Ursachen für die Krise: 1. machte Motecuhzoma Xocoyotzin (1502-1520) weniger Eroberungen als seine Vorgänger. *»Dadurch wurden die neuen Reichtümer, die nach Tenochtitlan hineinflossen,* *immer spärlicher. Die Zahl der ›unproduktiven‹ Feldzüge hingegen wuchs; immer mehr Expeditionen mußten gegen aufständische Ortschaften gemacht werden. Sie brachten zwar viele Kriegsgefangene, aber relativ wenig Beute ein«* (a.a.O.: 432); 2. nahmen die Kämpfe der Azteken gegen Tlaxcalla und die Tarasken zwar zu, steigerten die Kriegskosten, aber blieben erfolglos, und 3. scheinen die ökologischen Möglichkeiten des Hochtals von Mexiko praktisch ausgeschöpft gewesen zu sein. 1505 brach eine verheerende Hungersnot aus, die anzeigte, daß das System der landwirtschaftlichen Produktion dem Bevölkerungsdruck nicht mehr gewachsen war. *»Alle diese Faktoren ... führten zu grundlegenden Änderungen in den Beziehungen Tenóchtitlans zu den abhängigen Stadtstaaten des Hochtals, zu seinen eigenen Verbündeten ... und schließlich zu wachsenden Spannungen innerhalb der aztekischen Gesellschaft selber«* (a.a.O.: 440).

Die Azteken erhöhten die Tributleistungen, die die von ihnen unterworfenen Völker zu erbringen hatten, und beanspruchten gegenüber ihren Verbündeten eine Vorrangstellung, die ihnen ebenfalls eine größere Beute zusichern sollte. Im Inneren wurden der Verdienstadel und die Kaufleute in ihren Rechten eingeschränkt und ein Erbadel (Verwandte des Herrscherhauses) begünstigt. Motecuhzoma brachte das Volk auf seine Seite, indem er die wegen der Hungersnot von 1505 stark angewachsene Schuldsklaverei aufhob. *»Mit einem Schlag hatte Motecuhzoma dadurch große Beliebtheit bei den Bauern gewonnen, die Macht des Staates gefestigt und gleichzeitig den aufstrebenden Klassen der Kaufleute und reichen Bauern, die die Hauptnutznießer der Schuldsklaverei waren, einen kräftigen Hieb versetzt«* (a.a.O.: 444). Und Katz fährt fort: *»Wie so häufig in Zeiten zunehmender innerer und äußerer Spannungen, versuchte die herrschende Schicht Tenóchtitlans diese durch wachsende Verherrlichung, ja Vergöttlichung der Person des Herrschers zu überdecken«* (ebenda).

Die Ausdehnung des Staates, der Bevölkerungsdruck, die zunehmende Differenzierung der ökonomischen Struktur (Kaufleute, Handwerker) und die Konzentration der Bevölkerung in den Städten (Sander und Price 1968: 151 u.f.) schufen Probleme, die nur durch eine komplexere Organisationsform von Wirtschaft und Gesellschaft hätten gelöst werden können. Behielt jedoch der Krieg, so wie er ausgeübt wurde – überfallartig wurde ein fremdes Gebiet besetzt, und die aztekischen Krieger töteten so viele Menschen, bis der Rest bereit war, kontinuierlich Tribute zu zahlen –, seine ökonomische Funktion bei, so hatte die aztekische Kultur keine Chancen, sich auf längere Zeit zu halten – früher oder später wäre die militärische Übermacht der bis dahin beherrschten Völker so groß geworden, daß die Azteken nichts mehr dagegen hätten unternehmen können (Broda 1979: 11). Cortez beschleunigte nur diesen Untergang. Träger des neuen Organisationsprinzips hätte die Klasse der Kaufleute und Handwerker werden können, aber das wäre nur auf Kosten der Macht der Krieger möglich gewesen und hätte zudem noch neue Techniken der Ausbeutung, die die Tributleistungen bis zu einem gewissen Grade hätten ersetzen müssen, erfordert. Wollte die Klasse der Krieger an der Macht bleiben, mußte sie – den Widerstand des Volkes gegen eine Ausbeutung durch die Kaufleute berücksichtigend – einen Wandel der Funktion des Krieges unterbinden, und in diesem Kontext muß die Entwicklung der Religion und ihrer Institutionen gesehen werden (Erdheim

Opferszene: Links oben ein geopferter Mensch, links unten ein geopferter Hund, rechts unten Adler und Jaguar kämpfend, als Symbol ein Menschenopfer, das unter der Form eines Scheinkampfes zwischen Opfer und Geopfertem ausgeführt wurde.

1973; 1978). Wie Johanna Broda (1978a; 1979) deutlich herausgestellt hat, hatten die Menschenopfer eine politische Funktion und sollten die Ideologie untermauern, der Krieg sei eine kosmologische Notwendigkeit, welche die soziale Stellung der Krieger und Priester für alle Zukunft hätte sichern sollen. Cook äußerte 1946 die Vermutung, die Menschenopfer und Kriege seien ein Produkt der Bevölkerungsdichte gewesen und hätten als Regulatoren gedient, um dem Bevölkerungsdruck zu begegnen, und Katz (1969: 315) machte darauf aufmerksam, daß die sozialen und ökonomischen Strukturen der aztekischen Gesellschaft gleichsam keine andere Lösung als die, die Kriegsgefangenen umzubringen, gestatteten: ihre Arbeitskraft hätte gar nicht genutzt werden können wie in Griechenland oder Rom. Das heißt, man kann die Zunahme der Menschenopfer in Zusammenhang bringen mit dem Versuch, das in eine Krise geratene System zu erhalten, ohne Änderungen im Bereich der Produktivkräfte und Produktionsverhältnisse in Kauf nehmen zu müssen, welche die bestehende Herrschaftsordnung hätten bedrohen können.

Wenn jeder evolutionäre Schritt mit neuen Bewußtseinsformen verknüpft sein muß (Habermas 1973: 204), so kann man auch annehmen, daß eine Gegenevolution, ein Aufhalten der Entwicklung, wie wir sie bei den Azteken feststellen können, mit Unbewußtheit zusammenhängen muß; unbewußt werden muß das Innovationspotential. Dabei müssen drei Bedingungen erfüllt sein: 1. Die Gesellschaft kann die Probleme, welche aus ihrem Produktions- und Reproduktionsprozeß resultieren, nicht lösen, ohne eine neue, komplexere Organisationsform zu entwickeln; 2. muß das gesellschaftliche Potential an Individuen und Wissen vorhanden sein, um die Lösung der Probleme voranzutreiben, und 3. müssen Machtstrukturen wirksam sein, die den Einsatz dieses Potentials hemmen können. Ein Indikator für das Vorhandensein eines solchen Potentials ist die Art der sozialen Spannungen, die für die Gesellschaft charakteristisch sind. In einer Gesellschaft, welche *nicht* über ein solches Potential verfügt und die deshalb auch kein Bewußtsein über ihre Problematik entfalten kann, sind die Spannungen diffus auf alle Kulturbereiche ausgedehnt; sie wirken sich in einem allgemeinen Normenzerfall aus, der die vorhandenen Rollensysteme wie von innen her auflöst (Dreitzel 1968: 81). Folge dieser Spannungen wird eine sozio-kulturelle Regression sein, d.h., die entstandenen Probleme werden dadurch aus der Welt geschafft, daß das Probleme bereitende System der Produktion und Reproduktion durch ein entwicklungsgeschichtlich früheres, weniger komplexes ersetzt wird (Ribeiro 1968: 50 u.f.). Gesellschaften jedoch, in welchen ein solches Entwicklungspotential vorhanden ist, weisen ein strukturiertes Spannungsfeld auf; die Spannungen zentrieren sich um jene gesellschaftlichen Bereiche, von denen die Innovation ausgehen könnte, und affizieren von dort aus die übrige Gesellschaft. Diese Spannungen sind das Ergebnis einerseits der ungelösten Systemprobleme und andererseits der Gegenevolution bzw. der Zerstörung des Innovationspotentials. Ähnlich jenen Sternen, die vor dem Explodieren nochmals in hellstem Glanz aufstrahlen, kommt es in solchen Phasen der Gegenevolution zu einer unerhörten Prachtentfaltung der Herrschaft, die eben jene Energien aufsaugt, die den Wandel vorantreiben könnten. Oder es brechen Kriege aus, die die inneren Spannungen durch Aggression nach außen vermindern und das Innovationspotential durch eine Verlagerung der Probleme überflüssig machen bzw. zerstören sollen.

Die Gegenevolution folgt auch »*Organisationsprinzipien*«, wie Habermas sie für die Evolution postuliert hat (1976: 136), nur mit gegenteiligen Wirkungen. »*Dabei verstehe ich unter Organisationsprinzipien diejenigen sozialstrukturellen Innovationen, die durch entwicklungslogisch nachkonstruierbare Lernschritte möglich werden und die unter Ausschöpfung der individuellen Lernkapazitäten ein neues Lernniveau der Gesellschaft institutionalisieren; sie legen Möglichkeitsspielräume fest und bestimmen: innerhalb welcher Strukturen Wandlungen des Institutionssystems möglich sind; in welchem Umfang vorhandene Produktivkräfte ausgenutzt bzw. die Entwicklung neuer Produktivkräfte stimuliert werden kann; und damit auch: wie weit Steuerungsleistungen gesteigert werden können. Organisationsprinzipien erklären mithin die Mechanismen, über die Gesellschaften ihre strukturell begrenzte Steuerungskapazität erweitern*« (ebenda). In der Gegenevolution werden die »*Organisationsprinzipien*« Möglichkeitsspielräume einschränken und Wandlungen des Institutionssystems dadurch zu verhindern suchen, daß sie die Möglichkeiten dazu unbewußt machen. In diese Organisationsprinzipien eingespannt sind psychosoziale Abwehr- und Anpassungsmechanismen, unter deren Wirkung das Bewußtsein für die gesellschaftliche Nutzung bzw. Entfaltung der Produktivkräfte schrumpft und es zu einem zunehmenden Realitätsverlust sowie zu einer Inflation des Phantasmagorischen kommt.

Diese Organisationsprinzipien der Unbewußtheit, die die Erfahrung des Individuums von der Gesellschaft, in der es lebt, lenken, lassen sich in den Einstellungen zum menschlichen Körper studieren. Mary Douglas (1970) wies auf die Verflechtungen zwischen den Wahrnehmungen des eigenen und des Gesellschaftskörpers hin: »*Der Körper als soziales Gebilde steuert die Art und Weise, wie der Körper als physisches Gebilde wahrgenommen wird; und andererseits wird in der (durch soziale Kategorien modifizierten) physischen Wahrnehmung des Körpers eine bestimmte Gesellschaftsauffassung manifest. Zwischen dem sozialen und dem physischen Körpererlebnis findet ein ständiger Austausch von Bedeutungsgehalten statt, bei dem sich die Kategorien beider wechselseitig stärken. Infolge dieser beständigen Interaktion ist der Körper ein hochgradig restringiertes Ausdrucksmedium. In den ihm eigenen Formen der Ruhe und Bewegung kommt der soziale Druck auf mannigfaltige Weise zum Ausdruck. Die Sorgfalt, die auf seine Pflege verwendet wird, die Regeln der Nahrungsaufnahme und der Therapie, die Theorien über das Schlaf- und Bewegungsbedürfnis, über die normalen körperlichen Entwicklungsstadien, über die Erträglichkeitsgrenze bei Schmerzen – kurz, all die kulturell geprägten Kategorien, die die Wahrnehmungen des Körpers determinieren, müssen den Kategorien, in denen die Gesellschaft wahrgenommen wird, eng korrespondieren, weil und insofern auch diese sich aus den kulturell verarbeiteten Körpervorstellungen ableiten*« (a.a.O.: 99).

Bei den Azteken wurde der Körper einer strengen Disziplin unterworfen, die um so härter erscheint, als die Erziehung im eigentlichen Sinn des Wortes erst nach dem vierten Lebensjahr anfing. Bis dahin herrschte ein mütterliches Gewährenlassen, das sehr weit ging. Zorita, ein spanischer Beamter des 16. Jahrhunderts, berichtet, daß die Mütter bzw. Ammen ihre Kinder bis ins vierte Lebensjahr stillten, und fügt hinzu: »*Sie sind solche Freundinnen ihrer Söhne und pflegen sie mit solcher Liebe, daß sie – um in der Stillzeit nicht schwanger zu werden – die Vereinigung mit ihren Männern verweigern, und wenn sie – während sie noch stillen – verwitwen, so verheiraten sie sich unter keinen Umständen; taten sie das, so galt das als großer Verrat*« (1963: 62). Die von Sahagún aufgenommenen aztekischen Beschreibungen dieser frühen Altersstufe deuten ebenfalls auf das orale Gewährenlassen hin: »*Das ganz kleine Kind ist ein Schreihals, ein Säugling. Das gute ganz kleine Kind ist ein Freudenbringer, selbst voll Vergnügen. Es saugt an der*

Mutterbrust, entwickelt sich und wächst. Das schlechte ganz kleine Kind ist ein Leidbringer und erregt Mitleid. Es ist über und über mit Ausschlag bedeckt, verkratzt, verfault. Nur ein wenig Saugmilch und ein wenig Harn ist wohl im Bauch des Kindes« (Sahagún 1952: 29). Und von der Mutter heißt es: *»Die Familienmutter hat Kinder und säugt sie. Die von guter Sinnesart ist, wacht rechtzeitig vom Schlaf auf, ist rührig, geht tatkräftig an die Arbeit, ist fleißig, ist wachsamen Auges. Mit Herz und Hand müht sie sich ängstlich, ... ist für die ihrigen besorgt ... Sie liebkost die ihrigen, plagt sich für sie, ist peinlich auf die Wohl der ihrigen bedacht ... Die schlechte Mutter, die nicht gute, ist dumm und blöde und schläft bei Tage. Sie hat Arme so schlaff wie gekochter milchreifer Maiskolben. Sie verschwendet sinnlos; sie ist hinterhältig, sie täuscht einen mit Lügen, verdirbt einem die Sache mit Hexerei«* (a.a.O.: 9).

Ab vier Jahren begann die Eingliederung in die Welt außerhalb der Familie. Man vertraute dem Kind leichtere Arbeit an: den Knaben das Wasserholen, den Mädchen das Spinnen (Codex Mendoza 1938). Die Form der Erziehung erinnert an die in *»kalten Gesellschaften«* übliche: dem Kind blieb ein relativ breiter Spielraum; war es unfolgsam, so wurde es ermahnt und offenbar nicht durch Körperstrafen »zur Vernunft gebracht«. Nach den Theorien

der antiautoritären Erziehung wäre zu erwarten gewesen, daß die Azteken statt kriegerisch friedlich hätten sein müssen. Das Moment der Aggression tauchte bei den Azteken in einer späteren Sozialisationsphase auf: in der Latenz und Pubertät. Ab dem achten Lebensjahr (und bei Kindern des Adels zwei, drei Jahre früher) spielten drastische Körperstrafen eine wichtige Rolle in der Erziehung. Im Codex Mendoza werden exemplarische Strafen dargestellt: Man schlug die Kinder nicht nur, sondern stach sie mit den Dornen der Agave am ganzen Körper, band sie an Händen und Füßen fest oder hielt sie über das rauchige Feuer, so daß sie fast erstickten.

Es gab zwei Arten Schulen; die eine bereitete das Individuum mehr auf die priesterliche, die andere auf die kriegerische Laufbahn vor. Sahagún berichtet: »*Und wenn er zwölf oder dreizehn Jahre alt ist, bringen sie ihn in das Priesterhaus, sie überlassen ihn den Händen des Räucherpriesters und des Oberpriesters, daß er dort erzogen, ermahnt (bestraft), beaufsichtigt wird, damit er einen guten Lebenswandel führt. Sie veranlassen ihn zu Buß-(Kultus-)übungen, in der Nacht grüne Zweige niederzulegen, auf den Bergen, wo sie sich Blut entziehen um Mitternacht. Oder sie bringen den Knaben in das Tanzhaus, überlassen ihn den Händen der Kriegführer. (...) Und wenn der Knabe fünfzehn Jahre alt war, wurde er für den Krieg ausgebildet, oder wenn er zwanzig Jahre erreicht, so führen sie ihn in den Krieg*« (Seler 1928: 329). Sahagún berichtet von den strengen Strafen, die denjenigen trafen, der sich betrank oder die vorgeschriebenen Bußübungen nicht einhielt: »*Die achte Regel war, daß um Mitternacht ... alles Volk* (der Priesterschule, M.E.) *sich erhob, betete. Wer schlafen bleibt, nicht aufwacht, ... dem durchstechen sie die Ohren, Brust, Schenkel, Schienbein ... Wenn einer gefunden wurde, daß er Wein trank oder sich mit Weibern abgab, oder etwas (anderes) Schweres beging, bestraften sie ihn ohne Erbarmen. Er wird verbrannt, oder erdrosselt, oder lebendig verbrannt oder mit Pfeilen erschossen. (...) Die zehnte Regel ist: die Knaben werden in der Weise erzogen: wenn sie nichts sehr (Schlimmes) begangen haben, durchstechen sie ihnen das Ohr oder züchtigen sie mit Nesseln*« (a.a.O.: 352-353).

Im sechsten Buch seiner »Historia general de las cosas de Nueva España« schreibt Sahagún über die »Rhetorik, Moralphilosophie und Theologie des mexikanischen Volkes« und gibt, neben tpyischen Gebeten an die Gottheit, eine Art Musterreden der Eltern an ihre Kinder wieder. Es ist eine Sammlung von Warnungen und Ratschlägen, aus denen die herrschende Moral rekonstruiert werden kann; ihre leitenden Werte waren Arbeitsamkeit, Mäßigkeit, Bescheidenheit, Selbstdisziplin, Keuschheit und Sauberkeit. Der europäische Leser, der mit den religiösen Texten der Azteken, mit der Darstellung ihrer Mythen und Opfer Mühe hat, wird mit Erstaunen bemerken, daß die Azteken des 16. Jahrhunderts – obwohl ihre Kultur auf ganz anderen ökonomischen Grundlagen als kapitalistischen beruhte – eine ähnliche Moral besaßen wie Mitteleuropäer des 19. Jahrhunderts. Der Jugend wurde die Frömmigkeit gegenüber den Gottheiten immer wieder ans Herz gelegt:

Hieroglyphe für Opferblut, ein Knäuel, gebildet aus dem Stricke für die Fastenden. In ihm stecken die für Kasteiungen benutzten Agaveblattspitzen, von denen Opferblut herabrinnt.

»Hört also zu, denn ich will Euch sagen, wie Ihr Euch in dieser Welt bewähren könnt, wie ihr zu Gott gelangen könnt, damit er sich Euch gnädig erweise, und dazu sage ich Euch, daß diejenigen, die weinen und seufzen, beten und Andacht üben und mit dem Willen ihres ganzen Herzens nachts aufbleiben und früh aufstehen, die Straßen und Wege reinigen ... und die Orte schmücken, in denen Gott mit Opfern und Gaben verehrt wird ..., daß diejenigen, die so tun, Gott

gegenwärtig sind, sich zu seinen Freunden machen und von ihm Gnaden empfangen und er öffnet ihnen sein Innerstes, um sie mit Reichtümern und Ehren und Wohlstand zu beschenken« (1956: II, 121-122). Aber ganz protestantisch hob der Redner hervor, daß alle diese Leistungen vor Gott keine Ansprüche begründeten. Von sich selbst sagte er: *»Meine Würden habe ich nicht durch mich erworben, auch nicht durch meine Verdienste oder meinen Willen; nie sagte ich, ich will das sein, will jene Würde haben, sondern so wollte es unser Herr* (Gott, M.E.), *und das war die Barmherzigkeit, die er mir erwies, denn alles gehört ihm ... Gott gibt nur, was er will und wenn er will, und er braucht von Keinem Ratschläge«* (a.a.O.: 122). Immer wieder wurde gefordert, daß man nicht zu viel schlafen solle; als schimpflich galt der Ruf, faul, müde, schläfrig zu sein (a.a.O.: 147). Auch das Gehen auf der Straße wurde vorgeschrieben: *»Paß auf, wenn Du über die Straße gehst, daß Du ruhig läufst, nicht zu schnell und viel Raum einnehmend, sondern mit Anstand und Reife«* (ebenda). Er warnt vor denen, die wie Verrückte laufen, überall hinschauen ohne Anstand und Würde. Man soll auch nicht mit dem Körper schwanken, den Kopf nach unten oder zur Seite geneigt haben. Das Sprechen muß ebenfalls bestimmten Vorstellungen genügen: nicht zu schnell und nicht zu langsam, nicht zu laut und nicht zu leise, sondern moderiert mit weicher Stimme. Hörte oder sah man Schlimmes, so sollte man es übersehen bzw. überhören. Man sollte nicht zweimal nach jemandem rufen müssen. Beim ersten Mal hatte man zu antworten, aufzustehen und nachzusehen. In der Kleidung sollte man darauf achten, nicht aufzufallen; beim Essen und Trinken müsse man mäßig sein. *»Wenn Du ißt, so nicht zu schnell und nicht zu gierig (...) und nimm nicht zu große Bissen in den Mund ... und schluck nicht, was Du gegessen hast, wie ein Hund. (...) Vor dem Essen hast Du Dir die Hände und den Mund zu waschen, und wo Du mit anderen ißt, setze Dich nicht als erster hin, sondern nimm das Wasser und den Krug, damit sie sich waschen können ...; und nach dem Essen, tust Du dasselbe und wirst den anderen das Wasser reichen und danach wirst Du aufheben, was zu Boden gefallen ist, den Ort des Essens reinigen, und auch Du wirst Dich nach dem Essen die Hände und den Mund waschen sowie die Zähne reinigen«* (a.a.O.: 150). Verglichen mit den Verhaltensweisen, die N. Elias (1938) aus der europäischen Oberschicht des 16. Jahrhunderts zitiert, haben die Azteken viel weitergehende Formen innerer Kontrolle entwickelt als die Europäer; man kann sich vorstellen, wie entsetzt sie über die barbarischen Gewohnheiten der Weißen gewesen sein müssen.

Natürlich mußte auch die Sexualität einem entsprechenden Verhaltenscodex genügen. Von den Kriegern hieß es zwar, daß sie eine weitgehende sexuelle Freiheit genossen (vgl. Seler 1928: 345), aber wer kein Krieger war, mußte sich geradezu puritanischen Einschränkungen unterwerfen: »*Hüte Dich vor allen dreckigen Dingen, die den Menschen schmutzig machen, nicht nur die Seele, sondern auch den Körper, Krankheiten und Tod verursachend. Die Alten überlieferten uns, daß es in der Kindheit und Jugend ist, da Gott seine Gnaden und Gaben verteilt; zu diesen Zeiten bestimmt er diejenigen, die zu Herren, Fürsten, Gouverneuren und Hauptleuten werden sollen. Von Gott erhält man in Kindheit und Adoleszenz Reichtümer und Wohltaten, (und) während der Adoleszenz verdient man sich den guten Tod. Merke Dir, was ich Dir sage, mein Sohn: Schau, die Welt hat nun einmal diese Art sich fortzupflanzen und zu vermehren. Und für die Zeugung und Vervielfältigung befahl Gott, daß das Weib vom Mann und der Mann vom Weib Gebrauch mache; aber es gehört sich, daß man dies mit Mäßigkeit und Besonnenheit betreibe. Wirf Dich nicht auf das Weib wie der Hund auf das Fressen und machs nicht wie der Hund, der alles frißt, was man ihm vorwirft, indem du Dich vorzeitig mit den Frauen abgibst. Auch wenn Du Hunger auf die Frau hast, widerstehe, widerstrebe Deinem Herzen bis Du ein vollkommener und starker Mann bist. Denn schau, wenn man dem Maguey (*Agave, M. E.*) zu früh seinen Nektar entnimmt, ... so geht er verloren. (...) In derselben Weise mußt Du es tun: bevor Du zum Weibe gehst, mußt Du wachsen und reifen, ein vollkommener Mann werden und dann wirst Du zur Heirat fähig sein und wirst Söhne zeugen, die gut gewachsen und stark sein werden, leichtfüßig und schön, mit guten Gesichtern, und Du wirst stark und fähig für die körperliche Arbeit sein (...). Solltest Du aber unmäßig sein und Dich zu früh den fleischlichen Genüssen hergeben, in diesem Fall, sagten uns unsere Vorfahren, werde derjenige, der sich auf die fleischlichen Genüsse wirft, verkümmern, nie ein richtiger Mann werden und verfärbt und mutlos herumirren. Du wirst wie ein Fiebriger herumgehen, verfärbt, abgemagert, wie ein rotziger Bursche, geschwächt und krank und früh wirst Du zum runzligen alten Mann werden. Und wenn Du dann heiratest, wird es Dir ergehen, wie dem Maguey, dem man den Nektar zu früh entnahm und der nun nichts mehr* *hergibt, weil man ihn vor der Zeit anzapfte, und den man für nichts mehr brauchen kann und deshalb verwirft (...). So wird es auch Deine Frau mit Dir tun, denn da Du ja trocken und fertig bist und ihr nichts mehr geben kannst, mußt Du ihr sagen, daß Du nicht mehr geben kannst. Sie wird Dich verachten und verwerfen, weil Du ihr Begehren nicht stillen kannst, und wird sich einen anderen suchen, denn Du bist ja ausgeschöpft. Und obwohl sie nicht daran dachte, wird sie wegen Deines Mangels Ehebruch begehen, und das (alles), weil Du Dich zerstörtest, indem Du Dich den Frauen hergabst und vor der Zeit fertig warst. Merk Dir noch eine andere Sache, mein Sohn: Wenn Du heiratest, zur richtigen Zeit und Du mit guten Gründen eine Frau nimmst, gib Dich nicht zu viel mit ihr ab, denn sonst verlierst Du Dich, auch wenn es Deine Frau ist und Dein Körper. Sei mäßig, wenn Du von ihr Gebrauch machst (...). Schau, daß Du den fleischlichen Genüssen nicht folgst nur weil Dir Lust bereitet, was Du tust und nichts Schlechtes dabei ist, aber wisse, daß Du Dich tötest und großen Schaden nimmst indem Du häufig jenes fleischliche Werk tust«* (a.a.O.: 144-146).

Und um seine Warnungen zu belegen, erzählte der Vater seinem Sohn die Geschichte eines alten weißhaarigen Mannes, der wegen Ehebruchs ins Gefängnis mußte und den man fragte, weshalb er in seinem hohen Alter immer noch den fleischlichen Genüssen nachlaufe. Er erwiderte, daß er in seiner Jugend nie mit Frauen geschlafen hatte und wohl deshalb immer noch potent sei. Der Vater erzählte eine weitere Geschichte zur Veranschaulichung des Problems: *»Als der Herr von Tezcuco, Nezahualcoyotzin, noch lebte, wurden zwei alte Frauen verhaftet, deren Haare weiß wie Schnee waren, und sie wurden verhaftet, weil sie Ehebruch begangen und ihre Männer, die so alt wie sie waren, mit einigen jungen Priesterschülern ... betrogen hatten. Der Herr Nezahualcoyotzin, der das Urteil über sie sprechen mußte, fragte sie: ›Großmütter, ist es wahr, daß Ihr noch den Wunsch nach fleischlichen Genüssen habt? Habt Ihr, alt wie Ihr seid, noch nicht genug davon? Was fühltet Ihr als Ihr jung wart? Sagt es nur, denn Ihr steht deswegen in meiner Gegenwart‹. Sie antworteten: ›Unser Herr und König ..., hört: Ihr Männer hört auf, den Wunsch nach fleischlichen Genüssen zu haben, weil Ihr Euch in Eurer Jugend erfüllt habt, weil sich die menschliche Potenz ... erschöpft. Aber wir Frauen bekommen nie genug davon, diese Tätigkeit ist uns nie langweilig, denn unser Körper ist wie ein Schlund, ein tiefer Abgrund, der sich nie füllt, alles aufnimmt, was*

Erotische Szene. Der Gott Xochipilli zwischen zwei blumengeschmückten Göttinnen der Liebe.

man hineinwirft und mehr will und mehr fordert, und wenn wir das nicht tun, so haben wir kein Leben‹. Das erzähle ich Dir mein Sohn, damit Du mit Zurückhaltung und Vorsicht lebst, und nur Schritt auf Schritt und nicht in Eile Dich auf ein so häßliches und schädliches Geschäft einläßt« (a. a. O.: 146).

In all diesen Ermahnungen kommt die Forderung nach Selbstkontrolle, die fast zwanghaft wirkt, zum Ausdruck. Entsprechend wurden die negativen Vorbilder (Sahagún 1952: 39f.) durch den Mangel an Selbstkontrolle charakterisiert. Das Ideal der »goldenen Mitte« erreicht man aber nie, und gerade deshalb eignet sich diese Moralphilosophie so vorzüglich als Vorwand, immer neue und grausamere Zwänge auszudenken. Zudem wird, wie Foucault (1977) herausgestellt hat, eine Form der Selbstbeobachtung institutionalisiert, die in den Dienst der Herrschaft tritt: So wie man sich selbst beobachtet, wird man von der Herrschaft beobachtet, der keine geheime Regung verborgen bleibt; so wie man lernt, sich selbst zu beherrschen, muß man sich auch beherrschen lassen. Diese Form der Beobachtung verankert im Individuum die Identifikation mit dem Aggressor, mit der Herrschaft.

Diese individuellen Zwänge waren in der aztekischen Religion gut aufgehoben. Sie war ein gigantischer Versuch, Ordnung in die

Welt zu bringen. Raum und Zeit waren aufs Genaueste gegliedert, alles sollte seinen genauen Platz haben (Sahagún 1950). Um diese kosmische, alles umfassende Ordnung aufrechtzuerhalten, waren die Menschenopfer notwendig. Ständig vom Chaos bedroht, mußten die Menschen die Aufgabe auf sich nehmen, mit all ihren Kräften dieses Chaos abzuwehren. Besonders gefährlich war es, wenn ein Zeitalter vom anderen abgelöst wurde, d.h. alle 52 Jahre: »*Wenn diese Nacht hereingebrochen war, fürchtete man sich sehr, man erwartete, wie es hieß: Wenn (das Sternzeichen) der Feuerbohrer nicht glücklich herabfiele, dann würde man völlig zugrunde gehen, (...), es würde ganz Nacht werden. Die Sonne würde nicht mehr aufgehen. (...) Es würden Tzitzitzimi-Ungeheuer heruntergestürzt kommen und die Menschen fressen*« (Sahagún 1950: 75).

Diese gefährlichen Augenblicke vermehrten sich unaufhörlich und dementsprechend auch die Gelegenheiten sowie die Anzahl der Menschenopfer (Broda 1978a; 1979). Im ersten Monat des Jahres fing man mit der Opferung von Kindern an und setzte diese bis zum vierten Monat fort, um den Regen sicherzustellen. Getötet wurden Kinder, die zwei Haarbüschel am Kopf hatten und unter einem günstigen Zeichen geboren worden waren, denn gerade für sie hatten die Regengötter eine besondere Vorliebe. Man schmückte die Opfer mit kostbaren Kleidern, bemalte sie und trug sie in langen Prozessionen auf die Berge. Die Leute, die sie vorbeiziehen sahen, fingen an zu weinen und zu klagen. Auch die Kinder weinten sehr, und das galt als Zeichen dafür, daß es bald regnen würde. Auf dem Berg angekommen, tötete man die Kinder und zog ihnen mit einem scharfen Messer die Haut ab; den Körper warf man in eine dunkle Höhle. Wurden Erwachsene geopfert, so riß man ihnen üblicherweise das Herz aus der Brust, um es der Gottheit darzubringen. Die Leichen wurden dann die Tempeltreppen hinuntergeworfen, wo sie von den Kriegern genommen und nach bestimmten Regeln verteilt und verspeist wurden. Handelte es sich um Vegetations- und Regengötter, so wurde das Opfer enthauptet; die Haut zogen die Priester an und trugen sie, bis sie ihnen am eignen Leib verfaulte. Andere Opfer wurden angebunden und mit Pfeilen durchbohrt – das Herz riß man ihnen erst danach heraus. Dem Feuergott opferte man, indem man das Opfer ins Feuer warf; bevor es starb, riß man es daraus, um ihm die Brust zu öffnen und das Herz zu bekommen. Alle Opfer gingen von der Annahme aus, daß der Körper nicht nur ein Abbild des Kosmos, sondern der Kosmos selbst ist. Die Tränen, die das Kind weint, *sind* der Regen; die Haut *ist* die Erde mit ihrer Vegetation.

Eine Version des Welterschaffungsmythos' erzählt, daß zwei Götter, Quetzalcoatl und Tezcatlipoca, die Erdgöttin vom Himmel herunterbrachten: »*Dann verwandelten sich beide in große Schlangen, deren eine die Göttin an der rechten Hand und dem linken Fuß packte, die andere an der linken Hand und dem rechten Fuß; sie zerrten sie derart, daß sie mittendurch riß. Aus der Hälfte hinter den Schultern machten sie die Erde; die andere Hälfte brachten sie zum Himmel hinauf*« (Krickeberg 1928: 5). Die anderen Götter sind entsetzt, und um die schlimme Tat gutzumachen, verwandeln sie die Reste der Erdgöttin in Lebensmittel: »*Darum machten sie aus ihren Haaren Bäume, Blumen und Gräser, aus ihrer Haut die ganz zarten Kräuter und Blümchen, aus ihren Augen Brünnlein, Quellen und kleine Höhlen, aus ihrem Munde Flüsse und große Höhlen, aus den Nasenlöchern Bergtäler, aus den Schultern Berge. Zuweilen schrie die Erdgöttin in der Nacht und verlangte nach Menschenherzen. Dann wollte sie sich nicht eher beruhigen, als bis man sie ihr gab, und wollte nicht eher wieder Frucht tragen, als bis sie mit Menschenblut getränkt wurde*« (ebenda). Die Erde selbst war ein Leib; und der Leib war die Erde. Das Erschreckende an der aztekischen Religion war die Gleichsetzung von Symbol und Sache. Der Wille, den Leib zu beherrschen, übertrug sich auf die ganze Natur, und die Zwangssysteme, die den menschlichen Leib wie ein Stacheldraht umgaben, fanden ihre Entsprechung im religiösen Ritual.

Die aztekische Religion als gegenevolutives Organisationsprinzip schöpfte die individuellen Lernkapazitäten durch phantasmagorische Gehalte aus und blockierte das Lernniveau der Gesellschaft. Eine tiefe Angst ließ »*Lernprozesse mit tödlichem Ausgang*« (A. Kluge 1973) einsetzen. Die Angst entstammte zwei Quellen: 1. dem mißhandelten und eingeschränkten Körper und 2. der Sozialordnung. Die besiegten Völker, die nur von der militärischen Stärke der Azteken gebändigt waren, warteten nur auf die Revanche und stellten eine reale Bedrohung dar. Die Spanier erkannten dies sofort und verbündeten sich mit ihnen; ohne sie hätten die Spanier México-Tenóchtitlan nie einnehmen können. Als ob diese Realängste nicht ausgereicht hätten, wurden die Azteken von phantasmagorischen Ängsten geplagt: Weltuntergänge, unberechenbare und grausame Gottheiten, die sich durch die blutigen Opfer kaum versöhnen ließen. Die »Maschine«, die diese Ängste produzierte, war der unterworfene Körper, und diese Ängste überwucherten letztlich die realen Ängste. Die narzißtische Explosion, der jede herrschende Klasse ausgeliefert ist (vgl. S. 389), schränkte die Realitätskontrolle ein und ließ die Azteken im Verhältnis zu den anderen Völkern die realen Gefahren übersehen (und sie unterschätzten deshalb auch die Spanier). Hinzu kam aber auch, daß die Bekämpfung der *kosmischen* Gefahren die wichtigste Aufgabe und Legitimation für die Krieger- und Priesterschaft abgab. Während die Männer der Selk'nam es sich noch leisten konnten, nicht selbst an die Geister zu glauben, mit denen sie den Frauen Angst machten, scheint es, daß die Azteken an die Götter glauben mußten, die ihnen befahlen, die anderen Völker mit Krieg zu überziehen. Wegen ihrer Verflechtung mit der Herrschaft war die Religion eifrig darauf bedacht, die im Körper produzierten Ängste wach zu halten und die bewußte Wahrnehmung der Realität zu stören.

Um diese Ängste zu verstehen, muß noch der für den aztekischen Sozialisationsprozeß typische Widerspruch zwischen den ersten Lebensjahren und dem Erwachsensein herangezogen werden. Im Kapitel über die Adoleszenz werde ich die psychoanalytische Theorie dazu darstellen und hier auf das Problem nur hinweisen. Die lange Stillzeit, die mütterliche Zuwendung und das Fehlen von Zwängen waren zusammen mit der drakonischen späteren Erziehung günstige Voraussetzungen, um die Individuen auf diese Zeit zu fixieren (vgl. S. 292) und orale Wünsche und Erfahrungsweisen wiederzubeleben. Die frühe Kindheit wurde zum Inbegriff des schönen Lebens und aktivierte die Bereitschaft zur Regression, um der peinigenden Realität des Erwachsenseins auszuweichen. Diese regressiven Wünsche fanden unter anderem ihren Ausdruck in der unter Todesstrafe stehenden Trunksucht, und wenn man die verheerenden Folgen für die Indianer bedenkt, die die Freigabe des Alkohols durch die Spanier nach sich zog, wird man zugeben, daß die Azteken darin zu Recht eine Gefährdung ihrer Kultur sahen. Sich betrinken bedeutete, wieder ein Kind zu werden, und die Frustrationen der Latenz- und Adoleszenzphase machten diesen Wunsch verständlich. Aber ihm durfte nicht nachgegeben werden. Das Aufgeben der Selbstkontrolle war für die streng hierarchisierte, auf Ausbeutung aufbauende aztekische Gesellschaft untragbar. Aber die regressiven Wünsche blieben doch mächtig und wurden zur Quelle des Schreckens. Die erlaubten Formen der Regression – meistens in Verbindung mit den religiösen Festen – versetzten die

Individuen nicht ins Paradies der Kindheit; die Regression brachte sie zwar in die Position des Kleinkindes, aber statt auf die gewährende Mutter zu stoßen, die einst alle Wünsche erfüllt hatte, begegneten sie wieder den gesellschaftlichen Zwängen, die aber, aufgrund der Regression, unter oralen Kategorien erfahren wurden, z. B. als Gottheiten, die vorwiegend Schaden anrichteten. Huitzilopochtli ist »*ein böses Vorzeichen, ein Unruhestifter, ein schreckhafte Visionen erzeugender Gaukler. (...) Von ihm wird gesagt, er wirft auf die Leute die Türkisschlange, den Feuerbohrer, d. h. den Krieg*«; Tezcatlipoca: »*Wenn er auf der Erde weilte, erweckte er Mißhelligkeiten und Zwietracht und brachte Unglück auf die Leute ...*

Darum wurde er ›nach beiden Seiten Feind‹ genannt. Alles Böse, was über die Menschen kam, schuf er, brachte es herab ... Er trieb sein Spiel mit den Leuten ...« Cihuacoatl: »*Wurde Raubtier und unheilvolles Vorzeichen genannt ... Sie zeigte den Leuten Armut und Elend ...«* (Seler 1927: 1-6). In der psychischen Dimension oszillierte der Azteke zwischen der frühen Kindheit, deren Wiederbelebung jedoch statt Geborgenheit nur die Schrecken vermittelte, die ihn wieder zwangen, erwachsen zu werden, und dem Erwachsensein, das so quälend und unbefriedigend war, daß es die Regression als verlockende Flucht erscheinen ließ. Ich nehme an, daß sich das Individuum während der Latenz- und Adoleszenzphase nicht die notwendigen Abwehr- und Anpassungsmechanismen aneignen konnte, die für die Bewältigung der Probleme, die das Leben in seiner Gesellschaft hatte, notwendig gewesen wären. Weil es sich ihnen ausgeliefert fühlte, mußte es bei der Regression Zuflucht suchen, aber die Gesellschaft war nicht so, daß sie das Individuum aufgefangen hätte.

Dieser für das Individuum unlösbare Widerspruch zwischen früher Kindheit und Erwachsensein zeigt eine Analogie in der Problematik der aztekischen Entwicklung hin zur »*heißen*« Kultur, und ich vermute, daß es eben die Art dieser Entwicklung war, die eine den gesellschaftlichen Problemen adäquate Adoleszenz verhinderte. Der frühen Kindheit als Zeit des schönen Lebens entsprach auf gesellschaftlicher Ebene die Epoche, da die Azteken noch Jäger und Sammler waren. Es ist auffallend, wie sehr die Azteken – freilich nicht nur sie; das Alte Testament benützt ein ähnliches Denkmodell – ihre Geschichte als Zwang erlebten. Huitzilopochtli zwang sie zur Geschichte. Wäre die Gottheit nicht gewesen, hätten sie glücklich als Jäger und Sammler weitergelebt. In seiner »Historia de las Indias de Nueva España« erzählt Fray Diego Durán, ein dominikanischer Mönch des 16. Jahrhunderts, eine Begebenheit, die sein Gewährsmann in die Zeit Motecuhzomas des Älteren (1440-1464) versetzt: Auf dem Höhepunkt seiner Macht beschloß Motecuhzoma der Mutter Huitzilopochtlis Geschenke zukommen zu lassen und in Erfahrung zu bringen, wie seine Vorfahren einst im Aztlán gelebt hätten. Tlacaelel, sein klügster Berater, riet ihm nicht etwa, eine Armee, sondern Zauberer auszusenden, »*da sie nicht (jenes Land) erobern, sondern kennenlernen und sehen sollen, wie unsere Vorfahren lebten, und wo Huitzilopochtli geboren worden war*« (Durán 1967: II, 215). Und Tlacaelel fügte hinzu, daß jenes

Land »*lustvoll, lieblich und wonniglich gewesen sei, wo (die Vorfahren) ihre Ruhe hatten, und sie lange lebten ohne alt noch müde zu werden, und wo sie alles hatten, was sie brauchten. Aber nachdem sie das Land verlassen hatten, verwandelte sich ihnen alles in Stacheln und Disteln; die Steine wurden spitzig, um sie zu verletzen, und die Kräuter brannten sie ... Alles kehrte sich gegen sie, damit sie nicht wüßten (wo hindurch sie gehen) und nicht mehr zurück könnten*« (a.a.O.: 216). Nach langer Reise fanden sie das Land und ließen sich zu Coatlicue führen. Die Einwohner erinnerten sich noch gut an jene, die einst ausgewandert waren, denn bei ihnen gab es keinen Tod. Voller Verwunderung hörten sie, daß die Ankömmlinge nur die Nachfahren von jenen waren, die schon längst verstorben waren. Mit den Geschenken auf dem Rücken folgen die Azteken einem Greis, »*der den Berg mit großer Behendigkeit und ohne jede Beschwerde hinaufzusteigen begann, während sie selbst sich mühselig hinter ihm her durch den Sand schleppten. Der Alte wandte den Kopf, sah, daß der Sand ihnen fast bis zu den Knien reichte und sie kaum vorwärts kamen, und fragte sie: ›Was habt ihr? Kommt ihr nicht hinauf? Beeilt euch!‹ Die Mexikaner, bestrebt, ihm zu folgen, blieben bis zum Gürtel im Sand stecken, konnten sich nicht mehr bewegen und riefen dem Alten zu, der so schnell ging, daß der Sand ihm gar nichts anzuhaben schien. Er wandte sich um und fragte: ›Was ist denn mit euch geschehen, ihr Mexikaner? Was hat euch denn so schwer gemacht? Was eßt ihr denn in eurem Lande?‹ ›Herr‹, erwiderten sie, ›wir essen das Fleisch, das es bei uns gibt, und trinken Kakao.‹ ›Diese Speisen und Getränke haben euch schwer gemacht‹, belehrte sie der Alte, ›sie bewirken, daß ihr nicht mehr an den Ort gelangt, wo eure Väter lebten. Das hat euch auch den Tod gebracht! Aller Reichtümer, die ihr bringt, bedürfen wir hier nicht, denn wir leben in Armut und Einfachheit. Aber gebt nur her und bleibt hier, ich will die Herrin dieses Wohnsitzes, die Mutter Huitzilopochtlis, rufen, damit ihr sie sehet.‹ Dann nahm er einen der Ballen, die sie trugen, auf die Schulter, als wenn es ein Strohhalm wäre, und brachte so einen nach dem andern mit großer Schnelligkeit hinauf*« (Krickeberg 1928: 113-114). Die Mutter Huitzilopochtlis kam ihnen entgegen. Sie starrte vor Schmutz, denn immer noch trug sie Trauer um ihren Sohn. Die Azteken übergaben ihr die mitgebrachten Geschenke und erzählten ihr von der Macht und Herrlichkeit Tenóchtitlans, der Königin und Beherrscherin aller Städte. Coatlicue antwortete: »*Gut, meine Söhne. Mein Herz hat sich beruhigt;*

aber sagt ihm, er möge Erbarmen mit mir haben und mit dem großen Leid, das ich trage, weil er mir fern ist. Sehet, wie ich mich um seinetwillen mit Fasten und Bußübungen plage; er soll daran denken, was er mir einst bei seinem Weggang sagte: ›Mutter, ich werde nicht lange mit der Rückkehr säumen; nicht länger, als bis ich sieben Sippen fortgeführt und in dem Lande angesiedelt habe, das ihnen verheißen ist. Ich werde zurückkehren, wenn die Jahre meiner Wanderung erfüllt sind und die Zeitspanne abgelaufen ist, die mir gewährt ist, um mit allen Provinzen und Städten, kleineren Orten und Dörfern Krieg zu führen und sie mir botmäßig zu machen. Aber in derselben Weise, wie ich sie gewinne, wird ein fremdes Volk sie mir wieder entreißen und mich aus jenem Lande verjagen. Dann werde ich hierher zurückkehren, weil die, die ich einst mit Schwert und Schild unterjochte, sich gegen mich wenden und mich kopfüber zu Boden werfen werden, so daß ich und meine Waffen auf dem Boden dahinrollen. Dann, Mutter, ist meine Zeit erfüllt, dann kehre ich fliehend in deinen Schoß zurück. Bis zu diesem Augenblick werde ich aber nichts als Pein erdulden; (...).‹ Da sprach ich zu ihm: ›Geh, mein Sohn, sieh zu, daß du dich nicht aufhältst, sondern deine Zeit erfüllst und zurückkehrst.‹ Es scheint mir aber, liebe Söhne, daß es ihm bei euch recht gut gehen muß, denn er ist dort geblieben, denkt nicht mehr an seine trauernde Mutter, sucht sie nicht auf und kümmert sich nicht mehr um sie. Darum sagt ihm, daß seine Zeit erfüllt sei und er herkommen solle; und damit er sich erinnert, daß ich als seine Mutter mich nach ihm sehne, bringt ihm diesen Mantel aus Agavefasern und diese Schambinde aus gleichem Stoff, daß er sie anziehe« (a.a.O.: 115-116). Beim Weggehen erklärte Coatlicue den Boten, weshalb bei ihnen niemand altere; sie sollten doch auf ihren Begleiter, den Greis achten. *»Der steinalte Mann begann hinabzusteigen, und je tiefer er kam, desto mehr verjüngte er sich; als er bei ihnen anlangte war er ein junger Mann von zwanzig Jahren und sprach zu ihnen: ›Ihr seht mich nun als Jüngling ... Wisset, daß dieser Berg die Eigenschaft hat, daß derjenige, der ein Greis geworden ist und sich verjüngen will, so hoch hinaufsteigt, wie es ihn gut dünkt, und dann in dem Alter zurückkehrt, das er sich wünscht. Wer also als Knabe zurückkehren will, steigt bis zum Gipfel, wer als Jüngling bis etwas über die Hälfte. Darum leben wir hier so lange, und darum sind noch alle am Leben, die eure Väter zurückließen, weil wir uns verjüngen, so oft wir es wünschen«* (a.a.O.: 116). Bei Durán steht weiter, daß der Mann nochmals auf die Azteken zu sprechen kommt: *»Seht, all der Schaden, der über Euch gekommen ist, ist von jenem Cacao, den Ihr trinkt und den Speisen, die Ihr eßt, verursacht. Sie haben Euch verwüstet und verdorben und Eure Natur geändert. Und auch diese Mäntel und Federn und Reichtum, die Ihr brachtet und benützt, die haben Euch ins Verderben gebracht«* (Durán 1956: II, 222). Die Zauberer kehrten zu Motecuhzoma zurück und erstatteten Bericht über alles, was sie gesehen und erlebt hatten. *»Motecuhzoma und Tlacaelel fingen an zu weinen und waren tief aufgewühlt von der Erinnerung an ihre Vorfahren und vom Wunsch, der sie packte, jenen Ort zu sehen«*

(a.a.O.: 224). Die Nachricht, daß das Reich wohl einmal untergehen werde, beunruhigte sie; sie sahen in den alten Schriften nach, aber machten sich schon daran, einen neuen Feldzug zu planen (a.a.O.: 226f.).

In dieser Erzählung werden zwei Kulturen gegenübergestelllt: die hochentwickelte *»heiße«* Kriegergesellschaft mit ihrer Hierarchie und die *»kalte«* Jäger- und Fischergesellschaft von Aztlán. Die eine ist der Ausgangspunkt für die andere; die Boten machen den umgekehrten Weg ihrer Ahnen. Sie gehen in der Geschichte zurück zum Ursprung, wo auch Coatlicue, die Mutter, ist. Daß die Menschen dort in Höhlen leben, fügt sich in die Metaphorik des Ursprungs ein. Es ist ein eindrückliches, geradezu Beckettsches Bild, die Zauberer im Sand versinken zu lassen; ihre Körper sind zu schwer geworden. Der Körper wird zur Metapher, die die Fragwürdigkeit des Fortschrittes zeigt. Die Macht und die Reichtümer haben den Körper hinfällig und sterblich gemacht, aber nicht nur den physischen, sondern auch den Gesellschaftskörper. Als Huitzilopochtli seiner Mutter sagt, daß er ein großes Reich aufbauen, aber wieder verlieren werde, greift er das Bild des Körpers auf: die Völker werden sich gegen ihn wenden und ihn kopfüber zu Boden werfen. Dann wird er, mit der Kleidung, die er beim Auszug anhatte, dem einfachen Mantel und Schurz aus Agavefasern, zum Schoß der Mutter zurückkehren. Bemerkenswert scheint mir die Idee, daß die Menschen in den *»kalten«* Kulturen zwar alt werden, sich aber auch verjüngen können. Tatsächlich hat in diesen Gesellschaften die Regression einen anderen Stellenwert als in *»heißen«* Kulturen. Dadurch daß die Gruppe für den einzelnen sorgt, kann er sich auf die Regression – z.B. in den religiösen Feiern, Heilungszeremonien etc. – einlassen, ohne selbstdestruktiv zu werden. In *»heißen«* Gesellschaften hingegen macht die Regression, wenn sie im Rahmen der Gesellschaft stattfindet und nicht im Dienste des Ich steht, das Individuum ausbeutbarer und liefert es der Herrschaft aus. Ein weiterer Unterschied zwischen den Kulturtypen wird in der Erzählung erwähnt: Aztlán ist – als Kultur – immer gleich geblieben und entwickelte sich nicht, die Azteken jedoch machten Geschichte, und ihre Geschichte wird auch ein Ende haben. Kalte Kulturen altern und sterben nicht. Das Schicksal der Vergänglichkeit, des Aufblühens, Sich-Entfaltens und Verschwindens ist den heißen Kulturen eigen. In diesem Sinne stimmt der Satz *»Nur Stämme werden überleben«*.

Auszug der Azteken aus Aztlán; Begegnung mit acht anderen Stämmen am Berge Colhuacan. Huitzilopochtli gibt in einer Höhle des Berges Weisungen über den Fortgang der Wanderung. Links vom Berge das Datum 1 Steinmesser = 1168.

Aztlán war durch eine unwirtlich gewordene Natur geschützt. Stacheln und Dornen sollten die Azteken daran hindern, wieder dorthin zurückzukehren. Nur Zauberer konnten den Weg dorthin finden. Aztlán war ebenso schwer zu erreichen wie das Glück der frühen Kindheit. Der Zwang zur Wanderung und zur Geschichte kommt deutlich in der aztekischen Darstellung des Auszugs aus Aztlán zum Ausdruck. Unter der Leitung Huitzilopochtlis drangen die Azteken von einem Ort zum andern vor. An manchen Stellen blieben sie längere Zeit und brachen wieder auf, aber ein Landstrich schien vielen von ihnen besonders gut zu gefallen. Unter der Anleitung des Gottes hatten sie einen Fluß gestaut sowie Felder angelegt, und so schön war es, *»daß die Mexikaner über ihr Glück den (eigentlichen) Ort, den der Gott ihnen versprochen hatte, vergaßen (...), sagten, daß ihnen dieser Ort genüge und von hier nicht weg wollten, um nach mehr zu suchen als was sie schon hatten. Sie fingen an zu singen und nach Liedern zu tanzen, die die Frische und Schönheit des Ortes besangen. Huitzilopochtli hörte, wie begeistert viele Angehörige des Stammes waren (und den Einflüsterungen und dem Plan Huitznahuas und einer Frau, die Coyolxauh hier folgten), nicht weiterwandern wollten und in den Ort ganz verliebt, sagten: ›Hier ist Dein Wohnort Huitzilopochtli; an diesen Ort bist Du gesandt worden (...). Von hier aus sollst Du die vier*

Erdteile erobern ...‹. Beleidigt antwortete Huitzilopochtli seinen Priestern: ›Wer sind denn diese hier, die meine Entscheidungen mißachten und Widerrede halten? Sind sie etwa mehr als ich? Sagt ihnen, daß ich mich noch vor Anbruch des Morgens rächen werde, damit sie es nicht wagen über das zu murren, was ich beschlossen habe und wofür ich ausgesandt worden bin und damit alle wissen, daß sie nur mir Gehorsam schulden‹« (Durán 1956: II,33). In der Nacht gab es einen schrecklichen Lärm, und am Morgen fand man die wichtigsten Anstifter jener Rebellion zusammen mit jener Frau Coyolxauh tot auf, und allen war die Brust aufgerissen und das Herz daraus entnommen worden. Voller Schrecken machte sich das Volk zur Weiterwanderung auf, zerstörte den schönen Ort und zog weiter. Eines Tages aber hatten die Priester eine Vision, und sie wußten, daß sie am Ort angelangt waren, den Huitzilopochtli ihnen versprochen hatte. *»Und wie sie das sahen, so weinten die Alten und sagten: ›Hier ist also der Ort, ... und es hat sich bewahrheitet, was Huitzilopochtli uns versprochen hat‹«* (Tezozómoc 1949: 64). Er erscheint und verkündigt dem Volk seine Zukunft: *»Macht euch sofort auf und geht den Tenochtli, die Agave, anschauen, denn darauf steht der freudige Adler; dort ißt er, dort erwärmt er sich an der Sonne ... Das wird der Ort sein, wo wir Wache halten und die Feinde erwarten werden. Mit unserer Brust und mit unserem Kopf, mit unserem Pfeil und unserem Schild ... werden wir alle, die um uns herumwohnen, erobern ... Deshalb wird unsere Stadt México-Tenóchtitlan hier stehen, an dieser Stätte, wo der Adler schreit, wo er seine Flügel zum Flug entfaltet, wo er seine Nahrung zerhackt, wo er die Schlange zerreißt. México-Tenóchtitlan, wo vieles sich noch ereignen wird«* (ebenda).

Was Tezozómoc hier wiedergibt, ist der Mythos von der Institutionalisierung einer Kriegergesellschaft. In dieser Deutung erscheint die Gottheit als die treibende Kraft und die Menschen als deren Instrumente. Geschichte wird bewußtseinsfähig gemacht, indem der Urheber der Geschichte in einem Raum jenseits der Gesellschaft angesiedelt wird. Wir können demnach eine Verschiebung feststellen: Subjekt der Geschichte waren nicht historisch faßbare Individuen oder soziale Machtgruppen, sondern die Gottheit. Solche mythologischen Konstrukte waren der Reflex einer kulturellen Entwicklung, die der Mehrheit der Bevölkerung als fremd, unabänderlich und nicht mehr von ihrem eigenen Willen abhängig erschien (Erdheim 1973: 90f.). Die Götter waren der mythologische Ausdruck der die Mehrheit der Bevölkerung betreffenden Entmündigungsprozesse, die mit der Entwicklung zur Klassengesellschaft verbunden waren. Huitzilopochtli spielte zusammen mit den anderen Göttern eine ähnliche Rolle wie Christus in der Kirche: Sie waren die Gestalten, mit denen man sich identifizieren mußte und die auf diese Weise die psychische Voraussetzung zur Bildung der »Masse«, der Institution der Herrschaft ermöglichten.

Der Schritt zur Klassengesellschaft war mit der Produktion von Unbewußtheit verbunden; was unbewußt gemacht werden mußte, waren die Legitimationsformen sowie die Erinnerung an die ihnen entsprechenden Gesellschaftsstrukturen, aufgrund deren die Opposition gegen die Entmündigung der Mehrheit, bzw. gegen die Machtverlagerung zugunsten einer privilegierten Gruppe hätten gerechtfertigt werden können. In Zusammenhang damit erscheint auch die Zerstörung der Erinnerung an die alten Zeiten als eine konsequente Maßnahme im Zuge dieser Unbewußtmachung. Sahagún überlieferte die Begründung Itzcoatls (1427-1440), weshalb er die alten aztekischen Chroniken zerstören ließ: »*Ihre Geschichte war aufbewahrt. Aber später wurde sie verbrannt: Als Itzcoatl in Mexiko herrschte, wurde der Beschluß gefaßt, sagten die Herren Mexica: Es ist nicht gut, daß alle Leute die Bilder(-handschriften) kennen. Die die unterworfen sind, würden (durch sie) verdorben werden (...), denn darin sind viele Lügen enthalten und viele wurden als Götter verehrt*« (zit. n. León-Portilla 1956: 245). Indem die alten Chroniken als Lügen abgestempelt wurden, war ein weiterer Schritt zur Unbewußtmachung hin vollzogen: die Realität der Vergangenheit wurde in Frage gestellt, und damit durfte auch die Erinnerung daran gelöscht werden. Die neu geschaffenen Traditionen sollten so die alten verdrängen. Die Idee der Gottheit war ein Phantasma (vgl. S. 212), dessen Inhalt sich aus den von der Sozialisation geprägten Ängsten nährte, dessen Form von den Entmachtungsprozessen herrührte, und vom Bewußtsein (vor allem der Beherrschten) aus die Unbewußtmachung der die Krieger- und Priesterherrschaft bedrohenden Realitätsanteile aufrechterhielt. Dieses Phantasma symbolisierte das, was unbewußt und undurchschaut bleiben sollte: Das Verhältnis Huitzilopochtlis zum Volk widerspiegelte das Verhältnis des Adels zum Volk. Was die Gottheit tat, entsprach dem Streben der herrschenden Klasse, nämlich ohne Mitbestimmung der Beherrschten die gesellschaftlichen Ziele festzusetzen. Die Motive der Gottheit waren per definitionem unerforschlich und nicht hinterfragbar, und die sich zur herrschenden Klasse konstituierende Gruppe mußte nicht als solche auftreten, sondern konnte in scheinbarer Gemeinsamkeit mit den Beherrschten glauben machen, auch sie sei nur Ausführende eines höheren Befehles. Allerdings stellen die Azteken kein originäres Beispiel dar für die Evolution in Richtung auf die Klassengesellschaft hin: sie übernahmen die bereits von ihren Vorgängern (Teotihuacán, Tolteken etc.) entwickelten Formen. Der Zwang zur Geschichte mag deshalb auch ein Ausdruck des Zwanges zur Anpassung sein. Da die Gesellschaften, in deren Gebiete die Azteken eindrangen, selber Klassengesellschaften waren, *mußten* die Azteken, um ihre Unabhängigkeit zu erkämpfen und nicht von den anderen ausgebeutet zu werden, deren Sozialstrukturen übernehmen oder – was ihnen nicht gelang – neue entwickeln.

Am aztekischen Material läßt sich ein Problem untersuchen, das bisher übersehen wurde. Bei der Herausbildung neuer Weltbilder und kollektiv geteilter Bewußtseinsstrukturen kam es nicht nur zur Entwicklung universalistischer Wertorientierungen und Verhaltenspositionen sowie zu einer Entfaltung formal-operationalen Denkens, wie es Döbert (1973), Eder (1973) und Habermas (1976) dargestellt haben, sondern auch zur Bildung von Phantasmen, also von Unbewußtheit schaffenden und erhaltenden Bewußtseinsstrukturen. Döbert z.B. zeigt auf, welche Konsequenzen die Personalisierung des Gottesbegriffes auf das Bild der Natur (beginnende Entsakralisierung der natürlichen Umwelt) und auf das Selbstbild von Menschen hatte: »*Als handelnde Personen sind die Götter darauf verwiesen, mit anderen Personen zu interagieren: Bitte, Opfer und Verehrung als neue Formen religiösen Handelns sind Indiz dafür, daß die Menschen als handelnde Subjekte nicht mehr völlig in der passiven Identifikation der Rituale oder hinter den bis in die letzte Einzelheit festgelegten magischen Formeln verschwinden*« (a.a.O.: 354).

Abgesehen davon, daß Döbert bei der Lektüre Maretts stehengeblieben zu sein scheint, übersieht er, daß die Entstehung neuer Bewußtseinsstrukturen ein zweiseitiger Prozeß ist. Zum Beispiel verschwand das Individuum keineswegs in der Identifikation der Rituale, diese schuf vielmehr auch Handlungsräume, in welchen das Individuum sich auf eine Art und Weise äußern konnte, die mit der Auflösung der Rituale ebenfalls aufgegeben werden mußte (vgl.

dazu die Heilungsrituale). Wir dürfen auch annehmen, daß das Aufgeben dieser Handlungsräume keineswegs konfliktlos vor sich ging, um so mehr als die Zunahme an gesellschaftlicher Komplexität mit der Ausbildung und Verschärfung der Ausbeutungstechniken vor sich ging. Habermas beschrieb diese Zwiespältigkeit der sozialen Evolution: »*Die soziale Integration, die über Verwandtschaftsbeziehungen vollzogen und in Konfliktfällen über präkonventionelle Rechtsinstitutionen gesichert wird, gehört, entwicklungslogisch betrachtet, einer niedrigeren Stufe an als die soziale Integration, die über Herrschaftsbeziehungen vollzogen und in Konfliktfällen über konventionelle Rechtsinstitutionen gesichert wird. Trotz dieses Fortschrittes muß zugleich die in politischen Klassengesellschaften* notwendig *praktizierte Ausbeutung und Unterdrückung im Vergleich zu den unerheblicheren sozialen Ungleichheiten, die das Verwandtschaftssystem* zuläßt, *als ein Rückschritt gewertet werden. Weil das so ist, können Klassengesellschaften den Legitimationsbedarf, den sie selbst erzeugen, strukturell nicht befriedigen*« (1976: 179-180).

Freud hätte ebenfalls die Zunahme der Ausbeutung und Unterdrückung gesehen, aber statt den Rückschritt zu betonen, auf die wachsende Feindseligkeit der Unterdrückten gegen die Kultur hingewiesen (vgl. S. 206). Es ist diese aggressionsverschärfende Seite des Evolutionsprozesses, die von Habermas, Eder und Döbert unterschätzt wird. Zwar spricht Habermas vom Legitimationsbedarf, den die Klassengesellschaften nicht befriedigen können, und

Döbert erwähnt das Phänomen der Verdrängung, aber der Zusammenhang mit der »Kulturfeindschaft der Menschen« bleibt ausgeklammert. »*Wird die Zentralgewalt stärker, dann gelingt es ihr offensichtlich, die für sie destruktiven Zeremonien* (die die Grenzen der Herrschaft aufzeigen, M. E.) *gänzlich zu unterdrücken bzw. das Bewußtsein um das prekäre Verhältnis von Herrscher und Beherrschten gänzlich zu verdrängen*« (Döbert 1973: 351). Und er fährt fort: »*Dieser Prozeß der Verdrängung der systemkritischen Konfliktbereiche kann nicht ganz reibungslos verlaufen sein: die Institutionalisierung und Legitimation des Herrschaftssystems war offensichtlich ... ein Prozeß, der einen Reflexionsschub auslösen mußte. Das Ergebnis dieses Reflexionsprozesses sind die polytheistischen Religionssysteme der archaischen Hochkulturen*« (a.a.O.: 352).

Döbert unterläßt es – wohl auch unter dem Einfluß von Piagets Fragestellungen –, den Schicksalen des Verdrängten, also dessen, was aus dem Bewußtsein ausgeschlossen werden mußte, nachzugehen. So erscheint der Polytheismus als Ergebnis eines Reflexionsschubs, nicht aber als was er auch betrachtet werden muß, nämlich als Produkt der Unbewußtmachung, als Phantasmen, welche die durch die zunehmende Ausbeutung und Entmachtung sich verschärfende Aggression der Unterdrückten verdrängen helfen sollten. Die gesellschaftliche Produktion von Unbewußtheit spielte in der sozialen Evolution eine ebenso große Rolle wie die Schaffung und Institutionalisierung neuer kognitiver Systeme. Durch Unbewußtmachung sollte verhindert werden, daß das durch die Machtträger hervorgerufene Anwachsen des Aggressionspotentials der Beherrschten in Kritik und aktiven Widerstand umschlagen könnte. Dadurch wurden einerseits die Institutionen der Herrschaft geschützt und andererseits das widerstrebende Individuum vom Risiko entlastet, den der Kampf bedeutet hätte. Gleichzeitig mußte aber in Kauf genommen werden, daß die Aggression die »Exterritorialität des Unbewußten« (Freud) erlangte, d.h. vom Ich nicht mehr benützt, sondern bestenfalls abgewehrt werden konnte. Die unbewußt gewordene Aggression kann nun auch nicht mehr von der Herrschaft kontrolliert und beeinflußt werden; wie Partisanen vom Wald aus jederzeit überraschend angreifen können, so kann auch diese Aggression von einem Augenblick auf den anderen zuschlagen und das Ich zu einem amokartigen, blinden Zerstörungswerk zwingen. Denkbar ist auch, daß die unbewußt gemachte Aggression kulturelle Einrichtungen, wie zum Beispiel die Religion, als Ersatzbefriedigungen (vgl. S. 419) verwendet, die einer eigenen, oft auch gegen die Herrschaft gerichteten Entwicklung folgen, der die herrschende Klasse ohnmächtig gegenübersteht.

Eine wesentliche Bedingung für die Unbewußtmachung dieser Aggression sind die Schicksale der Adoleszenz. Ich hatte die These aufgestellt, daß der Azteke in der psychischen Dimension zwischen der frühen Kindheit und dem Erwachsensein oszillierte. In der unbewußt gemachten, immer neu zum Bewußtsein drängenden, aber gegen die Herrschaft nicht abführbaren Aggression kann man einen Grund für die regressive Haltung der Azteken erkennen. Diese Regression wurde notwendig, weil es während der Adoleszenz nicht zur Ausbildung eines starken Ichs, das mit der Aggression gegen die Herrschaft hätte umgehen können, kommen durfte.

Um das Individuum in seiner Abwehr gegen diese Aggression zu stützen, mußte die phantasmagorische Seite der Kultur ausgebaut werden, also insbesondere die Religion, welche der gestauten Aggression gewisse, meistens projektive Entlastungsmöglichkeiten bot. Die Herrschaft, die sich dieser Phantasmen bediente, z.B. indem sie den Herrscher zum Gott erhob, verfiel selber den Mechanismen der gesellschaftlichen Produktion von Unbewußtheit. Bei ihr kam es zu einer »Explosion des Narzißmus«, die nicht nur große Mengen an Aggression (die sich gegen die Beherrschten richtete) freisetzte, sondern auch die Realitätskontrolle der herrschenden Klasse in Mitleidenschaft zog (vgl. S. 392ff.). Reyes Garcia (1975) und Broda (1979b) haben anhand der Quellen die Verflechtung von Kosmologie und Herrschaft aufgezeigt. In diesem imaginären Kosmos wurde der Herrscher nach seiner Amtseinsetzung zum Gott, der den Erdboden nicht berühren und dem niemand ins Angesicht sehen durfte. Als Gott erneuerte er mit den Menschenopfern magisch seine Kräfte. Reyes Garcia verweist auf die von ›Eins Regen‹ regierten Tage, von denen es im Wahrsagekalender hieß: *»An die Reihe kommt Eins Regen. Dieser Tag galt von vornherein als schlecht, er ist seinem Wesen nach Staub und Unrat, Unglück und Elend, Abmattung, Sklaverei und Betrübnis, Hilflosigkeit und Bettelarmut«* (Sahagún 1950: 139). Man könnte fast glauben, ›Eins Regen‹ sei der Tag der Beherrschten gewesen, und es leuchtet ein, daß ihr Unglück etwas mit dem Glück des Herrschers zu tun haben muß, denn es heißt weiter unten: *»Auch etliche Kriegssklaven ließen zu dieser Zeit ihr Leben, sagt man. Denn durch* *sie (d.h. durch ihren Opfertod) nahm Motecuhzoma zu an Kraft, durch sie eignete er sich Geistesstärke an, durch sie brachte er es zu etwas, durch sie wurde er fähig, seine Pflichten zu erfüllen. Wie es heißt, machte er sich auf diese Weise wieder jung, auf daß er zu hohen Jahren käme* (also ähnlich wie der alte Mann in Aztlán, der dazu allerdings keine Menschenopfer brauchte, M.E.); *durch sie erntete er Ruhm, wurde er mächtig wie sein Raubtier, so daß er Schrecken erregte«* (a.a.O.: 141).

Broda hebt die sakralen Funktionen des Herrschers hervor: Er macht, daß sich Himmel und Erde bewegen, stellte die Verbindung zwischen kosmischer und menschlicher Ordnung her und war das Herz der Stadt. Die Größen- und Allmachtsphantasien des Herrschers, die in den religiösen Ritualen und aufgrund der Machtverhältnisse Wirklichkeit wurden, überschwemmten das Ich und hoben die Unterscheidung zwischen Wunsch und Realität auf. Es war bezeichnend, daß Motecuhzoma, als er vom Anrücken der 800 Spanier gegen Tenóchtitlan erfuhr, nicht sein Heer, das Zehntausende von Kriegern umfaßte, mobilisierte, sondern ihnen Zauberer entgegenschickte, die durch magische Praktiken die Spanier von der Hauptstadt fernhalten sollten. Die Zauberer waren noch gar nicht weit gekommen, berichtet Sahagún, als ihnen ein Betrunkener begegnete. »*Ein Betrunkener, mit dem stießen sie auf dem Wege zusammen ... Sie fanden, daß er wie ein Mann aus Chalco gekleidet war ... Und er erhob sich gegen sie, sprach zu ihnen: ›Was kommt ihr noch einmal hierher? Was wollt ihr noch? Was will Motecuhzoma noch tun? Ist er jetzt zur Besinnung gekommen? Er hat gesündigt (er hat nun einmal den Fehler gemacht), er hat das Volk fortbringen lassen, er hat die Menschen gemordet, er hat Schuld, daß die Leute aufs Haupt geschlagen wurden ... er hat mit den Leuten sein Spiel getrieben, er hat die Leute betrogen‹. Als sie diesen* (Betrunkenen, M.E.) *sahen, als sie seine Rede hörten, warfen sie sich vor ihm auf den Boden, beteten vor ihm demütig, bereiteten eine Opferstätte für ihn, eine Erdpyramide und ein Grasbett. Darauf sah er gar nicht mehr hin, ganz vergebens war es, was bereitet worden war ... (Er schimpft sie an:) ›Wozu steht ihr hier unnützerweise? Es wird niemals ein Mexico geben, es ist ein für allemal aus. Geht fort, jetzt ist nicht mehr Zeit! Kehret um! Schaut nach Mexico! Was dort geschieht, so wie es geschieht!‹ Da schauten sie hin ..., was sie sahen war: es träumten alle Tempel ... und alle Häuser von Mexico, und es sah aus, als ob zum Streit gerufen würde. Und als das die Zauberer sahen, verloren sie gleichsam die Besinnung, sie konnten nicht mehr deutlich reden, es war, als ob ihnen jemand etwas in die Kehle gesteckt hätte«* (Seler 1928: 483). Und den Zauberern wurde plötzlich klar, daß die Gestalt des Betrunkenen Tezcatlipoca, der Gott, gewesen war. Als sie sich umdrehten, war er verschwunden.

Wie einst Huitzilopochtli den Priestern erschien, um ihnen die Herrlichkeit Tenóchtitlans zu verkünden, so tauchte nun Tezcatlipoca auf, um den Zauberern den Untergang zu prophezeien. Die Unbewußtheit, die sich in Huitzilopochtli verkörperte und damals neue Handlungsräume eröffnete, war umgeschlagen in die Unbewußtheit, welche in der Gestalt Tezcatlipocas die Aussichtslosigkeit eines jeden Widerstandes vorzeichnete. Jede Erklärung, die auf Unbewußtheit aufbaut, trägt eine tiefe Ambiguität in sich: was einmal gut dazu war, Siege zu erklären, kann auch Resignation begründen.

Das Umschlagen der gesellschaftlichen Produktion von Unbewußtheit von einem die soziale Evolution fordernden in ein gegenevolutives Prinzip wird in der aztekischen Geschichte am Beispiel der Kaufleute sichtbar. Für eine genauere Darstellung muß ich auf meine früheren Arbeiten (1973; 1978) verweisen und mich hier mit einer Zusammenfassung begnügen. Die Kaufleute lebten vorwiegend in Tlatelolco, dem Stadtteil Tenóchtitlans, in welchem sich der große Markt befand. Aber Tlatelolco war früher eine selbständige Stadt gewesen. Nach einer von Durán (1967: II, 50f.) überlieferten aztekischen Tradition hatten sich die Tlatelolca von den Tenochca getrennt, weil sie mit einigen Stammesbeschlüssen nicht einverstanden waren. Daraus kann man entnehmen, daß es zu Beginn des 14. Jahrhunderts noch keine Herrschaftsorganisation gab, die ihren Willen *»auch gegen Widerstreben«* (M. Weber) hätte durchsetzen können. Wer nicht einverstanden war, trennte sich und gründete eine eigene Niederlassung. Um solche den Stamm schwächende Sezessionen zu vermeiden, sollte die Institution der Herrschaft ausgebaut werden. Durán überlieferte folgende Rede: *»Meine Söhne und Brüder: ihr habt gesehen, wie unsere Brüder und Verwandten sich von uns trennten, nach Tlatelolco zogen und den Ort verließen, den unser Gott uns als Wohnsitz gab. Als undankbare Rebellen gingen sie fort. Ich fürchte ..., daß sie eines Tages über uns herrschen mögen und selber sich einen König wählen werden ... Bevor es aber soweit kommt, sollten wir den Vorteil wahrnehmen und einen König wählen, der sowohl sie als auch uns beherrsche«*

(a.a.O.: 51), und der Redner schlug vor – wohl wegen der erwünschten Unparteilichkeit –, einen auswärtigen »Prinzen« zu wählen.

Der neue Anführer hieß Acamapichtli (1375-1396), dem es zwar nicht gelang, die abgespalteten Tlatelolco zurückzugewinnen, der aber die Weichen für die Zentralisierung der Herrschaft und die Evolution der aztekischen Gesellschaft legte. Erst Axayacatl (1469-1481) gelang es 1473, Tlatelolco zu erobern; gemäß ihrem Kriegsbrauch töteten und zerstörten die Krieger so lange, bis die Überlebenden »freiwillig« die Tributhöhe so festlegten, daß die Eroberer zufrieden waren. Die Höhe des Tributs war beträchtlich; gefordert waren Kriegsleistungen und Palastdienst, und neben Kleidern und Eßwaren mußten die Eroberten jeweils ein Fünftel der Einnahmen des großen Marktes den Azteken abliefern. Allein dieser Teil des Tributes entsprach den Einkünften von hundert Ortschaften (Erdheim 1973: 106). Hinzu kamen noch Demütigungen. Durán erzählt, Axayacatl habe gefordert, daß die Einwohner von Tlatelolco »*zum Schimpf und zur Schande in den Wassergräben sowie im Röhricht* (wo sich die Einwohner versteckt hätten, M.E.) *wie Drosseln singen, wie Raben krächzen und Enten und Gänse nachahmen sollten. Und wie es befohlen worden war, fingen sie an, wie Drosseln zu singen, wie Raben zu krächzen, wie Enten zu schnattern und darüber brachen die Mexikaner in ein Riesengelächter aus, und bis zum heutigen Tag* (also gegen Ende des 16. Jahrhunderts, M.E.) *nennen sie sie Krächzer und Nachahmer von Seevögeln und Drosseln, womit sie sie beleidigen und bis zum heutigen Tag streiten und entehren sie sich nicht, ohne sich das ins Gesicht zu schleudern. Beim Lärm dieses Geschnatters befahl Axayacatl, daß Tlatelolco geplündert werde. Das geschah sofort und aus den Häusern wurde alles geraubt, was drin war, sogar die Töpfe und Krüge, Teller und Schüsseln, und was sie nicht mitnehmen konnten, wurde zerbrochen, um sie für immer unbrauchbar zu machen*« (1967: II, 264). Als nach achtzig Tagen, als die ersten Tribute fällig wurden, die Tlatelolca keine Sklaven ablieferten und sich dafür entschuldigen wollten, machten »*der König und Tlacaelel ihnen Vorwürfe und befahlen zur Strafe und Sühne ..., daß alle Großen und Würdenträger von jenem Ort, ihre reichen Mäntel ablegen und gewöhnliche Mäntel aus Agavefasern anziehen sollten, wie gemeine und arme Leute, und daß sie weder Schuhe, noch Lippen- und Ohrpflöcke, noch Schmuckfedern benutzen dürften und daß sie auch nicht auf den Markt gehen, sich auf die Wegkreuzungen oder an den Toreingängen setzen durften, sondern daß sie sich wie Frauen nach Hause zurückziehen sollten und daß diese Strafe bis zu den achtzig Tagen des zweiten Tributs dauern sollte«* (a.a.O.: II, 265).

Wir dürfen annehmen, daß die Bewohner von Tlatelolco, das Volk ebenso wie die Oberschicht, zwar einen unheimlichen Haß gegen die Mexica verspürt haben müssen, aber auch wußten, daß sie dem Wunsch nach Rache angesichts der Machtverhältnisse nicht nachgeben konnten. Auf die Dauer waren sie gezwungen, die Aggression, die sie nicht gegen ihre Eroberer richten konnten, zu verdrängen, und als Mittel dazu bot sich die »Identifikation mit dem Aggressor« an. Es wären auch andere Abwehrformen möglich gewesen (vgl. S. 416ff.), die Identifikation mit dem Aggressor wurde jedoch dadurch gefördert, daß die Mexica auf die Tlatelolco bzw. auf den von ihnen beherrschten Handel angewiesen waren: Um ihre Herrschaft zu legitimieren, mußten die Krieger einen immer größeren materiellen Aufwand an Luxusgütern betreiben, den sie nur mit Hilfe der Kaufleute decken konnten (Broda 1978c). Aus diesem Grunde mußten die Krieger den Kaufleuten gewisse Aufstiegsmöglichkeiten gewähren, und diese Karriere begünstigte die »Identifikation mit dem Aggressor«. Der Vorteil dieser Abwehr liegt – wie A. Freud (1936) ausführte – in der Wendung von der Passivität zur Aktivität. Die Ohnmacht der Beherrschten, die wegen der nicht abführbaren Aggression um so quälender erfahren wird, kann durch die Verwandlung in das gefürchtete »Objekt« überwunden werden. Indem sich die Kaufleute von Tlatelolco – insbesondere die Oberschicht – mit den Kriegern von Tenóchtitlan identifizierten, sich in ihrem Selbstverständnis als Krieger definierten (Erdheim 1973: 98), wehrten sie erfolgreich ihre Aggression gegen die México ab, kamen aus ihrer Ohnmacht heraus, handelten aber völlig im Interesse der Krieger. Trotzdem wurden sie von den Kriegern nie recht akzeptiert. Durán z.B. schreibt, es habe drei Wege gegeben, um in der aztekischen Gesellschaft zu Ansehen zu gelangen: den Krieg, Gottesdienst und Handel, aber er fügt hinzu, der Handel sei die *»am wenigsten ehrenvolle Möglichkeit«* (1967: I, 68) gewesen. Ein Grund dafür mag der Umstand gewesen sein, daß die Kaufleute die Menschenopfer, die sie darbringen mußten, um von den Kriegern anerkannt zu werden, kaufen mußten, statt sie in der Schlacht zu erkämpfen. Um so mehr mußten sie sich bemühen, die Echtheit ihres Glaubens zu beweisen, also noch mehr Menschen opfern. Die

Teilnahme an den religiösen Festen band sie eng an die Krieger, verstärkte die Verleugnung ihrer realen gesellschaftlichen Position und verunmöglichte es ihnen, zum Beispiel in den Handwerkern, geeignete Verbündete gegen die Krieger zu suchen. Die Identifikation mit den Kriegern bedeutete einerseits das *Bewußtsein*, ein Krieger zu sein, andererseits aber die *Unbewußtheit* darüber, daß man eigentlich ein Händler war, wobei die Elemente im Bereich des Bewußtseins die Funktion hatten, die Möglichkeiten, die in der Stellung des Kaufmanns vorhanden waren, unbewußt zu machen bzw. zu halten. Dabei spielte Gewalt eine wesentliche Rolle: »*Denn Motecuhzoma liebte, wie erwähnt, ganz besonders die alten Kaufherren, die Tarnkaufleute* (die sich in der Fremde als Eingeborene ausgaben, M. E.), *die Sklavenhändler, die er wahrlich wie seine Neffen hielt. Wenn aber ihre Lebensführung schlecht wurde ... dann war ... Motecuhzoma unzufrieden: mit Lügen, mit falschem Zeugnis und überraschender Fallenstellerei verurteilte er die Tarnkaufleute, die tapferen, und tötete sie daraufhin, um keiner Sünde willen, sondern nur aus Mißgunst. Es sollen dadurch auch die ›Muschelgeschmückten‹ ..., die Kriegshäuptlinge größer werden, damit durch sie (Motecuhzomas) Herren- und Herrschertum sich ausdehne und wachse*« (Sahagún 1952: 207).

Im Anschluß an Polanyi stellt Frances Berdan (1978a; b) dar, wie der Güterverkehr im aztekischen Reich über drei Systeme, die gleichzeitig funktionierten, reguliert wurde. Das eine System beruhte auf dem Gegenseitigkeitsprinzip, das zweite auf dem Tribut und das dritte auf dem Handel. Diese Koexistenz der drei Systeme wirft die Frage auf, welches das Verhältnis zueinander war, d.h. welches dominant war und wie es die anderen beeinflußte und schließlich welche Beziehungen zwischen den drei Systemen und der gesellschaftlichen Ordnung vermittelten.

– Das auf *Reziprozität* beruhende System diente vor allem der Integration innerhalb der einzelnen Klassen: Der Austausch an Geschenken ebenso wie die Bankette sicherten – die Mechanismen ausnützend, die M. Mauss in seinem »Essay sur le don« (1923-1924) beschrieb – die Klassensolidarität. Daneben sollte dieses System aber auch den Antagonismus zwischen der herrschenden Klasse und den Beherrschten abschwächen; indem die Herrschaft, z.B. anläßlich der religiösen Feste, einen Teil des Mehrprodukts der Bevölkerung wieder zukommen ließ (Broda 1976). Allerdings waren Bestrebungen im Gang, dieses System abzubauen (Erdheim 1973: 72 u.f.).

– Der *Tribut*, d.h. also die Güter, die die herrschende Klasse ohne Gegenleistungen ihrerseits eintrieb, war der deutlichste Ausdruck des ausbeuterischen Charakters der aztekischen Ökonomie. Er stellte gleichsam das Gegenprinzip zur Reziprozität dar, war aber gleichzeitig die Voraussetzung für das Funktionieren des ersten Systems: Die von der herrschenden Klasse an die Bevölkerung Tenóchtitlans verteilten Güter waren durch Tribute eingezogen worden. Die Wichtigkeit des Tributes für die aztekische Wirtschaft (Katz 1956: 89) zwang die Azteken, ein kriegerisches Volk zu bleiben und ihre militärische Schlagkraft zu erhöhen, statt neue Produktivkräfte oder Produktionsmittel zu suchen. Das Zusammenspiel zwischen dem ersten und dem zweiten System privilegierte zudem auch die Klasse der beherrschten Azteken, also die Bevölkerung Tenóchtitlans, gegenüber den anderen unterworfenen Völkern. Der Tribut vereinheitlichte die aztekische Gesellschaft und schränkte gleichzeitig ihre Möglichkeiten ein.

– Der *Handel* war ebenfalls mit dem Krieg verbunden. Oft war er der erste Schritt zur politischen Unterwerfung: Man fing mit dem Handel an und endete beim Tribut. Aus diesem Grunde waren die Krieger an den Unternehmungen der Kaufleute interessiert; deswegen erhielten die Kaufleute militärischen Schutz von den Kriegern. In gewisser Hinsicht ergänzten sich Tribut und Handel: Der Tribut brachte die Waren – vor allem Rohprodukte –, aufgrund deren überhaupt Handel betrieben werden konnte. Andererseits standen die beiden Systeme in Widerspruch zueinander: Der Tribut konnte die herrschende Klasse mit jenen Luxusgütern versorgen, die ihr sonst durch den Handel vermittelt worden wäre, schränkte also den Markt ein, auf den die Kaufleute angewiesen waren. Dasselbe gilt auch für das Militär, das sich durch Tribute vom Handel unabhängig machen konnte. Der Entfaltung des Handels und damit des Marktes waren also Grenzen gesetzt, die auch noch dadurch abgesichert waren, daß – wie Carrasco (1978: 24u.f.) hervorhebt – sowohl der Boden wie auch die Arbeitskraft dem Markt entzogen waren, d.h. mit ihnen nicht gehandelt werden konnte.

Diese drei Systeme befanden sich in einem latenten Gleichgewicht: Das Reziprozitätssystem war im Abbau begriffen, und der Handel wurde vom Tribut, noch unterstützt vom ersten System, in seiner Expansion eingeschränkt. Aber die Ergiebigkeit des tributären Systems ging zur Neige (vgl. S. 232). Evolutionär am aussichtsreichsten für die aztekische Gesellschaft wäre die Entwicklung des

Handels gewesen, aber dem standen wesentliche Hindernisse entgegen.

Von den *Möglichkeiten*, die der Handel und der Markt boten, hatte Soustelle (1955) sicher recht, wenn er im Anschluß an seine Darstellung der Krieger und Priester schrieb: »*Indessen gibt es noch eine andere Klasse, die zwar unter der Führerschicht steht, aber im Begriffe ist, sie einzuholen. Sie kehrt nun diese Werte* (der Krieger und Priester, M. E.) *um und läßt das Ansehen nicht nur außer acht, sondern meidet es sogar. Die Mitglieder dieser Klasse streben einzig und allein den Reichtum an. Sie ist mit ihren Bräuchen, ihren Gesetzen und ihrem Aufbau eine derart verschiedene Klasse, daß sie fast eine Welt für sich bildet*« (a.a.O.: 85).

Die Kaufleute stellten zwar ein innovatorisches Potential dar, das Problem war aber die Realisierung dieser Möglichkeiten. »*Da traditionelle Gesellschaften*«, schreibt Habermas, »*in kritischen Lagen ihren Steuerungsspielraum durch erhöhte Exploitation der Arbeitskraft erweitern, also Macht entweder unmittelbar durch erhöhten physischen Zwang (...) oder mittelbar durch Generalisierung der Zwangsabgaben (...) steigern, nehmen Krisen in der Regel ihren Ausgang von Steuerungsproblemen, die eine Steigerung der Systemautonomie durch erhöhte Repression erforderlich machen; diese wiederum führt zu Legitimationsverlusten, welche ihrerseits Klassenkämpfe (oft in Verbindung mit Außenkonflikten) zur Folge haben; die Klassenkämpfe endlich bedrohen die soziale Integration und können zu einer Umwälzung des politischen Systems und zu neuen Legitimationsgrundlagen, d. h. zu einer neuen Gruppenidentität, führen*« (1973: 35).

Damit aber ein solcher Klassenkampf stattfinden kann, müssen die Angehörigen der neuen Klasse – »technisch« *und* psychisch – imstande sein, ihre Aggression gegen die an der Macht sitzende Klasse zu richten. Aber diese Aggression wird von der gesellschaftlichen Produktion von Unbewußtheit erfaßt, und indem sie zum Beispiel die Identifikation mit dem Aggressor begünstigt, läßt sie neben der Aggression auch das Bewußtsein alternativer Möglichkeiten »verschwinden«. Wenn sich aufgrund sozio-ökonomischer Prozesse eine neue Klasse formiert, verwandelt sich die herrschaftslegitimierende Unbewußtheit von einem die Evolution fördernden in ein gegen-evolutives Prinzip. Die etablierte Unbewußtheit deckt nur die Entfaltung der bereits herrschenden Klasse; sobald das gesellschaftliche System – das die Voraussetzungen für die Macht dieser Klasse bildet – an die Grenzen seiner Leistungsfähigkeit gelangt, mystifizieren die geschaffenen Phantasmen diese Grenzen und bremsen nicht nur die Entwicklung in Richtung auf eine neue evolutive Phase, sondern leiten auch die Zurückbildung bereits stattfindender kultureller Prozesse ein. Die Institutionen, die die Unbewußtheit produzieren, werden auf deren Kosten immer weiter ausgebaut und zehren dadurch auch die sozio-ökonomischen Prozesse auf, die die Bildung der neuen Klasse ermöglichten.

Unbewußtmachung ist also ein Mittel, dessen sich die herrschende Klasse bedienen kann, um die Realisierung des Innovationspotentials zu verhindern. Hinzu kommt jedoch noch der Widerstand seitens jener Teile der Bevölkerung, die durch den gesellschaftlichen Wandel in eine ausbeutbare Position kämen. Es lag in der Tendenz des Handels, das auf Reziprozität beruhende System des Güterverkehrs einzuschränken. Der Kaufmann, der Gewinne machen wollte, war an Gegenseitigkeit nicht interessiert. Bei Sahagún lesen wir: »*Der Puchteke (Großkaufmann) ist ein Verkäufer, ein Kaufmann, Handelsmann, ein Geldverleiher, der auf Zins ausleiht, Vereinbarungen trifft, sein Vermögen vermehrt, vervielfältigt. Der gute Händler ist ein Wandlerhändler, der auf Reisen geht, der vollen Erfolg hat, alles zuwege bringt, ehrerbietig ist er ... Der schlechte Händler ist ein armseliger Kerl, kleinlich, geizig, ewig knausernd; sich selbst schnallt er den Gürtel eng, mit anderen treibt er Spott, hintergeht sie. (...) Er leiht den Leuten auf Wucher, nimmt Wucherpreise von ihnen, der Dieb, der Betrüger, der Lügner*« (1952: 119). Für den, der von den Kaufleuten abhängig wurde – sei es, daß er für sein »Verdienstfest«, sei es, daß er aus wirtschaftlicher Not heraus (vgl. S. 232) Geld ausborgen mußte –, schlugen die ›guten‹ Eigenschaften des Kaufmanns wohl sehr schnell in ›schlechte‹ um. Auch das Ineinanderfließen von »Quantität« und »Qualität« der Objekte, aufgrund dessen der Gewinn möglich wurde, war eine Prozedur, die mit dem traditionellen Wirtschaftsdenken nicht ohne weiteres in Einklang zu bringen war und Mißtrauen gegen die »Zauberei« der Kaufleute wecken mußte. Durán schreibt: »*... in allen Märkten des Landes tauschen sie Decken gegen Schmuck, Schmuck gegen Federn, Federn gegen Edelsteine und Edelsteine gegen Sklaven*« (1967: I, 68). Während die Krieger unter Einsatz ihres eigenen Lebens zu den Gefangenen kamen, die sie opfern konnten, erwarben die Kaufleute sie durch Handel: Decken »verwandelten« sich in zu opfernde Menschen.

Dahinter mußte doch ein Betrug stecken. Durán erzählt noch eine andere bezeichnende Episode: »*Und da die Provinzen von Tecuantepec, Xolotla, Jzuatlan, Minuatlan und Amaxtlan weit weg von Tenóchtitlan lagen, und da sie ihrer Größe und Kraft vertrauten, beschlossen sie, den Mexikanern den Weg zu versperren, damit diese* (Händler, M. E.) *nicht weiter jedes Jahr kommen sollten, um den Reichtum abzurahmen und abzuschöpfen, indem sie mit Leckerbissen und anderen wertlosen Dingen, die sie mitbrachten, hineinkamen, um wieder mit Gold, Edelsteinen, Federn und anderen kostbaren Gütern zurückzukehren. Und es waren so viele Händler, daß sich die Wege das ganze Jahr über nicht leerten (...). Und man muß wissen, daß sie wertloses Zeugs mitbrachten: Käse, den sie aus Seetang machten, Speisen, die aus Würmern zubereitet waren, Säcke voll mit Seefliegen, eingelegte Enten und viele andere Leckerbissen, derer die Einwohner dieser Provinzen ermangelten ... und was sie mitnahmen war: Cacao, Gold, Federn, Edelsteine. Und als diese Städte das merkten, und darüber berieten, beschlossen sie, sich zu wehren gegen die Ausfuhr ihrer Reichtümer, durch die die mexikanischen Städte und Provinzen reich wurden, während sie mit jenen Leckerbissen und geringwertigen Dingen zurückblieben*« (1967: II, 357-358).

Es stießen hier verschiedene, nicht ineinander überführbare Wertsysteme zusammen: Es läßt sich nicht alles gegen alles tauschen. Aber das war der Standpunkt der Händler und die Voraussetzung für ihre Gewinne. Auch das spekulative Moment spielte eine Rolle: »*Diese Kaufleute entdeckten, wo es Federn und Edelsteine und Gold gibt, kaufen diese ein und verkaufen sie dann dort, wo sie wissen, daß sie viel einbringen werden*« (Sahagún 1956: I,30). Dabei konnten sie sich auch täuschen, und deshalb warnt der alte erfahrene Kaufmann den Neuling: »*Du wirst in Zweifel kommen, du wirst dich in der Rechnung irren, nämlich wo etwa und was gut einschlagen, wo etwa und was Verwendung finden könne von diesen Waren, die dir Not, die dir Sorgen machen*« (Sahagún 1950: 165).

Dieses rechnerische Verhalten, das die Chancen der Ausbeutung einzuschätzen hatte, widersprach den Prinzipien der Gegenseitigkeit und Großzügigkeit, und das Innovationspotential der Kaufleute traf im Mißtrauen gegen die Händlerpraktiken auf einen nicht zu unterschätzenden Widerstand. Er äußert sich in einer Beschreibung, die Sahagún von den Festen der Kaufleute überlieferte: »*Und wenn es Nacht geworden war, kamen die alten Kaufleute und die alten Weiberchen der Kaufleute* (denen das Trinken wegen ihres Alters gestattet war, M. E.) *zu reichlichem Trunk zusammen. Und wenn sie sich betrunken hatten, dann gebärdeten sie sich gar hochmütig, machten empfangene Wohltaten einander zum Vorwurf, protzten gegenseitig mit ihrem Reichtum, mit den Kämpfen, die sie zu bestehen hatten, mit ihrer Mannhaftigkeit. (...) Dazu sind sie auch noch hochmütig: Keines, nicht eines einzigen Menschen Urteil ist ihrer Beachtung wert. (...) Ganz für sich abgeschlossen wollen sie die Hauptpersonen sein, schließen sich alle stolz in Vornehmheit zusammen, sind alle selbstbewußt und überheblich. Sie verständigen sich nur untereinander; niemand redet etwas mit ihnen, niemand sonst spricht mit in vertraulichem Einverständnis, wenn er nicht selbst ein Kaufmann ist, ..., und wenn er nicht in großem Überfluß lebt, wenn sein Haus nicht etwas (Ansehnliches) birgt, wenn er nicht einer ist, der Gäste versammelt, wenn er nicht die zu Opfernden badet (Kriegssklaven besitzt) und wenn in seinem Haus nicht die Rückenkraxen sich drängen und knarren (d. h. wenn nicht die auf den Traggestellen verladenen Marktwaren in Mengen vorhanden sind), wenn man in seinem Hause nicht aus Rauchbechern und Schildpattgefäßen trinkt usw.«* (1950: 145-147).

Innerhalb der aztekischen Gesellschaft befanden sich die Kaufleute in einer Zwickmühle. Von der Herrschaft her wurden sie voller Mißtrauen behandelt, weil sie Machtansprüche stellten. Gelang es ihnen, von den Kriegern und Priestern akzeptiert zu werden, so nur um den Preis der Unbewußtmachung der aus ihrer Tätigkeit hervorgehenden, verändernden Kräfte – sie mußten dann das »Kaufmännische« aus ihrer Identität ausschließen und sich als Krieger definieren. Das Mißtrauen von »unten« speiste sich aus der Ablehnung des die alten Reziprozitätsstrukturen untergrabenden Handels, der ja auch zu einem Abbau der Privilegien, die die Krieger dem aztekischen Volk erkämpft hatten, geführt hätte. Auch das aztekische Volk war folglich nicht am innovatorischen Potential, das sich in den Kaufleuten verkörperte, interessiert und mußte die gesellschaftliche Produktion von Unbewußtheit, das die Herrschaft der Krieger sicherte, unterstützen.

Adoleszenz und Kulturentwicklung

Die menschliche sexuelle Entwicklung verläuft in zwei Schüben: »*Der erste Schub nimmt in den Jahren zwischen zwei und fünf seinen Anfang und wird durch die Latenzzeit zum Stillstand oder zur Rückbildung gebracht; er ist durch die infantile Natur seiner Sexualziele ausgezeichnet. Der zweite setzt mit der Pubertät ein und bestimmt die definitive Gestaltung des Sexuallebens*« (Freud 1905b: 100). Dieser genetisch festgelegte Entwickungsrhythmus schafft die

Bahnen, die auch für die Schaffung des gesellschaftlich Unbewußten relevant sind. Freud führt weiter aus: »*Die Ergebnisse der infantilen Objektwahl ragen in die spätere Zeit hinein; sie sind entweder als solche erhalten geblieben oder sie erfahren zur Zeit der Pubertät selbst eine Auffrischung. Infolge der Verdrängungsentwicklung, welche zwischen beiden Phasen liegt, erweisen sie sich aber als unverwendbar. Ihre Sexualziele haben eine Milderung erfahren, und sie stellen nur das dar, was wir als zärtliche Strömung des Sexuallebens bezeichnen können. (...) Die Objektwahl der Pubertätszeit muß auf die infantilen Objekte verzichten und als sinnliche Strömung von neuem beginnen. Das Nichtzusammentreffen der beiden Strömungen hat oft genug zur Folge, daß eines der Ideale des Sexuallebens, die Vereinigung aller Begehrungen in einem Objekt, nicht erreicht werden kann*« (a.a.O.: 101). Während der Latenzzeit führen die Verdrängungen zu einer Umwandlung der sexuellen Strebungen in zärtliche; die aggressiven Strebungen erfahren eine Wendung nach Innen und dienen der Aufrichtung des Überichs. Aber in der Pubertät taucht das Verdrängte wieder auf. Die auf die ursprünglichen Objekte gerichtete Zärtlichkeit tendiert wieder darauf, sich in Sinnlichkeit zu verwandeln und sich an jenen ersten Objekten festzumachen. Das ödipale Dreieck konstelliert sich von neuem, wobei aber das Individuum nun über ganz andere Kräfte und Fähigkeiten verfügt als damals als Kind. Der ödipale Traum könnte nun Wirklichkeit werden: der Knabe würde die Mutter erobern und den Vater töten, das Mädchen den Vater gewinnen und die Mutter besiegen. Was während der Latenz unbewußt geworden war, scheint erfüllbar zu sein. Aber die Kultur greift wieder über das Inzesttabu ein und erzwingt die Loslösung von den ersten Liebes- und Aggressionsobjekten. Dabei müssen einerseits die Fähigkeit zur Zärtlichkeit und andererseits die zur Sinnlichkeit erhalten bleiben und eine Synthese eingehen, die während der ödipalen Phase nicht möglich war und auch in der Adoleszenz offenbar nur mit Schwierigkeiten erreicht werden kann.

Unbewußtmachung ist eine Voraussetzung für die sexuelle Reifung. Die von den Eltern erzwungene Umwandlung sexueller Regungen in zärtliche, also eine Art der Sozialisierung der Sexualität, bedarf des Unbewußten, das somit zu einer Voraussetzung für die Soziabilität des Menschen wird. Aber der pubertäre Durchbruch des Verdrängten, d.h. die Durchlässigkeit des Unbewußten zum Handeln und zum Bewußten hin, ist ebenso eine Bedingung für die menschliche Soziabilität. Wäre das Unbewußte eine Art Verbrennungsanlage, die das, was hineingelangt, vernichtet, könnte der Mensch zwar nicht neurotisch oder psychotisch werden, aber er hätte auch keine Kultur und keine Geschichte. Daß Kultur auf Triebverzicht beruhe, ist eine wesentliche Erkenntnis der psychoanalytischen Kulturtheorie. Dabei wird jedoch oft vergessen, daß dieser Verzicht gar keiner bzw. kein vollständiger ist: Die Triebrepräsentanz wird unbewußt und wirkt vom Unbewußten weiter, nach Wunscherfüllung drängend und Konflikte schaffend, die letztlich nur durch eine Veränderung der Realität zu bewältigen sind.

Die Kreativität des Menschen ist ein Produkt der Notwendigkeit zum Überleben sowie des Druckes der unbewußten Wünsche auf die Realität, wobei die inhaltliche Komplexität des Unbewußten die Vielfalt der Lösungsversuche mitbedingt. Weil das, was der Mensch im Laufe seines Lebens, insbesondere während seiner Kindheit, erfahren hat, nicht oder nur schwer zerstörbar ist, ergeben sich unzählige Wunschverbindungen, die nach Erfüllung drängen und welche die Kultur immer vor neue Aufgaben stellen. »*Seitdem wir den Irrtum überwunden haben, daß das uns geläufige Vergessen eine Zerstörung der Gedächtnisspur, also die Vernichtung bedeutet, neigen wir zur Annahme, daß im Seelenleben nichts, was einmal gebildet wurde, untergehen kann, daß alles irgendwie erhalten bleibt und unter geeigneten Umständen, z.B. durch eine so weit reichende Regression wieder zum Vorschein gebracht werden kann*« (Freud 1930: 426). Aus dieser Sicht erscheint das Unbewußte als ein ungeheures Wunschreservoir. Die Möglichkeit, diese Wünsche durch Kreativität umzusetzen und mit ihnen in der Realität umgehen zu können, wird wesentlich durch den Verlauf der Adoleszenz mitbedingt.

»*Die Tatsache des zweizeitigen Ansatzes der Sexualentwicklung des Menschen*«, schreibt Freud in den »Drei Abhandlungen zur Sexualtheorie«, »*also die Unterbrechung dieser Entwicklung durch die Latenzzeit, erschien uns besonderer Beachtung würdig. Sie scheint eine der Bedingungen für die Eignung des Menschen zur Entwicklung einer höheren Kultur, aber auch für seine Neigung zur Neurose zu enthalten*« (1905b: 135). Ein entscheidender Unterschied zwischen »Kultur« und »Natur« liegt in der Art und Weise ihrer Entwicklung: »Natur« entwickelt sich durch Mutation und Auslese, »Kultur« hingegen durch soziale, und das heißt durch tradierbare Lernprozesse. Die kulturelle Evolution verläuft im wesentlichen *»nicht über die Veränderung des Genbestandes, sondern über die Veränderung eines Wissenspotentiales«* (Habermas 1976: 188). Freud erkannte, daß in der Zweizeitigkeit der sexuellen Entwicklung die »Bedingung der Möglichkeit« vorliegt dafür, daß der Mensch auch ohne die Veränderung seines Genbestandes neue Kultur- und Anpassungsformen schaffen und erhalten kann.

Diese Einsicht zwingt uns, die Bedeutung der frühen Kindheit und der Adoleszenz für die Entwicklung der Kultur in einem neuen Licht zu sehen. Ein Gedankenexperiment mag uns dabei helfen. Stellen wir uns vor, daß die sexuelle Entwicklung *nicht* zweizeitig wäre, sondern mit der ödipalen Phase zum Abschluß käme. Das bedeutete, daß *nur* die Erfahrungen der ersten Jahre, die man im Rahmen der Familie gemacht hat, für das Leben in der Gesellschaft maßgebend wären. Geschichte verliefe dann immer zyklisch; jede Generation reproduzierte von neuem die elterlichen Erfahrungen. Es wäre quasi biologisch festgelegt, was M. Mead von den Verhältnissen in traditionellen Kulturen sagt, wo der Wandel so unmerklich vonstatten gehe, *»daß Großeltern sich für ihre neugeborenen Enkel keine andere Zukunft vorstellen können als ihre eigene Vergangenheit. Die Vergangenheit der Erwachsenen ist die Zukunft einer jeden neuen Generation; ihr Leben bildet den Grundplan. Die Zukunft der Kinder wird so gestaltet, daß sie nach Abschluß ihrer Kindheit das erleben werden, was die Vorfahren nach Abschluß ihrer Kindheit erlebt haben«* (1970: 27). Bedenkt man dazu noch, daß die frühe Kindheit, besonders in Europa, offenbar starken traumatisierenden Einflüssen ausgesetzt war (de Mause [1974], Rutschky [1977] u. a.), so muß man sogar annehmen, daß bei einer ausschließlichen Determinierung durch die ersten Jahre die europäische Kultur schon längst ausgestorben wäre. Wenn das nicht der Fall war, so deshalb, weil die Erfahrungen der frühen Kindheit nicht so ausschlaggebend sind, wie man glaubte, und die Dynamik der Adoleszenz einen entscheidenden Beitrag zur Möglichkeit des Kulturwandels leistet.

Der Triebdurchbruch der Pubertät lockert die vorher in der Familie gebildeten psychischen Strukturen auf und schafft damit die Voraussetzungen für eine nun nicht mehr durch den familiären Rahmen beengte Neustrukturierung der Persönlichkeit, die neue Erfahrungen ermöglicht. *»Die Pubertät gewährt dem Menschen eine zweite (und in den meisten Fällen letzte) Chance. Sie gewährt* *ihm eine Frist, die Lösungen, die er während der Latenzzeit in direkter Reaktion auf den ödipalen Konflikt gefunden hat, zu revidieren. Vielleicht kann man diesen Prozeß mit einer Verflüssigung vergleichen. Gewiß sind beim Pubertierenden auch regressive Züge zu beobachten, ich ziehe es aber vor, das Freiwerden von Kräften, die an Strukturen gebunden waren, und die darauffolgende Reorganisation in der Form neuer Identifizierungen und der Besetzung neuer Objekte hervorzuheben«* (Eißler 1958: 869). Betrachtet man Lernprozesse als die Grundlage der Kulturentwicklung, so können wir nun annehmen, daß es die während der Adoleszenz eingeleiteten Lernprozesse sind, die die Einstellung des Individuums zur Kultur bestimmen werden. Die Verflüssigung der in der Familie angeeigneten psychischen Strukturen ermöglicht es dem Menschen, neue Anpassungs- und Kulturformen zu entwickeln, die nicht auf die Familie zurückführbar sind.

Freuds These von der Zweizeitigkeit der sexuellen Entwicklung muß in Zusammenhang mit seinem Konzept der Familie in ihrem Verhältnis zur Kultur gesehen werden. Er vertrat keineswegs die Meinung, die ihm oft, aber fälschlicherweise zugeschrieben wird, nämlich daß die Familie den Kern oder die Zelle der Kultur bilde (so wie es z. B. Gotthelf ausdrückte: »*Zu Hause muß beginnen, was leuchten soll im Vaterland*«). Schon 1897 tauchte bei Freud die Vorstellung auf, daß Familie und Kultur *antagonistisch* zueinander stehen (1962: 182). Im »Unbehagen in der Kultur« nahm er diesen Gedanken wieder auf: »*Wir haben bereits erraten, daß es eine der Hauptbestrebungen der Kultur ist, die Menschen zu großen Einheiten zusammenzuballen. Die Familie will aber das Individuum nicht freigeben. Je inniger der Zusammenhalt der Familienmitglieder ist, desto mehr sind sie oft geneigt, sich von den andern abzuschließen, desto schwieriger wird ihnen der Eintritt in den größeren Lebenskreis. Die phylogenetisch ältere, in der Kindheit allein bestehende Weise des Zusammenlebens wehrt sich, von der später erworbenen kulturellen abgelöst zu werden. Die Ablösung von der Familie wird für jeden Jugendlichen zu einer Aufgabe, bei deren Lösung ihn die Gesellschaft oft durch Pubertäts- und Aufnahmeriten unterstützt*« (1930: 462-463). Der erste Triebschub, der von der ödipalen Phase aufgefangen wird, führt zur Anpassung an die stabile, konservative Familienstruktur, der zweite, der in der Pubertät anfängt, zur Anpassung an die dynamische, expansive Kulturstruktur. Die beiden Anpassungsvorgänge sind grundsätzlich voneinander verschieden. Beim ersten geht es vor allem um die Aneignung *vorgegebener* Verhältnisse: Dem Kind sind z. B. die Liebesobjekte vorgegeben. Beim zweiten Anpassungsprozeß jedoch steht das *innovative* Moment im Vordergrund. So wie das Individuum sich nun selber seine Liebesobjekte suchen muß, sollte es unter dem Druck des Antagonismus' zwischen Familie und Kultur die Fähigkeiten entwickeln, die es ihm ermöglichen, die Hauptbestrebung der Kultur, »die Menschen zu großen Einheiten zusammenzuballen«, zu realisieren. Anpassung bedeutet hier nicht Angleichung an vorgegebene Verhältnisse, sondern Mitarbeit des Individuums an den sich verändernden Strukturen der Gesellschaft.

Parin fordert, daß jede ethno-psychoanalytische Untersuchung *»einerseits auf den konservativen Faktor, die kulturspezifische Sozialisation, andererseits auf den progressiven Faktor, die gesellschaftlichen Verhältnisse, Rücksicht nehmen«* (1976: 59) soll. *»Erziehungsmuster ändern sich nur sehr langsam. Man kann die Familie und vor allem die Mütter nicht dazu bringen, ihre Kinder anders aufzuziehen, als sie selber aufgezogen worden sind. Dadurch erzeugen sie zwangsläufig in der nächsten Generation kulturspezifische Eigenheiten, die durch Erziehungsgewohnheiten, gültige Wertsysteme und mannigfache Verhaltensweisen der Mütter (und vieler anderer Personen der Umwelt) vermittelt worden sind. Das läßt sich so ausdrücken, daß einmal erworbene kulturspezifische Eigenheiten einer Art Wiederholungszwang unterliegen, der über die Generationen hinauswirkt – zum Unterschied vom Wiederholungszwang der klassischen Psychoanalyse, der Charakterhaltungen und neurotischen Symptomen einer erwachsenen Person den in der Kindheit festgelegten, immer gleichen Ablauf sichert. (...) Gleichzeitig aber wirken auf die Mütter, die Familien, die Generationen Kräfte ein, die ich nach ihrem makrostrukturellen Ursprung zusammenfassen möchte. Das sind die Produktions- und Machtverhältnisse, die allerdings von den Ethnopsychologen genauer als von der Geschichtsschreibung nach der psychologischen Wertigkeit ihrer Institution, der Bedürfnisse und Frustrationen, die von ihnen ausgehen, zu berücksichtigen sind«* (a. a. O.: 58). Die Adoleszenz steht zwischen diesen progressiven, auf Veränderung drängenden, und den konservativen, die Familie reproduzierenden Bereichen der Gesellschaft; ihr Verlauf entscheidet, ob die Distanzierung von der Familie gelingt und die progressiven Tendenzen weiter vorangetrieben und subjektiv angeeignet werden können; bleibt der Jugendliche jedoch an die Familienstruktur gebunden, wird er nicht die Bewußtseinsformen entwickeln können, die der gesellschaftlichen Entwicklung adäquat wären.

Die bisherige Anwendung der Psychoanalyse in den Sozialwissenschaften hat die Bedeutung der Adoleszenz für die Entwicklung der Kultur verkannt und die der frühen Kindheit falsch eingeschätzt. W. Reich z.B. beschrieb im Vorwort zu seinem 1933 erschienenen Buch »Charakteranalyse« den Zusammenhang zwischen Individuum und Gesellschaft folgendermaßen: »*Jede Gesellschaftsordnung (schafft) sich diejenigen Charaktere (...), die sie zu ihrem Bestande benötigt*« (a.a.O.: 12). Die herrschende Klasse zwinge nicht nur ihre Ideologie allen anderen Klassen auf, sondern wirke auch – über die Erziehung – auf die Bildung der psychischen Strukturen ein. Aufgabe der »*naturwissenschaftlichen Psychologie und Charakterlehre*« sei es, »*die Mittel und Mechanismen festzustellen, mittels derer sich das gesellschaftliche Sein des Menschen in psychische Struktur und derart auch in Ideologie umsetzt*« (a.a.O.: 13). Es gehe darum, »*die Einwirkungen sowohl des unmittelbaren materiellen Seins (Nahrung, Wohnung, Kleidung, Arbeitsprozeß), also die Art des Lebens und der Bedürfnisbefriedigung wie auch des gesellschaftlichen Überbaus, also der Moral, Gesetze und Institutionen, auf den Triebapparat zu erforschen*« (ebenda). Seitdem sich die Gesellschaft in Klassen gespalten habe und das Privateigentum an Produktionsmittel existiere, sei die »*erste und wichtigste Reproduktionsstätte der gesellschaftlichen Ordnung (...) die vaterrechtliche Familie, die bei den Kindern den charakterlichen Boden für die weiteren Einflußnahmen durch die autoritäre Ordnung schafft*« (a.a.O.: 14). Die besondere Bedeutung der Familie hervorhebend, faßt Reich diese Prozesse zusammen: »*Die sozialökonomische Struktur der Gesellschaft bedingt bestimmte Familienformen, diese Familienformen setzen aber nicht nur selbst bestimmte Formen des Geschlechtslebens voraus, sondern produzieren solche auch, indem sie das Triebleben der Kinder und Jugendlichen beeinflussen. (...) Die charakterliche Struktur ist erstarrter soziologischer Prozeß einer bestimmten Epoche*« (a.a.O.: 16).

Ebenso wie Reich haben auch Fromm und andere Freudo-Marxisten die Familie als »Agentur der Gesellschaft« betrachtet und gehofft, durch eine Veränderung der Familienstruktur eine Veränderung der Gesellschaft in Gang zu bringen. Ihre Ausrichtung auf die Familie führte zur Aufstellung der These des autoritären

Charakters, wonach die Erziehung im Rahmen der Familie – insbesondere das Sauberkeitstraining – die der Herrschaftsform angepaßte Charakterstruktur schaffe. Dieser theoretische Ansatz kam auch in der psychoanalytisch orientierten Ethnologie zur Anwendung. Roheim ging vom ewigen Infantilismus des Menschen aus: »*Die spezifischen Ziele primitiver Gesellschaften sind keineswegs durch ihr Milieu oder durch praktische Erwägungen gesetzt. Sie sind eine Serie von Lösungen, die verschiedene Gruppen von Menschen anbieten für die präödipalen und ödipalen Konflikte, die der Situation der Kindheit inhärent sind. Aufwachsen ist aus der Sicht des Unbewußten ein Versuch, das ›verlorene Paradies‹ der Kindheit wiederzuerlangen. Unsere spezifischen Wege, uns an die Realität anzupassen, beruhen auf Erfindungen, und diese Erfindungen sind Sublimierungen von Konflikten aus der Kindheitssituation. Die Kultur selber ist die Schaffung eines Ersatzobjektes; dieses verkörpert sowohl die Mutter wie das Kind. In dieser Hinsicht ist es identisch mit dem Spiel: Abwehr gegen die Trennungsangst, die im Übergang von der passiven zur aktiven Rolle gründet. (...) Die Zivilisation entsteht aus einer verzögerten Kindheit* (im Sinne Bolks, M.E.) *und ihre Funktion ist Sicherheit. Sie ist ein gewaltiges Netzwerk mehr oder weniger erfolgreicher Versuche, den Menschen gegen die Gefahr des Verlustes von (Liebes-)Objekten zu schützen, eine großartige Anstrengung eines Kleinkindes, das Angst hat, im Dunkeln allein gelassen zu werden*« (1944: 389-390).

Ähnlich fixiert auf die frühe Kindheit war die »culture-and-personality«-Schule. In »The Individual and His Society« (1939) und »The psychological Frontiers of Society« (1945) stellte Kardiner zusammen mit Linton die These von der »*typischen Grundpersönlichkeit*« (»basic personality type«) dar: »*Die für irgendeine Gesellschaft typische Grundpersönlichkeit ist jene Persönlichkeitskonfiguration, welche von der Mehrzahl der Gesellschaftsangehörigen geteilt wird als Ergebnis der frühkindlichen Erfahrungen, die sie gemeinsam haben*« (1945: VIII). Kardiner reduzierte den Kulturbegriff auf die Erziehung. Da Kultur ja tatsächlich erlernbar ist, scheint sein Ansatz sinnvoll zu sein, aber indem Kardiner einseitig die (passive) Anpassung des Individuums an die Kultur hervorhob, konnte er die konflikthaften Beziehungen zwischen Kultur und Individuum nicht mehr erkennen. Dieser Ansatz bestimmte wohl auch die Wahl eines homöostatischen Gesellschaftsmodells, in welchem die Frage nach den integrativen Kräften im Vordergrund stand (Kardiner und Preble 1974: 250) und in welchem Konflikte nur als Störung begriffen werden konnten. Nicht nur wegen des »Determinismus der Kindheit«, sondern auch wegen des homöostatischen Gesellschaftsmodells konnte Kardiner die Problematik der konflikthaften Adoleszenz nicht berücksichtigen. Es war bezeichnend, daß er – ähnlich wie andere Psychoanalytiker, z. B. Hartmann und Erikson – Freuds Kulturtheorie, in welcher der Widerspruch zwischen Individuum und Gesellschaft zentral ist, uminterpretierte. Über die »Zukunft einer Illusion« schrieb Kardiner, es sei *»ein ausgereiftes und gutes Buch. Darin sieht Freud die Kultur als etwas, das dazu dient, dem Menschen die Natur dienstbar zu machen, und das die Beziehungen der Mitglieder einer Gesellschaft untereinander regelt. Die Kultur hat eine Schutzfunktion für den Einzelnen. Als Gegenleistung muß er auf bestimmte Sachen verzichten. Die Gesellschaft muß ihn für diesen Verzicht entschädigen«* (1974: 240). Kardiner unterschlug, daß Freud auch in »Die Zukunft einer Illusion« die Frage nach dem »Rest« stellte, der von der Kultur nicht integriert wird. Er definierte die Kultur nicht als ein System von Gegenseitigkeiten, sondern schrieb: *»So bekommt man den Eindruck, daß die Kultur etwas ist, was einer widerstrebenden Mehrheit von einer Minderheit auferlegt wurde, die es verstanden hat, sich in den Besitz von Macht- und Zwangsmittel zu setzen«* (1927: 327). Freud thematisierte nicht – wie es Kardiner tat – die Kultur*fähigkeit*, sondern die herrschende Kultur*feindlichkeit* des Menschen bzw. die Menschenfeindlichkeit der Kultur.

Die Zweizeitigkeit der sexuellen Entwicklung und der Antagonismus zwischen Familie und Gesellschaft sind die Basisannahmen, um die Bedeutung der Adoleszenz für die Kultur zu erkennen. Dieser Antagonismus war durch das Gesellschaftsmodell, an dem sich die Psychoanalytiker vorwiegend orientierten, tabuisiert, da es den mehr oder weniger bruchlosen Übergang aus der Familie in die Gesellschaft als normal und erstrebenswert postulierte. Diese Psychoanalytiker vermieden es, nach der Möglichkeit zu fragen, ob der »Determinismus der Kindheit« nicht so sehr ein naturgegebenes als ein gesellschaftliches Faktum sein könnte, zumindest dann, wenn keine schweren psychischen Schäden vorliegen, die die weitere Entwicklung des Individuums ebenso, wie es physische Schäden tun würden, beeinträchtigen. Zwar würde der Verlauf der frühen Kindheit darüber entscheiden, ob z. B. die Adoleszenz erreicht wird und welche Konflikte dabei vordringlich bewältigt werden müssen, aber während der Adoleszenz und gleichsam aus der Retrospektive käme, unter dem Einfluß der nichtfamiliären Umwelt, die Auslese derjenigen Kindheitserfahrungen zustande, die auch im Erwachsenenalter bestimmend bleiben werden. Auf diese Weise könnte man einerseits an der gut bestätigten psychoanalytischen Erfahrung von der Bedeutung der Kindheit für das Individuum festhalten, andererseits aber die prägenden Einflüsse der Gesellschaft auf das Individuum unmittelbarer untersuchen als bisher, da man immer nur auf die guten oder schlechten Auswirkungen der Eltern, speziell der frühen Mutter, rekurrieren und die Spannungen sowie Konflikte des Individuums mit seiner Gesellschaft auf Erziehungs- bzw. Aufziehungspraktiken zurückführen mußte. Die Widersprüche und Schwierigkeiten, die sich aus dem Festhalten am Determinismus der frühen Kindheit ergeben, kommen in der neueren Narzißmus-Diskussion zum Vorschein. Ziehe z.B. versuchte in seinem 1975 erschienenen Buch »Pubertät und Narzißmus« die Entpolitisierung derjenigen Jugendlichen, die anfangs der siebziger Jahre ihre Adoleszenz durchmachten, auf die von der Entwicklung des Spätkapitalismus den Eltern aufgezwungenen Haltungen zurückzuführen: »*Halten wir zunächst fest, daß die gesellschaftliche Bewegung in Richtung auf die Subsumption aller Lebensbereiche unter das Kapital den Subjekten bestimmte Folgeschäden aufnötigt, die hier als affektive Versagungen und kognitive Verunsicherung charakterisiert werden. Diese Folgeschäden äußern sich ... in einer tiefgreifenden Schwächung der elterlichen Identität, die die familiale Interaktion dahingehend prägt, daß dieser zunehmend eine affektive Stützungsfunktion der Eltern auf Kosten des Kindes zukommt*« (a.a.O.: 118). »*Während nämlich die ›schwache Mutter‹ in aller Regel eine symbiotische Bindung mit dem Kinde eingeht, um sich so selbst zu stabilisieren, vermag der ›schwache Vater‹ nicht, sich in die symbiotische Mutter-Kind-Verbindung einzubeziehen und verliert daher für das Kind erheblich an Bedeutung. Die symbiotisch hergestellte Mutterdominanz fördert wiederum beim Kind die Ausbildung einer narzißtischen Psycho-Struktur*« (a.a.O.: 107). Aufgrund dieser Voraussetzungen entsteht der »*neue Sozialisationstyp*« (NST). »*Er zeichnet sich vornehmlich aus durch:*

- *ein symbiotisches Verhältnis zur Mutter, das zu einer ›Konservierung‹ der archaischen Mutterrepräsentanzen im kindlichen Unbewußten führt;*

- *ein Streben nach Befriedigung, das nicht so sehr über Objektbeziehungen vermittelt wird, als über das Erlebnis von narzißtischen Gleichgewichtszuständen, die dem Urerlebnis der intrauterinen Homöostase nachempfunden sind;*
- *ein diffus ins Kosmische erweitertes, auf Omnipotenz abzielendes archaisches Ichideal;*
- *eine schwache Identifikation mit den postödipalen Elternrepräsentanzen und ein hierdurch bedingtes ›Offenbleiben‹ des ödipalen Konfliktes;*
- *ein strenges, aus archaischen Projektionen auf die Elternimagines konstituiertes Überich, mit dem man sich jedoch nicht mehr identifizieren kann;*
- *die Verdrängung der aus den verschärften Überichkonflikten resultierenden Schuldgefühle;*
- *ein dem Realitätsrisiko narzißtischer Kränkungen aus dem Weg gehendes Verweigerungsverhalten, das vorwiegend der Abstützung des äußerst verletzlichen Selbstwertgefühls dient«* (a. a. O.: 164).

Für Ziehe stellt die Adoleszenz eine bloße Wiederholung der frühen Kindheit dar, und eigentlich ist es gar nicht einzusehen, weshalb es sie überhaupt gibt. Der Übergang von der Familie zur Gesellschaft stellt sich ihm bruchlos dar: Der Spätkapitalismus produziert mit Hilfe der Familie die von ihm gebrauchten Charakterstrukturen und »wußte« folglich schon anfangs der sechziger Jahre, was in den Siebzigern vonnöten sein würde. Aber nicht erst die Jugendunruhen von 1980 bis 1981 verweisen darauf, daß es nicht gelingt, die frühkindliche Erziehung in die sozio-ökonomische Entwicklung einzupassen, da sie sonst vermeidbar gewesen wären. Wie auch die frühe Kindheit verläuft, es bedarf immer besonderer Anstrengungen, um die Adoleszenten in das Gesellschaftssystem zu integrieren. Schulen, Arbeitsplätze, Jugendvereine und das Militär strukturieren den Verlauf der Adoleszenz so gut es geht, können es aber nicht verhindern, daß sich ihnen ein Teil der Jugendlichen entzieht – auch aufgrund der ökonomischen Voraussetzungen, die ein Überleben außerhalb des Systems ermöglichen, und wegen der adoleszenten Sensibilität, die sie zwingt, sich gegen die herrschenden Werte zu entscheiden. Die »Jugendunruhen« sind nicht auf die frühkindliche Erziehung zurückzuführen, und schon gar nicht auf narzißtische Schäden, sondern auf die Widersprüche zwischen der Dynamik der Adoleszenz und den gesellschaftlichen Verhältnissen. Deshalb sind sie charakteristisch für alle Gesellschaften.

Initiation: Adoleszenz in kalten Kulturen

In unserer Kultur herrscht die Meinung vor, der Wandel bzw. der Fortschritt sei es, der gegen das Beharrungsvermögen der Individuen gefördert und vorangetrieben werden müsse. In kalten Gesellschaften jedoch (vgl. S. 187ff.), die durch ihr Traditionsbewußtsein und ihre Stabilität auffallen, konzentrierte man die Anstrengungen darauf, die sozialen Unterschiede nicht anwachsen zu lassen und die Traditionen durchzusetzen. Es hat in der Geschichte nie stabilere Gesellschaften gegeben, und aus diesem Grunde sind sie für das Verständnis der charakteristischen Merkmale der Adoleszenz von besonderem Interesse. In den Bemühungen, die Adoleszenz zu meistern und in die Kultur zu integrieren, werden die Kräfte sichtbar, die bewältigt werden müssen.

Ich gehe davon aus, daß der Triebdurchbruch in der Pubertät ein anthropologisches Faktum ist, durch welches die Sexualität und die Fortpflanzungsfunktion miteinander verbunden werden *sollen* (Freud 1905: 109). Dieser Prozeß ist nur möglich aufgrund der Verflüssigung der bisher gebildeten Strukturen, in welchen die oralen, analen und phallischen Triebanteile geordnet worden waren. Seit Eriksons Arbeiten über »Identität und Lebenszyklus« (1959) weiß man, daß jede dieser Phasen die Voraussetzung für die Vergesellschaftung des Individuums ist. Im ersten Stadium (etwa erstes Lebensjahr): *»Urvertrauen«*; im zweiten (zweites und drittes Lebensjahr): *»Autonomie«* und im dritten (viertes und fünftes Lebensjahr): *»Initiative«* (1950: 60). Die Adoleszenzkrise erschüttert diese an die Familienstruktur gebundenen Haltungen, verunsichert das Individuum und stürzt es in eine Experimentierphase. Zwei mächtige Antriebe bestimmen sein Suchen: erstens die sich von den Eltern lösende Libido und die verinnerlichte Aggression und zweitens die während der Latenzzeit in den psychischen Strukturen eingefrorenen und nun frei werdenden Größen- und Allmachtsphantasien. *»Bereits ein junger Mensch«*, schreibt E. Bloch, *»der etwas in sich stecken fühlt, weiß, was das bedeutet, das Dämmernde, Erwartete, die Stimme von morgen. Er fühlt sich zu etwas berufen, das in ihm umgeht, in seiner eigenen Frische sich bewegt und das bisher Gewordene, die Welt der Erwachsenen überholt. Gute Jugend glaubt, daß sie Flügel habe und daß alles Rechte auf ihre herbrausende Ankunft warte, ja erst durch sie*

gebildet, mindestens durch sie befreit werde. Mit der Pubertät beginnt das Geheimnis der Frauen, das Geheimnis des Lebens, das Geheimnis der Wissenschaft« (1959: 132). Mit diesem Aufbruch muß sich die verfestigte Gesellschaft konfrontieren. Die Initiation ist der Versuch, diese adoleszente Dynamik aufzufangen.

Unter Initiation verstehe ich jene rituellen Feierlichkeiten, die im Umkreis der Pubertät zelebriert werden und den Übergang von der Kindheit ins Erwachsenenalter lenken sollen (van Gennep 1909). Die Art und Vielfalt der Zeremonien wechselt zwar von Kultur zu Kultur und ebenfalls das Ausmaß, in welchem auch das weibliche Geschlecht mit einbezogen wird, aber wir können sagen: Initiationen gibt es in jenen Gesellschaften, in welchen Traditionen mittels Zwang durchgesetzt werden müssen, und in dem Maße, wie sich diese zwanghafte Bindung an Traditionen lockert, verschwinden auch die Initiationsriten. Das heißt: der Zwang zur Tradition und die Initiation sind eng miteinander verwobene kulturelle Phänomene.

Die Initiation ist immer ein gesellschaftliches Ereignis. Nur selten ist es das einzelne Individuum, das die Zeremonien durchlaufen muß; in der Regel wartet man ab, bis eine genügende Anzahl von Knaben und Mädchen die vorgeschriebene Altersspanne erreicht hat (Bühler-Oppenheim 1946). Der Ablauf der Initiation wird besonders, aber nicht nur, in Pflanzergesellschaften als Tod und Wiedergeburt aufgefaßt: die Initianden müssen sterben, um als vollwertige Stammesmitglieder wiederaufzustehen. Der Tod wird oft drastisch inszeniert. An der Loango-Küste z.B. erhalten die *»Knaben im Alter von zehn bis zwölf Jahren ... ein Getränk, das ihnen das Bewußtsein nimmt. Sie werden für tot erklärt und in den Wald getragen. (...) Nach dem Erwachen aus der Ohnmacht haben sie alles aus ihrem früheren Leben vergessen; sie erhalten einen neuen Namen«* (zit. n. Jensen 1933: 31). Bei den Bukua in Neu-Guinea wird erzählt, Balum, ein Ungeheuer des Waldes, habe die Knaben verschlungen. Für die Initianden folgt nun – fern vom Dorf, in dem sie leben – eine Zeit der Qualen und Belehrungen. Die Marter konnte, wie etwa bei den Mandan-Indianern, außerordentlich grausam sein und den Prüflingen Schmerzen bis zur Bewußtlosigkeit bereiten (Catlin 1851: 154f.). Entscheidend dabei war immer die Beherrschung; wer die Qualen nicht aushielt, galt nicht als Mann bzw. nicht als Frau. Bei den Selk'nam von Feuerland ging es mehr um Körperbeherrschung: tage- und nächtelang mußten die Initianden eine hockende Körperstellung einnehmen, durften sich weder strecken noch kratzen und sich auch dann nicht rühren, wenn ihnen die erwachsenen Männer Käfer auf die nackte Haut setzten (Gusinde 1946: 273f.). Weit verbreitet ist auch der Brauch der Beschneidung bzw. Klitorisoperation.

Es scheint ein uralter pädagogischer Glaube zu sein, daß man nur das im Kopf behält, was man mit Schmerzen gelernt hat. Während dieser Zeit bekommt der Novize die Stammeswahrheiten und -traditionen zu hören. In einer ganzen Reihe von Kulturen besteht der Höhepunkt der Unterweisung wohl in der Aufklärung darüber, daß es die Geister, die dem Prüfling so schwere Angst einjagten und ihn so quälten, gar nicht gibt. Bei den Aranda-Stämmen zeigten die Männer den Jünglingen nach der Beschneidung die Schwirrhölzer, mit welchen sie angsterregende Geräusche produzierten, und von welchen sie behauptet hatten, das seien die Stimmen der Geister, und erklärten ihnen: »*Wir haben euch immer erzählt, daß dies Tuanjiraka sei, der dir die Schmerzen verursacht habe. Du sollst den Glauben an Tuanjiraka aufgeben ... Wir haben euch Kindern und Frauen nur von diesem Schwirrholz erzählt ... Wie wir sollst auch du den Kindern wieder und wieder (von Tuanjiraka) erzählen. Damit ja nicht die Botschaft (daß es keinen Tuanjiraka gibt) sich ausbreite. Dann würden wir alle von der Erde verschwinden und man würde unter dem ganzen Himmel hören, daß wir ausgestorben sind. (...) Wie die Vorfahren, so bist auch du jetzt ein Mann geworden, behalte es für dich. Wenn die Kinder es von dir erfahren sollten, würdest du todkrank werden. Wie wir, so sollst auch du lügen und sagen ›Es gibt gewiß einen Tuanjiraka‹*« (Strehlow 1913: 25). Das Geheimnis, das ihn von der Kindheit und vom weiblichen Geschlecht trennt, im Herzen, ist das Individuum zum Stammesmitglied und zum Mann geworden, der eine eigene Familie wird gründen können. Oft erhält er nun einen neuen Namen. Die Initiationsfeierlichkeiten stellen die Adoleszenten in den Mittelpunkt der gesellschaftlichen Aufmerksamkeit: alles dreht sich nur um sie. Der adoleszente Narzißmus kommt wenigstens hier voll auf seine Rechnung. Die ganze kosmische Ordnung wird herbeizitiert, um ihren Reifevorgang zu erklären und zu begründen.

Diese Initiationsfeiern waren ein so allgemeines und auffallendes Phänomen, daß sich die Ethnologie schon früh damit auseinandersetzte. H. Schurz (1902) hob die erzieherische Funktion der Initiation hervor: durch sie werden die entscheidenden kulturellen Traditionen vermittelt und im Individuum verankert. Später verlagerte sich das Interesse mehr auf die psychologische Seite. Ausgehend von Freud (1913) haben Reik (1919) und Roheim (1923) die Bearbeitung des Ödipuskomplexes, d.h. die psychische Trennung von der Familie, untersucht. Bettelheim (1954) interpretierte die Initiation unter dem Gesichtspunkt des Gebärneides: Die Männer, neidisch auf die Gebärfunktion der Frauen, versuchen, sich deren Fähigkeiten auf der symbolischen Ebene anzueignen und durch die Beschneidung ihren Geschlechtsteil dem der Frauen ähnlich zu machen. Whiting (1958) betonte mehr den Aspekt der Trennung von der Mutter; gerade wegen der in diesen Kulturen üblichen langen Stillzeit und der dadurch bedingten Bindung an die Mutter müsse die Initiation auf drastische Art und Weise die Trennung inszenieren und zur Aufrichtung der sexuellen Identität beitragen.

Obwohl diese psychoanalytischen Untersuchungen viele dunkle

Probleme der Initiation zugänglicher und faßbarer gemacht haben, leiden sie an dem, was Zinser die Reduktion »*materieller Geschichte*« auf »*Triebgeschichte*« (1977: 16f.) genannt hat. Was er an Reik kritisiert, gilt auch für die anderen Arbeiten: »*Die szenisch dargestellte Verdrängung scheint eine psychoanalytische, den Verdrängungsprozeß und damit die dem Ritus zugrunde liegende Konflikte aufdeckende Analyse zu rechtfertigen. Doch der Verdrängungsprozeß schließt mehr ein: Nicht nur sollen die Novizen verdrängen, sondern (real) verdrängt werden auch die Frauen und Kinder, deren Einmengung oder bloße Anwesenheit beim geheimen Teil der Initiationsriten bei fast allen Völkern verboten war und z.T. mit dem Tode bestraft wurde. Welcher Konflikt jedoch zu dieser Verdrängung geführt hat und im Ausschluß der Frauen erst von den primitiven Initiationsriten, im weiteren aus der männlichen Gesellschaft auch heute noch kenntlich ist, ist von Reik nicht zum Gegenstand gemacht worden ...*« (a.a.O.: 25). Wird die Initiation aber in Zusammenhang mit dem Kulturwandel, das heißt mit den Kräften, die auf einen Wandel hintreiben, aber in jenen Kulturen neutralisiert werden müssen, untersucht, können auch die gesellschaftlichen Aspekte, insbesondere die Machtproblematik, berücksichtigt werden.

Kalte Gesellschaften sind darum bemüht, gegen »*jede Veränderung ihrer Struktur, die ein Eindringen der Geschichte ermöglichen würde, verzweifelt Widerstand zu leisten*« (Lévi-Strauss 1960: 39). Anders gesagt, sie versuchen, die notwendigerweise entstehenden Unterschiede laufend zu neutralisieren.

Ein Ausdruck für diese Neutralisierung ist das Konzept der zyklischen (im Gegensatz zur linearen) Zeit, also die Vorstellung, daß die Zeit, die abläuft, wieder an ihren Ursprung zurückgeführt werden muß, wo alle Unterschiede aufgehoben sind, damit der Zyklus erneut anfangen könne (Eliade 1953). Die großen religiösen Feierlichkeiten haben den Zweck, die Urzeit, oder wie die Australier es nannten, die Traumzeit, wiederherzustellen, damit die Gemeinschaft mit neuer Kraft einen neuen Zyklus anfangen kann. Dort, wo diese Zeitauffassung herrscht, gibt es zwar ein Vorher und Nachher, aber eines ist nur der Spiegel des anderen: so wie es jetzt ist, so war es schon immer. Was die Individuen heute tun, taten schon die Ahnen. Lévi-Strauss zitiert Strehlow: »*Durch die Mythen hindurch gewahrt man den Eingeborenen vor seine täglichen Aufgaben gespannt: wie er jagt, fischt, wilde Pflanzen sammelt, die Küche besorgt und verschiedene Werkzeuge formt. Alle diese Arbeiten haben mit den totemistischen Ahnen angefangen; und auch auf diesem Gebiet folgt der Eingeborene blindlings der Tradition: er bleibt den ursprünglichen Waffen treu, die seine fernen Ahnen verwendeten, und die Vorstellung, sie zu verbessern, kommt ihm niemals in den Sinn«* (1962: 272).

Unsere »*heißen Gesellschaften*« mit ihrem »*gierigen Bedürfnis nach Veränderung*« (ebenda) haben diese Einstellung zum Wandel und zur Geschichte immer mit mehr oder weniger Verachtung zur Kenntnis genommen. Im Ausdruck »unterentwickelte Länder« schwingt diese Geringschätzung noch mit, aber in dem Maße, wie wir Schwierigkeiten mit dem Fortschritt bekommen haben, hat sich auch ein vermehrtes Verständnis für diese gesellschaftlichen Formen eingestellt. Die moderne Ethnologie zeigte auf, welche komplizierten sozialen Strukturen notwendig sind, um eine Gesellschaft nicht »heiß« werden zu lassen: ausgeklügelte, auf Gegenseitigkeit beruhende Mechanismen der Macht- und Güterverteilung bilden die sozioökonomische Basis der Stabilität (Meillasoux 1960; Clastres 1974; Kramer und Sigrist 1978). Ökonomisch betrachtet sind diese Gesellschaften autarke, selbstversorgende Gesellschaften, d.h. die Gruppe produziert alle für ihr Überleben notwendigen Güter selbst, und ihre sämtlichen Mitglieder haben Zugang zu den natürlichen Ressourcen und dem Boden. In jenen Kulturen zum Beispiel, in welchen die männliche Alterspyramide die Struktur abgibt, auf der die die Integration der Gruppe sichernde Güterumverteilung beruht, müssen die jungen Männer und Frauen aus der »Politik« ausgeschlossen werden. Meillasoux sieht zwei Quellen der Macht der Ältesten: 1. die Heiratsordnung und 2. die Bedeutung des Wissens für das Überleben der Gruppe.

1. Die Heiraten sollen die Allianz zwischen zwei Gruppen vertiefen, und dieses Bündnis ist es auch, das die Autorität der Alten festigt, denn nur sie verfügen über die Güter, die für den Zugang zu den Frauen der anderen Gruppe notwendig sind. Die Heiratsordnung, die bestimmt, wen man heiraten darf, verschiebt die Macht in die Hände der Ältesten.

2. In schriftlosen Gesellschaften stellt die im Wissen der Ältesten niedergeschlagene Erfahrung eine wichtige Machtquelle dar. Es geht dabei nicht nur um das praktische Wissen von den notwendigen Überlebensstrategien (Nahrungsquellen, Wanderwege, Jagdgründe etc.) – worüber auch die Frauen verfügen können –, sondern

vor allem um das identitätssichernde Wissen über Sitten und Gebräuche, Mythen, Heiratsregeln etc., das fest in männlichem Besitz ist.

Aus diesen beiden Machtquellen fließt die Energie, die diese Gesellschaften stabil erhält und sie an die Tradition bindet. Die Heiratsordnung regelt die Beziehungen nach außen und verhindert die Akkumulation von Reichtümern in den Händen eines einzelnen, und das durch die Initiation exklusiv gemachte Wissen sichert die Kontinuität der Gruppe. Auf der anderen Seite aber sind diese Machtquellen auch »heiße« Quellen, aus denen auch soziale Ungleichheit entspringt. Zwischen den Generationen ebenso wie zwischen den Geschlechtern entsteht ein Gefälle, das leicht zu Spannungen führen könnte, und die Differenzierung des Wissens tendiert ebenfalls dazu, soziale Unterschiede zu schaffen, durch welche Spezialisten wie Schamanen und Priester zu Kristallisationspunkten für neue Machtbildungen werden könnten. Diese »heißen« Quellen müssen also irgendwie abgekühlt werden.

Damit können wir uns wieder dem Problem der Initiation zuwenden und die Frage nach dem Zusammenhang zwischen ihr und der »Kälte« dieser Kulturen aufgreifen. Die Initiation, so lautet die Vermutung, die ich im folgenden erläutern möchte, ist eine Art Kühlsystem, das dazu dienen soll, die Folgen der Machtverteilung in diesen Gesellschaften zu neutralisieren. Sollte sich die Vermutung als richtig erweisen, dann hätten wir auch einen interessanten Hinweis auf das Verhältnis zwischen Adoleszenz und Kulturwandel gewonnen: Der kulturtypische Ablauf der Adoleszenz wirkt sich auf die Art und Weise – auf den Rhythmus – aus, wie sich eine Gesellschaft wandelt.

Der neutralisierende Effekt der Initiation kommt einmal darin zum Ausdruck, daß sie in den meisten der »kalten« Gesellschaften auf den Vorstellungen der Zyklizität der Zeit beruht (Jensen 1951). Die Feste inszenieren den Bezug zu den Ahnen und die Grundidee von Tod und Wiedergeburt. Die Initiation selbst eröffnet den Zugang zu den mythischen Zyklen und zur Heiratsordnung, durch welche sich die Gesellschaft erhält. Mensch wird nur der, der durch die Initiation hindurchgegangen ist, d.h. die Werte seiner Kultur akzeptiert hat. Wer die Initiation erlebt, erfährt am eigenen Leibe, durch die Wunden, die man ihm beibringt, daß er nun wie die Ahnen ist: Was er tut und erleidet, taten und erlitten auch schon die Ahnen. Aus diesem Grunde ist es auch wichtig, daß *alle* jungen

Männer, ohne Unterschied, dieselbe Art von Initiation durchmachen. Clastres (1974) sieht in der Folter, der sie sich unterziehen müssen, ein Mittel, durch die Schmerzen die Gleichheit aller Männer, im Unterschied zu Kindern und Frauen, zu betonen, und diese Gleichheit ihnen – wie er sagt – *»in den Körper zu schreiben«*.

Zur Inszenierung der Zyklizität und zur Betonung der Gleichheit tritt noch ein weiteres Moment hinzu. Auch der Triebdurchbruch der Pubertät steht – so paradox das im ersten Augenblick klingen mag – im Dienste jener Neutralisierung des Kulturwandels. Betrachtet man nämlich das Initiationsgeschehen, so sehen wir, wie stark es sich an das Drama der Adoleszenz anlehnt. Wie schon Reik (1919) zeigte, greift die Initiation die ganze ödipale Situation auf, stellt die inzestuösen Wünsche und die – wohl in der Beschneidung zum Höhepunkt kommenden – Kastrationsängste in den Vordergrund und spielt sie, gestützt von der sadistischen Tendenz der Väter, voll aus. So betrachtet, erscheint die Initiation als eine Verwirklichung der angsterregendsten ödipalen Ängste, in ihr vermischen sich Phantasie und Wirklichkeit auf undurchdringliche Art und Weise. Wir können es auch so sagen: Die Initiation schafft eine Situation, in welcher Triebangst und Realangst nicht mehr voneinander unterscheidbar sind.

Die Angst vor den alten Männern und vor der realen Gewalt, die sie einsetzen, durchmischt sich mit den Ängsten vor den Phantasmen der Kindheit: der fressenden Mutter, des kastrierenden Vaters, die sich in die Gestalten der Hexe und des Zauberers verwandeln (Roheim 1950: 184f.). Die Autorität der alten Männer stützt sich wesentlich auf dieses Gemisch innerer und äußerer Angstquellen, die das Denken mit einer Hemmung belegen und die Realitätskontrolle, insbesondere in bezug auf die Autorität, beeinträchtigen. In diesem Zusammenhang ist die Initiation ein Anpassungsprozeß an die in diesen Kulturen herrschenden Verhältnisse, und sie etabliert das, was Parin und Parin-Matthèy die *»Identifikation mit der Rolle«* (1978) genannt haben, die Identifikation mit dem »Mann-« bzw. »Frausein« ebenso wie mit der Zugehörigkeit zu einer bestimmten Kultur.

Diese im Unbewußten verankerte Unterordnung erzielt eine ähnliche Wirkung, wie wenn sie genetisch gespeichert worden wäre. Dem Bewußtsein entzogen und von einem Schein von Natur umstrahlt, sind diese Normen gegen Verlust und Eingriffe besser abgesichert, als wenn sie, über Einsichten vermittelt, nur im System

»Bewußt« eingeschrieben wären. Diese Verankerung im Unbewußten ist jedoch nur insofern möglich, als es gelingt, die Strukturen der frühen Sozialisation in der Familie zu reaktivieren und diese Bindungen auszunützen, um die gesellschaftlichen Normen an die frühen Repräsentanzen der ersten Bezugspersonen zu knüpfen. Allerdings kann sich die so erreichte Stabilität unter dem von außen kommenden Druck zum Kulturwandel leicht in eine Sprödigkeit verwandeln, die das Individuum einer geradezu unerträglichen Zerreißprobe aussetzt.

Freuds Annahme, die Initiation würde dem Individuum helfen, sich von der Familie zu trennen, muß insofern korrigiert werden, als die Initiation nicht zu einer eigentlichen Lösung des Individuums von seiner Familie führt, sondern zu einer Verlagerung der Bindung von den Eltern auf die Gruppe. Die Verwandtschaftsgruppe rückt im psychischen System an die Stelle der frühen Mutter. Wie einst die Mutter hat sie nun für den Schutz und für die Bedürfnisse des Individuums zu sorgen; zieht sie sich aus irgendwelchen Gründen zurück – etwa weil es ein Tabu verletzt hat, oder als verzaubert gilt –, so kann es elend wie ein von der Mutter verlassener Säugling zugrunde gehen (Mauss 1926; Lévi-Strauss 1949). Diese Verlagerung können wir so verstehen, daß das adoleszente Individuum durch die Initiation in gewissen Bereichen seiner psychischen Organisation auf die orale Phase, d.h. auf die orale Bindung an die Mutter fixiert wird.

Wo starke Fixierungen vorliegen, ist auch die Neigung zur Regression vorhanden. Fenichel schreibt: »*Fixierung und Regression verhalten sich komplementär zueinander. Freud verwandte das Gleichnis eines Volkes, das auf den Stationen seiner Wanderung starke Abteilungen zurückläßt. Je stärker nun diese Besatzungstruppen sind, desto schwächer ist das weiterziehende Heer. Trifft dieses auf einen überstarken Feind, so kann es sich auf die Stationen zurückziehen, an denen es die stärksten Abteilungen zurückgelassen hat. Je stärker also eine Fixierung ist, desto leichter wird unter dem Druck von Schwierigkeiten eine Regression auf sie erfolgen*« (1945: 98).

Fenichel faßt die Erfahrungen zusammen, welche die Entwicklung von Fixierungen fördern.

»*1. Die Erfahrung übermäßiger Befriedigung auf einer gegebenen Entwicklungsstufe kann zur Folge haben, daß auf diese Stufe nur mit Bedauern verzichtet wird; wenn sich späterhin eine unglückliche*

Entwicklung ergibt, so geht sie stets einher mit einer Sehnsucht nach der zuvor erlebten Befriedigung.

2. Übermäßige Frustrationen auf einer gegebenen Entwicklungsstufe haben einen ähnlichen Effekt. Man kann sich des Eindruckes nicht erwehren, daß der Organismus auf Entwicklungsstufen, die ihm nicht genug Befriedigung geben, sich weigert in der Entwicklung fortzuschreiten und die vorenthaltene Befriedigung verlangt. Hat eine Frustration zur Verdrängung geführt, werden die in Frage stehenden Antriebe vom Rest der Persönlichkeit abgeschnitten, sie nehmen am weiteren Reifungsprozeß nicht teil und schicken ihre beunruhigenden Abkömmlinge aus dem Unbewußten ins Bewußte. Diese Antriebe bleiben also im Unbewußten unverändert und verlangen ständig dieselbe Art der Befriedigung. (...) Hier liegt eine Quelle der neurotischen ›Wiederholungen‹.

3. Relativ häufig findet man, daß eine bestimmte Fixierung durch übermäßige Befriedigung sowohl wie durch übermäßige Frustration verursacht sein kann; ein frühes Übermaß an Befriedigung kann die Unfähigkeit zur Folge haben, spätere Frustrationen zu ertragen, geringe Frustrationen, die ein weniger verwöhntes Individuum ertragen könnte, haben dann die gleiche Wirkung, die normalerweise schwere Frustrationen haben.

4. Es erscheint daher verständlich, daß abrupte Wechsel von übermäßiger Befriedigung zu übermäßiger Frustration eine besonders starke fixierende Wirkung haben.

5. Am häufigsten jedoch sind Fixierungen in einer Erfahrung von Triebbefriedigung verwurzelt, die gleichzeitig gegen bestimmte Ängste Sicherheit bietet und bestimmte gefürchtete Regungen verdrängen hilft. Solche Gleichzeitigkeit von Triebbefriedigung und Sicherheit ist der häufigste Grund von Fixierungen« (a.a.O.: 99).

Berücksichtigt man die Spezifität der Adoleszenz, die vorher gebildeten und verfestigten psychischen Strukturen zu verflüssigen, so können wir auch annehmen, daß es in dieser Phase zu einer Art Neueinschätzung der Fixierungen kommt. Der pubertäre Triebschub reaktiviert und bestätigt frühere Befriedigungsformen und verlockt dazu, die Adoleszenzkrise durch Rückzug auf sie zu bewältigen. Andererseits drängen alte Frustrationen, gestützt auf den neuen Möglichkeiten des Individuums, die früher vorenthaltenen und deshalb die Entwicklung hemmenden Befriedigungen endlich zu realisieren. Gleichzeitig schaffen die beträchtlichen Stimmungsschwankungen – im Einklang mit den Größen- und

Allmachtsphantasien »himmelhoch jauchzend« und im Widerspruch zu ihnen »zu Tode betrübt« – ebenso wie die prägenitalen Befriedigungen, die Schutz vor neuen Konflikten bieten, eine allgemeine Bereitschaft für Fixierungen. Aufgrund ihrer Bewegung ist die Adoleszenz die Zeit, in welcher die das weitere Leben bestimmenden Fixierungen eingerichtet werden können, und die Gesellschaft benutzt diese Plastizität, um über Institutionen, wie z.B. die Initiation, die Charakterstrukturen zu prägen, die sie braucht.

Erst durch diese Fixierungen und die dadurch erzwungenen Regressionen kann die frühe Kindheit bestimmend werden für die Art und Weise, wie der Erwachsene die Welt erfährt und sich in ihr verhält. Insofern die Fixierungen gesellschaftlich produziert werden und institutionelle Zwänge die Dynamik der Adoleszenz bremsen, kann man sagen, daß der Determinismus der Kindheit ein gesellschaftliches Faktum ist. Die Funktion der Initiation in den »kalten Gesellschaften« wäre demnach, den Verlauf der Adoleszenz so zu regulieren, daß die frühen Repräsentanzen der Mutter auf die Verwandtschaftsgruppe übertragen werden. Die materielle Basis dazu sind die sozialen Gegenseitigkeitsstrukturen, die Rituale und Festlichkeiten, in welchen die Gruppe *real* die Mutterfunktion übernimmt. In dieser gesellschaftlichen Realität kann dann auch das Ich ein anderes Verhältnis zum Es entwickeln als z.B. in unserer Gesellschaft. »*Bei den Dogon bleibt das Gefühl des Einsseins mit der Mutter durch ihre lange fortgesetzte und gewährende Zuwendung viel länger erhalten als bei uns. Die kindliche Allmacht wird nie ganz an die Erziehungspersonen abgegeben, sondern mit ihnen geteilt. Die Erziehung geschieht auch nicht durch Zuwendung oder Rückzug von Liebe, sondern sie beginnt sozusagen erst im Verlauf des dritten Lebensjahres, wenn die Mutter sich plötzlich physisch ganz vom Kind trennt, es auch nicht mehr stillt, sondern es der Fürsorge der aufsteigenden Reihe von Geschwistern, Gespielen und Verwandten (einschließlich der eigenen Eltern) überläßt. Das hat zur Folge, daß das Kind sein Allmachtsgefühl nie ganz aufgibt, sondern es auf die Gruppe verteilt. Das Gefühl geliebt zu werden und mit der Welt fertig zu werden, hängt von der Zugehörigkeit zur Gruppe ab, die sich während der Kindheit und Adoleszenz zu verschiedenen Gruppen ausdifferenziert*« (Parin 1963: 144).

Abkömmlinge des Unbewußten, wie z.B. die Größen- und Allmachtsphantasien, können vom Ich eher zugelassen werden, da sie das Individuum nicht in einen derartigen Widerspruch bringen, wie es bei uns der Fall wäre. Auch Angst auslösende Es-Impulse können – etwa durch die Heilungsrituale – von der Gruppe aufgefangen werden. Das leidende Individuum wird nicht wie in unserer Gesellschaft ausgeschlossen, sondern integriert, und entsprechend muß das Unbewußte auch nicht vom Ich so starr abgewehrt werden, wie bei uns.

Industrielle Gesellschaften sind »heiße Gesellschaften« (vgl. S. 187 und S. 252), und es liegt nahe anzunehmen, daß in ihnen die gesellschaftliche Entwicklung der Dynamik der Adoleszenz förderlich sein wird. Als Leitfaden für die weitere Untersuchung kann uns Freuds Vermutung dienen, daß die Zweizeitigkeit der Sexualentwicklung eine der Bedingungen für die Eignung des Menschen sei, eine »höhere Kultur« zu schaffen oder der Neurose zu verfallen (vgl. S. 275). Bereits Bernfeld hatte 1923 auf die kulturelle Bedeutung der Adoleszenz hingewiesen: »*Diese Jugend* (die sich durch die »gestreckte Pubertät« von anderen Jugendformen unterscheidet, M.E.) *ist von direkter, aktiver kultureller Bedeutung, einerlei ob man sie gegebenenfalls für förderlich oder für schädlich erklärt; denn sie nimmt an den Inhalten der Kultur und an ihren Veränderungen teil. Das Kulturgebiet, an dem sie beteiligt ist, war nicht zu allen Zeiten das gleiche: Religion, Politik, Kunst, Wissenschaft, ›Geselliges Leben‹, Sport und dgl. mehr (...) mögen abwechselnd oder gleichzeitig davon betroffen sein. (...) Häufig ist die Form dieser kulturellen Erscheinung der (gestreckten) Pubertät die gleiche: sie wirkt in irgendeinem Sinne revolutionär, d.h. sie erhebt Forderungen, vertritt Inhalte, Anschauungen, die denen der jeweiligen Erwachsenen widersprechen, also relativ neu sind*« (1923: 756). Der Zusammenhang zwischen der Dynamik der Adoleszenz und dem Wandel der Kultur ist so offensichtlich, daß es einen erstaunt, daß er nicht schon früher als Ansatz gewählt wurde, um die Psychologie der Adoleszenz besser zu verstehen. Der Antrieb, Kultur zu *verändern*, muß im Menschen ebenso angelegt sein wie seine Fähigkeit, sie sich anzueignen und zu bewahren. Beide Momente spielen in der Adoleszenz eine entscheidende Rolle: Die Adoleszenz treibt den Menschen einerseits dazu, das Überlieferte in Zweifel zu ziehen, zu verunsichern und neue Perspektiven zu suchen, und andererseits stellt sie ihn vor die Aufgabe, sich nicht zu verlieren und die Kontinuität zu wahren. Wenn der Mensch wegen seines Instinktverlustes der Institutionen als Stütze bedarf, so ist er wegen des Einschnittes, den die Adoleszenz für seinen Lebenslauf bedeutet, auf die Geschichte angewiesen. Weil der Mensch Adoleszenz hat, ist seine Welt eine geschichtliche: »*Denn was den Aufbau der geschichtlichen Welt trägt, sind nicht aus der Erfahrung genommene*

Tatsachen, die dann unter einen Wertbezug treten, vielmehr ist ihre Basis die innere Geschichtlichkeit, die der Erfahrung selbst eignet. Sie ist ein lebensgeschichtlicher Vorgang und hat ihren Modellfall nicht im Feststellen von Tatsachen, sondern in jener eigentümlichen Verschmelzung von Erinnerung und Erwartung zu einem Ganzen, die wir Erfahrung nennen, und die man erwirbt, indem man Erfahrung macht. So ist es insbesondere das Leiden und die Belehrung, die durch die schmerzhafte Erfahrung der Wirklichkeit dem zur Einsicht Reifenden bereitet wird, was die Erkenntnisweise der geschichtlichen Wissenschaften präformiert. Sie denken nur weiter, was in der Lebenserfahrung schon gedacht wird« (Gadamer 1960: 208).

Die Prozesse der Adoleszenz konstituieren das, was Gadamer die Geschichtlichkeit der Erfahrung nennt, also das Verhältnis zwischen Erinnerung und Erwartung. Wo die Erwartungen völlig von den Erinnerungen durchdrungen sind und Erfahrungen nur als Wiederholungen erlebt werden, haben die Fixierungen den Verlauf der Adoleszenz gebremst; wo hingegen die Erwartungen sich ganz von den Erinnerungen gelöst haben, ist während der Adoleszenz die Identitätsbildung mißlungen. Die Spannungen, denen der junge Mensch ausgesetzt ist, beschreibt A. Freud: *»Unberechenbarkeit und Unverläßlichkeit gehören meiner Ansicht nach zum Bild des normalen Jugendlichen. Während der Dauer der Pubertät kann der Jugendliche nicht anders: er wehrt seine Triebregungen ab, gibt ihnen aber auch nach; er vollbringt Wunder an Selbstbeherrschung, ist aber auch ein Spielball seiner Gefühle; er liebt seine Eltern und haßt sie zugleich; er ist gleichzeitig in voller Revolte und voller Abhängigkeit; er will nichts von seiner Mutter wissen, sucht sie aber unvermittelt zu vertraulichen Aussprachen; er ist bereit, sich selbst aufzugeben und anderen hörig zu werden, sucht aber gleichzeitig seine eigene Identität; er hat mehr künstlerisches Verständnis, ist idealistischer, großzügiger und uneigennütziger als je zuvor oder nachher; aber er ist auch das Gegenteil: egoistisch, selbstsüchtig und berechnend. Zu jeder anderen Lebenszeit würden innere Widersprüche dieser Art Symptome eines krankhaften Zustandes sein. In der Pubertät haben sie andere Bedeutung. Sie sind nicht mehr als ein Hinweis darauf, daß das Ich nach Lösungen sucht, sie aufnimmt und wieder verwirft und zögert, endgültige Entscheidungen zu treffen«* (A. Freud 1958: 1768).

Gadamer hebt das Moment des Leidens bei der Erfahrung hervor: *»Erfahrung ist hier etwas, was zum geschichtlichen Wesen des*

Menschen gehört. So sehr es ein begrenztes Ziel erzieherischer Fürsorge sein mag, wie sie etwa die Eltern für ihre Kinder haben, jemandem bestimmte Erfahrungen zu ersparen – was Erfahrung im ganzen ist, ist nichts, was jemandem erspart werden kann. Erfahrung in diesem Sinne setzt vielmehr notwendig mannigfache Enttäuschung von Erwartungen voraus und nur dadurch wird Erfahrung erworben. Daß Erfahrung vorzüglich die schmerzliche und unangenehme Erfahrung ist, bedeutet nicht etwa eine besondere Schwarzmalerei, sondern läßt sich aus ihrem Wesen unmittelbar einsehen. Nur durch negative Instanzen gelangt man (...) zu neuer Erfahrung. Jede Erfahrung, die diesen Namen verdient, durchkreuzt eine Erwartung So enthält das geschichtliche Sein des Menschen als ein Wesensmoment eine grundsätzliche Negativität, die in dem wesenhaften Bezug von Erfahrung und Einsicht zutage tritt« (a.a.O.: 338). Der lebensgeschichtliche Ort, an dem diese Erfahrung der Erfahrung gemacht wird, ist die Adoleszenz. Schon Freud (1905) und später Bernfeld (1923: 761) sowie A. Freud (1958: 1748) haben die Trauer und Melancholie hervorgehoben, die typisch für die Adoleszenz sind und mit der Loslösung von der Familie zusammenhängen. Das Individuum muß die in der Familie entstandenen infantilen Erwartungen aufgeben; es muß die Erfahrungen machen, die jene Erwartungen durchkreuzen und die zum Grundmuster dafür werden, wie es seine Kultur erleben wird. *»Das Unglücklichsein eines Adoleszenten«*, schreibt Edith Jacobson, *»kann seinen Kummer über Objekte und Ziele der Kindheit ausdrücken, die er aufgeben muß; seine Traurigkeit kann von schmerzlichen Sehnsüchten gefärbt sein, weil er weder zu ihnen zurückkehren noch auch schon ein neues Niveau von Leistung, von persönlichem Engagement und von Lustgewinn erreichen kann. Er kann deprimiert sein, weil er die Liebe eines Mädchens, um das er wirbt, nicht gewinnen kann oder weil er Mißerfolg in seiner Arbeit oder in anderen Vorhaben hat und sich physisch und als Person unzulänglich, intellektuell und seelisch minderwertig und unreif fühlt. Doch zu anderen Zeiten kann seine Depression auf Schuldgefühlen beruhen, sei es aus sexuellen Quellen oder wegen seiner unverhältnismäßig schweren Feindseligkeit. Seine depressiven Stimmungen können zu einer gegebenen Zeit von regressiven Zügen frei sein und zu anderen Zeiten einen Rückzug auf homosexuelle oder sadomasochistische Positionen beinhalten oder sogar Ausdruck einer feindseligen und tief narzißtischen Abkehr von der Welt sein«* (1964: 201).

Auf die *Kultur* bezogen, erscheint die Adoleszenz als ein ständiges Oszillieren zwischen einem expansiven Verhalten, das das Individuum in die Welt hinaus treibt, und einem Rückzug, der es alle gewonnenen Positionen aufgeben läßt. Oft spricht man deshalb von der Labilität der Jugendlichen, ich aber würde es vorziehen, von einer Experimentierphase zu sprechen. Aus Anna Freuds Zitat geht deutlich die innere Spannung hervor, die den jungen Menschen zum Experiment, zur Erfahrung *zwingt*. Die Ambivalenz, von der Eißler sagt, sie verhindere, daß man sich an einzelne Objekte fixiert (vgl. S. 388), treibt ihn dazu, das, was ihm die Kultur bietet, auszuprobieren, und in diesem Prüfen liegt auch die Chance zur Kulturerneuerung. Diese wird von der Reifung der intellektuellen Funktionen und der differenzierten Wahrnehmungs- und moralischen Fähigkeiten unterstützt. »*In der Adoleszenz setzt*«, schreibt Stierlin, »*die abschließende Entwicklung und Konsolidierung der kognitiven Fähigkeit ein. Bei den Eltern mittleren Alters finden wir keine vergleichbare kognitive Entwicklung. Bei den meisten Individuen über 30 Jahren nehmen die Werte von Intelligenztests langsam ab, vor allem verglichen mit den Ergebnissen, die sie auf der Höhe ihrer Entwicklung erreicht hatten. Auch die ›moralische Entwicklung‹ als Erwachsener, d. h. das Erfassen moralischer Komplexität – das zum großen Teil eine lebendige, neugierige Intelligenz voraussetzt – kommt zum Stillstand, und die moralische Sensibilität läßt nach, geht in der Tat oft auf ein Niveau zurück, das niedriger liegt, als auf dem Höhepunkt ihrer Jugend. Dies wurde 1932 von Piaget als Hypothese aufgestellt und kürzlich von Kohlberg und Gilligan (1971) bestätigt*« (1975: 37-38).

Der konfliktfreie Ablösungsprozeß von den Eltern kann vom Adoleszenten nicht auf einer rein kognitiven Ebene bewältigt werden. Die Auflösung der Gefühlsbindungen ist nur durch »Trauerarbeit« möglich, die – wenn sie mißlingt – Gefühlskälte, Depression, schattenhafte menschliche Beziehungen zur Folge hat (Laufer 1966). Die depressive Position kann als Ergebnis eines »Denaturierungsprozesses« verstanden werden: Die Familie verliert ihren Naturcharakter, und die Trauer umgreift nicht nur das Aufgeben der frühen Liebesobjekte, sondern auch den Verlust der Selbstverständlichkeit, mit der sie die Welt ordneten. Die Auflösung dieser Sphäre und die dadurch bedingte Trauer sind eine wesentliche Voraussetzung für die Fortführung des Experiments der Geschichte.

Auf der *individuellen Ebene* wiederholt dieses Oszillieren der Adoleszenz die frühe Trennungs- und Individuationsphase. Margaret S. Mahler zeigte auf, daß der Reifungsanstieg vom sechzehnten Monat an das Kind dazu motiviert, größere Realitätssegmente zu erforschen, das heißt, »*sich räumlich von der Mutter zu trennen und die aktive physische Trennung und Rückkehr zu ihr zu üben*« (Mahler 1968: 24). Das Kind wird aus dem symbiotischen Verhältnis zur Mutter entlassen: »*Das Kind erlangt die Fähigkeit, bei Anwesenheit und emotionaler Verfügbarkeit der Mutter separat zu funktionieren. Selbst in dieser Situation konfrontiert dieser Prozeß als solcher das Kind mit minimalen Drohungen, daß es einen Objektsverlust erleiden könnte. Nichtdestoweniger befähigt es das Kind infolge des Vorherrschens der mit dem separaten Funktionieren verbundenen Lustgefühle, jenes Maß von Trennungsangst zu überwinden, das mit jedem neuen Schritt auf das separate Funktionieren hin verbunden ist*« (a.a.O.: 26). Mißlingt dieser Prozeß – sei es, weil die vorausgegangene »symbiotische Phase« unbefriedigend war, sei es, weil die Mutter die Trennung nicht erträgt und weiterhin mit dem Kind verschmelzen möchte –, kann der auf Vertrauen gestützte Erwerb von Identität verhindert werden (Blank u. Blank 1974: 67). Settlage (1973) vertritt die These, daß Störungen in dieser Phase auch das Schicksal der Adoleszenz bestimmen, das heißt, »*daß sich die Beziehung zwischen dem Individuum und seiner Kultur aus den frühen Spielerfahrungen mit der Mutter entwickelt, daß die qualitativen Aspekte des Ich-Ideals als Teil des Überichs durch die Prozesse der Trennungs-Individuations-Phase und durch das Erreichen der Objektkonstanz geformt werden; und daß die Natur des Verhältnisses zwischen dem Spätadoleszenten und seiner Gesellschaft, zwischen dem Überich und den Werten sowie Traditionen seiner Kultur, und ob dieses Verhältnis auf beiden Seiten konstruktiv ist, in weitem Maße von der Adäquatheit dieser frühen Entwicklungen abhängen*« (a.a.O.: 75). Aber bereits 1946 vermuteten Hartmann, Kris und Loewenstein, daß das Veränderungspotential von Latenz und Adoleszenz in der psychoanalytischen Literatur unterschätzt worden ist (a.a.O.: 34), und dasselbe gilt auch noch von Settlage. Er sieht nur die Wiederholung, nicht aber deren Funktion, nämlich die »*zweite Chance*« (Eißler) zu bieten, um die früheren Traumatisierungen korrigieren zu können, damit das Individuum die »Arbeit der Kultur« vorantreibe. Die Adoleszenz reproduziert Situationen aus der frühen Kindheit, aber unter neuartigen Voraussetzungen; Probleme, die damals unlösbar schienen und Wunden hinterließen, tauchen wieder auf, und das Individuum kann einerseits die Erwerbungen aus denjenigen Phasen, die befriedigender verlaufen waren, und andererseits außerfamiliäre Stützen zur Hilfe nehmen, um sie zu bewältigen. »*Es ist noch zu wenig beachtet worden, daß die Adoleszenz nicht nur trotz, sondern eher wegen ihres emotionalen Aufruhrs oft eine Spontanheilung für schwächende Kindheitseinflüsse bietet, und dem Individuum Gelegenheit gibt, Kindheitserfahrungen, die seine fortschreitende Entwicklung bedroht haben, zu modifizieren und zu korrigieren*« (Blos 1962: 23).

Ein wesentliches Moment des adoleszenten emotionalen Aufruhrs ist der Narzißmus. Die psychobiologische Sexualentwicklung, »*die mit raschen und sichtbaren Körperveränderungen und gleichzeitigem seelischen Wachstum einhergeht, erzeugt enorme Beträge überschüssiger psychischer Energie. Diese Energie nährt und befreit nicht nur die sexuellen und feindseligen Impulse, sondern auch die grenzenlosen narzißtischen Strebungen, die einst durch Konstituierung von Über-Ich-Identifizierungen absorbiert worden waren. Tatsächlich durchläuft der Adoleszente, wenn er sich von den infantilen Objekten zurückzieht, ein verlängertes Stadium übermäßigen Engagements für narzißtische Zielsetzungen und Beschäftigungen, zeitweise auf Kosten wirklich objektgerichteter Ziele*« (Jakobson 1964: 189). Der Narzißmus, der die neuere Diskussion über die Adoleszenz so sehr beherrscht (vgl. S. 382), ist ein notwendiges Element der Entwicklung. Die erneute Besetzung des Selbst, sogar dessen Überschätzung sind notwendig, um die Infragestellung der äußeren Welt wagen und die dadurch bedingte Verunsicherung ertragen zu können. »*Die Introjektion der allmächtigen und fehlerlosen Eltern-Imagines ist eine Kompensation für die Gefühle der Hilflosigkeit; sie beginnt in der sehr frühen Kindheit und ist eine narzißtische Befriedigung par excellence. Die introjizierten Imagines lassen Größen- und Allmachtsphantasien entstehen, die in der magischen Phase der Entwicklung zu den Grundpfeilern des Selbstgefühls und der Selbstbehauptung des Kindes gehören. Es ist hinreichend bekannt, daß ein Teil dieser Größenphantasien, wenn auch unbewußt, lebenslang weiter bestehen bleibt*« (Lampl-de Groot 1959: 483). Bernfeld hebt das ausgeprägte Selbstbewußtsein bzw. die Symptome seiner mißglückten Verdrängung hervor: »*Die eigene Person und ihre Werke werden sehr hoch eingeschätzt,*

überschätzt, empfinden alle, außer den nächsten Freunden – beides wird sehr wichtig genommen. Sehr oft erstreckt sich diese Selbstliebe manifest nur auf einzelne Körper oder Charakterzüge, nur auf gewisse Werke oder einzelne ihrer Qualitäten. Zuweilen scheint sie sogar zu fehlen, denn zahlreiche Äußerungen des ›Minderwertigkeitsgefühls‹, des Selbsthasses sind überaus vordringlich bemerkbar. Es bedarf aber nicht einmal der Analyse, um die ambivalente Natur dieses Verhaltens oder seiner Genese aus Verdrängung ... zu erkennen. Zudem fehlt gewiß gerade in diesem Fall nicht eine sehr markante Äußerungsweise der Selbstliebe: die Herabsetzung der anderen, und zwar entweder die der älteren Generation oder der Gleichaltrigen, wenigstens ihrer Mehrheit. Nicht selten finden wir beide in gleichem Maße vereint« (1923: 758-759).

Der narzißtische Rückzug wird in der psychoanalytischen Literatur oft negativ beurteilt, und für die Erwachsenen ist er tatsächlich einer der ärgerlichsten und herausforderndsten Züge des Adoleszenten. Damit hängt vermutlich auch die Schwierigkeit zusammen, die Adoleszenz im Verlauf einer Psychoanalyse wieder auftauchen zu lassen. A. Freud z. B. äußerte 1958 die Vermutung, daß einer der Gründe für die lückenhafte Auseinandersetzung der Psychoanalyse mit der Adoleszenz die Hindernisse seien, sie in der Therapie zu rekonstruieren: »*Mit Bezug auf die Rekonstruktion bemerke ich, wie selten es mir in der Analyse Erwachsener gelingt, ihre Pubertätserlebnisse in voller Stärke wiederzubeleben. Damit soll nicht gesagt sein, daß diese Erwachsenen für ihre Pubertät eine Gedächtnislücke haben, die sich an Umfang oder Tiefe mit der Amnesie für die erste Kindheit vergleichen läßt. Im Gegenteil: Die Erinnerungen an die Pubertätsvorgänge sind gewöhnlich bewußt und werden in der Analyse ohne viel Schwierigkeiten berichtet. (...) Aber diese Erinnerungen beziehen sich gewöhnlich nur auf die Tatsachen an sich, nicht auf die sie begleitenden Affekte. Was sich in der Regel nicht erwecken läßt, ist die Gefühlsatmosphäre des jugendlichen Alters, die Ängste, die Spannung zwischen Hoffnung und Verzweiflung, die Begeisterung und Hoffnungslosigkeit, die intensiven – oft unfruchtbaren – Grübeleien und philosophischen Spekulationen, der Freiheitsdrang, die tiefe Einsamkeit, die Auflehnung gegen den Druck des Elternhauses, die ohnmächtige Wut oder der aktive Haß gegen die Erwachsenenwelt, die erotischen Schwärmereien für Gleich- oder Andersgeschlechtliche, die Selbstmordphantasien usw., kurz die schnell wechselnden Stimmungen, die wenig Neigung zeigen, in der Übertragung auf die Person des Analytikers nach dem Muster der frühkindlichen Affekterlebnisse eine Neuauflage durchzumachen«* (a. a. O.: 1745-46).

Was dem Erwachsenen – auch dem Analytiker – beim Wiedererleben der Adoleszenz so viel Mühe bereitet, ist die Erinnerung an die damalige narzißtische Position. Man *fühlte* sich fähig, die Realität der »Erwachsenen« in Frage zu stellen, und gerade die

Affekte erfuhr man als Beweis dafür, daß man eine andere, »wirklichere« Realität erlebte als die der älteren Generation. Dabei spielt auch die »*Ent-Automatisierung automatisierter Ich-Funktionen*« (Bürgin 1980: 456) eine wichtige Rolle: Während der Latenzzeit kommt es zu einer Automatisierung gewisser Ich-Funktionen und zur Erweiterung der »*konfliktfreien Sphäre des Ichs*« (Hartmann); das Kind lernt, seine Umwelt durch Ausbildung seiner Fähigkeiten und des Denkens zu beherrschen, und damit eignet es sich auch eine bestimmte Form des Realitätsprinzips an (Blos 1962: 198). Die automatisierten Ich-Funktionen der Latenzzeit sind das psychische Pendant zu dem vom Standpunkt der Familie aus definierten Realitätsprinzip. Der pubertäre Triebschub jedoch erschüttert diese Ich-Funktionen und damit auch die etablierten Wahrnehmungsformen der Realität. Auf dieser Erschütterung des »familiären« Realitätsprinzips gründet letztlich auch die kulturelle Relevanz der Adoleszenz. Der körperliche Ausdruck davon ist der bei Beginn der Pubertät oft beobachtete »*Zerfall der in der Latenzzeit stark gebundenen Motorik. Die Bewegungen werden fahrig, ungenau und durchkreuzen sich oft*« (Landauer 1935: 386). Der Pubertierende stößt überall an. Es ist, wie wenn die gewohnte Welt fremd würde, und in gewisser Hinsicht wird sie dadurch eben auch *wirklicher*. Das Realitätsprinzip, das die Beherrschbarkeit dieser Welt bedeutete, wird in dem Maße fragwürdiger, wie die Kontrolle darüber verlorengeht. Den männlichen Adoleszenten verunsichert auch die Selbständigkeit des Phallus: »*Eines Tages*«, schreibt K. Landauer, »*bei irgend einer mehr oder weniger störenden Gelegenheit, tritt eine starke Angst auf. Unwillkürlich zuckt der Knabe zusammen, ist plötzlich naß. So bekommt er eines Tages Angst während des Schwimmens, ihm ganz unerklärlich, da er doch ein guter Schwimmer ist. Er klammert sich an eine Stange am Ufer und – ist klebrig. Im Turnsaal will er mit einem Kameraden die Kletterstange hinauf. Plötzlich atemlos, kommt er nicht weiter und – hat sich naß gemacht. Er hat eine schlechte Prüfungsarbeit geschrieben. Der Lehrer ruft ihn auf, um sie ihm mit einem als Unrecht empfundenen Tadel zurückzugeben. Der Junge will wütend darauf antworten. Plötzlich schüttelt es ihn. Er zittert am ganzen Körper und setzt sich mit hochrotem Kopf, denn er hat sich eingenäßt. Alle Mitschüler scheinen ihn anzustarren, auszulachen. Das sind einige Beispiele, wie sich der Phallus plötzlich autonom gemacht hat und das Ich nicht mehr Herr über den Körper zu sein scheint. Der Penis als Urinator längst in Gewalt des Besitzers, ist als Phallus plötzlich wieder unabhängig geworden. Eine schwere Kränkung des Narzißmus«* (a.a.O.: 396-397).

Wenn auch Landauers Beispiele zeitbedingt scheinen (die Knaben sind unvorbereitet auf das physiologische Geschehen der Pubertät), so verweisen sie doch auf das Befremdende in der Erfahrung der Verselbständigung innerer und äußerer Objekte. Der neu aufblühende Narzißmus hat hier eine kompensierende Funktion und steht im Dienste, die auseinanderfallende Welt zusammenzuhalten (Blos 1962: 196). Die narzißtische Besetzung des Selbst »*gibt den Sinnesorganen überscharfe Wahrnehmung, die ihren speziellen Inhalt und ihre Qualität von der Projektion herleitet: Innere Vorgänge werden jetzt als äußerliche Wahrnehmungen erlebt, und kommen in ihrer Qualität oft nah an die Halluzinationen heran. (...) Gefühle der Entfremdung, der Unwirklichkeit und Depersonalisation drohen, die Kontinuität des Ich-Gefühls zu zerreißen. Und wenn dies auch extreme Zustände sind, so bleibt doch die Tatsache bestehen, daß der Heranwachsende die Außenwelt wirklich mit einer einzigartigen sensorischen Qualität erlebt, von der er glaubt, daß andere sie nicht haben: ›Niemand hat je so gefühlt wie ich! Niemand sieht die Welt so wie ich!‹«* (a.a.O.: 111).

Es sind diese Gefühle, die während einer Psychoanalyse so schwer wiederzubeleben sind, nicht zuletzt auch deshalb, weil sie mit den ebenfalls zum Narzißmus gehörenden Größen- und Allmachtsphantasien durchwoben sind. Sie haben ihren Ursprung in der frühen Kindheit: »*Nach Freuds Auffassung stellt der Narzißmus nicht nur die Liebe des Subjekts zu sich selber dar, sondern auch das Gefühl der* Allmacht. *Das Kind lebt zu Beginn seines Daseins mit der Illusion einer narzißtischen Allmacht, einer Illusion, welche durch die Lebensumstände des Säuglings noch bestätigt wird; diese bilden dank der Pflegepersonen, und solange das möglich ist, eine Art Fortsetzung des pränatalen Lebens. Für eine bestimmte Zeit erhält das Kind diesen Zustand mittels halluzinatorischer Erfüllung seiner Bedürfnisse aufrecht. (...) Früher oder später wird sich das Kind trotzdem mit den ›harten Realitäten des Lebens‹ auseinandersetzen müssen, was dann den Zusammenbruch dieser Illusion nach sich zieht. Es wird doppelt auf diese Bedrohung seines Narzißmus reagieren: Einerseits bedient es sich der Verdrängung, andererseits (Freud) versucht es, seine Allmacht wiederzugewinnen, indem es sie den Eltern – vor allem dem Vater – zuschiebt und so auf Umwegen an ihr teilnimmt, als besäße es diese Allmacht selbst«* (Grunberger 1971: 77).

Der entscheidende Unterschied zwischen den frühkindlichen und den adoleszenten Allmachtsphantasien ergibt sich aus der Verschiedenheit der jeweiligen Ich-Organisation. Die Verflüssigung der in der Latenzzeit gebildeten Strukturen zusammen mit der Relativierung des Realitätsprinzips sind die Voraussetzung für das Wiederauftauchen der Größen- und Allmachtsphantasien, die – an die geschwächten Ich-Funktionen geheftet – ein neues Bild der Realität entwerfen. »*Während dieser besonderen Phase der jugendlichen Entwicklung tauchen viele Phänomene der Allmächtigkeit (omnipotentiality) auf. Sie scheinen ein wesentliches und vitales Element der Reifung gewisser Aspekte der Ich-Entwicklung zu sein, besonders in bezug auf das Konzept des Selbst. Sie bestehen in erster Linie aus dem Gefühl und der Überzeugung des Jugendlichen, daß er alles kann in der Welt, auch jedes Problem lösen kann, wenn die Gelegenheit dazu vorhanden ist. Und ist diese nicht gegeben, so wird er sie schaffen. Kein Ziel ist ihm unerreichbar, keine Aufgabe zu groß für ihn. In dem Maße, wie seine Weltperspektive zunimmt, sein Horizont sich erweitert, beginnt er alles in Frage zu stellen, was seine Eltern akzeptiert haben. Nichts ist unmöglich, nichts kann als selbstverständlich angenommen werden. Er frönt wilden Flügen in der Phantasie, bohrenden Spekulationen, unglaublichen Abenteuern. Seine Phantasie kennt keine Grenzen, und er akzeptiert nur unwillig die Schranken der Realität«* (Pumpian-Mindlin 1969: 222).

Die Aufweichung der Realität zusammen mit den Größen- und Allmachtsphantasien machen die Kreativität des Adoleszenten aus. Bernfeld hat 1924 Zeugnisse aus dem dichterischen Schaffen der Jugend zusammengestellt, die sehr schön die ästhetischen Mechanismen aufzeigen, mit welchen der Jugendliche seine Situation zu bewältigen und vom Individuellen ins Allgemeine (Kulturelle) zu transzendieren versucht (Blos 1962: 147). Mit dem Ende der Adoleszenz kommt es in den meisten Fällen zu einer Abnahme und zum Verschwinden der künstlerischen Betätigung. Blos führt diesen Verfall kreativer Fähigkeiten auf die Stabilisierung der Ich-Organisation und auf die »*Errichtung fester Grenzen zwischen Selbst- und Objektrepräsentanz«* zurück. »*In der Ich-Organisation des Künstlers ist diese Abgrenzung wahrscheinlich nie so scharf wie bei anderen Menschen«* (a.a.O.: 206). Und Edith Jacobson weist darauf hin, daß die kreative und künstlerische Betätigung der

Adoleszenz damit zusammenhängt, daß Ich, Überich und Es frei miteinander kommunizieren und es dann zu einem reibungslosen Wechselspiel zwischen primärprozeßhaften und sekundärprozeßhaften Funktionsweisen kommt (1964: 197).

Das Aufhören der Adoleszenz ist ein Prozeß, der eng mit dem Widerspruch zwischen den Größen- und Allmachtsphantasien einereits und andererseits der Arbeit verkettet ist. Jene Phantasien machen zwar die Stärke der Adoleszenz aus, aber gleichzeitig sind sie auch ihre Achillesferse. Pumpian-Mindlin weist darauf hin, daß der Adoleszente »*es schwierig findet, eine Sache aufzunehmen und zum Abschluß zu bringen, weil das bedeuten würde, sich nur einer Sache zu widmen, und darauf ist er nicht vorbereitet; das hieße für ihn, alle anderen Möglichkeiten aufzugeben und seine Anlagen einzuschränken*« (1969: 222). In die Allmacht der Gedanken verwickelt, ist deren Umsetzung in die Realität mittels Arbeit eine dem Adoleszenten große Mühe bereitende narzißtische Kränkung. Hinzu kommt auch, daß die entfremdeten Verhältnisse, unter denen in unserer Gesellschaft Arbeit geleistet werden muß, es außerordentlich schwierig machen, die Größen- und Allmachtsphantasien in die Arbeit einfließen zu lassen. In seiner Arbeit über »Das Phantasieleben der männlichen werktätigen Jugend« (1930) verglich H. Jung bürgerliche und proletarische Jugend und stellte fest, »*daß der pubertierende Werktätige in seinem Geistesleben einfacher, klarer und fester ist. Er verstrickt sich daher nicht in die Wirrnisse und Abgründe der Pubertät, und ihre Schmerzen und Kämpfe liegen ihm ferner. Dies ist ein nicht zu unterschätzender Ausfall seiner Geistes- und Persönlichkeitsentwicklung. (...) Genies gibt es bei den Arbeitern so gut wie bei den Bürgerlichen, aber der Durchschnittsproletarier verliert durch das ... Überspringen dieser Pubertätsphase doch viel. Derselben Ansicht ist auch Hoffmann: ›Je kürzer der Weg ins Leben, desto kümmerlicher wird im allgemeinen die geistige Ausbildung ausfallen‹*« (a.a.O.: 91-92). Und er fährt fort: »*Der jugendliche Proletarier wird schon früh in die Arbeit und in den Lebenskampf hineingestellt und muß sich mit den realen Gegebenheiten abfinden. Sein ganzes Sinnen und Trachten geht auf das Geldverdienen hinaus, um sich früh selbständig zu machen. Deshalb konzentriert er sich auf die Arbeit. Diese ist im Vergleich zur geistigen Betätigung des bürgerlichen Jugendlichen geistloser, eintöniger und mechanischer. Dadurch gerät sein Geist in einen gewissen Leerlauf, der durch die alltägliche Wiederkehr zur*

Gewohnheit wird, und zwar auch außerhalb der Berufstätigkeit« (a.a.O.: 94).

Daß der soziale Ort den Verlauf der Adoleszenz prägt, ist eine These, die uns später noch beschäftigen wird; jetzt geht es vor allem um den Widerspruch zwischen der Arbeit und den Größen- und Allmachtsphantasien. Die Integration in den Arbeitsprozeß bestimmt deren Schicksal; die gesellschaftlichen Anforderungen zwingen das Individuum, seine Ich-Organisation den Arbeitsbedingungen anzupassen, und das heißt bei uns: Es, Ich und Überich in eine strenge hierarchische, den Herrschaftsverhältnissen angepaßte Struktur zu bringen. Müller-Pozzi berichtet aus der Analyse Patricks, eines Jugendlichen, der während der Therapie ins Gymnasium eintreten soll: »*Diese Ausbildung entspricht wohl auch seinen eigenen Vorstellungen, aber es ist zu früh für diesen Schritt. Er spürt, daß die neuen realen Anforderungen seinen gegenwärtigen, durch die Analyse geweckten Konflikten und Bedürfnissen entgegenstehen. Sein Ich ist noch nicht willens und in der Lage, sich diesen Forderungen zu stellen. Andererseits kann er seine Bedürfnisse seinen Eltern nicht verständlich machen. Und so ist er auf Kosten der libidinösen und narzißtischen Entwicklung zu einem Voranschreiten in der Ich-Entwicklung, auf Kosten des Durcharbeitens in der Analyse zu einem progressiven Schritt in der Realität gezwungen. Er beugt sich den Wünschen der Eltern und macht sie zu seinen eigenen. So entsteht vordergründig ein Konflikt zwischen Ich und Überich, der verschleiert, daß es im Grunde um einen Konflikt zwischen Ich und Es, zwischen dem Ich und narzißtischen Bedürfnissen geht«* (1980: 357). Patrick besteht die Aufnahmeprüfung nicht; die Analyse kommt ins Stocken und scheitert fast. »*Was ist hier geschehen? Sicher, die Analyse wurde im ungünstigsten Moment von der Realität überrollt, der Prozeß des Durcharbeitens massiv gestört. Aber das wäre kaum so schlimm gewesen, hätte das in mir nicht eine verhängnisvolle Gegenübertragungsreaktion ausgelöst. Aus Angst, die Eltern könnten die Analyse abbrechen, wenn Patrick an den Forderungen der Mittelschule scheitert, habe ich mich den Forderungen der Eltern unterworfen* (d.h. der Analytiker nahm Partei für das Überich, M.E.) *und seine Bestrebungen und Bedürfnisse verraten«* (a.a.O.: 358). Der Druck der Realität brachte das während der Psychoanalyse zustande gekommene Fließen zwischen Es, Ich und Überich zum Einhalt. Im »Normalfall« hätte Patrick vor der Alternative gestanden, sich entweder den Überich-Forderungen zu unterwerfen und Gymnasiast zu werden (was, gesellschaftlich gesehen, als »gelungene« Adoleszenz betrachtet worden wäre) oder seinen Bedürfnissen nachzugehen, was in der Regel dem Verzicht auf die Privilegien des Gymnasiasten gleichgekommen wäre und möglicherweise eine Verwahrlosungssymptomatik nach sich gezogen hätte. Die Bewältigung der Realität durch Arbeit geschieht bei uns vorwiegend unter dem Vorzeichen des Überichs, dessen Macht das Ich erst befähigt, die Es-Strebungen zu beherrschen. Diese hierarchische Struktur wird aufgebaut, indem das Ich auf die Größen- und Allmachtsphantasien verzichtet und – falls sie nicht zerschlagen werden – dem Überich überantworten muß. Die Werte des Überichs erscheinen dann mit denjenigen der Allmacht, der man fanatisch alles zu opfern bereit ist. Der Entzug der Größen- und Allmachtsphantasien macht das Ich unschöpferisch und gefügsam und hängt eng mit der Bildung des »autoritären Charakters« zusammen.

Wie schwierig die Integration dieser Phantasien im Ich ist, wurde schon aus Freuds Lebensgeschichte deutlich (vgl. S. 64 ff.). Wittels (1949) und Erikson (1956) haben auf das Phänomen aufmerksam gemacht, daß zum Verlauf der Adoleszenz eine *»Latenzphase«* (Wittels) bzw. ein *»psycho-soziales Moratorium«* (Erikson) gehört. Ich vermute, daß eine wesentliche Leistung, die während dieser »Pause« zustande gebracht werden muß, der Einbezug der Größen- und Allmachtsphantasien im Ich ist, und zwar durch Herausbildung des Ich-Ideals. Nach Jacobson ist das Ich-Ideal eine während und nach der Adoleszenz gebaute Brücke, die die Verbindung zwischen Ich und Überich schlägt (1964: 199). Sie ermöglicht dem Ich, Einfluß auf das Überich zu nehmen, insbesondere seine archaisch-sadistischen Inhalte zu relativieren und abzumildern. *»Dies befähigt das Ich zu einer Neueinstellung und Konsolidierung seiner Abwehrorganisation, trotz und gerade wegen der Tatsache, daß diese Modifizierungen die Erlangung von Triebfreiheit, von Freiheit der Objektwahl, Freiheit des Denkens, Fühlens und Handelns und größerer Freiheit von äußeren Einflüssen und von infantilen Es- und Überich-Zwängen zur Folge haben«* (a.a.O.: 200). Dieses Ich-Ideal baut sich vorwiegend aus narzißtischen Energien auf. In seiner Untersuchung über die verlängerte Pubertät verwies Bernfeld auf die Konstituierung des Ich-Ideals, das er »Idealich« nannte: *»Aber dieser Pubertätsnarzißmus ist vom infantilen durch ein* (trieb-, M.E.) *ökonomisches Moment scharf zu unterscheiden.*

Er ist nicht, oder nur zum geringen Teil, lustvoll, sondern nicht selten an Zustände der Melancholie gemahnend, jedenfalls von zahlreichen und tiefen Depressionen begleitet. Der Grund dafür ist die Bildung des Idealichs, das eine beträchtliche Quantität der Libido an sich bindet, und (das) je stärker die Bindung wird, um so mehr sich vom realen Ich distanziert und (...) zu ihm in Gegensatz tritt. (...) Man kann den Konflikt auch so beschreiben: Den libidinösen Strebungen, die ins Ich zurückkehren oder in ihm sich entwickeln, wird vom Idealich verwehrt, sich an das Ich zu binden, sie werden von ihrem Ziel abgelenkt und suchen Besetzungsmöglichkeiten, die das Idealich gestattet. Als solche bieten sich endopsychische Gebilde: Phantasien, Wertungen, Ideen, die durch die ichlibidinöse Besetzung, die sie erfahren, zu einer Art Objekte werden. (...) Man nennt solche Auch-Objekte Ideale« (1923: 761). Das Ich-Ideal leitet die Produktivität des Jugendlichen an: »*Die Produktion ist ein Mittel, idealgerecht zu werden oder so zu scheinen*« (a.a.O.: 762). Der Prozeß der Arbeit wird so zum entscheidenden Faktor, um den Narzißmus mit der Welt zu versöhnen. Im »Unbehagen in der Kultur« (1930) schreibt Freud über die Arbeit in ihrem Verhältnis zum Glück: »*Keine andere Technik der Lebensführung bindet den Einzelnen so fest an die Realität wie die Betonung der Arbeit, die ihn wenigstens in ein Stück der Realität, in die menschliche Gemeinschaft sicher einfügt. Die Möglichkeit, ein starkes Ausmaß libidinöser Komponenten, narzißtische, aggressive und selbst erotische, auf die Berufsarbeit und auf die mit ihr verknüpften menschlichen Beziehungen zu verschieben, leiht ihr einen Wert, der hinter ihrer Unerläßlichkeit zur Behauptung und Rechtfertigung der Existenz in der Gesellschaft nicht zurücksteht*« (a.a.O.: 438).

Arbeit bedeutet zwar eine narzißtische Kränkung, insofern ihre Notwendigkeit die Grenzen der Allmacht der Gedanken anzeigt und als Zeichen für die Vertreibung aus dem Paradies, wo man im Einklang mit dieser Allmacht weilte, gilt, gleichzeitig ist aber die Arbeit das wichtigste Instrument, um jene Phantasien und die Realität einander näherzubringen. Die Praxis, die das Individuum mit anderen verbindet, bringt die Modifizierung der Allmachtsphantasien zustande, die ihre Unterbringung im Ich-Ideal ermöglicht. Das psycho-soziale Moratorium scheint notwendig zu sein, um den gesellschaftlichen Bereich zu finden, wo eine solche Arbeit möglich ist, aber der Widerspruch zwischen den Größen- und Allmachtsphantasien und der Arbeit ist so groß, daß es außerordentlich schwer ist, zwischen den beiden zu vermitteln. Einige typische Lösungsversuche lassen sich mit Hilfe von Freuds Überlegungen zum Zusammenhang von Allmachtsgedanken und Weltanschauung beschreiben: »*Im animistischen Stadium schreibt der Mensch sich selbst die Allmacht zu; im religiösen hat er sie den Göttern abgegeben, aber nicht ernstlich auf sie verzichtet, denn er behält sich vor, die Götter durch mannigfache Beeinflussungen nach seinen Wünschen zu lenken. In der wissenschaftlichen Weltanschauung ist kein Raum mehr für die Allmacht der Gedanken, er hat sich zu seiner Kleinheit bekannt und sich resigniert dem Tod wie allen anderen Notwendigkeiten unterworfen. Aber in dem Vertrauen auf die Macht des Menschengeistes, welcher mit den Gesetzen der Wirklichkeit rechnet, lebt ein Stück des primitiven Allmachtglaubens weiter*« (1913: 109).

Ich teile Freuds evolutionistisches Schema (Animismus–Religion–Wissenschaft) nicht, sehe aber in seiner Darstellung drei Möglichkeiten, den Widerspruch zwischen den Allmachtsphantasien und der Arbeit zu lösen. Im ersteren Falle rettet man diese Phantasien und gibt die Arbeit auf; im Extremfall begegnen wir hier der Psychose oder der Verwahrlosung: der Psychotiker baut sich seine Welt unter Absehen vom Realitätsprinzip auf und kann darin seinen Größenwahn leben, der Verwahrloste kann auch nicht seine Wünsche einschränken, hat aber sein Realitätsgefühl bewahrt: »*Unbehindert von einem ausgebildeten Überich bemächtigt sich das Lustprinzip der Willenssphäre, wobei die Störung durch die erhebliche Intelligenz und die ausgezeichnete Beobachtungsgabe unterstützt wird, die ja die Voraussetzung vieler Arten von Verwahrlosung sind. Die ganze Energie des Verwahrlosten ist auf die sofortige Erfüllung seiner Wünsche gerichtet*« (Eißler 1958: 848). Und in seiner Arbeit über »Some Problems of Delinquency« verweist Eißler auf das Vorherrschen magischer Haltungen beim Delinquenten. Die kriminellen Akte dienen dazu, »*das inflationäre Gefühl der Allmacht zu erhöhen oder wiederherzustellen, das sich wesentlich vom Gefühl der Meisterschaft unterscheidet, welches gewöhnlich mit den zum Erfolg führenden Anstrengungen verbunden ist*« (1949: 15). Klüwer spricht in einem ähnlichen Zusammenhang vom »*Großheitswahn*«, der bei bestimmten Formen der Delinquenz von Adoleszenten auftritt (1974: 303). Was Freud als »*religiöse Haltung*« bezeichnet, ist eine Folge der entfremdeten Arbeit: Die Allmachtsphantasien sind abgespalten, in der Regel im Überich eingelagert und von der Arbeit abgetrennt. An sie richtet sich nicht mehr der (narzißtische) Wunsch nach Selbstverwirklichung, der vielmehr außerhalb der Arbeit, in der Freizeit zu realisieren versucht wird. Wie die Götter in der Religion, sind es nun die Freizeitangebote, die den Größen- und Allmachtsphantasien Genüge zu leisten haben. Die dritte Möglichkeit schließlich bringt die größte Annäherung zwischen jenen Phantasien und der Arbeit. Sie gilt nicht nur für die Wissenschaft, sondern für jede Form selbstbestimmter Arbeit.

Das Dilemma zwischen Allmachtsphantasien und Arbeit könnte zusammen mit dem Ablösungsprozeß von der Familie als das zentrale Drama des Adoleszenten bezeichnet werden. Vom Gelingen des Letzteren wird seine Liebesfähigkeit, und von der Lösung des Ersteren die Kreativität seiner Arbeit abhängen. Beide Prozesse sind mühsam, vielfältig ineinander verschlungen und ohne gesicherten Ausgang. Man könnte die Parallele wagen: Ebenso wie die sexuelle Entwicklung nicht mit Sicherheit die Koppelung von Sexualität und Fortpflanzungsfunktion zustande bringen muß und das Phänomen der Perversion erzeugt, ebenso kann die Verbindung von Größenphantasien und Arbeit verfehlt werden und analoge Erscheinungen wie die Perversion produzieren: Arbeit kann zum Fetisch werden und in den Dienst der Abwehr von Größenphantasien ebenso wie von Kastrationsängsten treten oder sadistischen und masochistischen Strebungen dienen etc. Ich nehme an, daß es der Verlauf der Adoleszenz ist, der darüber bestimmt, welche Lösungen für das Erwachsenenleben bestimmend werden. Dabei spielt aber die Gesellschaft offensichtlich eine wichtigere Rolle als bei den Schicksalen der frühen Kindheit. Um diese Seite der Adoleszenz zu untersuchen, möchte ich das Problem der Verwahrlosung wieder aufgreifen.

Die Trennungsprozesse von der Familie und den Werten, die sie verkörpert, produzieren oft jene Phänomene, die in der Sicht der Eltern als Sittenlosigkeit und Verwahrlosung erscheinen. Bernfeld ging in mehreren Aufsätzen auf diese Probleme ein. In »Zur Psychologie der ›Sittenlosigkeit‹ der Jugend« (1926-1927) illustrierte er sie anhand der Erzählung Alexantra Kolontays, »Wege der Liebe« (1925). Diese Geschichte handelt von drei Frauen, Großmutter, Mutter und Kind, die je eine verschiedene Zeit verkörpern: die Großmutter ist eine fortschrittliche Liberale der neunziger Jahre, die Mutter eine Revolutionärin von 1905, die

Tochter schließlich beteiligt sich an der Revolution von 1917 bis 1918. Jede von ihnen ist in der Liebe verschiedene Wege gegangen: Die Großmutter ließ sich von ihrem Mann scheiden, heiratete den, den sie liebte, aber verließ ihn, als er ihr untreu wurde, und blieb ihm trotzdem zeitlebens treu. Die Mutter hingegen liebte zwei Männer zur gleichen Zeit und konnte sich für keinen entscheiden, wofür jedoch die Großmutter kein Verständnis aufbrachte und sie wegen ihrer »Unmoral« aufs schärfste verurteilte. Und schließlich die Tochter: Diese konnte gar keine festen Bindungen eingehen und schlief seit mehreren Jahren mit vielen Männern, ohne diese zu lieben, treulos, zynisch, zügellos. Für ihre Mutter war sie ebenso zu einem Problem geworden, wie diese ihrerzeit ihrer eigenen Mutter; jede von ihnen war in den Augen der älteren Generation als sitten- und zügellos erschienen. Sich auf Freud beziehend, entwickelte Bernfeld hier seine Theorie vom *»sozialen Ort der Neurose«*: *»Neurotische Vorgänge sind Vorgänge, die als solche weder normal noch pathologisch sind, sondern so benennen wir eine Reihe von seelischen Vorgängen, die bei jedem Menschen zahlreich und notwendig vorhanden sind (...). Krankhaft nennt Freud nur jene neurotischen Prozesse, die übermäßiges Leiden oder beträchtliche Herabsetzung der Arbeits-, Genuß- und Liebesfähigkeit zur Folge haben«* (1926-27 : 787). Arbeits-, Genuß- und Liebesfähigkeit sind an einen sozialen Ort gebunden, und *»eine Bewertung ist im extremen Fall nur innerhalb des gleichen sozialen Ortes möglich«* (a.a.O.: 790).

Bernfeld relativierte das Problem der adoleszenten Verwahrlosung; er forderte nicht nur auf, den Ort zu bestimmen, von wo aus dieses Urteil gefällt wurde, sondern auch den Zusammenhang zu erkennen zwischen den Symptomen der »Verwahrlosung« und dem Ort, wo sie auftreten. »Krankhaft« im Sinne Freuds waren diese Symptome nicht »an sich«, sondern im Verhältnis zur sozialen Umgebung, so daß der Wechsel des gesellschaftlichen Ortes schon genügen könnte, um das »Krankhafte« aufzuheben. In seinem Aufsatz »Der soziale Ort und seine Bedeutung für Neurose, Verwahrlosung und Pädagogik« (1929) erzählt Bernfeld die Fallgeschichte des Sohnes einer hochfeudalen Familie, dessen Mutter ihn als weitgehend verwahrlost schilderte: *»Vernachlässigung aller äußeren Formen, Sitten, der Kleidung; Flucht aus dem Elternhaus, Herumtreiben in mehr als bedenklicher Gesellschaft u. dgl.«* (1929: 202). Aber dann stellte sich in der ersten Besprechung heraus, daß der junge Mann sich als Kommunist bekennt. »*Das ›Herumtreiben‹ sei seine politische Tätigkeit. Die ›bedenkliche Gesellschaft‹ sei die Ortsgruppe der kommunistischen Partei etc.*« (a.a.O.: 203). Bernfeld fährt fort: »*Der Therapeut wird vermuten, daß der junge feudale Kommunist nicht ohne neurotische Motive zu seiner politischen Überzeugung kam; er kann sich die Aufgabe stellen, ihn von seinem neurotischen Leiden zu befreien, und kann im übrigen ganz kühl der Zukunft überlassen, welches Milieu sich der geheilte Patient zur Erfüllung seiner Lebensaufgaben wählen wird. (...) Denn nach Freuds Formel strebt er die Erziehung zur Realität an, erstrebt er, seinen Patienten an die Realität anzupassen und ihm die Fähigkeit zu geben, die Realität zu verändern – soweit dies durch den Abbau der neurotischen Hemmnisse möglich ist. Welcher Realität er angepaßt sei, bleibt dem Patienten überlassen. (...) Der psychoanalytische Therapeut ist theoretisch dem sozialen Ort gegenüber neutral. Praktisch freilich wird es von seiner eigenen Lebenseinsicht, Welterfahrung, von seiner Einsicht in gesellschaftliche Fakten, von seiner politisch-weltanschaulichen Bildung abhängen, wie weit er selbst die ›Realität‹ eines bestimmten sozialen Orts versteht und dessen Realbedingungen gegenüber neurotischen Verzeichnungen richtig abzuschätzen weiß*« (ebenda).

Wichtig scheint mir, daß durch Bernfelds soziologische Relativierung neurotischer Symptome – die schon bei Freud (etwa in den »Vorlesungen zur Einführung in die Psychoanalyse« [1916-1917: 345 u.f.]) angelegt ist – diese *nicht* als aufgelöst betrachtet werden; sie existieren weiter, aber man hat den Blick auf ihren Stellenwert freibekommen. Der »*feudale Kommunist*« »*litt offensichtlich an zwangsneurotischen Symptomen, die seine Familie nicht kannte; aber er war glücklich in seinem Kommunismus, an dem nur seine Familie litt*« (a.a.O.: 206). Für ihn war der Kommunismus aufs engste verflochten mit seinem »Familienroman«: »*Ihm eröffnete der Kommunismus die Möglichkeit, Onkel und Familie* (die er haßte, M.E.) *sogleich zu schädigen, und gab ihm die Hoffnung, für den Fall eines Sieges seiner Partei, den er eifrig phantasierte, den gehaßten Onkel ›hinzurichten‹*« (ebenda). Der Kommunismus wurde so zum Umweg, um seinen ödipalen Konflikt zu lösen, wo der Onkel an die Stelle des früh gestorbenen Vaters getreten war. Leider erwähnt Bernfeld in diesem Aufsatz nicht, ob und inwiefern sich diese Verknüpfung mit seinem »Familienroman« auf die politische Tätigkeit des jungen Mannes auswirkte. Unklar ist auch, worin sich eigentlich sein Leiden manifestierte und was ihn schließlich dazu trieb, eine Analyse zu machen.

1931 wird Bernfelds Aufsatz über die »Tantalussituation« veröffentlicht, in dem er die Theorie des sozialen Ortes der Neurose auf die Kriminalpsychologie überträgt und weiter ausbaut. Er betont, daß der Analytiker die Gesellschaft in ihren Strukturen kennen muß: »*Wollen wir psychoanalytisch in ein Gebiet vordringen, in dem offensichtlich soziale Tatbestände eine wichtige, im einzelnen noch unbestimmte, Rolle spielen, so müssen wir uns vor allem eine der sozialen Wirklichkeit voll entsprechende Vorstellung von der Gesellschaft bilden. Um die Übernahme von Theorien über die Gesellschaftsstruktur, für deren Beurteilung wir als Psychoanalytiker nicht kompetent sind, zu vermeiden, halten wir uns dabei an die kaum bestreitbare Tatsache, daß die heutige Gesellschaft über höchst verschiedenartige soziale Orte errichtet ist, zwischen denen zum Teil mächtige Spannungen bestehen*« (a.a.O.: 657). Je nach sozialem Ort und infolge der Gesamtstruktur der Gesellschaft, sei die Arbeit und Größe der Aufgabe der Triebbewältigung eine andere. »*Es ist nicht an jedem sozialen Ort gleich ›leicht‹, Taten zu vermeiden, die die ›herrschende Moral‹ als gesamtheitsschädlich verbietet*« (a.a.O.: 658), denn die Größe der Entbehrung bemesse sich nicht bloß nach der Stärke der Triebregung, sondern auch nach den erreichbaren Befriedigungsmitteln. »*Proletariat und Bürgertum sind in bezug auf die Einschränkungen, die sie fordern, die Befriedigungsmittel, die sie bieten und die Libidoökonomie, die daraus für den Einzelnen folgt, keineswegs einheitliche Schichten, sondern sie zerfallen in eine Reihe psychologisch wohl charakterisierbarer, verschiedener sozialer Orte, die freilich durch eine große Zahl von Übergängen miteinander verbunden sind*« (a.a.O.: 659).

1935 bezieht Bernfeld diesen Ansatz auf die Probleme der Pubertät und untersucht ihren Verlauf einerseits im proletarischen, andererseits im bürgerlichen Milieu. Er stellt die These auf, daß die Verschiedenheit der sozialen Umstände den Verlauf der Pubertät grundlegend beeinflusse (1935: 637 u.f.). Je nach sozialer Klasse werden zum Beispiel die sexuellen Triebregungen, narzißtische Bedürfnisse oder regressives Verhalten etc., nicht nur verschieden beurteilt werden, sondern es werden auch verschiedene Angebote gemacht, um die aufkommenden Probleme zu bewältigen. Allerdings berücksichtigt Bernfeld zuwenig, daß bei der Feststellung des sozialen Ortes auch dessen Dynamik beachtet werden muß. Ich nehme an, daß das Schicksal der Adoleszenz jeweils ein anderes ist, je nachdem, welche gesellschaftlichen Kräfte auf den sozialen Ort, in welchem der Adoleszente lebt, einwirken: Das Bürgertum, das – wie im 19. Jahrhundert – um die Macht kämpft, hat andere Voraussetzungen, um mit der Adoleszenz umzugehen, als das fest etablierte Bürgertum. Dasselbe gilt auch vom Proletariat. Ebenso läßt sich annehmen, daß die Adoleszenz in einer niedergehenden Klasse – z.B. im Adel – über ein anderes kulturelles Instrumentarium, um sich zu äußern, verfügt als in einer aufstrebenden, zukunftsbewußten Klasse. Ausgehend von diesen Überlegungen möchte ich einen Idealtypus (im Sinne M. Webers) der Adoleszenz und drei charakteristische Abweichungsformen konstruieren.

In Anlehnung an Bernfeld (1923) nehme ich an, daß die *»verlängerte Adoleszenz«* die für »heiße Gesellschaften« adäquate Form der Adoleszenz ist. Sie lebt die Antagonismen zwischen Familie und Kultur voll aus und bringt damit eine wesentliche Voraussetzung mit, um die Aufgabe der Kultur, immer mehr Menschen zu verbinden, zu bewältigen. Die sich wandelnde Kultur gibt dem Jugendlichen die Chance, seine Kreativität experimentell auszuprobieren. Dabei sind Konflikte unvermeidlich, aber die Auseinandersetzungen sind notwendig einerseits als Wiedergutmachung früher erlittener Traumen, andererseits zur Vergesellschaftung der Größen- und Allmachtsphantasien. Bleiben sie mittels des Ich-Ideals Ich-nahe, muß die psychische Struktur des Individuums, das heißt das Verhältnis von Es, Ich und Überich, nicht in eine starre Hierarchie gebracht werden, sondern erlaubt ein freies, den schöpferischen Möglichkeiten des Individuums förderliches Fließen zwischen den Instanzen. Diese verlängerte Adoleszenz bietet so die günstigsten Bedingungen, um dem die Verhältnisse der frühen Kindheit erneut herstellenden Wiederholungszwang Einhalt zu gebieten. Freuds Satz, daß die Zweizeitigkeit der sexuellen Entwicklung *»eine der Bedingungen für die Eignung des Menschen zur Entwicklung einer höheren Kultur, aber auch für seine Neigung zur Neurose zu enthalten«* (1905b: 135) scheint, können wir nun so verstehen, daß, falls es in der Adoleszenz gelingt, die Zweizeitigkeit zum Zuge kommen zu lassen, das Individuum fähig sein wird, die Entwicklung der Kultur weiter voranzutreiben. In jenen Bereichen aber, wo die Adoleszenz lediglich zur Wiederholung der frühen Kindheit wird, dort kommt es zur Bildung der Neurose.

Die Adoleszenz ist ein so verwickelter Prozeß, und die gesellschaftlichen Bedingungen, unter denen er stattfindet, sind so komplex, daß in seinem Verlauf zahlreiche Komplikationen möglich sind, die ihre Entwicklung aufhalten. Ich möchte drei solcher Typen unterscheiden: die eingefrorene, die zerbrochene und die ausgebrannte Adoleszenz.

Für die *eingefrorene Adoleszenz* charakteristisch ist die Erstarrung des Ichs in der Phase, da es – im Zuge des erneuten Triebdurchbruches – seine »*sekundäre Autonomie*« (Hartmann) verliert und

vorwiegend zu Abwehrzwecken eingesetzt wird. Eine Folge davon ist, daß das Ich sich kaum mehr direkt mit der Außenwelt auseinandersetzen kann und stark von den inneren Konflikten absorbiert wird. Das Überich aus der Latenzzeit behält seine beherrschende Position bei und verhindert die Herausbildung eines seine Macht abschwächenden Ich-Ideals. Dadurch wird die Ausbreitung einer depressiven Grundstimmung begünstigt, die oft durch die verschiedensten Formen der Religiosität abgewehrt werden kann. Wenn auch die Beziehung zur Familie voller Konflikte ist, so gelingt die Loslösung doch nicht; es handelt sich vielmehr um eingefrorene Konflikte, die sich immer wiederholen, aber nie ausgetragen werden können. Die Größen- und Allmachtsphantasien tendieren zum Überich hin, von dem aus sie das Ich – besonders in seiner Leistung gegenüber der Umwelt – lähmen und Arbeitsstörungen erzeugen. Erschwerend für diese Form der Adoleszenz ist, wenn ihr sozialer Ort eine konservative Klasse ist, denn in ihr kommt der Antagonismus zwischen Familie und Kultur kaum zum Wirken: Da beide Bereiche sich gegen außen abschließen – konservative Klassen tendieren danach, eine »Familie« zu werden – decken sich ihre Wertsphären weitgehend. Für den Adoleszenten bedeutet das, daß er – falls er klassenkonform bleibt – keine Alternativen vorfindet, die einer Weiterentwicklung förderlich wären.

Die gesellschaftliche Produktion von Unbewußtheit setzt an diesen Strukturen an. Eingenommen von sich selbst, vermag das Individuum die Gesellschaft nur über seine eigene Innerlichkeit vermittelt wahrzunehmen. Ist das Bürgertum der soziale Ort dieser Adoleszenz, so setzt sich eine Form von Individualismus durch, die die Gesellschaft vor allem unter den Kategorien »Elite«–»Masse« erfaßt. Die Angst vor dem Aufstand der vom Ich dauernd abgewehrten Triebe fließt über auf die Wahrnehmungen von der Gesellschaft und umgekehrt: das Individuum erfährt die Anfechtung der sozialen Ordnung als eine Bedrohung für seine psychische Struktur. »Kultur« erscheint immer als »Tradition«; ihr Abwehrcharakter untermauert die konservative Einstellung, und kulturelle Veränderungen werden als triebentfesselnd gefürchtet.

Die *zerbrochene Adoleszenz* entsteht dann, wenn in ihrem Verlauf die Allmachts- und Größenphantasien zerbrochen werden. Deren »Scherben« werden in jene Ich-Anteile eingebaut, welche die Anpassung (in einem konformistischen Sinn) und oft auch den sozialen Aufstieg ermöglichen. Die eingefrorene Adoleszenz dagegen ist eher eine Voraussetzung für fehlende Anpassung; die dazu gehörende Melancholie und Innerlichkeit wirken wie Sand im Getriebe. Die zerbrochene Adoleszenz läßt ein Ich zu, das sich zwar der sozialen Realität zuwenden kann, aber starke Einbußen am alloplastischen Vermögen, also an der Fähigkeit, Umweltverhältnisse zu verändern, erlitten hat. Charakteristisch für diesen Adoleszenztyp ist die Etablierung der *»Anpassungsmechanismen«* (Parin 1975; 1977). Die *»Reifungsverwirrung der Pubertät«* (Blos) wird benützt, um Rollenidentifikationen aufzubauen, die die Autonomie des Individuums einschränken: *»Man hat die Rolle nicht gewählt, sie ist aufgezwungen worden. Um den Zwang nicht zu spüren, nimmt man ihn ins Ich hinein; das falsche Ideal folgt nach, ergänzt das falsche Bewußtsein. Das Ich ist entlastet. Man ist nicht mehr allein, Ängsten ausgesetzt, und die Abwehr gegen frühkindliche Wünsche nach Geborgenheit und Zugehörigkeit ist entspannt. Man ist Rollenträger, nimmt teil an einer Institution, einer Gruppe. Was an Autonomie verlorenging, wird wettgemacht durch neue Arten von Befriedigung, die die Rolle bietet«* (Parin u. Parin-Matthey 1978: 117-118). Die beiden Autoren sprechen davon, daß *»es die gesellschaftlichen Strukturen selbst (sind), die sich in Ideologien übermitteln und im Ich, zur psychischen Struktur geworden, (zeitweise) unser Fühlen, Denken und Handeln bestimmen. Unser Ich handelt als Agent der Gesellschaft, deren Einrichtungen eine neue Qualität, die psychische, angenommen haben«* (a.a.O.: 126).

Die zerbrochene Adoleszenz gibt den Boden ab für ein unflexibles, erstarrtes Ich, das vor allem aufgrund von gesellschaftlichen Zwängen handelt, die bei Nicht-Erfüllung mit Isolierung, Liebesverlust, Beschämung und anderen Strafen drohen (Parin 1977: 84). Die Arbeit wird als fremdbestimmt erfahren und vermag nicht die Allmachtsphantasien im Ich-Ideal unterzubringen. Diese werden vielmehr zu Kristallisationskernen der Anpassungsmechanismen, die aus dem Prestige der angestrebten Rollen einen narzißtischen Gewinn ziehen, durch den das Individuum der Herrschaft gefügig gemacht wird. Das defiziente Ich-Ideal hindert das Ich an seiner Selbstbeobachtung: Es vermag nicht zwischen den eigenen und den fremden Bedürfnissen zu unterscheiden (a.a.O.: 184). Ebenfalls geschwächt ist die *»synthetische Funktion des Ichs«* (Freud 1933: 513); es kommt zu einer Partialisierung, deren Teile wie nebeneinander existieren und nicht aufeinander bezogen werden können (Grosz u. Parin 1979: 194 u.f.). Über entsprechende Rollenidentifikationen (»braves Kind«, »braver Schüler« etc.) werden die für den Trennungsprozeß von der Familie unumgänglichen Konflikte vermieden und so eine unbewußte Fixierung an sie und ihre Werte aufrechterhalten (a.a.O.: 203 u.f.).

In dieser Form von Adoleszenz wird eine spezifische Art der Unbewußtmachung gesellschaftlicher Verhältnisse angelegt. Wie Parin hervorhebt, regulieren die Anpassungsmechanismen vom Ich aus die Realitätskontrolle. »*Die Realitätsprüfung dient der Anpassung des Ich an die Außenwelt und paßt sich ihrerseits den Bedürfnissen des Ich an. Während ein abgewehrter Triebwunsch nicht ohne die Überwindung eines Widerstandes bewußt werden kann, weshalb wir ihn unbewußt heißen, kann ein Anteil der Außenwelt nicht als real wahrgenommen werden, wo die Realitätsprüfung versagt: die Wahrnehmung entzieht sich der bewußten Kritik, ist also im deskriptiven Sinne unbewußt. Halluzinationen kommen zustande, wenn dringende Bedürfnisse des Ich die Realitätsprüfung partiell außer Funktion setzen. Weniger dringende Ich-Bedürfnisse, die auf Einhaltung des Realitätsprinzips gerichtet sind, halten die Realitätsprüfung von jenen Wahrnehmungen der Umwelt ab, die eine einmal erfolgte Anpassung gefährden würden, solange sie kein Angstsignal auslösen. Bedeutende Einwirkungen der Umwelt können so für lange Zeit oder andauernd der Realitätsprüfung entgehen und der bewußten Verarbeitung entzogen bleiben*« (1975: 41). Die in der Adoleszenz eingerichteten Anpassungsmechanismen, besonders die »Identifikation mit der Rolle«, bestimmen die Realitätskontrolle. Wahrgenommen wird vorerst nur das, was aus der Rolle heraus wahrgenommen werden darf. Treten jedoch Phänomene auf, deren Wahrnehmung nicht rollenkonform ist, besteht die Tendenz, sie, sei es durch Rationalisierungen wegzuinterpretieren, sei es durch Rituale ungeschehen zu machen oder durch Ich-Einschränkungen zu verleugnen. Freud hat in »Hemmung, Symptom und Angst« (1926a) die Mechanismen beschrieben, die eine Funktionseinschränkung des Ichs erwirken: »*Wenn das Ich durch eine psychische Aufgabe von besonderer Schwere in Anspruch genommen ist, wie z.B. durch eine Trauer, eine großartige Affektunterdrückung, durch eine Nötigung, beständig sexuelle Phantasien niederzuhalten, dann verarmt es so sehr an der ihm verfügbaren Energie, daß es seinen Aufwand an vielen Stellen zugleich einschränken muß, wie ein Spekulant, der seine Gelder in seinen Unternehmungen immobilisiert hat. Ein lehrreiches Beispiel einer solchen intensiven Allgemeinhemmung von kurzer Dauer konnte ich an einem Zwangkranken beobachten, der in eine lähmende Müdigkeit von ein- bis mehrtägiger Dauer bei Anlässen verfiel, die offenbar einen Wutausbruch hätten herbeiführen sollen«* (a.a.O.: 117). Die Splitter der in den Anpassungsmechanismen eingelagerten Größen- und Allmachtsphantasien produzieren die *»psychische Aufgabe von besonderer Schwere«*, die das Ich so in Anspruch nimmt, daß es sich einschränken und seine Aufmerksamkeit von dem abziehen muß, was es zwar betrifft, aber nicht zur Kenntnis nehmen darf. Der Angestellte, der es mit seiner Arbeit immer genauer und genauer nimmt und doch das Gefühl hat, seinen Pflichten nicht nachzukommen, oder die Hausfrau, die ihre häuslichen Arbeiten immer weiter ausdifferenziert und doch unbefriedigt bleibt, stehen unter dem Einfluß ihrer zersplitterten Größen- und Allmachtsphantasien.

Während die eingefrorene und die zerbrochene Adoleszenz über Strukturen verfügen, die zwischen den frühkindlichen Konflikten und denjenigen der Erwachsenen vermitteln können und Abwehr und Anpassung ermöglichen, scheint für die *ausgebrannte Adoleszenz* das Voranschreiten der Reifungsprozesse bei gleichzeitigem Weiterwirken der frühen Traumatisierungen charakteristisch. Die in der Kindheit nicht geglückten Objektsbeziehungen, Identifikationen, Überichbildungen machen aus dem pubertären Triebschub einen Brennstoff, der die destruktiven Potenzen der Adoleszenz verstärkt. Was ausbrennt, ist das, was die Adoleszenz zur »zweiten Chance« macht, d.h. vor allem die Fähigkeiten, auch als Erwachsener an der Kultur teilzunehmen, sie zu bewahren und weiterzuentwickeln. Diese Adoleszenz muß noch von einer vierten Entwicklungsmöglichkeit unterschieden werden, die ich hier nicht weiter erläutere, weil sie für die kulturelle Entwicklung unwesentlich ist. Bei dieser kommt es – aufgrund *vorhergehender* massiver Störungen der Ich-Struktur, die die Wahrnehmungsprozesse (Fühlen, Erinnern, Begriffsbildung, Aufmerksamkeit etc.) beeinträchtigen – zu keiner eigentlichen Adoleszenz. Hier kann man nicht von »Zerstörung« sprechen, weil die entsprechenden Reifungsprozesse nicht stattgefunden haben. Bei der ausgebrannten Adoleszenz hingegen fällt die unheimliche (weil selbstzerstörerische) Kreativität auf, die anzeigt, daß die Ich-Funktionen voll und oft überdurchschnittlich ausgebildet worden sind. Die Intensität des Fühlens, die Fähigkeit zur Begriffsbildung und Aufmerksamkeit ebenso wie die Schärfe des Wahrnehmungsvermögens sind aber mit einem negativen Vorzeichen versehen. A. Freuds Vermutung, »*daß fast alle normalen Elemente des infantilen Trieblebens (wie Gier, Habsucht, Eifersucht, Rivalität, Todeswünsche etc.) das Individuum in die Richtung der Dissozialität drängen, wenn sie ungeändert bleiben*« (1965: 162), trägt zum Verständnis dieses Adoleszenztyps bei, insofern sie deutlich macht, daß es die Spannungen des Kleinkindes sind, welche – mit den Möglichkeiten des Jugendlichen verbunden – dessen antisoziale, negative Haltung bedingen.

Die Allmachtsphantasien schlagen sich auf die Seite der prägenitalen und phallisch-narzißtischen Triebregungen. »*An seinen Helden und Heldinnen fesseln den Adoleszenten ja körperliche Stärke oder Attraktivität, sexuelle Erfolge oder sozialer Glanz, Reichtum, skrupellose Karriere und Berühmtheit auf sportlichem, künstlerischem oder wissenschaftlichem Gebiet, in der Geschäfts-, Finanz- oder politischen Welt oder sogar in der Welt des Verbrechens. Der Adoleszente glorifiziert in der Tat nicht selten Prostituierte oder Gangster und bleibt bisweilen leider auch in ihren Kreisen hängen*« (Jacobson 1964: 190-191). In einer Anmerkung fügt sie hinzu: »*Da in Kriegen sadistische und ebenso narzißtische Strebungen mobilisiert und zugelassen oder sogar glorifiziert werden, solange sie dem nationalen Ideal dienlich sind, ist es nicht überraschend, daß in ihrem Gefolge regelmäßig ein Anwachsen der Jugendkriminalität auftritt*« (ebenda).

Die Intensität der Erfahrung wirkt zerstörerisch. Der Druck der mit Allmacht und Größe ausgestatteten Triebe, die mittels des Realitätsprinzips nicht mehr relativiert werden können, setzt Ich und Überich gleichsam in Brand. Nietzsches Sinnspruch »Ecce homo« gibt diese Seite der Adoleszenz wieder:

Ja! Ich weiß, woher ich stamme!
Ungesättigt gleich der Flamme
glühe und verzehre ich mich.
Licht wird alles, was ich fasse,
Kohle alles, was ich lasse:
Flamme bin ich sicherlich!

Als Beispiel für die ausgebrannte Adoleszenz könnte Weininger (vgl. S. 159) angeführt werden. Sein Denken – also eine Ich-Funktion – stand völlig im Dienst des omnipotenten Es, für dessen Abkömmlinge es laufend Rationalisierungen anbieten muß.

In der gesellschaftlichen Produktion von Unbewußtheit spielt diese Form der Adoleszenz oft die Rolle des Erfahrungsreservoirs, aus dem die ideologischen Konstrukte geschöpft werden, durch welche gesellschaftliche Erfahrungen in Trieberfahrungen umformuliert und auf diese Weise unbewußt gemacht werden können. Redl und Wineman (1951) haben den Begriff des »*delinquenten Ich*« geprägt, der mir sehr brauchbar erscheint, um die Ich-Leistungen bei der Schaffung von Ideologien (im Sinne von Unbewußtmachung gesellschaftlicher Verhältnisse) zu beleuchten. »*Was die ›Ich-Seite‹ der Angelegenheit betrifft, wollen wir das Ich in den Situationen beschreiben, in denen es darauf aus ist, die Triebbefriedigung um jeden Preis zu verteidigen. Kurz gesagt, anstatt seine Aufgabe zu erfüllen und nach einer Synthese zwischen Wünschen, Forderungen der Realität und dem Einfluß sozialer Wertvorstellungen zu suchen,*

ist das Ich in diesen Augenblicken vollständig auf der Seite der Triebhaftigkeit. Es wirft sich mit seinem ganzen Gewicht darauf, die Triebbefriedigung möglich zu machen, sowohl gegen die Außenwelt als auch gegen alles, was von seiner eigenen Stimme des Gewissens übriggeblieben sein mag« (a.a.O.: 147). In dieser Haltung übt das Kind Strategien ein, denen man in den Ideologien wiederbegegnet. Die beiden Autoren haben *»eine ziemlich kursorische Liste solcher Techniken zum ›Vermeiden von Schuldgefühlen‹«* (a.a.O.: 150ff.) zusammengestellt: *»Er hat es zuerst getan«*, *»Alle anderen machen sowieso solche Sachen«*, *»Wir waren alle dabei«*, *»Aber jemand anders hat vorher das gleiche mit mir gemacht«*, *»Er hatte es verdient«*, *»Ich mußte es tun, sonst hätte ich das Gesicht verloren«*, *»Ich hab' sowieso nichts davon gehabt«*, *»Aber ich hab' mich doch hinterher wieder mit ihm vertragen«*, *»Der ist ja selbst nichts wert«*, *»Alle sind gegen mich, keiner mag mich, sie hacken auf mir herum«*, *»Das war die einzige Art, wie ich es kriegen konnte«*.

Was unbewußt gemacht werden muß, sind Schuldgefühle, soziale Bindungen und Verpflichtungen, die die Realisierung der Es-Strebungen verhindern könnten. Redl und Wineman sprechen von *»Ich-Funktionen im Dienst der Triebverteidigung«* (a.a.O.: 149). Dieses Modell kann aber ebenfalls verwendet werden, um Herrschaftsinteressen dort durchzusetzen, wo sie bei den Beherrschten auf Widerstand stoßen können (vgl. S. 416ff.); was in diesem Fall unbewußt gemacht werden muß, sind die Interessen der Beherrschten, ihre Leistungen und Bedürfnisse. Für diese Unbewußtmachung kann das *»delinquente Ich«* auf seine innerpsychischen Erfahrungen sowie auf seine Fähigkeiten zu Rationalisierungen zurückgreifen und die Konstrukte liefern, deren die Herrschaft bedarf. Sein enges Verhältnis zum Es erlaubt ihm, sich oft einer Sexualmetaphorik zu bedienen, die die unbewußten Phantasien seiner Zuhörer fesselt. In seiner Analyse der »Rhetorik in Hitlers ›Mein Kampf‹« hat Burke auf dieses Phänomen aufmerksam gemacht. *»Die Sexualsymbolik, die sich durch Hitlers Buch zieht und auf die die sexuellen Wertvorstellungen der Zeitgenossen ansprechen sollen, ist schnell charakterisiert: Deutschland in seiner Zerrissenheit ist der ›enthörnte Siegfried‹. Die Volksmassen sind ›weiblich‹, sie wollen daher von einem starken Manne geführt werden. Dieser Mann wirbt in der Gestalt des Volksredners um sie und beherrscht sie, sobald er sie für sich gewonnen hat. Der männliche Rivale dagegen, der tückische Jude nämlich, möchte sie ›verführen‹. Wenn* *ihm das gelingt, vergiftet er ihr Blut, indem es sich mit ihnen vermischt. Das führt durch rein assoziative Gedankenverbindungen zu Angriffen gegen Syphilis, Prostitution, Inzest und anderes Mißliche, die gewissermaßen als ›musikalisches‹ Argument hinzugefügt werden, wenn die Rede von ›Blut-Vergiftung‹ durch Mischehen ist oder von der ›geistigen‹ Entsprechung dazu, nämlich von der Infizierung durch ›jüdische‹ Ideen wie zum Beispiel die der Demokratie«* a.a.O.: 10-11).

Die Auseinandersetzung mit der Adoleszenz

In »kalten Gesellschaften« findet die Auseinandersetzung der Erwachsenen mit den Adoleszenten vor allem in der Form der Initiation statt. Auf den ersten Blick verfügen heiße Gesellschaften nicht über diese Möglichkeit. Allgemein wird so argumentiert, daß die Beschleunigung des Kulturwandels zu einer Relativierung und zu einem Obsoletwerden der Traditionen sowie zu einem Abbau der Initiation als eines institutionell strukturierenden Eingriffs in die Dynamik der Adoleszenz führt. In dem von Bernfeld 1922 herausgegebenen Buch »Vom Gemeinschaftsleben der Jugend« schrieb E. Kohn: »*Wo bewußte Beeinflussung des urteilenden Verstandes angestrebt wird, muß die Erschütterung des gläubigen Gefühls an Wirksamkeit verlieren. Wo die Sozietät nicht mehr bestehen zu können glaubt, ohne daß der Einzelne sie in all ihren Zielsetzungen erkennt und billigt, dort verwirkt sie ihr Recht auf seine blinde Anerkennung durch Drohung, Einschüchterung, Marter. (...) Es ist merkwürdig, daß von allen Kriterien für eine berufsständische Korporation der Initiation als erster dieses Schicksal bereitet wird. Sie geht als Wesensmerkmal einer geschlossenen Gesellschaft im XVII. Jahrhundert de jure, spätestens im XVIII. de facto zugrunde. (...) Sie verschwindet zuerst als Brauch der ›Auserwählten‹, dann als solcher der ständischen Jugendkorporationen mit ökonomischer Tendenz, endgültig um die Zeit, da die Umwandlung von Gesellenverbänden in Gewerkschaften freier Arbeiter einsetzt ... Am längsten erhält sich die Initiation mit ihren Derivaten in den Schülervereinigungen als dem einzigen reinen Jugendbereich der neuesten Zeit. (...) Sie ist also zu ihrem Ausgangspunkt, dem Pubertätsritus, zurückgekehrt, aber sie hat ihren Sinn verloren: die Rolle der Ausgleicherin zwischen Erwachsenen und Erwachsen-*

den. Sie ist nur mehr Spiel der Unerwachsenen« (Kohn 1922: 266-267).

Für Kohn haben diese Reste der Initiationsriten, auch wenn sie von Zeit zu Zeit – wie z.B. in Verbindung mit den studentischen Burschenschaften oder den Halbstarken – das Interesse der Öffentlichkeit bewegen, den Charakter von »survivals« (vgl. S. 185), Überbleibseln, die sich in kulturellen Nischen erhalten haben. Tatsächlich wird heute kaum eine Institution – und mag sie noch so geschlossen sein – von ihren Anwärtern offiziell fordern, daß sie sich Initiationsriten unterziehen müssen, um als vollgültige Mitglieder akzeptiert zu werden. Es scheint auch plausibel, daß eine Gesellschaft, die aufgrund der Entwicklung ihrer Produktivkräfte in raschem Wandel begriffen ist und Wert auf Rationalität, Bewußtheit und Selbsteinsicht legt, auf solche Initiationen verzichtet, die die Grundeinstellungen des Individuums zur Gesellschaft im Unbewußten verankern müssen. P. Blos schreibt: »*Es ist oft bemerkt worden, daß die westliche demokratische, kapitalistische Gesellschaft wohl kaum einheitliche Prozesse und Techniken liefert, um die Rolle der Adoleszenz festzulegen, noch anerkennt diese Gesellschaft ein Ritual der adoleszenten Statusveränderung. (...) Das Vakuum der nicht institutionalisierten Adoleszenz in der westlichen Gesellschaft erlaubt so einerseits einen hohen Grad von persönlicher Differenzierung und Individualisierung, da keine verpflichtenden Modelle bestehen, aber andererseits ermöglicht die Zusammenhanglosigkeit der sozialen Form und die Last der Selbstbestimmung auch abweichende und pathologische Entwicklung*« (1962: 229-230).

Der These von Blos, daß das *Fehlen der Initiation* einerseits Differenzierung und Individualisierung, andererseits aber auch die abweichenden und pathologischen Entwicklungen der Adoleszenz ermögliche, liegt ein Gesellschaftsmodell zugrunde, wonach das Fehlen gesellschaftlicher Institutionen den Gesunden und Starken zugute komme, wohingegen die schwachen und nicht belastungsfähigen Naturen zu Schaden kommen und untergehen. Aber man kann nicht nur die Gültigkeit dieses Gesellschaftsmodelles anzweifeln, sondern auch die Frage aufwerfen, ob es in »heißen« westlichen demokratischen und kapitalistischen Gesellschaften tatsächlich keine Initiation gibt. Nun sind diese Gesellschaften ja nie »heiß« als ganze – sie verfügen auch über Kühlsysteme und kalte, aus der Entwicklung ausgeschlossene Bereiche, die ich als »ana-

chrone Strukturen« bezeichnet habe (vgl. S. 185). Wo die Adoleszenz in solche Bereiche eingepaßt werden soll, muß sie auf die frühe Kindheit fixiert und in ihrer Dynamik gebremst werden. Dafür bietet sich nach wie vor die Form der Initiation an, denn vor allem durch sie wird die »*Erschütterung des gläubigen Gefühls*« erreicht und die Wirksamkeit des urteilenden Verstandes eingeschränkt. In »heißen« Gesellschaften verlängert die Initiation die Latenzphase und versucht diese möglichst weit in die Pubertät auszudehnen. Die im Kindergarten und in der Primarschule eingeübten Rituale stellen – da sie in den Erziehungsanstalten der Adoleszenten weitgehend dieselben wie früher bleiben – die Kontinuität her.

Diese Neutralisierung der Adoleszenz führt dazu, daß die Initiation gleichsam hinter dem Rücken sowohl der Adoleszenten wie der Erwachsenen verläuft, unbewußt bleibt. Beide wissen nicht und wissen gleichzeitig doch, was ihnen widerfährt bzw. was sie tun. Auf der Ebene des Bewußtseins wird immer rational, in der Regel mit Hilfe von Sachzwängen argumentiert: Der Jugendliche muß in die Schule und dort Prüfungen ablegen, in die Lehre, ins Militär, in den Turn- oder Gesangsverein etc., um das Wissen zu erwerben, das er für seine Arbeit und sein Leben braucht, um sein Land zu verteidigen, seinen Körper zu ertüchtigen etc. Die Schwierigkeit des Stoffes ist es, die die lange Ausbildungsdauer bedingt. Zu den grausamen und irrationalen Riten der »Wilden« ergeben sich so keine Parallelen. Aber es läßt sich annehmen, daß, falls »kalte Gesellschaften« auch Ethnologen ausgebildet und diese uns, statt wir sie, untersucht hätten, sie auch die verschiedenen Verläufe der Adoleszenz mit dem Begriff der Initiation zu erfassen versucht hätten.

Schon 1900, in seiner »Traumdeutung«, fiel es Freud auf, welche Bedeutung Prüfungsträume hatten: »*Jeder, der mit der Maturitätsprüfung seine Gymnasialstudien abgeschlossen hat, klagt über die Hartnäckigkeit, mit welcher der Angsttraum, daß er durchgefallen sei, die Klasse wiederholen müsse u.dgl. ihn verfolgt. Für den Besitzer eines akademischen Grades ersetzt sich dieser typische Traum durch einen anderen, der ihm vorhält, daß er beim Rigorosum nicht bestanden habe, und gegen den er vergeblich noch im Schlaf einwendet, daß er schon seit Jahren praktiziere, Privatdozent sei oder Kanzleileiter. Es sind die unauslöschlichen Erinnerungen an die Strafen, die wir in der Kindheit für verübte Untaten erlitten haben, die sich so an den beiden Knotenpunkten unserer Studien, an dem ›dies irae, dies illa‹ der strengen Prüfungen in unserem Innern wieder erregt haben*« (1900: 280).

Die Symbolik der Prüfung im Traum verweist auf deren Funktion in der sozialen Realität. Was bewußt zur Messung von Leistungen eingesetzt ist, wird unbewußt als Strafe erlebt. Nicht zufällig stellt sich bei Freud die Assoziation an den »dies irae«, aus »Jüngstes Gericht« ein. Die »großen Prüfungen« wiederholen das uns aus den Initiationen bereits bekannte Drama von Tod und Wiedergeburt. »*Zweimal im Jahr*«, berichtet »Der Spiegel« vom 31. Mai 1976, »*zur Zeugniszeit, werden von Behörden und Wohlfahrtsorganisationen Seelenärzte und Sozialarbeiter zur spontanen Krisenhilfe bereitge-*

stellt ... Doch obwohl die ›Nothilfe für schlechte Noten‹ längst sich nicht mehr nur in den Städten, sondern auch auf dem Lande anbietet, Telefondienste oft rund um die Uhr besetzt sind, selbst Boulevard-Zeitungen Klagestrippen ziehen lassen, steigt die Zahl der Panikreaktionen:

- *In München erhängte sich im Dezember ein 14jähriger Hauptschüler wegen einer Fünf in Mathematik. (...)*
- *In Hamburg sprang ein 14jähriger Schüler nach einer mißglückten Lateinarbeit aus dem Fenster seines Klassenzimmers; ein anderer schluckte Schlaftabletten, weil ihm eine Deutscharbeit daneben ging.*

  (...)
- *In Nürnberg mochte ein 13jähriger Gymnasiast seinem Vater nicht gestehen, daß er sitzengeblieben war. Er nahm Rattengift und warf sich vor einen Güterzug. Der fuhr ihm beide Beine ab, doch der Junge überlebte«* (1976: 46).

Mit dem Problem der Schülerselbstmorde beschäftigen sich die Psychoanalytiker seit langem. 1910 wurde die Diskussion der Wiener Psychoanalytischen Vereinigung veröffentlicht, bei deren Einleitung Freud sagte: »*Wenn die Jugendselbstmorde nicht bloß die Mittelschüler, sondern auch Lehrlinge u.a. betreffen, so spricht dieser Umstand an sich die Mittelschule nicht frei; er erfordert vielleicht die Deutung, daß die Mittelschule ihren Zöglingen die Traumen ersetzt, welche andere Adoleszenten in ihren anderen Lebensbedingungen finden. Die Mittelschule soll aber mehr leisten, als daß sie die jungen Leute nicht zum Selbstmord treibt; sie soll ihnen Lust zum Leben machen und ihnen Stütze und Anhalt bieten in einer Lebenszeit, da sie durch die Bedingungen ihrer Entwicklung genötigt werden, ihren Zusammenhang mit dem elterlichen Hause und ihrer Familie zu lockern*« (1910: 62). 1929 widmete die »Zeitschrift für psychoanalytische Pädagogik« dem Problem der Selbstmorde Jugendlicher eine Sondernummer. Aus den verschiedenen Beiträgen von Federn, Meng, Bernfeld, Sterba u.a. geht deutlich hervor, daß die Neigung zum Selbstmord in dem Maße zunimmt, wie Familie und Schule (und man könnte auch sagen: »Kultur«) zur Einheit werden, d.h. der Antagonismus zwischen den beiden zusammenfällt. »*Je ähnlicher die innere Struktur der Erziehungsinstitution der Familie ist, um so empfindlicher wird der Zwang, der in ihr herrscht, um so mehr entsteht Feindseligkeit, um so eher erweckt die Feindseligkeit Schuldgefühle und Strafbedürfnis und damit möglicherweise Selbstmordneigung«* (Bernfeld 1929b: 362). Eine Fünf in Latein oder in Mathematik treibt kaum jemanden in den Selbstmord. Wenn aber die Prüfung – ähnlich wie die Initiationsriten – die ganze ödipale Situation wiederaufleben läßt, die Liebe, den Haß und die Angst von damals aktualisiert, dann ist die Prüfung eben mehr als nur ein Leistungsnachweis; sie wird zu einem existentiellen Geschehen, in welchem es auch zu einem Todesurteil kommen kann.

In seinem Aufsatz über »Prüfungsangst und Prüfungsneurose« (1936) untersuchte E. Stengel die irrationalen, scheinbar unverständlichen, manchmal unsinnigen Seiten der Prüfung. Er hob hervor, daß es auffallend sei, daß mit zunehmendem Alter die Prüfungen immer mehr wegfallen würden, obwohl sie angezeigt wären: »*Nehmen wir das Beispiel eines Arztes. Er wird, wenn alles gut geht, im Alter von 25 Jahren von der Universität entlassen ins prüfungsfreie Leben. Nehmen Sie an, daß er 75 Jahre alt wird. Er übt also durch 50 Jahre seinen Beruf aus, ohne daß sich jemand überzeugt, ob er sein Wissen behalten hat, ob er während eines halben Jahrhunderts die erzielten Fortschritte seines Faches zugelernt hat. (...) Man könnte sagen: der reife Mann wird schon so viel Pflichtgefühl haben, sein Wissen zu vervollständigen. Man dürfte sich aber nicht darauf verlassen, denn die Erfahrung lehrt, um wie viel schwerer man mit zunehmendem Alter lernt und wie stark die Neigung ist, sich mit dem in der Jugend Erworbenen zu begnügen*« (a.a.O.: 303-304). Stengel vermutet, »*daß die Prüfungen vielleicht erst sekundär in den Dienst höherer geistiger Ziele getreten sind und wohl noch manches von ihrem irrationalen Charakter behalten haben*« (ebenda). Sich auf Freud (1913) und Reik (1919) berufend, vergleicht er die Prüfungssituation mit Initiationsriten. Auch für unsere Gesellschaften gelte, »*daß die Zeit des mit der Pubertät beginnenden Jahrzehnts das Prüfungsalter ist*« (a.a.O.: 306). »*Die Pubertätsriten sind der Ausdruck des ewigen Kampfes zwischen den Generationen der Söhne und der Väter. Feindseligkeit und Freundschaft sind in ihnen vertreten, also Ausdruck des Zusammenwirkens des Hasses der Väter gegen die Söhne, die gekommen sind, sie zu verdrängen und zu ersetzen, und der werbenden Liebe der Väter zu den Söhnen, mit denen sich die Väter identifizieren und in denen sie sich fortzusetzen hoffen*« (a.a.O.: 308).

Die Initiation ist eine, auch in unserer Gesellschaft vorhandene, Form der Auseinandersetzung, des Kampfes der Erwachsenen mit den Jugendlichen; ebenso wie in den kalten Gesellschaften besteht sie aus mythisch begründeten Ritualen und unterscheidet sich von jener durch eine gewisse Vielfalt der Praktiken, die den Schein von Individualität produzieren, sowie durch die Herrschaftsverhältnisse, innerhalb deren sie stattfinden. Aber auch bei uns ist die Adoleszenz eine Zeit, in welcher die Belehrungen durch Leiden vermittelt und innere (Trieb-) und äußere (Real-)Ängste vermischt werden, die den Veränderungswillen der Individuen einschränken und die Kulturentwicklung in wichtigen Bereichen einfrieren. Die Initiation ist auch bei uns eine Antwort auf die von den adoleszenten Größen- und Allmachtsphantasien mitgetragene Herausforderung (Pumpian u. Mindlin 1969: 223), die noch dadurch verschärft wird, daß die Erwachsenen sich in einer resignativen Lebensphase befinden (vgl. S. 299). Je weniger sie ihre Omnipotenzphantasien in ihrem Leben einbringen und realisieren konnten oder je bedrohter sie sich von den Ansprüchen der Jugend fühlen, desto grausamer, »kastrierender« wird ihre Reaktion ihnen gegenüber sein. Die Identifikation der Väter mit den Söhnen und damit die zärtlichen, Verständnis schaffenden Strebungen können nur in dem Maße zum Tragen kommen, wie auch die Größen- und Allmachtsphantasien (zu denen ja auch die Unsterblichkeit gehört) in das Leben der Erwachsenen integriert worden sind. Ein Hinweis, ob das gelungen ist oder nicht, läßt sich aus den in einer Gesellschaft herrschenden Vorstellungen – man könnte auch sagen: Mythen – über die Adoleszenz entnehmen. Anthony unterscheidet in seiner Analyse der »Reaktionen Erwachsener auf Adoleszente« (1969) drei Momente: »*1. die kollektive Reaktion der Erwachsenen (Stereotypen der Adoleszenz), 2. die idiosynkratische Reaktion aufgrund der in der Begegnung involvierten Personen, 3. die Übertragungsreaktion, d.h. die unbewußten Faktoren, die aus früheren Lebensphasen übriggeblieben sind und das Verhalten den Adoleszenten gegenüber mitbestimmen*« (a.a.O.: 468). Anthony untersuchte drei ausgeprägte Vorstellungskreise über die Jugend, aus welchen auch das »Schicksal« der Größen- und Allmachtsphantasien abgelesen werden kann. Der Adoleszente erscheint 1. als Zerstörer (»Rocker«, grausam, amoralisch), 2. als Opfer (ohnmächtig, guten Willens, verletzlich) oder 3. als Heilsgestalt (Erneuerer der Welt, welche von den korrupten Erwachsenen verdorben wird) (a.a.O.: 467).

Wesentlich scheint mir vor allem die *Idealisierung* des Jugendlichen, die aber sowohl positive Züge (Mut, Intelligenz etc.) als auch

negative (Verworfenheit, Verzweiflung, Amoralität, wie sie die »Poètes maudits« verkörpern) umfassen kann. Wir können annehmen, daß diese Vorstellungskreise den Charakter von Phantasmen haben (vgl. S. 212), die gewisse Aspekte der mit der Adoleszenz verbundenen Realität unbewußt halten sollen. »*Es ist interessant festzustellen, daß die Erfahrung der Erwachsenen, selber einmal Adoleszente gewesen zu sein, gewöhnlich von geringem oder gar keinem Nutzen ist, um jene zu verstehen, die heute adoleszent sind. Es sind die heutigen Adoleszenten, die morgen aus ihrer Position als neue Generation von Erwachsenen die gleichen Sorgen zum Ausdruck bringen werden, die noch vor kurzem über sie geäußert wurden*« (Committee on Adolescence 1968: 7). Die Neigung, die Erfahrung der eigenen Adoleszenz zu verdrängen und sich statt dessen an die sozialen Stereotypen davon zu halten, ist eng mit der Haltung sowohl gegenüber den Omnipotenzphantasien als auch gegenüber gesellschaftlicher Veränderungen verknüpft. Im Mythos des Adoleszenten als Zerstörer sind diese Phantasien ins Negative, Destruktive gewendet und können nicht für die Wahrnehmung des Neuen und der Kräfte, die einen Wandel herbeiführen konnten, eingesetzt werden. Veränderung erscheint immer nur als Zerstörung des Althergebrachten. Der psychische Ablösungsprozeß von der Familie fand nicht statt, und die Konfrontation mit der Adoleszenz der anderen erinnert schmerzhaft an die verpaßten Chancen. Was verdrängt werden muß und was gleichsam auch den Sog bildet

für die gesellschaftliche Produktion von Unbewußtheit, sind die Zerstörungsphantasien, die sich einst gegen die eigene Familie richteten, sowie die Schuldgefühle, die die Ablösung verhinderten. Die Initiation des Adoleszenten erscheint unter dem Deckmantel einer »strengen Erziehung« und hat in der Regel die »zerbrochene Adoleszenz« zum Resultat. Bestimmen dagegen die Ohnmacht, Verletztheit, das Opfersein das Bild von der Adoleszenz, so kann der Erwachsene darin die eigene gescheiterte Ablösung von der Familie spiegeln, aber verbinden mit der Hoffnung, durch Hilfe von außen sie doch noch leisten zu können. Verdrängt wird vor allem die Enttäuschung an den eigenen Eltern und erwachsenen Bezugspersonen. Oft knüpfen sich daran Vorstellungen, gesellschaftliche Veränderungen könnten eigentlich nur von »oben«, von der Herrschaft ausgehen, von dieser aber – aus was für Gründen auch immer – nicht in Gang gebracht werden. Hier sind die Omnipotenzphantasien abgespalten, nach »oben« zum Überich delegiert worden. Das Opfer, als das der Adoleszente erscheint, hat seine Entsprechung im

Ich des Individuums, das zum Opfer seines Überichs geworden ist. Die Initiation bedient sich in diesem Fall vor allem des Mechanismus' des »overprotecting« und hat die »eingefrorene Adoleszenz« zum Ergebnis. Die Welt »draußen«, das heißt jenseits der Grenzen der Familie, wird zum Dschungel, den man wenn möglich nicht betreten soll. Die Idealisierung des Adoleszenten zum (positiven oder negativen) Heilbringer schließlich ist mit einer überfordernden Einstellung der Erwachsenen gegenüber dem Jugendlichen verbunden; diesem fällt es zu, sei es die Ideale zu verkörpern, welche die Erwachsenen sich nicht fähig fühlten zu realisieren, sei es ihre verdrängten Wünsche, die auszuleben sie sich nicht getrauten, zu erfüllen. Im ersten Fall, wenn es um gesellschaftlich akzeptierte Ideale geht, nimmt die Initiation ähnliche Formen an wie die schon erwähnten und tendiert auf die zerbrochene bzw. eingefrorene Adoleszenz. Muß jedoch der Jugendliche die Realisierung der verdrängten Wünsche auf sich nehmen, wird das Ausreißen von zu Hause zur Initiation, die Stierlin (1974) eindrücklich beschrieben hat, und in der Regel entwickelt sich daraus die »ausgebrannte Adoleszenz«. Stierlin hat auf den »*Delegationsmodus*« (1974: 65 u.f.) hingewiesen, der das Verhältnis zwischen Kindern und Eltern prägen kann. »*In dem Ausmaß, in dem die Eltern ihr Kind erfolgreich als Delegierten heranziehen, wird es* seine *Aufgabe,* ihre *Ambivalenzen auszuhalten. Das Kind nimmt es auf sich, mit der elterlichen Ambivalenz fertig zu werden und dabei die ausgleichende Rolle* für sie *zu spielen. Es erfült diese Funktion oft mit Einfallsreichtum und Geschick, aber immer auf Kosten seiner eigenen Entwicklung und Ablösung von den Eltern*« (1974: 66). In unserem Zusammenhang, bei dem es um die Realisierung der verdrängten Wünsche der Eltern geht, ist die Delegation der Es-Bedürfnisse von Interesse. »*Bestimmte Delegierte haben vor allem den Auftrag, ein Elternteil mit ›Nahrung aus dem Es‹ zu versorgen, die als außerhalb der Familie liegend angesehen wird. Deshalb wird der Delegierte ausgesandt, und man erwartet, daß er dem Elternteil die Nahrung bringt, die nun über den Stellvertreter genossen wird ... Obwohl diese Aufregungen einerseits heftig gewünscht werden, können die Eltern sie den Kindern auch bequem übelnehmen. Dann wird das Kind gerade für die Dinge gescholten und bestraft, deretwegen es delegiert wurde*« (a.a.O.: 69-70).

Die auf das Es verlagerten Größen- und Allmachtsphantasien lassen die Geschichte als einen irrationalen Prozeß erscheinen;

charakteristisch dafür ist die Entgegensetzung von »Geist« bzw. »Vernunft« und »Leben«, wie es z.B. in Klages' Schrift »Vom kosmogonischen Eros« (1922) verkündet wurde (vgl. Lukács 1954: 458 u.f.). Was W. Benjamin 1933 über Stefan George und den Jugendstil schrieb, gilt auch für die Formen der Idealisierung und Mythologisierung der Adoleszenz. Der Jugendstil ist »*der Stil, in dem das alte Bürgertum das Vorgefühl der eigenen Schwäche tarnt, indem es kosmisch in alle Sphären schwärmt und zukunftstrunken die ›Jugend‹ als Beschwörungswort mißbraucht. Hier taucht, zunächst nur programmatisch, zum ersten Mal die Regression aus der sozialen in die natürliche und biologische Realität auf, welche seitdem wachsend sich als Symptom der Krise bestätigt hat. Das biologische Idol verbindet in der Idee des ›Kreises‹ sich dem kosmischen. (...) Der Jugendstil ist in der Tat ein großer und unbewußter Rückbildungsversuch. In seiner Formensprache kommt der Wille, dem, was bevorsteht auszuweichen, und die Ahnung, die sich vor ihm bäumt, zum Ausdruck*« (a.a.O.: 476-477).

Schule, Wissen und Adoleszenz

Ein sozialer Ort, an dem die Auseinandersetzung mit der Adoleszenz – nicht zuletzt unter dem Einfluß der eben besprochenen Mythen – stattfindet, ist die Schule. Besonders der Schüler, der ins Gymnasium übertritt, erfährt diesen Übergang als einen wesentlichen Einschnitt in seinem Leben. Er wird darauf aufmerksam gemacht, daß von nun an alles anders, nämlich strenger werden wird. In Zürich fand bis vor noch nicht so langer Zeit die Einführung der Gymnasiasten in der Aula der Universität statt, und für viele war es das erste Mal, daß sie die Räume der »Alma mater« betraten. Es war, wie wenn man ihnen sagte: »Das ist das Ziel und nun müßt ihr zeigen, ob ihr würdig seid, es zu erreichen.« Am ersten Tag wurden die sogenannten Legitimationskarten, die offiziell bestätigten, daß man nun die Identität eines »Kantonsschülers« hatte, mit der Ermahnung ausgeteilt, daß man sie immer bei sich tragen solle. Wenn man schließlich das Reifezeugnis in Händen hielt, mußte man die Ausweise zurückgeben bzw. gegen die Studenten-Legitimationskarte umtauschen – man hatte den Übergang geschafft. Der Vergleich mit der Initiation (zum Akademiker) drängt sich auf, aber die »rites de passage«, die eben erwähnten

Zeremonien, beschreiben nur die Oberfläche dessen, was während dieser Initiation tatsächlich geschieht. Man kommt tiefer, wenn man nach dem Verhältnis der Dynamik der Adoleszenz zur Institution »Schule« fragt und davon ausgeht, daß der Jugendliche seine Adoleszenz unter dem Druck einer Institution bewältigen muß, die das gesellschaftliche Realitätsprinzip vertritt und bei ihm die kognitiven Fähigkeiten dafür entwickeln soll. Dem Schüler personifiziert sich die Institution in den Lehrern, mit denen er es zu tun hat, und diese werden immer wieder mit einer Lebensphase konfrontiert, die auch für sie voller Konflikte war (Ilan 1963). Am Beispiel der Schule kann somit die Relevanz der Adoleszenz für die Kulturentwicklung von zwei Seiten her betrachtet werden. Bei den Adoleszenten kann man der Frage nachgehen, wie sie sich während dieser Zeit »Kulturgüter« aneignen, und bei den Lehrern kann man untersuchen, welche kulturspezifischen Strategien beim Umgang mit der Adoleszenz auftauchen.

In den Jahren 1972-1975 machte ich an einem Gymnasium eine Untersuchung, welche die soziale und psychische Bedeutung der Schule für den Schüler zum Gegenstand hatte. Mit einem Teil der Schüler führte ich regelmäßig psychoanalytisch orientierte Gespräche durch; mit einem anderen Teil trafen wir – Maya Nadig und ich – uns jede Woche zu Gruppengesprächen. Der entscheidende Unterschied zur »klassischen« psychoanalytischen Situation war der, daß ich *sowohl* Untersuchender *als auch* Lehrer war; d.h., die

Distanziertheit des Psychoanalytikers, die es ihm ermöglicht, zur »Projektionsleinwand« unbewußter Konflikte zu werden, war verloren gegangen. Statt dessen konnte aber ein anderer Faktor eingesetzt werden: die Rolle des Ethnologen bzw. des Wissenschaftlers. Als ich die Klasse 1972 als Klassenlehrer übernahm, kündigte ich den Schülern an, ich würde nach etwa einem Jahr – falls sie die Erlaubnis dafür geben würden – mit einer Untersuchung anfangen. Von Vorteil war sicher, daß ich Geschichtslehrer war, d.h. von meinem Fach her das Interesse am Leben sozialer Gruppen anmelden konnte – und warum sollte man das Interesse an Ägyptern oder Griechen nicht auch auf die Gegenwart und auf die Schüler selber erstrecken? Als Geschichtslehrer vermittelte ich ihnen eine spezifische Form von Neugierde auf sich selber. Wenn der Leidensdruck das ist, was den Patienten – wenigstens am Anfang – zum Analytiker bringt, so war es die Neugierde, was die Schüler für die Untersuchung motivierte.

Die Methode der freien Assoziation war nicht angezeigt; in einer Lebensphase, in der die Triebkontrolle verstärkt wird, hätte die freie Assoziation leicht massive Triebängste mobilisiert (Fraiberg 1955; Geleerd 1957), die zum Abbruch der Gespräche hätten führen können. Statt dessen konnte die Untersuchung auf einem für die Adoleszenz typischen Prozeß aufgebaut werden: auf der Produktion von »Lebensgeschichten«. Diese sind der verbale Ausdruck der Suche nach Identität und stellen eine Form der Realitätsaneignung dar. Geschichten erzählend stellt der Adoleszente einen Bezug zwischen sich und seiner Welt her. Diese Lebensgeschichten sind dem verwandt, was Freud den *»Familienroman der Neurotiker«* (1909) genannt hat. Enttäuscht, daß sich die ödipalen Wünsche nicht realisieren lassen, und wütend gegen die versagenden Eltern beginnt sich das Kind auszuphantasieren, seine Eltern seien gar nicht die wirklichen. In der Regel sucht es sich sozial höherstehende Eltern, die in Macht und Glanz leben. Wichtig scheint mir vor allem der Umstand, daß das Kind über diese Phantasien (Tagträume) lernt, sich von den eigenen Eltern zu distanzieren, und in den Geschichten Möglichkeiten erprobt, ein anderes Leben als das ihm vorgegebene zu leben. Aus dieser Sicht ist der Familienroman eine Art Probedenken, ein Experiment. Wird in der Adoleszenz der Ödipuskomplex neu belebt, taucht auch der Familienroman wieder auf, bekommt aber nun einen neuen, durch die größeren Möglichkeiten der Adoleszenz bedingten Stellenwert: Der Familienroman wird zur Brücke, um sich neue Identifikationsgestalten anzueignen, die von den ursprünglichen Elternbildern verschieden sind. Die neuen Identifikationen beinhalten immer auch neue Formen von Lebensentwürfen, die sich nicht unbedingt mit den von den Eltern vorgelebten decken. »*Diese Identifikationen kommen nicht in der frühen Kindheit zustande, wenn das Gefühlsleben des Kindes ausschließlich mit den Beziehungen zu den Individuen seiner unmittelbaren Umwelt ausgefüllt ist. Aber während der Latenzphase, wenn kräftige Abwehrstrukturen im Ich aufgebaut werden, und während der Adoleszenz, wenn im Feuer des biologischen Wachstums die alten Strukturen eingeschmolzen werden und neue entstehen, kann das Ich einen Satz von Identifikationen erwerben, die für das Individuum ebenso wichtig werden können, wie die aus der frühen Kindheit* ...« (Eißler 1946: 31).

Biographisch betrachtet findet so etwas wie eine Mutation statt: Aus dem von der Familie geprägten Individuum wird ein von der Kultur geformtes Individuum. Die Adoleszenz ist eine Zeit, in welcher über diese Probeidentifikationen die Aneignung bzw. Abstoßung von denjenigen Bereichen der Kultur erfolgt, die diesen Identifikationen entsprechen. Allmählich bildet sich ein Grundmuster heraus, das auch die Erzählung vom eigenen Leben strukturieren wird. Dabei spielt das historische Bewußtsein eine wichtige Rolle. In den bereits zitierten Kapiteln aus seiner psychoanalytischen Untersuchung über die US-Armee (vgl. Erdheim 1980), hebt Eißler den Zusammenhang zwischen Geschichtsbewußtsein und Ich-Stärke hervor; er macht auch einsichtig, weshalb die Zerstörung dieses Bewußtseins eine wichtige Unterwerfungsstrategie darstellt. Eißler schreibt: »*Eine unhistorische Haltung erzeugt eine engere Ich-Spanne als die eines Individuums, das in der Geschichte lebt. Der unhistorische Mensch wird sich nur mit Inhalten von unmittelbarer Gültigkeit für seine persönliche Geschichte identifizieren können, während das Spektrum der Identifikationen sehr viel breiter sein wird, wenn die Bedeutungen der Vergangenheit und die Möglichkeiten der Zukunft über die engen Grenzen der eigenen Lebensgeschichte hinweg integriert werden können. (...) Dieser Zuwachs wird dem Individuum zusätzliche Ich-Stärke vermitteln*« (a. a. O.: 8).

Es fiel mir auf, daß die Einstellung zur Geschichte des eigenen Lebens und die Einstellung zur Geschichte der Kultur einander entsprechen. Es gab

- Schüler, die von mir nur Daten und Namen zu lernen wünschten;
- andere, die nur Anekdoten über Herrscher und bedeutende Geister hören wollten;
- eine weitere Gruppe, die den Stoff des Geschichtsunterrichts dazu verwendete, die Werte der Eltern zu relativieren (»In Ägypten war ja alles ganz anders und folglich *muß* es auch hier nicht so sein, wie es ist«) und
- eine letzte Gruppe, die sich gegenüber der Geschichte vollständig indifferent verhielt. Ihr war es gleichgültig, was sie lernte, Hauptsache war eine genügende Note.

Diese Haltungen tauchten auch im Hinblick auf die Autobiographie auf und korrespondieren mit den Einstellungen zur allgemeinen Geschichte, nämlich eine

- »positivistische« Haltung: die eigene Geschichte bestand aus Stationen, Prüfungen, die man abgelegt, Schulen, die man besucht hatte etc. Sie erschien als ein Ergebnis von Rollenzuweisungen, und die affektive Dimension war ausgeklammert;
- eine anekdotische Haltung: die eigene Geschichte bestand aus einer unverbundenen Ansammlung pointierter Geschichten, die das Individuum mit seiner Familie ebenso wie mit Gleichaltrigen verknüpfte;
- eine spekulative Haltung: die Lebensgeschichte war auf die Zukunft bezogen, in der das, was »heute« nur Ideal war, Wirklichkeit werden würde. Die Ideale konnten wechseln, aber sie wurden immer dazu verwendet, die augenblickliche Situation zu erklären. Und schließlich die
- indifferente Haltung: die eigene Geschichte erschien bedeutungslos; sie konnte keine Identität vermitteln, weil sie als unstimmig und brüchig erfahren wurde.

Die Affinität zwischen den Einstellungen zur Kulturgeschichte einerseits und zur Autobiographie andererseits verweist auf ein weiteres Moment gesellschaftlicher Produktion von Unbewußtheit. Diese kann an dem anknüpfen, was auch in der individuellen Geschichte unbewußt gemacht werden muß. Lorenzer zeigt in »Sprachzerstörung und Rekonstruktion« (1970) wie jene Repräsentanzen, die sich im Sozialisationsprozeß gebildet haben, durch Verdrängungen »*exkommuniziert*«, also aus der Kommunikation in Sprache und Handeln ausgeschlossen werden und sich zu unbewußten »*Klischees*« umformen (a.a.O.: 79). Diese »*Klischees*« sind an bestimmte szenische Arrangements gebunden; wird dieses Arrangement irgendwie evoziert, so kommt es zur Auslösung der »*Klischees*«, und die Szene läuft »*aus innerer, unreflektierter Zwangsläufigkeit ab*« (a.a.O.: 82). Diese Abläufe sind nicht abnutzbar und nicht reversibel, sondern stereotyp und verunmöglichen jede Anpassung (ebenda). »*Klischeebestimmtes Verhalten ist als ›Ausschluß aus der Sprachkommunikation‹ zu kennzeichnen*« (a.a.O.: 90). An einem Beispiel illustriert Lorenzer die Wirkungsweise dieser Klischees: Ein Patient hat Streit mit seinem Vorgesetzten. »*Wir finden bei genauer Analyse seines Verhaltens ein Gemisch aus realitätsangemessenem Verhalten (der Patient behandelt z. B. seinen Vorgesetzten rollengerecht höflich), von Erfüllung von Triebbedürfnissen (er bekommt Wutausbrüche, die eine Reproduktion seines frühkindlichen Verhaltens sind), von Reagieren (der Vorgesetzte macht das Spiel mit, indem er den autoritären Vater evozieren läßt), von Rationalisierungen (der Vorgesetzte ist selbst recht despotisch), Abwehrvorgängen ... usw. All das läßt sich in die Formel fassen: eine ›Szene‹ wird reproduziert*« (a.a.O.: 91). Es kommt zu einer eigentümlichen Sprachverwirrung. Der »Vorgesetzte«, von dem der Patient erzählt, besteht aus zwei ineinander verschmolzene Personen: es ist der Vorgesetzte, als realer Faktor, plus dem Vater des Patienten. Letzterer ist unbewußt, während der andere bewußtseinsdominant ist. »*Es gelten aber beide zusammen: ›Vorgesetzter‹ = Vorgesetzter + Vater. Es versteht sich, der in Anführungszeichen gesetzte Begriff ›Vorgesetzter‹ hat 1) einen nur für diesen Patienten geltenden Begriffsumfang – er ist Teil einer ›Privatsprache‹. 2) Er ist gleichzeitig Teil der Umgangssprache, über den zu verständigen unproblematisch zu sein scheint (im Selbstverständnis des Betroffenen und anderer), was aber nicht der Fall ist*« (a.a.O.: 92).

Diese Klischees verwandeln jede kulturelle Erfahrung in eine familiäre. Der Antagonismus zwischen Familie und Kultur ist in dem Sinne aufgehoben, als das alles gemäß den in der Familie gelernten Kategorien interpretiert werden muß. Die Kultur vermag nicht die familiären Erfahrungen zu relativieren – die Klischees zementieren sie vielmehr und schaffen die Sprachverwirrung, die für die gesellschaftliche Produktion von Unbewußtheit so zentral ist. Diese schlägt sich auch in der eigenen Autobiographie nieder.

Robi, der aus einer Arbeiterfamilie stammte, entwickelte schon am Anfang seiner Gymnasialzeit ein ausgeprägtes Gefühl des »Nicht-dazu-Gehörens«. Zwar hatte er alles eingesetzt, um in diese

Schule zu kommen – nicht die Eltern, wie bei den anderen Schülern, sondern er selber holte die Anmeldungsformulare ab, kümmerte sich um Prüfungsaufgaben zu Übungszwecken, weil ihm sein Lehrer keine geben wollte etc. –, aber dann, als er endlich in dieser Schule war, hatte er den Eindruck, nicht am richtigen Platz zu sein. Geradezu quälend war es für ihn, daß alle seine früheren Schulkameraden Lehrlinge geworden waren und er wegen seinem Status als Gymnasiast immer schwerer Zugang zu ihnen fand. Das Moment der »Sprachverwirrung« tauchte mit der Gleichsetzung »arm« = »dumm« auf, und mit der Schlußfolgerung: »Wer arm ist, ist es, weil er dumm ist.« Er war arm, also war er dumm; die Eltern waren dumm. Es fiel ihm ein: »*Ich habe mir schon oft gewünscht, daß ich, ja ich habe mir schon oft gewünscht, daß meine Familie, äh, meine Eltern einen höheren Intelligenzquotienten haben. Ich bin eben davon überzeugt, daß wenn meine Eltern auch nicht einen so hohen Intelligenzquotienten haben, kann ich kaum einen höheren haben. Ich habe das Gefühl, daß ich mich jetzt durch diese Schule hindurch büffle. Oder, bis hierher* (d.h. bis in die vierte Klasse; zwei Jahre fehlten noch bis zum Abitur, M.E.) *habe ich mich jetzt gebüffelt, jetzt kann ich nicht mehr weiter.*« (Er machte das Abitur und hat heute auch sein Hochschulstudium abgeschlossen.) Auf meine Frage, warum er denn glaube, seine Eltern hätten einen niedrigen Intelligenzquotienten, antwortete Robi: »*Ich glaube aus dem banalen Gedanken, daß sie kein Geld haben.*« Ich machte ihn darauf aufmerksam, daß er damit sage: Wer arm sei, sei dumm. »*Früher war ich überzeugt von dieser Verbindung. Heute habe ich das eigentlich, habe ich das immer noch. Ich habe eigentlich noch nie so richtig, ich kann auch nicht richtig sprechen mit meinen Eltern. Und oder, wenn meine Mutter spricht, sagt sie immer, ... ich bin überzeugt, daß sie dumm ist, daß sie nicht helle ist, das ist gemein, aber wenn sie spricht, kann sie kaum etwas ausdrücken. Sie sagt immer: ›Gib mir das Ding.‹ Ihr Vokabular ist so klein. Bis sie etwas beschreiben kann, das geht so lange, oder etwas beim Namen nennen oder diese Zerstreutheit, und so. Es ist irgend so ein plumpes Denken und aus dem folgt irgendwie auch die Zerstreuung.*« Diese Gedanken machten ihm Schuldgefühle. »*Ja, ich sage es eigentlich nicht gerne, es tut mir schaurig leid, daß ich es sage. Aber es ist jetzt einfach herausgekommen.*« Warum ihm das leid tue? »*Gegenüber meiner Mutter. Daß ich so über sie spreche. Das finde ich schon, es ist eben trotzdem meine Mutter und ist schaurig lieb, oder?*«

Diese Schuldgefühle blockierten Robi völlig, und er konnte das Problem nicht weiterdenken. Er mußte seine narzißtisch so kränkende Biographie ausklammern, und diese Hemmung breitete sich auch auf den Schulstoff aus. Er war ein schlechter Schüler, was ihn ja auch in seinen Befürchtungen stützen mußte. Das Phantasma »Dummheit« machte ihm einmal seine eigenen intellektuellen Fähigkeiten unbewußt. Damit war ihm ein wesentliches Hilfsmittel genommen, um sich einerseits mit der über seine Familie hinausreichenden Kultur und andererseits mit seiner Triebhaftigkeit auseinanderzusetzen. »Kultur« erschien unfaßbar und unerreichbar, konnte also nicht als Abwehr eingesetzt werden, und um so schutzloser war er der Angst vor Triebüberschwemmung ausgesetzt. Das für die Adoleszenz typische Interesse am eigenen Körper und an der Sexualität dominierte sein Denken, staute sich da an und konnte nicht umgeleitet werden in Richtung auf das, was Freud Sublimation nannte. Seine Triebhaftigkeit verschärfte seine Schuldgefühle und zementierte weiter seine »Dummheit« aus. Diesen Prozessen der Unbewußtmachung mußte auch die ganze Problematik seiner Klassenherkunft verfallen. Die soziale Dimension war auf eine individuelle reduziert. *»Nach der sechsten Klasse wollte ich ins Gymnasium. Da haben wir dort, wo wir so auf die Prüfungen vorgearbeitet haben, hat mich der Lehrer so verwundert angeschaut, und hat gesagt, was, Sie wollen auch ans Gymnasium? Der hat mich eigentlich nie ernst genommen. Ich habe auf jeden Fall das Gefühl gehabt, er habe mir einfach nichts gesagt* (nämlich wie man ans Gymnasium kommt, M.E.). *Er habe sich sowieso gedacht, daß ich nicht durchkomme, oder so. Ich habe einfach keine Anmeldung gehabt, einfach nichts. Und alle andern haben dies gehabt. Dort habe ich eine 5,2 im Schnitt gehabt* (6 ist die beste Note, M.E.). *Aber, äh, ich habe einfach das Gefühl gehabt, daß die mich für blöd angeschaut haben.«* Ich fragte ihn, ob er die Reaktion des Lehrers nie mit seiner Herkunft aus einer Arbeiterfamilie in Verbindung gebracht habe. *»Ich habe auch öfters das Gefühl gehabt, aber das war nie so stark (...), aber ich habe es auf mich bezogen. Ich habe gedacht, ich habe halt, ich muß selber arbeiten, ich habe halt keine Eltern gehabt, wo ich diese Sprache lernen konnte. Sie haben immer so in dieser Babysprache zu mir gesprochen, und ich konnte auch bis ins Alter von fünf Jahren kaum sprechen. Ich war schwerhörig. Ich habe fast nichts gehört. Und dort habe ich eigentlich erst angefangen zu sprechen, angefangen zu sprechen lernen.«*

In den Gesprächen mit Robi spielte das Ringen um die Sprache eine wichtige Rolle. Dahinter stand nicht nur das Sprachbarrieren-Problem, sondern auch der späte Erwerb dieser Ich-Funktion. Die Regressionen der Adoleszenz aktualisierten seinen frühen Kampf, um sich die Sprache anzueignen, und wenn er im Sprach- oder Geschichtsunterricht Schwierigkeiten hatte, so war seine Sprach*fähigkeit* in Frage gestellt, was sehr angstauslösend war. Seine Überzeugung, dumm zu sein, bezog ihre Kraft aus der Verzögerung der Sprachaneignung, und der soziale Ort, an dem er aufwuchs, bot geringe Möglichkeiten zur Korrektur jener traumatischen Erfahrung. Um so wichtiger war die Schule. »*Ja, einfach meine Überzeugung* (dumm zu sein, M.E.) *ist so stark. Ich müßte da irgend so schriftliche ... nein, das würde nicht reichen. So eine Unterschrift von einem Psychologen, daß ich intelligent bin. Das einzige, was mich davon überzeugen könnte, wenn ich gut wäre in der Schule. Und ich habe das Gefühl, daß ich schaurig viel arbeite für die Schule, und doch ... Aber erst gestern bin ich darauf gekommen, daß ich mehr Verbesserungen mache, mehr nachschaffe als mitschaffe oder vorschaffe. Weil ich einfach nie diesen Schritt machen konnte. Ich konnte einmal mitschaffen – dort wurde ich immer besser. Dann bin ich wieder zurückgefallen, weil ich mir etwas eingebildet habe. Da habe ich wieder nachgeschafft. Jetzt bin ich wieder am nachschaffen. Und äh, vielleicht schaue ich das als Dummheit an. Also ich rede mir ein, ich sei dumm. Weil ich einfach diesen entscheidenden Sprung nicht machen kann. Oder den Willen nicht dazu aufbringe. Soviel nachschaffen, daß ich einfach wieder mitschaffen kann. Oder vielleicht noch etwas ganz, das riesige Wagnis, soviel mitzuschaffen, daß ich vorschaffen kann. Aber das schaffe ich einfach nicht. Und so ist das vielleicht so ein Scheitern.*«

Robi erfuhr die Schule wie seine Eltern ihre Arbeit: Es reichte höchstens für den Lebensunterhalt, gespart werden konnte nicht. Seine Entwicklung tendierte in Richtung auf das, was ich die »zerbrochene Adoleszenz« genannt habe. Seine Größen- und Allmachtsphantasien, die ein wesentlicher Antrieb gewesen waren, aus den Verhältnissen seiner Familie hinauszutreten (verknüpft mit dem Wunsch, der »große«, »beste« Sohn zu sein, der für die Seinen sorgt), bekamen in der Schule einen Schlag nach dem anderen. Die Untersuchung diente dazu, diese Schläge zu parieren, seinen Narzißmus zu stützen und Robi seiner Sprachfähigkeit zu versichern; sie mußte sich in einem gegenläufigen Sinn zur Initiation bewegen:

wo die Initiation Fixierungen herstellte, trachtete die Untersuchung danach, sie aufzuheben; kam es zur Vermischung von Trieb- und Realängsten, ging es darum, sie wieder zu entmischen etc.

Wie in jeder Feldforschungssituation (vgl. S. 27ff.) enthielt das Übertragungsphänomen im Rahmen der Schuluntersuchung wichtige Hinweise auf die verdrängten Seiten des Lehrer-Schüler-Verhältnisses. In die Neugierde der Schüler mischte sich bald ein Mißtrauen, das sich eng an meine Lehrerposition knüpfte: Konnte man mir als Angehörigem des Lehrkörpers tatsächlich Vertrauen schenken, oder würde ich, aus Solidarität mit meinen Kollegen, Geheimnisse ausplaudern? Wohin, das heißt in welche »Altersklasse«, gehörte ich? Dieses Loyalitätsproblem – das sowohl von Lehrer- wie Schülerseite gestellt wurde – war ein zentrales Problem der Untersuchung und ein Beleg für den Initiationscharakter der Schule. Das Mißtrauen spitzte sich jeweils zu, wenn die Lehrer zusammentraten, um die Noten zu besprechen. Dieses sich im Jahr öfters wiederholende Ereignis war gut inszeniert. Den Lehrern war es verboten, vor dem Konvent (wie diese Sitzungen genannt wurden) den Schülern außer Andeutungen irgend etwas Genaues über die Noten zu sagen. Meistens dauerte die Besprechung etwa eine Stunde; und konnten die Schüler in Erfahrung bringen, wann sie stattfand, belagerten sie das Sitzungszimmer und hofften einen Lehrer dazu zu bewegen, von den erzielten Ergebnissen (wer ist durchgekommen, wer durchgefallen?) zu berichten. An sich war das auch verboten; nur der Lehrer, welcher der Klasse vorstand, war ermächtigt, Auskunft zu erteilen, und wurde die Klasse nicht gerade von diesem Lehrer unterrichtet, mußte sie bis zur entsprechenden Fachstunde warten. Erzählte ein Lehrer unermächtigt, bedrängt von den Schülern, gab es immer wieder Konflikte – der Lehrer war aus der Solidarität des Lehrkörpers ausgebrochen. Kein Wunder also, daß sich um den Konvent die wildesten Phantasien der Schüler rankten. Er wurde zur Stunde des Gerichtes, und kaum einer fühlte sich so sicher, daß er sie nicht gefürchtet hätte. Daß die Noten verhandelt wurden, war den Schülern zwar klar, aber gleichzeitig ging es um viel mehr, um »gut« oder »böse« – der Konvent nahm schicksalshafte Züge an, und seine Entscheidungen wurden oft als ebenso unerforschlich erfahren wie jene des Schicksals. Entsprechend waren denn auch die Mittel, die manche Schüler anwandten, um doch noch im Dunkeln sehen zu können: Die Nummer der Straßenbahn, die als erste erschien, oder irgendwelche

Zahlenkombinationen oder das Tageshoroskop versprachen nützliche Hinweise, die so oder so beruhigend wirkten.

Als sich das Mißtrauen mir gegenüber legte, tauchte ein anderes Verhaltensmuster auf, das für die Problematik der Schule charakteristisch war. Das Vertrauen, das man mir als Ethnologen entgegenbrachte, schuf Widersprüche zu meiner Rolle als Geschichtslehrer. Mein Interesse an der Person der Schüler schwächte meine Autorität als Lehrer, d.h. das Verständnis, das ich zeigte, wurde als Freipaß interpretiert, um im Geschichtsunterricht nichts mehr zu tun und von mir auch in dieser Situation eine gewährende Haltung zu fordern. Auch dieser Widerspruch muß auf die Struktur der Schule, insbesondere auf die Funktion des Schulwissens und die Art der Aneignung, bezogen werden. Dabei spielt die Notengebung eine entscheidende Rolle. Betrachtet man die Noten als das, was sie sein sollten, nämlich ein Urteil über die *Leistung* des Schülers, so hätte sich kein Konflikt einstellen müssen zwischen meinen Funktionen als Notengeber und als Untersuchender. Aber für kaum einen Schüler war die Note nur eine Aussage über seine Leistung, sie war – wie wir schon am Konvent und an den Panikreaktionen mancher Schüler sehen konnten – ein Urteil, das die Person des Schülers ebenso wie die affektive Beziehung zwischen ihm und dem Lehrer betraf. Manifest gab die Schule vor, Leistungen zu fordern und die Laufbahn des Schülers bzw. des Lehrers allein von diesen Leistungen abhängig zu machen. Die latente und bestimmende Struktur dagegen war geladen mit affektiven, libidinösen und aggressiven Impulsen. »Stimmte« nun die affektive Beziehung, was sich z.B. als »Vertrauen« äußern konnte, mußte alles andere gleichgültig sein. Der Schüler erwartete von mir, daß ich mich ihm gegenüber wie der Vater bzw. die Mutter verhielt, von denen er sich wünschte, geliebt zu werden, ganz gleichgültig, was er leistete oder nicht leistete. Und wenn er etwas leistete, so doch nur, um gemocht zu werden. Die Schule reproduzierte auf diese Weise die Familienstruktur.

Freud beschrieb diese affektive Unterströmung schon 1914 in einem Aufsatz »Zur Psychologie des Gymnasiasten«, der in der Festschrift des »K. k. Erzherzog Rainer Realgymnasiums« veröffentlicht wurde: »*Ich weiß nicht, was uns stärker in Anspruch nahm und bedeutsamer für uns wurde, die Beschäftigung mit den uns vorgetragenen Wissenschaften oder die mit der Persönlichkeit unserer Lehrer. Jedenfalls galt den letzteren bei uns allen eine niemals aussetzende Unterströmung, und bei vielen führte der Weg zu den*

Wissenschaften nur über die Person der Lehrer; manche blieben auf diesem Weg stecken und einigen ward er auf solche Weise – warum sollen wir es nicht eingestehen? – dauernd verlegt. Wir warben um sie oder wandten uns von ihnen ab, imaginierten bei ihnen Sympathien oder Antipathien, die wahrscheinlich nicht bestanden, studierten ihre Charaktere und bildeten oder verbildeten an ihnen unsere eigenen. Sie riefen unsere stärksten Auflehnungen hervor und zwangen uns zur vollständigen Unterwerfung; wir spähten nach ihren kleinen Schwächen und waren stolz auf ihre großen Vorzüge, ihr Wissen und ihre Gerechtigkeit. Im Grunde liebten wir sie sehr, wenn sie uns irgendeine Begründung dazu gaben; ich weiß nicht, ob alle unsere Lehrer dies bemerkt haben« (1914b: 205). Freud führte weiter aus, daß diese Gefühlsbeziehungen eine Neuauflage der auf die Eltern bezogenen Gefühle darstellten. »*Ohne Rücksicht auf die Kinderstube und das Familienhaus wäre unser Benehmen gegen unsere Lehrer nicht zu verstehen, aber auch nicht zu entschuldigen«* (a.a.O.: 207).

Nach all dem, was wir über die Adoleszenz wissen, ist die Projektion der Familie auf die Schule ein phasenadäquater Vorgang, der in Zusammenhang mit der »zweiten Chance«, den die Adoleszenz bietet, gesehen werden muß. Die Schule sollte dem Jugendlichen die Möglichkeit geben, die Erfahrungen, die er bei sich zu Hause machte, nicht einfach zu wiederholen, sondern sie zu korrigieren, und das kann sie nur, wenn sie zu einer im Antagonismus zwischen Familie und Kultur eingebetteten Alternative zur Familie wird. An sich ist die Schule das auch (Devereux 1956), zumindest, was ihre manifeste Struktur angeht: die Betonung des Leistungsaspekts (der Objektivität und Wertfreiheit), die Ausrichtung auf gesellschaftliche, d.h. kollektive, die Familie relativierende Interessen etc. setzen neue Wert- und Verhaltensstrukturen. Aber die latente Struktur der Schule neutralisiert diese Funktionen und hindert sie daran, eine solche Alternative zu bieten. Angeregt von der Untersuchung, war es den Schülern aufgefallen, daß sie eigentlich sehr wenig voneinander wußten. Sicher auch dadurch motiviert, meine Situation als »Alleswisser« zu relativieren, beschlossen sie – und alle Schüler waren dabei –, ein Wochenende zusammen zu verbringen, um sich »kennenzulernen«. Unmittelbarer Anlaß dazu war eine Aufforderung von mir gewesen, einmal selber darauf zu achten, welche Schüler leistungsschwach seien; ich vertrat die – sicherlich auch starke Schuldgefühle weckende – These, der Klassenverband sei schuld, wenn ein Schüler den notwendigen Notendurchschnitt nicht erreiche. Das Klassentreffen, von dem Erwachsene, Eltern und Lehrer ausgeschlossen waren, fand statt. Kurz darauf gab es eine Reihe Telephonate; einige Schüler hatten zu Hause erzählt, was sie von den Familien der anderen erfahren hatten, und plötzlich fühlten sich die Eltern bedroht: Sie empörten sich über die in den anderen Familien herrschenden »Zustände« und bekamen untereinander Krach. Es wurde der Wunsch geäußert, daß solche Unruhe stiftenden Zusammenkünfte nicht mehr stattfinden sollten, und die Klasse spaltete sich durch gegenseitige Verdächtigungen. Die Familien brachen gleichsam in die Schulstruktur ein und vereitelten den Versuch der Jugendlichen, die Schule zu einem eigenen Lebensraum zu machen.

Die *psychische* Bedeutung der Schule und der Lehrer für den Adoleszenten müßte eigentlich dem entsprechen, was Winnicott »*Übergangsobjekte und Übergangsphänomene*« (1953) genannt hat. Der englische Psychoanalytiker entwickelte eine Theorie, um den Trennungsprozeß des Säuglings von der Mutter zu beschreiben, und zeigte auf (1966), welche Bedeutung diese »*Übergangsobjekte*« für die Geschichte der Kultur haben. Zwischen dem vierten und zwölften Lebensmonat eignet sich das Kleinkind einen Gegenstand an, der besonders für die Zeit des Schlafengehens eine lebenswichtige Bedeutung erlangt »*und als Abwehr gegen Ängste – vor allem gegen depressive Ängste – verwendet wird, mag es sich dabei nun um eine Handvoll Wollflusen, den Zipfel der Decke oder des Kissens oder um ein Wort, eine Melancholie, eine stereotype Geste handeln. (...) solche Gegenstände und Gegenstandsgruppen werden damit zu dem, was ich als Übergangsobjekte bezeichne ... Die Eltern entdekken, wie wertvoll solch ein Gegenstand für das Kind geworden ist, und nehmen ihn mit, wenn die Familie verreist; die Mutter läßt zu, daß er schmutzig, ja sogar übelriechend wird, denn sie weiß nur zu gut, daß sie mit der Reinigung die Kontinuität der Erfahrung des Kindes unterbrechen und dergestalt vielleicht die Bedeutung und den Wert zerstören könnte, den solch ein Gegenstand für das Kind besitzt*« (1953: 670). Allmählich verliert dieses Übergangsobjekt die Bedeutung für das Kind: »*Sein Schicksal ist es, daß ihm allmählich die Besetzungen entzogen werden, so daß es im Laufe der Jahre zwar nicht in Vergessenheit gerät, jedoch in die Rumpelkammer verbannt wird. Ich meine damit, daß bei normaler Entwicklung weder das Übergangsobjekt verinnerlicht wird, noch die ihm ver-*

bundenen Gefühle der Verdrängung unterliegen müssen. Es wird weder vergessen noch betrauert. Es verliert seine Bedeutung in dem Maß, als sich die Übergangsphänomene über den gesamten Bereich auszubreiten beginnen, der zwischen innerer psychischer Realität und der äußeren Welt liegt, wie sie von zwei Personen in gleicher Weise wahrgenommen werden kann – d.h. über den gesamten Bereich dessen, was wir als Kultur bezeichnen« (a.a.O.: 672).

Die Schule könnte ein »*Übergangsobjekt*« sein, das zwischen Familie und Kultur vermittelt; das als Abwehr gegen die depressiven Trennungsängste von der familiären Welt gleichzeitig als Einführung in die Welt der Kultur dienen könnte. Aber statt solcher Übergänge schafft die Schule Fixierungen, die mittels der Initiation die Bindungen an die Familie nicht aufheben, sondern auf die Institution übertragen.

Diese Fixierungen können in Zusammenhang mit den in der Schule eingeübten Lernprozessen betrachtet werden. Ich vermute, daß es hauptsächlich die an die Partialtriebe gebundenen Affekte und Energien sind, die durch die latente Struktur der Schule verleugnet und im Unbewußten fixiert werden müssen. »Lernen« und »Essen« z.B. sind verwandte Verhaltensweisen. Singer gibt in seinem Buch »Verhindert die Schule das Lernen?« (1973) einige schöne Beispiele dafür. Er verweist einmal auf die Sprache; man sagt, jemand »verschlinge« Bücher, »fresse« Romane, sei erkenntnis-»hungrig« oder wissens-»durstig«, man muß sich durch einen schwierigen Stoff »durchbeißen« und ihn danach auch noch »verdauen« etc. (a.a.O.: 21). Er bringt das Beispiel einer Schülerin, der es ungewöhnlich schwer fiel, eine Aufgabe zu Ende zu führen. »*So hatte die Vierzehnjährige noch nie ein Buch zu Ende gelesen. (...) es wurde deutlich, daß sie dieses Verhalten durch eine überfürsorgliche Mutter erworben hatte. (...) wenn die Mutter merkte, daß das Kind mit Appetit aß, gab sie ihm sofort eine weitere Portion auf ihren Teller. Dieses Verhalten übertrug die Mutter auf andere Bereiche: Sie gab dem Mädchen nicht* ein *Bilderbuch, sondern gleich mehrere Bilderbücher, so daß das Kind wieder nicht ›fertig‹ werden konnte*« (a.a.O.: 22). Singer fährt fort: »*Wie das übersättigte Kind einen Ekel vor dem Essen entwickeln kann und damit von vornherein sich weigert zu essen, können Schüler aus der gleichen Erfahrung heraus das Aufnehmen von Wissen verweigern*« (a.a.O.: 23).

Singers Beispiele sind zutreffend und einleuchtend, aber sie beruhen meiner Meinung nach auf einem Mißverständnis der

Psychoanalyse. Er abstrahiert gleichsam von der *Institution* Schule und sieht immer nur individuelles Verhalten. Man könnte es auch so sagen: Er berücksichtigt nicht Freuds »Massenpsychologie und Ich-Analyse«. Sie würde erst verständlich machen, daß die Institution Schule die darin tätigen Individuen, und zwar Schüler *und* Lehrer, in eine Regression versetzt, welche die frühkindlichen Konflikte reaktiviert. Am Beispiel der Gleichsetzung von »Essen« und »Lernen« konnten wir die Fixierung oraler Triebregungen beobachten. Man darf wahrscheinlich auch das Schicksal der kindlichen Schaulust, als einer der Hauptkomponenten der Sexualneugierde, ähnlich interpretieren. Ihre Verleugnung führt dazu, daß scheue, gehemmte Schüler die »Welt«, die »Sachen« nicht mehr zu betrachten wagen und den Eindruck vermitteln, sie würden nichts verstehen. Auch die analsadistische Phase findet bekanntlich ihren Niederschlag in der Schule. Zwar können Ordnung und Disziplin als Sublimationsleistungen angesehen werden, aber wir wissen, in welchem Ausmaß sie auch in den Dienst von Rationalisierungen treten können. Mendel (1968) spricht von der Traumatisierung, die der Jugendliche in der Schule erfährt, »*die dazu führt, daß das Subjekt von der zumindest virtuell erreichten Genitalstufe auf die anale Stufe zurückfällt*« (a.a.O.: 148). Dann steht im Vordergrund der Wunsch, »*das Objekt zu unterwerfen, festzuhalten, zu beherrschen. Da das von seinen Objekten abhängige Subjekt nicht zu psychoaffektiver Freiheit und Autonomie gelangen kann, muß es eifersüchtig darüber wachen, daß auch die Objekte sich nicht frei entfalten können*« (ebenda).

In seinem Buch »Schulische Sozialisation und Identität« (1973) hat Wellendorf eine eindrückliche Analyse der in der Schule wirksamen Rituale im Dienste der Abwehr frühkindlicher Regungen geliefert. Im Gegensatz zu Singer betont Wellendorf den *institutionellen* Charakter dieser Abwehr. Sich auf Eidelberg stützend, kennzeichnet er das ritualisierte Handeln durch folgende Merkmale:

»*1. ein rigides Handlungsmuster, stereotype Ausführung und Wiederholung;*

2. die Fixierung an bestimmte triebhafte Bedürfnisse und Befriedigungsweisen;

3. eine Kompromißbildung zwischen abgewehrten infantilen Wünschen und ›gesellschaftlich imponierten Verboten der Wunscherfüllung‹ (Habermas);

4. Angstentwicklung bei Abweichungen vom Ritual;
5. die Tendenz bei Mißlingen der Abwehr von einfachen zu komplexeren Handlungszeremonien fortzuschreiten« (a.a.O.: 223).

Diese Rituale dienen zwar – bei Lehrern *und* Schülern – zur Herstellung von Identität, aber sie sind aufgrund der Unbewußtheit, durch die sie wirken, auch gefährlich. *»Denn sie droht das potentielle Selbstständigwerden der Individuen zu verhindern, indem sie die Konstituierung einer das Ich schwächenden ›Pseudoidentität‹ nahelegt: einer Identitätsbalance auf Kosten der Realitätsprüfung. Schulische Rituale bieten dafür immer wieder Belege, angefangen von falscher Verbrüderung, die den tatsächlichen sozialen Beziehungen in der Schule nicht gerecht wird, bis zur Pseudo-Objektivität und -Sachlichkeit«* (a.a.O.: 222).

Die meisten Psychoanalytiker sind sich darüber einig, daß die Sublimierung eine Sublimierung der Partialtriebe darstellt. Ist nun meine These richtig, daß die Partialtriebe über die schulischen Rituale im Unbewußten fixiert werden, und berücksichtigen wir dabei auch noch, daß während der Adoleszenz die Partialtriebe reaktiviert werden, um sie in die Genitalorganisation einzugliedern (Freud 1905: 108f.), so kommen wir zum Schluß, daß in der Schule die Sublimationsleistung erschwert wird. Die Lern- und Arbeitsschwierigkeiten kann man mit Hilfe des ökonomischen Modells der Psychoanalyse verstehen. Durch Fixierung der Partialtriebe werden diese daran gehindert, sublimiert zu werden, d.h., deren Energie geht nicht in die Motivation der Arbeit ein; statt dessen wird in der Schule die Arbeit vorwiegend durch Überichforderungen und d.h. durch Strafen erzwungen. Die Prüfungen zementieren dieses System; nicht zuletzt sind sie es, die die Regressionen produzieren und die Möglichkeiten zur Fixierung. So kommt es auch dazu, daß das Wissen als vom eigentlichen Bezug zu seinem Gegenstand losgelöst und nur noch in einem Verhältnis, sei es zu bestimmten Lehrern, sei es zu den Noten erlebt wird. Die Wahrheitsfrage wird unwesentlich und das Individuum unfähig, zwischen Realität und Illusion zu unterscheiden. Es findet statt, was Freud in »Massenpsychologie und Ich-Analyse« (1921) beschrieb: *»Die Massen haben nie den Wahrheitsdurst gekannt. Sie fordern Illusionen, auf die sie nicht verzichten können. Das Irreale hat bei ihnen stets den Vorrang vor dem Realen, das Unwirkliche beeinflußt sie fast ebenso wie das Wirkliche. Sie haben die sichtliche Tendenz, zwischen beiden keinen Unterschied zu machen«* (a.a.O.: 85).

Bei meiner Interpretation der »Massenpsychologie« (vgl. S. 189ff.) hatte ich angenommen, daß Freuds Begriff der Masse mit dem der Institution gleichzusetzen sei; wendet man ihn auf die Schule an, so wird ihre andere, unbewußte Seite zugänglich. Die Schule fördert aufgrund der von ihr zustande gebrachten Fixierungen die »Illusion« und schafft sich ihre eigene Realität, die ihren spezifischen Gesetzen folgt. Das ist vielleicht der Hauptgrund, weshalb die Schüler ihre eigene Realität nicht in die Schule einbringen können, was unter anderem auch in der Problematik der Aufsätze zum Ausdruck kommt. Ein Schüler versucht, die ihn brennenden Probleme zu formulieren – und der Lehrer korrigiert ihm seine Kommafehler. Eine Auseinandersetzung findet in den seltensten Fällen statt. Ein Schüler, der einen Lehrer zur Auseinandersetzung zwingen wollte, ließ es sich einfallen, in einem Aufsatz darüber zu schreiben, wie er in einem Wald auf die sechs- oder siebenjährige Tochter des Lehrers wartete und diese vergewaltigte. Ich glaube nicht, daß man einen solchen Aufsatz mit der »kranken Phantasie« des Schülers erklären könnte. In der Schule wird mit Phantomen gekämpft, und manchmal sind sie erschreckend.

In »Traurige Tropen« stellt Lévi-Strauss einmal die doppelsinnige Frage: »*Ist der Lehrberuf nicht das einzige Mittel, das dem Erwachsenen gestattet, in der Schule zu bleiben?*« (1955: 46). Sie verweist darauf, daß die Wahl des Lehrerberufes mit der Weigerung zusammenhängen könnte, erwachsen zu werden. Einerseits kann das nun bedeuten, daß man im Kontakt mit den Jugendlichen die Neugierde und die psychische Spannkraft behalten und die Welt immer neu sehen möchte, andererseits aber kann es heißen, daß man an der Schule bleiben möchte, um die infantile und geordnete Welt zu retten. Die Schule wird dann zum Ort, wo man so zum Erwachsenen werden kann, wie man es sich als Kind vorstellte. Auf meine Frage hin, warum er Lehrer werden möchte, antwortete mir ein Schüler: »*Weil man dann vorne sitzt und alle müssen einem folgen.*« Über den Infantilismus der Lehrer schreibt Adorno in seinem Aufsatz »Tabus über den Lehrberuf« (1965): »*Das Infantile des Lehrers zeigt sich darin, daß er den Mikrokosmos der Schule, der gegen die Gesellschaft der Erwachsenen mehr oder minder abgedichtet ist – Elternbeiräte und ähnliches sind verzweifelte Versuche, diese Abdichtung zu durchbrechen –, daß er die ummauerte Scheinwelt mit der Realität verwechselt*« (a. a. O.: 78). Wenn die Initiation und die Fixierung bei den Schülern die eine Seite der Anachronizität der Schule bilden, so ist der Infantilismus der Lehrer das Pendant dazu. Im Gegensatz zu den »kalten Gesellschaften«, in welchen die initiierten Männer erwachsen sein dürfen, da die Initiation den Grundstrukturen ihrer Gesellschaften weitgehend entspricht, steht die Initiation in einem derartigen Widerspruch zu den Entwicklungstendenzen der industriellen Gesellschaften, daß sie nur über die Infantilisierung derer, die sie den Jugendlichen aufzwingen müssen, durchgeführt werden kann (Combe 1971: 65 u.f.).

In dem bereits zitierten Aufsatz über »Prüfungsangst und Prüfungsneurose« (1936) hebt E. Stengel zu Recht hervor, daß diese Angst und Neurose nicht nur beim Prüfling, sondern auch beim Prüfer auftreten und untersucht werden sollten: *»Der neurotische Prüfling ist bedauernswert, der neurotische Prüfer ist gefährlich. Er schadet nicht nur dem Prüfling, sondern auch der Sache, die er zu vertreten hat«* (a.a.O.: 315). Es fällt auf, daß – verglichen mit der psychologischen Literatur über die Schüler und ihre Probleme – es wenig Materialien gibt über die Lehrer und die Art und Weise, wie sie die Schule erfahren. Yates (1931) berichtet aus der Analyse eines Lehrers, der man entnehmen kann, welche Prozesse der Infantilisierung bei einem Erzieher ablaufen können. Die verdrängten Wünsche des Lehrers werden auf die Schüler projiziert, und diese

werden dann für ein Benehmen, das gewisse Ähnlichkeiten mit seinen verbotenen Wünschen hat, mit derselben Strenge bestraft, wie sie einst der Lehrer selbst erfahren mußte. Frau Yates stellt den Fall eines Lehrers dar, der die Disziplin mit harten Strafen aufrecht hielt. Seine Hauptklagen über die Schüler waren, daß sie schmutzig, wild und frech waren, nichts lernten, ihn dauernd ärgerten und unverschämt seien. Eine wichtige Vorbedingung, um unterrichten zu können, war für ihn der Besitz eines Rohrstocks. Zwar argumentierte er, daß es die Jungen seien, die um das Vorhandensein dieses Stockes wissen sollten, damit sie auch brav und gehorsam seien, aber in Wirklichkeit war es seine, des Lehrers eigene Angst, die sich nur beruhigen konnte, wenn der Stock neben ihm lag und er die Möglichkeit hatte, ihn zu verwenden. Als der Rektor ihm einmal den Rohrstock verbot, führte das zu einer derartigen Verschlechterung seiner neurotischen Symptome, daß er die Schule verlassen mußte. Die Analyse zeigte, erzählt Frau Yates, daß seine Ängste aus der Befürchtung stammten, er könne seine Hände mit Schmutz und Exkrementen verunreinigen, und dahinter verbargen sich seine unbewußten Wünsche, mit seinen Exkrementen zu spielen. Die Bedeutung, die die Schule für diesen Lehrer hatte, war also eng verknüpft mit seinen unbewußten Wünschen, die auch sein Verhalten in der Schule regelten. Wie bei Stengel kann man aber auch bei Yates feststellen, daß sie nur den neurotischen Lehrer sieht, nicht jedoch die Funktion der Schule, die laufend Regressionen zustande bringt, welche die frühen Konflikte reaktivieren. Die Schule veränderte das Krankheitsbild des Lehrers insofern, als sie ihm über die »Identifikation mit der Rolle« die Möglichkeit gab, unbewußte Triebregungen abzureagieren und sich zu stabilisieren, ohne daß er aber deswegen als gesund betrachtet werden könnte.

Dem »pattern« der sekundären Sozialisation in unserer Gesellschaft folgend, müssen in der Schule libidinöse und aggressive Beziehungen unbewußt gemacht werden. Sie kehren wieder in der Form der Phantasmen, welche bei den Lehrern das Bild der Jugendlichen, bei den Schülern das Bild des Lehrers und damit die Beziehungen untereinander prägen. Den Projektionen, die die Schüler auf die Lehrer werfen, entsprechen die der Lehrer; in einem Bericht, den einige Schüler nach Abschluß meiner Untersuchung verfaßten, zitierten sie aus dem Kommentar eines Lehrers zum Aufsatz eines Schülers: »*Ich werde Sie nicht so leicht vergessen können, hauptsächlich weil ich sehe, wo ich bei Ihnen versagt habe.*

Das gegenwärtige Schulsystem hat mich gezwungen, daß Sie mich mehr hassen müssen als daß Sie mir vertrauen können. Glauben Sie mir, dies ist eine bittere Pille für mich, weil ich immer versucht habe, mehr zu sein als eine notenverteilende, haßenswerte Autorität. Es gab zwei, drei seltene Momente, wo ich das Gefühl hatte, Sie erreicht zu haben – war es eine Fata Morgana? Eine persönliche Beziehung konnte zwischen uns nicht sein. Vielleicht war ich zu zurückhaltend, mehr als ich eigentlich wollte, zu scheu und zu ängstlich, um in die Privatsphäre eines Menschen einzubrechen. Ich hätte es anmaßend gefunden, je anzunehmen, daß Sie mich in Ihrer intimsten Gedankenwelt begrüßt hätten – habe ich die Situation falsch eingeschätzt?«

Deutlich wird aus diesem Zitat, daß beim Lehrer durchaus der Wunsch vorhanden ist, sich der Person (und nicht nur der Rolle) der Schüler zuwenden zu können, daß er sich aber behindert fühlte. Er erwähnt sowohl persönliche Motive – seine Ängstlichkeit und seine Scheu – als auch institutionelle – die Schulstruktur –, die aber enger zusammenhängen als er meint. Nicht nur sind die Klassen zu groß, auch wird ein Lehrer, der sich allzusehr mit den Schülern beschäftigt (womöglich unter Absehen des phantasmatischen Charakters der Beziehungen), bald verdächtigt, aus der Solidarität unter den Lehrern ausbrechen zu wollen. Den Schülern wird zudem das Interesse des Lehrers ebenfalls bald unheimlich werden – nicht zuletzt deshalb, weil er dann eine größere Aktivität entwickelt als einem Übergangsobjekt zusteht –, und es kann sich dann die Meinung verbreiten, er sei homosexuell. Die unbewußt gemachte Affektivität taucht in solchen Gerüchten wieder auf. Die Schulstruktur enthält eine Art »double bind«, d.h., sie impliziert zwei Forderungen, die sich in der Realität ausschließen: Einerseits soll der Schüler in seiner persönlichen Entwicklung gefördert werden, andererseits wird aber eine entscheidende Dimension, die affektive, ausgeschlossen. »*Es ist darum so verzweifelt schwer für die Lehrer*«, stellt Adorno fest, »*es recht zu machen, weil ihr Beruf ihnen die in den meisten Berufen mögliche Trennung ihrer objektiven Arbeit – und ihre Arbeit an lebendigen Menschen ist genauso objektive Arbeit wie die darin analoge des Arztes – vom persönlichen Affekt verwehrt*« (1965: 80). In diesem Widerspruch spielte meine Legitimation als Wissenschaftler eine wichtige Rolle, weil sie – einem Stereotyp der Wissenschaft entsprechend – der Versicherung diente, nicht ein libidinös besetztes, sondern ein wissenschaftliches Interesse leite meine Untersuchung.

Als ich mit der Schuluntersuchung anfing, hatte ich bereits drei Jahre an diesem Gymnasium – an welchem ich einst selber Schüler gewesen war – Geschichte unterrichtet. Die Schulleitung zeigte sich wohlwollend gegenüber der Untersuchung, während einige Lehrer mißtrauisch blieben. Die Untersuchung brach nämlich mit einem allgemein anerkannten Tabu, das das Verhältnis der Lehrer untereinander regelte: Kein Lehrer soll sich um das kümmern, was fachlich beim anderen vor sich geht. Die manifeste und durchaus sinnvolle Struktur könnte man so umschreiben: Jeder Lehrer ist Herr seines Klassenzimmers und genießt das Vertrauen seiner Kollegen, da er ja vom Rektorat als fähig erachtet worden ist, an der Schule zu unterrichten. Wenn sich aber auch keiner der Lehrer offiziell in die Angelegenheiten des anderen mischen sollte, taten sie es indirekt doch; einige Lehrer setzten, meistens vor den Schülern oder befreundeten Kollegen, an anderen Lehrern aus, z.B. daß sie sich nicht an den Lehrplan halten würden. Aber diese Kritik zielte nur sekundär auf den Lehrgegenstand; in erster Linie ging es um die Schüler; und die Lehrer verdächtigten einander, sich die Klassen abspenstig zu machen. Sie verhielten sich so, als ob es sich bei den Klassen um Liebesobjekte handelte, um deren Liebe sie untereinander rivalisierten. Wellendorf verweist ebenfalls darauf, daß die libidinösen Impulse gegenüber den Schülern latent zu bleiben haben (1973: 209): »*Das heißt: auch die Triebimpulse des Lehrers* (und nicht nur die der Schüler, M.E.) *können als solche im sozialen Handeln des Lehrers nicht mit dargestellt werden. Der Ausschluß der sexuellen Bedürfnisse des Lehrers aus der offiziell zugelassenen Interpretation seiner sozialen Identität im Kontext des schulischen Interaktionssystems wird in letzter Instanz durch die massiven Sanktionen gesichert, die Lehrer für ›sittliche Verfehlungen‹ drohen*« (ebenda).

Die Abhängigkeit des Lehrers von seinen Schülern ist eines der zentralen Tabus des Lehrberufes. Von diesem Tabu zusammen mit der über ihn – von den anderen Lehrern, den Schülern sowie den Eltern – ausgeübten Kontrolle geht der entscheidende Regressionssog aus, der in der Infantilisierung des Lehrers endet. »*Je stärker sich ein Lehrer von Kindern oder Vorgesetzten in seiner Triebkontrolle und Selbstbehauptung bedroht fühlt*«, schreibt Fürstenau in seiner »Psychoanalyse der Schule als Institution« (1964b), »*desto größer wird für ihn die Versuchung, durch die Unterrichtsgestaltung unbemerkt Machtbedürfnisse zu befriedigen, um sein inneres*

Gleichgewicht wiederherzustellen. Fällt ein Lehrer dieser eigentümlichen Form triebhaften Verhaltens anheim, hat das beträchtliche Auswirkungen auf seine psychische Struktur. Es führt zu einer wesentlichen Einschränkung seiner schöpferischen, gestaltenden Kräfte, seiner Initiative und geistigen Elastizität. Immer mehr geraten alle seine geistigen Fähigkeiten mitsamt seinem Wissen und seiner Phantasie, ferner seine emotionalen Möglichkeiten menschlicher Anteilnahme und Einführung in den Dienst einer sich als Selbstbehauptung mißverstehenden Machtausübung. Auch die Realitätseinschätzung und Prüfung wird stark geschädigt. (...) Wirklichkeitsgerechte Wahrnehmung und realistisches Denken werden durch magisches Denken immer mehr verdrängt: Überall, wo sich Machttendenzen und Allmachtsphantasien eines Rollenträgers stark entfalten, werden die institutionsbezogenen ... Maßnahmen des Betreffenden mit unbegrenzt wirksamen Handlungen gleichgesetzt und damit maßlos überschätzt. In solchem Fall verliert der Lehrer die Distanz zu seinem Amt und zur Schule als Rollensystem. Er identifiziert die Schule mit dem Leben schlechthin und möchte die Kinder, die als Schüler ebenfalls nur eine begrenzte Rolle in der Schule spielen, total verpflichten« (a.a.O.: 75). Nach Fürstenau sind die Machtbedürfnisse der Lehrer sekundär, d.h., sie stehen im Dienste der Triebverdrängung. Diese Triebverdrängung ist ebenfalls eng mit dem initiatorischen Charakter der Schule verknüpft. Die Schulstruktur ist so, daß sie beim Lehrer – nicht zuletzt aufgrund der Regressionen, in die er versetzt wird – Triebschübe *induziert*, die ihn zwingen, seine Rolle als Abwehrmittel einzusetzen. Die Machtausübung, die sich ihm dann als Ausweg anbietet, bringt ihn überhaupt erst in die Position dessen, der die Jugendlichen initiieren kann.

Die Unbewußtheit, die beim Lehrer hervorgerufen wird, ist eine ungünstige Voraussetzung, um sich mit den Adoleszenten zu beschäftigen. Gerade weil ihre Dynamik die festgewordenen Formen und damit die in ihnen eingelagerte Unbewußtheit in Frage stellt und in Bewegung setzt, muß der Lehrer eine beträchtliche Abwehrleistung zustande bringen, die oft seine ganzen Kräfte aufzehrt. Das Lehrerzimmer, in das man sich in der Pause retten kann, wird zu einer Insel des Friedens, wo man sich, bevor man an die Front muß, erholen kann. Die Abwehrstruktur, in die der Lehrer gebracht wird, prädestiniert ihn dazu, die Adoleszenzformen zu schaffen, durch die er selbst gehen mußte, also vor allem die eingefrorene und die zerbrochene Adoleszenz. Wer darin eingepaßt werden kann, gilt als »guter« Schüler: er ist initiiert worden und hat sich die Form von Wissen angeeignet, die ihm die Karriere in denjenigen Institutionen ermöglicht, die für die Konservierung der bestehenden Verhältnisse eingerichtet sind.

Institutionen sind für Gehlen anthropologische Phänomene, d.h. in der Natur des Menschen fundiert: seine »*Weltoffenheit*« und die Instinktreduktion haben den Menschen eines biologischen Halts beraubt. »*Unter diesen Gesichtspunkten erscheinen die Institutionen einmal als die Formen der Bewältigung lebenswichtiger Aufgaben oder Umstände, so wie die Fortpflanzung oder die Verteidigung oder die Ernährung ein geregeltes und dauerndes Zusammenwirken erfordern; sie erscheinen von der anderen Seite als die stabilisierenden Gewalten: Sie sind die Formen, die ein seiner Natur nach riskiertes und unstabiles, affektüberlastetes Wesen findet, um sich gegenseitig und um sich selbst zu ertragen, etwas, worauf man in sich und den anderen zählen und sich verlassen kann*« (1961: 71).

Gehlen vertritt eine der amerikanischen »Culture and Personality« verwandte Ansicht (Barnouw 1973[2]), und es ist interessant zu sehen, wie die Liberalität der amerikanischen Ethnologen und der Konservativismus des deutschen Philosophen auf gemeinsamen Prämissen beruhen. Die Amerikaner (etwa Margaret Mead) schlossen von der Plastizität des Menschen auf seine Wandelbarkeit und knüpften daran ihre Hoffnung auf eine Besserung der Verhältnisse; für Gehlen hingegen war eben diese Wandelbarkeit das, was den Menschen bedroht, und er interessierte sich dafür, wie Stabilität und Kontinuität hergestellt werden können. »*Wenn die äußeren Sicherungen und Stabilisierungen, die in den festen Traditionen liegen, entfallen und mit abgebaut werden, dann wird unser Verhalten entformt, affektbestimmt, triebhaft, unberechenbar, unzuverlässig. Sofern nun auch normalerweise der Fortschritt der Zivilisation abbauend wirkt, nämlich Traditionen, Rechte, Institutionen schleift, insofern* vernatürlicht *er den Menschen, primitivisiert ihn und wirft ihn zurück auf die natürliche Unstabilität seines Instinktlebens. Die Bewegungen nach dem Verfall zu sind stets natürlich und wahrscheinlich, die Bewegungen nach der Größe, dem Anspruchsvollen und Kategorischen hin sind stets erzwungen, mühsam und unwahrscheinlich. Das Chaos ist ganz im Sinne ältester Mythen vorauszusetzen und* natürlich, *der Kosmos ist göttlich und* gefährdet« (1961: 59). Aus Gehlens Perspektive heraus muß die Adoleszenz als eine die Kultur gefährdende chaotische Phase und demzufolge die Initiation als notwendige Maßnahme erscheinen, denn in ihr findet mit dem Neuerwachen der Triebe der Einbruch der Natur statt, die Infragestellung der familiären Traditionen entformt das Verhalten und macht es triebhaft, unberechenbar und unzuverlässig. Gehlens Institutionstheorie macht deutlich, wie der Widerspruch zwischen Institution und Adoleszenz aussieht und wie er mit dem Widerspruch zwischen Kultur und Geschichte zusammenhängt.

Was Gehlen an den »kalten Kulturen«, die er »*archaische*« nennt, faszinierte, war die Art und Weise, wie sie ihren Kampf gegen den Wandel und die Geschichte führten. »*Diese Durchordnung des sozialen Zusammenhangs in der* Normierung *gerade der prekärsten Grundlagen bildet ein hocharchaisches und großartiges Thema der menschlichen Kultur, und wir werden sehen, daß höchst artifizielle, uns völlig ›unnatürlich‹ erscheinende Regelungen gerade den Schlüssel für die außerordentliche Stabilität der archaischen Hochkulturen bilden*« (1956: 120). Ist man an den Kräften interessiert, die den Kulturwandel hemmen, die Geschichte »einfrieren«, so ist die Lektüre Gehlens sehr anregend. Er sah deutlich, daß dieser Vorgang nur mittels einer »*Durchordnung*« des sozialen Zusammenhangs über »*höchst artifizielle, uns völlig ›unnatürlich‹ erscheinende Regelungen*« bewerkstelligt werden kann. Er hob hervor: »*Die Invarianz der Ideen und der Institutionen bedingen sich gegenseitig*« (a. a. O.: 46), und machte dadurch auch die Funktion der Initiation verständlich: Das in die Institution eingepaßte Individuum wird vor allem die zu ihr passenden Ideen produzieren. »*Die Institutionen einer Gesellschaft sind es also, welche das Handeln nach außen und das Verhalten gegeneinander auf Dauer stellen; auch die höchsten geistigen Synthesen, die ›idées directrices‹ dauern nur so lange, wie die Institutionen, in denen sie gelebt werden. Diese Stabilisierung besteht darin, daß die Menschen sich zu je ganz bestimmten, vereinseitigten, perspektivischen Inhalten der Außenwelt, ihrer eigenen menschlichen Natur und ihrer Denkbarkeiten entscheiden, und daß sie diese Entscheidungen eben durch ihre Institutionen hindurch festhalten*« (a. a. O.: 100). Aufgabe der Initiation ist es, das Individuum auf den Standpunkt zu fixieren, von dem aus die Perspektive der Institution stimmig wird, und diese Fixierungen müssen vor allem während der Adoleszenz, da alles ins Fließen kommt, zustande gebracht werden. Die eingefrorene und besonders die zerbrochene Adoleszenz sind in diesem Sinne günstige Voraussetzungen, um das reibungslose Funktionieren der Institu-

tionen zu gewährleisten. Über das Verhältnis von Bedürfnis und Institution schreibt Gehlen: »*Es ist also falsch, als Zwecke jedes Handelns die ›Aufhebung von Bedürfnissen‹ anzusetzen, wie dies Malinowskis ›funktionalistische Schule‹ tat. Man handelt* (in den Institutionen, M.E.) *um der Sache willen, diese ist Endstelle eines autonomen Interesses. Auch handelt man in Fortsetzung der Gewohnheit ... aber keineswegs generell im Hinblick auf die*

›*Aufhebung von Bedürfnissen*‹, *also auf einen subjektiven Zustand hin*« (a. a. O.: 70).

Zweifellos begreift Gehlen den Charakter der Institutionen besser, wenn er die »Sache« in den Vordergrund stellt, als wenn er von den Bedürfnissen der in ihr tätigen Individuen ausginge. Man kann zwar mit Apel sagen, »*daß Gehlen im Gegensatz zu Hegel nur die Notwendigkeit der Selbstentfremdung, nicht aber die Notwendigkeit ihrer immer erneuten Überwindung anzuerkennen scheint*« (1962: 207), man muß aber anerkennen, daß er die Wirkungsweise sozialer Zwänge um so deutlicher sah. So beschreibt er die Entstehung einer »*Sache*« unter anderem am Beispiel eines Herrschers, der zum »*Symbol*« des Gemeinschaftsgefühls wird. Es sei »*evident falsch*«, vom Gruppensinn auszugehen: »*Zahlreiche primitive Gesellschaften kommen in der Tat ohne die Institution des Herrschers aus. Ist er aber vorhanden, dann wird das Verhältnis der Gruppe zu sich selbst völlig transformiert. Jetzt kann, wie häufig, geglaubt werden, daß vom Wohle des Herrschers Bestand und Blüte der Gruppe abhängt, und sie wird sich selbst in neuer Art gegenständlich und zum Inhalt einer Sorge, die in dieser Form vorher nicht bestand. Und diese neue ›stabilisierte Spannung‹ verselbständigt sich ihrerseits, wie das Nationalgefühl*« (a. a. O.: 96). Berücksichtigt man, was Gehlen über das Verhältnis von Institution und Bedürfnis sagte, so wird nun verständlicher, wie durch die Einsetzung der Institution der Herrschaft die Bedürfnisse der Beherrschten ersetzt werden durch diejenigen der Herrschenden. Deren Bedürfnisse verwandeln sich in die »*Sache*«, um derentwillen die Gruppe nun handeln muß. Die Gruppe wird sich selbst »*gegenständlich*«, bekommt eine Identität, so wie die Azteken zu der ihrigen über die Gestalt Huitzilopochtlis kamen.

Ich hatte die These aufgestellt, daß die soziale Evolution nicht nur durch neue Bewußtseinsformen, sondern auch durch die Schaffung von Unbewußtheit ermöglicht wird (vgl. S. 234). Gehlen zeigt schön auf, welche Funktion religiöse Praktiken haben. Vom Ritus schreibt er: »*Hier liegt ein großartiger Prozeß der* Vereinfachung *vor, der sich im* Imperativ *darstellt*« (a. a. O.: 179). Dieser Imperativ: »*Man soll angesichts des Kultbildes den und den Ritus vollziehen*«, entlastet »*vom Willensentschluß, das Verhalten ist schon vorentschieden, und zwar unabhängig von der jeweiligen Affektlage, Stimmung und von den Randbedingungen der Situation; dies ist die Form, wie allein jenseits der geistlosen Gewohnheit ein Verhalten auf Dauer gestellt werden kann ...«* (ebenda). Gehlen verzichtet auf den Begriff des Unbewußten (1957: 94), und deshalb wird auch sein Begriff der Entlastung eindimensional, er kann nicht feststellen, auf wessen Kosten die Entlastung stattfindet bzw. welches System belastet wird, wenn das Ich entlastet wird. Was passiert mit der *»jeweiligen Affektlage, Stimmung«* und mit der Wahrnehmung der Randbedingungen, die durch das rituelle Handeln ausgeklammert werden? Der Ritus hat, wie Gehlen meint, eine ähnliche Funktion wie der Instinkt, *»wenn er Geist hätte«* (1956: 180): *»die analytische verlagernde Ratio gegenüber dem Gegenstand* (d. h. gegenüber dem Kultobjekt und dem Verhalten dazu, M. E.) *wird gehemmt, nämlich jenes experimentell-verlagernde Denken, das sein Objekt in Gedanken variiert, dekomponiert und unter wechselnden Bedingungen setzt, also das auf die Werkpraxis zugeschnittene rationale Verhalten. Was im Lichte der Instinktresiduen erscheint, wird jenem Problemhandeln entzogen, aber auch das, was im Lichte eines Sollens erscheint«* (a. a. O.: 180-181). Gehlen hätte nicht die Jagd und nicht die Australier als Beispiele wählen müssen – jede schulische, universitäre oder militärische Veranstaltung hätte ebenfalls Belege für seine Thesen liefern können. Auch da erhält das Handeln durch Aufstellung uneinsehbarer Imperative den Charakter von Ritualen und bleibt auf diese Weise *»am Zügel vorgeordneter Verpflichtungen«*. *»Dies wird allerdings um den Preis einer anderen Gefahr erreicht: der Überwucherung der Alltagspraxis durch magische Praktiken«* (a. a. O.: 181).

Huitzilopochtlis Kultbild *»entlastete«* die Beherrschten von ihren eigenen Willensentschlüssen, es bot eine gewisse Stabilität und Orientierung gegenüber der von Wandel hervorgerufenen Angst und Verunsicherung, diente aber gleichzeitig der Unbewußtmachung der Aggression der Beherrschten und ermöglichte damit den Schritt zur »heißen« Klassengesellschaft. Wir lernten auch die damit verbundene *»Durchordnung«* des sozialen Zusammenhangs ebenso wie die *»höchst artifizielle(n), uns völlig ›unnatürlich‹ erscheinende(n) Regelungen«*, etwa die Menschenopfer, kennen und sahen, wie die Alltagspraxis durch magische Praktiken überwuchert wurde. Die darin zum Ausdruck kommende gesellschaftliche Produktion von Unbewußtheit hemmte *»die analytisch verlagernde Ratio«*, also *»jenes experimentell-verlagernde Denken, das sein Objekt in Gedanken variiert, dekomponiert und unter wechselnden Bedingungen setzt«*. Im entscheidenden Augenblick konnte die herrschende Klasse der Azteken den zu Kultbildern gewordenen Spaniern deshalb auch nichts anderes als Zauberei entgegensetzen. Die Unbewußtheit, die einst die soziale Evolution vorangetrieben hatte, war in ein gegenevolutives Prinzip umgeschlagen.

Bei der Untersuchung dieser Fragen tauchte auch das Problem der Adoleszenz auf. Meine These war, daß es bei den Azteken während der Adoleszenz nicht zur Bildung starker Ich-Strukturen kam und daß sie deshalb gezwungen waren, die Frustrationen des Erwachsenseins regressiv zu bewältigen. Die Überwucherung der Alltagspraxis durch Magie war das Ergebnis der auch institutionell (z. B. durch die Religion) geförderten Regressionen. Gehlens Theorie der Institutionen macht nun deutlich, weshalb unter den gegebenen Umständen die Dynamik der Adoleszenz gebremst werden mußte. Aufgrund der Zweizeitigkeit der sexuellen Entwicklung wird die Adoleszenz zu einer Experimentierphase. Für sie ist die Infragestellung der in der frühen Kindheit gebildeten Imperative und Kultbilder charakteristisch, und dazu gehört, was Anna Freud die »*Intellektualisierung in der Pubertät*« (1936: 123) genannt hat: »*Die Themen, die diese Jugendlichen beschäftigen, und die Probleme, die sie zu lösen versuchen, sind sehr weitreichende. Es handelt sich bei ihnen gewöhnlich um die Formen der freien Liebe oder um Ehe und Familiengründung, um Freiheit oder Beruf, Wanderschaft oder Niederlassung, um weltanschauliche Fragen, wie Religion oder Freidenkertum, um die verschiedenen Formen der Politik, um Revolution oder Unterwerfung, um die Freundschaft selbst in allen ihren Formen*« (a. a. O.: 124-125). Sie weist nach, daß diese intellektuellen Vorgänge im Dienste der Triebbewältigung stehen: »*Was der Jugendliche in seinen abstrakten intellektuellen Gesprächen und Leistungen zustande bringt, sind keine Lösungsversuche von Aufgaben, die die Realität ihm stellt. Seine Gedankenarbeit entspricht eher einer gespannten Wachsamkeit für die Triebvorgänge in seinem Inneren und einem Umsetzen dessen, was er spürt, in abstrakte Gedanken. Die Weltanschauung, die er in Gedanken aufbaut, etwa die Forderung nach Umsturz in der Außenwelt, entspricht also der Wahrnehmung des Neuen und sein ganzes Leben Umstürzenden im Triebverlangen des eigenen Es. (...) Die Sehnsucht nach Führung und Unterstützung in dem oft aussichtslosen Kampf gegen die Triebstärke kann sich in scharfsinnige Beweise für die Unselbständigkeit des Menschen in politischen Entscheidungen umsetzen. Was sich im Intellektuellen äußert, wäre also eine Schilderung der*

Triebvorgänge. Das Motiv dieser gesteigerten Zuwendung von Aufmerksamkeit für den Trieb wäre aber der Versuch, ihn auf einem anderen Niveau zu fassen und zu bewältigen« (a.a.O.: 126-127).

Mary Douglas' These aufgreifend, daß die Wahrnehmung der Gesellschaft und die des Körpers eng miteinander korrespondieren (vgl. S. 236), können wir annehmen, daß die adoleszente Auseinandersetzung mit dem Trieb und den Vorgängen im Körper das Modell abgeben wird für die Art und Weise, wie der Adoleszente sich der Gesellschaft und insbesondere der Herrschaft gegenüber verhalten wird. Der pubertäre Triebdurchbruch zwingt jeden Menschen, sich mit diesem Geschehen zu beschäftigen, und die Erziehung vermittelt ihm die sozialen Kategorien dazu. Wo die Institutionen dem Jugendlichen Imperative aufzwingen, die sein Denken – die experimentell-verlagernde Ratio – hemmen, und statt dessen Rituale anbieten, wird die Ausbildung dieser wesentlichen Ich-Funktionen verhindert. Eine entscheidende Folge davon ist die Unfähigkeit des Individuums, zwischen inneren und äußeren Gefahren zu unterscheiden, die seine Regressionsanfälligkeit und damit auch die Neigung, bei magischen Praktiken Hilfe zu suchen, vergrößern wird.

Freud hat in seiner »Massenpsychologie und Ich-Analyse« (1921) die Funktionsweise von Institutionen, in denen Machtstrukturen eine wesentliche Rolle spielen, beschrieben (vgl. S. 189-194). Er stellte die Transformation des Individuums dar, das in der Institution regressiv wird, den Führer an die Stelle seines Überichs setzt und zielgehemmte libidinöse Strebungen auf die anderen zur Institution gehörenden Individuen richtet. Freuds Analyse deckt sich in mancherlei Hinsicht mit derjenigen, die Gehlen von den Institutionen macht. Auch Freud verweist auf die Entlastungsfunktionen der Institutionen, vor allem in Hinblick auf das Aggressionspotential, und wenn Gehlen die Rituale, Imperative und die Einschränkung des Denkens hervorhebt, so deckt sich das mit Freuds Beobachtungen über Tabus und über die Ausbreitung von primärprozeßhaften Vorgängen im Bewußtsein. Der Unterschied zwischen den beiden liegt in der Beurteilung des dynamischen Aspektes. Für Gehlen *»entarten (die Kulturen) immer von innen heraus, sie verfaulen an ihrer eigenen Fruchtbarkeit, und so hat jede ihre eigene unvoraussehbare Verfallsform. Schon deswegen bleibt der beliebte Vergleich dieser Zeit mit der des späten Rom an der Oberfläche, er muß sich an äußerliche Ähnlichkeiten halten. So fehlt uns völlig die antike Härte* *und Starrheit, aber auch ihr klassischer Gegensatz: jene Heiterkeit und Freiheit. Auch die bei uns schon greifbaren Verfallssymptome gab es in dieser Art noch nie: Lust und Lebensgewinn sind zum Rechtsanspruch geworden«* (a.a.O.: 119). Während Gehlen »*Lust und Lebensgewinn*« sowie »*Fruchtbarkeit*« als Verfallssymptome betrachtet, gelten sie Freud als »*Symptome der Gesundheit*« (A. Bauleo) und als Motoren der Geschichte. Bei Gehlen erscheint der Wandel vorwiegend unter einem negativen Aspekt, nämlich »*wenn Institutionen gesprengt oder erschüttert werden. Das geschieht jedesmal bei geschichtlichen Katastrophen, bei Revolutionen oder Zusammenbrüchen von Staatsgebilden oder Gesellschaftsordnungen oder ganzen Kulturen, auch bei gewaltsamen Interventionen aggressiver Kulturen in friedlichere*« (1961: 72). Entsprechend wichtig werden die Traditionen: »*›Hohe Kultur‹, sagte Nietzsche einmal, ›verlangt, viele Dinge ungeklärt stehen zu lassen‹, sie verlangt also Traditionen, die sich nicht erklären, sondern kraft Geltung des immer so Gewesenen respektiert werden*« (a.a.O.: 64). Freuds therapeutische Erfahrungen ließen ihn den Preis erkennen, den eine Kultur für ihre nicht hinterfragbaren Traditionen zu bezahlen hat; weil er so hoch ist, erscheint ihm der Wandel als notwendig und befreiend. Gleichzeitig jedoch sah Freud, daß die mit dem Wandel einhergehende Auflösung der Institutionen die in ihnen gebundene Aggression freisetzt und zerstörerisch statt befreiend wirkt. Im Gegensatz zu Gehlen aber, der für das Überich optierte und eine autoritäre sowie elitäre Lösung anstrebte, erhoffte sich Freud, daß ein gestärktes Ich fähig wäre, die Probleme zu bewältigen, die sich aus der geschichtlichen Entwicklung ergeben.

Ichstärke ist das Ergebnis einer gelungenen Adoleszenz. Freuds Maxime »*Wo Es war, soll Ich werden*« (1933 : 516) umschreibt auch zutreffend die Entwicklungsrichtung der Adoleszenz: die Nähe zum Es ebenso wie die Zuwendung der Realität, sowohl die Fähigkeit zur Liebe als auch die zur Arbeit; den Einbezug der Omnipotenzphantasien ins Ichideal und die Unterscheidung zwischen »Innen« und »Außen«. »Realität«, »Liebe«, »Arbeit«, »Innen und Außen« sind gesellschaftlich bedingte Phänomene, die je nach dem Stand der Produktivkräfte und Produktionsverhältnisse inhaltlich anders definiert sein werden. Was für die Adoleszenz spezifisch ist, sind aber nicht die Inhalte, sondern das spannungsvolle Verhältnis der Heranwachsenden dazu. Die Affinität zwischen Adoleszenz und Geschichte rührt daher, daß aus der Nähe zum Es, unter dem Druck der Größen- und Allmachtsphantasien, die gesellschaftlich vorgegebenen Formen der »Realität«, »Liebe«, »Arbeit« in Frage gestellt und neue Möglichkeiten eröffnet werden.

Die Verklammerung von Adoleszenz und Geschichte kommt auch darin zum Ausdruck, daß die Erfahrung der eigenen Adoleszenz und die Einstellung, die man zu ihr hat, die Voraussetzungen abgeben für die Konzepte des historischen Wandels. Und umgekehrt: Diese Konzepte legen den Reflexionsraum fest, der die Wahrnehmungen der eigenen und fremden Adoleszenz lenkt. Zum Beispiel müssen aus Gehlens Perspektive heraus die Formen, die ich die zerbrochene und die eingefrorene Adoleszenz nannte, als normal und erstrebenswert erscheinen, die *»gestreckte Adoleszenz«* (Bernfeld) und die verbrannte Adoleszenz hingegen als – übrigens voneinander nicht unterscheidbare – die Kultur bedrohende Abweichungen. *»Man kann auch den Fehler machen«*, schreibt Gehlen in seinem Aufsatz »Über die Geburt der Freiheit aus der Entfremdung« (1952), *»zu groß zu denken: nicht vom Menschen, sondern vom Individuum, vom Ich, und kann versuchen, das, was von der Idee Mensch aussagbar ist, auf diesen oder jenen Menschen direkt anzuwenden. Merkwürdig, daß das Ernstnehmen menschlicher hoher Möglichkeiten, wenn es sich direkt ins Leben hinein auswirken will, in so hohem Grade destruktiv sein kann. Wer das Gefühl der Freiheit und der großen Bestimmung des Menschen enthusiastisch realisieren, wer diese ungeheure Entlastung dahinströmend darleben will, wer in diesem Gedanken sein Herz höher schlagen fühlt, der ist nach einem rätselhaften Verhängnis der Schrittmacher der Guillotine. Diesen Idealismus bezeichnet scharf das Wort Mommsens von dem Richtbeil, das unbewußt hinter dem bewußten Gedanken einherwandelt ...«* (a.a.O.: 244-245). Er fährt fort: *»Der Mensch kann zu sich und seinesgleichen ein* dauerndes *Verhältnis nur* indirekt *festhalten, er muß sich auf einem Umwege, sich entäußernd, wiederfinden, und da liegen die Institutionen. Es sind dies die allerdings, wie Marx richtig sah, von den Menschen produzierten Formen, in denen das Seelische, ein auch im höchsten Reichtum und Pathos undulöses Material, versachlicht, in den Gang der Dinge verflochten und gerade nur damit auf Dauer gestellt wird. So werden wenigstens die Menschen von ihren eigenen Schöpfungen verbrannt und konsumiert und nicht von der rohen Natur, wie Tiere. Die Institutionen sind die großen bewahrenden und verzehrenden, uns weit überdauernden Ordnungen und Verhängnisse, in* *die die Menschen sich sehenden Auges hineinbegeben, mit einer für den, der wagt, vielleicht höheren Art von Freiheit als der, die in ›Selbstbetätigung‹ bestünde, in dem ›Ich, das sich selbst setzt‹ Fichtes oder in dessen modernerem Stiefbruder, dem ›Man for himself‹ E. Fromms*« (ebenda).

Bei Gehlen sind der Geschichtsablauf und der Fortschritt immer mit der Produktion von Unbewußtheit verknüpft. Die einzige Möglichkeit, mit dem umzugehen, was den Menschen nicht »höher« treibt, ist die Unbewußtmachung dieser Kräfte. Damit beschreibt er – meiner Ansicht nach zutreffend – eine wesentliche Voraussetzung, unter welcher Geschichte bisher stattfand. Genau diese Voraussetzung aber verhindert, daß Adoleszenz und Geschichte synchronisiert werden konnten, und begünstigte die Ausbreitung der Kümmerformen, also der zerbrochenen, eingefrorenen und verbrannten Adoleszenz.

Herrschaft und Unbewußtheit

Phantasmen der Herrschaft

In seiner »Psychoanalyse des Feuers« (1938) untersuchte Bachelard die Vorstellungen, die sich der Mensch vom Feuer gemacht hat. Die Poesie und die Mythen, geboren aus der Faszination vom Feuer, bestimmten lange Zeit auch den wissenschaftlichen Diskurs und verwandelten spielend das strengste Denken des Wissenschaftlers in poetische Träumereien. Was der Mensch über das Feuer phantasierte, wurde für Bachelard zum Material, um das Unbewußte in der Wissenschaft zu erforschen. »*Es handelt sich in der Tat darum, das Wirken unbewußter Werte bei der Grundlegung der empirischen und wissenschaftlichen Erkenntnis selbst aufzufinden. Wir müssen die wechselweise Beleuchtung, die unaufhörlich von den objektiven und sozialen Erkenntnissen auf die subjektiven und persönlichen Erkenntnisse fällt, darstellen, aber auch die umgekehrte Beleuchtung, die von der subjektiven auf die objektiven Erkenntnisse fällt. Wir müssen die Spuren der Erfahrung aus der Kinderzeit in der wissenschaftlichen Erfahrung wiederfinden. So sind wir berechtigt, von einem* Unbewußten des wissenschaftlichen Geistes *(...) zu reden und werden bei der Untersuchung eines besonderen Phänomens Anschauungen zusammentreffen sehen, die sich in den verschiedensten Gebieten gebildet haben*« (1938: 22-23).

Wie das Feuer, haben auch Macht und Herrschaft den Menschen zutiefst fasziniert. Im Zentrum ihrer psychischen Dimension steht der Narzißmus, der in ihnen seine höchste Befriedigung findet. Die Bilder, die sich der Mensch über »Herrschaft« macht, stehen unter dem Einfluß von Abkömmlingen des Narzißmus, sollen wenigstens die phantasierte Partizipation an der Macht der Mächtigen ermöglichen und den durch die gesellschaftlichen Verhältnisse verletzten Narzißmus wiederherstellen. In seinem Aufsatz über »Trophäe und Triumph« schreibt Fenichel: »*Es liegt im Interesse der Mächtigen, freiwillig dem Ohnmächtigen, dessen Aggression verhindert werden soll, Konzessionen zu machen; für freiwillig abgetretene Trophäen kann man dann wieder Kompensationen der Ehrfurcht und Unterwerfung verlangen und erhalten. Da aber* magische *Partizipationen die gleiche aggressionseinschränkende Wirkung haben können wie reale, können magische Machtpartizipationen aller Art Ohnmächtige freiwillig in der Ohnmacht erhalten. Die Illusion, von der Autorität, die einen erst der Aktivität beraubt und in eine masochi-*

stisch-rezeptive Haltung gebracht hat, geliebt und durch Zufuhren von Selbstgefühl erhalten und erhöht zu werden, ist offenbar ein Mittel, mittels dessen Klassengesellschaften sich erhalten« (1939: 228). Die aggressionshemmende magische Partizipation an der Macht ist die erste Funktion der Phantasmen der Herrschaft, der legitimationsstiftenden Bilder, in welchen Herrschaft bewußtseinsfähig wird. Solche Phantasmen sind z. B. die Gestalten von Christus als König und seinem Widersacher, dem Anti-Christ; wollte man ihre Wirkung untersuchen, könnte man etwa ihren Stellenwert in den politischen Auseinandersetzungen ausfindig zu machen versuchen. Oder man könnte Bachelards Fragestellung auf den wissenschaftlichen Diskurs über Macht und Herrschaft übertragen und das Wirken des Unbewußten bei der wissenschaftlichen Auseinandersetzung mit diesen sozialen Erscheinungen analysieren. Die Eloquenz zum Beispiel, mit welcher der Historiker K. Heinisch den Titel Friedrichs II. von Hohenstaufen »semper Augustus« erläutert, verrät deutlich einige unbewußte Mechanismen, die die Bilder der Machthaber produzieren. *»Das aber ist der Sinn der Worte ›semper Augustus‹, die in keiner der prunkhaften Aufzählungen der kaiserlichen Titel fehlen: das Erhabensein über die anderen Sterblichen, die erhebende Nähe zu Gott, die Unnahbarkeit des Herrschers, der erhaben sein will, weil er erhaben sein muß – durch Gottes Gnade, die Gottes Willen ist. In der Bejahung dieses göttlichen Willens aber liegt die Größe des Kaisers. Sie zwingt ihn, das zu sein, was er ist; sie erfüllt ihn aber auch mit jener Wonne, die aus der Übereinstimmung seines Willens mit dem Gottes entspringt und die ihre irdische Bestätigung in dem Glück der Untertanen findet, sofern diese ihre Wohlfahrt ... dem Glück des Kaisers verdanken wollen«* (1968: 6).

Mehr als die Darstellung dessen, was des Kaisers war, reproduziert Heinisch die Größen- und Allmachtsphantasien, die sich im Phänomen der Herrschaft kristallisieren. Die Faszination, die sie ausübt, regt die Phantasie an und produziert die Phantasmen, die im Dienste der Unbewußtmachung der Voraussetzungen der Herrschaft stehen. Gundolfs Buch »Cäsar: Geschichte seines Ruhmes« (1924), in welchem er die Bilder nachzeichnet, die die Geschichtsschreibung von Cäsar im Laufe der Jahrtausende entwarf, ist eine reiche Materialsammlung solcher Phantasmen, nur sind sie für Gundolf gar keine, sondern Ausdruck der wahren Größe Cäsars, und diese zu vergegenwärtigen sei Aufgabe des Historikers, des »Hüters der Bildung«. *»Heute, da das Bedürfnis nach dem starken Mann laut wird, da man der Mäkler und Schwätzer müd sich mit Feldwebeln begnügt statt der Führer, da man zumal in Deutschland jedem auffallenden militärischen, wirtschaftlichen, beamtlichen oder schriftstellerischen Sondertalent die Lenkung des Volkes zutraut und bald soziale Pfarrer bald unsoziale Generäle bald Erwerbs- und Betriebsriesen bald rabiate Kleinbürger für Staatsmänner hält, möchten wir die Voreiligen an den großen Menschen erinnern dem die oberste Macht ihren Namen und Jahrhunderte hindurch ihre Idee verdankt:* Cäsar. *Nicht als könnte solche*

Beschwörung einen Cäsar zeitigen. Nie wiederholt die Geschichte die Erscheinung ihrer immer gleichen Ideen, und kein Wissen um Gewesenes erschafft das notwendig Neue. (...) Wie der künftige Herr oder Heiland aussieht, weiß man erst, wenn er waltet. Seine Stunde und sein Werk weiß nur er selbst« (a.a.O.: 7).

Die wissenschaftliche Auseinandersetzung mit Macht und Herrschaft verläuft auch immer im Kraftfeld der Faszination, die sie ausüben. Wenn man ihr folgt, so taucht ein Teilbereich der Beziehungen zwischen Herrschaft und Unbewußtheit auf, und zwar in den Identifikationen, aufgrund deren das Bild der Herrschaft entworfen wird. Entweder man identifiziert sich mit den Herrschenden oder mit den Beherrschten. Im ersteren Fall werden die Größen- und Allmachtsphantasien, im letzteren die Geschichte der Kränkungen, Erniedrigungen und Beleidigungen angesprochen und reaktiviert. Erfährt man das Auftauchen dieser Erinnerungen als quälend und störend, kann es zu einem Austausch der Positionen und zu sekundären Identifikationen kommen, die dann im Dienst der Abwehr und Unbewußtmachung jener ersteren Identifikationen stehen.

Ich wunderte mich einmal darüber, daß ich von den Lebensbedingungen der Arbeiter nichts wußte, obwohl ich über zehn Jahre im Arbeiterquartier in Zürich gelebt und dort drei Jahre die Volksschule besucht hatte. Was mich wie ein magnetischer Schirm davon abgehalten hatte, mich in Beziehungen einzulassen, war ein für meine Verhältnisse eigentlich absonderliches Interesse an Kaiser Franz Joseph und den Habsburgern. Tagtraumartig beschäftigte ich mich mit der Idee, die österreichisch-ungarische Monarchie wiederherzustellen, ging in die Zentralbibliothek, um die »Neue Freie Presse« zu lesen, vergoß bittere Tränen, als ich in Stefan Zweigs »Welt von Gestern« dessen Beschreibung von der Fahrt Kaiser Karls I. ins Exil las, fand es empörend, daß man mich altershalber die »Sissy«-Filme nicht sehen ließ und stellte mir vor, daß ich die guten Lehrer einmal nach Wien berufen würde. Die Welt von gestern war mir gegenwärtiger als die, in der ich lebte. Weder die beengten ökonomischen Verhältnisse meiner Mutter noch die Probleme ihrer Arbeit und auch nicht die Kränkungen, die mit unserer Situation zusammenhingen, kamen mir zu Bewußtsein, bzw. sie konnten mit Hilfe meines historischen Konstruktes unbewußt gemacht werden.

Franz Joseph hatte für mich in dieser Situation den Charakter eines Phantasmas (vgl. S. 212). Seine Bedeutung kann in Analogie zu Freuds Analyse des Vergessens von Signorellis Namen untersucht werden. Als ich zwölf Jahre alt war, starb mein Vater, und meine Mutter kehrte in ihre Heimat nach Zürich zurück. Was ich vergessen bzw. verdrängen mußte, waren einerseits Probleme, die aus meinen durch die Pubertät aktualisierten *»Familienroman«* (Freud 1909) resultierten: Schuldgefühle, weil ich meinen Vater als alt und krank entwertet hatte, sowie wegen seines Todes etc. und andererseits Demütigungen, die ich bei der Einwanderung in die Schweiz erfuhr. Mein ursprüngliches Land, Ecuador, galt hier nichts, es war eine Bananenrepublik, von der man nicht einmal genau wußte, wo sie lag. Meine Vergangenheit (z.B. das, was ich dort in der Schule gelernt hatte) erschien wertlos, und um so größer war der Anpassungsdruck, dem ich ausgesetzt war. In kürzester Zeit verlernte ich meine Muttersprache, das Spanische, und eignete mir das »Schweizer-Deutsch« an. Wie eine Rettung kam es mir vor, als ich dem drohenden Identitätsverlust mit Hilfe Franz Josephs begegnen konnte. In ihm fand ich gleichsam den mächtigen Vater, und die Monarchie wurde mir zum Vaterland, auf das ich stolz sein konnte. In diesen Identifikationen erfüllten sich die in der Adoleszenz virulenten Größen- und Allmachtsphantasien; ich träumte mir eine Geschichte, die anders verlaufen wäre: Ohne Ersten Weltkrieg hätte es keinen Faschismus gegeben, meine Eltern wären nicht verfolgt worden ... Aufgrund solcher Prämissen war mir das, was in der Gegenwart vor sich ging, gar nicht faßbar. 1956 glaubte ich im Ungarn-Aufstand endlich die Gelegenheit zu sehen, um Erzherzog Otto auf den ungarischen Thron erheben zu helfen. Meine Beziehungen zu Gleichaltrigen schrumpften zusammen, ein Schulfreund, den ich in mein Geheimnis einweihte, wandte sich entsetzt ab, als ich ihm einen Ministerposten vorschlug. Diese Realitätsverkennung sowie soziale Verkümmerung standen in einem engen Wechselbild zum Herrscherbild, das ich mir von Kaiser Franz Joseph machte. Ich glaubte an sein vorbildliches Pflichtbewußtsein, an die väterliche Liebe, die er für seine Völker hegte und die ihn 1914 – wie es im offiziellen Dekret hieß – zum Schwerte greifen ließ, und ebenso nahm ich voller Mitgefühl an den Tragödien seines Lebens teil. Kurz: ich glaubte an all das, was seine Macht als Herrscher legitimierte. Ich wäre ein treuer Untertan gewesen. Aber dieser Legitimationsglaube beruhte ja nicht nur auf dem kunstvoll ausgemalten Bild des »alten Kaisers«, sondern ebenso auf der Unbewußtheit über meine eigene Situation. Um so an Franz Joseph glauben zu können, mußte ich massiv das verdrängen, was mir damals unverträglich schien. Das Herrschaftsbild trug dazu bei, die Verdrängung durchzuführen und aufrechtzuerhalten, und das, was sogar noch dem seit fast einem halben Jahrhundert verstorbenen Monarchen Leben einhauchte, waren die von der realen Situation so arg ramponierten Größen- und Allmachtsphantasien.

Diese Episode aus meiner Adoleszenz kann zur Illustration der These herangezogen werden, daß der Legitimationsglaube, woraus der Konsens zwischen Herrscher und Beherrschten erwächst, in Klassengesellschaften auf der Unbewußtmachung kränkender und erniedrigender Aspekte des Lebens der Beherrschten beruht. Der soziale Konsens hätte somit eine bewußte und eine unbewußte Seite; zum Bewußtsein gehörten diejenigen Inhalte, die die Vorteile der Herrschaft hervorheben, wie z.B. ihre Schutz- und Ordnungsfunktion, und ins Unbewußte müßten diejenigen Wahrnehmungen verdrängt werden, die – würden sie Teil des Bewußtseins bilden – die Individuen zu einer Veränderung ihrer Situation veranlassen könnten. Durch diese Hypothese ließe sich die soziale Wirksamkeit der an sich oft völlig unglaubhaft erscheinenden Rechtfertigungsversuche einer herrschenden Klasse erklären. Sie werden geglaubt, weil sie die unannehmbare Realität verdrängen helfen, die Flucht in die Illusion erlauben und die Größen- und Allmachtsphantasien der Unterworfenen »erlösen«.

Am Mittwoch, den 29. Juli 1914, veröffentlichte die Wiener Reichspost, das »unabhängige Tagblatt für das christliche Volk Österreich-Ungarns«, die offizielle Ankündigung des Krieges:

»*An meine Völker!*

Es war Mein sehnlichster Wunsch, die Jahre, die Mir durch Gottes Gnade noch beschieden sind, Werken des Friedens zu weihen und Meine Völker vor den schweren Opfern und Lasten des Krieges zu bewahren.

Im Rate der Vorsehung ward es anders beschlossen.

Die Umtriebe eines haßerfüllten Gegners zwingen Mich, zur Wahrung der Ehre Meiner Monarchie, zum Schutze ihres Ansehens und ihrer Machtstellung, zur Sicherung ihres Besitzstandes nach langen Jahren des Friedens zum Schwerte zu greifen.

Mit rasch vergessendem Undank hat das Königreich Serbien, das von den ersten Anfängen seiner staatlichen Selbständigkeit bis in die neueste Zeit von Meinen Vorfahren und Mir gestützt und gefördert worden war, schon vor Jahren den Weg offener Feindseligkeit gegen Österreich-Ungarn betreten.

Als Ich nach drei Jahrzehnten segensvoller Friedensarbeit in Bosnien und der Herzegovina Meine Herrscherrechte auf diese Länder erstreckte, hat diese Meine Verfügung im Königreich Serbien, dessen Rechte in keiner Weise verletzt wurden, Ausbrüche zügelloser Leidenschaft und erbittertsten Hasses hervorgerufen. Meine Regierung hat damals von dem schönen Vorrechte des Stärkeren Gebrauch gemacht und in äußerster Nachsicht und Milde von Serbien nur die Herabsetzung seines Heeres auf den Friedensstand und das Versprechen verlangt, in Hinkunft die Bahn des Friedens und der Freundschaft zu gehen.

Von demselben Geiste der Mäßigung geleitet, hat sich Meine Regierung, als Serbien vor zwei Jahren im Kampfe mit dem türkischen Reiche begriffen war, auf die Wahrung der wichtigsten Lebensbedingungen der Monarchie beschränkt. Dieser Haltung hatte Serbien in erster Linie die Erreichung des Kriegszweckes zu verdanken.

Die Hoffnung, daß das serbische Königreich die Langmut und Friedensliebe Meiner Regierung würdigen und sein Wort einlösen werde, hat sich nicht erfüllt.

Immer höher lodert der Haß gegen Mich und Mein Haus empor, immer unverhüllter tritt das Streben zutage, untrennbare Gebiete Österreich-Ungarns gewaltsam loszureißen.

Ein verbrecherisches Treiben greift über die Grenze, um im Südosten der Monarchie die Grundlagen staatlicher Ordnung zu untergraben, das Volk, dem Ich in landesväterlicher Liebe Meine volle Fürsorge zuwende, in seiner Treue zum Herrscherhaus und zum Vaterland wankend zu machen, die heranwachsende Jugend irrezuleiten und zu frevelhaften Taten des Wahnwitzes und des Hochverrats aufzureizen. Eine Reihe von Mordanschlägen, eine planmäßig vorbereitete und durchgeführte Verschwörung, deren furchtbares Gelingen Mich und Meine treuen Völker ins Herz getroffen hat, bildet die weithin sichtbare blutige Spur jener geheimen Machenschaften, die von Serbien aus ins Werk gesetzt und geleitet wurden.

Diesem unerträglichen Treiben muß Einhalt geboten, den unaufhörlichen Herausforderungen Serbiens ein Ende bereitet werden, soll die Ehre und Würde Meiner Monarchie unverletzt erhalten und ihre staatliche, wirtschaftliche und militärische Entwicklung vor beständigen Erschütterungen bewahrt bleiben.

Vergebens hat Meine Regierung noch einen letzten Versuch unternommen, dieses Ziel mit friedlichen Mitteln zu erreichen, Serbien durch eine ernste Mahnung zur Umkehr zu bewegen.

Serbien hat die maßvollen und gerechten Forderungen Meiner Regierung zurückgewiesen und es abgelehnt, jenen Pflichten nachzukommen, deren Erfüllung im Leben der Völker und Staaten die natürliche und notwendige Grundlage des Friedens bildet.

So muß ich denn daran schreiten, mit Waffengewalt die unerläßlichen Bürgschaften zu schaffen, die Meinen Staaten die Ruhe im Innern und den dauernden Frieden nach außen sichern sollen.

In dieser ernsten Stunde bin Ich Mir der ganzen Tragweite Meines

Entschlusses und Meiner Verantwortung vor dem Allmächtigen voll bewußt.

Ich habe alles geprüft und erwogen.

Mit ruhigem Gewissen betrete Ich den Weg, den die Pflicht Mir weist.

Ich vertraue auf Meine Völker, die sich in allen Stürmen stets in Einigkeit und Treue um Meinen Thron geschart haben und für die Ehre, Größe und Macht des Vaterlandes zu schwersten Opfern immer bereit waren.

Ich vertraue auf Österreich-Ungarns tapfere und von hingebungsvoller Begeisterung erfüllte Wehrmacht.

Und ich vertraue auf den Allmächtigen, daß Er Meinen Waffen den Sieg verleihen werde.

Franz Joseph m.p.

Stürgkh m.p.«

Diese Bekanntmachung, die mit nur geringfügigen Änderungen und einem »demokratischeren« Vokabular auch den Text für eine Reagan-Rede abgeben könnte, legitimierte den Krieg durch eine Reihe eigenartiger Argumente: Als handelnde Subjekte erschienen der Kaiser, seine Familie, seine Völker und der Feind: das Königreich Serbien. Es ging in erster Linie um die Ehre; der Krieg wurde zum Zweikampf, der nur deshalb kein ritterlicher war, weil der Feind ein haßerfüllter Gegner war. Daß Franz Joseph zwar zum Schwerte griff, aber zu Hause blieb, erwies sich als ein Problem, das die Geister entsprechend beschäftigte. Der General der Infanterie, Emil von Woinovich, korrespondierendes Mitglied der kaiserlichen Akademie der Wissenschaften, schrieb in dem Buch »Aus der Werkstatt des Krieges«, das auch Beiträge von A. Polgar, H. v. Hofmannsthal, S. Zweig und anderen mit dem Kreis des »Jungen Wien« verbundenen Autoren enthielt: »*Schmerzlicher, als wir alle es zu ahnen vermögen, muß es unserem erlauchten Monarchen ... gewesen sein, in diesen Schicksalstagen nicht die Siegesfahnen seiner Heere ins Feindesland begleiten zu dürfen. Aber das Alter, das sonst über seine Tätigkeit und seine Entschließung noch nirgends Macht gewonnen hat, das ihn immer noch den Arbeitsamsten und Tätigsten aller sein läßt, hat ihm zu den vielen Pflichten noch eine letzte auferlegt, die schmerzlichste: in diesen Tagen, da seine Erscheinung, seine tätige Gegenwart uns nötiger denn je, sich selbst zu schonen. (...)*

In starken, von mächtigem Pathos getragenen Worten erklingt seine Stimme, aufrufend und dankend an seine Armee, an seine Völker, und die Hand, die mit ihrer Unterschrift den aufgezwungenen Krieg zu beginnen genötigt war, wird es auch sein, die unter der siegreichen Friedensurkunde den Namen unseres geliebten Herrschers setzt. In ihm ist Anfang und Ende des Krieges beschlossen. Heute wie immer ist unser Monarch Kaiser Franz Joseph der erste Krieger des Reiches« (1915: 6-7).

Ein weiteres typisches Element für diese Form von Diskursen ist die Verschwörungstheorie. Der Haß gegen Franz Joseph und seine Herrschaft ebenso wie die Unabhängigkeitsbestrebungen der unterdrückten Nationalitäten konnten nur als Ergebnis eines *»verbreche-*

rischen Treibens«, das von jenseits der Grenze kommen mußte, begriffen werden. Was G. Simmel über die Funktion der Verschwörungstheorie in bezug auf Revolten und Aufstände schrieb, gilt auch für alle anderen Arten der Ablehnung, die sich gegen die herrschenden Klassen richten. Die Verschwörungstheorie entstamme »*der Tendenz der Höherstehenden, die Tieferen, die bisher in einem einheitlichen, engeren Verhältnis zu ihnen gestanden haben, doch noch zu exkulpieren. Denn indem sie die Fiktion aufbringen: die Rebellen wären gar nicht schuldig, sie wären nur aufgehetzt, die Rebellion* (und ganz allgemein der Haß, M. E.) *ginge gar nicht von ihnen aus – exkulpieren sie sich selbst, negieren sie von vornherein jeden realen Grund des Aufstandes*« (1908: 688).

Franz Joseph war nicht nur *der* Krieger, sondern auch der mächtige Vater, der in »landesväterlicher Liebe« dem Volk seine »volle Fürsorge« zuwendete, und – nachdem er alles geprüft und erwogen – ruhigen Gewissens seine Pflicht tat und für die Ehre, Größe und Macht des Vaterlandes zu den schwersten Opfern aufrief. Solch einen Vater zu haben, mußte die Söhne mit Stolz erfüllen und sie danach streben lassen, wie er zu werden, und das hieß auch, die Dinge so zu sehen, wie er sie sah. Auch Freud verfiel damals in diese Position. »*Seine erste Reaktion*«, schreibt Jones, »*war ... eher ein jugendlicher Enthusiasmus, anscheinend das Wiederaufleben der militärischen Begeisterung seiner Knabenzeit*« (1962: II, 207). »*Jugendlicher Enthusiasmus*« ist eigentlich ein Euphemismus, der Jones daran hinderte, sich doch mehr darüber zu wundern, weshalb Freud, dieser Skeptiker, der zu seiner Gesellschaft und zur Herrschaft ein distanziertes Verhältnis besaß, der »*militärischen Begeisterung seiner Knabenzeit*« regressiv verfiel und die Geschehnisse gleich wie die Leitartikel der »Neuen Freien Presse« beurteilte. Am 26. Juli 1914, drei Tage nach dem österreichisch-ungarischen Ultimatum an Serbien, schrieb er an K. Abraham:

»*Ich fühle mich aber vielleicht zum ersten Mal seit 30 Jahren als Österreicher und möchte es noch einmal mit diesem wenig hoffnungsvollen Reich versuchen. Die Stimmung ist überall eine ausgezeichnete. Das Befreiende der mutigen Tat. – Man beobachtet an allen Leuten die echtesten Symptomhandlungen. Ich wünsche Ihnen den ungetrübten Genuß der wohlverdienten Ferien. Ihr herzlich ergebener Freud*« (Freud u. Abraham 1965: 180).

»*Österreicher sein*« hieß doch »*Untertane sein*« und was Freud dazu verleitete war »*das Befreiende der mutigen Tat*«: Österreich und Franz Joseph schlugen zurück, verhielten sich also nicht wie einst Freuds Vater, der sich nicht gegen einen antisemitischen Angriff wehrte und sich nicht für die Demütigungen rächte (Jones 1960: I, 43). Freud erlebte aus der Regression heraus, in die ihn die Ereignisse versetzt hatten, die Weltpolitik als Variation seiner Familiengeschichte. Das Phantasma der Herrschaft nahm die Gestalt des Vaters an. Aber wie wenn er ahnte, daß es nicht mit gerechten Dingen zugeht, verweist er auf die Häufigkeit der Symptomhandlungen. Treten diese gehäuft auf, so bedeutet das, daß auch viel verdrängt werden muß (vgl. Freud 1901: 212f.). Der letzte Absatz vom Brief, über den auch Schur staunt (1972: 345), hat selbst den Charakter einer Symptomhandlung. Wie in solchen Fällen üblich, führt man sie aus, »*ohne sich etwas dabei zu denken*«, und indem Freud Abraham schöne Ferien wünschte, konnte er seine Ängste und Bedenken sowie Regungen, die den im Augenblick herrschenden entgegengesetzt waren, verdrängen. Abrahams Reaktion stützte diese Verdrängungen: auch er – ein sonst sehr friedlicher Mensch – fühlte teutonisch und war ganz begeistert vom Krieg. Am 14. August schrieb er an Freud: »*Die ersten großen Erfolge haben hier die Stimmung außerordentlich gehoben. Seit vorgestern sind wir fast ohne Nachrichten von den Kriegsschauplätzen. Vermutlich vollzieht sich gerade gegenwärtig Großes. Infolgedessen sind wir in größter Spannung*« (a.a.O.: 185). Die Antwort Freuds erfolgte am 25. August. Er freute sich, endlich wieder von Abraham zu hören, und dann berichtete er von den Schwierigkeiten, seine Familie zusammenzubringen, aber es ist so, wie wenn Freud sich weigerte anzuerkennen, daß der Krieg nicht »irgendwo in der Türkei« stattfinde, sondern nun ihn selbst treffe. Sogar als er mitteilt, sein ältester Sohn Martin habe sich als Freiwilliger gemeldet, fällt kein Wort des Bedenkens darüber, daß dieser freiwillig in den Krieg zieht für eine Gesellschaft, die er, Freud, wegen ihrer Heuchelei verurteilt hatte. Auch der Schwiegersohn in Hamburg sei einberufen worden. Und im nächsten Absatz erzählt er, daß Rank »*heiter wie immer*« die Bibliothek katalogisiere, »*da wir alle für wissenschaftliche Arbeiten gegenwärtig unbrauchbar sind*«. Er fuhr fort: »*Ich habe jetzt endlich so schöne Muße in meinem eigenen Arbeitszimmer, wie ich mir's immer gewünscht habe. Aber so sehen erfüllte Wünsche aus! Ich lebe wie die übrigen von einem deutschen Sieg zum anderen und quäle mich inzwischen mit der Angst vor neuen Komplikationen, Neutralitätsbrüchen usw. Es scheint ja, daß die ganz unerhörten Leistungen unserer Verbündeten uns bereits gerettet haben. Es ist eine große und schreckliche Zeit«* (am 25. August 1914; a.a.O.: 186).

Freud identifizierte sich weiter mit der Herrschaft, lebte *»von einem deutschen Sieg zum anderen«* und sprach von *»unseren Verbündeten«*. Auch Abraham sah sich wie ein siegreicher Feldherr und verkündete die militärischen Erfolge, als ob es seine wären. *»Die deutschen Truppen stehen kaum 100 Kilometer von Paris. Belgien ist erledigt, England zu Lande desgleichen. Mit Rußland geht es jetzt nicht anders«* (am 29. August 1914, a.a.O.: 187). Freud erwiderte am 3. September: *»Wir haben an den deutschen Siegen einen festen Halt für unsere Stimmung gewonnen, und sind von den Erwartungen der eigenen in der heftigsten Weise erschüttert worden.* (Österreich verlor eine Schlacht nach der anderen, M.E.) *Es scheint ja gut zu gehen, aber es ist nichts Entscheidendes, und die Hoffnung auf eine rapide Erledigung der Kriegssache durch katastrophale Schläge haben wir aufgegeben. Die Zähigkeit wird die Haupttugend werden. Unter diesen Umständen neigt sich das Interesse etwas nach der Wissenschaft hin«* (a.a.O.: 188).

Freud tauchte allmählich aus der gesellschaftlich induzierten Regression auf und konnte sich wieder der Wissenschaft zuwenden. Das Phantasma der Herrschaft begann in sich zusammenzufallen. *»Es ist ein fortgesetztes Abbröckeln, bei dem es nicht leicht ist, wie Ihr Kaiser mit Recht verlangt hat, ›gute Nerven‹ zu behalten. Meine Arbeiten sind nach schönen Erfolgen in tiefes Dunkel geraten; ...«* (am 11. Dezember 1914; a.a.O.: 197). Im November 1914 schrieb er an Lou Andreas Salomé: *»Da wir die gegenwärtig höchste Kultur nur mit einer enormen Heuchelei behaftet sehen, so taugen wir organisch nicht für diese Kultur. Wir haben abzutreten, und der oder das große Unbekannte hinter dem Schicksal wird ein solches Kulturexperiment einmal mit einer anderen Rasse wiederholen«* (zit. n. Schur 1972: 348).

In dem Maße, wie das Phantasma zerfiel, wurde auch wieder die Heuchelei sichtbar, aufgrund deren die Gewalt legitimiert erschien. In einem Brief an den Holländer Van Eeden erläuterte ihm Freud Ende Dezember 1914 zwei Grundthesen der Psychoanalyse, nämlich: *»daß die primitiven, wilden und bösen Impulse der Menschheit bei keinem Einzelnen verschwunden sind, sondern noch fortbestehen, wenngleich verdrängt, im Unbewußten ... Sie hat uns ferner* *gelehrt, daß unser Intellekt ein schwächliches und abhängiges Ding ist, ein Spielball und Werkzeug unserer Triebregungen und Affekte ... Und nun blicken Sie auf die Vorgänge dieser Kriegszeit, auf die Grausamkeiten und Rechtsverletzungen, deren sich die zivilisierten Nationen schuldig machen, auf die verschiedene Art, wie sie die eigenen Lügen, das eigene Unrecht und das der Feinde beurteilen, auf die allgemeine Einsichtslosigkeit und gestehen Sie mir zu, daß die Psychoanalyse mit beiden Behauptungen recht gehabt hat«* (zit. n. Schur, a.a.O.: 349-350). Die Kriegszeit wurde ihm nun, im Januar 1915, *»eine lange Polarnacht, und man muß warten, bis die Sonne wieder aufgeht«* (Freud u. Abraham 1965: 201). Im März 1915 machte sich Freud daran, seine Erfahrungen im Essay »Zeitgemäßes über Krieg und Tod« öffentlich bekanntzugeben. Die Arbeit fängt folgendermaßen an: *»Von dem Wirbel dieser Kriegszeit gepackt, einseitig unterrichtet, ohne Distanz von den großen Veränderungen, die sich bereits vollzogen haben oder zu vollziehen beginnen, und ohne Witterung der sich gestaltenden Zukunft, werden wir selbst irre an der Bedeutung der Eindrücke, die sich uns aufdrängen, und an dem Werte der Urteile, die wir bilden. Es will uns scheinen, als hätte noch nie ein Ereignis so viel kostbares Gemeingut der Menschheit zerstört, so viele der klarsten Intelligenzen verwirrt, so gründlich das Hohe erniedrigt«* (1915: 324). Das Irrewerden an der Bedeutung der sich aufdrängenden Eindrücke sowie an dem Werte der Urteile ist die erste Stufe der Verdrängung dessen, was man tatsächlich erfährt, zugunsten dessen, was im Dienste der Legitimation der Herrschaft erfahren werden *sollte*. Auch Freud verfiel diesem Mechanismus, und nur allmählich gelang es ihm, ihn außer Kraft zu setzen. Was sich daraufhin einstellte war Enttäuschung, und Freud war stolz darauf: *»denn sie besteht in der Zerstörung einer Illusion. Illusionen empfehlen sich uns dadurch, daß sie Unlustgefühle ersparen und uns an ihrer Statt Befriedigungen genießen lassen. Wir müssen es dann ohne Klage hinnehmen, daß sie irgend einmal mit einem Stücke der Wirklichkeit zusammenstoßen, an dem sie zerschellen«* (a.a.O.: 331).

Was Freud hier als »Illusion« bezeichnet, hängt wesentlich mit dem zusammen, was von mir »Phantasma« genannt wurde. Das Phantasma schafft die Illusion, man könne sich auf die Herrschaft verlassen, sie werde einen – wie man es sich einst vom Vater erhofft hatte – beschützen und die Guten belohnen sowie die Bösen bestrafen. *»Von den großen weltbeherrschenden Nationen weißer*

Rasse, denen die Führung des Menschengeschlechtes zugefallen ist, die man mit der Pflege weltumspannender Interessen beschäftigt wußte, deren Schöpfungen die technischen Fortschritte in der Beherrschung der Natur wie die wissenschaftlichen und künstlerischen Kulturwerte sind, von diesen Völkern hatte man erwartet, daß sie es verstehen würden, Mißhelligkeit und Interessenkonflikte auf anderem Wege zum Austragen zu bringen« (a.a.O.: 326).

Das Phantasma des »guten Herrschers« tauchte bei Freud – trotz aller Enttäuschungen – immer wieder auf. Noch 1927 benützte er in der »Zukunft einer Illusion« Argumente, die wie ein ferner Nachklang jener Phantasmen sind. Er schrieb: *»Nur durch den Einfluß vorbildlicher Individuen, die sie* (die Massen, M.E.) *als ihre Führer anerkennen, sind sie zu den Arbeitsleistungen und Entsagungen zu bewegen, auf welchen der Bestand der Kultur angewiesen ist. Es ist alles gut, wenn diese Führer Personen von überlegener Einsicht in die Notwendigkeiten des Lebens sind, die sich zur Beherrschung ihrer eigenen Triebwünsche aufgeschwungen haben. Aber es besteht für sie die Gefahr, daß sie, um ihren Einfluß nicht zu verlieren, der Masse mehr nachgehen als diese ihnen, und darum erscheint es notwendig, daß sie durch Verfügung über Machtmittel von der Masse unabhängig seien«* (a.a.O.: 328-329). Aber bereits sechs Jahre früher hatte Freud in »Massenpsychologie und Ich-Analyse« (1921) nachgewiesen, aufgrund welcher Voraussetzungen Herrschaft nie oder doch nur selten solch segensreichen Einfluß ausüben könne (vgl. S. 189). Man hat den Eindruck, daß Freud immer wieder von neuem mit der Enttäuschung über das Versagen der Herrschaft ringen mußte und, wie rückfällig, neue Hoffnungen an das Phantasma des »guten Herrschers« knüpfte, zuletzt etwa in »Der Mann Moses und die monotheistische Religion« (1939).

Diese Phantasmen könnten mit Gehlen auch als *»institutionelle Fiktionen«* (1956: 231ff.) bezeichnet werden: *»Die obligatorisch gewordene Fiktion ist eine Realität eigenen Rechtes. Und dies gilt vor allem nun im Bereiche des Bewußtseins. Man hat sich oft genug über die primitive ›Verwechslung‹ der Vorstellung mit der Wirklichkeit gewundert, und dennoch sind die Primitiven keineswegs Paranoiker. Wenn sich daher ›Vorstellungen‹ finden, die ohne Augenschein oder im Gegensatz zu diesem für Realitäten gelten, so hat man nach den Kernbeständen zu suchen, von denen her sie abgeleitet sind, und man wird auf Institutionen treffen. (...) Ganz allgemein erhalten diejenigen ›Vorstellungen‹, die institutionalisiert* *werden können, von der Realität, der Einseitigkeit und der Sollgeltung dieser Institutionen her ein Superadditum an Geltung, das sie der Möglichkeit des subjektiven Infragestellens enthebt, sie werden dann selbst als obligatorisch empfunden und streifen den Charakter der Subjektivität vollständig ab*« (a.a.O.: 236-237). Bei den Azteken fanden wir die »*institutionalisierte Fiktion*« des kannibalistischen Herrschers, der nur durch Menschenfleisch seine Kraft erneuern konnte (vgl. S. 259), und es bedurfte eines großen, von der Religion besorgten Aufwandes, um diese Fiktion zu erhalten. Meine These war, daß dieses Phantasma im Dienste der Unbewußtmachung der Aggressionen stand, die die Entmündigungsprozesse bei den Beherrschten auslösten. Auf der psychischen Ebene betrachte ich diese Fiktionen als Produkte von Abwehrmechanismen, die institutionell abgesichert sind. Um sie zu untersuchen, müssen wir den psychischen Zustand, in den Herrschaft die Beherrschten versetzt, berücksichtigen. Aber das ist nur die eine Seite der Fiktion; die andere betrifft die Herrschenden selbst: Was passiert mit den Individuen, die diese institutionelle Fiktion der Herrschaft leben, das heißt in die Maske dieser Phantasmen schlüpfen?

In seinem Aufsatz »Die Utopie des guten Herrschers« (1972) schreibt Habermas: »*In unser Institutionssystem ist, wie bisher in jede andere, eine strukturelle Gewalt eingebaut, die Versuchen der Erweiterung partizipatorischer Demokratie entgegensteht. Diese latente Gewalt stützt sich auf die stille Wirksamkeit von Legitimationen, auf eine systematische, aber unauffällige Einschränkung willensbildender Kommunikation, wodurch bestimmte Themen öffentlicher Behandlung und bestimmte Materien überhaupt der Entscheidung entzogen werden. Ich halte es für aussichtsreich, das Funktionieren eingeschränkter Kommunikation und die selbstreflexive Durchbrechung solcher Kommunikationsschranken anhand des Modells zu untersuchen, das die Psychoanalyse bietet*« (a.a.O.: 386 bis 387). Die Theorie der Adoleszenz zielte darauf, das in ihr eingelagerte Potential an selbstreflexiver Durchbrechung aufzuweisen. Im folgenden geht es darum, die im System der Herrschaft vorhandenen Barrieren zu untersuchen, die durch Produktion von Unbewußtheit die gesellschaftliche Entwicklung hemmen.

Der Narzißmus der Herrschenden, ihre Unbewußtheit und Aggression

Wenn Freud von der Feindseligkeit der Unterdrückten gegen die Kultur spricht (vgl. S. 206), verweist er uns auf den einen, auf den sozialen Ursprung der gegen die Kultur gerichteten Aggressivität. Aber Freud ging bekanntlich davon aus, daß der Mensch eine in seiner Triebstruktur verankerte Aggression besitzt (Freud 1921), und sah in deren Bewältigung eines der Hauptprobleme der Kultur (Freud 1930). Vermischung mit Libido, Schaffung eines Überichs, das mittels Schuldgefühlen die Aggression nach innen wendet, und schließlich Unbewußtmachung sind die wichtigsten Strategien, um mit dieser Aggression fertig zu werden, d.h. die Kultur vor ihr zu verschonen. Die Geschichte zeigt jedoch, daß die Versuche, die menschliche Aggression zu meistern, immer wieder scheitern. Dieses Scheitern führt Eißler auf die Verbindung der Aggression mit Narzißmus und Ambivalenz zurück, durch welche die menschliche Aggression in eine unersättliche und destruktive Kraft verwandelt wird. Jedes Element für sich ist lebenserhaltend und -fordernd: *»Die Ambivalenz steht der Fixierung an Objekte im Weg – Fixierungen, die die weitere Entwicklung des Menschen gefährden und Stagnation in der kulturellen Entwicklung verursachen würden. Der Narzißmus ist dadurch, daß er eine egozentrische Einstellung erzwingt, die erste Vorbedingung für das Überleben; er verschafft dem Menschen eine feste Ausgangsstellung, von der aus er sich in das Abenteuer des Lebens vorwagen kann, ohne Gefahr zu laufen, sein wertvolles Erbe zu vergeuden«* (1971: 37). Erst die Wechselwirkung dieser drei Elemente ist verhängnisvoll: *»Die Aggression, die an sich notwendig und nützlich ist, dient zugleich auch als Hauptquelle narzißtischer Befriedigung. Von dieser Art Lust geht eine Verführungskraft aus, die den weisen Gebrauch aggressiver Fähigkeiten vereitelt. Die Ambivalenz, die die Möglichkeit der Bindung an bestimmte Objekte allgemein abschwächt und dadurch geeignet wäre, den Übergang von Objekt zu Objekt zu erleichtern und damit dem Menschen die Möglichkeit zu geben, seine Welt zu bereichern, wird selten auf diese Weise benutzt; statt dessen bereitet die Ambivalenz den Weg für die Abfuhr von Aggression gegen geliebte Objekte, und der Mensch wird gerade da zerstörerisch, wo er liebt. Das Problem des Menschen ist nicht sein Aggressionstrieb,*

sondern vielmehr die Tatsache, daß seine Aggression nicht von Selbsterhaltung gesteuert wird, sondern von Narzißmus und Ambivalenz« (a.a.O.: 38).

Aber Eißler vernachlässigt in diesen prinzipiellen Überlegungen zum Problem der Aggression Bernfelds Theorie des *»sozialen Ortes der Neurose«* (1931). Danach ist die Art der Triebbewältigung, die über die Neurose entscheidet, nicht nur von der Stärke der Triebregung abhängig, sondern auch von den erreichbaren Befriedigungsmitteln. Diese sind jedoch gesellschaftlich reglementiert und unterscheiden sich je nach sozialem Ort: *»Proletariat und Bürgertum sind in bezug auf die Einschränkungen, die sie fordern, die Befriedigungsmittel, die sie bieten, und die Libidoökonomie, die daraus für den Einzelnen folgt, keineswegs einheitliche Schichten, sondern sie zerfallen in eine Reihe psychologisch wohl charakterisierbarer, verschiedener sozialer Orte, die freilich durch eine große Anzahl von Übergängen miteinander verbunden sind«* (a.a.O.: 659). Auch für die Aggression, den Narzißmus und die Ambivalenz gilt, daß die auferlegten Einschränkungen, die zur Verfügung gestellten Mittel, um diese Strebungen zu befriedigen, je nach sozialem Ort verschieden sind. Zum Beispiel muß sich der Narzißmus eines Angehörigen der Unterschicht, d.h. seine Art der libidinösen Besetzung des Selbst, unter ganz anderen sozialen Bedingungen entwickeln und ist anderen Belastungen ausgesetzt als der Narzißmus von jemand, der zu Oberschicht gehört. Entsprechend ist jeweils auch die Struktur der Verbindung zwischen Narzißmus und Aggression eine andere. Meine These lautet, daß Herrschaft der soziale Ort ist, von welchem aus die Konstellation der drei Elemente ihre destruktivsten Wirkungen zeitigt. Dem Narzißmus sind dort kaum gesellschaftliche Grenzen gesetzt, die Ambivalenz ist durch den Zerfall menschlicher Beziehungen unkontrollierbar geworden, und beide können so die Aggression auf die Spitze treiben. Die übersehene *»latente Feindseligkeit der besser beteilten Gesellschaftsschichten gegen die Kultur«*, von der Freud spricht (1927: 333), hängt eng mit dieser Konstellation zusammen. Sie macht die großen Mengen an Aggression verständlich, die die herrschende Klasse gegen den Rest der Gesellschaft auslebt, und zwar bis zu dem Grade, daß die Grundlagen der jeweiligen Kultur vernichtet werden. Es ist kein Zufall, daß es oft Konservative waren, die durch ihr Handeln unbewußt dazu beitrugen, eben das zu zerstören, was sie mit allen Kräften zu erhalten hofften (Eißler 1971: 42).

Die typischen Merkmale des »*Vaters, Oberhauptes, Führers*«, also des Herrschers, die Freud in »Massenpsychologie und Ich-Analyse« (1921) nennt, sind auch für Angehörige einer herrschenden Klasse charakteristisch und verweisen deutlich auf die narzißtischen Aspekte: »*Wir nehmen konsequenterweise an, daß sein Ich wenig libidinös gebunden war, er liebte niemanden außer sich, und die anderen nur, insoweit sie seinen Bedürfnissen dienten. Sein Ich gab nichts Überschüssiges an die Objekte ab*« (a.a.O.: 138). Umgekehrt liest sich etwa Kernbergs klinische Darstellung der »*narzißtischen Persönlichkeit*« wie der Steckbrief eines absolutistischen Königs: »*Narzißtische Persönlichkeiten fallen auf durch ein ungewöhnliches Maß an Selbstbezogenheit im Umgang mit anderen Menschen, durch ihr starkes Bedürfnis, von anderen geliebt und bewundert zu werden, und durch den eigenartigen (wenn auch nur scheinbaren) Widerspruch zwischen einem aufgeblähten Selbstkonzept und gleichzeitig einem maßlosen Bedürfnis nach Bestätigung durch andere. Ihr Gefühlsleben ist seicht; sie empfinden wenig Empathie für die Gefühle anderer und haben – mit Ausnahme von Selbstbestätigungen durch andere Menschen oder eigene Größenphantasien – im Grunde sehr wenig Freude am Leben; sie werden rastlos und leiden unter Langeweile, sobald die äußere Fassade ihren Glanz verliert und momentan keine neuen Quellen der Selbstbestätigung mehr zur Verfügung stehen. (...) Die mitmenschlichen Beziehungen solcher Patienten haben im allgemeinen einen eindeutig ausbeuterischen und zuweilen parasitären Charakter; narzißtische Persönlichkeiten nehmen gewissermaßen für sich das Recht in Anspruch, über andere Menschen ohne jegliche Schuldgefühle zu verfügen, sie zu beherrschen und auszunützen; hinter einer oft recht charmanten und gewinnenden Fassade spürt man etwas Kaltes, Unerbittliches*« (1970: 261-262). »*Herrschaft*« heißt nach Max Weber, die Chance haben, »*für einen Befehl bestimmten Inhalts bei angebbaren Menschen, Gehorsam zu finden*« (1964: 39). Hat man diese Position einmal inne, dann braucht man keine Empathie, denn Gehorsam ist ein Verhalten, bei dem damit gerechnet werden kann, der Befehl werde »*ohne Rücksicht auf die eigene* (d.h. des Ausführenden, M.E.) *Ansicht über Wert und Unwert des Befehls*« (a.a.O.: 159) ausgeführt. Der ausbeuterische bzw. parasitäre Charakter ist gesellschaftlich legitimiert und der Anspruch, über andere Menschen zu verfügen, durch einen »*Zwingstab*« gewährleistet.

Wie Kernberg ausführt, gestaltet sich die Behandlung solcher narzißtisch gestörter Persönlichkeiten äußerst schwierig; er warnt davor, *»viele solcher Patienten gleichzeitig zu behandeln, da sie enorm anspruchsvoll und belastend sind«* (a.a.O.: 284), und beurteilt die Heilungschancen sehr zurückhaltend, besonders dann, wenn *»ein Patient zum Beispiel über reichlich Gelegenheiten (verfügt), Macht und Geltungsbedürfnisse auszuagieren ... Denn er hat womöglich in seinem Beruf und seinen sozialen Beziehungen bereits eine derartige Machtposition erreicht, daß ihm seine Haltung als ›völlig normal‹ erscheint und es von daher außerordentlich schwierig wird, diese Form ›chronischen Ausagierens‹ analytisch überhaupt noch in Frage zu stellen«* (a.a.O.: 293).

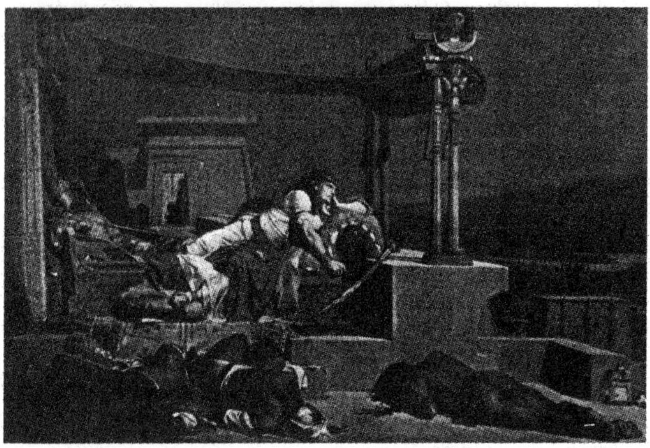

Die Behandlungsschwierigkeiten narzißtischer Persönlichkeiten aus der Oberschicht erlauben uns, ein auffallendes Phänomen herrschender Klassen besser zu verstehen: ihre Unansprechbarkeit, wenn es um Fragen des gesellschaftlichen Wandels geht. Dabei spielt nicht nur ihr – durchaus nachvollziehbarer – Wille mit, an den Grundlagen ihrer Macht nicht rütteln zu lassen, sondern auch eine Transformation der Realität, die, wie eine narzißtische Fata Morgana, die herrschende Klasse die sozialen Veränderungen gar nicht sehen läßt. Die charakteristischen Merkmale der narzißtischen Individuen – der Glaube an ihre Allmacht, Unsterblichkeit, Unverwundbarkeit und Unendlichkeit (Grunberger 1971: 28-29), welche, mit der Realität konfrontiert, sonst zu Leidensquellen werden, verwandeln sich im sozialen Ort der Herrschaft in von den Machtverhältnissen gestützte, Glück verheißende Antriebe zum Handeln. Die »*narzißtische Illusion*«, d.h. die Größen- und Allmachtsphantasien, finden in jener sozialen Wirklichkeit ihre Bestätigung und verunmöglichen die Einsicht in Bereiche, die dem Narzißmus abträglich sind. In seinen Überlegungen zu der Nichtanalysierbarkeit solcher Patienten schreibt Cremerius, sich auf Argelanders charakteranalytische Studie »Der Flieger« (1972) beziehend: »*Der Patient mit einer Reaktionsbildung oder einer kontraphobischen Angstbewältigung leidet unter Einengung der Ich-Funktionen und an verringerten Möglichkeiten der Triebbefriedigung. Die Therapie verspricht für beides einen Gewinn. Der ›Flieger‹ jedoch hat aufgrund der sozio-ökonomischen Sonderstellung die Möglichkeit, seine Neurose funktional so unterzubringen, daß sie ihm Gewinn bringt, ja, daß sie eine der wichtigsten Voraussetzungen des Gewinnes überhaupt wird – und zwar nicht im Sinne des sekundären Krankheitsgewinnes, der in der Regel nur noch ein Surrogat ist, sondern eines echten primären Gewinnes. Ihm kann die Analyse keine unmittelbaren Vorteile versprechen – für ihn ist sie zunächst einmal mit Verlusten verbunden, und zwar mit realen Verlusten an Geld, Besitz, Macht. Was sie ihm für die Zukunft in Aussicht stellt, nämlich ein Mehr an menschlichen Kontakten, Liebesfähigkeit und Vertrauen, kann deshalb nicht als verlockend erlebt werden*« (1979: 29). Die Verflechtung der narzißtischen Störung und der sozio-ökonomischen Sonderstellung skotomisiert das Individuum und läßt qualitative Veränderungen menschlicher Beziehungen gar nicht als erstrebenswert erscheinen, auf jeden Fall nicht so, daß der Verlust an Geld, Besitz und Macht aufgewogen werden könnte. Für Cremerius stellt sich zwar die Oberschicht nur als eine Art ökologischer Nische dar (a.a.O.: 20), in welcher der narzißtisch Gestörte (gut) überleben kann, aber seine Feststellungen lassen auch die Vermutung aufkommen, daß bereits die Zugehörigkeit zur herrschenden Klasse früher oder später die Struktur der Persönlichkeit so umformt, daß die bei jedem Individuum vorhandenen narzißtischen Strebungen unkontrollierbar die Oberhand gewinnen.

Die Veränderung des Menschen, sobald er in eine Machtposition kommt, ist immer wieder hervorgehoben worden. Der Behauptung, er werde verantwortungsbewußter, reifer (also der Gegensatz von »narzißtisch«), steht die pessimistischere Sicht gegenüber, der Mensch sei zu schwach, um den Verlockungen der Macht zu widerstehen, und werde durch sie verdorben.

In diesem Sinne schrieb Jacob Burckhardt: »*Und nun ist die Macht an sich böse, gleichviel wer sie ausübe. Sie ist kein Beharren, sondern eine Gier und eo ipso unerfüllbar, daher in sich unglücklich und muß also andere unglücklich machen. Unfehlbar gerät man dabei in die Hände sowohl ehrgeiziger und erhaltungsbedürftiger Dynastien als einzelner ›großer Männer‹ usw., das heißt solcher Kräfte, welchen gerade an dem Weiterblühen der Kultur am wenigsten gelegen ist. Aber wer die Macht will und wer die Kultur will, – vielleicht sind beide blinde Werkzeuge eines Dritten, noch Unbekannten*« (1868: 73). Die Macht an sich ist böse, weil durch sie alle menschlichen Beziehungen narzißtisch werden und die Größen- und Allmachtsphantasien in die unerfüllbare Gier nach einer alles umfassenden Herrschaft umgeleitet werden. Die Verknüpfung von Herrschaft und Narzißmus fördert die Anpassung des Individuums an jene Mächte, denen »*an dem Weiterblühen der Kultur am wenigsten gelegen ist*«. Burckhardt deutet hier – ähnlich wie Freud – den Antagonismus zwischen Herrschaft und Kultur an.

N. Elias hat in seinem Buch »Über den Prozeß der Zivilisation« (1938) untersucht, welchen Veränderungen sich das Individuum unterwerfen mußte, um ein soziales Gebilde wie den Absolutismus möglich zu machen. Die wachsende gesellschaftliche Differenzierung schuf eine immer größer werdende gesellschaftliche Abhängigkeit der Individuen untereinander, die sich in entsprechenden psychischen Strukturen niederschlug. »*Das Verhalten von immer mehr Menschen muß aufeinander abgestimmt, das Gewebe der Aktionen immer genauer und straffer durchorganisiert sein, damit die einzelne Handlung ihre gesellschaftliche Funktion erfüllt. Der Einzelne wird gezwungen, sein Verhalten immer differenzierter, immer gleichmäßiger und stabiler zu regulieren*« (a.a.O.: II, 317). So kommt es zum »*gesellschaftlichen Zwang, zum Selbstzwang*« (a.a.O.: II, 312), und aus dieser Sicht begreift Elias den zivilisatorischen Prozeß als eine Entwicklungsreihe von Verhaltensänderungen im Dienste einer immer größer werdenden Affekt- und Bedürfniskontrolle. »*Die Menschen, gezwungen in einer neuen Form miteinander zu leben, werden empfindlicher für die Regungen anderer. Nicht sprunghaft, aber ganz allmählich wird der Code des Verhaltens strenger und größer das Maß der Rücksichtnahme, das einer vom anderen erwartet. Das Gefühl dafür, was zu tun und was zu lassen ist, um andere nicht zu verletzen, zu schockieren, wird differenzierter, und das gesellschaftliche Gebot, nicht zu verletzen, im Zusammenhang mit den neuen Herrschaftsverhältnissen bindender, im Verhältnis zu der vorausgehenden Phase«* (a.a.O.: I, 103 bis 104).

Elias verfolgt die Wandlungen der Angriffslust; er charakterisiert die europäische Oberschicht im Mittelalter als kriegerisch und ständig zum Kampf bereit. Das Leben der Ritter wie auch der Bürger *»war in einem ganz anderen Maße, als in der späteren Zeit, von kleinen und großen Fehden durchsetzt, und auch hier waren Angriffslust, Haß und die Freude an der Qual anderer ungebändigter als in der folgenden Phase«* (a.a.O.: I, 273). Erst die Herausbildung einer Zentralgewalt änderte diese Verhältnisse, und damit vollzog sich eine Umstrukturierung des Triebhaushaltes. *»Nicht jeder beliebige Starke kann sich, wenn das Monopol der körperlichen Überwältigung an Zentralgewalten übergegangen ist, die Lust des körperlichen Angriffs verschaffen, sondern nur wenige, von der Zentralgewalt legitimierte (...) und größere Massen nur in Ausnahmezeiten des kriegerischen oder revolutionären Zusammenstoßes, im gesellschaftlich legitimierten Kampf gegen innere und äußere Feinde«* (a.a.O.: I, 278-279). Nur in »verfeinerter«, rationalisierter Form finden einige dieser Affekte auch in der zivilisierten Gesellschaft einen genau bestimmten Platz, im sportlichen Wettkampf, im Theater, in der Literatur. Elias erwähnt das Beispiel der Verbrennung von Katzen anläßlich des Johannestages im Paris des 16. Jahrhunderts. Der Hof und der König waren zugegen, und ihm oder dem Dauphin fiel die Ehre zu, den Scheiterhaufen anzuzünden. Heute würden wir, meint Elias, mit Abscheu auf eine solche Veranstaltung reagieren: *»Vieles von dem, was ehemals Lust erregte, erregt heute Unlust ... Gesellschaftlich unerwünschte Trieb- und Lustäußerungen werden mit Maßnahmen bedroht und bestraft, die Unlust erzeugen oder dominant werden lassen«* (a.a.O.: I, 282 bis 283).

Es ist auffallend, daß Elias in seiner Arbeit auf den in die gleiche Zeit fallenden Hexenwahn nicht eingeht, sondern nur die Katzenverbrennungen erwähnt. Im Gegensatz zu dem von ihm behaupteten Anwachsen sozialer Sicherheit im Verlauf des zivilisatorischen Prozesses verbreiteten zur gleichen Zeit die Hexenverfolgungen ebenso wie die damals wütenden Religionskriege eine ungeheure Unsicherheit unter der Bevölkerung. Zwar kam das Monopol der Hinrichtung an den Staat, aber jeder konnte jeden verdächtigen und auf den Scheiterhaufen bringen. Elias' Darstellung der zivilisatorischen Leistungen, aufgrund deren der Absolutismus möglich wurde, bleibt an der Oberfläche, nicht nur, weil er sein Augenmerk auf die »*Wandlungen des Verhaltens der weltlichen Oberschichten des Abendlandes*« – wie der Untertitel des ersten Bandes lautet – richtet und zum Beispiel die mit der »ursprünglichen Akkumulation« verknüpfte Zerstörung agrarischer Kulturen übersieht, sondern auch, weil er die Schicksale der von der Zivilisation abgelehnten Triebanteile nicht weiterverfolgt. Sie fallen ins Unbewußte (a.a.O.: I, 193), aber Elias versäumt es zu untersuchen, was mit ihnen dort geschieht und – da »unbewußt« ja nicht »unwirksam« heißt – welche Wirkungen sie von dort aus zeitigen.

Erst wenn die Analyse von der Ebene des Verhaltens auf die des Unbewußten vorangetrieben wird, wird das Fortleben der Aggression feststellbar, einer Aggression, die, trotz der Einübung guter Manieren und einer entwickelteren Affektkontrolle, nicht verschwindet, sondern nur versteckter ihre destruktive Arbeit an der Kultur fortsetzt. Damit wird auch die andere, von Elias übersehene, Seite des Zivilisationsprozesses sichtbar. Für ihn äußert er sich nur als ein Differenzierungsprozeß, durch den die kulturelle Komplexität anwächst, aber Erscheinungen wie der Hexenwahn, die Religionskriege, die Ausbeutung der bäuerlichen Bevölkerung während des Absolutismus etc. verweisen auf die mit der Zivilisation einhergehende Kulturzerstörung. Diese Desintegrationsprozesse werden in der Regel als notwendige Voraussetzung für den Aufbau neuer Kulturformen, d.h. als ökonomisch oder politisch bedingt, betrachtet, und von daher scheint der Rückgriff auf den Aggressionstrieb unnötig. Untersucht man aber die spezifischen Formen historischer Abläufe, etwa die Ausprägung des französischen Absolutismus unter Ludwig XIV. (1638-1715), so kann man nicht umhin, den Aggressionstrieb ebenso wie den Narzißmus und die Ambivalenz zu deren Erklärung herbeizuziehen.

Als Ludwig XIV. nach dem Tode Mazarins 1661 die Alleinherrschaft übernahm, schien es, als ob nach einer langen Periode innerer Wirren und äußerer Kriege nun Frieden einkehren würde (Tapié 1964: 297). Ein langer historischer Prozeß hatte die neue »*Königsposition*« (Elias 1969) vorbereitet, aber es war keine lineare Entwicklung: »*Im Gegenteil: die Geschichte der Errichtung des französischen Absolutismus sollte die Geschichte einer ›konvulsiven‹ Vorwärtsbewegung auf einen zentralisierten monarchischen Staat hin sein, die wiederholt durch Rückfälle in provinzielle Desintegration und Anarchie unterbrochen wurde, gefolgt von einer intensivierten Reaktion auf die Konzentration der königlichen Macht, bis schließlich eine extrem feste und stabile Struktur geschaffen worden war. Die drei großen Zusammenbrüche der politischen Ordnung waren der Hundertjährige Krieg im fünfzehnten Jahrhundert, die Religionskriege im sechzehnten Jahrhundert und der Fronde-Aufstand im siebzehnten Jahrhundert. Der Übergang von der mittelalterlichen zur absolutistischen Monarchie wurde jedesmal durch diese Krisen zuerst aufgehalten und dann beschleunigt. Das endgültige Ergebnis der Krisen war die Schaffung des Kults einer königlichen Autorität in der Epoche Ludwig XIV., die in Westeuropa nicht ihresgleichen hatte«* (Anderson 1974: 108). Der Absolutismus konstituierte sich, indem er den (»Schwert«-)Adel entmachtete, aber in seiner privilegierten Stellung beließ und das Bürgertum durch Adelsbriefe (»noblesse de robe«) in sein System integrierte. *»Was der Krieg dem alten Adel antat, indem er ihn zur Aristokratie domestizierte, war ein Vorgang, der ebenfalls nur als ein Einzwängen in die neuen, aus dem Akkumulationsprozeß hervorgehenden Prinzipien verstanden werden kann. Mit seinem legalen Machtmonopol bekämpfte der König den Rest von Rivalität, den die feudalen Kräfte ihm entgegenstellten: Er zwang diese Kräfte mit einem System von Regulierungen, sich ihres besonderen Charakters und damit des qualitativ bestimmten Grundes ihrer Unbotmäßigkeit zu begeben. Gleichzeitig ließ sich das Bürgertum der ersten großen Stunde, das sich noch nicht die selbständige Sicherheit einer kapitalistischen Produktion hatte erarbeiten können, von dem noch halbfeudalen Charakter der Ämter und den keineswegs vom Kapital selbst hervorgebrachten Absatzchancen durch königliche Einkäufe korrumpieren«* (zur Lippe 1974: 300).

Die herrschende Klasse, die sich auf diese Weise etablierte, erfüllte nicht die Hoffnungen, die die übrige Bevölkerung in sie gesetzt hatte; ihre Lage verschlechterte sich zusehends, denn auf ihr lasteten alle Kriegs- und Luxusausgaben. Der Adel, 2 Prozent des Volkes, verfügte über 30 Prozent des Nationaleinkommens (Anderson 1974: 127). In der zweiten Hälfte der Regierungszeit Ludwigs XIV. folgte eine Krise der anderen, und die Kritik am Regime nahm zu (Tapié 1964: 345). *»Die großartige Herrschaft dieses absoluten Königs endete in einer Autoritätskrise«*, schreibt R. Mandrou. *»Für die Krise gibt es eine Erklärung, die an die soziale und ökonomische Entwicklung des Landes geknüpft ist: die ›Erschöpfung des Volkes‹,* *auf die Vauban seit langem hingewiesen hatte, sowie der Ruin der öffentlichen Finanzen. Für die Masse der Bevölkerung, die vom Bodenertrag lebte und die harten Abgaben für die Grundrente ebenso ertragen mußte wie die königlichen Steuern, war die Endphase der Herrschaft des Sonnenkönigs eine lange Qual. (...) Der demographische Einbruch am Wendepunkt des Spanischen Erbfolgekrieges (1701-1714) belief sich nach Mindestschätzungen auf ein Viertel der Bevölkerung Frankreichs; manche Forscher gehen von viel höheren Verlusten aus. Damals dürften rund fünf Millionen Menschen ums Leben gekommen sein. Die Verluste waren regional und vor allem nach sozialen Schichten unterschiedlich verteilt, da das platte Land und die kleinen Leute unter der Not viel stärker litten als die Städte und die besser gestellten Klassen sowie der Adel«* (1976: 131-134).

Diese für Frankreich katastrophale Entwicklung war das Ergebnis der Politik einer herrschenden Klasse, deren Maßnahmen unter dem Einfluß von Narzißmus, Ambivalenz und Aggression gefaßt worden waren. Was sich in der Form des Absolutismus als Lösung der gesellschaftlichen Probleme angeboten hatte, die Herstellung der nationalen Einheit durch Ausschaltung der Adelsherrschaft und Aufrichtung eines zentralisierten Staates, begünstigte bei der Herrschaft eine psychische Konstellation, in welcher die neu aufkommenden Probleme nicht bewältigt werden konnten und die Zerstörung dieser Gesellschaft im Glauben geschah, dem Ruhm Frankreichs zu dienen. Ashley sagt zu Recht: *»Ludwig XIV. wurde als der Baumeister seines eigenen Untergangs bezeichnet«* (1967: 308).

Die Macht, die in der Königsposition versammelt war, äußerte sich bereits im Bau von Versailles. Dem Willen des Königs durften keine Grenzen gesetzt sein; die Schloßanlage war der räumliche Ausdruck der absolutistischen Doktrin und ein Triumph des königlichen Narzißmus. Die Natur hatte sich seinen Vorstellungen zu beugen, und weder der sumpfige Boden noch die Epidemien, an denen Tausende von Arbeitern starben, noch finanzielle Erwägungen konnten die Pläne in Frage stellen. Ludwig XIV. schuf Versailles wie Gott die Welt, damit sie ihn verehre. La Bruyère schrieb, ethnologisch verfremdend, über den Gottesdienst am Hof: *»Die Großen dieses Volkes versammeln sich alle Tage zu einer bestimmten Stunde in einem Tempel, den sie Kirche nennen. Im Hintergrunde dieses Tempels befindet sich ein ihrem Gott geweihter Altar, wo ein Priester Mysterien feiert, die sie als heilige, geweihte und zu* *scheuende bezeichnen. Die Großen bilden einen weiten Kreis am Fuße dieses Altars und erscheinen aufrecht stehend, den Priestern und den heiligen Mysterien den Rücken zugewendet und die erhobenen Gesichter nach dem Könige gerichtet, den man auf einer Tribüne kniend erblickt, und auf welche sie ihren ganzen Sinn und ihr ganzes Herz gerichtet zu haben scheinen. Man kann nicht umhin, bei diesem Gebrauch eine Art von Abstufung zu bemerken; denn dieses Volk scheint den Fürsten, und der Fürst Gott anzubeten. Die Leute des Landes nennen es ***. Es liegt ungefähr achtundvierzig Grad unter der Polhöhe und mehr als elfhundert Seemeilen entfernt von den Irokesen und Huronen. Wer in Betracht zieht, daß das Antlitz des Fürsten das Ganze Glück des Höflings ausmacht, daß er während des ganzen Lebens damit beschäftigt und erfüllt ist, es zu sehen und von ihm gesehen zu werden: der wird einigermaßen begreifen, wie im Anschauen Gottes aller Ruhm und alle Glückseligkeit der Heiligen bestehen kann«* (1688: 191).

Die Anekdote, nach der Ludwig XIV., als er von der Niederlage von Ramillies (1706) erfuhr, gesagt haben soll: »*Gott scheint völlig vergessen zu haben, was ich alles für ihn getan habe*« (zit. n. Mitford 1966: 114), ist ein Pendant zu La Bruyères Beschreibung. Das Hofzeremoniell und die Festlichkeiten, von denen zur Lippe sagt, sie seien magische Beschwörungsformeln für die Allmacht des Königs gewesen (1974: 35), inszenierten täglich seine Göttlichkeit. Er erschien als »*moderator mundi*« (a. a. O.: 15); die Perspektive, die die Vielfalt der Welt ordnete, war auf ihn zugeschnitten. »*Dieser Zusammenhang zwischen Souverän und Geometrie wurde deutlich an der Konstruktion des Souveräns in Einheit und Funktion eines ›Flächenstaates‹: Der König ist im Besitze jenes einzigen Punktes, von dem aus die Gesamtheit der Nation, vorgestellt und repräsentiert als Fläche des Staatsgebietes, übersehbar ist. Nur in einer Perspektive laufen alle Elemente der sonst mehr oder weniger chaotischen Mannigfaltigkeit real zusammen*« (a. a. O.: 16). Diese »*Geometrie der Herrschaft*« fand im Theater ihre reinste Verkörperung. Nur vom Platz des Königs aus ergab sich die richtige Perspektive auf die Bühne, und zur Lippe verweist zu Recht auf die Wichtigkeit der Sichtdifferenz: Die ungünstiger plazierten Zuschauer mußten ihre geringeren Erkenntnischancen dadurch wettmachen, daß sie sich in der Vorstellung auf den königlichen Platz versetzten und dabei doch nicht ihren eigenen verlassen durften. »*Das Publikum im übrigen Saal mußte also* über ihn (den König,

M.E.) – *wie über einen esoterischen Großpriester vor der Tür zur Tempelcamera – wahrnehmen und teilnehmen. Das manifestierte sich etwa darin, daß es viel wichtiger war, den König sehen zu können als die Aufführung*« (a.a.O.: 25). Das höfische Zeremoniell reproduzierte diese Struktur im Alltag der herrschenden Klasse und schuf eine phantasmagorische Welt, in welcher der König tatsächlich als »*moderator mundi*«, als gottähnliches Wesen erschien. Schon das morgendliche Aufstehen des Roi soleil verwandelte sich so in ein gesellschaftliches Ereignis, an dem gleichsam ganz Frankreich teilnahm (vgl. Elias 1969: 126f.). »*Daß der König sein Nachthemd aus- und sein Taghemd anzog, war ohne Zweifel eine notwendige Verrichtung; aber sie wurde ... in gesellschaftlichen Zusammenhang sofort mit einem anderen Sinn erfüllt. Der König machte daraus für die beteiligten Adeligen ein Privileg, das sie vor anderen auszeichnete. Der Großkämmerer hatte das Vorrecht, dabei zu helfen, es war genau festgelegt, daß er dieses Vorrecht nur einem Prinzen zu zedieren brauchte, sonst niemandem, und genau so verhielt es sich mit der Erlaubnis oder der Berechtigung zur Teilnahme an einem der Entrées. (...) Der Gebrauchswert, der unmittelbare Nutzen, der in allen diesen Handlungen steckte, trat mehr oder weniger zurück oder war jedenfalls ziemlich unbedeutend. Was diesen Akten ihre große, ernsthafte und schwerwiegende Bedeutung gab, war ausschließlich die Geltung, die sie den an ihnen Beteiligten innerhalb der höfischen Gesellschaft vermittelten, die relative Machtposition, der Rang und die Würde, die zum Ausdruck kamen*« (a.a.O.: 130).

Erlanger (1967: 159) stellt die Hypothese auf, daß das Zeremoniell – abgesehen davon, daß es laufend neue Stellen schuf, die, verkauft, gutes Geld einbrachten – einen Ersatz für politische Kämpfe anbot. Für den König war es beruhigend, daß sich die Herrschaften um sein Nachthemd stritten, statt politische Komplotte gegen ihn zu schmieden. So betrachtet, sind die vom Zeremoniell produzierten »Sorgen« Ersatzbildungen für eine ganz andere Art von Belangen, die die Höflinge eigentlich beschäftigten. Die Frage ist nur, wie es zu diesen Ersatzbildungen kommen konnte. Wie war es möglich, daß diese herrschaftsbewußten Männer und Frauen ihre ganze Aufmerksamkeit dem zeremoniellen Kleinkram zuwandten? Diese Umstellung verstand sich nicht von selbst; Lepenies zitiert die Herzogin von Longueville, die sich nach dem Scheitern der Fronde (also des Aufstandes des Adels gegen den

König, 1648-1653) in die Normandie zurückzog und sich dort schrecklich langweilte: »– *Mein Gott, Madame, sagte eine ihrer Gesellschafterinnen, die Langeweile nagt an Ihnen; möchten Sie sich nicht amüsieren? Es gibt hier schöne Wälder und auch Hunde, möchten Sie zur Jagd gehen? – Ich liebe die Jagd nicht. – Möchten Sie spazieren gehen? – Ich mag keine Spaziergänge. – Möchten Sie etwas spielen? – Das Spiel liebe ich schon gar nicht. – Was möchten Sie denn tun, um sich abzulenken? – Herrjeh, was soll ich Ihnen denn sagen. Ich liebe die unschuldigen Vergnügungen nicht*« (Lepenies 1969: 61). Die Langeweile war – wie Lepenies hervorhebt – die Grundstimmung am Hof; sie war gleichsam das Vakuum, in welchem das Zeremoniell überhaupt funktionieren konnte. Fenichel hat eine Beschreibung der Langeweile gegeben, die uns hilft, die Atmosphäre, in der das Zeremoniell als Ersatzbildung akzeptiert wird, besser zu verstehen: »*Ich bin erregt. Lasse ich die Erregung weiter zu, so bekomme ich Angst. Deshalb sage ich mir: Ich bin nicht erregt, ich will gar nichts tun. Gleichzeitig spüre ich aber, daß ich dennoch etwas tun will; da ich aber mein ursprüngliches Ziel vergessen habe, weiß ich nicht, was. Die Außenwelt muß etwas tun, was mich aus meiner Stimmung befreit und mir doch nicht Angst macht. Sie muß machen, daß ich handle, dann bin ich der Verantwortung enthoben. Sie muß mich ›ablenken‹, ›zerstreuen‹, damit das, was ich tue, von meinem ursprünglichen Ziele weit genug entfernt ist*« (1934: 115). Die Langeweile ist ein Indikator für Verdrängung, Unbewußtmachung. Was der Adel am Hof verdrängen mußte, war der Wunsch nach realer Macht. Lepenies schreibt: »*Der Höhepunkt in der Entwicklung höfischer Rationalität, im absoluten Staat Ludwigs XIV. verkörpert, bedeutet Ruhe und Ordnung im Inneren – zumindest was die herrschaftsrelevanten Schichten angeht. Die Langeweile dieser Epoche resultiert aus dem Gefühl, nichts mehr verändern, nichts mehr tun zu können: die Gültigkeit der Weltinhalte ist festgelegt*« (1969: 71). Diese »*Weltinhalte*« – z.B. das Zeremoniell des Aufstehens, die Fragen des Vortritts etc. – haben den Charakter von »Phantasmen« (vgl. S. 212). Sie sind das Produkt des unbewußt gemachten Wunsches nach Macht, der in der doppelten Verarbeitung durch den Primär- und Sekundärprozeß schließlich die Gestalt zeremonieller Sorgen erhielt.

Freud kommt auf das Zeremoniell im Zusammenhang mit den Tabus zu sprechen. Zeremonien entwickeln sich um das, was »Tabu« ist, was nicht berührt werden soll, weil es gefährlich ist.

Von den Tabus im allgemeinen sagt er, sie seien *»uralte Verbote, einer Generation von primitiven Menschen dereinst von außen aufgedrängt, das heißt also doch wohl von der früheren Generation ihr gewalttätig eingeschärft. Diese Verbote haben Tätigkeiten betroffen, zu denen eine starke Neigung bestand«* (1913: 41). Die im Bewußtsein herrschende Furcht (z.B. vor dem König) ist lediglich der Gegenpart zur unbewußten Lust, das Verbot zu übertreten und den Herrscher zu stürzen. Die Menschen *»haben ... zu ihren Tabuverboten eine* ambivalente Einstellung; *sie möchten im Unbewußten nichts lieber als sie übertreten, aber sie fürchten sich auch davor; sie fürchten sich gerade darum, weil sie es möchten, und die Furcht ist stärker als die Lust. Die Lust ist aber bei jeder Einzelperson des Volkes unbewußt wie beim Neurotiker«* (a.a.O.: 42). Die im Unbewußten lauernde Lust läßt das tabuisierte Objekt als Versuchung, die dazu einlädt, sich daran zu vergreifen, erscheinen. Als Abwehr gegen diese Versuchung dient unter anderem das Zeremoniell, eine Art Kompromißhandlung, die z.B. das Berühren erlaubt, aber gleichzeitig durch Verbote streng reglementiert. Die Tabus, die das Leben der Häuptlinge und Priester umgeben, vergleicht Freud, wahrscheinlich auch an das spanische Hofzeremoniell der österreichischen Kaiser denkend, mit einer Mauer, *»hinter welcher sie für die anderen unzugänglich waren. Es mag uns die Erkenntnis dämmern, daß diese ursprünglich aus Tabuvorschriften gefügte Mauer heute noch als höfisches Zeremoniell existiert«* (a.a.O.: 55). Um das Übermaß von ängstlicher Fürsorge, das die Höflinge im Hinblick auf den Herrscher an den Tag legen, zu verstehen, zieht Freud die Überzärtlichkeit, die in Zwangsneurosen vorkommt, heran: *»Ihre Herkunft ist uns sehr wohl verständlich geworden. Sie tritt überall dort auf, wo außer der vorherrschenden Zärtlichkeit eine gegensätzliche, aber unbewußte Strömung von Feindseligkeit besteht, also der typische Fall der ambivalenten Gefühlseinstellung realisiert wird. Dann wird die Feindseligkeit überschrien durch eine übermäßige Steigerung der Zärtlichkeit, die sich als Ängstlichkeit äußert und die zwanghaft wirkt, weil sie sonst ihrer Aufgabe, die unbewußte Gegenströmung in der Verdrängung zu erhalten, nicht genügen würde. (...) Auf die Behandlung der privilegierten Personen angewendet, ergäbe sich die Einsicht, daß der Verehrung, ja Vergötterung derselben im Unbewußten eine intensive feindselige Strömung entgegensteht, daß also hier ... die Situation einer ambivalenten Gefühlseinstellung verwirklicht ist«* (a.a.O.: 63).

Die Gestalt des Roi soleil war ein Phantasma und das höfische Zeremoniell gleichsam die Maschinerie, die es produzierte. Die psychische Energie, die sie in Gang hielt, war der Narzißmus. So wie das Kind seine Allmachtswünsche dadurch rettet, daß es sie auf die Eltern projiziert – wenn schon nicht es selbst allmächtig ist, so doch *seine* Eltern –, so konnte sich die Aristokratie die Illusion der Macht bewahren, indem sie sie auf den König verschob. Ein ähnlicher Mechanismus wie in der Depression setzt ein. »*Wir sahen ja, daß sich der zukünftige Depressive im Augenblick des Verlustes seiner narzißtischen Allmacht dafür entscheidet, die megalomane Allmacht aufrechtzuerhalten indem er sie auf ein Elternteil … projiziert. Damit hat aber das Subjekt in sich selbst eine Art Spaltung erzeugt: Es hat sich eine Instanz geschaffen, die eine bedeutende Laufbahn vor sich hat, und unter anderem das Bild Gottes in sich aufnehmen kann. Das Subjekt verliert aber damit die Kontrolle über einen Teil seiner selbst und lebt von nun an in einer strikten Abhängigkeit von dieser Instanz, die zu einer echten Sklaverei führen kann*« (Grunberger 1971: 258). Die depressive Grundstimmung des Versailler Hofes, auf die Lepenies in seiner Arbeit »Melancholie und Gesellschaft« (1969) hingewiesen hat, ergab sich aus der narzißtischen Wunde, die von der politischen Entmachtung des Adels herrührte. Das Phantasma »Sonnenkönig« konnte die Aggressionen gegen den Herrscher unbewußt machen, indem es sich narzißtischer Energien bediente. Ludwig XIV. nahm die Elterninstanz ein, und das nahe benachbarte Bild Gottes strahlte auch auf ihn aus. Das Antlitz des Fürsten wurde – so wie es La Bruyère psychologisch präzis beschrieb – zum Glücksspender: es zu sehen und sich darin zu spiegeln, und wäre es nur für einen Augenblick, versprach Ruhm und Glückseligkeit. Aufgrund dieser narzißtischen Projektion kam der König auch zu seiner ungeheuren Macht über seine Höflinge. Saint-Simon schrieb 1715: »*Der König benutzte die zahlreichen Feste, Spaziergänge und Ausflüge als Mittel der Belohnung und Strafe, je nachdem er einlud oder nicht. Da er einsah, daß er nicht genug Gnaden zu spenden hatte, um fortwährend Eindruck zu machen, so ersetzte er die reellen Belohnungen durch eingebildete, durch Erregung der Eifersucht, durch kleine alltägliche Begünstigungen. Niemand war in dieser Hinsicht erfinderischer als er*« (1969: 287).

Ludwig XIV. spielte mit dem Narzißmus seiner Leute; dem einen schlug er in dessen Wunde, dem anderen verband er sie, indem er ihn an seinem Glanz teilhaben ließ. In der Ehre, dem zentralen ethischen Wert der Aristokratie, ist dieser Narzißmus objektiviert. »*Ursprünglich jedenfalls bildete die ›Ehre‹ den Ausdruck der Zugehörigkeit zu einer Adelsgesellschaft. Man hatte seine Ehre, solange man nach der ›Meinung‹ der betreffenden Gesellschaft und damit auch für das eigene Bewußtsein als Zugehöriger galt. Die Ehre verlieren hieß die Zugehörigkeit zu seiner ›guten Gesellschaft‹ verlieren. Man verlor sie durch den Richterspruch der gesellschaftlichen Meinung ... und manchmal durch den Spruch von speziell delegierten Repräsentanten dieser Zirkel in der Form von Ehrengerichten. (...) Verweigerte eine solche ›gute Gesellschaft‹ einem Mitglied die Anerkennung als Zugehörigem, verlor er seine ›Ehre‹, so verlor er ein konstituierendes Bestandstück seiner persönlichen Identität*« (Elias 1969: 145-146). Wem die Ehre als höchster Wert gilt, bei dem dürfen wir annehmen, daß die »Gesellschaft« – d. h. die für das Individuum relevante Bezugsgruppe – in dessen psychischer Struktur die Stelle der Mutterrepräsentanz eingenommen hat. Wie der Säugling nur durch die Zuwendung der Mutter lebensfähig ist, ebenso abhängig wird der Höfling von der narzißtischen Zufuhr des Hofes und insbesondere des Königs, der ja die Meinung des Hofes prägte. »*Die ›Meinung‹, welche andere über den einzelnen hatten, entschied hier also oft genug ohne jedes andere Machtmittel als den des Status-Entzugs, des Ausschlusses, des Boykotts, über Leben und Tod. Eine solche unmittelbare Wirksamkeit und ›Wirklichkeit‹ hatte in diesem Falle die geballte Meinung der Mitglieder über ein einzelnes Mitglied*« (a. a. O.: 146). Indem Ludwig XIV. den Hof nach Versailles zog und alle anderen Hofhaltungen des Landes entwertete, schuf er eine Situation der Unausweichlichkeit. Wer in Versailles nichts galt, galt dann gleichsam in der ganzen Welt nichts. Wie Saint-Simon bemerkt, zeigte der König seine höchste Ungnade durch den Satz an: »*Ich kenne ihn nicht*« (1969: 288) – es war eine Art soziales Todesurteil. »*Die höfische Gesellschaft des ancien régime ließ ihren Mitgliedern ... überhaupt keine Ausweichmöglichkeiten. Denn sie hatte an Prestige und als Prestige-Geberin für den einzelnen Zugehörigen nicht ihresgleichen. Es gab für den höfischen Menschen des ancien régime nicht die Möglichkeit, den Ort zu wechseln, Paris oder Versailles zu verlassen und dennoch, durch den Übergang in eine andere annähernd gleichwertige Gesellschaft sein Leben als Gleichrangierender ohne Prestige-Verlust für das eigene Bewußtsein gleich wert- und sinnvoll fortzuführen. Nur in dieser einen höfischen Gesellschaft konnten die zugehörigen Menschen das, was ihrem Leben in ihren eigenen Augen Sinn und Richtung gab, ihre soziale Existenz als höfische Menschen, die Distanz zu allem übrigen, ihr Prestige und damit das Zentrum ihres Selbstbildes, ihrer persönlichen Identität aufrecht erhalten. Sie gingen nicht nur an den Hof, weil sie vom König abhängig waren, sondern sie blieben vom König abhängig, weil sie nur durch den Gang an den Hof und das Leben in der höfischen Gesellschaft, diejenige Distanz zu allen anderen aufrecht erhalten konnten, an der das Heil ihrer Seele, ihr Prestige als höfische Aristokraten, kurzum ihre gesellschaftliche Existenz und ihre persönliche Identität hingen«* (Elias 1969: 151-152).

Die vom Narzißmus geschaffene psychische Abhängigkeit des Individuums von seiner Bezugsgruppe, so wie sie im Begriff der Ehre oder des Prestiges zum Ausdruck kommt, verweist auf eine Funktion der Koppelung zwischen Narzißmus und Herrschaft, von der bisher noch nicht die Rede war. Indem das nach Macht strebende Individuum durch die ihm notwendige narzißtische Zufuhr sich an die Gruppe gebunden fühlt, kann es auch von ihr kontrolliert werden. Sein starkes Bedürfnis, geliebt und bewundert zu werden, zwingt es, den Wünschen der Gruppe nachzukommen, und seine Selbstbezogenheit gibt ihm die Sicherheit, um bei den anderen Vertrauen zu wecken. Am deutlichsten kommt diese Beziehung des Häuptlings zu seinen Leuten bei Jägern und Sammlern zum Vorschein. In seiner Darstellung über das Häuptlingstum bei den Nambikwara vermutet Lévi-Strauss (1944; 1955), daß es Häuptlinge gibt, *»weil es in jeder menschlichen Gruppe Männer gibt, die im Gegensatz zu ihren Gefährten das Prestige als solches schätzen, die sich von der Verantwortung angezogen fühlen und für die allein schon die Ausübung öffentlicher Ämter eine Befriedigung darstellt. Solche individuellen Unterschiede sind in den verschiedenen Kulturen verschieden entwickelt. Ihr Vorhandensein in einer Gesellschaft aber, die so wenig vom Geist des Wettbewerbs berührt ist wie die Nambikwara-Gesellschaft, läßt vermuten, daß ihr Ursprung nicht nur sozial bedingt ist. Sie scheinen vielmehr einen Teil jenes psychischen Rohmaterials zu bilden, aus dem sich jede Gesellschaft aufbaut«* (1955: 284).

Auch der Narzißmus ist ein solches Rohmaterial. Wer nach Macht strebt, kommt narzißtisch auf seine Rechnung; aber die Gruppe kann dadurch ebenfalls zur Erfüllung ihrer Wünsche gelangen und die narzißtischen Menschen für sich instrumentalisieren. Lévi-Strauss beschreibt sehr anschaulich, in welchem Maß sich der Häuptling für seine Gruppe aufopfern muß, um als solcher anerkannt zu werden. Der Narzißmus wirkt als ein dynamisches Element: Die Größen- und Allmachtsphantasien, eingebunden von den Egalität schaffenden Gegenseitigkeitsstrukturen, können vergesellschaftet, in den Dienst der Gemeinschaftsinteressen gestellt werden und neue Aktionsräume eröffnen. »*Wenn ein Eingeborener, eine Familie oder die ganze Bande ... ein Bedürfnis empfindet, wenden sie sich an den Häuptling. So stellt Großzügigkeit die wesentlichste Eigenschaft dar, die von einem Häuptling erwartet wird. Ihr Vorhandensein oder ihr Fehlen entscheidet über Zustimmung oder Mißbilligung. Natürlich wird der Häuptling in dieser Beziehung bis zum letzten ausgenutzt und ausgebeutet. (...) Ein guter Häuptling verfügt über Initiative und Geschick. Er bereitet das Gift für die Pfeile und stellt die Bälle aus Gummi her, die für gewisse Spiele gebraucht werden. Er muß ein guter Sänger und Tänzer sein, ein munterer Kerl, der immer bereit ist, Zerstreuungen zu erfinden, um der Monotonie des täglichen Lebens zu wehren. Diese Pflichten verführen ihn leicht zum Schamanismus, und viele Häuptlinge sind in der Tat auch Medizinmänner und Heiler*« (a.a.O.: 277-278). Der Häuptling steht unter einem außerordentlichen Leistungszwang; er wird laufend mit den Anführern anderer Gruppen verglichen. »*Wenn der Häuptling als zu anspruchsvoll erscheint, wenn er zu viele Frauen verlangt oder wenn er sich als unfähig erweist, das Problem der Ernährung in befriedigender Weise zu lösen, entsteht allgemeine Unzufriedenheit. Einzelne Individuen oder ganze Familien trennen sich von der Gruppe und schließen sich einer anderen an, die sich eines besseren Rufs erfreut. Unter Umständen verfügt diese neue Gruppe über größere Mengen von Nahrungsmitteln, zum Beispiel dank der Entdeckung neuer Jagdgründe und Sammelgebiete, oder sie besitzt reicheren Schmuck und bessere Werkzeuge dank eines günstig verlaufenen Austausches mit anderen Gruppen, oder schließlich mag sie ihre Macht im Verlauf eines siegreichen Kriegszuges vergrößert haben. Eines Tages kann sich also der Häuptling an der Spitze einer Gruppe sehen, die zu klein ist, um die täglichen Schwierigkeiten zu meistern und die Frauen vor der Begierde der Fremden zu schützen. In diesem Falle bleibt ihm nichts anderes übrig, als seine Stellung aufzugeben und sich mit seinen letzten Gefährten einer anderen Gruppe anzuschließen*« (a.a.O.: 272).

Vergleicht man die herrschende Klasse Frankreichs mit den Nambikwara, so fällt eine Reihe von Parallelen auf. La Bruyère etwa erwähnt rühmend die Geschäftigkeit des Königs: »*Immer um unser Wohl bemüht, kennt er keine Zeit der Entspannung, keine freie Stunde. Schon sinkt die Nacht, die Wachen an den Zufahrten des Schlosses werden abgelöst, die Sterne am Himmel leuchten am Himmel und ziehen ihre Bahn; die ganze Natur ruht, vom Tag entlassen, im Dunkel gebettet; wir ruhen auch, indessen der König, in seinem Kabinett eingeschlossen, über uns und den ganzen Staat wacht ...*« (zit. n. Hazard 1939: 310). Wie dort der Häuptling, mußte sich auch Ludwig XIV. durch seine Großzügigkeit auszeichnen und durch sie den Adel an sich binden; auch der König wurde bis zum letzten ausgenutzt und ausgebeutet. »*Die adeligen Herren und Damen verstanden es immer, die Hand aufzuhalten und zu fordern. Der Prinz de Pons hatte eine Pension von 25'000 Francs bezogen. Nach seinem Tode wurde sie unter seinem Sohn und seiner Tochter geteilt. Dem Minister Séchelles bewilligte der König bei seinem Abschied eine Rente von 40'000 Francs. (...) Der Prinz Conti (erhält) 1½ Million, um seine Schulden zu bezahlen, die Herzogin von Polignac bekommt, um ihre Tochter auszusteuern 800'000 Francs ...*« (Boehn 1919: 119). Die großen Feste, Bälle, Theateraufführungen und Jagden sorgten im Namen des Königs für die Vertreibung der Langeweile. In diesem Sinn war der Sonnenkönig – wie es schon Pascal sah – von seinem Hof abhängig und mußte sich anstrengen, ihn um sich zu behalten: »*Man lasse einen König ganz allein, ohne irgendeine Befriedigung der Sinne, ohne irgendeine Beschäftigung des Geistes, ohne Gefolge, ganz müßig an sich selbst denkend, und man wird sehen, daß ein König, der sich selbst betrachtet, ein Mensch voller Trübsal ist und daß er sie fühlt wie sonst einer*« (zit. n. zur Lippe 1974: 27). Bei den Nambikwara mußte sich der Häuptling, der von seinen Leuten verlassen wurde, einer anderen Gruppe anschließen und dort unterordnen. Wollte er überleben, so konnte er sich Depressionen nicht leisten. Pascals trübseliger König war nur eine Fiktion, denn er besaß ja alle Machtmittel, um zu verhindern, daß man ihn verlasse. Wer nicht willig war, sich der Hofhaltung anzuschließen, konnte dazu gezwungen werden. Damit hob der »*Zwingstab*« (M. Weber) eine der wesentlichsten in den »primitiven« Gesellschaften wirksamen Regulatoren des Narzißmus der Herrschenden auf. Die gewaltsam zerbrochene sozio-ökonomische Gegenseitigkeit ließ ihn überborden und machte ihn zu einem Leitprinzip der herrschaftlichen Konstruktion dessen, was als Wirklichkeit gilt.

Aber nicht nur der Adel besaß nicht mehr die Mittel, um den königlichen Narzißmus für sich so auszunützen, wie die Nambikwara denjenigen ihres Häuptlings. Auf der Ebene der Gesellschaft als Ganzheit reproduzierte sich dasselbe Verhältnis: Der Narzißmus des Adels konnte auch nicht mehr in den Dienst der Beherrschten genommen werden. Die Klassenspaltung war so vorangeschritten, daß es schien, als ob es zwei Arten Menschen gäbe. Lepenies zitiert Chamfort (1740-1794): »*eines Tages habe die Tochter des Königs, als sie mit ihrer ›bonne‹ spielte, zu dieser gesagt: ›Wie, auch Sie haben fünf Finger, genau wie ich?‹ Und dann habe sie ihre Finger nachgezählt, um dessen auch ganz sicher zu sein*« (1971: 62), und deutet auf jene Entwicklung hin, in der die gesellschaftliche Distanz zwischen den Klassen so groß geworden ist, daß man der Menschlichkeit des anderen nicht mehr gewahr wird. Auch diese die Einzigartigkeit der herrschenden Klasse hervorhebende Distanz öffnet die Schleusen ihres Narzißmus und erleichtert das Ausleben der Aggression gegen die Beherrschten. La Bruyère gab eine eindrückliche Beschreibung davon, wie die Beherrschten aus der Sicht der Herrschaft wahrgenommen wurden: »*Beschlagnahme von Ländereien und Pfändung der Möbel, Gefängnisse und Todesstrafe sind freilich nötig, ich muß es bekennen; aber Gerechtigkeit, Gesetze und Benötigung beiseite gesetzt, ist es mir doch immer etwas Neues, mit anzusehen, mit welcher Grausamkeit Menschen andere Menschen behandeln. Man sieht gewisse scheue Tiere, sowohl Männchen als Weibchen, auf dem Felde zerstreut, schwarz, fahl und ganz von der Sonne verbrannt, an den Boden gefesselt, welchen sie mit beharrlicher Ausdauer umgraben und umwühlen. Sie haben gleichsam eine artikulierte Stimme; und wenn sie sich aufrecht auf ihre Füße erheben, so zeigen sie ein menschliches Angesicht; und es sind in der Tat Menschen. In der Nacht ziehen sie sich in ihre Höhlen zurück, wo sie sich von schwarzem Brote, von Wasser und Wurzeln nähren. Sie ersparen den anderen Menschen die Mühe, zu säen, zu arbeiten und einzuernten, um leben zu können, und sie verdienen demnach, daß ihnen das Brot nicht fehle, welches sie gesäet haben*« (1688: 277-278).

Die Klassenspaltung löst die Explosion des Narzißmus der Herrschenden aus. A. Hausers Analyse der Bedeutung des Narzißmus für die Entwicklung des Manierismus (1964: 114f.) läßt sich auch auf die Herrschaft übertragen. Die großen Gestalten der damaligen Literatur: Don Quijote, Don Juan, Hamlet, Faust, zeigen die Folgen des entfesselten Narzißmus an. Deren Selbstbezogenheit läßt sie den Kontakt mit der Realität verlieren und durch eine Fiktion ersetzen, in deren Mittelpunkt sie selbst stehen. Die asozialen Neigungen treten hervor. Hamlet vernichtet alle, mit denen er es zu tun hat. »*Sein Narzißmus hat sich nach außen restlos in Haß verwandelt. Er haßt, um nicht zu lieben. Die Rache für den Tod seines Vaters dient ihm als willkommener Vorwand dazu; ...*« (a.a.O.: 124). Don Juan und Faust sprengen beide die Fesseln, die sie an der Gesellschaft binden, ihre Größen- und Allmachtsphantasien finden ebenso wie ihre Aggression keine Grenzen. Nur Don Quijote richtet keinen Schaden an, aber wohl nur deshalb, weil er – im Gegensatz zu den anderen – auch keine reale Macht besitzt. Diese Gestalten veranschaulichen nicht so sehr die allgemeine »condition humaine« als die Verwandlungen des Menschen, wenn er in die Machtpositionen gelangt, die gesellschaftlich nicht mehr kontrolliert werden können.

Seit alters her stellt sich das Problem der Auslese derjenigen, die die Macht haben und die Herrschaft ausüben sollen. »*Wir haben es hier mit einem Angelpunkt der kulturellen Evolution zu tun. Doch keine Technik ist erfunden worden, die die Wahl der höchst qualifizierten Persönlichkeit garantieren oder deren Wahl wahrscheinlich machen würde. Mit geradezu verblüffender Monotonie trifft man in führenden Positionen überraschend oft auf Personen, die – sei es in einer wissenschaftlichen Gesellschaft, sei es in einer Behörde, in einer Stadt oder in einer ganzen Nation – zwar tüchtiger als der Durchschnitt und mit praktischer Klugheit wohl versehen, jedoch nicht von tiefer Intelligenz sind, Personen, die skrupelloser als ihre Umgebung sind und die Gabe besitzen, andere zu manipulieren. Sie sehen ihre Aufgabe weniger in der Förderung des Wohlergehens der Gruppe, für die sie verantwortlich sind, als vielmehr in der narzißtischen Selbstvergötterung. Es erweist sich, daß die meisten Menschen – meist unbewußt – starke narzißtische Wünsche dieser Art hegen, an deren Verwirklichung sie gehindert werden und die sie statt dessen durch Identifizierung mit einer Person dieses Typs befriedigen*« (Eißler 1975: 111-112). Wenn es die Macht selbst ist, die beim Individuum den Narzißmus aufbläht, so ist es nicht mehr so verwunderlich, narzißtische Persönlichkeiten in Machtpositionen vorzufinden. Man kann zwar – wie Eißler – annehmen, daß es

Die deutsche Kaiserkrone.

zwischen dem narzißtischen Typus und der Machtposition Affinitäten gibt und daß sich vorwiegend solche Individuen um diese Stellen bemühen, aber damit wird das eigentliche Dilemma der Herrschaft nicht erfaßt. Auch wenn man etwa mittels ausgeklügelter Tests Narzißten am Zugang zur Macht hinderte, würden die an der Macht beteiligten Individuen früher oder später solche Charaktereigenschaften entwickeln. Die während der frühen Sozialisation ausgebildeten und in eine Struktur gebrachten oralen, analen, phallischen und genitalen Züge dürfen nicht als später unveränderbare Elemente betrachtet werden. Im Kapitel über die Adoleszenz habe ich dieses Problem eingehender behandelt und will jetzt nur festhalten, daß es die Herrschaft selbst ist, die beim Individuum den Narzißmus auf die Spitze treibt.

Die Herrschaft des Menschen über den Menschen entwickelte sich zusammen mit der Herrschaft über die Natur. Wir können annehmen, daß die Größen- und Allmachtsphantasien wesentlich zur Entfaltung des kreativen Potentials des Menschen in seiner Auseinandersetzung mit Natur und Gesellschaft beitrugen. Schon sein Ordnungswille, der den ganzen Kosmos in einem System von Bildern und Begriffen zu erfassen versuchte, nährte sich aus jener narzißtischen Energie. Auch die »Erfindung« der Herrschaft mobilisierte außerordentliche menschliche Fähigkeiten, um sie in den Dienst einer Beschleunigung der sozialen Evolution zu stellen. Allein die Zusammenfassung größerer Menschenmassen in einheitlicheren Organisationen (»Stamm«, »Ethnie«, »Staat« etc.) erhöhte die Chance der Variabilität der Formen und damit die Möglichkeit, die Entwicklung menschlicher Bedürfnisse mit der Entwicklung der Gesellschaft in Einklang zu bringen. Aber das ist nicht geschehen. Wie Freud schon feststellte, hat »*die Befriedigung einer Anzahl von Teilnehmern die Unterdrückung einer anderen, vielleicht der Mehrzahl zur Voraussetzung*« (1927: 333), und darauf führte er die intensive Feindseligkeit der Unterdrückten gegen die Kultur zurück. Zusammen mit der »*eher latenten Feindseligkeit der besser beteilten Gesellschaftsschichten*« (a. a. O.) werden jene Kräfte ausgelöst, die die Kultur vernichten.

Das Dilemma der Herrschaft besteht darin, daß sie zwar die Voraussetzungen schafft, um mittels einer besseren Beherrschung der Natur die Entfaltung des Menschen zu fördern, gleichzeitig aber durch die Entfesselung des Narzißmus die gesellschaftliche Aneignung dieser Voraussetzungen verhindert und die Zerstörung der Kultur, zu deren Aufbau sie beitrug, vorantreibt.

Fénelon, Erzbischof von Cambrai (1651-1715), wandte sich 1693 in einem anonymen Brief an Ludwig XIV.: »*Seit dreißig Jahren haben Ihre Minister alle alten Prinzipien des Staates zerstört, um Eure Autorität auf den Gipfel zu erheben. Man hat Sie bis in den Himmel erhoben, auf dem Ruin aller Ihrer Untertanen. Dabei*

herrschen in Wirklichkeit Ihre Minister, harte, hochmütige, unduldsame und grausame Wesen, die in der Innen- und Außenpolitik nur ein Mittel kennen: Drohen, Vernichten, Zerstören von allem, was ihnen widersteht. Nach zwanzig ungerechter Kriege, die nicht weniger ungerecht sind, weil sie mit siegreichen Verträgen abgeschlossen sind, unterzeichnet von Besiegten, denen man das Messer an die Kehle setzte, besitzt Frankreich keinen einzigen Verbündeten mehr. (...) Sie müssen erkennen, Sire, daß sie Ihr ganzes Leben jenseits des Wegs der Wahrheit und Gerechtigkeit und jenseits des Evangeliums verbracht haben. Sie haben seit dem Einfall in Holland 1672 so viele Länder, Städte, Dörfer verwüstet und ausgeraubt, daß die Welt nur Ihren Fall erwartet, als einzige Quelle der Freiheit und Ruhe aller christlichen Nationen. Eure eigenen Völker sterben an Hunger, Handel und Handwerk liegen darnieder. Ganz Frankreich ist nur mehr ein großes Spital, verlassen und ohne Vorsorge. (...) Eure Gloire ist Euch lieber als die Gerechtigkeit, als Eure eigene Ruhe, als die Erhaltung Eurer Völker, die täglich an Hungerepidemien zugrunde gehen. (...) Eure Religion besteht nur in kleinen oberflächlichen und abergläubischen Praktiken. (...) Ihr bezieht alles auf Euch, wie wenn Ihr der Gott der Erde wärt und der ganze Rest nur geschaffen wäre, um Euch geopfert zu werden« (zit. n. Heer 1953: 487-488).

Ludwig XIV. reagierte sofort auf Fénélon: Er ließ ihn vom Hof entfernen. Psychologisch gesehen, hatte der Erzbischof versucht, das Überich des Königs anzusprechen, um ihm zu zeigen, was sich in der Realität tatsächlich abspielte. Aber dieser Appell konnte keinen Erfolg haben: Der sich aufblähende Narzißmus untergräbt das Überich und läßt es allmählich abbröckeln. Damit wird aber auch ein wichtiger Faktor der Realitätskontrolle hinfällig. Das Überich, von dem Freud sagt, es sei der »*Träger der Tradition*« sowie der »*zeitbeständigen Wertungen*« (1933: 505) und der »*Repräsentant der realen Außenwelt*« (1924b: 380), bändigt den Narzißmus und zwingt das Individuum, im Einklang mit den Normen seiner Gesellschaft auch diejenigen Dinge zur Kenntnis zu nehmen, die seinem Narzißmus widerstreben. Schwindet das Überich, so gerät die Realitätskontrolle gänzlich unter den Einfluß des Narzißmus. Eine Folge davon ist das, was man als »Einsichtslosigkeit der Herrschenden« bezeichnet, nämlich ihre Unfähigkeit, gesellschaftliche Prozesse adäquat zu beurteilen. Über die Einschätzung der expansiven Politik des Königs und seiner Minister schreibt Tapié: »*Offenbar dachten sie niemals daran, daß die Völker eines Tages verzweifeln und mit vereinten Kräften gegen Frankreich vorgehen könnten. Ebensowenig hielten sie es für möglich, daß in den Ländern, die zuerst durch gutes Zureden und dann durch*

Schrecken in Schach gehalten wurden, Haß und Rachsucht schwelten« (1964: 329). Sie konnten es sich tatsächlich nicht vorstellen, weil ihre gesellschaftliche Position die psychische Instanz außer Kraft setzte, die eine entsprechende Wahrnehmung ermöglicht hätte. Fénélons Warnung verhallte 1699 ungehört: »*Wisset, daß Ihr nur in dem Maße König seid, als Ihr Völker zu regieren habt*« (zit. n. Hazard 1939: 325).

Einem Nambikwara-Häuptling hätte das eingeleuchtet – Ludwig XIV. konnte gar nicht verstehen, was damit gemeint war. Fénélon erkannte durchaus die Richtung, in die der Absolutismus trieb: »*Seine absolute Macht schafft ebensoviel Sklaven, wie es Untertanen hat. Man schmeichelt ihm, man tut, als ob man ihn anbete, man erzittert bei seinem flüchtigsten Blick, aber wartet die geringste Revolution ab: diese ungeheuerliche, bis zu einem gefährlichen Übermaß gesteigerte Macht wird nicht zu überdauern vermögen. Sie hat keinen Rückhalt in den Herzen der Menschen. Sie hat den ganzen Organismus des Staates erschöpft und gereizt und zwingt alle Glieder dieses Organismus nach einem Wechsel zu seufzen. Beim ersten Schlag, den man gegen das Idol führt, wird er stürzen, in Trümmer gehen und mit Füßen getreten werden*« (zit. a.a.O.). Fénélon täuschte sich; es brauchte noch viele Schläge, und dann stürzte das Idol nicht zusammen, sondern wurde – wie Tocqueville 1856 deutlich machte – von einer neuen herrschenden Klasse in Besitz genommen.

Die Unbewußtmachung des sozialen Widerstandes und die Aufrichtung der tyrannischen Instanz

Wie reagiert der Mensch auf Gewalt? Er kann seiner Angst nachgeben und sich der Gewalt durch Flucht entziehen oder sich ihr kämpfend dagegenstellen; er kann sich ihr beugen, das tun, was der Gewalthaber von ihm fordert, aber auf Rache sinnen; er kann sich jedoch auch nur den Anschein geben, als ob er den Befehlen Folge leisten würde, sie aber in Wirklichkeit sabotieren, und schließlich kann er sich unterwerfen und mit dem Angreifer identifizieren. Vom Augenblick an, da sich in den Gesellschaften eine Zentralgewalt herausbildete, also die Staatenbildung einsetzte, wurde die erste Möglichkeit immer weniger realisierbar. Man mußte sich der Gewalt entgegenstellen oder sich ihr unterordnen. Wo Herrschaft damit rechnen mußte, auf Gegengewalt zu stoßen, mußte sie darauf sehen, die stärkeren Bataillone auf ihrer Seite zu haben, aber auch dann, wenn ihre Befehle befolgt wurden, mußte sie Rache oder Sabotage befürchten. »Innenpolitik« wurde daher zur Kunst, die Aggressionen zu neutralisieren, die die Herrschaft bei den Beherrschten auslöste.

Ist die Flucht nicht möglich, wird Gewalt immer Aggressionen wecken. Deren Unterdrückung geschieht äußerlich dadurch, daß etwa die Polizei oder das Militär Angriffe auf die herrschenden Institutionen abzuwenden und Ruhe und Ordnung aufrechtzuerhalten versuchen. Aber damit verschwinden diese Aggressionen nicht, sie können im Gegenteil noch mehr verstärkt werden. In dem Augenblick jedoch, da sie sich nicht mehr nach außen wenden, also sich im Innern des aufrührerischen Individuums stauen, werden sie – nach dem Modell innerpsychischer Triebbewältigung – verarbeitet werden. Im Verlauf dieser Verarbeitung werden unter anderem auch die während der Adoleszenz bestätigten traumatischen Erinnerungen an Autoritätskonflikte reaktiviert, aus welchen das Individuum früher als Verlierer hervorgegangen war. Parin hat am Beispiel von vier Analysen aufgezeigt, in welchem Ausmaß ein politisches Ereignis – der Einmarsch der Russen in die Tschechoslowakei – die frühen Konflikte weckt, und hebt hervor: »*daß dann, wenn das Ich den größten Belastungen (Triebansprüchen, Angst) ausgesetzt ist, die wichtigsten Konflikte aus der Kindheit mobilisiert werden, weil in ihnen die vollständigste Ausformung der Abwehrorganisation gegenüber den heftigsten Triebansprüchen zustande kam, Konflikte mit ihrem Ausgang, die im ›Notfall‹ die bestmögliche Erledigung neuer Belastungen versprechen. Hier* (das heißt in den vier besprochenen Analysen, M. E.) *mobilisieren die neuen Ansprüche der Außenwelt und die gefühlsbetonten Identifikationen* (mit den Widerstandskämpfern, M. E.) *Konflikte und Ausgänge, die bei A. und B. aus der Kindheit und bei C. und D. aus der präödipalen Zeit stammten*« (1969: 30-31). Und er faßt zusammen: »*Dort, wo normale Personen am heftigsten am Schicksal ihrer Umwelt teilhaben, wo sie am wenigsten egoistisch am sozialen und politischen Geschehen engagiert sind, wo sie für die Freiheit und Unabhängigkeit bangen, hoffen und kämpfen, sind die Grundkonflikte ihrer Psyche am stärksten beteiligt, wiederholen sie ihr persönlichstes individuelles Schicksal*« (ebenda).

Diese Wiederholung der Grundkonflikte der Persönlichkeit, die durch politische Konflikte ausgelöst wird, ist das Tor, durch welches Herrschaft in das Individuum eindringen und sich in ihm festsetzen kann. In dem Maße, wie es dem Individuum nicht gelingt, seine inneren Konflikte zu lösen, werden diese zu potentiellen Stützpunkten der Herrschaft. Die Aggression, die ursprünglich der herrschenden Gewalt hätte Grenzen setzen sollen, wird durch die Wendung nach innen zum Vehikel, das den Machtbereich der Herrschaft nun auch auf die Psyche des Individuums ausdehnt. Wie tief dabei die Herrschaft ins Individuum eindringen kann, hängt von den Abwehrmechanismen ab, denen es zur psychischen Bewältigung, und das bedeutet hier vor allem zur Unbewußtmachung der nicht direkt abführbaren Aggressionen bedarf. Je größer und intensiver die Gewaltausübung der Herrschaft ist, und das heißt, je größer die Aggressionen sind, die die Beherrschten verspüren, aber nicht äußern dürfen, desto »primitivere«, ontogenetisch frühere Abwehrformen müssen eingesetzt werden und desto tiefer kann die Herrschaft in deren Unbewußtes eindringen. In der für die Festsetzung der Herrschaft im Innern des Individuums notwendige Unbewußtmachung der Aggression liegt die treibende Kraft zur gesellschaftlichen Produktion von Unbewußtheit; der Preis, den die Herrschaft für die Expansion auf die Psyche bezahlen muß, ist allerdings ein zunehmender Realitätsverlust bei den Beherrschten, der z.B. die Rationalität, aufgrund deren sich die Herrschaft entwickeln kann, untergräbt, das gesellschaftliche Handeln immer irrationaler werden läßt und eine Kultur früher oder später zum Zusammenbruch bringt. Zwei Prozesse ergänzen sich verhängnisvoll: Die Explosion des Narzißmus in der herrschenden Klasse läßt sie immer öfter, wie suchtartig, zur Gewalt greifen, und die Beherrschten, falls sie sich ihrer nicht erwehren können, müssen immer primitivere Abwehrmechanismen zur Unbewußtmachung ihrer Aggressionen benützen. Was die Gewalt nicht zerstört, wird von der Irrationalität, in die die Beherrschten verfallen, zersetzt.

Um diese Entwicklung *idealtypisch* aufzuzeigen, gehe ich von Mosers (1964) Darstellung der *»Abwehrformationen«* aus. Sein Modell bezieht sich auf die Triebabwehr im allgemeinen, und ich wende es an, um die Bewältigung der von der herrschenden Gewalt hervorgerufenen Aggression zu untersuchen. Nach Moser muß eine *gelungene Abwehr* folgenden Voraussetzungen genügen: *»1. ein Warn- (Angst-)Signal, welches die Abwehrorganisation* (im Individuum, M.E.) *rechtzeitig mobilisiert: 2. genügend stark entwickelte Abwehrmechanismen (...); 3. vorhandene Möglichkeiten der Ersatzbefriedigungen (oder zum mindesten Vorliegen von Hoffnungen auf solche). Diese Ersatzbefriedigungen sind aus Gründen der Spannungsverminderung und -neutralisierung zur Aufrechterhaltung einer dauernden Abwehr von entscheidender Bedeutung; 4.*

die Erinnerung an die traumatische Situation, die dauernd durch ähnliche Versuchssituationen geweckt wird, muß vermieden werden. Eine erfolgreiche Abwehr ist aber keine Lösung des Konflikts, *denn sie vermag keine dauernden Spannungslösungen zu schaffen. Mit der Zeit verliert auch eine erfolgreiche Abwehrarbeit ihre Wirksamkeit, und die Unterdrückung des traumatischen Konfliktes gelingt nur noch unvollkommen«* (a.a.O.: 58, Hervorhebung von mir).

Wo die Aggression mit dem Gewalttäter nicht ausgetragen werden kann, wird sie im Individuum Angstsignale auslösen, welche eine *erste Abwehrorganisation* einsetzen lassen, die die *Verdrängung* dieser Aggression zum Ziele hat. Ist diese erfolgreich, so muß sich das Individuum im sozialen Bereich Ersatzbefriedigungen zuwenden oder sich diese in Aussicht stellen können. Die Ausübung von Herrschaft setzt das Vorhandensein solcher Bereiche voraus; sie haben oft keine andere Funktion als die, die Verdrängung der Aggression gegen die Herrschenden aufrecht zu erhalten. Ein Beispiel dafür sind die öffentlichen Hinrichtungen, die Foucault in seiner Geschichte des Gefängnisses erwähnt. »*Wenn sich die Menge um das Schafott drängt, so tut sie das nicht nur, um den Schmerzen des Verurteilten beizuwohnen und die Wut des Henkers anzufeuern: sie will auch den, der nichts mehr zu verlieren hat, die Richter, die Gesetze, die Macht, die Religion verfluchen hören. (...) Im Schatten des bevorstehenden Todes kann der Verbrecher alles sagen, können ihm die Umstehenden akklamieren. ›Gäbe es Annalen, in denen die letzten Worte der Hingerichteten sorgfältig verzeichnet würden, wobei man nur den von seiner grausamen Neugier zu den Schafotten getriebenen feigen Pöbel befragte, so würde man lesen, daß es keinen aufs Rad Geflochtenen gibt, der nicht den Himmel wegen des Elends anklagt, das ihn zum Verbrechen geführt hat, der nicht den Richtern ihre Barbarei vorwirft, den ihn begleitenden Diener des Altars verflucht und Gott, dessen Organ jener ist, lästert‹ (Boucher d'Argis, 1781, Pariser Richter). Es gibt in diesen Hinrichtungen, welche die Schreckensgewalt der Fürsten kundtun sollten, etwas Karnevaleskes, das die Rollen vertauscht, die Gewalten verhöhnt und die Verbrecher heroisiert«* (1975: 79). Aber die Strafe erfolgt umgehend, und es wird bestätigt: Wer gegen die gesellschaftlichen Tabus handelt und sich an der Obrigkeit vergreift, muß sterben. In diesem Sinn verstärken diese Zeremonien den Konsens, auf den sich die Herr-

schaft beruft. Das gilt auch von den anderen Ersatzbefriedigungen, die mit der verdrängten Aggression in Verbindung stehen.

In den vorindustriellen Gesellschaften waren die Ersatzbefriedigungen religiös gestützt. In den »*Ritualen der Rebellion*« (Gluckman 1963) durfte der Aggression der Herrschaft auf eine genau vorgeschriebene Weise Ausdruck gegeben werden. Indem diese Freiheit aber auf den sakralen Raum des Festes beschränkt wurde, konnte die Aggression aus dem profanen Alltag verdrängt bleiben. Als Fastnacht und Karneval blieb diese Form der Ersatzbefriedigung bis in unsere Zeit erhalten. Mit der Zurückbildung der Religion wurden andere Bereiche der Kultur wichtig für diese Funktion. Die entfremdete Arbeit z.B. wird in dem Maße zur Ersatzbefriedigung, wie – gleichgültig, was produziert wird – die Leistung allein sinngebend wird. Die Wiederkehr der verdrängten Aggression gegen die Herrschaft äußert sich in der Arbeitswut, die die Leistung vorantreibt.

Was Moser von der erfolgreichen idiosynkratischen Abwehr sagt, nämlich, daß diese mit der Zeit ihre Wirksamkeit verliere, gilt auch für die Abwehr, die die Aggressionsverschiebung weg von der Herrschaft ermöglichte. Die wirklichen Konflikte bleiben ungelöst, d.h., daß trotz der Ersatzbefriedigungen der Grundkonflikt nicht entspannt wird. Um die Reaktivierung dieser weiterhin wirksamen aggressiven Impulse zu vermeiden, »*schränkt das Ich seine Fähigkeit ein und vermeidet Ziele und Situationen, welche affektiv mit der abgewehrten Befriedigung* (in unserem Fall die Auseinandersetzung mit der Herrschaft, M.E.) *in Zusammenhang stehen*« (Moser 1964: 58). Diese Ich-Einschränkung läuft auf eine Art negativen Konsens hinaus; das Individuum übt eine Konfliktvermeidungsstrategie ein, die die Anpassung an die Herrschaft vervollkommt. Ein eindrückliches Beispiel für diese Mechanismen gibt H. Favre (1971) in seiner Analyse der Beziehungen zwischen »ladinos« (den Handel beherrschende und nicht in der traditionellen Kultur integrierte Individuen) und »indios« in der heutigen Maya-Kultur in Mexiko. »*Der ›indio‹ fühlt sich nicht nur anders als der ›ladino‹, sondern auch minderwertiger. (...) Überzeugt von seiner eigenen Minderwertigkeit, wird der ›indio‹ den ›ladino‹ mit der Macht ausstatten, die er sich nicht zutraut selbst auszuüben, allerdings in der Hoffnung, daß der ›ladino‹ sie zu seinen Gunsten einsetzen werde. Er wird versuchen, dieses Wesen, zu dessen Ausstattung mit Eigenschaften der Allmacht er beigetragen hat, gnädig zu stimmen, indem er sich einer offensichtlichen Unterwürfigkeit befleißigt. Er wird sein Elend vorweisen, seine Erniedrigung dartun, um dessen Mitleid zu wecken. Gleichzeitig wird er seine Arbeitskraft hervorheben, seine materielle Nützlichkeit, seine tierhafte Kraft. So wird er, indem er sich in ein Instrument verwandelt, seine Sicherheit wahren. Vom Augenblick an, da er dem Don X. oder Y. gehört, kann er die Hoffnung hegen, beschützt und verteidigt zu werden, wie irgend ein anderes Besitztum. (...) Andererseits aber wird der ›indio‹ versuchen, wenn nicht zu fliehen, so wenigstens indirekt und auf versteckte Art und Weise auf diese Abhängigkeit, die sein Verhalten gegenüber dem ›ladino‹ bestimmt, zu reagieren. Er wird sich gegen jenen mit Lügen verteidigen, sich durch Faulheit rächen und durch Diebstahl entschädigen. Diese falschen Verwegenheiten werden sich gegen ihn wenden, weil sie letztlich die Gründe bestätigen, mit welchen der ›ladino‹ die Asymetrie der Beziehungen zum ›indio‹ rechtfertigt. Ist er nicht diebisch, faul und lügnerisch? Es gibt schon Beweise, daß er geführt, korrigiert, zivilisiert, d.h. domestiziert werden muß, weil er kein ›Christ‹, kein ›Vernunftwesen‹ (›hombre de razòn‹) ist*« (a.a.O.: 89).

Die Kultur der kolonialisierten Ethnien birgt in sich eine Mischung aus Ersatzbefriedigungen und Selbsteinschränkungen. Die Feste, die zu Ehren der Dorfheiligen gefeiert werden, sichern die ethnische Identität und vermitteln ein Selbstbewußtsein, das zwar den Ladinos gegenüber nicht gezeigt wird, aber wie ein Potential für eine kommende Revolution wirkt. Gleichzeitig aber zementieren die ökonomischen Ausgaben die Abhängigkeit der Dörfer von ihren Ausbeutern (a.a.O.: 108f.;Frey 1980). Im Lügen, Stehlen und Faulenzen, die zu kulturellen Zügen geworden sind, zeigt sich ebenfalls der gleitende Übergang von der Ersatzbefriedigung zur Selbsteinschränkung; es sind zwar Formen des Widerstandes gegen die Herrschaft, zugleich aber auch Ausdruck der aufgezwungenen Passivität und der Notwendigkeit zur Verstellung; jede Lüge ist auch eine Art der Unterwerfung: Zu Recht kritisiert Favre an der Ethnologie, daß sie die traditionelle Kultur der kolonisierten Indianer idealisierte und als Ausdruck »indianischen Wesens« ansah, was Produkt von Unterwerfung war. »*Mehr als ein Reflex der glorreichen Überlieferung aus der Vergangenheit, ist die Kultur der Eingeborenen Ausdruck der schändlichen Existenzbedingungen, die von der nationalen Kultur bestimmt werden*« (a.a.O.: 370). Und wenn solche Bedingungen diktiert werden, so deshalb, weil

»Kultur« – in diesem Falle die der Maya-Indianer – das Instrument der Herrschaft ist, welches die gegen sie gerichteten Aggressionen absorbieren soll. Ein charakteristisches Merkmal dafür ist die Entpolitisierung des Alltags, die insofern als eine Form der Ich-Einschränkung interpretiert werden kann, als das Ich es aufgibt, Einfluß auf dessen Gestaltung nehmen zu wollen. Diese Entpolitisierung und die gesellschaftliche Langeweile, die die Herrschaft stabilisieren sollen, zeigen, daß es gelungen ist, die Aggression, die sich gegen sie richtete, zu deren Festigung auszunützen.

Bosse hat in seinem Buch »Diebe, Lügner, Faulenzer« (1979) die Verweigerungsstrategien in Gesellschaften der »Dritten Welt« als Ausdruck des kulturellen Widerstandes gegen die die Ausbeutung verhärtenden Modernisierungsprozesse (»Kolonialisierung der inneren Natur«) und als Gegenentwurf zu ihnen interpretiert. Seine Ausführungen können uns dazu verhelfen, die Bedeutung der ersten Abwehrformation (Verdrängung) genauer zu bestimmen. Wenn auch von »Ersatzbefriedigungen« die Rede ist, so darf die kreative Leistung, die zu deren Schaffung und Ausrüstung notwendig ist, nicht übersehen werden. Zwar handelt es sich um Ersatzformen, aber immerhin ist in ihnen ein gewisses Maß an Befriedigung und realem Widerstand gegen die Herrschaft möglich. Verglichen mit den anderen Abwehrformationen, gestattet diese erste der Herrschaft keinen so tiefen Eingriff in die Persönlichkeit; der »Kolonialisierung der inneren Natur des Menschen« sind Grenzen gesetzt. Fällt die Unterdrückung weg, so können in relativ kurzer Zeit neue, der befreiten Situation adäquatere Charakterzüge auftreten: »*In einem Artikel der ›Neuen Zürcher Zeitung‹ vom 5. Juli 1974 heißt es: ›Selbst im Andenhochland von Ecuador hat der Kampf um Landbesitz begonnen, der in ganz Lateinamerika immer härtere Formen annimmt. Die Indios der ›Sierra‹ gelten gemeinhin als kaum entwicklungsfähig, sowohl in Bolivien als auch in Peru und Ecuador, wo sie jeweils rund die Hälfte der Bevölkerung stellen. Jahrhundertelange Unterdrückung und Abhängigkeit haben sie gefügig und apathisch gemacht. Aber das kann sich in bestimmten Situationen und nur mit geringem Anstoß von außen schlagartig ändern.‹ Psychoanalytiker sehen Gefügigkeit und andauernde Apathie mit Recht als tiefverwurzelte Charakterzüge an. Die Geschichte lehrt uns, daß sie bei vielen, wenn nicht allen Angehörigen eines Volkes plötzlich verschwinden und anderen Lebenseinstellungen weichen können*« (Parin 1976: 55).

Verschärft sich der Druck der Herrschaft und reichen Ersatzbefriedigungen und Ich-Einschränkungen nicht mehr zur Absorption der Aggression der Beherrschten aus, müssen zusätzliche, die Verdrängung sichernde Abwehrmechanismen in Funktion treten: »*Wir bezeichnen diese Gruppe zweckmäßig mit ›sekundären Abwehrformen‹, denen allen die Gegenbesetzungsfähigkeit zugrunde liegt und deren Herkunft aus der Verdrängung sich deutlich nachweisen läßt. Zu ihnen gehören die Reaktionsbildung, die Isolierung, die Charakterbildung und die komplexeren Abwehr-*

formen der Rationalisierung, Intellektualisierung und der Verneinung« (Moser 1964: 59). Diese zweite Abwehrfunktion bestimmt die Art und Weise, wie sich die Herrschaft dem Volk *präsentiert*, also z. B. das Zeremoniell, das den Herrscher umgibt (Freud 1913; vgl. auch S. 400), die soziale Distanz, die geschaffen werden muß (Isolierung), um ihn vor den Aggressionen seiner Untertanen zu schützen; deren Erniedrigung, die um so ostentativer ist, je stärker der Wunsch ist, ihn zu stürzen (Reaktionsbildung). Werden die Reaktionsbildungen Teil des Charakters, entsteht das, was der

»autoritäre Charakter« (Fromm 1936; Adorno et al. 1953) genannt worden ist und dessen Essenz Nietzsche als *»Ressentiment«* bezeichnete: *»Der Sklavenaufstand in der Moral beginnt damit, daß das Ressentiment selbst schöpferisch wird und Werte gebiert: das Ressentiment solcher Wesen, denen die eigentliche Reaktion, die der Tat, versagt ist, die sich nur durch eine imaginäre Rache schadlos halten. Während alle vornehme Moral aus einem triumphierenden Ja-sagen zu sich selber herauswächst, sagt die Sklavenmoral von vornherein nein zu einem ›Außerhalb‹ zu einem ›Anders‹ zu einem ›Nichtselbst‹: und* dies *Nein ist ihre schöpferische Tat«* (1887: 263).

Rationalisierung und Intellektualisierung lassen sich schließlich aufweisen in den kosmologischen Zusammenhängen, in die die Herrschaft eingebettet wird, und die dem Zeremoniell, der Art und Weise, wie man sich dem Herrscher gegenüber verhalten soll, Sinn und Bedeutung geben. *»So muß die Autorität für natürlich und deshalb notwendig gehalten werden. Der Herrscher ist zu seinem Amt geboren, ob er nun seine Befähigung der Abstammung aus einer bestimmten Familie, wie in den feudalen und monarchischen Systemen oder bloß einer angeborenen Führerqualität verdankt. (...) Der einfache Mann muß glauben, daß sein Oberhaupt nichts für sich will, sondern alles für die anderen ... Der Herrscher ist streng, aber gerecht«* (Fromm 1936: 129-130).

Verglichen mit der ersten Abwehrformation, führt die zweite einen Schritt weiter in der Verinnerlichung der Herrschaft, die sich nun auch im Charakter selbst niederschlägt. Während im ersten Fall für die Aggression der Beherrschten noch Ersatzbefriedigungen möglich sind, wird nun der Verzicht auf die Auseinandersetzung mit der Herrschaft bei einer gleichzeitigen Steigerung ihrer Ansprüche zur *Charakter*eigenschaft gemacht. Entscheidend dabei ist, daß es die Aggression *gegen* die Herrschaft ist, die dazu verwendet wird, die psychischen Strukturen des Individuums so zu verändern, daß eine Festigung der Herrschaft daraus resultiert. Man gelangt so zu dem paradoxen Ergebnis: Je mehr die Auflehnung gegen die Herrschaft anwächst, desto mehr kann sie ihren Machtbereich ausdehnen. Der Satz gilt natürlich nur, solange die Auflehnung mit dem Gefühl der Ohnmacht gekoppelt ist.

Die Dynamik der Herrschaft, die sie dazu antreibt, ihren Einfluß und ihre Kontrolle immer weiter auszudehnen und dadurch immer neue Konflikte zu provozieren, wird früher oder später auch die

zweite Abwehrformation im Individuum überfordern und eine dritte beanspruchen. »*Dann wird die Verdrängung verlassen, und es werden regressiv (hier im Sinne einer ›Ich-Regression‹ gemeint) Abwehrformen mobilisiert, die einer früheren, weniger differenzierten Organisationsstufe der Ich-Organisation entstammen. Die nun auftauchenden Abwehrmechanismen nennen wir ›regressive Abwehrmechanismen‹*« (Moser 1964: 59-60). Dazu zählen »*die Projektionen, die Identifizierung, die Introjektion und die Verleugnung*« (ebenda). Die Aggression gegen die Herrschenden wächst derart, daß die Anstrengung, sie zu verdrängen, nicht mehr ausreicht. Alles drängt das Individuum zum Handeln, aber die Angst ist so groß, daß es nichts unternehmen kann. Ein Ausweg aus diesem Dilemma bietet die Regression an. Dadurch kommt es zu einer Umwandlung der Aggression, die zwar zugänglichere Befriedigungsformen zuläßt, aber dieser Vorteil wird durch einen Abbau der Ich-Strukturen sowie der entsprechenden Umweltbeziehungen »erkauft«. »*Das Ich erlebt dadurch eine Einbuße an Autonomie, die sich als eine zunehmende Abhängigkeit vom potentiellen Befriedigungsobjekt und von den strafenden Objekten entpuppt*« (a.a.O.: 66).

Charlotte Beradt hat in ihrem Buch »Das Dritte Reich des Traums« (1966) eine Sammlung von Träumen vorgelegt, die das Eindringen der Herrschaft in das Individuum eindringlich belegt. Ein 45jähriger Arzt träumte 1934: »*Während ich mich nach der Sprechstunde, etwa gegen neun Uhr abends, mit einem Buch über Matthias Grünewald friedlich auf dem Sofa ausstrecken will, wird mein Zimmer, meine Wohnung plötzlich wandlos. Ich sehe mich entsetzt um, alle Wohnungen, soweit das Auge reicht, haben keine Wände mehr. Ich höre einen Lautsprecher brüllen: ›Laut Erlaß zur Abschaffung von Wänden vom 17. des Monats‹*« (a.a.O.: 25). Der Anlaß zum Traum war eine Szene des vorangegangenen Tages: »*Der Blockwart war gekommen mit der Frage, warum ich nicht geflaggt habe. Ich hatte ihn beruhigt und ihm einen Schnaps eingegossen, aber gedacht: in meinen vier Wänden ..., in meinen vier Wänden ... – Ich habe keineswegs ein Buch über Grünewald gelesen, besitze gar kein Buch über Grünewald, habe aber offenbar den Isenheimer Altar, wie es oft geschieht, als Symbol für das reinste Deutschtum benutzt. Alle meine Traumzutaten und Extempores sind politisch, obwohl ich kein politischer Mensch bin*« (a.a.O.: 26). Die Wohnung, der Inbegriff des Privaten, letzte Rückzugsmöglichkeit des Ichs, bietet keinen Schutz mehr. Der Isenheimer Altar – Darstellung der Kreuzigung Christi und der Auferstehung – ist wie eine Symbolisierung der Ich-Möglichkeiten: des Opfertodes und von dessen Überwindung. Es bleibt nur noch Entsetzen.

Eine dreißigjährige Frau träumte 1933: »*Eine Tafel ist als Ersatz für die verbotenen Straßenschilder an jeder Ecke aufgestellt und verkündet in weißen Buchstaben auf schwarzem Grunde zwanzig Worte, die auszusprechen dem Volk verboten ist. Als erstes das Wort ›Lord‹ – das habe ich wohl aus Vorsicht auf englisch, nicht auf deutsch geträumt. Die Nachfolgenden habe ich vergessen oder wahrscheinlich überhaupt nicht geträumt, außer dem Letzten: das war ›Ich‹«* (a.a.O.: 27). Die Abschaffung des Ichs ebenso wie der Religion und das Verschwinden der Straßenschilder, welche die Orientierung ermöglichen, zeigen deutlich den regressionsauslösenden Druck auf das Individuum. Von dieser Frau überliefert Beradt vier weitere Träume, die für uns von Interesse sind, weil sie auf die oppositionelle Haltung der Träumerin hinweisen. Sie thematisieren deren Aggression gegen die Herrschaft. »*Ich sitze sehr schön angezogen und frisiert, in einem neuen Kleid in einer Loge im Opernhaus, das riesig ist, viele viele Ränge, genieße viele bewundernde Blicke. Man gibt meine Lieblingsoper, ›Die Zauberflöte‹. Nach der Stelle ›Das ist der Teufel sicherlich‹ kommt ein Trupp Polizei hereinmarschiert, laut knallende Schritte, direkt auf mich zu. Sie haben durch eine Maschine festgestellt, daß ich beim ›Teufel‹ an Hitler gedacht habe. Ich sehe mich hilfeflehend unter all den festlich gekleideten Leuten um. Stumm und ausdruckslos sehen sie vor sich hin, kein Gesicht zeigt auch nur Mitleid. Doch, der alte Herr in der Nebenloge sieht fein und gütig aus, aber als ich ihm in die Augen sehen will, spuckt er mich an*« (a.a.O.: 29). Der Traum stellt zuerst das funktionierende und narzißtisch genießende Ich dar. »Die Zauberflöte« ist die aufklärerische Oper der Ich-Werdung, des Kampfes zwischen den Mächten des Lichtes und der Nacht. Ertappt bei der Gleichsetzung von Hitler mit dem Teufel, erfolgt sofort die Strafe. Wie beim Arzt, dessen Wohnung keinen Schutz mehr bietet, sind auch bei der Frau die Gedanken nicht mehr geschützt, sondern an eine sie lesbar machende Maschine angeschlossen. In zwei weiteren Träumen geht es um Schuld; im einen weigert sie sich, den SA-Leuten den zerlesenen Band des »Don Carlos« zur Verbrennung abzuliefern und im anderen präsentieren ihr eine Reihe von Handwerkern Rechnungen und rufen im Sprechchor »*Die Schuld kann nicht bezweifelt werden*« (a.a.O.: 31-33).

Anlaß zum letzteren Traum war eine Szene des Vortages gewesen. Der Sohn ihres Schneiders war in voller Uniform erschienen, um eine Rechnung einzukassieren. »*Von ihr zur Rede gestellt, was das zu bedeuten habe, hatte er verlegen geantwortet, das habe gar nichts zu bedeuten, er sei nur zufällig vorbeigekommen und die Uniform habe er nur zufällig angehabt, und sie hatte geantwortet ›Das ist lächerlich‹, aber doch bezahlt*« (a.a.O.: 33). Im Traum hat sich die Situation verschärft. Zwar hatte sie gegen den Uniformträger protestiert, aber dann doch nicht gewagt, weiterzugehen und die Bezahlung zu verweigern. Schon diese Form der Auflehnung genügte, um die Schuldsprechung hervorzurufen. Ihren vierten Traum hatte sie in der Silvesternacht 1933, nach dem Bleigießen; er bestand nur aus Worten, ohne Bilder: »*Ich werde mich im Blei verstecken. Zunge ist schon Blei, Blei festgeschlossen. Angst wird vergehen, wenn ich ganz aus Blei bin. Werde regungslos liegen, Blei erschossen. Werde, wenn sie kommen, sagen: Bleierne können nicht aufstehen. Ach, sie wollen mich ins Wasser werfen wegen Verbleiung*« (a.a.O.: 35). Das Ich ist nun völlig erstarrt und hat sich in Blei verwandelt. Die Träumerin – berichtet Frau Beradt – assoziierte die Reimfetzen aus dem Horst-Wessel-Lied: festgeschlossen – erschossen. Die klassischen, das Ich stützenden Bildungsgüter, »Zauberflöte« und »Don Carlos«, sind ersetzt durch Reminiszenzen aus dem Nazi-Lied. »Bleierne können nicht aufstehen«: der Aufstand, der wenigstens im literarischen Bezug zum »Don Carlos« möglich war (auch wenn er dort scheitert), ist nicht mehr möglich; statt dessen droht ihr, versenkt zu werden.

Zwei argentinische Psychoanalytiker, Amigorena und Vignar, haben die Veränderungen des Individuums unter dem Druck totalitärer Herrschaft beschrieben. »*Das totalitäre Regime begnügt sich nicht damit, Repressionen in der äußeren Realität auszuüben, indem allen Gesellschaftsmitgliedern präzise Lebensnormen vorgeschrieben und aufgezwungen werden. Es dringt gewaltsam in die psychische Welt ein, etabliert sich als verinnerlichtes System von Kontrollen, Hierarchien und Überwachungen, als Struktur des Subjekts. Dies ist vielleicht die archaischste und verschleiertste Form der Macht. Sie prägt sich im Inneren ein und wird in ihm verborgen; sie wird zu einer tyrannischen Instanz, die lautlos wirkt*« (1977: 610).

Sie berichten von der Psychoanalyse des achtjährigen Jacques. Die Bearbeitung seiner sadistischen Impulse geschieht über ein Spiel, »*in dem Guerilleros und Soldaten sich um den Besitz der Macht streiten. Die politische Aktualität benützt er wie ein Bildschirm. Mittels eines Spiels mit wechselnden Identifikationen erreicht er eine wachsende Kontrolle über die grausamen Aspekte seines Selbst, die ihn vorher sehr beängstigten und lähmten*« (a.a.O.: 611). Eines Tages jedoch erfährt er im Fernsehen, daß ein mächtiger Herr, der Herr Regierung, welcher überall ist, in der Zeitung, auf der Straße, in der Schule, in der Angst seiner Familie, alle Menschen, die mit den Guerilleros zu tun haben, ins Gefängnis stecken wird. Jacques, der sich ja auch mit den Guerilleros identifiziert hat, »*gerät in Panik, fühlt sich vernichtet und von einem fremden Agenten kontrolliert, dessen Macht grenzenlos ist (...). Jacques weigert sich, seine Analyse fortzusetzen; er kann nicht zugleich die in Kraft getretenen Normen akzeptieren, seiner Wahrnehmung der Realität treu bleiben und seine Analyse weitermachen* (in der die Identifikation mit den Rebellen möglich ist, M. E.), *denn das würde für ihn ja bedeuten, sich dem Gefängnis, dem Tod auszusetzen.*

Viele Monate analytischer Arbeit wäre nötig, um die psychotisierende Erfahrung zu verarbeiten, die darin besteht, daß die Außenwelt, durch eine unnennbare, und undefinierbare Macht, die erschreckenden Phantasien seiner Innenwelt bestätigt« (a. a. O.: 611; Hervorhebung von mir).

Die dritte, regressive Abwehr erreicht ihr Ziel: die Abwehr der aggressiven Impulse, durch eine Art Kurzschluß zwischen innerer und äußerer Realität. Bei Jacques, der ein Kind ist, ist die Bewältigung der inneren Aggressivität vordringlich, und es braucht dazu die Hilfe von außen. In dem Augenblick jedoch, da die Regression die Realitätskontrolle trifft und reduziert, Innen und Außen nicht mehr unterscheidbar sind, kann die Aggression gar nicht mehr lokalisiert werden: und von den elterlichen Instanzen ist keine Hilfe zu erwarten. Es kommt zu einer psychotisierenden Erfahrung.

Georges, der als Forscher an einem Universitätslabor arbeitet, träumt: Er »*kommt nach Hause, versucht seine Türe zu öffnen, aber er hat keinen Schlüssel. Dann ist er in der Wohnung und findet da Eindringlinge – weder Tiere noch Menschen –, die sich bei ihm eingenistet haben. Er kann nichts tun, er erstarrt. Er befindet sich wieder vor seiner Wohnung, ein Mann öffnet ihm die Tür. Der Mann hat kein Gesicht. Verzweifelt ergreift Georges die Flucht. Hartnäckig kommt er zurück, er findet seine Familie, aber sein Haus ist jetzt sein Elternhaus, alle sprechen, aber es herrscht Grabesstille*« (a. a. O.: 611-612). Das Labor war »*auf höheren Befehl*« geschlossen worden. Georges trug sich mit dem Gedanken zu emigrieren. »*Er fühlt sich zwischen zwei Wahrheiten, die er nicht artikulieren kann, hin- und hergerissen. Er spürt, daß wenn er sein Vorhaben, zu emigrieren, realisiert, ein Teil seines Selbst unwiderruflich verstümmelt wird; wenn er andererseits darauf besteht, ›sein Haus zu verteidigen‹, riskiert er seine persönliche Sicherheit, seine ökonomi-*

sche und gesellschaftliche Stellung, vielleicht sogar sein Leben. Wie und mit wem soll er einen Kompromiß schließen?« (a.a.O.: 612).

Georges' Traum ist ähnlich den Träumen, die wir aus dem Dritten Reich kennen, und er thematisiert das Eindringen der Herrschaft ins Innere des Individuums, wo sie sich zur *»tyrannischen Instanz«* konstituiert. *»Diese tyrannische Instanz scheint das Überich zu ergänzen* (bzw. zu ersetzen, M.E.) *und sich mit dessen strengsten und archaischsten Aspekten zu verbinden. Sie bestraft das freie Handeln und Denken, und die Interessen, die sie verteidigt, sind weder die des Patienten noch die der Gemeinschaft, sondern die der herrschenden Klasse. (...) Die tyrannische Instanz als eindringende, ungewöhnliche, überlagernde Präsenz beraubt das Selbst seiner kreativen Möglichkeiten. Erkennen und Verkennen zehren von Furcht und Auflehnung«* (a.a.O.: 612-613). Nur schon bewußt zu seiner Angst zu stehen, bedeutet in einer solchen Situation Auflehnung, da die Angst bereits eine Kritik an der Herrschaft beinhaltet. Beradt berichtet vom Traum einer Hausfrau, in welchem der Kachelofen im Wohnzimmer dem anwesenden SA-Mann mit scharrender Stimme *»jeden Satz, den wir gegen die Regierung gesagt, jeden Witz, den wir erzählt haben ... einfach alles, was wir je im vertrauten Kreis gedacht und gesagt haben ...«* (a.a.O.: 49), wiedergibt. Eine andere Frau träumt von der Nachttischlampe, die wie ein Offizier redet und die Verhaftung ankündet. Die innere Stimme des Gewissens, des Überichs, ist zur Stimme von außen geworden; die vertrautesten Gegenstände haben sich mit der Herrschaft verbündet. Darauf kann das Individuum nur mit einer Verschärfung der Zensur reagieren. Die Macht ist zum Introjekt geworden, das alles unter Kontrolle zu halten versucht. *»Noch eine Umdrehung des Rades, und die am Tage geübten Vorsichtsmaßnahmen, die Verkleidungen und Maskierungen des Tarnungsprinzips (...), die grotesken Privatgesetze, nach denen jedermann lebte, um die öffentlichen Gesetze, bestehende und imaginäre, zu überspielen, machen sich im Traum selbständig«* (a.a.O.: 55). Eine 25jährige Frau, Bibliographin von Beruf, erzählte folgenden Traum: *»›Ich will eine Bekannte aufsuchen, die, sagen wir ›Klein‹ heißt, entdecke aber auf der Straße, daß ich ihre genaue Adresse vergessen habe. Ich gehe in eine Telefonzelle, um sie nachzuschlagen, schlage aber aus Vorsicht unter einem ganz anderen Namen, sagen wir ›Groß‹ nach, was ja‹, setzte sie, deren Beruf Nachschlagen war, von allein hinzu, ›sinnlos war‹«* (a.a.O.: 55). Entsprechendes träumte ein Mann: *»Ich erzähle einen verbotenen Witz, aber aus Vorsicht falsch, so daß er keinen Sinn mehr hat«* (ebenda). Der Witz ist eine Möglichkeit, mit Hilfe des Unbewußten Opposition zu betreiben. Auch sie ist nun verbaut. Man darf nicht einmal mehr sich selbst verstehen. Eine Putzmacherin erzählte den folgenden Traum aus dem Sommer 1933: *»Ich träume, daß ich im Traum vorsichtshalber Russisch spreche (das ich gar nicht kann, außerdem spreche ich nicht im Schlaf), damit ich mich selbst nicht verstehe und damit mich niemand versteht, falls ich etwas vom Staat sage, denn das ist doch verboten und muß gemeldet werden«* (a.a.O.: 56). Russisch sprechen war im Nazi-Deutschland sicher nicht die geeignete Art, den Verdacht der Machthaber von sich abzuwenden; wichtiger war offenbar, daß sich die Person selbst nicht verstand, daß sie also von ihrer eigenen Auflehnung nichts erfuhr.

Setzt die dritte Abwehrformation ein, so ist das Individuum in einem noch höheren Grade der Herrschaft ausgeliefert als bei der zweiten Abwehrformation. Bei letzterer ist Auflehnung noch möglich, Fromm spricht von *»Rebellion«* beim *»Abfall von einer*

Autorität unter Beibehaltung der autoritären Charakterstrukturen mit ihren spezifischen Bedürfnissen und Befriedigungen« (1936: 131). Er unterscheidet zwei Möglichkeiten: *»zunächst die, daß die unterdrückte Feindseligkeit zur Autorität, die normalerweise verdrängt war, zum Durchbruch kommt und die bisherige Autorität ebenso glühend gehaßt wird, wie sie bisher geliebt und verehrt wurde, dabei wird aber nicht gleichzeitig eine andere Autorität an die Stelle der früheren gesetzt. Man findet häufig, daß solche Menschen, wo immer sie Autoritäten begegnen, ebenso automatisch auflehnend und rebellisch reagieren wie der autoritäre Typ unterwürfig und verehrend. (...) Wenn der positiv-autoritäre Charakter die feindselige Seite seiner ambivalenten Gefühlseinstellung verdrängt, so verdrängt der rebellische, negativ-autoritäre seine Liebe zu ihr. Seine ganze Auflehnung ist nur oberflächlich. (...) Er kämpft im Grunde mit all seinem Trotz um die Liebe der Autorität ... Er ist immer bereit zu kapitulieren, wenn man ihm nur die Möglichkeit dazu gibt, indem ein Minimum seiner Ansprüche auf Liebe und Gerechtigkeit befriedigt wird. (...) Von diesem Typ des Rebellen führen viele Zwischenstufen zu demjenigen, der das bisherige Autoritätsobjekt aufgibt, aber gleichzeitig sich einer neuen Autorität unterwirft. (...) Die bisher unterdrückte Feindseligkeit wendet sich mit besonderer Stärke der bisherigen Autorität zu, die Liebe und Bewunderung der neuen. (...) Die neue Autorität bedient sich der Empörung gegen die alte und fördert die Illusion, als sei der Kampf gegen die Unterdrückung durch die alte Autorität ein Kampf gegen Unterdrückung überhaupt gewesen«* (a. a. O.: 131-132). Die regressive Abwehr jedoch verunmöglicht die Auflehnung, es sei denn, man betrachte die letzte Phase dieser Abwehr, die Psychose, als Auflehnung. Im Rahmen der zweiten Formation ist »Herrschaft« noch ein Objekt, zu dem man Liebe und Haß empfindet und dem man sich annähern oder wovon man sich distanzieren kann. In der Regression hingegen verliert die Herrschaft diesen Objektcharakter. Kann man innen und außen nicht mehr unterscheiden, so ist auch Herrschaft nicht mehr ortbar. »Phantasie« und Realität fallen zusammen; der innere und der äußere Verfolger werden identisch, und davor kann man sich nur durch einen Totstell-Reflex schützen (vgl. den Blei-Traum), der jede konspirative Tätigkeit schon von den psychischen Voraussetzungen her verhindert. Als gemeinsamen Nenner aller regressiven Abwehrmechanismen bezeichnet Moser: *»Sie münden in einer Verleugnung oder Vermeidung des*

Objektes, die wiederum verschiedene Intensitätsgrade annehmen können« (1964: 70-71). Und er fügt hinzu: »*Die stärksten Grade der Verleugnung, wie wir sie in psychotischen Wahnphänomenen finden, leugnen die Existenz einer unlustvollen Wahrnehmung; die Verleugnungen im Bereiche neurotischer Störungen leugnen hingegen nur die Bedeutsamkeit einer Wahrnehmung, letztere sind somit bedeutend realitätsadäquater«* (ebenda).

Die Verleugnung der Realität durch die Beherrschten ist zugleich auch das letzte Stadium der Herrschaft. Ihre Macht ist dann zwar am größten, da der Widerstand zusammengebrochen und die Anstrengung, einen Konsens zu finden, weggefallen ist, gleichzeitig ist aber mit der Realitätskontrolle auch die Einsichtsfähigkeit verlorengegangen, die die Reproduktion der Gesellschaft ermöglicht. Was übrig bleibt, ist nur noch eine richtungslose Aggression, die alles vernichtet, worauf sie trifft.

Bibliographie

Adorno, Th. W. (1951): Die Freudsche Theorie und die Struktur der faschistischen Propaganda. In: Adorno, Th. W. (1971): Kritik. Kleine Schriften zur Gesellschaft, pp. 34-66. Frankfurt a. M.
– (1953): Der autoritäre Charakter. 2 Bände. Amsterdam 1968.
– (1965): Tabus über den Lehrberuf. In: Adorno, Th. W. Stichworte. Kritische Modelle 2. Frankfurt a. M. 1969: 68-84.
– (1971): Vorlesungen zur Einleitung in die Erkenntnistheorie. Frankfurt a. M.
Amigorena, H. u. Vignar, M. (1977): Zwischen Außen und Innen: die tyrannische Instanz. In: Psyche 7, 33. Jg. Juli 1979: 610-619.
Anderson, P. (1974): Die Entstehung des absolutistischen Staates. Frankfurt a. M. 1979.
Andersson, O. (1979): A Supplement to Freud's Case History of »Frau Emmy von N.« in »Studies of Hysteria« 1895. In: The Scandinavian Psychoanalytical Review, Vol. 2: 5-15.
Andrian, L. v. (1895): Der Garten der Erkenntnis. Hg. v. Perl, W. H. Frankfurt a. M. 1970.
– (1949): Erinnerungen an meinen Freund. In: Fiechtner, H. A. Hugo v. Hofmannsthal. Die Gestalt des Dichters im Spiegel der Freunde. Wien 1949: 52-64.
Anthony, E. J. (1969): The Reactions of Adults to Adolescents and their Behavior. In: Esman, A. H. (ed.) The Psychology of Adolescence. New York 1975: 467-493.
Anzieu, D. (1975): L'auto-analyse de Freud et la découverte de la psychoanalyse. Paris.
Apel, K.-O. (1962): Arnold Gehlens »Philosophie der Institutionen«. In: Apel, K.-O. Transformationen der Philosophie, Bd. I. Frankfurt a. M. 1976: 197-221.
Ashley, M. (1967): Das Zeitalter des Barock. Europa zwischen 1598 und 1715. München 1968.
Bachelard, G. (1938): Psychoanalyse des Feuers. Stuttgart 1959.
Bahr, H. (1891): Die Überwindung des Naturalismus. In: Wunberg, G. Hermann Bahr, Zur Überwindung des Naturalismus, Stuttgart 1968: 33-102.
– (1894): Studien zur Kritik der Moderne. In: Wunberg, G. Hermann Bahr, Zur Überwindung des Naturalismus, Stuttgart 1968: 103-165.
– (1904): Dialog vom Tragischen. In: Wunberg, G. Hermann Bahr, Zur Überwindung des Naturalismus, Stuttgart 1968: 181-198.
– (1913): Das Hermann Bahr Buch. Berlin.
Balandier, G. (1959): Zwielichtiges Afrika. Stuttgart.

Barnouw, V. (1973[2]): Culture and Personality. Homewood, Illinois.
Bastide, R. (1950): Sociologie et Psychoanalyse. Paris, 2[e]ed. 1972.
Bauer, R. et al. (Hg.) (1977): Fin de siècle. Zur Literatur und Kunst der Jahrhundertwende. Frankfurt a. M.
Beharriel, F. J. (1967): Schnitzler: Freuds Doppelgänger. In: Literatur und Kritik, 19: 546-555.
Benjamin, W. (1933): Rückblick auf Stefan George. In: Benjamin, W. Angelus Novus. Ausgewählte Schriften 2. Frankfurt a. M. 1966: 475-481.
Beradt, Ch. (1966): Das Dritte Reich des Traums. München.
Berdan, F. (1978a): Tres formas de intercambio en la economía azteca. En: Carrasco, P. y Broda, J. Economía política e ideología en el México prehispánico. Mexico 1978: 75-94.
– (1978b): Replicación de principios de intercambio en la sociedad méxica: de la economía a la religión. En: Carrasco, P. y Broda, J. Economía política e ideología en el México prehispánico. Mexico 1978: 173-192.
Bernfeld, S. (Hg.) (1922): Vom Gemeinschaftsleben der Jugend. Beiträge zur Jugendforschung. Leipzig, Wien, Zürich.
– (1923): Über eine typische Form der männlichen Pubertät. In: Bernfeld, S. (1969-70), Bd. 3: 750-767.
– (1924): Vom dichterischen Schaffen der Jugend. Neue Beiträge zur Jugendforschung. Leipzig, Wien, Zürich.
– (1926-27): Zur Psychologie der »Sittenlosigkeit« der Jugend. In: Bernfeld, S. (1969-70), Bd. 3: 782-793.
– (1929a): Der soziale Ort und seine Bedeutung für Neurose, Verwahrlosung und Pädagogik. In: Bernfeld, S. (1969-70), Bd. 3: 198-211.
– (1929b): Selbstmord. In: Zeitschrift für psychoanalytische Pädagogik, 3. Jg.: 355-363.
– (1931): Die Tantalussituation. Bemerkungen zum kriminellen Über-Ich. In Bernfeld, S. (1969-70), Bd. 2: 648-663.
– (1935): Über die einfache männliche Pubertät. In: Bernfeld, S. (1969-70), Bd. 2: 630-648.
– (1944): Freud's Earliest Theories and the School of Helmholtz. In: The Yearbook of Psychoanalysis Vol. 1, 1945: 31-47.
– (1949): Freud's Scientific Beginnings. In: American Imago, VI, September 1949: 193-196.
– (1951): Sigmund Freud, M. D., 1882-1885. In: International Journal of Psychoanalysis Vol. XXXII, 1951, Part III: 204-217.
– (1969-70): Antiautoritäre Erziehung und Psychoanalyse. Ausgewählte Schriften, hg. v. Werder, L. v. u. Wolff, R., Bd. 1-3. Frankfurt a. M.
Bettelheim, B. (1954): Die symbolischen Wunden. Pubertätsriten und der Neid des Mannes. München 1975.
Beuchelt, E. (1974): Ideengeschichte der Völkerpsychologie. Kölner Bei-

träge zur Sozialforschung und angewandten Soziologie, hg. v. König, R. u. Scheuch, E. K., Bd. 13. Maisenheim am Glan.
Binswanger, L. (1957): Mein Weg zu Freud. In: Adorno, Th. W., Dirks, W. (Hg.) Frankfurter Beiträge zur Soziologie Bd. 6: Freud in der Gegenwart. Frankfurt a. M.: 207-225.
Blank, G. u. Blank, R.: Angewandte Ich-Psychologie. Stuttgart 1978.
Bloch, E. (1935): Erbschaft dieser Zeit. Frankfurt a. M. 1979.
– (1959): Das Prinzip Hoffnung. Frankfurt a. M.
Blos, P. (1962): Adoleszenz. Eine psychoanalytische Interpretation. Stuttgart 1978.
Boehn, M. v. (1919): Rokoko. Frankreich im XVII. Jahrhundert. Berlin.
Böhme, H. (1974): Anomie und Entfremdung. Literatursoziologische Untersuchungen zu den Essays Robert Musils und seinem Roman »Der Mann ohne Eigenschaften«. Kronberg.
Borbely, A. (1978): Class Superego – The Superego Formation Transcending the Ödipal Superego in Late Adolescence. In: Prangishvili, A. S. (et al., eds.) The Unconscious. Nature, Functions, Methods of Study. Tbilisi (Tiflis) 1978: 500-512.
– (1979): The Dialectical Unity of Transference and Inference in Psychological Development. Manuskript.
Bosse, H. (1979): Diebe, Lügner, Faulenzer. Frankfurt a. M.
Braunthal, J. (1965): Victor und Friedrich Adler. Wien.
Broch, H. (1955): Hofmannsthal und seine Zeit. In: Broch, H. 1955 Dichten und Erkennen, Essays, Bd. 1: 43-181. Zürich.
Broda, J. (1976): Los estamentos en el ceremonial méxica. En: Carrasco, P. y Broda, J. Estratificación social en la Mesoamérica prehispánica. México 1976: 37-77.
– (1978a): Consideraciones sobre historiografía e ideología méxicas: Las cronícas indigenas y el estudio de los ritos y sacrificios. In: Estudios de Cultura Náhuatl XIII: 97-111.
– (1978b): Relaciones politicas ritualizadas: El ritual como expresión de una ideología. In: Carrasco, P. y Broda, J. (Eds.) Economía política e ideología en el México prehispánico, 1978: 219-255.
– (1978c): El tributo en trajes guerreros y la estructura del sistema tributario mexica. En: Carrasco, P. y Broda, J. Economía política e ideología en el México prehispánico. Mexico 1978: 113-172.
– (1979a): Ideology of the Aztec State and Human Sacrifice. Symposium on »Center and Periphery: The Templo Mayor and the Aztec Empire«, Boulder, nov. 5-9, 1979.
– (1979b): The Rise of Class Society, Ideology and Social Change in Prehispanic Mesoamerica. Paper presented at the Symposium on »Stages of Transition from Tribal to Class Societies (Civilization)«. Vienna, Austria. December 13-16, 1979.

Brown, B. (1973): Marx, Freud and the Critique of Everyday Life. New York and London.
Bühler-Oppenheim, Ch. (1946): Die Initiation. In: Ciba Zeitschrift, 9. Jg. Nr. 102: 3690-3732.
Burckhardt, J. (1868): Weltgeschichtliche Betrachtungen. In: Gesamtausgabe, Bd. VII, Basel 1929: 1-208.
Bürgin, D. (1980): Spätadoleszenz und Autonomie. In: Psyche, Jg. 34, 5: 449-463.
Burke, K. (1939): Die Rhetorik in Hitlers ›Mein Kampf‹. In: Burke, K. Die Rhetorik in Hitlers ›Mein Kampf‹ und andere Essays. Frankfurt a. M. 1967: 7-34.
Buxbaum, E. (1936): Massenpsychologie und Schule. In: Internationale Zeitschrift für psychoanalytische Pädagogik: 216-240.
Caillois, R. et Grunebaum (Eds.) (1967): Le rêve et les sociétés humaines. Paris.
Carrasco, P. (1978): La economia del México prehispanico. En: Carrasco, P. y Broda, J. (Eds.) Economia politica e ideologia en el México prehispanico. Mexico 1978: 13-74.
Catlin, G. (1851): Die Indianer Nordamerikas. o.O.
Chertok, L. (1970): Freud in Paris. Eine psychographische Studie. In: Psyche, 27 Jg. 1973, Heft 5: 431-448.
Clastres, P. (1974): Staatsfeinde. Studien zur politischen Anthropologie. Frankfurt a. M. 1976.
Codex Mendoza (1938): Ed. and transl. by Cooper Clarke, J. 3 vols. London 1938.
Combe, A. (1971): Kritik der Lehrerrolle. Gesellschaftliche Voraussetzungen und soziale Folgen des Lehrberufes. München.
Committee on Adolescence (1968): Normal Adolescence. New York.
Cook, S. F. (1946): Human Sacrifice and Warfare as Factors in the Demography of Pre-Colonial Mexico. In: Graham, J. A. (ed.) Ancient Mesoamerica. Palo Alto, California 1966: 279-300.
Cremerius, J. (1979): Die psychoanalytische Behandlung der Reichen und Mächtigen. In: Cremerius et al. 1979, Psychoanalyse, Über-Ich und soziale Schicht. München: 11-54.
Dahmer, H. (1973): Libido und Gesellschaft. Studien über Freud und die Freudsche Linke. Frankfurt a. M.
Deloria Jr., V. (1969): Custer died for Your Sins. An Indian Manifesto. New York.
DeMause, L. (1974): Hört ihr die Kinder weinen. Frankfurt a. M. 1980.
Dettmering P. (1969): Dichtung und Psychoanalyse. München.
Devereux, G. (1952): Die Ethnopsychiatrie als Bezugsrahmen in der klinischen Forschung und Praxis. In: Devereux 1974: 131-161.
– (1956a): Normal und Anormal. In: Devereux 1974: 19-130.

– (1956b): Therapeutic Education. New York.
– (1965): La psychoanalyse et l'histoire: une application à l'histoire de Sparte. In: Besançon, A. 1974, L'histoire psychoanalytique, pp. 115-145. Paris, La Haye.
– (1967): Angst und Methode in den Verhaltenswissenschaften. München 1973.
– (1974): Normal und Anormal. Aufsätze zur allgemeinen Ethnopsychiatrie. Frankfurt a. M.
Diersch, M. (1973): Empiriokritizismus und Impressionismus. Über Beziehungen zwischen Philosophie, Ästhetik und Literatur um 1900 in Wien. Neue Beiträge zur Literaturwissenschaft Bd. 36. Berlin.
Dilthey, W. (1893): Die Autonomie des Denkens, der konstruktive Rationalismus und der pantheistische Monismus nach ihrem Zusammenhang im 17. Jahrhundert. In: Dilthey 1957[5]: 246-296.
– (1957[5]): Weltanschauung und Analysen des Menschen seit Renaissance und Reformation. Stuttgart, Göttingen.
Döbert, R. (1973): Zur Logik des Übergangs von archaischen zu hochkulturellen Religionssystemen. In: Eder, K. (Hg.) Seminar: Die Entstehung von Klassengesellschaften. Frankfurt a. M. 1973: 330-363.
Douglas, M. (1970): Ritual, Tabu und Körpersymbolik. Frankfurt a. M. 1974.
Dreitzel, H. P. (1968): Die gesellschaftlichen Leiden und das Leiden an der Gesellschaft. Vorstudien zu einer Pathologie des Rollenverhaltens. DTV, WR 4128, 1972.
Dubreuil, G. and Wittkower, E. D. (1976): Psychiatric Anthropology: A Historical Perspective. In: Psychiatry, Vol. 39, Nr. 2: 130-141.
Durán, Fray D. (1967): Historia de las Indias de Nueva España e islas de la Tierra Firme. 2 vols. Garibay, A. M. (ed.) Mexico.
Eder, K. (1973): Zur logischen Struktur des evolutionären Prozesses der Entstehung von Klassengesellschaften. In: Eder, K. (Hg.) Seminar: Die Entstehung von Klassengesellschaften. Frankfurt a. M. 1973: 215-221.
Eißler, K. R. (1946): In der Geschichte leben und Ich-Stärke. Unveröffentlichtes Manuskript.
– (1949): Some Problems of Delinquency. In: Eißler, K. R. (1949) Searchlights in Delinquency. New York: 3-25.
– (1958): Bemerkungen zur Technik der psychoanalytischen Behandlung Pubertierender nebst einigen Überlegungen zum Problem der Perversion. In: Psyche Jg. XX, 1966: 837-872.
– (1962): Zur Metapsychologie des Vorbewußten. In: Psyche 28. Jg., 1974: 981-983.
– (1965): Medical Orthodoxy and the Future of Psychoanalysis. New York.
– (1971): Todestrieb, Ambivalenz, Narzißmus. München 1980.

– (1974b): Über Freuds Freundschaft mit Wilhelm Fließ nebst einem Anhang über Freuds Adoleszenz und einer historischen Bemerkung über Freuds Jugendstil. In: Eißler et al., Aus Freuds Sprachwelt und andere Beiträge. Jahrbuch der Psychoanalyse/Beiheft 2. Stuttgart, Bern, Wien 1974: 39-100.
– (1974c): Psychoanalytische Einfälle zu Freuds »Zerstreute(n) Gedanken«. In: Jahrbuch der Psychoanalyse/Beiheft 2: 103-128.
– (1974d): Prinzipielles zur Psychoanalyse der Genies. In: Jahrbuch der Psychoanalyse, Bd. 8: 7-47.
– (1975): Der Sündenfall des Menschen. In: Todestrieb, Ambivalenz, Narzißmus. München 1980: 64-134.
– (1978): Creativity and Adolescence. The Effect of Trauma in Freuds Adolescence. In: The Psychoanalytic Study of the Child, Vol. 33, 1978: 461-517.
– (1979): Freud und Wagner-Jauregg vor der Kommission zur Erhebung militärischer Pflichtverletzungen. Wien.
Eliade, M. (1953): Kosmos und Geschichte. Der Mythos der ewigen Wiederkehr. Rowohlts deutsche Enzyklopädie 260, 1966.
Elias, N. (1938): Über den Prozeß der Zivilisation. Soziogenetische und psychogenetische Untersuchungen. 1969[2] Bern, München.
– (1969): Die höfische Gesellschaft. Soziologische Texte, Bd. 54. Neuwied a. Rh.
Ellenberger, H. F. (1973): Die Entdeckung des Unbewußten. Bern, Stuttgart, Wien.
Engels, F. (1890): Brief an einen Unbekannten vom 19. April 1890. In: Marx, K. u. Engels, F. (1934), Ausgewählte Briefe. Zürich.
Erdheim, M. (1973): Prestige und Kulturwandel. Eine Studie zum Verständnis subjektiver und objektiver Faktoren des kulturellen Wandels zur Klassengesellschaft. Wiesbaden.
– (1978): Transformaciones de la ideologia mexica en realidad social. In: Carrasco, P. y Broda, J. (Eds.) Economía política e ideología en el México prehispánico. Mexico 1978: 193-218.
– (1980a): Fremdkörper. In: Kursbuch 62: 49-58.
– (1980b): Über Kurt R. Eißlers Dostojewski-Aufsatz. In: Berliner Hefte 14: 39-40.
– (1981): Die Wissenschaft, das Irrationale und die Aggression. In: Duerr, H. P. (Hsg.): Der Wissenschaftler und das Irrationale. 1. Bd., Beiträge aus Ethnologie und Anthropologie. Frankfurt: 505-517.
Erdheim, M. u. Nadig, M. (1979): Größenphantasien und sozialer Tod. In: Kursbuch 58: 115-128.
Erikson, E. H. (1950): Wachstum und Krisen der gesunden Persönlichkeit. In: Erikson 1959: 55-122.
– (1956): Das Problem der Ich-Identität. In: Erikson 1959: 123-212.

– (1959): Identität und Lebenszyklus. Frankfurt a. M. 1966.
Erlanger, Ph. (1967): Les idées et les mœurs au temps des rois. Paris 1969.
Fanon, F. (1961): Die Verdammten dieser Erde. Frankfurt a. M. 1966.
Favre, H. (1971): Cambio y continuidad entre los Mayas de México. Mexiko 1973.
Fenichel, O. (1934): Zur Psychologie der Langeweile. In Fenichel, O. 1972, Psychoanalyse und Gesellschaft. Frankfurt a. M.: 110-121.
– (1939): Über Trophäe und Triumph. In: Fenichel, O. Psychoanalyse und Gesellschaft. Aufsätze. Frankfurt a. M. 1952: 206-228.
– (1945): Psychoanalytische Neurosenlehre Bd. 1. Olten 1974.
Ferenczi, S. (1920): Nachtrag zur »Psychogenese der Mechanik«. In: Populäre Vorträge über Psychoanalyse. Leipzig, Wien, Zürich 1922: 138-141.
Foucault, M. (1975): Überwachen und Strafen. Die Geburt des Gefängnisses. Frankfurt a. M. 1977.
– (1977): Sexualität und Wahrheit. Der Wille zum Wissen. Frankfurt a. M.
Fraiberg, S. (1955): Some Considerations in the Introduction to Therapy in Puberty. In: Psychoanalytic Study of the Child, Vol. 10: 264-286.
Frank, Ph. (1949a): Einstein, Mach und der logische Positivismus. In: Schilpp, P. A. 1955, Albert Einstein als Philosoph und Naturforscher. Stuttgart: 173-187.
– (1949b): Einstein, sein Leben und seine Zeit. München.
Freud, A. (1936): Das Ich und die Abwehrmechanismen. München.
– (1958): Probleme der Pubertät. In: Freud, A. 1980: Die Schriften der Anna Freud. München 1980: Bd. VI.: 1738-1769.
– Wege und Irrwege in der Kinderentwicklung. Bern, Stuttgart.
Freud, S. (1884): Über Coca. In: Psyche, 27. Jg., 1973, Heft 5: 487-511.
– (1894): Die Abwehr – Neuropsychosen. In: GW I.: 57-74.
– (1895): Studien über Hysterie. In: GW I.: 75-312.
– (1896a): L'hérédité et l'étiologie des névroses. In: GW I.: 405-422.
– (1896b): Zur Aetiologie der Hysterie. In: GW I.: 423-459.
– (1898): Die Sexualität in der Aetiologie der Neurosen. In: GW I.: 489-516.
– (1900): Die Traumdeutung. In: GW II-III.: 1-642.
– (1901): Psychopathologie des Alltagslebens. In: GW IV.
– (1905a): Bruchstück einer Hysterie-Analyse. In: GW V.: 161-286.
– (1905b): Drei Abhandlungen zur Sexualtheorie. In: GW V.: 27-159.
– (1905c): Der Witz und seine Beziehung zum Unbewußten. In: GW VI.
– (1906): Meine Ansichten über die Rolle der Sexualität in der Aetiologie der Neurosen. In: GW V.: 147-159.
– (1908): Die kulturelle Sexualmoral und die moderne Neurosität. In: GW VII.: 143-167.
– (1909): Der Familienroman der Neurotiker. In: GW VII.: 225-231.

– (1910): Zur Einleitung der Selbstmorddiskussion. In: GW VIII.: 62-63.
– (1913a): Totem und Tabu. Einige Übereinstimmungen im Seelenleben der Wilden und Neurotiker. In: GW IX.
– (1913b): Zur Einleitung der Behandlung. In: GW VIII.: 453-478.
– (1913c): Das Unbewußte. In: GW X.: 263-303.
– (1914a): Zur Geschichte der psychoanalytischen Bewegung. In: GW X.: 43-113.
– (1914b): Zur Psychologie des Gymnasiasten. In: GW X.: 204-207.
– (1915): Zeitgemäßes über Krieg und Tod. In: GW X.: 323-355.
– (1916-17): Vorlesungen zur Einführung in die Psychoanalyse. In: Freud, S. 1969 Studienausgabe, Bd. 1. Frankfurt a. M.
– (1917): Eine Schwierigkeit der Psychoanalyse. In: GW XII: 3-12.
– (1918): Aus der Geschichte einer infantilen Neurose. In: GW XII.: 27-157.
– (1919): Das Unheimliche. In: GW XII.: 227-268.
– (1920): Jenseits des Lustprinzips. In: GW XIII.: 1-69.
– (1921): Massenpsychologie und Ich-Analyse. In: GW XIII.: 71-161.
– (1923a): »Psychoanalyse« und »Libidotheorie«. In: GW XIII.: 209-233.
– (1923b): Das Ich und das Es. In: GW XIII.: 235-289.
– (1924a): Der Realitätsverlust bei Neurose und Psychose. In: GW XIII.: 360-368.
– (1924b): Das ökonomische Problem des Masochismus. In: GW XIII.: 369-391.
– (1925a): Selbstdarstellung. In: GW XIV.: 31-96.
– (1925b): Die Verneinung. In: GW XIV.: 9-15.
– (1926a): Hemmung, Symptom und Angst. In: GW XIV.: 111-205.
– (1926b): Die Frage der Laienanalyse. In: GW XIV.: 207-296.
– (1926c): Ansprache an die Mitglieder des Vereins B'nai B'rith. In: GW XVII.: 49-53.
– (1927a): Die Zukunft einer Illusion. In: GW XIV.: 323-380.
– (1927b): Nachwort zur »Frage der Laienanalyse«. In: GW XIV.: 287-296.
– (1928): Kurzer Abriß der Psychoanalyse. In: GW XIII.: 405-427.
– (1930): Das Unbehagen in der Kultur. In: GW XIV.: 419-506.
– (1933): Neue Folge der Vorlesungen zur Einführung in die Psychoanalyse. In: Freud, S. 1969 Studienausgabe, Bd. 1.: 447-608. Frankfurt a. M.
– (1937): Die endliche und die unendliche Analyse. I: GW XVI.: 56-99.
– (1938): Abriß der Psychoanalyse. In: GW XVII.: 63-138.
– (1939): Der Mann Moses und die monotheistische Religion. In: GW XVI.: 100-246.
– (1962): Aus den Anfängen der Psychoanalyse 1887-1902, Briefe an Wilhelm Fließ. Frankfurt a. M.
– (1968²): Briefe 1873-1939. Frankfurt a. M.

– (1971): Selbstdarstellung. Schriften zur Geschichte der Psychoanalyse. Frankfurt a. M.
Freud, S. u. Abraham, K. (1965): Briefe 1907-1926. Frankfurt a. M.
Freud, S. u. Fluß, E. (1971b): Jugendbriefe. In: Freud, S. Selbstdarstellung, Schriften zur Geschichte der Psychoanalyse. Frankfurt a. M. 103-123.
Freud, S. u. Pfister, O. (1963): Briefe 1909-1939. Frankfurt a. M.
Frey, H. R. (1980): »Todos tencemos que participar ...«. Machtverhältnisse und politisch-religiöse Hierarchie in einer chinantekischen Gemeinde der Sierra Juarez in Oaxaca, México: das Cargo System in Santiago Comaltepec. Unveröffentlichte Lizentiatsarbeit. Zürich.
Friedell, E. (1927-31): Kulturgeschichte der Neuzeit. München, o. J.
Fritz, H. (1977): Die Dämonisierung des Erotischen in der Literatur des Fin de Siècle. In: Bauer et al. 1977: 442-464.
Fritz, U. und Schwab, A. (1980): Einige Thesen zur ambivalenten Einstellung von Frauen und Männern zur Menstruation. Unveröffentlichte Arbeit, Universität Frankfurt.
Fromm, E. (1936): Autorität und Familie. Sozialpsychologischer Teil. In: Studien über Autorität und Familie, Schriften des Instituts für Sozialforschung, Bd. V. Paris: 77-135.
– (1959): Sigmund Freuds Sendung. Ullstein Buch 358, Frankfurt a. M., Berlin 1961.
Fuchs, A. (1949): Geistige Strömungen in Österreich 1867-1918. Wien.
Fürstenau, P. (1964a): Ich-Psychologie und Anpassungsproblem. Eine Auseinandersetzung mit Heinz Hartmann. In: Jb. d. Psychoanalyse, hg. v. Dräger, K. et al., Bd. III.: 30-55.
– (1964b): Zur Psychoanalyse der Schule als Institution. In: Das Argument 29: 65-78.
Gadamer, G. (1960): Wahrheit und Methode. Tübingen 1965[2].
Gaxotte, P. (1946): Ludwig XIV. Frankreichs Aufstieg in Europa. München 1951.
Gedo, J. E. u. Wolf, E. S. (1973): Freud's Novelas Ejemplares. In: Gedo, J. E. and Pollock, G. H. (Ed.) 1976: 71-86.
Gedo, J. E. and Pollock, G. H. (1976): Freud: The Fusion of Science and Humanism. The Intellectual History of Psychoanalysis. In: Psychological Issues, Vol. IX., 2/3, Monograph 34/35. New York.
Gehlen, A. (1940): Der Mensch. Seine Natur und seine Stellung in der Welt. Frankfurt a. M., Bonn 1968[8].
– (1952): Über die Geburt der Freiheit aus der Entfremdung. In: Gehlen, A. Studien zur Anthropologie und Soziologie. Neuwied am Rhein, Berlin 1963: 232-246.
– (1956): Urmensch und Spätkultur. Bonn.
– (1957): Die Seele im technischen Zeitalter. Sozialpsychologische Probleme in der industriellen Gesellschaft. Reinbek bei Hamburg 1964.

– (1961): Anthropologische Forschung. Reinbek bei Hamburg.
Geleerd, E. R. (1957): Some Aspects of Psychoanalytic Technique in Adolescence. In: Psychoanalytic Study of the Child, Vol. 12: 263-283.
Gennep, A. van (1909): The Rites of Passage. Chicago 1972.
Glaser, H. (1976): Sigmund Freuds Zwanzigstes Jahrhundert, Seelenbilder einer Epoche. München.
Gluckman, M. (1963): Rituale der Rebellion in Südost-Afrika. In: Kramer, F. u. Sigrist, Ch. Gesellschaften ohne Staat Bd. 1., Gleichheit und Gegenseitigkeit, 1978: 250-280.
Goodman, M. E. (1973): The Culture of Childhood. New York.
Gough, K. (1968): Des propositions nouvelles pour les anthropologues. In: Copans, J. (Ed.) Anthropologie et impérialisme. Paris 1975: 17-35.
Greve, L. et al. (1974): Jugend in Wien. Literatur um 1900. Sonderausstellungen des Schiller-Nationalmuseums, Katalog Nr. 24, Zeller, B. (Hg.). München.
Grinstein, A. (1968): On Sigmund Freud's Dreams. Detroit.
Gross, N. Th. (1973): Die Stellung der Habsburgermonarchie in der Weltwirtschaft. In: Brusatti, A. (Hg.) 1973, Die Habsburgermonarchie 1848-1918. Bd. 1: Die wirtschaftliche Entwicklung. Wien 1973: 1-28.
Grosz, P. und Parin, P. (1979): Anpassungsmechanismen – ergänzende Gedanken und klinische Beiträge. In: Acta paedopsychiatrica 45: 193-208.
Gruhle, H. W. (1932): Die Psychopathologie. In: Handbuch der Geisteskrankheiten, Fünfter Teil: Die Schizophrenie: 135-210. Berlin.
Grunberger, B. (1971): Vom Narzißmus zum Objekt. Fankfurt a. M. 1976.
Gundolf, F. (1924): Ceasar. Geschichte seines Ruhms. Berlin.
Gusinde, M. (1946): Urmenschen im Feuerland. Berlin, Wien, Leipzig.
Habermas, J. (1968): Erkenntnis und Interesse. Frankfurt a. M.
– (1972): Die Utopie des guten Herrschers (Eine Antwort auf Robert Spaemann). In: Habermas, J. Kultur und Kritik. Verstreute Aufsätze. Frankfurt a. M. 1973: 378-388.
– (1973): Kultur und Kritik. Suhrkamp Taschenbuch 125. Frankfurt a. M.
– (1976): Zur Rekonstruktion des Historischen Materialismus. Suhrkamp Taschenbuch Wissenschaft 154. Frankfurt a. M.
Hamann, R. u. Hermand, J. (1972): Naturalismus. München.
Harris, M. (1968): The Rise of Anthropological Theory. A History of Theories of culture. New York.
Hartmann, H. (1939): Ich-Psychologie und Anpassungsproblem. Stuttgart 1970².
– (1944): Psychoanalyse und Soziologie. In: Hartmann, H. 1972, Ich-Psychologie, pp. 33-49. Stuttgart.
– (1947): Über rationales und irrationales Handeln. In: Hartmann 1972: 50-77.

– (1950a): Die Anwendung psychoanalytischer Begriffe auf die Sozialwissenschaft. In: Hartmann, H. 1972, Ich-Psychologie, pp. 98-105. Stuttg.
– (1950b): Bemerkungen zur psychoanalytischen Theorie des Ichs. In: Hartmann 1972: 119-144.
– (1952): Die gegenseitige Beeinflussung von Ich und Es in ihrer Entwicklung. In: Hartmann 1972: 157-180.
– (1972): Ich-Psychologie. Studien zur psychoanalytischen Theorie. Stuttgart.
Hartmann, H., Kris, E. and Loewenstein, R. M. (1946): Comments on the Formation of Psychic Structure. In: The Psychoanalytic Study of the Child, II: 11-38.
Hauri, R. (1967): Der Drang nach Größe. Lebensträume und Berufspläne junger Menschen. Zürich, Stuttgart.
Hauser, A. (1964): Der Ursprung der modernen Kunst und Literatur. Die Entwicklung des Manierismus seit der Krise der Renaissance. München 1973.
Hazard, P. (1939): Die Krise des europäischen Geistes. Hamburg.
Heer, F. (1953): Europäische Geistesgeschichte. Stuttgart.
Heinisch, K. J. (Hg. u. Ü.) (1968): Kaiser Friedrich II. in Briefen und Berichten seiner Zeit. Darmstadt.
Hofmannsthal, H. v. (1893): Gabriele d'Annunzio. In: Ausgewählte Werke in zwei Bänden, Bd. 2: 291-300. Frankfurt a. M. 1957.
– (1895): Manche freilich ... In: Ausgewählte Werke in zwei Bänden. Bd. 1: 22. Frankfurt a. M. 1957.
– (1902a): Ein Brief. In: Ausgewählte Werke in zwei Bänden, Bd. 2: Erzählungen und Aufsätze. Frankfurt a. M. 1957: 337-348.
– (1902b): Über Charaktere im Roman und im Drama. In: Ausgewählte Werke in zwei Bänden. Bd. 2: Erzählungen und Aufsätze. Frankfurt a. M. 1957: 352-364.
– (1902c): Ansprache gehalten am Abend des 10. Mai 1902 im Hause des Grafen Karl Lanckoronski. In: Ausgewählte Werke in zwei Bänden. Bd. 2: Erzählungen und Aufsätze. Frankfurt a. M. 1957: 332-337.
– (1917): Preuße und Österreicher. In: Ausgewählte Werke in zwei Bänden. Bd. 2: 615-617. Frankfurt a. M. 1957.
– (1959): Aufzeichnungen. Frankfurt a. M.
Hollitscher, W. (1970): Sigmund Freuds Menschenbild. In: Zur Kritik der Psychoanalyse, Marxismus Digest 16, 1973: 3-34.
Horn, K. (1971): Insgeheime kulturistische Tendenzen der modernen psychoanalytischen Orthodoxie. In: Lorenzer, A. et al.: Psychoanalyse als Sozialwissenschaft. 1971: 93-151.
Hug, B. (1982): Das kulturelle Deutungsmuster Menstruation in der Ethnologie. Unveröffentlichte Lizentiatsarbeit. Ethnologisches Seminar Zürich.

Ilan, E. (1963): The Problem of Motivation in the Educator's Vocational Choice. In: Psychoanalytic Study of the Child, Vol. 18: 266-285.
Jacobson, E. (1964): Das Selbst und die Welt der Objekte. Frankfurt a. M. 1973.
Janik, A. and Toulmin, S. (1973): Wittgensteins Vienna. London.
Janz, C. P. (1978): Nietzsche, 1. Bd. München, Wien.
Jaspers, K. (1950): Vernunft und Widervernunft in unserer Zeit. München.
– (1959[7]): Allgemeine Psychopathologie. Berlin, Göttingen, Heidelberg.
Jens, W. (1957): Der Mensch und die Dinge. In: Bauer, S. (Hg.) 1968, Hugo von Hofmannsthal, Wege der Forschung, Bd. CLXXXIII., Darmstadt, pp. 25-27.
Jensen, A. E. (1933): Beschneidung und Reifezeremonien bei Naturvölkern. Studien zur Kulturkunde, Bd. 1. Stuttgart.
– (1951): Mythos und Kult bei Naturvölkern. Religionswissenschaftliche Betrachtungen. Studien zur Kulturkunde, Bd. 10. Wiesbaden 1960[2].
Johnston, W. M. (1972): Österreichische Kultur- und Geistesgeschichte. Gesellschaft und Ideen im Donauraum 1848-1938. Wien, Köln, Graz 1974.
Jones, E. (1960-62): Das Leben und Werk von Sigmund Freud. Bd. 1-3. Bern.
Jullian, P. (1971): Mythen und Phantasmen in der Kunst des fin de siècle. Berlin.
Jung, H. (1930): Das Phantasieleben der männlichen werktätigen Jugend. Ein Beitrag zur Psychologie und Pädagogik der Reifezeit. Münster i. W.
Kardiner, A. (1939): The Individual and His Society. The Psychodynamics of Primitive Social Organization. New York.
Kardiner, A. et al. (1945): The Psychological Frontiers of Society. New York.
Kardiner, A. and Preble, E. (1974): Wegbereiter der modernen Anthropologie. Frankfurt a. M.
Katz, F. (1956): Die sozialökonomischen Verhältnisse bei den Azteken im 15. u. 16. Jahrhundert. In: Ethnographisch-archäologische Forschungen III/Teil 2. Berlin.
– (1969): Vorkolumbische Kulturen. Die großen Reiche des alten Amerika. München.
Kernberg, O. (1970): Die Behandlung narzißtischer Persönlichkeiten. In: Kernberg, O. (1975) Borderline-Störungen und pathologischer Narzißmus. Frankfurt a. M. 1978: 261-300.
Klages, L. (1922): Vom kosmogonischen Eros. München.
Kluge, A. (1973): Lernprozesse mit tödlichem Ausgang. Frankfurt a. M.
Klüwer, K. (1974): Neurosentheorie und »Verwahrlosung«. In: Psyche, Jg. XXVIII.: 285-309.
Kohl, K. H. (1979): Exotik als Beruf. Zum Begriff der ethnographischen

Erfahrung bei B. Malinowski, E. E. Evans-Pritchard und C. Lévi-Strauss. Wiesbaden.
Kohn, E. (1922): Die Inititationsriten der historischen Berufsstände. In: Bernfeld, S. Vom Gemeinschaftsleben der Jugend. Quellenschriften zur seelischen Entwicklung, Bd. 2: 188-217. Wien, Leipzig, Zürich.
Kohn, H. (1962): Karl Kraus, Arthur Schnitzler, Otto Weininger. Aus dem jüdischen Wien der Jahrhundertwende. Tübingen.
Kohut, H. (1973a): Der Psychoanalytiker in der Gemeinschaft der Wissenschaftler. In: Kohut, H. 1975, Die Zukunft der Psychoanalyse, pp. 28-65. Frankfurt a. M.
– (1973b): Narzißmus. Eine Theorie der psychoanalytischen Behandlung narzißtischer Persönlichkeitsstörungen. Frankfurt a. M.
– (1974): Kreativität, Charisma, Gruppenpsychologie. Gedanken zu Freuds Selbstanalyse. In: Kohut, H. Die Zukunft der Psychoanalyse. Frankfurt a. M. 1975: 93-139.
Kolle, K. (1956): Emil Kraepelin. In: Große Nervenärzte, 21 Lebensbilder, Hg. v. Kolle, K. pp.: 175-186. Stuttgart.
Koopmann, H. (1977): Entgrenzung. Zu einem literarischen Phänomen um 1900. In: Bauer et al. (Hg.) 1977: 73-92.
Koser, R. (1889): Die Epochen der absoluten Monarchie in der neueren Geschichte. In: Hubatsch, W. (Hg.). Absolutismus. Darmstadt 1973.
Kracauer, S. (1930): Die Angestellten. In: Kracauer, S. 1971, Schriften, Bd. 1., pp. 205-304. Frankfurt a. M.
Kraepelin, E. (1915[8]): Psychiatrie. IV. Bd.: Klinische Psychiatrie, 3. Teil. Leipzig.
– (1921[4]): Psychiatrische Klinik Bd. III: Krankenvorstellungen, 2. Reihe. Leipzig.
Kraft, W. (1977): Der Chandos-Brief und andere Aufsätze über Hofmannsthal. Darmstadt, Berlin.
Kramer, F. u. Sigrist, Ch. (Hg.) (1978): Gesellschaften ohne Staat. Bd. 1. Gleichheit und Gegenseitigkeit. Frankfurt a. M.
Krebs, R. (1979): Der europäische Absolutismus. Quellen und Arbeitshefte zur Geschichte und Politik. Stuttgart.
Krickeberg, W. (Hg.) (1928): Märchen der Azteken und Inkaperuaner, Maya und Muisca. Jena.
Kris, L. (1952): Psychoanalytic Explorations in Art. New York 1964.
Kuh, A. (1926): »Central« und »Herrenhof«. In: Brandstätter, Ch. u. Schweiger, W. J. Das Wiener Kaffeehaus. Wien, München, Zürich 1978.
Kupper, H. I., Rollman-Branch, H. S. (1959): Freud und Schnitzler – Doppelgänger. In: Journal of the American Psychoanalytical Anociation, VII. (Jan. 1959), 109ff.
La Bruyère, J. de (1688): Die Charaktere oder Die Sitten im Zeitalter Ludwigs XIV. Leipzig, o. J.

Laín Entralgo, P. (1969): Arzt und Patient. Zwischenmenschliche Beziehungen in der Geschichte der Medizin. München.
Lampl-de Groot, J. (1959): Zur Adoleszenz. In: Psyche, XIX. Jg.: 477-485.
Landauer, K. (1935): Die Ich-Organisation in der Pubertät. In: Zeitschrift für psychoanalytische Pädagogik, IX. Jg.: 380-420.
Laplanche, J. u. Pontalis, J. B. (1967): Das Vokabular der Psychoanalyse. Frankfurt a. M. 1972.
Laufer, M. (1966): Object Loss and Morning during Adolescence. In: Psychoanalytic Study of the Child, Vol. XXI: 269-293.
Leon-Portilla, M. (1956): La filosofía náhuatl estudiada en sus fuentes. In: Serie de Cultura Náhuatl. Monografías: 10. Mexico 1966.
Lepenies, W. (1969): Melancholie und Gesellschaft. Frankfurt a. M. 1972.
– (1971): Soziologische Anthropologie. Materialien. München.
Lévi-Strauss, C. (1944): The Social and Psychological Aspects of Chieftainship in an Primitive Tribe: The Nambikuara of Northwestern Mato Grosso. In: Cohen, R. and Middleton, J. (eds.) 1967, Comparative Political Systems. American Museum Sourcebooks in Anthropology, Garden City, N. Y.: 45-62.
– (1949): Die Wirksamkeit der Symbole. In: Strukturale Anthropologie I. Frankfurt a. M. 1967: 204-225.
– (1950): Einleitung in das Werk von Marcel Mauss. In: Mauss, M. 1974, Soziologie und Anthropologie Bd. 1.: pp. 7-41. München.
– (1955): Traurige Tropen. Köln 1960.
– (1960): Das Feld der Anthropologie. In: Strukturale Anthropologie II. Frankfurt a. M. 1975: 11-44.
– (1962): Das Wilde Denken. Frankfurt a. M. 1968.
– (1967): Strukturale Anthropologie. Frankfurt a. M. 1969.
– (1972a): Rasse und Geschichte. Frankfurt a. M.
– (1972b): »Primitive« und »Zivilisierte«. Zürich.
Lewis, W. H. (1959): Ludwig XIV. Halbgott und Mensch. Tübingen o. J.
Lincke, H. (1970): Das Überich – eine gefährliche Krankheit. In: Psyche, 24. Jg.: 375-402.
Loepfe, Ph. (1980): Thrillers. Eine ethnologische Analyse eines modernen Mythos. Unveröffentl. Lizentiatsarbeit. Universität Zürich.
Lorenzer, A. (1970): Sprachzerstörung und Rekonstruktion. Frankfurt.
Löwenthal, L. (1971): Erzählkunst und Gesellschaft. Neuwied, Berlin.
Lukács, G. (1954): Die Zerstörung der Vernunft. Neuwied a. Rh. 1962.
Mach, E. (1885): Die Analyse der Empfindungen. Jena 1906[5].
– (1896): Die Prinzipien der Wärmelehre. Leipzig 1919[3].
– (1905): Erkenntnis und Irrtum. Skizzen zur Psychologie der Forschung. Leipzig 1926[5].
Mahler, M. S. (1968): Symbiose und Individuation. Bd. 1: Psychosen im frühen Kindesalter. Stuttgart 1972.

Malinowski, B. (1941): Eine wissenschaftliche Theorie der Kultur. Zürich.
Mandrou, R. (1976): Staatsräson und Vernunft 1469-1775. Propyläen Geschichte Europas. Frankfurt a. M., Berlin, Wien.
Mann, Th. (1929): Die Stellung Freuds in der modernen Geistesgeschichte. In: Die psychoanalytische Bewegung, 1. Jg., Heft 1, Mai-Juni 1929: 3-32.
– (1930): Mario und der Zauberer. In: Erzählungen. Frankfurt a. M. 1958: 658-711.
Marcus, S. (1974): Freud und Dora. Roman, Geschichte, Krankengeschichte. In: Psyche, 28. Jg., Heft 1: pp. 32-79.
Marcuse, H. (1965): Triebstruktur und Gesellschaft. Frankfurt a. M.
Marquard, O. (1968): Zur Bedeutung der Theorie des Unbewußten für eine Theorie der nicht mehr schönen Kunst. In: Jauß, H. R. (Hg.), 1968, Die nicht mehr schönen Künste, Poetik und Hermeneutik III. 375-392. München.
– (1973): Über einige Beziehungen zwischen Ästhetik und Therapeutik in der Philosophie des 19. Jh. In: Marquard, O. 1973, Schwierigkeiten mit der Geschichtsphilosophie, pp.: 85-106. Frankfurt a. M.
Marx, K. (1859): Zur Kritik der Politischen Ökonomie. In: Marx, K. und Engels, F., Werke, Bd. 13. Berlin 1969: 3-160.
März, E. (1968): Österreichische Industrie- und Bankpolitik in der Zeit Franz Josephs I. Wien, Frankfurt, Zürich.
Matis, H. (1973): Leitlinien der österreichischen Wirtschaftspolitik 1848-1918. In Brusatti, A. (Hg.) 1973, Die Habsburgermonarchie 1848-1918, Bd. 1: Die wirtschaftliche Entwicklung. Wien 1973: 29-67.
Mauss, M. (1923-24): Die Gabe. Form und Funktion des Ausstauschs in archaischen Gesellschaften. In: Mauss, M. Soziologie und Anthropologie, Bd. II, München 1975: 9-144.
– (1926): Über die physische Wirkung der von der Gemeinschaft suggerierten Todesvorstellung auf das Individuum. In: Mauss, M. Soziologie und Anthropologie, Bd. II, München 1975: 178-195.
Mauthner, F. (1910): Wörterbuch der Philosophie. München, Leipzig.
– (1901): Beiträge zu einer Kritik der Sprache. 1. Bd.: Zur Sprache und zur Philosophie. Leipzig 1923[3].
McGrath, W. J. (1974): Dyonisian Art and Populist Politics in Austria. New Haven, London.
Mead, M. (1970): Der Konflikt der Generationen. Jugend ohne Vorbild. Olten, Freiburg i. B. 1971.
Meillassoux, C. (1960): Versuch einer Interpretation des Ökonomischen in den archaischen Subsistenzwirtschaften. In: Eder, K. (Hg.) Seminar: Die Entstehung von Klassengesellschaften. Frankfurt a. M. 1973: 31-68.
Mendel, G. (1968): Die Revolte gegen den Vater. Eine Einführung in die Soziopsychoanalyse. Frankfurt a. M. 1972.
Mentschl, J. (1973): Das österreichische Unternehmertum. In: Brusatti, A.

(Hg.), Die Habsburgermonarchie 1848-1918, Bd. 1.: Die wirtschaftliche Entwicklung. Wien 1973: 250-277.
Mentzos, S. (1976): Interpersonale und institutionalisierte Abwehr. Frankfurt a. M.
Mikoletzky, H. L. (1972): Österreich. Das entscheidende 19. Jahrhundert. Geschichte, Kultur und Wirtschaft. Wien.
Miller, A. (1980): Am Anfang war Erziehung. Frankfurt a. M.
Mitford, N. (1966): Der Sonnenkönig. Ludwig XIV. und sein Hof. München.
Mommsen, H. (1963): Die Sozialdemokratie und die Nationalitätenfrage im habsburgischen Vielvölkerstaat. Wien.
Morgenthaler, F. (1978): Technik. Zur Dialektik der psychoanalytischen Praxis. Frankfurt a. M.
Moser, H. (1975): Aktionsforschung als kritische Theorie der Sozialwissenschaften. München.
Moser, U. (1964): Zur Abwehrlehre: das Verhältnis von Verdrängung und Projektion. In: Jahrbuch der Psychoanalyse, Bd. 3: 56-85. Bern.
Müller-Braunschweig, H. (1977): Psychoanalyse und Kreativität. In: Psyche, 31. Jg.: 821-843.
Müller-Pozzi, H. (1980): Zur Handhabung der Übertragung in der Analyse von Jugendlichen. In: Psyche, 34. Jg.: 339-364.
Nader, L. (1974): Up the Anthropologist – Perspectives from Studying Up. In: Hymes, D. (ed.): Reinventing Anthropology. New York 1974: 284-311.
Nadig, M. (1980): Auf den Spuren ›unwürdiger‹ Machtstrategien. In: Berliner Hefte 15: 53-65.
Nadig, M. u. Erdheim, M. (1980): Die Zerstörung der wissenschaftlichen Erfahrung durch das akademische Milieu. In: Berliner Hefte 15: 35-52.
Nash, J. (1974): Ethics and Politics in Social Science Research. In: Transactions New York Academy of Sciences: pp. 497-510.
– (1977): We Eat the Mines and the Mines Eat Us. Manuskript.
Neyraut, M. (1974): Die Übertragung. Frankfurt a. M. 1976.
Nietzsche, F. (1872): Die Geburt der Tragödie. Stuttgart.
– (1874): Schopenhauer als Erzieher. In: Unzeitgemäße Betrachtungen. Krönerausgabe: 197-299. Stuttgart.
– (1881): Morgenröte. Gedanken über die moralischen Vorurteile. Kröner Taschenausgabe 73. Stuttgart 1964.
– (1886a): Jenseits von Gut und Böse. Krönerausgabe, Bd. 76. Stuttgart.
– (1886b): Menschliches Allzumenschliches. Krönerausgabe, Bd. 72. Stuttgart 1964.
– (1887): Zur Genealogie der Moral. Stuttgart 1959.
Offermanns, E. L. (1973): Arthur Schnitzler. Das Komödienwerk als Kritik des Impressionismus. München.

Parin, P. (1963): Eine scheinbare »Schamkultur«. Psychologische Betrachtung über die Regulatoren des Verhaltens im Gesellschaftsgefüge der Dogon in Westafrika. In: Parin 1978: 134-147.
– (1969): Freiheit und Unabhängigkeit. Zur Psychoanalyse des politischen Engagements. In: Parin 1978: 20-33.
– (1975): Gesellschaftskritik im Deutungsprozeß. In: Parin 1978: 34-54.
– (1976a): Anthropologie et psychiatrie. In: Psychopathologie africaine, XII, 1.: 91-107.
– (1976b): Das Mikroskop der vergleichenden Psychoanalyse und die Makrosozietät. In: Parin 1978: 55-77.
– (1977): Das Ich und die Anpassungsmechanismen. In: Psyche, 31. Jg., Heft 6: 481-515.
– (1978): Der Widerspruch im Subjekt. Ethnopsychoanalytische Studien. Frankfurt a. M.
– (1980): Die äußeren und die inneren Verhältnisse. Ethnopsychoanalytische Betrachtungen, auf unsere eigene Ethnie angewandt. In: Berliner Hefte 15: 5-34.
Parin, P. u. Parin-Matthèy, G. (1978): Der Widerspruch im Subjekt. Die Anpassungsmechanismen des Ich und die Psychoanalyse gesellschaftlicher Subjekte. In: Parin 1978: 112-133.
Parin, P., Morgenthaler, F. u. Parin-Matthèy, G. (1971): Fürchte deinen Nächsten wie dich selbst. Psychoanalyse und Gesellschaft am Modell der Agni in Westafrika. Frankfurt a. M.
Polgar, A. (1927): Theorie des ›Café Central‹. In: Fensterplatz – eine Sammlung betrachtender Prosa. Hamburg 1959: 7-12.
Pouillon, J. (1970): Doctor and Patient: Same and/or Other ethnological Remarks. In: Psychoanalytic Study of Society 1972: 9-32.
Pumpian-Mindlin, E. (1969): Vicissitudes of Infantile Omnipotence. In: Psychoanalytic Study of the Child, Vol. XXIV.: 213-226.
Rappaport, M. (1907): Biographisches Vorwort zu Dr. Otto Weininger. Über die letzten Dinge. Wien, Leipzig 1924[8].
Racker, H. (1959): Übertragung und Gegenübertragung. Studien zur psychoanalytischen Technik. München, Basel 1978.
Rasch, W. (1977): Fin de siècle als Ende und Neubeginn. In: Bauer et al. (Hg.) 1977: 30-49.
Redl, F. u. Wineman, D. (1951): Kinder, die hassen. München, Zürich 1979.
Reich, W. (1933): Charakteranalyse. o. O.
Reik, Th. (1913): Arthur Schnitzler als Psycholog. Minden, Westfalen.
– (1919): Probleme der Religionspsychologie. Internationale Psychoanalytische Bibliothek Nr. 5. Leipzig, Wien.
Reyes García, L. (1975): La visión cosmológica y la organización del imperio méxica. Manuskript.

Ribeiro, D. (1968): Der zivilisatorische Prozeß. Frankfurt a. M. 1971.
Riesman, D. (1954): Freud und die Psychoanalyse. Frankfurt a. M. 1965.
Roazen, P. (1971): Politik und Gesellschaft bei Sigmund Freud. Frankfurt a. M.
Roheim, G. (1923): Nach dem Tode des Urvaters. In: Imago, IX. Bd., Heft 1: 83-121.
– (1944): Psychoanalysis and Anthropology. In: Lorand, S. (ed.) 1944, Psychoanalysis Today: pp. 371-395. New York.
– (1950): Psychoanalyse und Anthropologie. Drei Studien über die Kultur und das Unbewußte. Frankfurt a. M. 1977.
Rojas, J. u. Nash, J. (1976): He agotado mi vida en la mina. Buenos Aires.
Rutschky, K. (Hg.) (1977): Schwarze Pädagogik. Quellen zur Naturgeschichte der bürgerlichen Erziehung. Frankfurt a. M., Wien, Berlin.
Sahagún, B. de (1950): Wahrsagerei, Himmelskunde und Kalender der alten Azteken. Übers. u. erl. v. Schultze Jena, L. Quellenwerke zur alten Geschichte Amerikas, Bd. IV. Stuttgart.
– (1952): Gliederung des altaztekischen Volkes in Stand, Familie und Beruf. Übers. u. erl. v. Schultze Jena, L. Quellenwerke zur alten Geschichte Amerikas, Bd. V. Stuttgart.
– (1956): Historia general de las cosas de Nueva España. Ed: Garibay, A. M.; 4 vols. Mexico.
Saint-Simon, L. v. (1969): Ludwig XIV. – Niedergang und Ende. München.
Salten, F. (1932/33): Aus den Anfängen. In: Jahrbuch der Bibliophilen und Literaturfreunde. Berlin, Wien, Leipzig.
Sanders. W. T. and Price, B. J. (1968): Mesoamerika. The Evolution of a Civilization. New York.
Sandler, J. et al. (1973): Die Grundbegriffe der psychoanalytischen Therapie. Stuttgart.
Sartre, J.-P. (1961): Vorwort. In: Fanon, J. P. Die Verdammten dieser Erde. Frankfurt a. M. 1966: 7-26.
Saudek, R. (1907): Gedanken über Geschlechtsprobleme von Otto Weininger. Berlin.
Schalk, F. (1977): Fin de siècle. In: Bauer et al. 1977: 3-15.
Scheidt, J. v. (1973): Sigmund Freud und das Kokain. In: Psyche, 27. Jg. Heft 5: 385-430.
Schilling, O. (1925): Die Staats- und Soziallehre des Papstes Leo XIII. Köln.
Schnitzler, A. (1889): Die Frage an das Schicksal. In: GW, Die Theaterstücke Bd. 1: 13-29. Berlin, o. J.
– (1898): Paracelsus. In: GW, Die Theaterstücke Bd. 2: 9-57. Berlin, o. J.
– (1898b): Der Grüne Kakadu. In: GW, Die Theaterstücke Bd. 2: 81-127. Berlin, o. J.

– (1900): Leutnant Gustl. In: GW, Erzählende Schriften Bd. 1: 261-302. Berlin, o. J.
– (1927a): Buch der Sprüche und Bedenken. In: GW, Aphorismen und Betrachtungen, pp. 7-132. Frankfurt a. M. 1967.
– (1927b): Der Geist im Wort und Der Geist in der Tat. In: GW, Aphorismen und Betrachtungen, pp. 135-156. Frankfurt a. M. 1967.
– (1966): Das Wort. Fragment. Aus dem Nachlaß herausgegeben und eingeleitet von K. Bergel. Frankfurt a. M.
– (1968): Jugend in Wien. Eine Autobiographie. Wien, Zürich, München.
Schnitzler, A. u. Hofmannsthal, H. v. (1964): Briefwechsel. Frankfurt a. M.
Schoene, W. (1966): Über die Psychoanalyse in der Ethnologie. Daten: Sozialwissenschaftliche Reihe 5. Dortmund.
Schönau, W. (1968): Sigmund Freuds Prosa. Literarische Elemente seines Stils. Stuttgart.
Schorske, C. E. (1961): Politics and the Psyche in fin de siècle Vienna: Schnitzler and Hofmannsthal. In: American Historical Review LXVI: 930: 46.
– (1967): Politics in a New Key: An Austrian Triptych. In: The Journal of Modern History, Vol. 39: 343-386.
– (1967b): The Transformation of the Garden: Ideal and Society in Austrian Literature. In: American Historical Review LXXII: 1283-1320.
– (1973): Politique et parricide dans »L'interprétation des rêves« de Freud. In: Jaccard, R. 1976: Freud, Jugements et témoignages: 101-137. Paris.
Schröter, K. (1974): Maximen und Reflexionen des jungen Freud. In: Jahrbuch der Psychoanalyse Beiheft 2: 129-186.
Schülein, J. A. (1975): Das Gesellschaftsbild der Freudschen Theorie. Frankfurt a. M., New York.
Schur, M. (1966): Das Es und die Regulationsprinzipien des psychischen Geschehens. Frankfurt a. M. 1973.
– (1972): Sigmund Freud. Leben und Sterben. Frankfurt a. M. 1973.
Schurtz, H. (1902): Altersklassen und Männerbünde. Eine Darstellung der Grundformen der Gesellschaft. Berlin.
Seler, E. (1927): Einige Kapitel aus dem Geschichtswerk des Fray Bernhardino de Sahagún. Stuttgart.
Settlage, C. F. (1973): Cultural Values and the Superego in Late Adolescence. In: The Psychoanalytic Study of the Child, XXVII: 74-92.
Simmel, G. (1908): Soziologie. Untersuchungen über die Formen der Vergesellschaftung. Leipzig.
Singer, K. (1973): Verhindert die Schule das Lernen? Psychoanalytische Erkenntnisse als Hilfe für Erziehung und Unterricht. München.
Skalweit, I. (1957): Das Herrscherbild des 17. Jahrhunderts. In: Hubatsch, W. (Hg.). Absolutismus. Darmstadt 1973: 248-267.

Soustelle, J. (1955): So lebten die Azteken am Vorabend der spanischen Eroberung. Stuttgart 1957.
Spector, J. (1972): Freud und die Ästhetik. Psychoanalyse. Literatur und Kunst. München 1973.
Spiegel, Der (1976): Macht die Schule krank? In: 30. Jg., Nr. 23: 38-52.
Stanescu, H. (1965): Unbekannte Briefe des jungen Sigmund Freud an einen rumänischen Freund. In: Neue Literatur, 16: 123-129.
Starobinski, J. (1970): Psychoanalyse und Literatur. Frankfurt a. M. 1973.
Stavenhagen, R. (1971): Comment décoloniser les sciences sociales appliquées. In: Temps Modernes, 27e année, N°. 299-300, pp. 2363-2386.
Steiner, H. (1964): Die Arbeiterbewegung Österreichs 1867-1889. Wien.
Stengel, E. (1936): Prüfungsangst und Prüfungsneurose. In: Zeitschrift für psychoanalytische Pädagogik, X. Jg.: 300-320.
Stierlin, H. (1974): Eltern und Kinder im Prozeß der Ablösung. Familienprobleme in der Pubertät. Frankfurt a. M. 1975.
Strehlow, C. (1913): Das soziale Leben der Aranda und Loritjastämme. Frankfurt a. M.
Sulloway, F. J. (1975): Freud, Biologist of the Mind. Beyond the Psychoanalytic Legend. New York.
Tapié, V.-L. (1964): Das Zeitalter Ludwigs XIV. In: Mann, G. (Hg.) Propyläen Weltgeschichte, Bd. VII., Von der Reformation zur Revolution. Frankfurt a. M., Berlin: 275-348.
Taylor, E. B. (1871): Die Anfänge der Cultur. Untersuchungen über die Entwicklung der Mythologie, Philosophie, Religion, Kunst und Sitte. Leipzig 1873.
Tezozómoc, F. A. (1949): Crónica Mexicayotl. Transl. León, A. México: Publicaciones del Instituto de Historia Ser. 1, 10.
Tocqueville, A. de (1856): Der alte Staat und die Revolution. Birsfelden b. Basel, o. J.
Urbach, R. (1974): Schnitzler. Kommentar zu den erzählenden Schriften und dramatischen Werken, München.
– (1977): Vorwort zu: Arthur Schnitzler, Aus dem Nachlaß, Entworfenes und Verworfenes. Frankfurt a. M.: I-IX.
Volke, W. (1967): Hugo von Hofmannsthal in Selbstzeugnissen und Bilddokumenten. Rowohlts Monographien. Reinbek b. Hamburg.
Weber, M. (1904): Die Objektivität sozialwissenschaftlicher und sozialpolitischer Erkenntnis.
– (1964): Wirtschaft und Gesellschaft. Köln, Berlin.
Weingarten, E., Sack, F., Schenkein, J. (Hg.) (1976): Ethnomethodologie Frankfurt a. M.
Weininger, O. (1903): Geschlecht und Charakter. Wien, Leipzig, 1920[21].
– (1907): Über die letzten Dinge, Wien, Leipzig, 1924[8].
Weiss, F. (1981): Kinder schildern ihren Alltag. Die Stellung der Kinder im

ökonomischen System einer Dorfgemeinschaft in Papua New Guinea (Palimbei, Iatmul, Mittelsepik). Bd. 21, Basler Beiträge zur Völkerkunde.
Wellendorf, F. (1973): Schulische Sozialisation und Identität. Zur Sozialpsychologie der Schule als Institution. Weinheim, Basel.
Weltgeschichte (1965): Bd. VII. Berlin.
Whiting, J. W. et al. (1958): The Function of Male Initiation Ceremonics at Puberty. In: Maccoby, E. et al. (eds.) Readings in Social Psychology. New York 1958.
Wieder, D. L. u. Zimmermann, D. H. (1976): Regeln im Erklärungsprozeß. Wissenschaftliche und ethnowissenschaftliche Soziologie. In: Weingarten et al. 1976: 105-129.
Wiener Reichspost (1914): »An meine Völker«. 29. Juli. Wien.
Wilmann, K. (1906): Zur Psychopathologie des Landstreichers. Eine klinische Studie. Leipzig.
Winnicott, D. W. (1953): Übergangsobjekte und Übergangsphänomene. In: Psyche, Jg. XXIII. 1969: 666-682.
– (1966): Die Lokalisierung des kulturellen Erlebens. In: Psyche, Jg. XXIV. 1970: 260-269.
Wittels, F. (1949): The Ego of the Adolescent. In: Eißler, K. R. (ed.) 1949: Searchlights on Delinquency. New York: 256-262.
Woinovich, E. v. (1915): Allen voran. In: Woinovich, E. v. u. Veltzé, A. (Hg.): Aus der Werkstatt des Krieges. Wien 1915: 5-14.
Wunberg, G. (1965): Der frühe Hofmannsthal. Schizophrenie als dichterische Struktur. Stuttgart, Berlin.
Yates, S. (1931): Lehrer, Schuldisziplin, Strafen. In: Zeitschrift für psychoanalytische Pädagogik, Jg. V.: 300-303.
Zelinsky, H. (1974): Brahman und Basilisk. Hugo von Hofmannsthals poetisches System. Münchner Germanistische Beiträge, Bd. 13, München.
Ziehe, Th. (1975): Pubertät und Narzißmus. Frankfurt a. M., Köln.
Zinser, H. (1977): Zum Verhältnis von Mythos und Arbeit. Wiesbaden.
Zorita, A. de (1963): Los Señores de la Nueva España. Biblioteca del estudiante universario. Mexico.
Zur Lippe, R. (1974): Naturbeherrschung am Menschen II. Geometrisierung des Menschen und Repräsentation des Privaten im französischen Absolutismus. Frankfurt a. M.
Zweig, S. (1926): Vorbeigehen an einem unauffälligen Menschen Otto Weininger. In: Zweig, S. 1960: Europäisches Erbe. Frankfurt a. M.: 223-226.
– (1943): Die Welt von Gestern. Erinnerungen eines Europäers. Stockholm.

Namenverzeichnis

Sachverzeichnis

Bildnachweise

Seite 253 Codex Boturini: Auszug der Azteken aus Aztlán.
Seite 257 I. J. Repin »Burlaken an der Wolga«, 1870/73.
Seite 273 E. Munch »Pubertät«, 1894.
Seite 285 J. V. Krämer »Ver Sacrum«, 1898.
Seite 302 M. Klinger »Vom Tode II«, Blatt 3: »Philosoph«, 1909.
Seite 317 M. Klinger »Vom Tode II«, 1898.
Seite 323 Christa Biederbick-Tewes »Hoodlums«, 1973. Die Reproduktion wurde mir von der Künstlerin in dankenswerter Weise zur Verfügung gestellt.
Seite 327 C. Meffert »Fürsorgeerziehung«, 1929. Reproduktion mit freundlicher Erlaubnis des Künstlers.
Seite 332 G. Rochegrosse »Der Ritter mit den Blumen«, 1894.
Seite 333 J. Grützke »Wir zeigen unseren Kindern die Natur«, 1971. Die Reproduktion wurde mir vom Künstler in dankenswerter Weise zur Verfügung gestellt.
Seite 336 P. Tillberg »Wirst du wohl mal Nutzen bringen, Kleiner« 1971/72.
Seite 343 F. Goya »¿Si sabrá mas el discipulo?«. Caprichos.
Seite 353 Im Mittelalter galt die Rute als Standessymbol des Lehrers. Links: Albertus Magnus lehrt »secreta mulierum«, Kölner Holzschnitt, etwa 1480. Rechts: Augsburger Holzschnitt von 1495.
Seite 361 Ludmilla Seefried-Matějková »Schrei I«, 1975. Reproduktion mit freundlicher Erlaubnis der Künstlerin.
Seite 372 B. de Campione Marmorgrabmal von Bernabó Visconti 1370. Mailand.
Seite 376 Kaiser Franz Joseph in seinem Arbeitszimmer in der Hofburg.
Seite 380 Kaiser Franz Joseph an der Fronleichnams-Prozession, 1895.
Seite 387 Phantasiegemälde zur Feier der Sklavenbefreiung 1848.
Seite 389 Fritel, »Die Eroberer«.
Seite 392 Lecomte de Nouy »Sie brachten schlechte Botschaft«.
Seite 410 Karikatur zur Kaiserkrönung 1871: »Die deutsche Kaiserkrone«.
Seite 412 F. Goya »Y aun no se van«. Caprichos.
Seite 414 Ludwig XIV., Ludwig XVI., Karl X., Napoleon.
Seite 416 F. Goya »Der 3. Mai 1808«.
Seite 420 L. Gérôme »Pollice verso«, 1859.
Seite 423 F. Goya »Unos a otros«, Caprichos.
Seite 425 Fronleichnamsprozession in Granada.
Seite 427 Hitler hält eine Rede.
Seite 432 Lea Grundig, »Gestapo im Haus«, 1934.
Seite 436/37 Ulrich Baehr, »Fries für Liebhaber«, 1965.

Suhrkamp Verlag GmbH
Torstraße 44, 10119 Berlin
info@suhrkamp.de
www.suhrkamp.de